戴建兵 陈晓荣 申艳广 ◎著

中国货币金融史
（修订版）

中国社会科学出版社

图书在版编目（CIP）数据

中国货币金融史/戴建兵，陈晓荣，申艳广著.—修订版.—北京：中国社会科学出版社，2024.5

ISBN 978-7-5227-3120-9

Ⅰ.①中…　Ⅱ.①戴…②陈…③申…　Ⅲ.①货币史—中国　Ⅳ.①F822.9

中国国家版本馆 CIP 数据核字（2024）第 041609 号

出 版 人	赵剑英
责任编辑	安　芳
责任校对	张爱华
责任印制	李寡寡

出　　版	中国社会科学出版社
社　　址	北京鼓楼西大街甲 158 号
邮　　编	100720
网　　址	http://www.csspw.cn
发 行 部	010-84083685
门 市 部	010-84029450
经　　销	新华书店及其他书店
印　　刷	北京君升印刷有限公司
装　　订	廊坊市广阳区广增装订厂
版　　次	2024 年 5 月第 1 版
印　　次	2024 年 5 月第 1 次印刷

开　　本	710×1000　1/16
印　　张	41.5
字　　数	658 千字
定　　价	218.00 元

凡购买中国社会科学出版社图书，如有质量问题请与本社营销中心联系调换
电话：010-84083683
版权所有　侵权必究

《河北师范大学历史文化学院双一流文库》编辑委员会

主　任　贾丽英　李志军

副主任　宋　坤　陈瑞青　申艳广　贺军妙

委　员（以姓氏笔画为序）

　　　　　王向鹏　牛东伟　邢　铁　汤惠生　李　君

　　　　　陈灿平　张怀通　张翠莲　吴宝晓　武吉庆

　　　　　郭　华　徐建平　倪世光　康金莉　董文武

序　言

自2008年全球金融危机以来，面对源于西方世界早有理论预料却又突如其来的全球金融危机，各国中央银行史无前例地拼命印钞，实际上是都玩起了"钱生钱"的游戏，导致全球虚拟财富迅速膨胀，一方面，各国央行美其名曰"量化宽松"，并把利率压低到零乃至负数，在西方各国央行大肆放水的今天，世界上似乎到处都不缺钱；另一方面则是政府、企业和家庭负债累累。不缺钱就不用向银行借贷，低利率，乃至负利率，才能让负债累累的政府继续运转，让企业存活下来，让金融和银行系统不崩溃。然而金融的价值——利率也就没有了生存空间。曾任美国财长的蒂莫西·F. 盖特纳（Timothy F. Geithner）在《压力测试：对金融危机的反思》一书中说："总统知道，如果不首先修复金融系统，就无法修复整个经济。银行就如经济的循环系统，像电网一样为日常的经济运行提供活力。离开一个正常运转的金融系统，任何经济都不能增长。"① 然而，以美国为代表的西方金融的今日生态，仍然是量化宽松。

中国社会主义建设进入新时代，中国金融在几千年辉煌历史积淀下更加灿烂。

一

"金融是国家重要的核心竞争力。"习近平总书记历来高度重视经济金融工作。我们要深刻认识我国金融改革发展取得的重大成就。金融改

---

① [美]蒂莫西·F. 盖特纳：《压力测试：对金融危机的反思》，益智译，中信出版社2015年版。

革发展是国家改革发展的重要内容，金融安全是国家安全的重要组成部分。金融发挥着媒介交易、配置资源、发现价格、管理风险等重要功能，金融制度是经济社会发展中重要的基础性制度，关系经济社会发展大局。

当前在习近平新时代中国特色社会主义思想指引下的中国金融呈现着以下特点：

第一，金融回归本源，服从服务于经济社会发展。社会疏通金融进入实体经济的管道，减少实体经济债务和利息负担。习近平特别强调，金融是实体经济的血脉，为实体经济服务是金融的天职，是金融的宗旨，也是防范金融风险的根本举措。要满足人民群众日益增长的金融需求，发展普惠金融，目的就是要提升金融服务的覆盖率、可得性、满意度。

第二，优化结构，完善金融市场、金融机构、金融产品体系。发展绿色金融培育市场化创新机制，改善金融支持。习近平强调，要坚定深化金融改革。要优化金融机构体系，完善国有金融资本管理，完善外汇市场体制机制。

第三，强化监管，提高防范化解金融风险能力。习近平指出，防止发生系统性金融风险是金融工作的永恒主题。把维护金融安全作为治国理政的一件大事，宏观上防范金融风险。金融是现代经济的核心，金融安全是国家安全的重要组成部分。必须充分认识金融在经济发展和社会生活中的重要地位和作用，切实把维护金融安全是治国理政的一件大事。

二

金融是现代经济的核心，近代以来，随着经济的发展，世界强国的崛起往往同其金融能力有关，博弈的对象就是金融竞争。17、18世纪，英国以中央银行、国债、股票市场为技术创新、产业化提供了资金支持，催化工业革命，助力"日不落"帝国。第二次世界大战结束后，美国主导建立布雷顿森林体系，美元成为国际货币，时至今日仍然是其霸权、世界头号超级大国的重要依靠。

中国金融历史悠久，最早的纸币、汇票和期票，最早的货币理论和实践等均产生于中国。南北朝时的"长生库"是最早的典当机构，唐代"柜坊"是中国最早的存款机构，宋代"检校库"是最早的信托机构，先秦管子的"轻重篇"论述了货币、商品、物价、财富增加等理论问题，是最早的货币金融理论，而且中国人的货币和金融政策制定更是领先于世界。

中国金融在历史上对世界产生了广泛的影响，唐代铜钱对中亚各国钱币与货币流通产生了深远影响，宋代发明的"交子"是世界上最早的纸币。历史上，日本、朝鲜、越南都曾大量使用我国货币。越南、波斯等国都曾仿行中国纸币。

中国金融从未停止过学习和开放的脚步。近代，1897年诞生第一家现代银行——中国通商银行，1905年清政府成立行使中央银行职能的户部银行，1918年中国人自己创办第一家证券交易所——北平证券交易所，1920年我国第一家期货交易所——上海证券物品交易所创立。20世纪二三十年代，上海成为远东金融中心，在那个屈辱时代，中国甚至产生了独特的白银核心型的货币体系。

中国金融史，其发展本身就是一部金融危机发生和防范史。铜钱时代的钱荒和私铸成国之难事，近代由于白银市场受制于人而危机时起。自宋代纸币产生以来，历代王朝崩溃无不有通货膨胀的影子。元代建立了比较完备的纸币制度，由于财政亏空，纸币发行量猛增，形成"楮币之患"，是元朝灭亡的重要原因。清末"橡皮股票风潮"，导致国内投资者损失惨重，连带大量钱庄倒闭，清政府为缓解财政压力，试图将川汉、粤汉铁路收归国有，引发保路运动，导致辛亥革命爆发，成为压倒清王朝的"最后一根稻草"。解放战争后期，国民政府打内战滥发导致恶性通货膨胀，民怨沸腾，怨声载道，成为国民政府迅速垮台的原因之一。

三

1928年，井冈山革命根据地发行了"工字银元"；1932年，设立了中华苏维埃国家银行，随后正式发行纸币。抗日根据地和解放区建立了有效的货币金融体系，与日本侵略者及旧政权进行了极具创造力的货币金融战。

中华人民共和国成立伊始，中国共产党通过对货币本质的深刻认识，展现了以"银元之战""米棉之战"，打击投机资本，平抑物价，统一财经，稳定经济秩序，消灭通货膨胀的金融本领，随后迅速建立了适应当时经济体制的银行体系。

改革开放后，邓小平指出："金融很重要，是现代经济的核心。金融搞好了，一着棋活，全盘皆活。"① 国家银行体制进行改革，建立了中央银行体制和以银行、证券、保险、资本市场为主体的金融体系，推进金融开放。

党的十八大以来，我国金融改革发展取得新的重大成就。金融业保持快速发展，社会融资规模存量2016年达156万亿元，金融业法人单位11万家，直接融资比例为23.8%，人民币加入国际货币基金组织（IMF）特别提款权（SDR）货币篮子，成为全球第七位跨境和离岸支付货币，人民币被欧洲央行等60余家央行纳入储备货币。设立亚投行、金砖银行，设立丝路基金。外汇储备保持在3万亿美元左右，稳居世界首位。1997年以来党中央先后召开5次全国金融工作会议，推动金融更好为经济社会发展服务。我们应该充分肯定我国金融改革发展取得的成就。

2022年5月11日，国际货币基金组织（IMF）执行董事会完成五年一次的特别提款权（SDR）定值审查，宣布维持现有SDR篮子货币构成不变，并将人民币权重由10.92%上调至12.28%。此次人民币权重的提高是近五年来人民币国际地位提升的综合体现。SDR货币篮子入选标准主要有二，一是"主要出口国"标准，人民币已于2010年由IMF认定符合该标准；二是"自由使用"标准，即在国际交易中广泛和在主要外汇市场上广泛交易。人民币权重提高源于近五年人民币在国际交易和主要外汇市场更加广泛的应用所带来的"自由使用"标准的加深。人民币"自由使用"标准的加深，是国际社会对人民币行使支付结算、规避风险和储备投资等功能时出色表现的认可，体现了人民币国际地位的提升。此外，人民币权重提高有助于增加市场信心，吸引国际社会更加广泛地应用人民币，有望形成良性循环，不断提高人民币国际地位，推动人民币国际化。

---

① 《邓小平文选》第三卷，人民出版社1993年版，第366页。

四

中国的货币和金融史对于中国经济学的产生极具价值。对于马克思的货币起源学说，中国钱币学是最好的物证。当马克思用逻辑的斧头、牛等的交易论述货币的起源，中国的钱币学就以货币形态证明了马克思逻辑分析的正确。中国钱币是从刀削、铲子、纺轮、贝等演变过来的，最后固定到一般等价物上的。

货币史和金融史的结合会更好地探索货币的本质。当前西方经济学教材对于货币的定义虽然显得不是那么学术化，但从一些层面说明了货币与经济之间的关系，人类创造货币的初心在于此处？支付体系的发展会不会冲击货币的定义？金融的进一步发展等等，都需要对货币本质的探索。货币是国家的还是市场的对于货币本身并非矛盾，对于一个经济体而言，国家管理的货币与市场自生的货币一般都会经历从稳定到崩溃再到稳定的历史循环，受影响的是经济体和经济基础之上的社会上层建筑。从本质上来说，货币是社会经济需求自生的，其本质是纯价值体。

金融史一再证明，货币是金融之源，没有货币的金融最终也将体现为会计计算数字上的货币，货币危机冲击金融体系，金融危机影响社会稳定。货币制度的变迁对金融业的影响是革命性的，中国近代票号、钱庄的兴亡莫不如是。而金融业的兴起，却是货币制度上的思维创新。典当起源于佛教长生库思想，信托业起源于天主教民的财产转移，投资银行起源于伊斯兰教法中金融行为的无利息原则等，经济发展史从某种层面上呈现了思维进化史。

货币是人与国家之间的经济关系媒介，恶性通货膨胀仍然是当今社会崩溃人心得失的经济根源。人类创造的国际货币体系从来就没有停止过发展，我们需要的只是经济发展和理论及政策统合及创造的能力。

戴建兵

目　录

前　言 ……………………………………………………… (1)
　　一　从钱币拍卖谈起 ……………………………………… (1)
　　二　钱币学、货币史和金融史 …………………………… (8)
　　三　中西货币文化比较 …………………………………… (12)

上篇　中国古代货币金融史

第一章　中国古代货币和信用的起源 …………………… (3)
　第一节　远古时期的货币 …………………………………… (3)
　　一　古代货币的产生 ……………………………………… (3)
　　二　金属货币取代海贝 …………………………………… (8)
　第二节　远古时期的信用 …………………………………… (10)
　　一　信用的产生 …………………………………………… (10)
　　二　商周时代的信用 ……………………………………… (11)

第二章　春秋战国时期的货币与信用 …………………… (13)
　第一节　春秋战国时期的货币 ……………………………… (13)
　　一　春秋战国时期的四大货币体系 ……………………… (13)
　　二　春秋战国时期青铜货币的特点 ……………………… (26)
　　三　先秦的黄金货币概述 ………………………………… (27)
　第二节　春秋战国时期的信用 ……………………………… (28)
　　一　商业的发展 …………………………………………… (28)
　　二　信用的发展 …………………………………………… (29)

第三节　春秋战国时期的货币理论 …………………………… (31)
　　一　单旗的子母相权论 ………………………………………… (31)
　　二　墨家的刀籴相为价论 ……………………………………… (33)
　　三　《管子》的货币理论 ……………………………………… (34)

第三章　秦汉时期的货币与信用 …………………………………… (37)
　第一节　秦汉时期的货币 …………………………………………… (37)
　　一　秦统一货币 ………………………………………………… (37)
　　二　西汉时期的货币 …………………………………………… (41)
　　三　王莽的币制改革 …………………………………………… (48)
　　四　东汉时期的货币 …………………………………………… (53)
　　五　汉代的黄金货币 …………………………………………… (54)
　第二节　秦汉时期的信用 …………………………………………… (58)
　　一　秦朝与西汉的信用 ………………………………………… (58)
　　二　东汉的信用 ………………………………………………… (60)
　第三节　秦汉时期的货币理论 ……………………………………… (62)
　　一　贾谊、贾山的垄断铸币权论 ……………………………… (62)
　　二　晁错的贱金玉论 …………………………………………… (63)
　　三　司马迁的货币论 …………………………………………… (64)
　　四　桑弘羊的统一铸币权理论 ………………………………… (64)
　　五　贡禹的废钱论 ……………………………………………… (65)
　　六　张林的封钱用谷帛论 ……………………………………… (66)

第四章　魏晋南北朝及隋朝的货币与金融 ………………………… (67)
　第一节　魏晋到隋朝的货币 ………………………………………… (67)
　　一　魏晋南北朝及隋朝的时代背景概述 ……………………… (67)
　　二　魏晋至隋朝的货币 ………………………………………… (68)
　　三　钱币制度由乱到治 ………………………………………… (80)
　第二节　魏晋南北朝及隋朝信用事业的新发展 …………………… (83)
　　一　魏晋南北朝及隋朝的商业 ………………………………… (83)
　　二　魏晋到隋朝信用事业的发展 ……………………………… (84)

第三节　魏晋南北朝及隋朝的货币理论 …………………… (86)
　　一　鲁褒的钱神论 ……………………………………… (87)
　　二　孔琳之反对废钱用谷帛主张 ……………………… (88)
　　三　沈约的罢钱货主张 ………………………………… (89)
　　四　范泰的铸钱无益论 ………………………………… (89)
　　五　何尚之、沈演之关于大钱当两的争论 …………… (90)

第五章　唐朝五代十国时期的货币与金融 …………………… (92)
第一节　唐朝五代十国的货币制度 …………………… (92)
　　一　唐朝五代十国货币概述 …………………………… (92)
　　二　唐朝"开元通宝"钱制的创立 …………………… (93)
　　三　唐代铜钱的演变 …………………………………… (95)
　　四　唐代的金银 ………………………………………… (98)
　　五　唐代的实物货币——布帛 ………………………… (100)
　　六　唐代的货币流通 …………………………………… (103)
　　七　五代十国钱 ………………………………………… (108)
第二节　唐代信用关系与金融事业 …………………… (112)
　　一　放贷业务的扩大 …………………………………… (113)
　　二　存款的金融机构 …………………………………… (114)
　　三　汇兑事业的产生 …………………………………… (115)
　　四　金银钱的兑换业 …………………………………… (117)
第三节　唐朝五代十国时期的货币理论 ……………… (118)
　　一　崔沔、刘秩的垄断铸币权论 ……………………… (118)
　　二　杜佑的货币论 ……………………………………… (119)
　　三　陆贽的反对赋税征钱和货币数量论 ……………… (120)
　　四　白居易的反对赋税征钱和平物价论 ……………… (121)
　　五　韩愈的名目主义观点 ……………………………… (122)
　　六　杨於陵的货币论 …………………………………… (123)

第六章　两宋的货币与信用 …………………………………… (124)
第一节　两宋的货币 ……………………………………………… (124)
一　两宋货币概述 ……………………………………………… (124)
二　两宋的铜钱、铁钱 ………………………………………… (128)
三　两宋铜铁钱流通的地区性差异 …………………………… (136)
四　宋代的货币体系构成及变化趋势 ………………………… (138)
五　宋代纸币的产生与发展 …………………………………… (143)

第二节　两宋时期的信用 ………………………………………… (153)
一　北宋的金融业务 …………………………………………… (153)
二　南宋的信用与金融机构 …………………………………… (157)

第三节　宋朝的货币理论 ………………………………………… (161)
一　北宋的货币理论 …………………………………………… (161)
二　南宋的货币理论 …………………………………………… (164)

第七章　辽夏金元时期的货币与信用 ……………………… (167)
第一节　辽夏金元时期的货币 …………………………………… (167)
一　辽代的货币 ………………………………………………… (167)
二　西夏的货币 ………………………………………………… (171)
三　金朝的货币制度 …………………………………………… (173)
四　元朝的货币制度 …………………………………………… (178)

第二节　辽夏金元的信用 ………………………………………… (188)
一　辽夏金的信用 ……………………………………………… (188)
二　元朝的信用与金融机构 …………………………………… (192)

第三节　元朝的货币理论 ………………………………………… (196)
一　至元年间的纸币理论 ……………………………………… (196)
二　郑介夫的子母相权论 ……………………………………… (197)
三　马端临的货币理论 ………………………………………… (198)
四　王祎的货币论 ……………………………………………… (199)

第八章 明朝的货币与信用 ……………………………………（200）

第一节 明朝时期的货币 ……………………………………（200）
　　一　纸币 ………………………………………………（200）
　　二　白银 ………………………………………………（205）
　　三　明朝制钱 …………………………………………（209）

第二节 明朝的信用和金融机构 ……………………………（215）
　　一　高利贷及有关立法 ………………………………（215）
　　二　明朝的金融机构 …………………………………（216）

第三节 明朝的货币理论 ……………………………………（219）
　　一　叶子奇的纸币兑现论 ……………………………（219）
　　二　刘定之的货币理论 ………………………………（219）
　　三　丘濬的金属主义货币论 …………………………（220）
　　四　谭纶的用银致贫论 ………………………………（221）

第九章 清朝的货币与信用 ……………………………………（223）

第一节 清朝前期的货币 ……………………………………（223）
　　一　银两制度 …………………………………………（223）
　　二　流通于中国的外国银元 …………………………（230）
　　三　银两与银元的互换 ………………………………（237）

第二节 清代钱制 ……………………………………………（239）
　　一　清初的制钱 ………………………………………（239）
　　二　制钱的生产 ………………………………………（245）
　　三　清代钱法禁令 ……………………………………（249）

第三节 钞票与银钱比价 ……………………………………（254）
　　一　钞票 ………………………………………………（254）
　　二　清初的银钱比价 …………………………………（254）

第四节 清朝前期的信用机构 ………………………………（262）
　　一　中国银行的萌芽——账局 ………………………（262）
　　二　钱庄的发展 ………………………………………（263）
　　三　票号的产生 ………………………………………（264）

第五节　清朝前期的货币理论 ……………………………………（266）
　　一　清朝初期的货币理论 …………………………………（266）
　　二　鸦片战争前的货币理论 ………………………………（268）

下篇　中国近代货币金融发展

第十章　中国近代的铜元与银元 ……………………………（275）
第一节　中国近代的制钱和铜元 ………………………………（275）
　　一　清朝后期制钱制度及其衰落 …………………………（275）
　　二　清代的铜元制度及其演变 ……………………………（280）
　　三　民国的铜元 ……………………………………………（283）
第二节　从银两到银元的转变 …………………………………（285）
　　一　近代银两的形制 ………………………………………（286）
　　二　中国流通的外国银元 …………………………………（290）
　　三　外国银元的流通促成了中国货币制度的变革 ………（294）
　　四　民国时期的银元 ………………………………………（302）
第三节　中国近代金属主义货币理论 …………………………（306）
　　一　清朝末年金属主义货币论 ……………………………（306）
　　二　清朝末年金属货币与纸币关系的理论 ………………（308）

第十一章　中国近代的纸币 …………………………………（312）
第一节　钞票、官银钱号纸币和私票 …………………………（312）
　　一　钞票 ……………………………………………………（312）
　　二　官银钱号的设立与发展 ………………………………（318）
　　三　私票 ……………………………………………………（322）
第二节　外国银行券在中国的流通 ……………………………（331）
　　一　外商银行在华的纸币发行 ……………………………（331）
　　二　中外合办银行的纸币发行 ……………………………（345）
第三节　近代银行券与法币 ……………………………………（350）
　　一　晚清到民国时国家银行发行的纸币 …………………（350）
　　二　各省地方金融机构的纸币发行 ………………………（368）

三　近代商业银行纸币发行 ………………………………… (370)

第四节　中国近代纸币理论 …………………………………… (379)
　　一　孙中山的钱币革命论 …………………………………… (379)
　　二　朱执信的纸币理论 ……………………………………… (380)
　　三　廖仲恺的货物本位论 …………………………………… (381)
　　四　褚辅成的货币革命论 …………………………………… (382)
　　五　阎锡山的物产证券论 …………………………………… (383)
　　六　马寅初的通货新论 ……………………………………… (384)

第十二章　中国传统金融组织"会" …………………………… (386)
　第一节　传统金融组织"会"的种类 ………………………… (386)
　　一　伸缩会类 ………………………………………………… (387)
　　二　标会类 …………………………………………………… (388)
　　三　堆积会类 ………………………………………………… (389)
　　四　缩金会类 ………………………………………………… (390)
　　五　杂类 ……………………………………………………… (391)
　第二节　传统金融组织"会"的起源与发展 ………………… (392)
　第三节　"会"的金融创新 …………………………………… (396)
　第四节　传统金融组织"会"在金融领域的启示 …………… (405)

第十三章　近代货币制度改革 ………………………………… (409)
　第一节　近代白银核心型货币体系 …………………………… (409)
　　一　白银核心型的中国近代货币体系 ……………………… (409)
　　二　外国势力对中国货币体系的影响 ……………………… (412)
　　三　近代白银核心型货币体系的影响 ……………………… (417)
　第二节　从清末《币制则例》到民国时期废两改元 ………… (421)
　　一　清末币制改革尝试 ……………………………………… (421)
　　二　北洋政府时期币制整理 ………………………………… (422)
　　三　国民政府废两改元 ……………………………………… (424)
　第三节　法币政策 ……………………………………………… (427)
　　一　法币改革的背景 ………………………………………… (427)

二　法币改革的内容 …………………………………………（430）
　　三　法币、金圆券和严重贬值和崩溃 …………………………（433）

第十四章　中国近代旧式金融机构 …………………………………（438）
第一节　中国近代的典当业 …………………………………………（438）
　　一　清代的典当业 ………………………………………………（438）
　　二　民国的典当业 ………………………………………………（444）
第二节　中国近代的钱庄 ……………………………………………（445）
　　一　钱庄的发展 …………………………………………………（445）
　　二　钱庄的衰落 …………………………………………………（452）
第三节　中国近代的票号 ……………………………………………（453）
　　一　1850年后票号的发展 ………………………………………（453）
　　二　票号发展的黄金时代 ………………………………………（455）
　　三　票号与清政府的关系 ………………………………………（456）
　　四　票号与晚清商业贸易的发展 ………………………………（461）
　　五　票号由盛转衰 ………………………………………………（462）

第十五章　中国近代新式金融机构的兴起与发展 …………………（464）
第一节　外国在华银行及其对中国金融业的影响 …………………（464）
　　一　鸦片战争后到甲午战争前的外商银行 ……………………（464）
　　二　甲午战争后外国金融势力的发展 …………………………（469）
　　三　民国时期的外商银行 ………………………………………（476）
第二节　中国新式银行的兴起 ………………………………………（482）
　　一　中国商业银行的兴起和发展 ………………………………（482）
　　二　近代中央银行的发展 ………………………………………（486）
　　三　省银行的发展 ………………………………………………（493）
　　四　国民政府的金融垄断 ………………………………………（494）

第十六章　中国近代保险业 …………………………………………（500）
第一节　19世纪中后期在华外商保险公司 …………………………（500）
　　一　外商保险公司对早期中国保险业的垄断 …………………（500）

二　19世纪后期外商保险公司垄断在华业务的原因分析 …… (502)
　第二节　在洋商保险公司压制下不断成长的中国保险业 ……… (505)
　　一　清末中国人自办保险的思想与实践 …………………… (505)
　　二　民国时期中国保险业的发展 …………………………… (506)
　第三节　中外保险业的相互关系 ………………………………… (508)
　　一　20世纪初中外保险业的比较分析 ……………………… (508)
　　二　外商保险机构的竞争与合作 …………………………… (511)

第十七章　中国近代信托业的发展 ……………………………… (515)
　第一节　信托的起源及中国近代信托业概况 …………………… (515)
　　一　信托业的起源 …………………………………………… (515)
　　二　中国近代信托业的发展历程 …………………………… (517)
　第二节　中国近代信托机构及其业务 …………………………… (522)
　　一　中国近代信托业的类型和业务范围 …………………… (522)
　　二　中国近代信托事业的特点 ……………………………… (524)

第十八章　近代中国黄金市场与黄金政策变迁 ………………… (528)
　第一节　上海黄金市场的形成与演变 …………………………… (528)
　　一　清末上海黄金市场萌芽 ………………………………… (528)
　　二　民国时期上海金业交易所及黄金市场形成 …………… (528)
　　三　国民政府加强对上海黄金市场的管理 ………………… (533)
　第二节　黄金政策与币值稳定 …………………………………… (534)
　　一　抗战初期集中收兑黄金，增加金产量和防止黄金外流 … (534)
　　二　抗战后期抛售黄金与黄金储蓄并用，以稳定币制 ……… (536)
　第三节　黄金与反通货膨胀 ……………………………………… (537)
　　一　国民政府出售黄金与办理黄金存款 …………………… (537)
　　二　对国民政府1943年黄金政策的评价 …………………… (538)
　　三　全面内战时期国民政府的黄金政策及其失败 ………… (542)
　第四节　黄金与金圆券的发行 …………………………………… (543)
　　一　利用黄金发行金圆券 …………………………………… (543)
　　二　国民政府推行金圆券的目的及后果 …………………… (546)

第五节　中国近代黄金货币理论 ………………………………（549）
  一　陈炽的通用金镑说 …………………………………………（549）
  二　对精琪方案的驳议 …………………………………………（550）
  三　章宗元的货币数量论 ………………………………………（551）
  四　梁启超的虚金本位论 ………………………………………（552）
  五　康有为的金主币救国论 ……………………………………（553）

第十九章　中国近代证券市场 ………………………………………（555）
第一节　鸦片战争之后中国证券市场 ………………………………（555）
  一　从鸦片战争到甲午战争中国证券市场的萌芽 ……………（555）
  二　1895年以后至清末中国证券市场的初步形成 ……………（557）
  三　近代资本市场的作用 ………………………………………（561）
第二节　民国时期证券市场进一步发展 ……………………………（565）
  一　北洋军阀时期证券交易市场的演变 ………………………（566）
  二　南京政府时期的证券市场 …………………………………（571）

第二十章　中国共产党领导的根据地金融体系
    （1927—1949年）………………………………………（581）
第一节　根据地金融体系的产生（1927—1937年）………………（581）
  一　根据地财政金融政策 ………………………………………（581）
  二　国家银行的建立和货币发行 ………………………………（582）
第二节　新民主主义金融体系的发展壮大（1937—1945年）……（585）
  一　根据地银行的建立和货币发行 ……………………………（585）
  二　解放区的对敌货币斗争 ……………………………………（592）
  三　根据地的反假票斗争 ………………………………………（596）
  四　根据地农村金融工作 ………………………………………（597）
第三节　新民主主义金融体系的建立（1945—1949年）…………（600）
  一　新银行的增设及其货币发行 ………………………………（600）
  二　对敌货币斗争的胜利 ………………………………………（602）
  三　中国人民银行的成立和人民币的发行 ……………………（604）

第四节　新民主主义的货币理论 ……………………………(606)
　　一　孙冶方对物产证券论的批判 …………………………(606)
　　二　李达的货币理论 ………………………………………(606)
　　三　曹菊如的货币理论 ……………………………………(607)
　　四　薛暮桥的物资本位理论 ………………………………(608)

第二十一章　人民币本质讨论 70 年 ………………………(610)
第一节　中华人民共和国成立前后对货币本质的探索 ………(610)
　　一　根据地货币发行对货币本质的启示 …………………(610)
　　二　中华人民共和国成立之初对货币本质的探索 ………(612)
　　三　20 世纪 50 年代对人民币性质的讨论 ………………(613)
第二节　改革开放初期对货币本质的研究 ……………………(614)
　　一　20 世纪 80 年代对人民币问题的研究 ………………(614)
　　二　近年来对人民币本质研究的新进展 …………………(616)
　　三　货币与黄金的关系问题 ………………………………(617)
第三节　21 世纪对货币本质的研究 ……………………………(619)
　　一　基于国际化视角下对人民币性质的讨论 ……………(619)
　　二　天秤币的讨论 …………………………………………(620)
　　三　数字人民币 ……………………………………………(621)

参考文献 ………………………………………………………(627)

前　言

讲到古钱币，人们就会想起古钱币的收藏、鉴赏、投资价值评定和钱币拍卖等，也许有人会觉得这是少数收藏家做的事情，与普通人没什么关系。但是，随着人们收入水平的增加和个人投资理财观念的普及，关心钱币收藏和拍卖的事已经不是少数人的专利了。那么什么样的古钱币有投资价值？钱币拍卖定价的标准是什么？有何规律？为了能够弄清这些问题，还是先让我们看看国内外钱币拍卖的起源、简况及案例。

一　从钱币拍卖谈起

（一）国内外钱币拍卖的起源和简况如何？

钱币拍卖是当今世界仅次于字画和邮品之后的热门拍卖项目，其历史比邮品拍卖长得多，几乎与字画拍卖是同时产生的。

众所周知，收藏钱币是人类最古老的嗜好之一，早在古希腊和古罗马时期，钱币就是一些人经常聚敛、把玩的艺术品。不过，在奴隶社会及后来的封建社会中，有资格、有能力存储和鉴赏钱币的主要是以皇帝、国王为代表的统治阶级上层，还有依附于他们的部分知识分子。

钱币发展和收藏的悠久历史，导致了钱币学、钱币学家、钱币收藏家的诞生。就连英文"numismatics"（钱币学）一词，也直接来源于希腊词语"nomisma"和拉丁词语"numisma"，后二者均为"一枚硬币"之意。

而且，钱币收藏的悠久历史，也因古代拍卖机制的不断引入而深深地打上了钱币拍卖的烙印。据罗马不列颠总监苏埃托拟乌斯·保利努斯（公元58—61年在任）的记载，公元前47—前44年在任的罗马皇帝、著名独裁者恺撒，就亲自主持过包括钱币在内的艺术品拍卖活动。

18世纪中后期相继建立的世界两大拍卖行苏富比（1744年建）和佳士得（1766年建）开张伊始，亦把钱币拍卖提高到日常经营的重要位置，以此满足社会各界对古旧钱币的不同需要。史料显示，仅1766年伦敦就约有60家各类拍卖行存在，其中不少热衷经营钱币拍卖。另据1936年佳士得的一份拍卖广告称："本行敦请社会各界注意：佳士得常年经营油画、版画、家具、地毯、瓷器、弓箭、英国及外国银币、珠宝、奇石等25个项目的拍卖，拍卖佣金7.5%……这些拍卖项目早在160多年前本行建立初期已经存在。"

进入20世纪后，钱币拍卖在国际上更是大行其道，得到了长足的发展。1972年11月和1973年4月，美国纽约大都会艺术博物馆曾委托苏黎世先后两次举行了两场大规模的古钱币拍卖会，拍品甚多，获利极大，拍卖总金额居然超过事前预估价的两倍。为此，大都会博物馆还受到了来自国内外各方面舆论的猛烈抨击。

1982年7月，苏黎世苏富比再造辉煌。一枚约公元300年的罗马金币以12万美元拍出，创下当时古代钱币的世界最高拍卖纪录。

1985年，两件美国钱币拍品分别突破30万美元大关。其中，一枚1804年问世的银币拍品拍得30.8万美元，而另一枚1913年制造、已知存世仅5枚之一的"自由镍币"则冲上38.5万美元价位。钱币拍卖市场的旺销形势持续到20世纪80年代末期。1989年7月，在美国芝加哥举行的一次钱币拍卖会上，一枚1804年发行、现存世仅知15枚之一的美国早期银币，拍价一路高走，居然在99万美元处方落槌成交，一举创下各类单项钱币拍品的世界最高拍卖纪录。

然而，自20世纪90年代初期以来，由于海湾战争的影响，西方钱币拍卖市场景气不再，拍价低位徘徊，上冲无力。如1990年8月至1991年8月，欧美国家的稀有钱币拍卖价格比上一年的严重受挫又接连下降了3.5%。

反观亚洲钱币拍卖市场，由于所在国家经济发展迅速，买家买气甚旺，交投有增无减。

如1994年7月，北京拍卖市场率先举办"首届世界钱币拍卖会"。会上共推出中国、英国、法国、德国、荷兰、蒙古等50个国家和地区的各类钱币。其中有我国早年发行的熊猫纪念金币、南斯拉夫面值10亿第纳尔纸币、1美元四联体纸币、极少见到的我国十二生肖金币，以及各国发行的精致套币、建国周年纪念币、珍稀动物纪念币、奥运会纪念币、名人纪念币、纪念章等。200多项拍品有106项成交，总成交率为50%，总成交额达11.5万元人民币。尽管此类拍卖会属于初办，经验明显不足，进项不甚理想，但它却是北京拍卖市场继1992年举办国际文物艺术品拍卖会之后，又一次在国内开创先河之作，因此，各方面意义均不可低估。正如该行有关负责人所说，中国是世界上最早使用钱币的国家之一，有悠久的钱币发展史，因此钱币文化和钱币收藏事业的发展有着广阔的空间；而且，收藏中外钱币不但有艺术的欣赏价值，也具有保值和增值的作用。

（二）国内的钱币拍卖

改革开放后，我国社会经济得到全面发展，钱币拍卖日益兴盛，成为人们保存传统文化，理财投资的重要工具。1995年11月，中国嘉德"第十三届周末拍卖会"也首次设立"邮品钱币"专场，旨在尝试字画以外的钱币拍卖在国内的可能性大小，并由此搜集、积累起一定的市场反馈信息。2000年，在第八届钱币拍卖会上第111号拍品"十八年孙中山地球版1元银币"从25万元起拍，经多轮竞价至36.3万元成交，创下当时海内外中华钱币拍卖单枚最高价。

近年来，不同种类的钱币拍卖成交价日益高涨，也成为中国经济活动的晴雨表之一。以近年世界各地中国钱币拍卖成交价格较高的钱币为例。

1. 古钱币

战国"武阳"背"一两"大型三孔布。2010年秋北京嘉德春季拍卖成交价：352万元。

战国"下邲阳"背"一两"大型三孔布。2012年秋北京诚轩拍卖成交价：368万元。

4 / 前　言

金代天眷通宝，折二阔缘版。2016年天眷堂拍卖成交价：379万元。

乾隆御制祈福金币，12枚整套。2017年嘉德春拍"见微知著——金银珍玩"专场：成交价4197.5万元，打破了古钱币拍卖纪录。

清代"宝源局造"背"镇库"。2019年4月中国保利春拍成交价253万元。

清代咸丰元宝宝泉当五百雕母。2022年4月日本泰星拍卖春季钱币专场：成交价2.3亿日元，约合人民币1173万元，打破钱币单枚成交纪录。

咸丰重宝宝福当一百计重五两。2022年4月日本泰星拍卖春季钱币专场：1.51亿日元成交，约合人民币767万元。

2. 机制币

宣统三年大清银币 长须龙壹圆样币（PCGS SP63）。2022年5月香港SBP拍卖会300万美元成交，折合人民币约合1980万人民币，再次刷新机制币公开成交纪录。

民国十六年张作霖像壹圆大元帅，错配十六年龙凤背版（NGC-MS62）。2022年4月日本泰星拍卖春季钱币专场2.76亿日元成交，约合1408万人民币。刷新机制币公开成交纪录。

NGC-PF63+上海壹两有射线版（NGC-PF63+）。2022年4月日本泰星拍卖春季钱币专场：2.25亿日元成交，约合1320万人民币；

民国二十一年孙像三鸟壹圆金本位下三鸟（NGC-MS60）。2022年4月日本泰星拍卖春季钱币专场1.84亿日元成交，约合938万人民币。

光绪年造户部光绪元宝一两（NGC-MS63）。2022年4月日本泰星拍卖春季钱币专场8165万日元成交，约合416万人民币。

3. 金银锭

明代"正德八年　镇守宁夏御马监　张昭"五十两金锭，重量：1884.5克

古泉园地2021年春拍，成交价695万元。

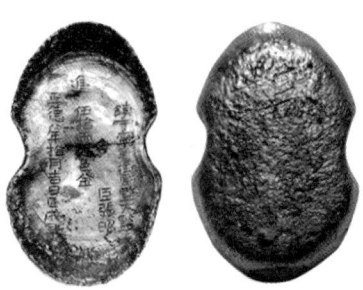

元代"兴国路"五十两银铤。重量：1948克。2011年中国嘉德春拍，成交价310.5万元。

唐代"浙东道 宝历二年 端午 进银壹铤 重壹佰两"笏行银铤。重量：4166克，大晋浩天2014年春拍，成交价287.5万元。

清代湖南"咸丰六年 三月 浏阳县 钱公慎"五十两银锭，重量：1871.5克。北京诚轩2021年春拍，成交价230万元。

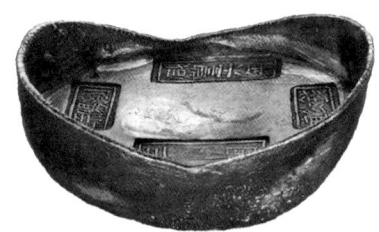

明代"永乐元年十月日朝鲜国贡金银作局制足色金壹锭伍拾两重"金锭，重1885克。中国嘉德2009年春拍，成交价224万元。

4. 纸币

第一版人民币壹万元"牧马图"。2011年上海泓盛秋季拍卖：460万元成交,创下我国纸钞的新纪录,至今没有打破。

第一版人民币五千元"蒙古包"(PMG-63)。2021年6月杭州宣和拍卖:437万元成交。

1966年第三版人民币五十元手绘设计稿。2021年9月,杭州宣和秋拍拍卖:218.6万元成交。

第一版人民币五千元"羊群"。2022年6月,SPINK香港拍卖会—中国纸钞专场:182.4万港元成交(约合155万人民币)。

(三) 国外的钱币拍卖

在国外,2002年7月30日,一枚1933年版的20美元的金币,在纽约苏富比拍卖行以660万美元的高价拍出,创造了稀有钱币拍卖的新纪录。

这是一枚1933年版的金币,又被人叫作"硬币中的蒙娜丽莎",可见其珍贵程度。拍卖以250万美元起价,在短短10分钟里,价格被连番抬高,最后创下了660万美元的新纪录。加上15%的佣金,买主一共要付出约760万美元才能把这枚金币带回家。

其实,这枚金币的来历和它的拍卖过程同样富于戏剧性。最早的20美元金币诞生于1850年,而1933年版的金币是由雕刻家圣高登斯在1907年按照西奥多·罗斯福总统的要求设计的,金币正面描绘的是自由女神手持火炬和橄榄枝,背面是一只飞翔的老鹰。不过由于当时10美元的金币已经被叫作"一只老鹰",所以20美元的金币又俗称"两只老鹰"。

1933年铸造的金币是美国最后一批金币,因为当时美国正面临严重的经济危机，富兰克林·罗斯福总统决定停止使用金币以减轻经济萧条带来的压力。所以金币都被销毁了，甚至铸造金币的模具也被销毁了；只有两枚20美元的金币留在了"史密森学会"作为历史文物保存了下来。但后来人们在古董钱币交易黑市上，发现了10枚20美元金币的"漏网之鱼"。

20世纪50年代，其中9枚被先后销毁，最后1枚神秘失踪，直到2002年才在拍卖市场上再度现身。面对这枚珍稀金币，索斯比拍卖行副总裁大卫·雷登非常激动："1933年版20美元的金币是美国历史上最稀有的钱币，对古董钱币收藏者来说，它的价值相当于古代皇冠上的珠宝。"

为什么这枚钱币能够拍卖这么多钱？稀缺性使然！通俗地说就是物以稀为贵。这就是一枚金币价值所折射的经济学原理。

当你把钱理解成普通商品时，你就步入了金融学的殿堂。

二 钱币学、货币史和金融史

(一) 钱币学

钱币学是一门研究钱币本身发生、发展和钱币不同版别、质地、形制和铸造等特征的学科。

1. 版别：在中国历史上，钱币根据厚薄、大小、钱文、纹饰等可以分出许多不同的版别，特别对宋代钱币，人们研究侧重点更在版别方面。

2. 质地：钱币一般有铜、铁、铅、金、银等质地，哪个朝代曾铸造过哪一种或几种质地的钱币，对于鉴定者来说，显得尤其重要。

3. 形制：钱币形制类似于考古学的类型学，如中国钱币中的刀币、布币，古印度的方形币，类型差异很大。

4. 铸造：中国各个历史时期，钱币铸造的工艺技术不同，一般而言，唐朝以前是范铸法，唐以后是母钱翻砂法，就是此两种方法在各个时代表现出来的工艺过程和技术水平也不尽相同，这些都是鉴定钱币必要的知识。

(二) 货币史

钱币进入经济领域即为货币。货币伴随着人类文明而产生，其历史已有数千年之久。货币有着千态百姿，按货币发展的顺序将其形态分为四种类型：

1. 实物货币：皮毛、贝壳、盐块、粮食、工具、布帛，是最初的货币，原始末期，使用价值又充当交换媒介。奴隶封建社会的不发达，仍用布帛等实物货币，其时属金属货币期。"钱帛并行"制度（魏晋南北朝时），北宋时纺织物不再作为国家正式货币，但一定时期还出现过。如国民政府发行金圆券时期，民间出现以实物商品充当货币的现象。

2. 金属货币：材料（如铅）有优点——早期为称量金属货币（金块、金条、银元宝）秤称重量，鉴定成色。后来的"金属铸币"——钱币，按国家法定的重量、成色和形状铸成金属货币，使用时不再称重量，看成色，银元、铜元、铜钱在我国很早就有，如春秋战国时期。而贵金属铸币银元则到清末才发行。

3. 纸币：是象征性、不兑现货币，出现于金属货币发达时期。我国北宋时期（10—11世纪），最早出现纸币的西方17世纪英格兰开始发行银行券，纸币代金属是客观形势发展的必然，方便运输。

4. 信用货币：支票、信用卡等由银行开出的支付凭证，支票需填写临时空白票据，信用卡持有者签名及其照片的塑料卡。它们比纸币更方便，用单纯符号来表示商品价值。现代社会的交易有95%是用支票、汇款等，现金交易不到5%。将来我们即将步入无现金社会（No cash society）。

以上实物货币和金属货币统称为物质形态的货币，即名义价值与实际价值相符，属于货币初级阶段；纸币和信用货币是观念形态的货币，属于象征性货币，即名义与实际价值不相符。

不同时期所使用的货币材料不同，如我国汉朝时"黄金为上币，铜为下币"；魏晋"钱帛兼行"；宋元时期的交子和铜钱等，其中占统治地位和发挥主导作用的某一种（几种）货币叫"本位货币"。

货币简单定义：一般等价物。其重要性在于，它如同经济生活中的血液。货币是怎么生产和发展的？它在演变中对社会经济产生有哪些影响？这是金融学重要内容之一。

我们的祖先留下丰富的文明遗产，货币文化是其中一朵绚丽的奇葩，也是我们民族优秀传统的重要组成部分。以上是货币的一般演化过程。具体到中国货币的历史，大致可分为以下几个阶段：

第一，有悠久的历史，源远流长，海贝诞生在夏朝。春秋战国时，刀、布、环、贝状蚁鼻钱四大系列在列国使用，秦统一天下，两千年没有发生质的变化，以圆形方孔充当本位货币，其中秦半两（包括汉初）两汉到隋朝的五铢钱制，唐初到清末的通宝钱制。

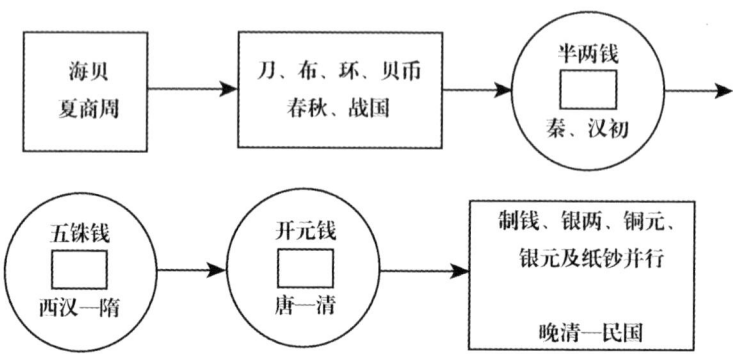

第二，从内容上看，（1）材料方面：布、铅锡，近代又有铅、镍；实物货币有珠玉、龟壳、象牙、竹木、陶瓷、代用币。（2）外形方面：刀、圆、铲、贝壳形、环形、长方形，金银有圆饼、马蹄锭。（3）文字方面：行、楷、篆、草、隶等字体。

第三，从风格上看，（1）自成体系，中国货币是古代东方货币文化的支柱。西方货币中间无孔。图案有飞禽走兽、花草、建筑、人物、头像、神话故事等宗教形象。中国圆形方孔钱，有字无图案，有图案的只是"压胜钱"，吉祥辟邪品，仅供佩戴玩赏，不投入流通。只极少数例外，如"跑马崇祯"为稀品。（2）艺术性强，铸造技术精美，文字书法，王莽时"货布"为"垂针篆"，笔画刚劲，细如发丝，严整规格，"泰和重宝"为金朝所铸，篆法凝重，做工精巧，不亚于后代机器制造的钱币，"开元通宝"出自欧阳询之笔，书法界称为"八分书"。宋太宗"淳化元宝""至道元宝（楷行草三体）为御书钱。宋徽宗的崇宁通宝、大观通宝，瘦金体，为精美绝伦的艺术珍品。

第四，对世界货币文化的影响。中国货币从形态演变到制造技术水平多次领先于东西方各国。中国是世界上最早使用金属铸币的国家，公元前16—前12世纪的商代墓葬中，出土仿照海贝样式铸造的铜贝，为金融铸币的萌芽形态。目前，考古学界认定河南荥阳高村乡官庄1984年全国第二次文物普查时发现造币遗址，为世界最早的铸币遗址，距今2800多年。西方最早发行使用金属铸币的是亚述帝国所属的吕底亚王国，它在公元前8世纪末到前7世纪初由商人发行了原始的蚕豆状合金铸币，而中国这时以各种刀、布及铜贝组成的货币体系已经初具规模了。唐开元通宝钱，以各种形式流入世界各地（亚洲、东亚和东南亚）。一些国家还自铸仿铸许多元宝、通宝钱。12—17世纪，日本通过贸易从中国获得铜钱，仅仁治三年（1242）北条经执政时，一次航海从中国运入铜钱10万贯，相当南宋一年的铸造量。中国唐太宗没有年号钱，而日本却有"贞观永宝"，表明对华夏文化的仰慕。宽永通宝（明朝）在印尼的爪哇、巴厘岛，宋朝时印尼与中国贸易，中国铜钱为主币。大量铜钱被运往国外，以致中国出现了"钱荒"，直到现在那里人还以中国铜钱为护身符。

第五，铸造技术上：西汉用范铸造钱（原先是泥范）铜制母范翻造出大小一式的子范。还有铜钱叠铸法，将多块钱范叠在一起，一次浇铸成功。北宋的交子用铜版套色印刷，上有鸟兽虫鱼花木，色彩鲜艳，造型生动，印刷技术极为先进。

（三）金融史与钱币学、货币史的关系

金融史是经济史的组成部分，而货币史是金融史的一个分支。但不能说钱币学也是金融史的组成部分。因为钱币学与货币史既有区别，又有联系，两者分属于不同的学科体系。

钱币学研究对象是钱币实物。它与货币史研究的对象及研究方法既有联系又有区别。钱币学与货币史的联系在于所研究的对象都是固定充当一般等价物的商品——钱币。钱币学与货币史的区别有以下三点。

第一，研究视角不同。钱币学偏重研究钱币实物及与钱币本身相关的具体问题，如对钱币的形制、图案、文字、金属成分比例、真伪、铸造工艺、铸地、币材的研究。货币史则偏重研究以货币为基础的币制、货币流通、货币职能、对经济社会发展影响等理论方面的问题。

第二，研究目的不同。钱币学偏重对钱币实物收藏、分类的研究，根据具体钱币实物存世的多寡、版别特征等，并关心钱币模型、雕版、设计和制造者，以论证钱币本身的文物、文化价值。钱币学对钱币作微观的研究，尤其关注钱币的特殊性，在现实经济活动中仅为古钱币的投资提供参考。货币史则研究某一历史时期货币的发行量及其币值等对社会政治、经济、军事等的影响。是对货币进行宏观、共性的研究，以为现实金融货币政策提供借鉴。

第三，分属不同的学科。钱币学是钱币形态历史的学科，是文物史的一部分。钱币学还与美学、考古学、文字学、历史地理、冶炼史、印刷史等学科有较密切的关系。货币史则只是研究货币流通的历史，是经济史的一部分。

三　中西货币文化比较

中国货币文化是东方货币文化的代表；西方货币以古希腊货币文化为源头。两者是世界货币文化的两枝奇葩，有着各自不同的发展历程、文化背景、地理环境及政治经济基础。古希腊货币和中国货币共同构成了世界两大货币文化圈。

在漫长的金属货币历史长河中，中西货币形制表现的差异十分明显：

第一，中国货币以贱金属青铜为主，虽然不同时期还有金银等其他币材，但其货币地位与铜钱不能相提并论。西方以贵金属金银为主。这既有地理环境的因素，也与长期历史中形成的民族习惯有关。

第二，中国货币为浇铸法，就是将铜或合金等币材熔化成液体，再倒入钱币模板中，冷却后经打磨而成。西方金银币的加工方法较为简单，为手工打制，就是用两块较硬的金属制作成模具，为钱币的上下两面模，再把准备加工的圆形金银片放在两块模具之间，用铁锤打压而成。

第三，中国货币为圆形方孔。中国自秦汉以来就以圆形方孔为主要货币形制。西方货币为无孔，这主要还是与加工的手段不同有关。

第四，中国钱币绝大多数正背面都是汉文。西方金银币两面都是图案，且初期多以神、动物等图案为主，后期基本上以国王头像为主。

但到了近代，由于中国在政治、经济上落后于西方，在西方军事、经济及文化的巨大冲击下，中国传统的金属货币制度开始解体。并朝着西方的模式演变。如铜钱在清代由制钱演变成无孔的铜元；称量货币的贵金属白银也由最初的银两开始慢慢过渡到银元。也就是说，最后中国货币文化融入了西方货币文化。

不同的钱币文化和传统，缔造了不同的货币文化。中国自古遵循国家铸币的理念，由此产生了相应的社会金融组织，如"会""钱庄""账局""票号"等金融机构，并奉行强有力的以诚信为基础的"付息偿还"的金融资本理念。无限责任，"父债子还"构架了与西方有限责任、股份制不同的基于货币的资本理念。恰如不得"索偿利息"的伊斯兰金融如今也活跃在国际金融领域一样。多元化的视角和中国文化属性是本书的一大特色。

上 篇

中国古代货币金融史

第 一 章

中国古代货币和信用的起源

第一节 远古时期的货币

一 古代货币的产生

在人类二三百万年漫长的历史发展过程中，绝大部分时间里，我们的祖先是处在原始社会前期，如从元谋人、北京人到丁村人，人类谋生的手段落后，用自然界采集的石器、木棒等简陋的工具来狩猎和采集食物。他们二三十人为一群，劳动的产品只能维持生存，没有剩余，因而没有产品的交换，也就没有货币形成的条件。

因为货币的产生是一个历史的范畴，只有商品交换的出现，才会有货币产生的可能。

（一）马克思的货币起源理论

马克思用最完整的劳动价值论的观点推演出货币的起源理论，这一理论将货币的形成分为四个阶段：

第一阶段，简单的、偶然的价值形式。在原始公社时期，由于劳动生产力极为低下，不可能经常有过剩的产品用来交换。所以交换的发生基本上是偶然的。既然有交换的发生，就会出现价值表现形式的问题。如交换发生在两个氏族之间，其中一个氏族常用粮食来交换另一个氏族的狩猎工具，那么这两种交换物就互为对方的价值表现。似乎不需要任何交易媒介的存在，交换就很容易地完成了。因此，物物交易形式就产生了。

第二阶段，扩大的价值形式。随着生产工具的改进，生产方式的变革，尤其是社会分工的细化，大大提高了劳动生产率，劳动产品有了较多的剩余。加上私有制的出现，一种物品不再只是偶然地与另外一种物品进行交换，而是经常与其他许多物品相交换。于是，一种物品的价值就由其他多种物品表现出来。这就是扩大的价值形式。在这一阶段，物物交换这种商品交易形式开始走入困境。如上面的例子所说的，当社会经济生活中仅有两种物品交换时，价值表现形式仅两种；当交换物品扩大到 10 种时，价值表现形式绝非只增加到 10 种，而是 45 种（$10 \times 9 \times \frac{1}{2}$）。以此类推，如果交换的物品达到百种或千种以上时，其表现价值的数量会成倍激增，即当有 n 种物品进行交换时，就会有 $\frac{1}{2}n(n-1)$ 种价值表现形式。

第三阶段，一般价值形式。随着交换物品的日益增多，物物交换的缺陷愈加明显。因为物物交易成功的条件是：双方同时需要对方的产品，而这在交换物品越多的情况下就越难以实现。为了解决这一难题，人们往往先将手中的物品换成市场上交易频繁的、易于为人接受的某种产品，再用它交换自己所需要的东西。这会大大缩短交易的时间。那么，这种被用来交易其他物品的媒介物，就成了表现其他物品价值的材料。于是，直接的物物交换就让位于通过媒介的间接交换了。这种媒介物，马克思称之为一般等价物。用一般等价物表现所有物品价值，就是一般价值形式。

第四阶段，货币形式。当社会为交换而从事生产的规模不断扩大后，商品生产关系便确立起来。商品生产的继续发展，交替地充当交易媒介的几种商品就日益集中到一种商品上。这种特殊的商品就是货币商品（Commodity money），于是货币形式就产生了。

总之，货币是人类经济生活十分重要的经济制度。货币作为交易媒介，节约了人们花在商品和劳务交易上的时间，提高了经济效率，强化了社会分工，降低了交易成本。货币作为计算价值单位，减少了需要考虑的价格数目，减少了交易成本。货币的贮藏功能又使人们能够将收入时间与花费时间相分离。

（二）中国货币的起源

而中国最早货币的形成和演化过程则从实证角度证明了马克思货币

起源理论的正确性。

1. 交换的出现

距今约3万年以前，是中国的山顶洞人生活的时代，从生产力状况来看，他们属于母系氏族时期。与前代相比，生产力提高了，人们不仅学会了使用石器、骨器和弓箭，还发明了标枪等新型狩猎工具。氏族内部按年龄、性别来分工，这是"自然分工"阶段。人们获得的食物增加了，所加工的产品种类也多了起来，有装饰品、绘画、雕刻。由于生产有了剩余——最早的交换便产生了。在山顶洞遗址中，就发现了海蚶壳，不同地区氏族在相遇时物物交易换来的。

2. 交换的扩大

距今约7000年至5000年的仰韶文化，是母系氏族繁荣时期。人们用磨制石器，即新石器时代的开始，于是出现了第一次社会大分工——农业与畜牧业的分离。人们有了多余产品，又因为分工的存在，使得部落、氏族间的交换日益频繁，交往范围也随之大增。人们通过养马来作为代步工具，使人们交往的范围不断扩大。平原地区的粮食、陶器，山地人的石器，游牧部落的牲畜、皮毛、肉、奶制品等。人们在固定的时间和场所，进行物品的交易，参加者众多，物品越来越广泛。

直到四五千年的龙山文化时期——父系氏族公社阶段，这种贸易活动占主要地位。

在人们只有少数剩余产品时，交换比较简单，因为交换时没有多少选择的余地。随着这种交换的扩大，人们越来越感到交换过程的麻烦。如想用布去换粮食时，有粮食者却想要斧子，于是再去找有斧子而需要布的人。这样的交易过程费时又费力，用经济学的语言来说就是交易成本太高。也就是说，在持有一种商品的人，要换他所需要的物品，必须找到持这种物品同时又需要自己商品的人，但这是一种双重巧合。在多数情况下，交易是十分烦琐的。随着产品交换的数量、规模和种类的不断扩大，人们日益需要一种交换媒介来简化交易的过程。

3. 实物货币的产生

苦于物物交换的不便，人们开始寻找新的交易方式。根据经验，某些大家乐于接受的物品，如米、牛、布、刀等一些生活必需品，很容易就能转让。于是在交换中人们首先换成这些东西，再交换自己所需要的。

久而久之，一两种商品从所有商品中分离出来，充当一种固定的角色，即表现其他商品价值的一般等价物。这样，实物货币便产生了。

在世界各国，由于自然条件千差万别，所使用的实物货币也有很大不同。如非洲的埃塞俄比亚人用盐，美洲印第安人用烟草，希腊及印度人用牛和羊等。印度货币 Rupee（卢比）是从古字 Rupya（牲畜）衍变来的。拉丁语中"Pecunia"（金钱）来源 Pecus（牲畜），英语中"You worth your salt"，意思是"你是称职的"，其中"salt"一词便指钱。中国人最早用海贝作为货币，后来布帛和工具也充当货币。汉字中有许多与财富相关的字都带"贝"字，如货、财、赋、费、贾、贷、贵、贱、败、贡、贪、购、贮等。

4. 我国最早的货币——海贝

海贝天然就具有作为货币的有利条件：第一，海贝是装饰品，本身有使用价值。有一种观点认为，它可能是一种图腾崇拜，是古人对象征着生命的源泉——女阴的崇拜，因而把它看作是吉祥的物品而佩戴在身上，可以辟邪。第二，海贝与粮食等相比，更坚固耐用，顶部磨穿可成串，便于携带和转让。第三，贝壳可分离，可计数，适于做计量单位。在我国，海贝之所以成为货币，和它在中原地区的稀少有着十分密切的关系。

中国古代可做成货币的海贝只有两种，一种是齿贝，学名叫"货贝"（cypraea moneta），外形较小，卵圆形，色泽美，背凸出，壳口狭长，两条边缘有齿形状突起。在我国做货币用的主要是这种海贝。另一种是紫贝，又叫阿文绶贝。

图1.1 中国古代天然货币海贝

贝的计值单位是朋，而1朋到底是多少个贝，现在有2枚、5枚、10

枚三种说法，一般认为 1 朋为 10 贝。海贝在当时的价值是很高的，80 朋贝可换 10 块田。在甲骨文中，赐贝 50 朋以上的记录是不多见的。

中国的先人是从何时开始把海贝作为货币使用的？根据近年来的考古发现和文献记载，在 4000 余年前的夏朝，我们的祖先就已经普遍把海贝作为货币使用了。①

《史记·平准书》中说："农工商交易之路能，而龟贝金钱刀布之币兴焉，所以来久远。……虞夏之币，或黄、或白、或赤，或钱、或刀、或布，或龟、贝。"司马迁说夏朝曾用龟壳、贝壳为货币；且夏朝的货币包括金、银、铜，生产工具钱、镈、刀，还有龟壳、贝壳等实物货币。《盐铁论·错刀篇》载："夏后以玄贝，周人以紫石。"意思是说夏代使用黑色的贝壳做货币，周朝用紫色的玉石（或石贝）。

从考古发现也证实，夏朝已有海贝做货币的事了。在河南偃师二里头等地的墓葬中发现过货贝，最多的一次有 12 枚海贝放于一处。还有各种仿制贝，如石贝、骨贝等。仿制贝的存在，本身就说明了海贝的使用是相当广泛的。

图 1.2　古代海贝的仿制贝：玉贝、陶贝、石贝和骨贝（从左至右）

5. 商周时代海贝的使用

在中国商周时期，海贝在交换中的使用日益频繁。海贝不仅用于人们日常的物品交换，还用于国王对臣下的赏赐，同时人们还把它作为重要的贮藏手段。

商朝青铜器上的铭文就提到赐贝若干朋供某人制作礼器之用。古文献载："易（赐）贝五朋，用作父丁尊彝。"这里的"贝"应是购买青铜

---

① 宋杰：《中国货币发展史》，首都师范大学出版社 1999 年版，第 27 页。

原料开支所用的货币。西周青铜器铭文中也有类似的记载。如青铜器《俎子鼎》："王赏伐甬贝二朋，用作父乙鬻。"说明海贝充当货币流通手段的职能。

青铜器还用于王对臣的赏赐。如商王赏赐臣下最普遍的就是赐贝。《易经》载有"十朋之龟"，"朋"是贝币的计算单位，贝壳十枚为一串，为1"朋"，"十朋之龟"，是说这个龟壳价值100枚贝币。商代金文记载赐贝数目常为10朋、20朋和30朋。周王赏赐臣下用贝的情况更为普遍，数量最多的甚至达到100朋。

海贝在商周时代也作为重要的贮藏手段。主要表现在大量出土于墓葬和窖藏中的海贝。商代墓葬中出土过大量海贝，基本上是作为殉葬品而陪葬的，20世纪70年代曾在陕西普渡村一次就发现上千枚。在安阳大司空村的商代平民墓中，1958年发掘了51座平民墓，发现有贝币殉葬的11座，一般以1贝为多，最多的一座有13枚之多。1957年在西安长沣县发掘的182座周墓中，发现陪葬海贝的墓就有95座，海贝数量共计千枚以上。

商、西周两朝正处于中国古代青铜时代的鼎盛时期，尤其是商朝，青铜器发展到一个高峰。1939年，在安阳出土的商代青铜器司母戊大方鼎，是迄今世界上发现的最大的青铜器。这从一个侧面反映了商朝手工业和冶金铸造业已经发展到相当高的水平。这也为商朝后期出现用青铜铸造的贝币提供了技术基础，铜贝又被认为是世界上最早的金属铸币。

铜贝实际上是一种代用币。就是说海贝从很远的南方获取，数量十分有限，随着交换的日益扩大，海贝已经不能满足人们的需要了，于是人们开始用各种材料制成海贝形状的货币，称为海贝代用币。据考古发现证明，古代人们制造海贝代用品的种类很多。除了上面提到的铜贝外，还有土质的，就是用陶土制造的，人称陶贝，这在殷墟就有出土。还有骨贝，就是用动物的骨头磨制而成的贝，这种贝在河南、山西、河北、山东以至青海都有大量出土。还有一种蚌贝，是用蚌壳磨制而成的。这些仿制品到底是不是货币，人们还有争论，有的人认为是装饰品。

二　金属货币取代海贝

商朝和西周时期所使用的主要货币是海贝，但同时金属称量货币也开始出现，随着金属货币流通的日益普及，作为实物货币的本位货币海贝，逐渐有了它的代用币——商朝后期的铜贝，到了西周时期青铜货币的使用比商代更多了。形成了金属货币代替实物货币海贝的发展趋势，这是货币自身发展规律的必然结果。金属货币的流行有着深刻的社会经济背景：

第一，商业的发展。春秋战国时期，铁制农具的使用和推广，促进了农业生产的发展。在此基础上，社会分工也更加细致，手工业出现了百工。由此商品交换的领域进一步扩大了，对货币的需求也增加了，原来的货币已不能适应客观需要，海贝数量少，金属货币的优势逐步流行开来。

第二，生产方式的变革。一方面，西周时期的世袭贵族有自己的封邑，他们所需要的基本生活资料都可以直接从其封邑中征收，购买的实物较少。到春秋战国时期，奴隶制逐渐瓦解，新的封建关系开始建立，领取俸禄的新官僚、新地主和商人，要用俸禄等去购买生活必需品。另一方面，西周井田制度下，奴隶和农村公社"邑"中的平民，没有剩余产品，而农村公社是一个经济共同体，一切按社会成员分摊，没有交换。到春秋时，井田制瓦解，奴隶变成自耕农，出售剩余产品。总之，阶级结构的变化，带来了商品交易频繁，从而引发金属货币的流行。

第三，币材与金属农具的换位。铁制农具在生产领域的广泛使用，生产效率提高了，铁器还进一步用于采矿、冶金。在夏、商、周青铜时代，铜是农业工具的主要原料，到战国时期，铜器为铁器所代替后，大量铜制工具被改铸成货币，这样在经济舞台上铜开始扮演另一个角色——充当货币的主要材料，尤其是在中国几千年漫长的封建社会，铜钱在绝大部分时间里是作为本位货币之一的身份存在于社会经济生活中的。

第四，金属货币自身的优势。金属材料坚固而耐磨，既便于流通，又便于保存；金属质地均匀，性质单一，易于鉴别，重量相同，价值就相同，不像粮食等实物货币有优劣好次的等级之分；金属都可以任意分割，小的还可以再熔铸成大的，其价值与重量成比例地增大或减小。而布匹和牲畜等实物货币一旦分割，其价值会大大降低。商朝后期及西周时代，金属货币与海贝在共同的使用中，前者的优势逐步展现，进而取得了主币的地位。这是世界货币发展的共同规律和趋势使然。

图1.3 中国古代的金贝和铜贝

第二节 远古时期的信用

信用原意是指相信、信任、声誉等,作为经济范畴上的信用是指借贷活动。信用和货币一样,产生的历史十分久远。但信用的产生早于货币。

一 信用的产生

中国的借贷活动起源于原始社会末期。它的产生有两个条件：一是有了私有财产；二是社会出现两极分化。新石器时代,人们改进了生产工具,能生产出更多的剩余产品,于是就出现了私有财产。随着人们社会地位和个体劳动能力的差异,氏族内部成员开始走向两极分化,同时氏族与氏族之间也产生了贫富差距。贫穷的氏族因某种需要,向富裕的氏族借贷,信用就产生了。可见信用早在货币产生以前就已存在,它的发生并不以货币的存在为前提,其历史要早于货币。据推测,中国的借贷行为可能产生于神农氏以前。宋朝的罗泌说舜曾在顿丘和传虚之间经商,"顿丘买贵,于是贩于顿丘,传虚卖贱,于是债于传虚,以均救之"。[①]

早期的信用形式有两种：实物借贷和货币借贷。

最初的借贷是实物借贷,借贷的对象主要是粮食、农具等生活和生产必需品。实物借贷有很多局限,要受贷出对象、实物种类、时间、地

---

① 《路史》卷二一《有虞氏》,转自叶世昌《中国金融通史》第一卷,中国金融出版社2002年版,第9页。

点等因素的制约。《管子·问》中的"贷粟米"和《汉谟拉比法典》中关于贷谷的法律规定，都是实物借贷的例子。货币产生以后，货币借贷就突破了实物借贷的局限，对借方来说，他可以用货币购买所需要的实物；对于贷方来说，货币既可作为财富储藏，又可用于购买另外的物品。所以，货币产生以后，借贷扩大了，货币借贷成为早期信用的另一种形式。

二 商周时代的信用

原始社会末期，随着私有制的发展，出现了专以交换为目的的商品生产，而商品交换的进一步发展，促使人类社会生产再分工，这就是第三次社会大分工——商业与农业和手工业的分离，形成了独立的商业阶层。中国的第三次分工出现在商朝。商朝是中国奴隶社会的繁荣时期，铁器的使用和推广使农业生产力普遍提高；青铜器的铸造代表了当时手工业的发展水平；同时手工业的分工越来越细化，号称"百工"，必然要求一些人专门从事商品的买卖。后人把做买卖的人叫商人，把交换叫商业，是与商朝和商族有着密切的联系。

商代的青铜铭文中并没有关于借贷活动的记载，但商纣王"厚赋税以实鹿台之钱，而盈钜桥之粟"，对人民实行搜刮政策，以至于周武王灭商后，将"弃债"作为赈民的一项措施。这只限于人民欠官府的债务。

周朝时，借贷行为已经很流行。那时的借贷活动，既有政府对百姓的借贷，也有民间私人的借贷。其形式既有实物借贷，又有货币借贷，以实物借贷为主。

泉府是周朝时的国家财政金融机关，泉府的赊贷是中国最早的国家信用。其职能是为了维持贫民生计，使再生产能够正常进行，从而达到稳定社会秩序和国家政治安定的目的。每年春夏之交或人们经济困难的时候，政府以实物的形式贷给他们，收取的利息比较少，甚至不收利息。《逸周书》中记载了周朝国家实行"农假贷"政策，说明周王朝的农贷政策是经常性的。《周礼》中提到的国家信用有"赊"与"贷"两种。赊就是百姓向官府赊钱买物，用于祭祀的十天后还钱，用于丧事的三个月后还钱。对于这种消费性的开支，官府是不收利息的。贷是一般的借贷。所贷的是货物，由有司"定其贾而与之"。因用于经营产业，会带来收入,所以要收取一定的利息。利率的大小以所从事产业的税率为准。如果贷款用于农业生产,年利率则按地区远近从5%到20%不等。在中国古代,这样的利率是不高的。

民间的借贷,可能是一种互助活动。而民间另一种借贷行为则是一些富人把放贷当成是一项公益事业来做。不管是哪一种情况,其利息都不是很高的。

《周礼·天官冢宰上》中有"听称责以傅别"的记载,这是关于民间借贷审理为内容。民间债务纠纷的审理,一般以"傅别"为依据。"傅别"就是债券,一式两份,用竹木制成。"傅"即指傅着约束于文书,就是将借据内容写在券上,包括双方姓名、贷款数目、归还日期、利息等;"别"就是一分为二,两家各执一份,债权人持"右券",债务人持左券,或相反。以作为要债或还债时的凭证。

商朝和西周时代,借贷现象并不普遍。其原因可从奴隶社会的三大阶级中找到答案。一是奴隶主贵族。商周时代奴隶社会的统治阶级中,王、侯、卿大夫们有采邑——封地,封地上人民直接为其提供各种物品,由于商品业不发达,所要购买的奢侈品不多。二是奴隶。商周时代奴隶的一切生活用品都由奴隶主提供,他们没有能力去借贷实物或货币。因此,无论是官府借贷还是民间借贷,都不会有奴隶的参与。三是平民。平民在当时是农村公社的成员,他们在生产和生活上有互助的义务,就是在患难的时候互相救济,借贷粮食、工具和其他生活必需品等,因为这些大都是农民自己能够生产的东西,因而一般也不是高利贷。

第 二 章

春秋战国时期的货币与信用

第一节 春秋战国时期的货币

一 春秋战国时期的四大货币体系

在春秋战国大约600年的时间里，社会经济发生巨大的变化。商朝出现第三次社会大分工，商业从农业、畜牧业和手工业中分离开来。最早的商品生产和商品交换形成了。春秋战国时期封建生产关系的确立，进一步解放的生产力，大大促进了商品的生产和交换。作为交易媒介的货币，在这个时期以铜钱为主，兼用金、银、玉、布帛、贝币。由于在政治上，各国处于分裂状态，加之各地区经济、文化的不同，列国所铸铜币分属不同的货币体系。

（一）布币体系

布币，又叫铲形币，是模仿先秦的农具——钱、镈铸造而成的。钱、镈都是中国古代的青铜农具。钱，形状像铲，有两足；"镈"也是一种铲状农具，与钱不同的是没有两足，用来掘地挖土，若装上木柄，还可以锄地。"镈"通假为"布"，后来人们把形状像农具"镈"的青铜货币就称为"布币"了。钱和镈分别由原始社会后期的石器工具耒、耜发展而来。

耒——钱，形状像十字形，下部尖，可掘小坑；后发展成下部为两尖叉形。

耜——镈，初为平刃木铲；后发展为铜铲，上部为空首，可装木柄。

商周时期，用青铜制成两足铜耒的农具"钱"和平刃铜铲的农具"镈"，很受人们欢迎，因而也很容易交换到其他商品，于是钱和镈就逐渐从其他商品中分离出来，固定地充当一般等价物——具有价值尺度和流通手段的职能。尖足铜耒，容易折断，发展成两个平足的"耑"。

布币的各个部位都有各自的名称。

首部，分为空首和平首两种。

肩部，分为耸肩、平肩、削肩和圆肩。

裆部，分弧裆、桥形裆、平裆和圆裆。

足部，有尖足、平足、弧足和圆足。

布币的形状在不同的发展时期有不同的特点。

1. 原始布

原始布约在殷商后期及西周晚期就出现，又名大铲布，形状像农具铲，是中国最早的实物货币之一，也是金属铸币的雏形。它尚未脱离钱镈农具原形，体大銎短，粗糙厚重，安柄后基本就可使用，但比真正的铜铲要小，长约11—16厘米。①

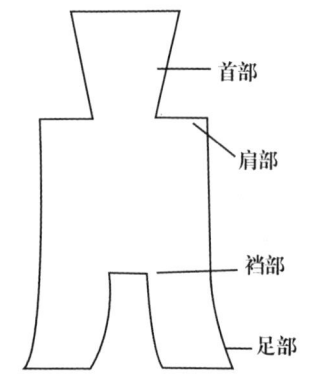

图2.1　先秦布币的主要部位图　　**图2.2　商周原始布**

2. 空首布

西周晚期开始出现，盛行于春秋战国时期。空首布的基本形状与原始布相同，但比原始布小了许多，轻薄整齐，制作精良，亦称铲布。这种布，銎长，空可入柄。币身有多种形状。多数上面有文字，如"周""王"等，前者指周王室，后者指王城洛阳。有的正背三道直纹及文字，

---

① 宋杰《中国货币发展史》，首都师范大学出版社1999年版，第44页。

如安臧布、甘丹布等。最小的为东周布。这些布币单位为"釿",春秋时重35克,战国早期12—17克,晚期轻至10克左右。近百年来,在殷墟出土了大量的甲骨文,空首布上面的文字和甲骨文有明显的继承关系,其笔意和文字的刀法都与甲骨文相似。根据出土情况,其行用范围集中在潼关以东,郑州以西,太行山以南,河南登封以北,以洛阳为中心的黄河西岸一带。也就是以周王的王畿为中心,包括晋、卫、郑、宋等国在内的广大范围。

空首布的形制分为弧足空首布、尖足空首布两型。

(1) 弧足空首布

此型根据肩部又分为平肩和斜肩两种亚型。

平肩弧足空首布分为大、中、小三种型号。大型平肩弧足空首布,面文多含地名,也有数目、干支。1970年河南伊川富留店村,出土大型平肩弧足空首布604枚,长93—101毫米,足宽约49—55毫米,重30克左右。中型平肩弧足空首布,面文有一两个字,如"七""下""卜"等。在河南洛阳分属春秋和战国的5座墓葬中出土12枚,通长83—89毫米。小型平肩弧足空首布,面文以"安臧"为最多,此外有"东周"等。1971年,在河南新安牛丈村曾出土401枚,通长63—74毫米,足宽39—43毫米,重15.3克左右,相当于大型布的一半。

斜肩弧足空首布,有大小两型。大型者,1980年在河南宜阳柳泉乡出土1789枚,长78—88毫米,中距45—51毫米,重18.6—27.2克。小型者面文多为地名。长约70毫米,足宽约40毫米,重约13克。常见面文有"武""卢氏"等。

图2.3 空首布之大布   图2.4 武字空首布

（2）尖足空首布

耸肩尖足空首布，布身耸肩、尖足、方裆或圆裆。长銎，銎内留有范芯。面背多有三道平行直纹，有郭。多无文字，俗称"无文大空首布"。形体大小不一。大者长137—145毫米，重35—37克。小者长117—125毫米，重25—30克。1959年，山西侯马牛村古城南东周遗址之春秋晚期地层中发现有大量空首布范芯，即内范。①

3. 平首布

平首布又称实首布，形状比空首布更为轻薄，且精美平整，基本脱离了农具镈的原形，春秋末期始见，盛行于战国中晚期。货币本身的发展要求其向更便于携带和计数的方向发展。平首布的铸造和使用范围很广，战国的赵、魏、韩、秦等国都有使用。燕国也发行过平首布。平首布种类多，均布首扁平无銎，布背素面，布面有各种文字，记地名和货币单位釿、孚等。重量从30克到五六克不等，战国时盛行的平首布有晋阳、梁、安邑等釿字布。还有一种叫孚字布，魏国大梁铸，文字较多，如"梁正尚金当孚"和"梁半尚二金当孚"等。

图2.5　春秋时耸肩空首尖足无文大布　　图2.6　魏国的安邑二釿布

（1）尖足布。多为耸肩、尖足、方裆，由尖足空首布蜕变而来。布文"甘丹"，面首有二直纹，仅有大品。长约83—85毫米，足宽44毫米，重10—12克。为战国时期赵国铸造。1979年河北灵寿县出土。布文"离石"，饰纹同甘丹大布。仅有小品。长51—52毫米，足宽23—28毫

---

① 唐石父：《中国古钱币》，上海古籍出版社2001年版，第10页。

米，重5.5克。离石为战国时期赵国的地名，今山西省吕梁市离石区。1979年河北灵寿县出土。布文"大阴"，纹饰同甘丹大布，有大小两型，大阴为赵国地名，今山西霍县境。1979年河北灵寿县和邯郸出土。

（2）类方足布。形制见上文所述。长约4毫米，足宽26—27毫米，重4.8克。布文"榆即"，战国赵国地名，今山西榆次附近。1963年山西阳高县出土。为战国赵国铸币。

（3）类圆足布。布文"平匋"长约50毫米。此为战国赵国地名，今山西文水县西南。

（4）桥足布。布文多有字，因又称釿布。在平首布中，其厚重是仅有的。轻重分等，如二釿、一釿、半釿三种。流行于魏国境内。布文有"安邑二釿""安邑一釿""安邑半釿"，"梁重釿百当寽""梁重釿五十当寽""梁正尚百当寽""梁正尚二百当寽"等，"尚"解释为"币"。

（5）方足布。方肩、方足，间有耸肩者。根据铸地不同分为：魏布、韩布、赵布、燕布等。

（6）圆足布。圆首、圆肩、圆足、圆裆。面无纹，背有二斜纹，斜纹间距上窄下宽，有大小两种或大中小三种。

（7）三孔布。形制同圆足布。唯有首及两足有圆形穿孔，因名三孔布。有大小两种。大品背"两"字，小品背"十二朱"。三孔布发现较晚，传世品极稀，且在中华人民共和国成立前流出国外较多，日本银行所藏三孔布有20枚左右。无出土记录。1984年4月，山西朔县出土的宋子三孔布，为有出土之记录，弥足珍贵。三孔布是铢两币的先导，秦半两钱实源于此。

图2.7 战国平阳（左）、安阳（右）方足布　　图2.8 战国时铸于赵国的三孔布

战国时期各国的布币进一步朝着短小轻便的方向发展，这本身符合于货币自身发展的规律。我们从赵国布币形制的演化可以清楚地发现这一趋势。

战国初期，赵国的布币一般为平首、平肩、平裆、方足形的币布，简称方足布。币面大多铸造有古赵国的地名，以"安阳"布发现得最多。战国中期。赵国铸造了圆首圆足布，有大小两种形式，上有"蔺"和"离石"等字。后来，赵国又铸造了大量的平首方足的小布，这种小布上多铸造有地名，现在已经发现的有50多种地名。战国后期，赵国的布币慢慢地朝圆首、圆肩、圆足的方向发展，这样不易磨损，耐用而且便于流通。赵国晚期铸造的三孔布，分成两等，一等为1两，另一等为12铢。这和圆足布的等分关系有相当的联系。

（二）*刀币体系*

刀布，就是形状像刀的钱币，主要由齐、燕、赵三国铸造发行。这三个国家都是当时的东方渔猎和手工业发达地区。刀是商周时期在这些地区普遍使用的渔猎工具，在较长时间内被用作交换媒介。刀的用途十分广泛，人们不仅在日常的生活和劳动中要经常用它，而且还可以用刀来写简竹、木简。"刀笔精通"之说就是把刀与笔并列，说明其是最初的书写工具。青铜小刀在黄河下游地区是一种实物货币，其充当等价物身份日益固定，铜刀的实用性也逐渐丧失，外形也趋于轻小化，只是刀的形状依然保留了下来。

春秋战国时期的刀币，按铸造地和形状可分成三大类。

1. 齐国刀

齐国是东方的大国，靠近大海，自古渔猎十分发达，刀子在这一地区的作用十分重要，因而齐国的货币就由一般等价物——刀子转化而来，从而大量铸造刀币。齐国的刀币厚重而精致，上面铸造有齐、法、货等文字。齐国的大型刀币现在已经发现了七种：

第一，即墨之法化刀。即墨为地名，是山东当时的大都市，今山东平度东南，所辖之地为齐国五大行政区之一，其他四大区分别为平陆、东阿、莒和安阳。这是齐刀铸行最早者，约春秋时期。

第二，安阳之法化刀。人称"五字刀"，是齐刀中之珍品，分为大小两种，后者为减重、贬值的货币。形制近于节墨之法化刀，年代亦相近。

图 2.9 齐国节墨之法化刀

安阳为地名，今山东莒县。

第三，齐之法化刀。人称"四字刀"，形制与上两种相似，铸行相近或稍晚。"法币"即"法钱"，就是法定货币之意，铸造地点在齐都城临淄。

第四，簟（谭）邦之法化刀。簟为莒之古字，莒为山东半岛东端的一小国，后为齐吞并。

第五，齐造邦长法化刀（六字刀）。可能为田氏代齐后铸造的纪念币。

第六，齐法化刀（三字刀）。同四字刀意思，为战国中期铸造的法定货币，有固定形状和重量，在临淄铸造，其发行数量最多，在先秦钱币中是最精美的一种。

图 2.10 齐国齐法化刀

2. 燕国刀

燕国也是靠近沿海的北方渔猎之国，刀币极为通行。燕国刀币比齐刀要轻小些。根据铸造时间的先后，燕国的刀币可分为以下三种。

第一种，针首刀。春秋时铸造，这是燕国铸行最早的一种刀币。铸地在今天的冀北、内蒙古和辽宁等地，当时为匈奴故地，因而又称为"匈奴刀，刀首很尖"，像针一样，刀身短薄，上面文字多为古篆。

第二种，尖首刀。春秋至战国初期铸造，出土地在今天的河北、山东、辽宁等地，比针首刀要广泛一些，上面的文字多只有一个，如行、土、化、工、大、丁、上、中、下、井等。晚期的尖首刀上出现明字，是明刀的先导。尖首刀一般长 138—180 毫米，宽 18—26 毫米，重 14—16 克。尖首刀现存数较多，可能是燕政权发行的正式货币。

图 2.11　燕国的尖首刀

第三种，明刀。战国中晚期铸造。所铸刀币上有一个"日""月"二字，人称明字刀。长约 140—170 毫米，宽 13—22 毫米，重 15—18 克。明刀是目前所发现的刀币中数量最多的，出土地点也较广，不仅在中国的东北、华北等地有大量出土，甚至在朝鲜、日本等国也发现不少。明刀有弧背明刀和磬折明刀两种。

弧背明刀，凹刃，刀柄直纹二道，至刀身而止。刀首略宽于刀身，形制源于尖首刀明显。明字书法多变，作"⊙)"者年代较早；作"⊙)"者年代较晚。

图 2.12　燕国的明刀

磬折明刀，面文明字，作"⊙)"以后又演变成"⊚"。刃部已成直线，刀柄直纹伸入刀身，背文较弧背明刀字数增多。

燕国还曾经铸过一种只在山东通行的刀币，这种刀币清代嘉庆年间第一次在山东博山香峪村出土，人称博山刀或齐明刀，这是燕军攻占齐国后在齐地铸造的刀币。

3. 赵国刀

三晋之地的赵国，也铸造自己的刀币。赵国刀币的特征是刀身直，头略圆,刀身比齐、燕刀略小,因而也被人们称为小直刀。还有一种上面有"蔺"等文字的为一种体形更小的小直刀,现在发现的数量很少。赵国刀的种类主要有以下四种。

第一种,甘丹。刀面的文字为"甘丹",指赵国都城邯郸,这是赵刀中数量最多的。

第二种,白(柏)人。白人为古城市名,史书记载为"柏人",在今河北隆尧,战国时属于赵国。

第三种,成(城)白。可能是白人的别称,但根据考古发现判断它是战国时中山国都灵寿发行的货币。公元前296年,赵国灭掉了中山国。以上三种赵刀,刀身稍显弧形,长约为138—150毫米。属于赵国刀中之大型。

第四种,蔺、晋阳、晋阳化、晋阳辛(新)化。这几种小直刀上面都有赵国的地名,蔺为今山西离石西,晋阳指太原。现在存世极少。这些类型的赵国刀长约93—110毫米,宽9—12毫米。属于赵国刀中之中型刀。

(三)圜钱体系

圜钱,又叫环钱,就是形状像圆环的钱。在仰韶文化遗址中,有陶制、石制的纺轮,与圜钱相似,据此人们推测,纺轮可能在上古是一种实物货币,而圜钱可能是仿照它的形状而铸造的。另一种观点认为,圜钱是仿照实物货币玉璧、玉环的形状铸造的。[①] 除楚外,战国的其他六国中都铸造过圜钱,其形制可分为两类。

1. 秦国的圜钱

相传战国时秦国通行的货币是由纺轮发展而来的。秦国的货币主要有四种型式,均为圜钱。

第一型为"1两"钱,钱面上铭文分有"一珠重1两·十二""一珠重1两·十三"和"一珠重1两·十四"和"半圜"等。这里"1两"后面的字数"十二""十三""十四"与纪重无关,可能是表示纪年的。

第二型是"两甾"钱。面文"两甾",《说文》:"甾,六铢也。"需要说明的是,当时的几种重量单位之间的关系为:1两=24铢,1锱=6铢,2锱=半两。这两种钱都是圆形圆孔的。有人认为"铢"通假"珠"

---

① 黄锡全:《先秦货币及其相关问题》,戴建兵:《钱币学讲堂录》,河北人民出版社2021年版,第48页。

字，表示这种钱币的形状为圆形。两甾钱径29—32毫米，重7.8克左右。

第三型是"半两"钱。无内外郭，背平夷。《史记》中记载有秦惠文王二年（前366年）"初行钱"，说明秦统一中国以前就已经通行半两钱了。这种是圆形方孔形的钱。1980年，四川省青川县郝家坪50号战国秦墓出土半两7枚。钱径多在30毫米左右，重量4—7克之间。为秦昭王元年（前306年）所铸，现藏于四川省考古研究所，为迄今所知出于年代较明的战国墓葬中最早的标本。①

第四型是"文信钱"。吕不韦当政时期，秦国的长安君铸造了"长安"钱，而封君吕不韦铸造了文信钱，后一种钱有四道曲文，又叫"四曲文钱"。秦国在攻占赵国的过程中，还在新占领的赵国土地上铸造了一些圜钱，如"蔺""离石""武安"等。秦国在占领魏国的土地后，也铸造了一些新的圜钱，如"皮氏""平备""济阴"等。1955年河南洛阳市河南故城遗址出土过残石范，河南故城正是吕不韦的封地。钱径23—25毫米，重3—4克。

图2.13　秦国的两甾钱　　图2.14　秦吕不韦的文信钱和秦济阴钱

2. 其他各国的圜钱

与秦同处于西部的周王室、韩、魏等国都铸造过圜钱，基本形制为圆形圆孔。周王室所铸的圜钱，其铭文有"西周""东周""周化""洮阳""安藏"。其中，"西周"和"东周"文字并非指后人对中国古代朝代划分时的称谓，而是指战国时周王室分离出来的两个小诸侯国。周考王的弟弟揭的封地在今河南，位于王城洛阳以西，故称西周，揭为西周君。公元前367年，西周威公去世，其少公子根在韩、赵两国的帮助

---

① 唐石父：《中国古钱币》，上海古籍出版社2001年版，第49页。

下，另立封地，设都城于巩，号称东周君。这两种钱就是由这两个诸侯国发行的。此外，魏国圜钱在钱面上铸有地名，如"坦""共"等字样。

地处东部的齐国、燕国和赵国则形状基本与秦国相似，亦为圆形圆孔，不同的是文字。齐国的圜钱有三种，文字分别为"賹化""賹四化""賹六化"，一枚賹六化钱等于六枚"賹化"钱。"賹"字表示战国时期贵金属黄金的重量单位。"賹"又可以写成"镒"或"溢"，《汉书·食货志》："秦兼天下，币为二等，黄金以溢为名。"一镒等于20或24两。

图 2.15　战国圜钱：东周铸于秦国，共屯赤金铸于魏国

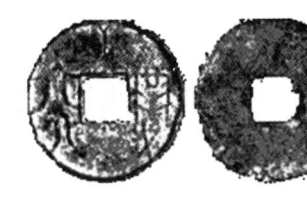

图 2.16　战国齐国圜钱賹六化

燕国的圜钱有"明化（货）"和"一化"两种，"化"字有人解读为"刀"。另一种叫"明四"的钱，数量不多。赵国圜钱上有"蔺""离石"等文字，这与该国铸造的圆首圆足布上的铭文相同。

（四）楚币体系

楚国铸的钱，独立成体系，称楚币，也是列国之中最有特色的货币体系。如楚国铸造的蚁鼻钱和鬼脸钱。春秋战国时期，中国的文化中心是在黄金流域的中原地区，被称为"华夏文化"。而楚国在南方江淮地区自成一个文化体系，即"楚文化"，它的货币也表现出与北方铜币不同的特点。楚币体系主要分三个部分。

1. 金币

战国时楚国盛产黄金，这是楚国铸造黄金货币的有利条件。楚国的黄金铸币分金钣和金饼两种。楚国金币是法定货币，属称量货币性质，可根据需要切割成小块，用天平称量支付。

（1）金钣（版）

又称楚金钣、爰金、印子金。多铸成不规则的方形或圆饼形，外有边栏，中有阳文文字印模凿打印出方格与文字，故称"印子金"。爰金铭文最多的是"郢爰"。郢是楚都城，先在湖北江陵，几次迁都，最后迁寿春（今安徽寿县），均以郢为都名。也是国名，与楚同用。"爰"是重量单位名称，写成"爰"。近年来，有人认为应读为"冉"，即"称"，是权衡轻重的意思。公元前278年，秦国大将白起率兵攻占郢都，楚国被迫迁都陈县，就是今河南淮阳，后来发行的爰金就称为"陈爰"。1978年8月，安徽寿县出土一种铭文为"卢金"的金钣，以及郢爰、无字金钣和金叶等，总重达5187.5克。分别介绍一下郢爰和陈爰这两种爰金。

图2.17 楚国金币郢爰

郢爰，扁平的版块，一般平面成长方形，也有四角上翘成不规则的方形曲版状者。上面打印"郢爰"二字小方形印记。小方印根据金钣的形状而排列，形成大致平行但不规则的横行或竖行。一般印数在16—24印之间，重量在260—280克上下。1984年8月，河南息县临河乡霸王台东周遗址曾出土一枚铜质、文字为"郢冉"的印模，长宽各11厘米，高37毫米，重68克。"郢爰"在迄今发现的楚金钣中出土数量最多，近几十年来出土地多在原楚国境内（今安徽、湖北、江苏等地），在山东临淄、陕西西安等处也有发现。

陈爰，形状与郢爰大致相同，差别在于陈爰还有做圆饼形者，排列也不如郢爰整齐。一般认为"陈爰"是楚顷襄王二十一年（前278年）迁都于陈后所铸。近年来，安徽六安、陕西咸阳、河南扶沟古城村等地先后有出土。咸阳的8块"陈爰"重230—260克，平均重248克。

（2）金饼

呈圆饼形，又叫"圆金饼"，俗称金饼、饼金。1970年安徽阜南三塔乡、1978年河南襄城王洛乡、1979年安徽寿县东津乡都曾有金饼与楚金钣一同出土。

2. 蚁鼻钱

这是一种奇特的贝状铜币，它是由商周时代的无文铜贝币发展而来的一种小型青铜贝币。这些铜币外形一端钝，一端尖，正面凸起，背面平且凹入，在尖端有穿孔，或透或不透。正面有阴文文字，其形式古拙，常见的有"癸"，或作"哭"，与下面孔穿一起，合起来像个鬼脸，因此叫"鬼脸钱"。另一种文字如"紊"的，被释读为"名六朱"，外形像蚂蚁，称"蚁鼻钱"。此外还有"君""金""行""匋""忻（釿）"等。楚国的这种铜币因与古代无文铜贝外形相近，被认为是与古铜贝有渊源，故又名为楚铜贝。

楚国原疆域广大，铜币的出土地广泛分布于其势力所及的地区，即今湖北、湖南、江苏、安徽、山东等地。1963年，湖北孝感县野猪湖一次出土"哭"字铜币4700余枚，多为长20毫米、宽13毫米、厚4毫米，重3.1—4.5克。"名六朱"铜币出土较少，但在河南省舞阳县、江苏省徐州市和陕西省咸阳县等地都有发现，如1962年，在陕西咸阳东北长陵车站南出土48枚，长16—21毫米，宽9—13毫米，重1—3.6克。这些楚国铜币屡次在原楚国疆域内发现，每枚重量早期平均约为5—5.6克，晚期减至2.5克左右。

3. 旆布

楚国晚期受北方影响还铸行一种异形布币。币身狭长，铭文为"旆钱当釿"，"旆"原指长条形燕尾大旗，意为形状相似。"釿"为铜的重量单位。即一釿的旆形大钱。背面有"十货"两个字，指一枚旆钱当10枚蚁鼻钱。另有一种"四布当釿"布，大布一当小布四，小布两枚连在一起，一正一倒，四足相连，又叫连布。

图 2.18　楚国的鬼脸钱　　　　**图 2.19　楚国四布连币**

二 春秋战国时期青铜货币的特点

战国时期的经济发展已经有了统一的趋势，这可以从列国间货币的交流和货币的形制上可以看出来。

第一，青铜货币铸造制度的多样性。各国都铸造了形制不一的货币，但各国所铸的货币可以相互流通，用于国与国之间的交易。如赵国有刀币、布币，燕国有刀币、布币、圜钱，齐国有刀币、圜钱，楚国有金银币、布币，从而使以前的那种简单的刀币区（齐燕）、布币区（三晋）、圜钱区（秦）用不同的货币形制联系起来。这与一些国家大规模地仿铸其他国家的货币有关，这样各国的经济联系进一步加强了。例如中山国，除了自己铸造白刀币外，考古工作者还发现了中山国大量仿铸邻国赵国、燕国的货币。而在韩国新郑遗址的发掘中也出现了大量的圆足布和非韩国铸币的钱范。在齐国都城临淄发现了魏布币等。

第二，货币及其单位已有了等级的划分。各国所铸的青铜货币中，无论是刀币还是布币，都有不同的币值，如秦钱中一两和半两，三孔布有"一两""十二朱（铢）"的字样等。此外，从金属币材的角度来看，当时已有大量黄金的流通，这是与广泛使用的青铜货币一起共同充当货币的职能，但黄金更多是用于大宗交易和巨额支付，或作为财富贮藏的手段；而青铜货币则主要用于日常生活中的零星交易。这与后来的主币与辅币的职能分工一样。这也是当时货币理论——子母相权论在现实中的应用。

第三，仍具有实物货币的特征。战国时期的布币、刀币、圜钱的外形，还保留着实物货币的原始面貌。楚国的蚁鼻钱也是从商周时期的铜贝演化而来的，仍然是仿照原始货币海贝的形状。其原始货币特性的另一方面的表现是，除了铜钱外，战国时期还存在大量的其他实物货币，如珠宝、玉石、布帛等也在社会经济生活的各方面充当着实物货币的职能。

第四，货币形制渐趋统一。首先表现在布币向圆形发展，布币由最初的棱角分明到后来的圆首、圆肩和圆足，再到一孔布和三孔布。其次还表现在钱币形状和重量的逐渐减小。春秋时期，金属货币体积大、分量重，比如空首布一般重35—45克，齐刀重50—55克。在发行使用过程中体积逐渐变小，重量也逐渐减轻。战国后期，三晋的方足布只有6

克上下，最重不过 15 克。秦国的两锱钱和半两钱在 8 克左右。这体现了货币发展的必然规律。另外，在这种规律的作用下，战国晚期的各国基本上都出现了圜钱。

春秋战国时期青铜货币的演进，已经预示了中国的统一。

三　先秦的黄金货币概述

黄金在中国的使用有很早的历史。史书中有黄金在上古时代就作为货币使用的记述。如《史记·平准书》中说："虞夏之币，金为三品，或黄、或白、或赤。"在《管子·轻重》篇中提到在周代："先王……以珠玉为上币，黄金为中币，刀布为下币。"又说禹汤均开山取金铸币。班固在《汉书·食货志》中也有对西周初年黄金货币的记载："太公为周立九府圜法，黄金方寸而重一斤。""九府圜法"是太公姜尚为周朝制定的货币管理办法，明文规定三种货币的规格要求："黄金方寸而重一斤；钱圆函方，轻重以铢；布帛广二尺二寸为幅，长四丈为匹。"《战国策》中对黄金的记载就有 53 处，其中"黄金若干"的有 10 处，而"金若干"或"若干金"的文字有 43 处。[①]而其他史书中记载黄金的情况也很多，这些都说明，黄金在先秦时期是作为货币使用的。

黄金在西周以前的情况不详，进入春秋战国以后，黄金的使用明显增加，而战国时期黄金的使用又远远超过春秋。《管子·乘马》中有"黄金者，用之量也"和"金贵则货贱"，说明黄金成为普遍的价值尺度。当时的黄金作为货币，属于称量货币，衡量黄金的单位有"镒"和"斤"两种，1 镒合 20 两，1 斤合 16 两。两个单位可以混合使用。

图 2.20　战国时的金饼

出土的战国时代的金币，大多呈圆饼形，也就是古人所说的柿子金。从南方楚国的故地出土的金币数量很多，因为黄金的主要产地就是在楚国。楚国金币中有一种薄版形的金币，古称印子金，或"爰金"。因为它是在已铸造好的金版上用铜印加盖"郢爰""陈爰""卢金""爰""专"

---

① 叶世昌：《中国金融通史》第一卷，中国金融出版社 2002 年版，第 30 页。

或其他文字。1980年，河南省博物馆和扶沟县博物馆公布了一批在该地出土的楚国金银币。

战国时代黄金的价值，与今天相比是比较低的。从大量出土的黄金来看，其产量也高于银，这就可能使它成为除青铜之外的另一种金属货币。但与普遍使用的青铜货币相比，黄金显然是作为上币，而且常用于大额交易和支付。如《墨子·号令》中讲到两军对垒，一方将领被杀后要悬赏"黄金二十斤"来捉拿凶犯的事。《史记·越王勾践世家》记朱公（范蠡）的儿子犯罪被囚，朱公以"黄金千镒"作礼物求庄生帮助搭救。另一则记魏公子因研究兵法引起了秦王的不安，秦王便派人携"金万斤"到魏国去行反间计。①战国时黄金作为货币职能还表现在它充当贮藏手段，甚至是作为财富的一般代表。如《战国策》记载：苏秦曾带黄金百斤到秦国游说其连横思想，遭到拒绝后失意地回到家中，不想"妻不下纴，嫂不为炊，父母不与言"。后来，当他发奋读书，又提出合纵的主张，得到了六国的赏识。当他携各国资助的上千斤的黄金返乡时，其家人"郊迎三十里。妻侧目而视，倾耳而听。嫂蛇行匍伏，四拜自跪而谢"。苏秦问嫂子为何前倨后恭？她回答说："见季子位高金多也。"可见当时人们心目中黄金已经成了财富的代名词了。

第二节　春秋战国时期的信用

一　商业的发展

春秋战国时期（前770—前221年），奴隶制走向崩溃，封建制度逐渐形成。尤其是井田制的破坏，私田的兴起，各地相继建立起新兴地主阶级的封建政权。

春秋时，各诸侯国的统治者不仅支持各国内部的商业活动，而且还沟通各国间的商业往来。管仲在齐国实行了士、农、工、商四民分业定居的政策，"处商以市井"，商人聚居于市场附近，有利于商业活动的开展。晋文公也曾采取扶助农工商业发展的措施，实行"轻关易道，通商宽农"和"工商食官"等政策。

---

① 汪圣铎：《中国钱币史话》，中华书局1998年版，第38页。

战国时期，商品交换的规模进一步扩大。各诸侯国之间的物资交流日益广泛。商品的交换使从事不同职业的人们分享到百业兴旺的好处，"泽人足乎木，山人足乎鱼，农夫不斲削、不陶冶而足械用，工贾不耕田而足菽粟"。

商业的发展也促进了城市规模的扩大。过去较大的城市住户不过数千家，到战国时列国的大都市一般已达几万户之多。如齐国的临淄城就有7万户。

二 信用的发展

春秋战国时期，一方面商品经济有了很大的发展，货币用途广泛，可以买地、购物、交纳赋税、支付租金和工资等。金属货币携带、使用和保存更加方便，为借贷活动起到了推动作用。另一方面井田制的瓦解，奴隶变成个体劳动的小自耕农增加，经济力量薄弱，一遇灾荒之年，便靠借债来解燃眉之急。一些小商贩、小手工业者靠借贷做本钱，加之国家征税又在非收获季节，只好先借贷交账。这是借贷活动广泛开展的客观条件。

1. 高利贷

春秋时期已有放债取利的记载。《国语·晋语八》中说，晋国大夫栾桓子"骄泰奢侈，贪欲无艺（极），略（犯）则（法）行志，假贷居贿"。就是放高利贷蓄积财富。

战国时期，民间私贷的规模比以前扩大了，放贷成了职业活动。许多贵族、大商人从事高利贷剥削。放高利贷被列为大夫失德的主要表现之一。但放高利贷的不仅有富商，还有一些大贵族和大官僚。齐国的孟尝君田文就是一个高利贷者。他的封地在薛，养有食客三千人，他通过放债取息来供养这些宾客，一年"得息钱十万"，就是一年的利息收入超过10万钱。有一次，孟尝君派冯谖去他的封邑薛去收回贷款。临行时，冯谖问孟尝君要买什么回来。回答说买家中缺少的东西。冯谖到薛后，召集债户，要他们带借券来合券。来了以后，他就假传孟尝君的命令，将所有借券付之一炬，取消了债务，"民称万岁"。复命时，孟尝君问他为什么这样做，他说："乃臣所以为君市（买）义也。"孟尝君很不高兴。一年以后，孟尝君罢政归薛，薛民扶老携幼，夹道欢迎。此时，他方知冯谖"市义"的用意。

放高利贷的受害者,首先是小生产者。孟子主张农业赋税用助法,批评用贡法。助是徭役赋税,贡是实物赋税。孟子引龙子①的话说:"治地莫善于助,莫不善于贡。"用助法,农民只管有公田劳动若干时候,而不问收获多少,经济上没有负担。贡法每年按固定数量交纳粮食,丰年时粮食多,政府可以多收而未多收;荒年时粮食少,政府应少收而未少收。结果农民辛苦一年仍交不起赋税,还要"称贷"就是借债来度日,有的因债务负担过重或破产或逼上绝路。

《管子·治国》分析了高利贷形成的原因及其结果,认为"凡治国之道,必先富民。民富则易治也,民贫则难治也"。但农夫终年劳作,却"不足以自食"。原因有四个:第一,农民的经济特点是"月不足而岁有余",如果统治者征赋暴急无时,农民只得用"倍贷"来应付急征。第二,农时不能耽误,如果耕种时雨水不足,农民又要用"倍贷"来雇工抗旱。第三,农民在秋收时低价卖出粮食,到青黄不接时用加倍的钱买回粮食,这也相当于"倍贷"。第四,经常性的租赋、徭役等支出也相当于"倍贷"。以上四个原因中,后两个是比喻,前两个是真正的倍贷,即借贷的利息等于原借数,年利率高达10分。农民经常发生经济困难,所以很容易陷入高利贷的罗网。《管子·治国》的作者已经总结出了这一不可抗拒的规律。

受高利贷盘剥者不仅是平民,也有没落的贵族。战国时,最后一位"天子"周赧王(前314—前256)"为诸侯之所役逼,与家人无异"。他常向人借债,却无力偿还。债主来逼债,他就"上台避之,故周人名其台曰逃债台"。这就是成语"债台高筑"的由来。

2. 国家的信贷政策

春秋战国时期,一些统治者为安定人民生活和发展社会经济而采取了"弃债"等一系列利民和恤民政策。从公元前636年到前522年,先后实行取消人民对政府债务政策的国君有晋国的晋文公、楚共王、晋悼公、齐景公等。

在发生灾荒或歉收的年份里,各国还采取不同程度的休养生息政策。

---

① 龙子:古代的贤人。转引自方勇译著《孟子》,中华书局2010年版,第92页。

其中国家的信贷也是一项救济措施。晋悼公时，朝廷把国库里的积蓄都拿出来借贷，还要求所有的贵族也参与借贷。宋国于公元前544年发生饥荒，"宋平公出粟以贷，使大夫皆贷"，有些贷出的粮食甚至不记账。这些措施，都是朝廷以实物借贷的方式对老百姓的赈贷行为。

战国时期，各种放贷的利息差别较大，除了上面所讲的朝廷救济性借贷收取利息较低甚至不取息外，私人放贷的利息是很高的。《管子·轻重丁》中讲到齐桓公曾派人对富商巨贾放债情况做过调查，发现贷出的粮食利息高达10分，低的也有5分；贷出的钱利息高的有5分，低的有2分。于是有人主张用朝廷的借贷取代私人的借贷。①

到战国后期，文献中关于朝廷借贷的记载更多了。《秦律》中有不少关于百姓向官府借贷铜钱、粮食和各种用具的规定，若欠官府的债到期还不了，要被罚做苦工以抵债。干一天活算8个钱，直到还清为止。还规定官吏对官府的资金不得私自借贷，"府中公金钱，私贷用之，与盗同罪"。

第三节　春秋战国时期的货币理论

春秋战国时期，商品经济有较大的发展，除黄金作为大额支付外，铜铸币盛行。与之相应，中国的货币理论在春秋战国时期有了初步的发展。单旗于周景王二十一年（前524年）将"子母"这一组概念运用于阐述金属铸币流通，形成"子母相权论"，这一货币理论曾为人们长期援引，用以解释不同历史时期的不同货币流通现象。《管子》则把当时已经流行的"轻重"概念，广泛用于包括货币、价格、商品、贸易等人们社会经济活动的各个方面，尤其是从封建国家的角度出发，把货币问题当作阐发的重点，遂使"轻重"概念在秦以后一两千年中，基本上成为人们讨论货币问题的专有范畴。

一　单旗的子母相权论

单旗的子母相权论是我国历史上最早的货币理论。单旗，史称单穆

---

① 袁远福、缪明杨：《中国金融简史》，中国金融出版社2001年版，第9页。

公①，曾为周景王和敬王的卿士，是春秋晚期的一位政治家。他最早运用子母概念阐述货币问题，提出子母相权的说法。他认为：流通流域应该铸造轻重不同的金属货币，或以重币，或以轻币作为基本的计价单位，并使轻重兼行、大小并用，从而可以与现实的价格水平相适应，以更好地为商品交换服务。这一见解就是货币子母相权论。《国语·周语下》②中记载的《单穆公谏景王铸大钱》，是单穆公向周景王提出的劝谏记录。主要内容为周景王二十一年（前524年），东周王室与各诸侯国的关系经历了较大变迁，随着一些主要诸侯国国力的增强和相继称霸，东周王室作为"天下共主"的政治地位已是形同虚设。周景王本身的处境，政治上，早已成为任凭诸侯国摆布的"傀儡"，经济上，国力复兴苦无良策，王室财用日渐衰竭，最终只能选择"铸大钱"，推行货币贬值政策，结果遭到单穆公的竭力反对。《国语》周景王铸大钱，是目前最早将铸币称为"钱"的例子。单穆公通过"子母相权"的论辩，提出了单位基准货币的确定及其根据、灾荒条件下"先王铸币说"的铸币起源论，以及货币职能及社会功能等货币理论问题。

关于货币的起源，单旗指出："古者天灾降戾（至），于是乎量资币，权轻重，以振（赈）救民。"这句话体现了单旗将灾荒铸币看成货币起源，他不了解货币是商品流通的自发产物，而将它的产生归之于统治者的主观意志，单旗所认为的起源是违背马克思从价值学说出发提出的货币起源论。事实上，从市场发展角度看，帝王"铸币"具有公法色彩，是超越民间市场主体的法权货币的最早形式。将其看成法权货币的"铸币起源说"③是可以的。

关于单位基准货币的概念。一个单位的钱币大小，体现了宏观经济状况变化对单位基准货币的要求。"量资币，权轻重"，是指国家在考查物资和货币之间比例关系的前提下，权衡货币的轻重。单旗用"轻重"来表达宏观经济状况，就货币的购买力而言，钱币的价值便"轻"，物价

---

① 单穆公，名旗，春秋晚期政治家，曾为周景王和周敬王的卿士。卿士即周朝的执政大臣。
② 《国语》是一部西周到春秋王侯卿士大夫治国言论的原始资料汇集，系当时周王室和诸侯各国史官在这一很长的时期分别写作而成。
③ 何平：《单穆公"子母相权"论与货币的层次结构》，《中国钱币》2019年第1期。

下跌，钱币的价值便"重"。在单一货币形态流通的情况下，就应当按照"子母相权"的原则，调整单位基准货币的重量。

单旗是以轻币、重币并存不废，使二者相辅而行的"子母相权"原则作为他反对景王铸大钱的理论根据的。它的中心思想就是要求有一轻重大小合适的货币，使与现实的价格水平相适应，从而便利人们交易与使用；但是，政府适应流通领域的这一要求而改铸轻币，或改铸重币作为新的计价标准单位时，却不应该废除流通中旧有的铸币，与此相关，也就产生了轻重并行、子母相权的必要性了。

单旗的子母相权货币论，作为我国最早的有影响的货币思想，我们应该特别重视它在历史上的积极作用。在他的子母相权论中，强调货币流通的客观性质，认为"王权"的调节必须遵循客观的货币流通的要求，即应以现实的价格水平为准，而不能任意定其大小，也不应该在社会经济条件不具备时贸然行事。

二 墨家的刀籴相为价论

墨家学派，从墨子开始就注意社会现实生活中的商业、货币经济诸现象。《墨子》是墨翟及墨家学派的言行辑录，书中多处言及金，钱，刀，布。《墨经》是《墨子》一书中的一个组成部分。即《经上》《经下》及解释它的《经说上》《经说下》，一般认为是战国后期墨家的著作。

《经下》说，"买无贵，说在仮（反）其贾（价）"。文字很简略，不易理解它的确切含义。《经说下》的解释："买，刀籴相为贾。刀轻则籴不贵，刀重则籴不易（贱）。王刀无变，籴有变。岁变籴，则岁变刀。"这段话的意思是说：用刀币去购买粮食，刀币和粮食互相为对方的价格。粮食贵也就是刀币轻，即刀币的购买力低。反之，粮食贱也就是刀币重，即刀币的购买力高。君王铸造的刀币并没有变化，但购买到的粮食却有时多有时少。同一把刀币购买到的粮食数量年年不同，就好像刀币在年年变化一样。由此可以推知，"买无贵，说在仮其贾"的意思是买东西无所谓贵，因为反过来也可以说是货币贱。

从货币理论上看，墨家的上述认知有一定的意义。墨家已模糊地认识到商品的贵贱不完全是商品方面的原因，同时也有货币方面的原因。

墨家已认识到货币、商品双方的交换能力成反比,一方的交换价值提高,就是另一方交换价值的降低;反之亦然。墨家认识到货币就是商品。王刀和谷物可以"反其价""相为价",因而货币也是有价值的。但是墨家没有认识到货币是一种起一般等价物作用的特殊商品。他们将商品交换等同于物物交换,将货币等同于商品,混淆了简单价值形态和货币形态。

三 《管子》的货币理论

《管子》①"非一人之笔,亦非一时之作"。管仲是《管子》基本经济概念的奠基者,书中保存了我国古代极为丰富的经济及货币思想资料。《管子》对货币的起源、本质与职能、货币干预国家经济等均有阐述和分析。的货币理论主要见于《轻重》部分。

关于货币的起源,《管子》中表述如下:

> 玉起于禺氏,金起于汝汉,珠玉起于赤野,东西南北距周七千八百里,水绝壤断,身车不能通。先王为其途之远、其至之难,故托用于其重,以珠玉为上币,以黄金为中币,以刀布为下币。三币握之,则非有补于暖也,食之则非有补于饱也,先王以守财物,以御民事,而平天下也。

上述材料中,《管子》所持的观点是"先王制币"说。"先王"观念是我国周朝以来普遍流行的一种统治思想,即社会经济发展、政治制度的兴作均托诸圣王贤哲的力量。这在货币起源理论上是一种比较肤浅的说法,它模糊了货币的起源与商品交换的内在联系。

此外,《管子》还认为珠玉、黄金是货币材料,但他并没有意识到货币本身是应具有价值的物品,只是因为它们来之不易,稀少而贵重。这种多品位的货币制度,是与货币作为价值尺度职能的要求相矛盾的。对于黄金,《管子·乘马》:

---

① 一般认为《管子》是假托春秋时期齐国政治家管仲(?—前645)的著作,今本《管子》是由西汉末刘向根据收集到的各种《管子》版本和与《管子》思想有关的著作。

黄金者，用之量也。辨于黄金之理则知侈俭，知侈俭则百用节矣。故俭则伤事，侈则伤货。俭则金贱，金贱则事不成，故伤事。侈则金贵，金贵则货贱，故伤货。货尽而后知不足，是不知量也。事已而后知货之有余，是不知节也。不知量，不知节，不可。

它表明《管子》作者已懂得通过货币来观察社会经济现象，已涉及了价值规律对生产的调节作用问题。当然这些认识还是粗浅的，事实上商品价格高对生产并不一定都不利，如适当提高粮价就可以促进农业生产。战国时期商品经济有了相当的发展，但整个社会还是一个以自然经济为主的社会，多数产品并不是商品，不和货币发生联系。《管子》作者赋予"黄金者，用之量也"以普遍性的形式，实际上只适用于同商品经济有关的那部分"事"和"货"。"黄金者，用之量也。"这是认为供求关系决定货币的价值。这一货币价值论，实际是说货币自身只存在交换价值，本质上否定了货币本身是有固定的内在价值的。

《管子》对货币职能的基本看法，可以从以下材料中体现：

黄金、刀币，民之通施也。[1]
黄金、刀币者，民之通货也。[2]
刀币者，沟渎也。[3]

从通施、通货、沟渎，可以看出，《管子》认为货币就是流通手段。尤其是沟渎的概括，即把货币看作是水流动的渠道，商品交换离开它就不能进行。这是一种贴近生活、比较深入的观察。

《管子》把货币的定义归结为流通手段，因而很自然产生货币数量论思想。《管子》的货币数量论是与他的"轻重论"相联系的，即"币重而万物轻，币轻而万物重"[4]，流通中的货币数量的增减会使商品价格发

---

[1] 《管子·国蓄》。
[2] 《管子·轻重乙》。
[3] 《管子·揆度》。
[4] 《管子·山至数》。

生正比例变化。

在对货币职能的认识上,《管子》对流通手段以外的一些职能,也有一定程度的理解。

对储藏手段,《管子》说"万乘之国,不可以无万金之蓄饰;千乘之国,不可以无千金之蓄饰;百乘之国,不可以无百金之蓄饰"。所谓"蓄饰",是指货币的储备,它是作为财富的代表被蓄积的。

关于支付手段,《管子》也颇多言及,包括财政上交纳和支付、借贷关系等。"士受资以币,大夫受资以币,人马受食以币。"[①]

虽然,《管子》对货币作为价值尺度的基本职能认识是模糊不清的,《管子》还是非常重视货币在国家经济生活中的作用。《管子·国畜》中提道:"五谷食米,民之司命也;黄金、刀币,民之通施也;故善者执其通施以御司命。"对于国计民生,粮食是基本的物资,但是,货币则是国家掌握粮食,干预经济不可缺少的有力工具。《管子》主张通过掌握货币及谷物以平衡物价和购买力,但不要求把物价订死。

---

① 《管子·山国轨》。

第 三 章

秦汉时期的货币与信用

第一节 秦汉时期的货币

一 秦统一货币

战国后期各国货币有统一的趋势，圜钱的广泛流通，并从东部各国向西渗入秦国，在秦国产生较大影响。秦国铸币较晚，但一开始就铸行圆形币，起点反而高于东方齐国等。因为齐国最初铸行刀币，人们对圆形钱币比较难以接受。这就是秦国最先铸方孔圆钱，再影响到齐国和燕国的原因了。① 为满足向东扩张的需要，秦采取了一系列措施，统一币制，发展经济，以强国力。《史记·秦本纪》载，公元前336年，秦惠文王"初行钱"，就是集中货币发行，铸行秦圜钱，并统一价值标准，以"两"代替过去"甾"，即半两钱取代了两甾钱。实施"货币王室专铸，盐铁王室专营"的政策。秦国货币形制的统一和由王室控制货币铸行权的措施，为以后秦朝统一全国币制奠定了基础。②

公元前221年，秦始皇统一六国，结束了战国时分裂混乱的政治格局。秦朝（前221—前206年）建立了中国历史上第一个多民族统一的专制主义中央集权制国家，此后秦始皇进行了一系列改革，其中统一币制是重要的内容之一。

（一）秦始皇币制改革的主要内容

秦始皇统一全国，为适应新形势，在政治、经济、文化上进行了一

---

① 汪圣铎：《中国钱币史话》，中华书局1998年版，第50页。
② 郭彦岗：《中国历代货币》，商务印书馆1998年版，第18页。

整套的改革，但相关文献中对秦货币改革的记载甚为简略，据文献和考古材料，可知秦币制改革的内容大致如下：

1. 推行金铜复本位制

规定了上币、下币二等制。《史记·平准书》载："中一国之币为二等。黄金以溢名，为上币；铜钱识曰半两，重如其文，为下币。而珠玉、龟贝、银锡之属为器饰宝藏，不为币。"贵金属黄金由于单位价值高，主要用于社会上层，因而规定其为"上币"；以贱金属铜为币材的货币名为"铜钱"或只称"钱"，因其单位价值低，多用于民间经济活动中的小额交易，所以称为"下币"。两种货币各有分工：大额用金，小额用铜，这对后世也产生了较大影响。对两种货币的单位也有规定：黄金单位为镒（溢），1镒=24两（或20两），秦代的金无统一的形制和重量标准，目前尚未发现实物。铜为半两=12铢。

以黄金为代表的贵金属体积小，价值大，质地均匀，可分可合及便于保存等优点，但其价值单位高，流通范围远不及铜钱。这就是中国古代长期以来黄金只用于赏赐和充当价值贮藏手段的主要原因。战国时秦代黄金称为上币，铜钱称为下币；秦始皇统一货币后还沿用了这一制度。秦代的黄金一般铸成饼状，现在已经发现这种秦代的金饼，从1929年到1963年，陕西发现了20多枚秦代金饼，其形状为直径50—60毫米圆形薄身的金饼，重量250克左右，上面一般有与"两"有关的秦篆。

下币以铜为币材，有其客观的必然性：铜既经久耐用，易于保存，又有较丰富的资源，可以大量铸造以满足经济生活中广泛的需要。贱金属币材与当时中国封建经济的发展水平也是一致的。

半两钱的两个问题：

（1）发行时间为秦统一六国之前可能在秦惠文王时，惠文王二年（公元前336年）"始行钱"，这时钱较厚重、文字古朴、字体较大，被称为"秦半两"。

（2）秦半两重量与其法定重量不一致。秦半两的法定重量是12铢，但是各地出土的实物重量很不一致，只有4—6铢（3—4克），目前原因说法不一。

2. 统一了全国的货币形制——方孔圆钱

对货币形状的改革，废除各国的刀、布、铜贝等原始货币，只采用圆形方孔的铜钱，即半两钱。从此，中国铜钱固定形状，外圆内方，流行两千年，直到民国初年发行铜元，铜钱才退出流通。为什么用外圆内方的形状？

（1）圆形方孔钱的形状可以减少磨损，可穿绳，携带、计数都甚为方便。

（2）象征古人的宇宙观，当时人们认为天圆地方。另有人认为是为了钱币加工修整。铸钱用细黏土做成钱范，把铜熔化灌进去，冷却后还须锉边，方孔可在中间穿一方形木棍，固定起来，钱币不会团团转，见《天工开物》中的锉钱图。但秦半两钱无内外廓，易受磨损。

3. 钱币铸造权由国家垄断

由朝廷专门发行，禁止私铸货币，这是第一次从制度上禁止民间私铸。朝廷发行的钱币，不论好坏，一律通用。说明是以国家法律力量为后盾，强制推行使用官铸钱币的。上述规定，文献中并无直接的记载，但根据相关史料和近期出土的资料可以推断。《平准书》记载：两汉初年"为秦钱重，难用，更令民铸钱"，可以看出秦时货币为官铸。《云梦秦简·封诊式》中还载有一条邻里告捕"盗铸"者的案例，就充分说明了秦禁止私铸的事实。

然而，秦对全国货币铸造权的统一在实践中是存在缺陷的：不是中央政府直接造币，而是采用中央及地方分铸的方式。这并不是完全意义上的货币统一，迄今发现的秦代钱范，并非只出自秦朝的政治中心附近，如安徽贵池和四川高县出土的秦半两钱范，就是秦朝地方铸币的有力证明。这种有限的统一货币铸行权的做法，也为后世一再仿效，如清代的制钱铸造就是如此。

4. 确立布匹的法定货币地位

《秦律·金布律》："勿敢择行钱布。"《金布律》见于1975年在湖北云梦睡虎地秦末墓葬中的竹简中，共15条，是现存中国最早的货币立法。该律规定以钱和布为货币。钱和布完全通用，收受者不能挑选或拒绝。钱和布还有法定的比价。"钱十一当一布"，就是1匹布换11枚铜钱，1匹布＝8尺×2.5尺。为了便于兑换，官府对一些收费往往按11的倍数定价。如《金布律》中关于隶臣等所穿衣服的定价就有33、44、55、

77、110 五个等级，都是 11 的倍数。[1]

（二）秦朝币制改革的意义

1. 货币的统一有其重大的政治意义。它有利于消除长期分裂割据造成的积弊和地区差别，防止东方诸侯残余死灰复燃，因而巩固中央集权政治、促进封建国家的统一。

2. 货币的统一有利于各地区物产的交流和贸易的发展，促进了封建经济的繁荣。

3. 秦始皇对货币的规定，是中国货币史上第一个货币立法，半两钱制对以后历代钱币形制产生了深远的影响。

4. 半两钱以重量为名称，又是中国量名钱的开端。对中国以后历代的货币制度产生深远的影响，因为半两钱既体现了"天圆地方"的古代宇宙观，又方便使用，"孔方兄"的基本形态定型下来，并普遍受到欢迎，成为中国古代货币的基本形制，并贯穿中国封建社会两千多年的历史，进而影响到周边国家和地区的货币形制。

（三）秦半两钱

1. 秦半两钱的铸造

秦半两早在秦国统一六国前就开始铸造了。战国时代的秦半两十分厚重，文字也特别古拙。先秦时代的秦半两还有一种是饼半两，它是用两个范合范铸造而成的，说明了我国铸钱技术的变迁。

秦始皇统一中国后，开始用秦半两统一货币，但只是统一了货币的单位，而没有对货币的铸造权和发行权进行统一，秦半两仍然是在过去列国间铸造的，因而现在发现的秦半两的重量、大小和文字并不统一，有的重量在 20 克以上，而有的只五六克，文字也不一样。

《平准书》中说："及至秦，中一国之币为二等，黄金以溢为名，为上币；铜钱识曰'半两'，重如其文，为下币……然各随时而轻重无常。"《汉书·食货志》："秦兼天下，币为二等：黄金以溢为名，上币；铜钱质如周钱，文曰'半两'，重如其文。"但从出土半两钱币实物来看，轻重、大小差距甚大。

秦半两在形制上将战国时代多种多样的货币形制统一成了天圆地方

---

[1] 叶世昌、潘连贵：《中国古代近金融史》，复旦大学出版社 2001 年版，第 9 页。

的方孔圆钱。但秦半两钱的标准化程度不高，钱厚薄不一，大小不等。与汉代的半两钱相比，秦半两要更厚实，边缘铸口茬多不磨镰，钱体欠圆，好不方者亦属常见，整体上比较粗糙。从字体上看，秦半两书体用小篆，笔划宽长，方中带圆，文字较高挺；"半"字下横及"两"字上横较短，"两"字中间"入"字的写法大都较短。秦半两质地为青铜，合金成分铜约占70%，其余为铅、锡。

2. 秦半两钱实物的出土情况

秦半两钱流通存在地域性差异。从考古材料看，虽然半两钱在秦朝的大部分版图内都有出土，但出土分布及数量都明显不均。秦半两钱出土地最集中的地方在秦朝统治的中心及附近地区，四川、甘肃及周边地区次之；边远地区则较少。20世纪七八十年代，在陕西临潼秦始皇陵区的考古发掘中，出土半两钱共600余枚。钱径大多26—28毫米，重3克左右。但所出土的钱币轻重、大小差别很大，钱径最大者34毫米，最小者22毫米，最重者6克以上，最轻者1.3克。[①]

图 3.1 秦半两钱

秦朝半两钱的铸造和使用，在中国古代货币史上具有划时代的意义。秦半两制度是中国货币发展进程中的一个里程碑。

二 西汉时期的货币

（一）西汉的社会经济背景

秦王朝暴政，二世而亡国。此后经四年的楚汉战争，汉高祖刘邦建立了汉王朝（前206—公元220年）。巩固了中央集权，国家强盛，汉朝400年间相对统一安定。汉朝包括西汉、东汉和两汉之间的新莽政权在内。

1. 社会生产力的进步。铁器、牛耕普遍使用是标志。疆域统一后，牛耕、铁器从中原地区推广到辽东、甘肃、湘、川、黔、粤、桂等地。另一个表现是水利灌溉事业发达，关中地区开凿了不少灌渠。

2. 海内外商业贸易的繁盛。西汉时期，全国有20多个著名商业城

---

① 唐石父：《中国古钱币》，上海古籍出版社2001年版，第62页。

市，分布在关中、关东、江南、巴蜀一带，如洛阳、临淄、宛、成都等。对外贸易也有了巨大进步，汉武帝派汉使张骞"凿空"西域，打通了一条东起洛阳、长安，西达地中海沿岸，并贯穿欧亚大陆的"丝绸之路"。从此，中国与中亚、西亚及南亚的陆路交通贸易事业日益兴旺，这也是中华文明世界性影响的开始，"汉朝"之"汉"成为华夏民族的代称。

3. 货币在社会经济中作用愈加明显。社会发展，使商品货币关系日益紧密。

（1）国家财政收支用铜钱纳税，徭役也可以出钱代之，称之为"更赋"。官俸的发放，在西汉以半斛计算，发时给部分现钱；东汉时则是"半钱半米"。赏赐多以黄金和钱。

（2）铢钱的统一和推广。秦半两从重量到形制上都不太适应商品经济发展的要求。五铢钱制度符合封建前期经济状况与价格水平，所以行用至隋朝，凡700余年。汉武帝统一铜钱铸造权于中央，应用范围遍及偏远地区（如贵州、新疆、内蒙古和东北等地）。

（二）西汉前期的币制改革

汉承秦制。汉朝仍然实行"金钱并行"的货币制度，就是现在人们所说的金铜复本位制，汉朝初年的铜钱还叫半两。

1. 汉高祖改革币制

汉初货币改革的原因：楚汉战争旷日持久，搞得国穷民困，经济萧条，加之前朝的"秦钱重难用"，不适应汉初低水平的经济状况。于是汉高祖刘邦元年至五年间（前206—前202年）颁布"更令民铸钱"的法令，开始了西汉建国后第一次币制改革。具体内容如下：

（1）黄金货币单位的变化——改"镒"为"斤"。秦代黄金的重量单位为"镒"，1镒=24两（抑或20两）。汉初改镒为斤，1斤=16两（250克）。

（2）更令民铸钱——允许民间私铸。汉朝初年，财政困难，无钱大量发行货币，就放手让地方及民间自由铸造。导致汉初小半两钱重量下降幅度较大。

（3）铜钱减重——"榆荚"钱（三铢半两）的出现。秦半两较重，行用不便，朝廷想减重来刮民财，减重的铜钱称为"荚钱"，重3铢左右，称"榆荚半两"，而私铸的还不到1铢重，但仍叫"半两"，从此半两成为一种虚有名称，引起物价飞涨。《平准书》中说："米至石万钱，马一匹百金。"这里一方面是钱币减重，另一方面奸商的囤积居奇也引起了物价上涨。

2. 吕后二次改制

吕后擅权揽政，先后两次发新钱，这是汉初又一次币制改革。

（1）"八铢半两"钱。吕后二年（前186年）发行"八铢半两"钱，重八铢，即比"榆荚"（3铢）重，比半两（12铢）轻，同时重申禁民间私铸，铸造权重归国家垄断。

图 3.2　汉榆荚半两钱　　　图 3.3　八铢半两钱

（2）"五分钱"。吕后六年（前182年）发行五分钱，因八铢半两钱太重，民不乐用的缘故。来历有的说是直径五分，有的说重量是"半两"的1/5，即2.4铢。五分钱是一种穿孔极大的钱，初铸时，还较规整标准，但后来越铸越轻薄。至文帝初年，在钱币减重规律和盗铸的作用下，一枚仅重1铢左右。反映了新钱重量、大小比八铢钱减少了许多，甚至基本恢复了汉初荚钱的形制。

3. 汉文帝改行新钱和恢复私铸

汉文帝结束了吕后长期把持朝政的混乱局面，"轻徭薄赋，休养生息"，并着手稳定货币。

（1）发行新钱——"四铢钱"。汉文帝五年（前175年）开始发行新钱，文字仍为"半两"，重量则由荚钱的两三铢增加到四铢，称为"四铢钱"，或"四铢半两"，从荚钱到四铢统称"汉半两"。

图3.4 四铢半两钱

（2）废"盗铸钱令"，允许私铸。废除了吕后时禁止民间私铸铜钱的法令，即"盗铸钱令"，恢复高祖时放民私铸的政策，又一次允许地方及百姓按照国家"法钱"的形制、文字、重量及成色来铸造钱币。《平准书》载：文帝"乃更铸四铢钱，其文仍为'半两'，令民纵得自铸钱。故吴，诸侯也，以即山铸钱，富埒天子，其后卒以叛逆。邓通，大夫也，以铸钱财过王者"。文帝还赐给邓通蜀地（今四川省荥经）的铜山让他铸钱，其所铸铜钱，文字肉好，皆与天子相同。当时吴王刘濞亦"即山铸钱"，就是在豫章（今南昌）自己铸钱，此二人富比天下，但又一次使币制陷入混乱。

（3）"法钱称重"制度。法钱就是合乎国家法定标准的钱币，不管公铸或私铸，只要重量足，成色好，形状规范，文字是"半两"，就叫"法钱"。由于私铸钱币轻薄劣小的"恶钱""奸钱"，使用时轻重混杂在一起，收取方往往要接受很多贬值的货币，就吃亏了。鉴于此，朝廷用"法钱称重"制度来解决这个矛盾。即交易时不仅要清点铜钱的枚数，还要以"法钱"为标准称总重量，不够的另外补足。此法，后代叫"贴水"。[①]"法钱重称"带来了不少麻烦，金属铸币的优越性丧失了，又倒退到称量货币的使用方法。何况只凭称重的方法，对往钱中掺杂其他杂质的行为则无能为力。

景帝中元六年（前144年），因放纵地方私铸在前，而吴楚七国之乱在后，汉廷感到放任政策不利于中央集权，于是定"铸钱、伪黄金弃市律"，收回四铢半两铸造权，不再准私人铸钱，只留郡国铸造，造币权被收归朝廷。

（三）汉武帝的改革和五铢钱的确立

汉武帝在位时期，既是西汉铸钱最多的一朝，又是改制最频繁的一朝。从建元元年（前140年）到元鼎四年（前113年），凡27年，共进行了六次币制改革，现根据历次改革所发行的钱币分述如下。

[①] 宋杰：《中国货币发展史》，首都师范大学出版社1999年版，第79页。

1. 三铢钱

建元元年（前 140 年），废除过去的"四铢半两"，改行"三铢钱"。《汉书·武帝纪》："（建元元年）春二月，行三铢钱。"颜师古《注》："新坏四铢钱造此钱也，重如其文。"

三铢钱面文"三铢"，重如其文。之所以改铸三铢钱，是因为以前的四铢与"半两"名义重量不相符。新铸三铢钱克服了旧钱名不副实的缺陷，与私铸钱重量相同。正面铸有外郭，这是一种进步。但因重量太轻，私铸太多，禁止不了，通行四年后废止。后来只好再铸四铢半两，叫"三分钱"，因其重量仅是半两的三分之一而得名。

图 3.5 汉三铢钱

2. 武帝半两

建元五年（前 136 年）发行新铸四铢半两，重量四铢，文字还是"半两"，因有外郭，少量还有内郭及上横画等，人称"有郭半两"或"武帝半两"。

3. 白金和皮币

元狩四年（前 119 年），卫青、霍去病与匈奴作战，军费耗资庞大，致国库空虚，武帝采纳张汤的建议：收银锡铸造白金及发行皮币两种货币。"白金"是银锡金合，为上、中、下三等，分别为圆形龙币（上币）、方形马币（中币）、椭圆形龟币（下币），各值铜钱 3000、500、300，称"白金三品"（或白选）。后代未见实物，只有伪造品，因为是大额虚币，"民不宝用"，朝廷虽强制推行，但仍无济于事。岁余，终废不行。

"皮币"，为王侯宗室朝觐聘享专用币。皮币用上林院的白鹿做成，一平方尺制一块，绘彩画，规定一张皮价四十万铜钱，百姓抵制，不久后停用。皮币是我国历史上第一种象征性的货币，被称为"纸币的萌芽形态"。

4. 元狩五铢

元狩五年（前 118 年）罢半两钱，准郡国铸新钱以五铢为文。元狩年所铸五铢钱为郡国铸造，因而称郡国五铢或元狩五铢。重量和文字都是五铢，保持三铢钱特色，克服其重量太轻的不足。这是汉代第一批制

图 3.6　西汉白金三品（圆形龙币、方形马币和椭圆形龟币）

作精整的钱币。五铢钱轻重适中，设计合理，因而开创了一个长达730余年的五铢钱流通时期，并成为以后历代圆钱的范本。

图 3.7　汉五铢钱

5. 赤仄钱

元鼎二年（前115年），由于"郡国铸钱，民多奸铸"，五铢钱越铸越小，于是改由京师钟官统一铸造"官赤仄"钱，即赤仄五铢。赤仄五铢一枚当郡国五铢五枚使用，还规定："赋官用非赤仄不得行。"

6. 三官钱

武帝改革的最后一种钱币。元鼎四年（前113年）废除赤仄钱，铸行三官钱，钱币重量及文字都是五铢。朝廷禁止郡国铸行钱，而由朝廷下辖的三个机构（钟官、技巧和辨铜）专门负责发行，三个机构又都设在长安附近上林苑，因此称"上林三官"。上林三官所铸的新式五铢钱，称"上林三官五铢"或"三官钱"，也叫"上林钱"。

三官铸钱的同时，诸郡国以前所铸的钱皆销毁，"入其铜三官"。由上林三官统一铸造的五铢钱，式样精整，标准化程度高，便于行用，所以它成为汉代五铢钱的模范。至此，汉武帝的币制改革遂告完成，而汉朝的五铢钱制也就此确立起来。

（四）五铢钱制确立的深远影响

汉初的货币改革从高祖建国开始到三官钱的铸行结束，先后经历近

100 年时间，其间经过多次币制的尝试，包括中央对地方货币铸行权的控制、国家对民间私铸的管理、对货币重量和名称等形制的确定等，取得宝贵的经验并最终确立了五铢钱制度，其意义是十分重大的。

1. 开创了新的货币体制——五铢钱制

五铢钱制是对从春秋到两汉前期 600 年间落后的货币制度的重大突破和历次货币改革成果的总结。自金属铸币以来，各个历史时期所发行的钱币在重量和形制上始终没有固定的标准。而封建经济在中国确立以后，用什么样的外形和重量才最适合当时的经济发展就成为一个时代的难题。这就是汉初经历数十年币制改革的根本原因。五铢钱制度建立后，形制被固定下来。五铢钱制对从两汉中到清末两千年的钱币形制度都产生重大影响。五铢钱制在形制上的主要优势在于：

（1）采用外郭来保护钱币上文字，少受磨损，在铸造工艺上是一大进步。

（2）重量固定在 3.5—4 克之间，外径 2.5 厘米，厚度 0.12 厘米，实践证明五铢钱的形制和轻重是最合适的。其后 700 年间各朝基本沿用五铢制。这与世界其他国家的钱制相似，如古希腊的德拉克马、古罗马的德拉留斯也是重 4 克左右。

2. 确立了国家对货币管理权的控制

这是五铢钱制在中央管理货币问题上取得的又一重大成果。是否该由政府垄断货币曾在这之前争论一百多年，汉初（高祖及文帝）两次允许民间私铸，后又禁止，其间货币政策反反复复，摇摆不定。实践证明私铸和地方政府铸钱的消极后果是明显的：

（1）民间私铸，在劣币驱逐良币律的作用下，必然是唯利是图者因牟取暴利而将劣币充斥市场，引起物价波动和交易混乱。

（2）地方铸币，增强了一些豪强大家和诸侯贵族的经济力量，造成地方割据势力恶性膨胀。之后再无允许私铸的政策。

3. 铜钱铸造权归中央确保了币制的完全统一

汉初一开始允许私铸和地方政府铸钱时，出现了恶钱泛滥和通货膨胀的经济混乱局面。后来对民间私铸禁止了。但武帝推行五铢时最先仍允许郡国铸行五铢钱。但由于地方实力的增强，却不利于中央政权的巩固，吴楚七国之乱就是很好的例证。从此，把货币铸造权收归中央就作为历朝恪守的一个准则。这样，自高祖以来长期存在的币值不稳、货币流通混乱的问题获得解决，进而促进了社会经济的发展，巩固了统一的中央集权的封建国家。

三　王莽的币制改革

西汉五铢流行了120多年，到王莽执政时发生变化，王莽统治虽只有十几年，但对币制进行了四次改革，先看改革的原因。

（一）币制改革的原因

王莽在位对政治改革，但其币制改革目的与其他变法有区别，如禁止土地买卖，和禁奴婢的法令，是针对当时土地兼并和私人大量蓄养买卖奴隶而颁布的，为缓和阶级矛盾，想整顿经济领域的混乱状态，具有积极一面；但币制改革就不同了，它是在币制稳定的情况下进行的（不需要做大变革），币制改革纯属无事生非，原因如下：

1. 搜刮民财。每次都发行贬值货币，以小换大，以轻代重。国家方面，政府财政收入危机；个人方面，想中饱私囊。为拉拢党羽为其歌功颂德。他自立为皇帝后，采取黄金国有政策，到政权灭亡之前，宫中藏有60万斤黄金，可见其敛财之巨了。

2. 复古。《汉书·食货志》："莽性躁扰，不能无为，每有所兴造，必欲依古。"王莽是儒家思想的忠实信徒，他言必称三代，事必据《周礼》。认为今不如昔，至治之世是尧舜时代。所以币改在内容上是倒退的，采取已过时的龟贝、贝壳、布币等。

3. 忌讳。对某些名称、制度厌恶的心理，而不再使用。公元8年，王莽代替刘氏做皇帝，汉朝皇帝姓刘，"刘"由"卯""金""刀"三字组成，而五铢的"铢"字也带"金"字旁，而错刀、契刀又带"刀"字，王莽认为这些都是不吉利的。

（二）改制的过程

王莽币制改革具有很大的随意性，其改制的频繁和币种的复杂程度都是中国历史上少见的。其主要的币制改革有四次，引起了极大的混乱，也加剧了社会矛盾。

1. 错刀、契刀和大泉

居摄二年（7年），王莽摄政后，增发三种新钱：大泉五十、契刀五百和一刀平五千，数字是对五铢钱作价而言。三种钱与五铢钱并行使用。"大泉五十"（实重 12 铢）；契刀（重 20 铢，约为五铢钱 4 倍），名曰"契刀五百"；金错刀为"一刀平五千"（重仅 35 铢，约为五铢钱 7 倍），三种货币贬值都非常严重，导致大量伪币出现，引得百姓不满。从形制上看，错刀和契刀既不同于已经流行的方孔圆钱，也不同于春秋战国时期的刀币形，而是将二者合二为一的新形式。同时实行黄金国有政策，规定 2 枚错刀，或 20 枚契刀兑换 1 斤黄金，因为当时黄金与五铢钱兑换价为 1 斤 = 10000 枚五铢钱。这样，在很短时间内就有大量黄金被收进皇宫。从大泉五十开始，王莽称钱为"泉"，并铸造以泉为名的货币。

图 3.8　金错刀、契刀和大泉五十

金错刀是中国古代诗人词句里常见的，如张衡的"美人赠我金错刀，何以报之英琼瑶"。杜甫诗云："金错囊徒罄，银壶酒易赊。"梅尧臣说："尔持金错刀，不入鹅眼贯。"钱昭度也吟道："荷挥万朵玉如意，蝉弄一声金错刀。"可见金错刀之地位颇高，常被人们用来赏赐和作价值贮藏的手段。

2. 小泉直一

始建国元年（9 年），王莽称帝，建新朝。随更新旧币制。汉朝为刘氏天下，王莽认为"刘"字有凶杀之气，不吉利；而五铢钱为汉朝币制，也有一个"金"字，因此王莽决定废禁以上错刀、契刀和汉朝的五铢钱，另发小泉直一，与五铢钱大小等重，与大泉五十并行使用。再派 50 位谏大夫到各郡国铸钱，以加快铸造速度。但小泉直一，仅重一铢，毁 12 枚小钱可铸成一枚大钱，私铸大盛，加剧了币制混乱。

图 3.9 小泉直一

3. "宝货制"与"六泉十布"

公元 10 年，王莽又改革币制，新币制称"宝货制"，为五物六名二十八品，"五物"分别为：金、银、铜、龟壳、贝壳。"六名"（即六种货币名称）为：金货、银货、泉货、布货、龟货、贝货，其中布货、泉货都是铜币。"二十八品"是 28 种货币，按面值大小分为：

黄金一品，重一斤，值 10000 钱。

银货二品：朱提银，8 两为一流，值 1580 钱；它银，一流值 1000 钱。

泉货六品：大泉五十（原有），壮泉四十，中泉三十，幼泉二十，幺泉一十，小泉直一（原有）。大泉五十径 1.2 寸，重 12 铢。壮泉四十径 1 寸，重 9 铢，以下依次递减 1 分和 2 铢，至小泉直一径 0.6 寸，重 1 铢。除小泉直一值 1 钱外，其余从 50 钱起以 10 钱为一级依次递减。

布货十品：大布黄千，次布九百，第布八百，壮布七百，中布六百，差布五百，序布四百，幼布三百，么布二百，小布一百。大布黄千长 2.4 寸，重 24 铢，以下依次递减 1 分和 1 铢，至小布一百长 1.5 寸，重 15 铢。值钱从 1000 起按 100 为一级依次递减至 100。

龟宝四品：元龟，长 1.2 尺，值 2160 钱；公龟，长 0.9 尺，值 500 钱；侯龟，长 0.7 尺以上，值 300 钱；子龟，长 0.5 尺以上，值 100 钱。

贝货五品：大贝，长 4.8 寸以上，一朋（2 枚）值 216 钱；壮贝，长 3.6 寸以上，一朋值 50 钱；么贝，长 2.4 寸以上，一朋值 30 钱；小贝，长 1.2 寸以上，一朋值 10 钱；漏度，长 1.2 寸以下，一枚值 3 钱。

二十八品按所值计算共有 21 个等级：10000、2160、1580、1000、900、800、700、600、500、400、300、216、200、100、50、40、30、20、10、2、1。如此复杂的币制使推行十分困难。而在民间流通最多的只有大泉五十和小泉直一。

由于这些大钱皆贬值货币，极易引起私铸，王莽以盗铸者五家连坐并没为官奴的严厉处罚措施来禁止私铸行为。但再严厉的处罚也不能拯救这次改革失败的命运。

图 3.10 新莽布货十品

4. 货布、货泉和布泉

天凤元年（14年），王莽罢大小泉，发行两种货币：货布和货泉。货布重25铢，值25个货泉。货泉重5铢，当1枚五铢钱；货泉等重于5铢，实际是恢复五铢制，留下来的多流通时长，货布约为货泉重5倍，却按25枚作价，仍为贬值货币。这两种钱中，货泉的铸造量较大，现在各地多有发现。此外还有两种货币：一种是用垂针篆字体书写的"布泉"，还可以当作通行证来使用。布泉发行年代史无记载，据考证也是王莽时期的钱币，百姓称布泉为男钱，是一种迷信的说法。另一种是"国宝金匮值万"，这种钱的样子很奇特，上部为圆形的有"国宝金匮"四字，而下部却是方形，有"直（值）万"二字，也被认为是王莽时期所铸。

（三）币改失败的原因

王莽币制改革是中国历史上最复杂和混乱的一次改革，其币种的繁

图3.11 货布、货泉、布泉和国宝匮直万

杂和币值的多样在几千的历史上是绝无仅有的。

1. 虚价大钱，贬值严重。所铸货币名不副实，名义价值与实际价值严重背离。大部分为虚价的钱币，金属货币不同于纸币，其金属含量应与价值量的比率相等，若名义价值超过实价，就会出现货币贬值，那么它就不能起到价值尺度的作用了。

2. 币改的方向是反动和倒退的。西汉近百年的币制改革确立了五铢钱制被王莽废除，取而代之的却是秦始皇统一六国后就已废弃过时的龟贝、珠玉等，这已经不适应现实经济发展的要求。

3. 改制频繁，货币却要求相对稳定，人民树立信任感。王莽在八年内四次改革币制，平均两年一次，完全违反了货币需要稳定的基本要求，引起人民普遍的不满。

4. 品名过多，种类繁杂，引起币制混乱。西汉后期本位币仅五铢钱一种，而王莽钱多达28品，比价又不合理，因此不受人们欢迎。

现在的史学家对于王莽功过得失的评论还有很大的分歧，但是王莽的四次货币改革却是确确实实地失败了，这反映了王莽对于货币理论一点也不了解，只想用行政办法取代经济规律，以达到搜刮民财的目的，但最终落得个身败名裂的下场。其结果必会遭到人民的反对，所以他的统治很快就被推翻了。

但是无心栽柳柳成荫，王莽货币是中国古代货币中工艺技术最为完美，制作最为精良，一直到现在也是古货币市场上平均价值最高的一朝货币。如王莽货布的重量、尺寸规格很严，每枚长二寸半，重一两。钱面上的书法称为"垂针篆"，有着很高的造诣，当然这反映了我国古代劳动人民的聪明才智和冶金工艺的高超水平。

图 3.12　新莽大泉五十陶范

王莽铸钱中有几种到现在是收藏家公认的大珍品，如六泉中的么泉、幼泉、中泉、壮泉四种货币；十布中的小布、么布、幼布、序布、差布、中布、壮布、弟布、次布；还有一刀平五千，国宝金匮值万。

四　东汉时期的货币

东汉（25—220 年）建立后，光武帝刘秀于建武十六年（40 年）始铸五铢钱。这就是东汉五铢钱，西汉五铢和东汉五铢钱略有不同，主要表现在铢字的右部上面一曲笔画：西汉有一明显拐角，东汉五铢钱则成一弧形。除五铢钱外，东汉还先后行用过几种特殊的钱，分述如下。

（一）货泉。光武帝刘秀建立东汉政权后，继续沿用王莽的货泉，因为他讲忌讳，笃迷信。刘秀是南阳郡白水乡人，而他认为货泉的"泉"字正好是"白""水"二字，"货"字则像"真人"二字的合体。因此刘认为这是他取天下的预兆。这种钱一直沿用到公元 40 年东汉重新发行五铢钱为止。

（二）四出五铢。灵帝时卖官鬻爵，政治极端腐败。中平三年（186 年）铸背面穿孔四角有四道斜线的五铢钱，称"四出五铢"。民间谣传说："钱有四道，京师将破坏。此钱出，散于四方乎？"①

---

① 《太平御览》卷 835 引《献帝春秋》。

图3.13 东汉四出五铢

（三）董卓小钱。《史记》中记载了秦始皇统一天下后，将天下列国的兵器收至长安铸造了9个高大的铜人的故事，这些铜人哪里去了呢？汉献帝初平元年（190年），董卓挟献帝迁都长安，下令将雒阳铜人等一大批铜制艺术品熔毁取得铜料，再用以铸造小钱。董卓钱"大五分，无文章，肉（钱身）好（钱孔）无轮郭"。就是直径仅5分，无文无郭，极其轻薄。世界上最大的铜人，却铸成了世界上最小的货币。加之小钱数量甚多，流通地区狭小，便造成了恶性通货膨胀，物价飞涨。货币经济遭受严重破坏，进而形成了物物交换或以谷帛为币的局面。一时间民不聊生，天下大乱。

五　汉代的黄金货币

（一）汉代黄金货币的阶段性变化

秦汉时期的黄金货币，大致经历了三个阶段：秦统一六国后将黄金正式宣布为法定货币；西汉时期黄金货币的广泛使用；东汉时期黄金货币"突然消失"。一千多年来，人们对秦汉时期的黄金货币议论纷纷。有的人怀疑西汉史籍中的"金"都是铜或至少部分是铜；一时间，东汉黄金货币的突然消失是我国古代经济史上一个难解之谜。

第一阶段，秦朝黄金货币地位的确立。

从货币制度来说，春秋战国时期楚国的"爰金"是我国最早的黄金货币。到秦统一六国后，黄金正式成为法定货币。中华人民共和国成立后，在陕西临潼武家屯窖藏出土秦汉金饼8枚，其中原编号96的1枚重量253.5克，刻有"益两半"三字。"益"与秦朝"黄金以溢为名"的"溢"相通。[①]

第二阶段，西汉黄金的广泛使用。

汉承秦制，西汉仍然推行黄金与铜钱并用制度，大额用金，小额用铜。汉代的金币形制有马蹄金、金饼、麟趾金三种，每枚重约一斤，上标明重量。王莽时期，全国很大一部分黄金集中到国库里去了。

---

① 李祖德：《试论秦汉的黄金货币》，《中国史研究》1997年第1期。

图 3.14　西汉马蹄金

秦朝二世而亡，无论是文献记载还是出土的黄金货币都很少。到了汉代，黄金货币出土的数量与范围就相当可观。根据 21 世纪初载诸报刊的考古出土资料进行初步统计，汉代的黄金货币出土的报道共有 26 处，遍及 14 个省市，包括陕西、河南、河北、湖南、湖北、北京、广西、广东、山西、辽宁、安徽、江苏、浙江、山东。这说明汉代黄金货币流通范围已遍及全国各地。

西汉的黄金货币大多是饼块形状，大小不等。1968 年河北满城一号汉墓出土金饼 40 块，呈不规则圆饼形，共计 719.4 克；满城二号坟墓出土的 29 块金饼中，共计 438.15 克。这些饼块状的黄金货币，可根据交易的需要任意切割，属于原始的称量货币。河北满城汉墓出土的是汉初的黄金货币，据汉初法令规定，黄金以"斤"为单位，但河北满城出土的黄金货币都在一两左右，这可能与汉初经济凋敝，黄金货币流通量较小有关。

到汉武帝时，黄金货币有了较大变化，那就是对马蹄金与麟趾金的铸造。《汉书·武帝纪》记载："诏曰：有司议曰，往者朕郊见上帝，西登陇首，获白麟以馈宗庙，渥洼水出天马，泰山见黄金，宜改故名，今更黄金为麟趾、马蹄以协瑞焉。"就是说在汉武帝太始二年（前 95 年），黄金货币已经有了比较固定的形制。

关于马蹄金、麟趾金的形状，史书无详载。北宋沈括在《梦溪笔谈》中对马蹄金与麟趾金的形状描述为："麟趾中空，四傍皆有文，刻极工巧；马蹄作圆饼，四边无模范迹，似于平物上滴成，如今乾柿，上人谓之柿子金。"由此看来，不论是马蹄金还是麟趾金，都是呈圆形或椭圆形的饼块状货币。

1949 年以来，汉代的马蹄金、麟趾金以及相似的金饼屡有出土。这些黄金货币具有以下几个特点：

第一，饼块状黄金货币，已具有相对的固定重量。近年考古出土的黄金货币，重量在200克至460克之间不等，但平均重量为250克。如1974年陕西西安鱼化寨北石桥遗址发现西汉金饼6块，平均每块重为253.31克。其他地方出土的汉代黄金货币重量也在250克左右。这与汉代黄金货币以斤为计算单位是相一致的。

第二，多刻有文字、符号。例如，1963年在太原东太堡出土的6块金饼，其中原编号34的1块金饼刻有18字，有"令""吉"等字。广西合浦县在1971年出土金饼2块，各自底刻"位""阮"与"大""太史"等字样。

第三，以"斤"为单位，但可剪凿分割使用。从大量出土的金饼中，可以发现不少金饼有被剪凿的痕迹。例如，1974年河南扶沟古城村出土西汉金饼6块，原编号Ⅰ·17的一块只有金饼的1/2，重量为89.5克；原编号Ⅲ的一块已被剪凿变形，底背相贴，只是金饼的1/4。此外还出土过大量的黄金碎块，是剪凿后的残留物。

第四，汉代金饼出土地域虽广，但数量较少。除了河北满城中山靖王刘胜墓出土的"一两"型金饼数量为40块与29块外，一般汉墓出土的金饼大多在1块至2块，个别的有4块至6块，最多的一次也只有25块。从刘胜墓来看，虽然出土小金饼较多，但一号墓出土的40块总重量不到3斤；二号墓出土的29块小金饼的总重量也不到2斤。

第五，汉代黄金为法定货币。秦朝法律规定黄金为"上币"。汉承秦制，黄金货币使用的地域几乎遍及全国。在考古出土的黄金货币中，发现有"上"字的刻记。这个"上"字可能与汉代称黄金货币为"上币"不无关系。

从以上分析的汉代出土金币的特点中可以看出，汉代的黄金货币仍处在比较原始的称量货币阶段。

第三阶段，东汉黄金货币地位的消失。

西汉的黄金作为实物货币，具有货币与商品的双重属性，并不是一成不变的。当新莽政权垮台以后，群雄割据，货币经济遭到了极大的破坏，有的地方甚至用布帛粟米进行物物交换。在这种情况下，黄金的货币属性逐渐失去作用，而物品的属性占据主导地位。

建武十六年（40年），当刘秀恢复五铢钱时，并没有明文规定恢复作为"上币"的黄金货币。据《后汉书·马援传》注引《东观记》记载，当时马援建议恢复五铢钱，事下三府，遭到三府的反对，"凡十三难，援一一解之"。重铸五铢钱尚如此，恢复黄金货币会有何等困难？

东汉以降，史籍中使用黄金的记载的明显减少，主要表现为帝王的赐金减少了许多，《后汉书》记载，东汉帝王赏赐多为铜钱和帛，东汉赏赐黄金数量仅是西汉的2%。这一方面表明东汉黄金货币性能的降低，另一方面又产生一个疑问：史籍记载的减少是否就意味着黄金货币的消失？总之，东汉黄金问题成为众多史家试图解开的一个谜团。

（二）东汉黄金消失之谜的原因探究

关于东汉黄金记载量大大减少的原因，有多种不同的解释，大致可归纳为以下几种：

第一，外流。对外购买西方名马、琉璃、珠宝等奢侈品，除支付丝绸外，主要是黄金。

第二，为器饰。西汉时，大量黄金在帝室、贵族家中做装饰和器具，如杯碗瓶盘、金缕玉衣等，民间用得少，墓葬出土的也不多。东汉时，金首饰和器物更加流行，民间有钱人也多使用，墓葬中出土的金银器显著增加了。

第三，陪葬和窖藏。黄金被大量埋入地下，曹操派人四处掘墓，曾掘西汉梁孝王冢，得金数万斤，还专设"摸金校尉"和"发丘中郎将"，可见两汉墓葬中藏金之多了。

第四，佛教耗金说。东汉明帝以后，佛教传入我国，并逐渐在社会上流行，佛像、庙宇、法器上多用黄金装饰。"通都大邑，穷乡僻壤，无不有佛寺，无不用金涂。"涂金不复还原，白白消耗掉了。

第五，散入民间。西汉、新莽皇家贵族拥有大量黄金，在绿林、赤眉起义和后来的战乱中被各支军队将士们抢掠后散入民间，所以看上去"减少"了。

以上几点中，有一种比较流行的说法是"佛教耗金说"。此种观点认为，由于佛教的传入，大量黄金用于塑佛金身、书写金经，致使汉金消失。如果此说能够成立，也就客观上反映了黄金作为货币功能的衰退与消失；因为黄金如果作为货币，由于流通的大量需要，是不可能去用作塑佛金身、书写金书的。

东汉黄金货币作用的衰退，因而引起史籍记载的减少，但这不能简单理解成是汉代黄金的消失。黄金逐渐退出货币的流通领域，成为人们宝藏的对象。黄金作为称量货币，曾经在西汉的货币制度中起过重要的作用，也曾为人们制造出种种奇特的假象。但它不能与铜钱一样，经受战争灾乱的考验，不得不在相当长的时期中失去货币的资格。

第二节　秦汉时期的信用

一　秦朝与西汉的信用

秦汉时期的信用较前代有了进一步的发展，但仍不出放款的范围，且以私人之间的借款为主，虽然也不禁民间向政府提供信用，但毕竟是有限的。而且民间放款业务都是由商民自办，还没有什么组织机构。至于存款业务，尚无发展的迹象，有钱之家，多是窖藏，无须存入他处。总之，与先秦信用相比，秦汉时期信用只有量的变化，并无质的飞跃。

（一）秦朝的信用立法

秦朝人民的赋税负担很重，借贷的行为自然很多，但现在所见的史料甚少，无法得知当时真实的借贷情况。只有通过秦简中有关借贷的法律规定，来了解政府对债务问题的政策措施。

《金布律》中涉及债务的条文有四条，其中还包括官吏损失公物的赔偿。其中与债务有关的条文不多，其中的两条为"一、对公家负有债务的百姓如移居他县，即移文到所在县，由该县负责收债。如果公家欠有移居他县百姓的债，也移文该县，由该县负责归还。二、百姓借公家的器物及欠债未还，官府有时间收回而未收回，债务人死亡，由主管官吏负责归还"[1]。

秦简中还提到禁止用人质作抵押的借贷的规定，指出用人质作押的借钱，借贷双方都要受到处罚，但如有一方被迫则除外。这里谈到了抵押放款的事情，既然有以人作质的，就肯定有以物作抵押的。秦简中没有见到关于负债利息的规定。

---

[1] 叶世昌：《中国金融通史》第一卷，中国金融出版社2002年版，第42页。

(二) 西汉的信用

秦汉统一以后，社会经济进一步发展，国内商业繁荣，国际上也沟通了同印度和西域的商贸联系。因而出现了一些商业发达的中心城市，除长安以外，全国还有洛阳、临淄、邯郸、宛（河南南阳）、成都等。商业的发展必然促进了西汉时信用事业的发展。

1. 朝廷的赈贷

西汉时的"振贷"，是指朝廷对百姓的救济性借贷，这是一种国家信用。史书中记载的"振贷"，即指现在所说的国家的赈贷或农贷政策。

西汉在不同时期都实施过赈贷，主要是灾荒之年。文帝二年（前178年）正月，朝廷下令"贷种食未入、入未备者，皆赦之"，就是对以前百姓向朝廷所借而又无力全部或部分归还的种子和口粮等，都予以赦免。武帝元狩三年（前120年），华山以东发生大水灾，"民多饥乏"，派使者督促各郡国尽发仓廪救济，还叫富豪之家也参贷，并对假贷贫民的富人给以奖励。平帝元始二年（2年）四月，郡国大旱及蝗灾，朝廷实行了救荒措施，其中包括募徙贫民，对他们"赐田宅什器，假与犁、牛、种、食"。

西汉时朝廷把赈贷作为救荒的重要措施来实行，所贷的内容多为种子和口粮，有时也有犁和牛等。但不见有贷钱的记载。这是以实物借贷的方式。朝廷还常常宣布勿收债，以减轻贫民的债务负担，但这不属于信用的范畴，而是一种救济。对西汉时朝廷赈贷的标准及收取多高的利息则不得而知。但可以肯定西汉对赈贷的收息是不高的。

2. 高利贷

西汉初期，长安已形成一个金融市场，当时的高利贷资本称为"子钱"，一些大的高利贷者称为"子钱家"。他们是专营放贷取息的人。

西汉景帝三年（前154年）爆发吴楚七国之乱，准备从军出征的列侯君向长安的子钱家借钱，多数子钱家因为胜败难料，不肯借钱，只有无盐氏借出千金。三个月后七国之乱平定。"一岁之中，则无盐氏之息什倍，用此富埒关中。"贵族负债的例子，还有如淮阳刘钦的母舅张博负债数百万，邓通败后家中"负责数巨万"。这些都说明西汉高利贷资本的积累已有相当规模。

有些工商业者、地主、官僚、贵族等也兼营高利贷业务，这是商业资本与高利贷资本相结合的产物。鲁地大冶铁商曹邴氏"贳贷行贾遍郡国",影响了邹、鲁一带人们的择业观念。许多贵族也经营高利贷。旁光侯刘殷、陵乡侯刘沂都是高利贷者。一个因"取息过律",一个因"贷谷息过律",均被免去侯爵。西汉末年的樊重是东汉光武帝的外祖父。他"世善农稼,好货殖",善于多种经营,家中能够做到"闭门成市",所放的贷款高达几百万。临死前,"遗令焚削文契",取消所有债务。取消债务是做好事,但成为几百万钱的债主,可见其高利贷资本积累数额之巨。

西汉时高利贷的利率有多少,史书中除了一些特殊的例子外,没有明确的记载。《管子·轻重丁》中说齐桓公派人调查各地人民的负债情况,利率有 10 分、5 分、2 分三种。但这是寓言,可信度不大。司马迁《史记》中推测应有 20% 的利润率,"子贷金钱千贯"的高利贷者每年赢利 200 万钱,也相当于一个千户侯的收入。这种没有封爵而相当于封君收入的富户,称为"素封"。但高利贷者的年利率为 20% 可能只是最低的估计,古代的高利贷利率一般都高于年息 2 分,早期又高于晚期。

3. 商业信用

商业信用记载较早的是秦朝的赊买和赊卖。赊买赊卖就是买卖的延期付款。从理论上说,有了商品的买卖就会有商业信用。但中国文献中出现有关商品的赊买和赊卖的记录却较晚。

如《史记·高祖纪》中说,刘邦在做泗水亭长时,常常向王媪、武负赊酒喝,写有债券,据说债主看见刘邦醉卧时身上有龙,"常折券弃责"。当时还是秦末,赊酒这种商业信用已经存在。

汉简中有一些关于赊买、赊卖的记载。已经公开发表的汉简释文中,有关赊买、赊卖的文书 30 余种,其中直接记载赊买、赊卖活动的共 21 种。这些赊买和赊卖中大都有债券,其中写上"任者",就是证明人,还有"知券",就是偿付时的证明人。赊买在一定时期内是不付利息的,但超过期限时要付息,这在债券中也不说明。

二 东汉的信用

1. 朝廷的赈贷

东汉常有赐贫民粟、帛的救济措施,同时也对贫民进行赈贷。章帝建初元年(76 年)正月诏三州郡国:"方春东作,恐人稍受禀,往来烦剧，或妨耕农。其各实核尤贫者，计所贷并与之。""受禀"即赐粟之类，领粟往来烦剧，那些尤贫的还要赈贷。诏书规定要一并给予，免得受贷者增加往返，影响春耕。元和元年（84 年）二月，令各郡国募无田的农民到土地肥饶处耕种。到后由政府"赐给公田，为雇耕佣，赁种饷，贳与田器，勿收租五岁，除算（算赋）三年"。赁、贳都是信贷。灵帝熹平四年（175 年），曹操因去年冬天疫疠流行，下令救济贫民。其中规定 12 岁以内的幼者，"贫穷不能自赡者，随口给贷"。这些所贷的仍以种子、口粮等为多，有时还有田器。从见于记载的看，东汉比西汉赈贷的频率更高些，但东汉免收债务的决定只有 4 次，而西汉有 11 次之多。赈贷标准以及是否取息，仍不见有文字说明。

2. 官负民债

东汉中期以后，官负民债的情况极为严重，又可以分为两种情况。

（1）国家向民间举债。东汉在同羌族战争中，战费开支庞大，财政严重困难，就向民间借钱。安帝永初四年（110 年）已"官负人债数十亿万"。"亿"按 10 万算，则应为几百万万钱。这还不是最后的数字，因为战争还在继续。这可以说是中国最早的国债。此外见于史书的还有：顺帝永和六年（141 年）"诏贷王、侯国租一岁"，"诏假民有资者户钱一千"；汉安二年（143 年），"又贷王、侯国租一岁"。桓帝永寿元年（155 年），因司隶（治今河南洛阳东北）、冀州灾荒，向有积谷的王侯借十分之三，到新租收入时偿还；延熹五年（162 年）向公卿以下官员借俸禄。

（2）贵族官员向民间举债。王符在《潜夫论·断讼》中分析了贵族官员对待借债态度的先后变化，作为东汉社会风气变坏的一种表现。在明帝时，"诸侯负责，辄有削绌之罚"。因此他们都不敢向民间借债，过着比较俭朴的生活，债务纠纷自然得到消除。但后来却不同了，那些"封君王侯贵戚豪富"为了过奢侈的生活，不惜大量举债，"高负千万，不肯偿责"。尽管"小民守门号哭啼呼"，仍无动于衷，甚至还"殴击责主，入于死亡"。由此可见，东汉中期贵族官员负债和赖债的严重状况。

3. 高利贷

东汉关于高利贷资本活动情况的史料不多，从有限的史料中可以看出，东汉的高利贷资本也在发展。

东汉初年，议郎给事中桓谭上书言事，其中指出："今富商大贾多放钱货，中家子弟为之保役，趋走与臣仆等廉，以淫耳目。"这里所说的情况与西汉时相似，都是由别人帮高利贷者放债和追债。帮助放债的人收入都有如"封君"，高利贷者的收入自然更高。桓谭要求光武帝重视这一问题，改变这一不利于人们归农的情况。

放款有信用放款和抵押放款两种。《后汉书》载文："虞所赍赏，典当胡夷。"这里的"典当"是用抵押品借钱物的意思，不是后世的金融机构典当（当铺），后者当时尚未产生。从许慎的《说文解字》可以看出，至迟在东汉时抵押放款已经盛行。《说文解字》释"贅"字说："以物相贅。"从释文看，贅、质都是抵押放款的抵押品。先秦的"质"多指人质，《说文解字》中的"质"无人质的意思，而仅指以物质钱。字义的变化反映了社会经济活动的变化，是抵押放款已经盛行的明证。

第三节 秦汉时期的货币理论

秦始皇统一六国后，铜钱统一于秦国原来的半两钱，重如其文。汉承秦制，铜钱仍用半两钱，后经多次减重，最后确定用五铢钱，重如其文。西汉的货币理论较为丰富，诸如货币的起源、货币铸造权、货币的作用以及国家利用货币控制商品流通等方面都有精辟的论述。

一 贾谊、贾山的垄断铸币权论

汉文帝废除《盗铸钱令》，允许民间铸钱，对于这次放铸，贾谊和贾山表示反对，他们提出了禁民铸钱、货币铸造权应由国家垄断的理论。

贾谊（前200—前168年），西汉政论家、文学家。贾谊的货币理论集中反映在《铸钱》《铜布》之中。他首先陈述了放民铸钱的三条危害，一是诱民犯罪。法令规定铸钱只准用铜锡，杂以铅铁或采用其他办法降低铜钱质量的，要犯黥（脸上刺字）罪。然而民众势必要降低铜钱质量来获取厚利，这样就相当于用法令来诱民犯罪。二是"法钱不立"，他简明扼要指出了钱币没有统一规格成色的危害，第一次提出了"法钱"的概念，明确指出了如果不确立国家铸造的法定钱币的垄断地位，会使"市肆异用，钱文大乱"。三是影响农业生产。促使农民弃农采铜铸钱，以致"奸钱日多，五谷不为多"，农业生产。自由铸钱会产生以上弊病，因此，贾谊认为铸币权应由国家垄断。其次，不仅提出了禁民铸钱的国家垄断铸币权，而且强调禁止私铸必须同时禁铜。他认为私铸盛行的祸根是"铜布于天下"，只禁止私铸而不禁铜，最终无济于事，为此提出了有名的禁铜七福说，即（1）民不铸钱，黥罪不积；（2）伪劣钱币不再增多，民不相疑；（3）采铜铸钱者反于耕田，加强农业生产；（4）王朝可以挟铜积以御轻重，钱轻则术敛之，重则以术散之，货物必平；（5）可以用铜铸兵器；（6）以临万货，以调盈虚，以收奇羡则官富实而末民困；（7）制吾弃财，以与匈奴争逐其民。说明了国家垄断币材是国家垄断铸币权的重要条件。

与贾谊一样反对废除《盗铸钱令》的还有贾山。流传下来的贾山的话只有几句，"钱者，亡用器也，而可以易富贵，富贵者，人主之操柄也，令民为之，是与人主共操柄，不可长也"①。强调垄断铸币权是统治者的利益所在。

贾谊、贾山的主张当时并未得到汉文帝的采纳，但为实现铸币权统一做了舆论准备。

二 晁错的贱金玉论

晁错（前200—前154年），颍川人，西汉政论家。著作流传下来的有散见于《汉书》的奏疏八篇，他继承和发展了战国时期的重农抑商思想。在汉文帝十二年（前168年）写的《论贵粟疏》②中指出了商人兼并农民，造成农民流亡的社会现象，主张"贵五谷而贱金玉"。其基本观点是：

第一，货币本身是无用之物。"夫珠玉金银，饥不可食，寒不可衣，然而众贵之者，以上用之故也。"完全否认了珠玉金银等货币本身的使用价值。

第二，货币的价值来源于统治者。饥不可食，寒不可衣的珠玉金银为什么有较高的价值，为众人所珍贵呢？晁错认为是由于"上用之"，即由统治者的主观意志所决定的，这是一种名目主义的货币理论。

---

① 《汉书》卷50《贾山传》。
② 《汉书》卷24上《食货志上》。

第三，货币的害处很多。晁错分析了重珠玉金银的害处，"其为物轻微易藏，在于把握，可以周海内而亡饥寒之患。此令臣轻背其主，而民易去其乡"。晁错认为这些情况不利于封建制度的巩固，因此主张"明君贵五谷而贱金玉"，才能使民众安心务农，维持社会安定。

货币对社会的作用是双重的，既可以促进社会的发展，又能加深社会矛盾。晁错只看到它消极方面，是不全面的。

三 司马迁的货币论

司马迁，字子长，夏阳人（今陕西韩城），史学家，《史记》是我国最早的通史。《太史公自序》中说"维币之行，以通农商，其极则玩巧，并兼兹殖，争于机利，去本趋末。作平准书以观事变"。他的《平准书》相当具体地考察和记述了商品货币交换对社会经济所产生的复杂影响，有意识地探索了商品货币经济演变态势和变化趋向，在社会经济领域"究天人之际，通古今之变"。

关于货币的起源，在先秦和西汉并非只有司马迁一人论及，但就认识水平来说，其他人的认识远不及司马迁。司马迁论断的可贵之处在于他不仅用发展变化的观点观察论述了中国古代货币的产生与演变，而且破天荒地指出"农工商交易之路通，而龟贝金钱刀布之币兴焉"。正确地把货币的产生与商品交易联系起来，把货币的产生视为农工商交易的自然结果，这就突破了单旗和《管子·轻重》"先王制币说"的唯心主义的传统看法，为人们深入探讨货币的产生和本质指出了正确的途径和思路。

关于货币产生的时间，司马迁说货币"所从来久远，自高辛氏①以前尚（上）矣"，比《管子·轻重》的说法大大提前，目前还没有从考古发掘中得到证实。司马迁未论及货币的职能，但他肯定了货币在社会经济发展中的积极作用，又指出货币可能给社会经济带来负面消极影响。

四 桑弘羊的统一铸币权理论

桑弘羊（前152—前80年），洛阳人，西汉政治家、理财家。曾参与

---

① 高辛氏即帝喾，传说是尧的祖先。

制订和推行盐铁官营、均输、平准①和统一铸币权等经济政策。是否应实行铸币权的统一，是桑弘羊在盐铁会议上与贤良文学争论的焦点之一。

第一，关于货币制度问题。因为汉武帝时的货币制度经过数次变化，在盐铁会议上，贤良文学认为货币制度的变化是越变越坏。认为货币使人们变得奸诈，向往古代"抱布贸丝"的物物交换。针对贤良文学的批评，桑弘羊在辩论中强调了货币随着社会的变化而变化，不可复古倒退。

第二，关于民间自由铸钱问题。贤良文学主张任由民间私铸，认为人的善恶与私铸钱无关，目的是要恢复郡国自由铸钱。桑弘羊坚决反对任民自由铸钱，并明确指出了其危害。他以吴王、邓通利用纵民铸钱政策而富埒天子和发动叛乱的历史教训，论证了允许自由铸钱，加强了地方割据势力，不利于中央集权。由于铸钱可以获利，有些人就脱离农业生产而从事铸钱活动，所以只有禁止自由铸钱才能使民众归农。桑弘羊的这些话，是对西汉货币流通历史经验的总结。

盐铁会议上桑弘羊与贤良文学双方激烈争论之后，货币铸造权仍集中于中央，郡国自由铸钱并未恢复，民间私铸也一直被视为非法。

五　贡禹的废钱论

贡禹（前124—前43年），字少翁，琅琊人（今山东诸城），汉元帝时任谏大夫，多次上书议政，废钱即是他的议论之一，在《汉书》中的《贡禹传》《食货志下》均有记载。

贡禹认为，使用钱币有许多弊端，因此提出废除钱币，使用谷帛的主张。概括起来有以下几条：

第一，妨碍农业生产。贡禹认为，铸造钱币需要很多的劳动力，有一人铸钱不耕农桑，必有多人受饥挨饿。

第二，破坏自然环境。开矿要"凿地数百丈，销阴气之精"，使"地藏空虚，不能含气出云"，"水旱之灾未必不由此"。

第三，影响社会治安。造五铢钱以来七十余年，因盗铸被判罪很多。

第四，引起贫富不均。货币魔力很大，人们追求金钱的欲望无止境。

---

① 均输是政府通过征收赋税或购买公控制各地土产，运往高价地区出售，政府所需物资则到低价地区购买。平准是政府进行商品买卖以平衡物价。

第五，不利于税收征管。贡禹认为，货币流通的结果，商贾厚利而不出租税，农民艰辛而赋税繁重。

因此，贡禹得出结论"是以奸邪不可禁，其原皆起于钱也"，即钱币是一切罪恶的根源。提出取消钱币的主张，"疾其末者绝其本，宜罢采珠玉金银铸钱之官，亡复以为币，市井勿得贩卖，除其租铢之律，租税禄赐皆以布帛及谷。使百姓壹归于农"①。贡禹既把当时一切奸邪归咎于钱，又明确提出罢黜开采珠玉金银和铸造钱币的官府，不再以钱为币，不得用钱交易买卖等，是相当彻底的废钱主张。不难看出，贡禹的上述理由是经不起考究的，孤立或者片面来看，或许反映了一些实际情况和问题，但若全面考察金钱为币的积极作用，则不该由此废钱，因此，贡禹废钱主张提出后，"议者以为交易待钱，布帛不可尺寸分裂"②，予以否定。

六　张林的封钱用谷帛论

东汉章帝元和元年（84年），谷价上涨，国家财政困难，张林提出了封钱勿出主张。

"今非但谷贵，百物皆贵，此钱贱故尔，宜令天下悉取布帛为租，市买皆用之，封钱勿出，如此则钱少，物皆贱矣。"③ 他认为商品贵是由于钱多，因此主张"封钱勿出"，减少钱币流通数量，以降低物价。

从"百物皆贵"来证明钱贱，为了降低物价而减少钱币流通，在理论上说得通，这是从货币购买力来解释物价波动现象。但物价上涨可能受供求关系的影响，不能一概归之于钱。如果是商品供应不足，则减少钱币流通数量，反而会适得其反，造成通货紧缩。如果确实因为钱多，用布帛执行货币的部分职能，会造成市场上钱币更多。

张林提出的百物皆贵是"银贱"，又认为"封钱不出"，"则钱少，物皆贱矣"，其中包含着钱少则钱贵物贱，钱多则钱贱物贵的观点，属于货币数量论观点。

---

① 《汉书》卷72《贡禹传》。
② 《汉书》卷24下《食货志》。
③ 《晋书》卷26《食货志》。

第四章

魏晋南北朝及隋朝的货币与金融

第一节 魏晋到隋朝的货币

一 魏晋南北朝及隋朝的时代背景概述

魏晋南北朝（220—589年）具体包括魏、蜀、吴三国鼎立时期，两晋（西晋、东晋）、十六国时期，以及南北朝时期共三个分期。这是中国历史上分裂时间最长且社会局面最混乱的时期。到581年隋朝建立政权，这种混乱的局面才渐趋统一。这一时期主要政治经济特点可归纳如下。

1. 政治方面的战乱和分裂

魏晋南北朝历时近400年之久，从189年董卓之乱开始，天下四分五裂，其中三国纷争共有近100年，除西晋王朝建立后有20年的短暂统一外，大部分时间里是分裂的。永嘉之乱后200多年，内战持续不断，各种社会矛盾和民族交织出现，如汉族与北方少数民族之间的战争，农民与封建主之间的斗争，地主阶级内部为争权夺利而战乱不止等。

社会动荡的另一个表现就是朝代更迭频繁。这一时期多数政权十分短寿，有几十年，十几年甚至几年的。除了东晋和北魏政权超过100年外，绝大多数时候政权更换像走马灯一般。如三国、西晋、十六国、南朝的宋、齐、梁、陈，北朝的东魏、西魏、北齐和北周等。

2. 生产方式的落后和社会经济的衰败

魏晋南北朝时期的社会生产遭到严重破坏。由于战乱，流民几十万、几百万是常有的事情，"出门无所见，白骨蔽平原"的情景多次发生。该时期人口数低于汉代，人口从一个侧面反映了一个时期经济发展水平。西晋太康三年（282年），天下户数377万，相当于汉代户数的三分之一。

田庄经济流行是这一时期生产方式的典型特点，也是导致社会经济衰退的主要原因之一。田庄自给自足，农林牧副及手工业各业齐备，生产及生活用具由庄内供给，而不是靠外面供应，号称"闭门成市"。

在田庄经济的背景下，农民对田庄主的人身依附关系明显加强了。农奴、佃农和奴婢等都来自破产的自耕农，因为他们的田地被田庄主并吞后，和封建主建立了稳定的人身依附关系。

封建经济田庄化、农奴化的趋势，对商品经济产生了重大影响。封建经济田庄化，商品交换水平下降；自耕农数量减少，农奴多，生产力下降，商业不景气，也决定了这时期货币经济的衰退，表现为货币实物化的倾向加剧。

二 魏晋至隋朝的货币

（一）三国货币

1. 曹魏五铢

三国鼎峙时，魏国在曹操"秦人以急农兼天下，孝武以屯田定西域"的思想指导下，大力屯田，厉行节约，从而使魏国的经济状况一直比蜀吴两国要好，这为日后魏国对两国的统一奠定了坚实的经济基础。

在货币制度方面，曹魏继承了汉代制度。三国时期，曹魏的货币政策是最成功的。曹操废董卓的小钱，恢复使用汉朝的五铢钱，但没有铸新钱。而民间还是以粮、帛等实物交易为主。魏文帝黄初二年（221年）三月，朝廷宣布"初复五铢钱"。半年后，因物价太高而难以支付，被实物货币排挤。朝廷不得不"罢五铢钱，使百姓以谷帛为市"（《晋书·食货志》）。废铜钱，而只用谷物和帛绢为法定货币。这是整个北方社会生产、交换事业在战后百废待兴、凋敝残破的反映。从公元前221年秦王朝用圆形方孔钱统一天下货币，并宣布"珠玉、龟贝、银锡之属为器饰宝藏，不为币"，到公元221年曹魏罢五铢钱而以实物谷帛为币，这两个"221年"，汪圣铎先生称其为"惊人的巧合"[①]，曹魏行谷帛的法令是魏晋南北朝数百年货币经济走向衰败倒退的标志。

魏明帝时北方社会经济有一定程度的恢复。曹魏政府在太和元年

[①] 汪圣铎：《中国钱币史话》，中华书局1998年版，第84页。

(227年)再次发行使用五铢钱,《三国志·魏书》:"(太和元年)夏四月乙亥,行五铢钱。"《晋书》载:"魏明帝乃更立五铢钱,至晋用之,不闻有所改创。"后人称"曹魏五铢",直到魏国末年也没有发生变化,物价也相对稳定。曹魏五铢与东汉五铢相似,前者面文分别被侧边压住,货币的突出特征就是钱郭压"五"压"铢"。现在所见到的魏五铢钱,钱径为20毫米左右,重量约2克。

2. 蜀汉的大小直百钱和五铢钱

(1) 直百钱。蜀汉直百钱分"直百五铢"和"直百"两种。

第一种直百五铢为大钱。蜀汉地处大西南,生产力水平相对落后。刘备为鼓励将士攻城,在入成都后,"士众皆舍干戈,赴诸藏,竞取宝物"。随后官库物资被劫一空,结果弄得财政困难。加上战争不断,军队供给始终不足。刘巴提出建议"铸直百钱,平诸物价,令吏为官市"。于是刘备在建安十九年(214年),在蜀地发行贬值大钱"直百钱",以收购物资,"数月之间,府库充实",从而解决了供应的困难。

图4.1 魏国小五铢(直径12毫米,重量0.75克)　　图4.2 蜀国直百五铢背为

此钱面文为"直百五铢",钱文顺读,"直百"在穿上下,"五铢"在穿左右,四字篆书。钱面背肉好皆有郭,钱径26—28毫米,比普通的五铢钱大一倍,重8—10克,却要值100个五铢钱,其贬值程度由此可知。到后期,减重时钱径为24毫米,平均重只有3.2克。直百五铢背面的文字阳文的有一种,钱背穿左有"为"字,是在益州犍为郡铸造的,这是中国历史上方孔钱背面最早记地名的钱币。

第二种直百钱为小钱。到了蜀国后期,经济日益困苦,就大铸小钱,如铁的直百五铢、直百钱、小直百钱、太平百钱、定平一百钱等。其中

"直百"钱是由直百五铢钱省文而来,钱文只有"直百"二字。有顺读,有左读。钱径大小约 16—19 毫米,重约 1.3—1.5 克,小型为 13 毫米,重 0.5 克,属于蜀国后期所铸。而"太平百钱"和"定平一百"等钱,目前铸造地尚有争议,若为蜀造,也是在后主刘禅时期。

(2)传形五铢。这是在蜀国政治、经济稳定下来后铸造发行的钱。因为直百五铢是贬值钱币,不可能长期流通。刘备下令铸造了一种传形五铢,又叫蜀五铢。之所以叫"传形五铢",是因为和原来的五铢钱的文字左右对调了一下,重量为四铢,后来越铸越小。蜀五铢重量轻,约 2 克重,正面有内郭,文字比较小。

3. 孙吴大钱

吴国的商业经济在三国之中最活跃。吴没有经历曹魏大规模的战乱,加之流民的涌入,给吴国带来了劳动力和技术,促进了当地经济的发展,吴国被称为"沃野千里,民富兵强"。在那里,江南水网,四通八达,有利于贸易往来和货物运输。《三国志》载,孙吴曾在嘉禾五年(236 年)发行"大泉五百"铜钱,赤乌元年(238 年)又发行"大泉当千";后来在浙江又出土"大泉二千""大泉五千"。形制和文字模仿王莽钱。

(1)大泉五百

吴国孙权嘉禾五年开始铸行。《三国志·吴志·孙权传》记载:"五年春,铸大钱,一当五百。"钱文仿照新莽大泉五十样式,钱文篆书,四字顺读,但泉字中间的一竖笔不断,而王莽钱文泉字中竖断开。"五"字交股较直,"百"字瘦长。质地为青铜,外郭宽阔,广穿内郭较外郭为细。按大泉五十标准重量 12 铢,合 8.6 克,但出土的实物钱径在 31—33 毫米,重 6 克左右。大泉五十的出土地多在原吴都建业(今南京)附近地区。①

(2)大泉当千

孙权赤乌元年(238 年)铸行。《三国志·吴志·孙权传》记载:"赤乌元年春,铸当千大钱。"根据有关文献载,9 年后(赤乌九年,246 年)孙权就将大泉当千钱废止了。现在所见的大泉当千为青铜材料铸成,形制同大泉五百,钱文多模糊不清,篆书字体,四字旋读,面额大于此

---

① 唐石父:《中国古钱币》,上海古籍出版社 2001 年版,第 127 页。

者皆按此读法。"大"字为圆弧形,"泉"字为瘦长形,中竖不断,上不接横,"当"字肥大且笔画方折。钱径大小不等,大者径38毫米,重14.5克;小者径25毫米,重3.5克,与一枚汉五铢钱相当。此种钱目前不多见,减重钱在三国及两晋墓葬中有出土。

(3)大泉二千

关于此钱史籍记载不详。其形制与大泉五百及大泉当千同。钱径为33毫米左右,穿径12毫米。其铸行数量少,出土发现更少。1949年以后,在浙江黄岩、广东广州及湖南长沙等地有出土。

(4)大泉五千

大泉五千钱,质地为青铜,形制与大泉五百及当千钱相同。细微之别在于"五"字与当千钱不一样而近似于大钱五百钱,大小与当千钱相近。大泉五千钱现存世极罕,仅数枚而已。《晋书·食货志》载"吕蒙定荆州,孙权赐钱一亿,钱既太贵,但有空名"。很可能就是"大泉五千"

图4.3 大泉当千和大泉二千

之类的钱。由于大泉贬值太甚,百姓不愿使用。赤乌九年(246年),政府停止发行。

三国时期,货币的铸行情况与魏、蜀、吴各国经济发展水平密切相关,其特点亦比较鲜明。曹魏的经济和国力是三国中最强的,因而其货币制度是三国中最稳定的。曹魏发行的五铢钱数量虽不多,但没有贬值、减重,也没有虚价大钱。曹魏五铢到西晋时还使用,从一个侧面反映了曹魏政权经济基础的巩固。而蜀国发行的大小钱、吴国的大面值当百当千钱都是变相的通货膨胀,也表明其经济的窘迫,从钱币的发行可以看出三国之间经济实力的差距。

(二)两晋十六国钱

公元265年,曹魏权臣司马炎篡魏建晋,史称西晋。司马炎统一全国后,大封宗室为王,导致晋惠帝时出现长达16年之久的"八王之乱"。西晋永嘉五年(311年)匈奴人刘聪攻入洛阳,掳晋怀帝。"永嘉之乱"后,匈奴人再陷长安(316年),西晋灭亡。次年(317年),司马睿南渡建康(今南京)建立东晋王朝。在东晋偏安江南的130多年中,北方各族统治者互相混战，匈奴、羯、氐、羌、鲜卑等游牧部落先后入主中原，并建立十六国，按先后顺序分别为前赵、成汉、前凉、后赵、前燕、前秦、后秦、后燕、西秦、后凉、南凉、南凉、西凉、夏、北燕、北凉等，史称"五胡乱华"，或五胡十六国时期。从西晋永安元年即304年匈奴刘渊起兵反晋，到宋元嘉十六年即439年，拓跋魏统一北方的约130年中，北方各民族之间的战乱达到有史以来最激烈、最严重的程度。

1. 两晋货币

在两晋百余年的时期里，未见官方有铸钱的记载。西晋沿用曹魏五铢；东晋元帝过江后主要用孙吴和蜀汉的旧钱。中国货币经济走入低谷。

两晋所使用的钱有三类：大面值称"比轮"，就是"大泉五百""大泉当千"一类；中等钱叫"四文"，可能是指蜀汉的"直百五铢"和"太平百钱"之类；小钱指"剪轮五铢"和"沈郎钱"。沈郎钱是吴兴富商沈充私人铸造的钱。沈充在明帝太宁二年（324年）因支持王敦叛乱而被杀，因此所铸钱应止于此时。《晋书·食货志》："晋自中原丧乱，元帝过江，用孙氏旧钱，轻重杂行，大者谓之比轮，中者谓之四文。吴兴沈充又铸小钱，谓之沈郎钱。"沈郎钱是一种轻薄小钱，面文为"五朱"，铜质较差，颜色青白。沈充所铸钱为数不少，大小形同汉代榆荚钱，唐诗人李贺有《残丝曲》为证："榆荚相催不知数，沈郎青钱夹城路。"现在也常有沈充钱出土。

2. 十六国货币

北方十六国战乱连绵不断，生产遭受破坏，人口流亡，田地荒芜，中原地区"钱货不行"，倒退到实物货币状态。但在战乱暂停的空隙中，少数政权也发行少量铜钱，可分为两类：一是短期占领中原某部的政权，二是边远地区的割据政权。具体有以下几种。

（1）凉造新泉。前凉（314—376年）铸造。青铜质地，钱文篆书，顺读，书体端庄凝重，布局均匀，但由于铸造技术不高，字体常较模糊。形制分大小两种，小钱制作较为统一，版别不多，凉为三点水旁，中口为曰，钱径18毫米，重1.4克左右。这类钱较多见。大钱则轻重、大小各异。钱径为5—21毫米不等，重量在1.5—2.3克之间。"凉造"二字精整方正，凉字写法与小钱不同，中间的"口"字不再为"曰"了。此类钱较少见。近年来的几次出土都在前凉旧都武威市境内。其他地方出土的不多。

（2）后赵的"丰货"钱。羯族石勒铸造。石勒在永嘉之乱后十几年统一了北方，建立赵国，史称后赵。319 年他发行"丰货"铜钱。为了推行丰货，石勒采取抛售官府绢帛的做法，企图压低绢的价格。但由于战乱，整个社会经济萧条，物资匮乏，物价降不下来。百姓"贱买私钱，贵卖于官，而坐死者十数人，而钱终不行"。还是被实物货币排挤出流通领域。丰货重约 3 克，径为 25 毫米，有篆书、隶书两种。1983 年，西安阿房村出土凉造新泉 100 枚以上。

图 4.4　凉造新泉　　　　图 4.5　后赵的丰货

（3）"汉兴"。十六国之成汉汉兴元年（338 年）李寿发行汉兴钱，中国历史上第一种年号钱。此钱轻薄狭小，径 16—17 毫米，重为 0.7—1.1 克。文字是"汉兴"的有两种：一种钱文是上下排列，字体是隶书，俗称"直汉兴"，传世比较多一些。另一种钱文是左右排列，篆书，称为"横汉兴"，比较少见。汉兴钱主要在四川地区出土。

（4）"大夏真兴"。这是大夏的国君赫连勃勃在真兴年间（419—425 年）所铸钱币。匈奴族酋长，自称大夏天王。刘裕南辙后，他领兵在 418 年攻入长安，消灭了留守晋朝军队，占关中，次年称帝，开始发行铜钱。但其人穷兵黩武，不得民心，425 年他死后第二年，大夏被北魏军队所灭。大夏真兴钱属于珍品，传世数量很少。1946 年甘肃武威出土一枚大夏真兴钱，径 23.5 毫米，重约 3 克。钱文为隶书，大夏为国号，而真兴为年号，在古钱中，将国号和年号同入钱文者，实属罕见。

（三）南朝钱币流通

从 420 年刘裕称帝到陈后主祯明三年（589 年）隋灭陈，约 170 年时间，江南先后建立宋、齐、梁、陈四个朝代，此时江南经济有了较大发

图4.6 成汉的汉兴钱

展,货币的铸行和流通范围也较两晋时期增加了许多。

1. 四铢

宋文帝元嘉七年(430年),朝廷面对钱币短缺,设立钱署铸钱,文曰:四铢,重如其文,通行之后,民间盗铸较多。随着刘宋社会经济的发展,钱币的需要日益增加,铜钱不足问题愈加突出。民间盗铸、剪凿之风盛行。

2. 孝建

孝建钱分两种,一是孝建背四铢,二是孝建背无文。孝建背四铢钱在孝武帝孝建元年(454年)铸行,此种钱虽钱面为四铢,但实重不足,钱体薄小,轮廓不整。民间盗铸愈演愈烈,且掺杂铅锡较多。另一方面,旧钱和新铸孝建四铢钱也多被剪凿。另一种孝建背无文,也是孝建时所铸,但形制比孝建背四铢又稍小。

3. 永光、景和

刘子业永光元年(465年),因民间盗铸成风,不可抑制,政府干脆放任"百姓铸钱",百姓自供铜料在官方的钱署里鼓铸二铢钱。于是,铜钱越铸越小,"一千钱长不盈三寸,大小称此,谓之鹅眼钱,劣于此者,谓之綖环钱,入水不沉,随手破碎"。这就是永光二铢小钱。景和钱铸行稍晚于永光钱,重亦二铢。民间私铸品更小,刘宋末年,恶钱成灾,造成社会动荡,政府不得不将官私铸钱一律停止,仅用旧钱。

4. 萧梁五铢系列钱——天监五铢、公式女钱和铁五铢

梁武帝萧衍在位时(502—549年)铸行几种五铢钱,从变化趋势来看,其钱法越来越坏。武帝天监元年(502年),铸造"天监"五铢及"公式女钱"二品并行,天监五铢铸造精整,内外有郭;"女钱"则无内外郭,轻小许多。除新钱外,民间仍用太平百钱、定平一百、丰货等古钱。朝廷虽多次下令"非新铸二种之钱,并不许用",但民间使用"古钱"仍有增无减。

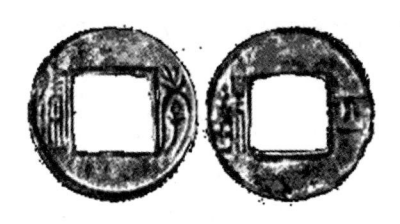

图 4.7 孝建四铢　　图 4.8 梁大监五铢（左）和公式女钱（右）

梁武帝普通四年（523 年），罢铜钱，铸行铁五铢，因铁容易得，铸钱利厚，一时间私铸大兴，币值大跌。"铁钱遂如丘山，物价腾贵，交易者以车载钱"，可见贬值程度之深。

由于物价上涨过剧，货币经济中又出现一个新的问题：短陌盛行。短陌即不足额支付，源于官府掠夺百姓的一种方式，如用短陌购买人民的财物。萧梁时短陌更加普遍了，当时因地区不同就有九十当百、八十当百和七十当百之分。一般而言，以短陌计算，而物价不变时，等于货币升值。但实际上"陌减则物贵，陌足则物贱"[①]。因为物价上涨过高，货币难以足额支付时，只好打折。例如以 80 为 100 而言，如果价格定得比原来高 50%，那么虽行短陌，实际物价还是上涨了 20%，具体计算为：

$$[100 \times (1 + 50\%) \times 80\% - 100] \div 100 = 20\%$$

5. 陈五铢——天嘉五铢和太货六铢

陈文帝天嘉三年（562 年）整顿币制，改铸五铢钱，叫"天嘉五铢"，天嘉五铢，也叫陈五铢，是制作厚重而精整，重约 3 克，一枚当十枚旧钱（鹅眼钱）使用。

陈宣帝太建十一年（579 年）新造"太货六铢"钱，该钱文字、铜质和造工十分精美，可称得上是六朝货币中之最精美者，为当十钱，即一枚当陈五铢十枚。但其实际重量只比陈五铢略重（太货六铢 4 克多，陈五铢 3 克），且与陈五铢并行使用。后来又将太货六铢改为值一钱。因为太货六铢是不足值的大钱，百姓不满，并诅咒说："太货六铢是叉腰哭天子，这是不祥之兆。"果然宣帝不久就死去，陈朝也灭亡了，"太货六

[①] 彭信威：《中国货币史》，上海人民出版社 1965 年版，第 264 页。

铢"成为有名的丧钱。

综上所述，南朝四代的货币流通存在严重问题，大致可概括为以下几个方面。

第一，铜钱缺少。铜钱是南朝的主要货币，和布帛并行。"钱帛相半，为制永久。"长江流域、中原一带都以铜钱为通货。随着南方经济的发展，铜钱的使用量日益增加，但朝廷财力不足，铜矿开采少，前代留下来的铜钱无法满足货币的需要。铜币缺少的后果是"钱贵物贱"，造成谷贱伤农，经济问题严重。

第二，钱币减重。魏晋南北朝时期，铜钱减重是共同的趋势，就南朝而言，其发行的铜钱根据重量可分为四个等级：当十大钱；中等钱（五铢和四铢）；减重钱；细小钱。从中可以看出当时货币的贬值程度。

（1）虚价大钱。如陈宣帝（579年）发行的"太货六铢"。

（2）五铢、四铢，为中等价值钱。在过去是最小面值的货币，到此时已成为面值较大的货币了。

图4.9　陈朝太货六铢

（3）减重钱。一是剪边减重的残钱；二是私铸恶钱；三是官铸小钱，如刘宋减重的孝建四铢、萧梁女钱，皆属于此类。与五铢的比价为2∶1。

（4）细线（小钱）。重量在1铢以下，如鸡目五铢、鹅眼钱。

第三，剪凿、盗铸成风。剪凿的目的是把剩下的铜再熔化铸成小钱。由于此时官府铸钱少，市场铜钱数量得不到补充，无法满足需要。这样，剪凿、盗铸的恶钱日益兴盛。产生了劣币驱逐良币的作用。朝廷曾对盗铸者处以极刑。但以酷刑来阻止恶钱的做法违背了经济规律，劣钱不能禁绝，最后只得任其自然发展。

第四，"短陌"之风盛行。"短陌"又叫"除陌"，就是账面价值为一百，实际支付时少给，打了折扣，这是铜钱短缺时的一种现象。东汉末时此风兴起，到东晋南朝时更加流行。《抱朴子》中就有"取人长钱，还人短陌"的记载。起初，"京师以九十为陌，名曰长钱"（《隋书·食货志》），到萧梁末年，经济混乱后，出现了50为1陌，甚至35个钱算作1陌。

（四）北朝货币

从386年鲜卑族拓跋珪建立北魏到581年杨坚建立隋朝，约两百年时间，北方少数民族入主中原，先后建立北魏、东魏、西魏、北齐和北周五个政权，与南方的宋、齐、梁、陈四朝相对峙，史称北朝。

北朝政权铸造过钱币，在质量上略好于南朝钱。北朝最早的钱币是北魏孝文帝时期所铸行的几种五铢钱。

1. 北魏五铢

北魏是由鲜卑族建立的，孝文帝崇尚汉文化，进行了有名的改革，他曾在太和十九年（495年）铸造"太和五铢"。宣武帝永平三年（510年）又铸造了"永平五铢"，这种钱流传到现在的特别少，因而珍贵无比。后来北魏的货币越铸越小，人们讥笑说这些钱可以飘风浮水。永安二年（529年）改铸"永安五铢"。以下为这三种钱币的具体情况：

（1）太和五铢，孝文帝太和十九年（495年）开始铸行，并允许民间私铸。《魏书·食货志》记载："十九年冶铸粗备，文曰'太和五铢'。民有欲铸，听就铸之，铜必精炼，无所和杂。"由于官府和民间同时铸造，钱币重量不等，且工艺粗糙。其中较厚重者如两汉的五铢钱。字体隶中带篆，"和"字写法较特别，口子之上有三点。与南朝相比，北朝的货币经济尚不发达，太和五铢钱的铸行数量不多。

（2）永平五铢，宣武帝永平三年（510年）铸造，字体瘦长，"五"字的交股作直笔，边缘也比以前的五铢略阔。宣武帝时，北朝社会经济有了较大发展，铜钱的使用范围比前代扩大了。因而，民间对永平五铢钱的盗铸也较多。

（3）永安五铢，孝庄帝在永安二年（529年）开始铸行。孝庄帝初年，钱币多轻薄短小，有鸡目、鹅眼之称，形似榆荚，入水不沉。朝廷铸行永安五铢钱，以整顿滥恶的钱法。个别背面有四出文或"土"字，珍罕。东魏也铸造过减重的（2—3克）的小样永安五铢。

2. 西魏五铢

北魏分裂为东魏和西魏后，东魏没有铸造什么新的货币。西魏政权在大统六年（540年）和十三年（547年）分别发行五铢钱。这种钱直径较小，重1.5—2.5克左右，合二到三铢，与常见的隋五铢文字、轻重大小同，只是西魏五铢外郭较窄，五字不像隋五铢那样有左侧一竖笔。

图 4.10　太和五铢　　　　　　图 4.11　永安五铢

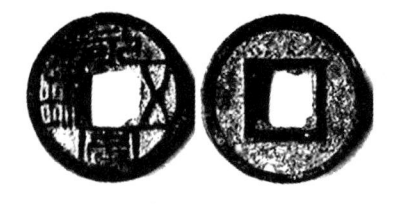

3. 北齐"常平五铢"

不久高洋就取代了东魏而建立了北齐，称文宣帝，下令废除"永安五铢"而开始铸造一种新的货币叫作"常平五铢"，此钱于北齐天保四年（553 年）发行。《隋书·食货志》中说："文宣受禅，除永安之钱，改铸常平五铢，重如其文。其钱甚贵，且制造甚精。至乾明、皇建之间，往往私铸。""常平"是借用汉代财政家耿寿昌创立的"常平仓法"的名称，意指粮食等物价常是平稳的。朝廷丰年高价收粮，荒年再低价卖给百姓。这种钱铸造得十分工整，币值较高，但是由于北齐朝廷腐败，以至于货币市场极度混乱，民间更是私铸横行。

常平五铢，四字顺读，篆书体。轮廓分明，字体清晰。钱径一般为 25 毫米，重 3.5 克左右，是北朝钱币中存世较多的一种。

4. 北周三品

北周三品，也称北周三泉，指布泉、五行大布和永通万国三种北周时期铸行的钱币。

（1）布泉。为北周武帝保定元年（561 年）开始铸造。为当五钱币，即一枚当五枚五铢钱，与五铢并行。钱面布泉二字，为玉筯篆，分列于穿右左，字体丰满，篆法秀美。"泉"字与王莽钱不同：北周布泉之"泉"字中竖不断，且笔画浑厚；而王莽布泉中竖断开。钱径一般为 25—26 毫米，穿径 8 毫米，重 4 克左右。

（2）五行大布。北周武帝建德三年（574 年）始发。《周书·武帝纪》云："壬子，更铸'五行大布'钱，以一当十，与布泉并行。"这里"一当十"指一枚大布当十枚布泉使用。钱文四字，玉筯篆，钱径为 23—28 毫米，穿径 9 毫米，重 2.1—4 克。

图 4.12　北齐常平五铢　　　　图 4.13　北周布泉和五行大布

（3）永通万国。北周静帝大象元年（579 年）铸造。"以一当十"，一枚当五行大布十枚使用。"永通万国"钱篆法华美纯熟，被认为是东汉以来钱中之最精美者。它与五行大布及五铢钱并行。

以上为北周三品，或"北周三泉"，铸工皆精，被列为六朝铸钱铸造工艺之代表作。其艺术价值很高，但因贬值严重，在当时不受人们欢迎。中国古代铸造精美之钱币多为大钱，这是因为只有价值大的钱币，其

图 4.14　永通万国

铸造利润大，才有可能提高生产成本而精工细作，同时官方为了防止私人盗铸，也不得不有意提高制作工艺，达到防伪的目的。

5. 北魏货币流通情况及特点

北魏（386—534 年）在建立初的一百年中，由于北方战乱，生产破坏，货币经济倒退到完全用实物交易的状态。直到孝文帝时才开始在国内发行使用铜钱，此后到隋朝，社会经济中一直是铜钱和布帛、谷物并行。

（1）实物货币占主要地位。铜钱在民间逐步恢复，但实物货币如布帛和粮食等还是占据重要地位，北魏发行铜钱后，很多地区钱币数量不足，仍然用布帛交易。"太和五铢虽利于京邑之肆，而不入徐扬之市。"（《魏书·食货志》）

（2）新铸五铢受古钱、恶钱的排挤。北朝各代发行的新钱数量不多，而足值的五铢时铸时停，不能满足交换的需要，各地使用的是古钱和各种减重的五铢小钱，政府禁止不了。各钱并行，"贵贱之差，各依乡价"。

盗铸轻小私钱现象不绝，但其程度远不及东晋时严重。[①]

（五）隋朝的货币

1. 隋五铢的统一

581年，文帝杨坚建立隋朝，结束国家四分五裂的局面。他通过减税，来休息养生，社会经济开始繁荣；又整顿币制。因为隋初铜钱混乱，各种旧钱，加上私铸混杂，文帝开皇元年（581年）发行新五铢钱——"开皇五铢"，"五"字作"区"，规定标准重一贯1000枚五铢（4斤2两），为统一全国货币，还下令在各地关口置百枚样钱，检查合格才允许放行；不合格的，没收回炉重铸。5年后使之成为全国流通的统一货币。

但仍存在以下问题：其一，低于4克重标准重量，在封建经济条件下，4克最合适，如汉五铢，唐开元。隋五铢常见者2.42克，不适应发展。其二，名不副实，轻者仅重1.584铢，低于5铢。

2. 后期恶钱泛滥

开皇十年（590年）在扬州铸币，因掺锡多，色发白，百姓称其为"白钱"，轻重大小与开皇钱等，但工艺水平高于开皇。后来隋朝暴政横征，无休止的兵役和徭役，使国家经济衰退，私铸盛行，恶钱滋生，五铢减重，物价高涨。

图4.15 隋五铢

三 钱币制度由乱到治

（一）币制的混乱与落后性

货币制度的进步与国家的统一和经济的发展密切相关。魏晋南北朝至隋朝的大部分时间是中国封建社会处于政治上分裂和经济上衰退的时期，因而其币制特点必然是"混乱"和"倒退"的。这时的本位货币是"钱帛相伴"，黄金基本退出流通领域，铜钱的流通有很大的局限，还时常受到实物货币——谷帛的排挤。商品交易中货币实物化倾向明显。

1. 钱法混乱的表现

（1）分散铸行。魏晋南北朝时，由于国家政权四分五裂，地方割据

[①] 宋杰：《中国货币发展史》，首都师范大学出版社1999年版，第120页。

政权林立，加上相互兼并，使得多数政权存在时间较短。政权的割据性和短暂性，决定了各王朝的币制是不统一和不连贯的。各地政权分治，所铸铜钱五花八门；统治范围狭小，朝廷没有财力多铸铜钱，只好允许新旧钱混杂使用。

（2）铜钱减重。西汉时五铢重 4 克左右，为最小的货币单位，到东汉时减为 3 克，三国时仅重 2 克左右，因此到南北朝时五铢钱竟变成大钱了。北魏铸行的几种足值货币，如太和五珠、永平五珠和永安五珠等，铸造成本高，数量少，受到私铸钱排挤，到北周时官方不得不铸行贬值大钱，如北周三品。

2. 币制落后的表现

（1）黄金不再为货币。秦汉时大量使用黄金货币，东汉黄金数量大减，金价上涨几倍，计算单位由"斤"变为"两"。魏晋时金在国内贸易中基本退出流通领域，主要用作价值贮藏手段。河西地区使用西域金银钱、拜占庭金币、波斯萨珊王朝银币等。魏晋南北朝时布帛代替金币，货币制度由秦汉以来的"金铜复本位制"变成了"铜帛并行"的复本位制。

（2）谷帛货币化倾向。这是货币经济衰落的一个标志。谷物和绢帛货币化，一方面是黄金作为上币逐渐退出流通领域，而货币结构体系中又没有其他金属货币能取代黄金的货币地位，于是谷物、帛绢便填补了这一空白。另一方面，在战乱时期，物价波动剧烈，人们关心的是实用价值，即生活必需品价值的变动，换言之，就是实物资产的货币值大体随通货膨胀的变动而相应升降。[1] 因而在币制混乱状态下（如通货膨胀时），贮藏钱币失去了意义，有钱买不到东西，因而储存实物代替了贮藏货币，实物货币（布帛等）代替了金属货币就成为必然。这就是魏晋南北朝时期的货币实物化倾向。

货币实物化倾向的表现：第一，铜钱停用。自东汉后期董卓发小钱以来，五铢钱制遭破坏，北方地区长期以谷帛交易，民间不愿用铜钱。第二，铸钱明显减少。西晋和东晋时期，文献记载中没有发现官方铸钱的记录；而从墓葬出土来看，此时的随葬铜钱数量也大为减少。第三，

---

[1] 黄达：《货币银行学》，中国人民大学出版社 2000 年版，第 337 页。

铜钱行用范围小。北魏虽发行"太和五铢"等币值较稳定的铜钱，但仅限于京师洛阳一带，而大部分偏远地区则仍然以谷帛为币。第四，财政收入实物化。西汉时人民用铜钱纳税，而魏晋时人民用布帛来交税。作为货币的布帛有标准，布长60尺，幅2尺2，绢长40尺一匹。

（二）货币制度的进步与统一

魏晋南北朝是中国封建经济衰退的时期，货币制度也处于低谷。但国家的分裂和经济制度的落后不能阻挡货币发展的内在规律，那就是货币形态由低级向高级演变的趋势。中国货币制度到唐朝时出现了通宝钱制，它标志了中国封建货币制度发展的新阶段。但从魏晋南北朝时期总体落后的货币制度中，人们仍然能看到这一时期许多币制的细微变化，而通宝制度又是在这些特征的基础上继承和发展的。可见魏晋南北朝及隋朝货币是五铢钱制的最后阶段，它有向通宝钱制过渡的进步趋向，即过渡性特点，这种过渡性主要表现在以下几个方面的变化。

1. 量名钱的结束和年号钱的开始

（1）货币名称不再以重量命名。自秦汉以来，钱币一直以重量来名称，称为"量名钱"，如秦半两，汉五铢、四铢等钱币。到唐朝时，货币不再用重量为名称，以开元通宝为标志，开创了通宝钱制。而处在过渡阶段的魏晋钱币，其名称的变化正反映了这种演变的过程。虽然这一时期大量出现"四铢""六铢"等钱，但后赵的"丰货"、北周"布泉""五行大布"和"永通万国"等钱币的出现，打破了中国自春秋以来货币以重量命名的传统。

（2）年号钱的开始。中国最早的年号钱是十六国时期成汉汉兴元年（338年）李寿发行的汉兴钱。后来，相继出现的年号钱有大夏真兴、孝建、景和、太和五铢、永安五铢等，这些为唐朝年号钱的使用推广起了示范作用。

2. 钱文更加简明易读

秦汉用小篆，魏晋用隶书，甚至楷书（汉兴、丰货、大夏真兴、太元货泉等）。

3. 新的货币计算单位的出现

南北朝时，铜钱的计算单位出现了"文"和"贯"，一文是一钱，一贯是一千钱，穿成一串。

为什么从南北朝开始，用"贯"作为铜钱的计量单位呢？这可能是因为汉代大额交易经常用黄金，而魏晋南北朝时，黄金已经退出了流通领域，它的职能和作用基本上由布帛来代替，但是很多场合又不能完全代替，需要铜钱进行一部分大额交易，钱币成贯使用的现象比较普遍，所以计量单位便适应客观形势而发生变化。

第二节　魏晋南北朝及隋朝信用事业的新发展

一　魏晋南北朝及隋朝的商业

西晋末年到南北朝时期，北方人民因连年遭受兵祸和灾荒，不断地向南方大规模的迁徙，统治者也纷纷南渡。到东晋时，中国的经济、文化中心就由北方转移到了南方。北方黄河流域农耕发达地区的百姓到了南方，也带来较高的生产技术，封建贵族的南迁又给南方地区带来了先进文化。

南朝政权偏安于江南，大部分时间里政治相对安定，因此社会经济有了一定的发展，商业也兴旺起来。当时南北方虽在政治上形成对峙，但经济上常有往来。南方的建康是最大的商业城市，城中有四个市，商业繁荣。京口、山阴、寿春、襄阳、江陵、成都、广州等也是较大的地方性商业中心。当时通过广州可以同十几个国家进行经济贸易往来。

南北朝时，南朝的贵族、官僚经营工商业，如他们开设一种邸店，又叫"邸舍""邸肆"，是为客商住宿、堆放货物及进行商业活动的店铺，也可能有兼营高利贷的业务。如孝武帝诸皇子们"皆置邸舍，逐什一之利，为患遍天下"[①]。"什一之利"就是他们放债的利率为百分之十。

北魏统一北方后，北方的商业也恢复和发展起来。史书中记述当时的洛阳城"自葱岭已西至于大秦，百国千城，莫不欢附。商胡贩客，日奔塞下"，"天下难得之货，咸悉在焉"[②]。可见其商业的繁华景象。北朝的贵族、官僚与南朝一样，也普遍从事商业活动。不仅如此，北朝时还出现了官商，尤其在北齐时，诸王多选富商为"国臣府佐"。北齐末年，

[①]　《宋书》卷82《沈怀文传》。
[②]　《洛阳伽蓝记》卷3。

甚至连胡商也受到了朝廷的重用。

二 魏晋到隋朝信用事业的发展

魏晋南北朝时，虽然长期战乱，但借贷活动在南北方各地仍然很普遍。一般来说，信用事业、借贷关系在魏晋时期没有多少新的发展，但到南北朝时却取得了多方面的进步。表现如下：

（一）货币贮藏方式的变化

存款在古代是一种很不发达的信用业务，所谓存款是指供别人利用的一种储蓄。而古代中国的储蓄是自己存，不让别人使用。封建时代的官僚富豪，储存钱财十分保密，有时连家人都不知家藏多少财产，藏在何处。

1. 窖藏。南北朝以前窖藏是富户主要的储蓄方式。或埋于地下，或藏于墙壁里。一般百姓则用扑满，就是"以土为器，以蓄钱，以其有入窍而无出窍，满则出之"。和窖藏一样，数目不大。

2. 寄存。寄存分三种情况：（1）寄存在亲友家。（2）寄存在寺庙里。南北朝时，佛教流行，庙宇很多，杜牧诗云："千里莺啼绿映红，水村山郭酒旗风。南朝四百八十寺，多少楼台烟雨中。"因为社会动荡，许多富家将财产寄存于寺庙中。《魏书·释老志》载太武帝派人搜查长安某寺，"阅其财产，大得酿酒具及州郡牧守富人所寄藏物，盖以万计"。（3）寄存在酒家、饭店。这种寄存，很多是属于委托保管的性质，原则上受托人不能利用存款，既没有利息，也没有保管的费用问题，所以不能说是一种业务。但是，如果受托的寺院、酒家能够用这笔款子来营利（经商和放贷），作为生意的周转资金，那就变成真正的储蓄存款了。

（二）高利贷的盘剥

南北朝民间借贷称为出责（债）、放债、举贷、举货等，或借钱币，或借实物，都以债券、债契为凭；券契一毁，债权债务就算了结。借款方式有信用放款和抵押放款两种。凭抵押品借钱称为"质钱"，抵押品中有的拿人作为抵押的，如南齐时扬州主簿顾测用两名奴隶向陆鲜质钱。齐晋平太守放债于民，有一家因无钱归还，以其媳妇作抵，被后任太守虞愿救出。也有以物为抵押的，如梁朝庾诜替邻居解诬而"以书质钱二万"钱。

南北朝时期是战乱频繁的年代，高利贷的利率自然是很高的，加之高利贷资本与封建权势的结合，使高利贷成了对贫苦百姓近乎掠夺的剥削。

南北朝时官僚、商人和高利贷者往往是三位一体的。他们利用做官的权势和地位，欺压一方百姓，大肆赚取钱财。在借贷方式上、手段上也出现了不少新的花样。如在放债时支付短陌，叫"短钱"，收债时索取足陌，叫"长钱"。宋文帝之子晋平剌王刘休祐在荆州，用短钱100借与民，收成时要归还上等的白米一石，值钱1000，而且只收钱不收米。青黄不接时粮价较贵，按高价把米贷给缺粮的穷人，借据上写贷钱若干，到秋后粮价下跌，却不收钱，必须折成米来偿还。甚至有倚官仗势借人鸡蛋，要求人家还鸡的；借人家布匹，要求人家到秋后一匹布还八百个梨的。有的借钱者以良田、美宅为抵押，期满即夺其田宅。当时高利贷对百姓的盘剥是相当沉重的，如一些达官显贵们兼营高利贷时，借给人民的钱要贷一还十。

在如此深重的高利贷压榨下，广大百姓困苦不堪。北魏文成帝和平二年（461年）的诏书曾反映了人民受高利贷剥削的情形：刺史收税时，趁机搜刮民脂民膏，"逼民假贷"，十日之内可获利十倍。而受剥削的人家"困于冻馁"，无以度日。

（三）最早的信用机构——质库

南北朝时，产生了中国最早的信用机构"质库"。质库所经营的是典质业，就是后代所谓的典当业、当行，缺钱者到"质库"（当铺）去做抵押借款，还钱时付息，赎回押品。过期后抵押品归债主所有，一般所借的钱数要大大低于抵押品本身的价值。

中国的古文献中对典质业有明确记载的最早是在南北朝时期。从事抵押放款的质库都是由寺庙来经营的。例如，南齐的宰相褚渊，生活奢侈，钱不够花就到处借，负债几十万钱，把皇帝赐给他的白貂皮褥子、礼帽和拉车的黄牛都送到"招提寺"去做了抵押品；他死后，这些东西被他的弟弟褚澄花钱赎了回来。[①] 南梁的甄彬，品德高尚，因为贫穷把一捆苎麻送到"长沙寺"质库去做抵押借钱；后来赎取时发现麻捆里有一个手巾包，

---

① 《南齐书》卷23《褚澄传》。

内有五两金子。他虽穷，却把金子还给了寺庙。和尚非常感激，表示要送他一半金子，甄彬坚决不收，和尚跑了十几次，他也不收。①

中国最早的典当机构之所以是由寺庙经营的。这是由于南北朝时期，佛教已在民间广泛流行，深得人们信仰。寺院不仅数量多，分布广，且富有资财土地。寺院在政治、经济上享有特殊地位。主要表现在以下三个方面。

第一，统治阶级不仅出钱大修寺院，而且对僧尼有种种特殊优待，如免役、免税等。

第二，上至帝王，下至百姓都对寺院施舍了大量的钱财和土地。像梁武帝三次舍身同泰寺，每次都是由朝廷公卿大臣凑钱一亿把他赎回来。

第三，寺院作为神圣的宗教场所，普遍受到封建统治者的保护，平民百姓也不敢赖债不还或者盗窃寺院的东西。即使遇到战乱，寺院的财产也不易受到侵犯。所以当时人们认为把钱财存放在寺庙里最保险、最稳妥。

（四）隋朝的公廨钱

隋文帝初年，朝廷曾发给京官和各地官员一笔公廨钱，让他们"回易生利，以给公用"。用公廨钱回易生利，即经商或放债取利，公廨钱是官府的商业资本和高利贷资本。开皇十四年（594年），工部尚书苏孝慈等指出各地官府以公廨钱"出举兴生，唯利是求，烦劳百姓，败损风俗"②，建议予以禁止。开皇十七年（597年）十一月，文帝下诏禁止将公廨钱用于放债取利，经商仍然允许。隋朝的公廨钱还只是初始形态，到唐朝才有了进一步的发展。

第三节　魏晋南北朝及隋朝的货币理论

汉朝瓦解后，开启了长达近四百年的魏晋南北朝时期，这一时期由于货币流通长期混乱及经济实物化给人们带来诸多痛苦和不便，因而有关货币问题的议论较多。

---

① 《南史》卷70《甄彬传》。
② 《隋书》卷24《食货志》。

一　鲁褒的钱神论

西晋没有留下关于探讨和论述货币实际问题和理论问题的文献，却产生了《钱神论》这种嘲讽货币拜物教思想的作品。

鲁褒，字元道，南阳人。随着商品经济的发展，货币的权力日益扩张。他的《钱神论》就是讽刺日益扩张的货币权力和存在于整个社会的货币拜物教现象的作品。

鲁褒在《钱神论》中虚构了两个人物。一个是"富贵不齿，盛服而游京邑"的"司空公子"；一个是饱读诗书，"尚质""守实""班白而徒行"的清贫学究"綦母先生"。二人相遇之后发生了关于钱财的辩论。鲁褒实话戏说，反话正说，通过司空公子对货币权力的描绘和神化，对金钱的赞颂与膜拜，表达了自己对货币权力的认识和对货币拜物教的嘲笑与抨击。

《钱神论》谈钱的部分从货币的产生开始，"昔神农氏没，黄帝、尧、舜教民农桑，以币帛为本。上智先觉变通之，乃掘铜山，俯视仰观，铸而为钱。故使内方象地，外圆象天。大矣哉！"鲁褒认为货币产生于舜以后"上智先觉"的创造，这是一种变相的"先王制币"说，但毕竟还是从人类历史的发展中考察货币的产生、演变，还是把货币当作人的创造物来认识的。《钱神论》对方孔钱的特点作了形象的描述"钱之为体，有乾有坤。内则其方，外则其圆。其积如山，其流如川，动静有时，行藏有节。市井便易，不患耗折。难配象寿，不匮象道。故能长久，为世神宝。亲爱如兄，字曰孔方"。这也是"孔方兄"一词的来源，广泛流传于世。

对于货币的职能与特点，鲁褒也有相当的认识和机智的表述："其积如山，其流如川。动静有时，行藏有节。市并便易，不患耗折。""钱之为言泉也，百姓日用，其源不匮，无远不往，无深不至。"这些说法都是合乎实际的。

值得注意的是，鲁褒的可贵之处在于他虽然不能对金钱支配人的现象作出科学的解释，但他却对拜金主义，对货币拜物教行为作了深刻的揭露和猛烈的抨击，对后人的思想也给予了重要的启迪。

二　孔琳之反对废钱用谷帛主张

孔琳之（369—423年），字彦琳，会稽山阴人（今浙江绍兴）。东晋、刘宋两朝大臣。关于货币问题主张，是在东晋时阐发。《晋书·食货志》及《宋书·孔琳之传》均有记载。

桓玄在东晋安帝元兴元年（402年）时，提出"立议欲废钱用谷帛"[①]的建议，企图以此来解决当时因长期未铸钱而形成的流通中货币缺少问题，孔琳之提出反对意见。归纳如下：

第一，货币是"交易之所资，为用之至要者"。既然交易非由货币媒介不可，货币有"通有之财"的作用，而"农自务谷，工自务器，各肆其业"，不曾"致勤于钱"，那么它就不会妨害农业，所以也就不应将其与本业对立起来，不应禁之、废之。

第二，以铜钱作为"交易之所资"远比谷帛优越。孔琳之从币材的自然属性和使用价值的角度立论，指出以钱为币不易损坏，易于运输储存，而谷帛为币耗费更大，且易于损坏，不易分割、运输是正确的。

第三，废钱"则百姓顿亡其财"，造成有钱无粮之民的饥困。他说："今括囊天下之谷，以周天下之食，"因为有的"仓廪充溢"，有的"粮麋并储"，要借助钱币来互通有无，调剂余缺，所以一旦废钱，有钱无粮之民就会"皆坐而饥困"。

第四，用钱是"永用之通业"。孔琳之用东汉末和魏初以谷帛为币所产生的弊病和魏明帝时为消除谷帛为币之弊而举朝大议，决定"舍谷帛而用钱"的历史经验，说明废钱之不可行。

孔琳之对于为什么要反对废钱用谷帛的论述，是相当全面相当精辟的，对废钱用谷帛的主张作了比前人更透彻更有力的批判。特别是从币材的自然属性上，比较谷帛与金属的优劣，揭示了谷帛为币的缺陷和以钱为币的优越，具有极强的说服力。孔琳之的反废钱论同贡禹的罢钱币论形成了鲜明的对比。贡禹只看到货币的消极作用，孔琳之则只看到了货币的积极作用。两者都有片面性，但孔琳之的结论是正确的。

[①]《晋书·食货志》。

三 沈约的罢钱货主张

沈约（441—513 年），字休文，南朝史学家、文学家，著《晋书》《齐纪》等多种。

沈约主张彻底废除货币。他的论说是在撰写《宋书·孔琳之》时，以"史臣评语"的形式阐发的。其要点是：

第一，货币的作用不大。沈约说，"人生所资，曰食与货。货以通币，食为人天"。货币虽有"通用济乏"的通，但当时生活水平不高，因此"龟贝之益，为功盖轻"。

第二，货币的作用发生变化。货币原来做交易媒介，现在却用来"竞收罕至之珍，远蓄未名之货"，即用来购买珍贵物品，已经背离了原来始造之意图。

第三，影响农业生产。沈约认为，随着社会变迁，钱币的弊端超过了钱币的作用，弃农经商的人越来越多，放弃了农业根本，极为有害。

第四，加剧贫富差别。钱币"丰衍则同多余之资，饥凶又减田家之蓄"，成了只有害处的东西。

第五，坚决取消钱币，专用谷帛。由于钱币弊端太深，"固宜一罢钱货，专用谷帛"。

沈约认为自己的"一罢钱货，专用谷帛"的主张见解独到，他批评桓玄"废钱用谷帛"，是"知其始而不觉其终"，孔琳之反对废钱用谷帛，是"睹其末而不统其本"。

四 范泰的铸钱无益论

范泰（355—428 年），字伯伦。南朝宋武帝永初二年（421 年），有人建议收购民间藏铜铸造五铢钱，遭到范泰的反对。其理由可归纳为以下几点：

第一，他强调治国之本在于农业。生产不发展，百姓不富裕，国家不可能富足。企图通过铸钱来弥补国用不足，是本末倒置。

第二，认为收铜铸钱是与民争利，违反了"王者不言有无，诸侯不言多少，食禄之家不与百姓争利"的古训。

第三，认为货币数量的多少无关紧要。"夫货存贸易，不在少多，昔日之贵,今者之贱,彼此共之,其揆一也。"

第四,当时收铜铸钱的建议者还主张禁铜,范泰认为禁铜器会造成民间不便,特别是将已成的铜器销毁,更是得不偿失。

上述反对铸钱的理由中,可以看出,范泰既不懂得流通中的货币应有适当的数量,过于短少就不能满足商品交换的需要,也不懂得物价贵贱的波动不利于社会经济的发展。同时,他认为货币不一定用铜钱,如果真是需要增加货币,那么用龟贝为币也可以。他根本不认识以钱为币的优越性,不懂得以钱币代替龟贝为币是货币演进的必然,再返转回去就是倒退。

五 何尚之、沈演之关于大钱当两的争论

南朝宋元嘉二十四年(447年),江夏王刘义恭建议流传的旧大钱一枚当四铢钱两枚,以防止旧大钱被剪凿,这就是大钱当两。这个建议的实质是把旧大钱的名义价值加大到实际价值之上,使其由实重钱变成虚价钱。沈演之支持刘义恭的意见。

沈演之(397—449年),字台真,武康人(今浙江德清)。他看到随着货币流通地区扩大,货币数量没有相应地增加,加上民间竞相剪凿和销毁,使本来已经存在的通货紧缩更趋严重,货币更加不足。沈演之肯定货币的积极作用,他分析了货币不足及所造成的后果,即通货紧缩加剧了"货贵物贱","货贵物贱"又加剧了劳苦百姓的负担和贫困,通过这些分析,沈演之得出需要改革货币制度的结论。沈演之的货币观点,属于货币名目主义,他认为只要朝廷法律宣布一当两,钱币的价值就能加倍。

刘义恭和沈演之的主张遭到了何尚之的反对。

何尚之(382—460年),字彦德,庐江人(今安徽霍山),南朝刘宋大臣。他批评大钱当两,"夫泉贝之兴,以估货为本,事存交易,岂假数多。数少则币重,数多则物重,多少虽异,济用不殊。况复以一当两,徒崇虚价者邪"。估货是指衡量商品的价值,即货币起价值尺度作用。"以估货为本"是说价值尺度职能是货币的最根本的职能。

何尚之认为货币本身是有价值的,旧大钱虽然比四铢钱大,却没有大到一枚可以当两枚的程度,"一以当两,徒崇虚价者邪",即指明了这

是虚夸大钱名义价值的铸币贬损。

何尚之考虑到了币值变动对财富分配的影响,指出:"若今制遂行,富人资货自倍,贫者弥增其困,恐非所以欲均之意。"即币值的变动会引起不同人们之间财富的再分配,会使富者得利,贫者增困。货币制度要顺应民情,大钱当两违反了当时的民情,必定要失败。

第五章

唐朝五代十国时期的货币与金融

第一节 唐朝五代十国的货币制度

一 唐朝五代十国货币概述

从隋朝开始中国由分裂走向统一。到了唐朝，统一的多民族国家进一步巩固。其国势之强大在当时世界上具有相当大的影响，疆域也达到自西汉至唐的最空前的广大。经济上唐朝经过唐初的休养生息后，很快迎来了封建经济的繁荣景象，自唐初到中期先后出现了贞观之治和开元盛世。由此，中国的封建经济进入了全盛时期。经济的繁荣，也为货币制度的改革奠定了良好的经济基础。唐朝既是中国历史上货币制度经历重大变革的时期，也是中国货币经济全面发展和繁荣的时期。虽然后期转向衰落，并重新出现五代十国的分裂局面，但货币制度仍然继续向前发展。

唐朝的货币制度的特点可概括为继承传统和开辟未来两个方面。所谓继承传统是指唐代的货币制度继承了魏晋至隋朝先进的币制革新成果，如打破了量名钱、改用年号钱等。所谓开辟未来，是指唐朝建立了新的通宝钱制，使中国封建社会到唐宋时期进入了铜钱使用的最高峰。同时，由于封建经济的繁荣，商品交换空前发展，必然要求作为交易媒介的货币数量也随之增长，于是铜钱出现了钱荒，其他货币品种也随之出现。如白银在唐朝使用的增加，贸易手段方面出现了飞钱，为宋代纸币的产生做了铺垫。[①] 总之，唐朝货币发展表现为以下三点：

[①] 宋杰：《中国货币发展史》，首都师范大学出版社1999年版，第137页。

1. 铜钱重新成为主币，并在制度上进行了重大改革

分裂时代的实物货币、布帛、谷粟占优势，铜钱受排挤。唐朝经济发展，落后的货币既然不适应社会生产的需要，铜钱受欢迎。到北宋初年，绢帛正式退出流通领域，不作国家法定货币，国家大量统一铸造铜钱，以满足因贸易发展而不断增长的货币需求。唐中叶"两税法"后用铜钱征税，使用的范围扩大，造成了北宋后来几十年的"钱荒"，也标志着金属铸币在经济中地位加强。

2. 白银使用日益广泛

中国自东汉以来，贵金属金银基本不再用于日常交易，仅用于价值贮藏。但唐朝以后，白银开始越来越受到人们的欢迎。由于黄金数量少，帛绢退出货币体系，铜又不能代替贵金属，于是银用于大宗交易已是必然的选择了。

3. 纸币的萌芽形态"飞钱"或"便换"

唐朝在财政或异地贸易两个方面相互需要的推动下，出现了异地汇兑的业务，其意义在于推动了信用事业的发展，为后来中国第一种纸币——北宋"交子"的出现奠定基础。

二　唐朝"开元通宝"钱制的创立

唐高祖武德四年（621年）首发开元通宝钱，废五铢钱。每一枚钱称为一钱，这是后代"两"以下十进位衡法的由来。从此，钱币不再以重量为名称，而改称"宝"，如"通宝""元宝"和"重宝"等。唐朝开创了宝货制（或通宝钱制），成为以后历代钱币的标准。通宝钱从此占据了中国货币的主要地位，流通1300多年，直到民国以后才逐渐退出历史舞台。

（一）通宝钱制的内容

1. 开元钱的名称。不再以重量为钱币的名称，改称通宝、元宝、重宝等。开元通宝钱有两种读法，一是读成"开元通宝"，解释为"开元"是开创新纪元，"通宝"通行宝货。二是读成"开通元宝"，意为"流通的大元宝"。可能就是因为对钱文的不同解读，才出现了后代两种基本的钱文——通宝和元宝，加上当时的皇帝年号，就构成了历代铜钱的基本名称。

2. 开元钱书法。钱文四字由欧阳询所写，这是钱文书写者在史书的第一次记录。欧阳用隶书写钱文，此后唐代钱文大都用隶书。中国古钱币上的文字，从秦到隋钱文以小篆为主，具体包括王莽货泉垂针篆，北周布泉玉筋篆等；少数为隶书，如李寿的汉兴钱和蜀直百五铢是隶书。隶书体的开元通宝钱为后代钱文提供了范本。从此，中国钱文书法从篆书演变为隶书，钱文更趋于美观实用。①

3. 大小及重量。沿用了铢两钱制外圆内方的形态，肉好皆有周郭。钱径大小为2.5厘米，币材用铜，重4克上下。一千文重六斤四两，成为以后历代铸币遵从的标准。开元钱还影响到我国计量制度，重量单位，此前1两等于24铢，1枚铜钱重为2.4铢，人们觉得麻烦，废除铢改称"钱"，1两等于10钱（即十进位制），直到清代库平一钱＝一枚标准开元钱重量。

4. 成色。唐以前铸钱是"即山铸钱"，即直接开采出来就铸钱。唐开元钱为后世制定了铜质钱币铸造的成色标准，即铜占83.33%，白镴14.56%，黑锡2.11%。

图5.1 开元通宝背下新月纹

5. 字体图案。开元通宝是唐近300年通用钱币，文字上细微差别。初背光，"元"第二画有左挑、右挑和双挑之分，还有不向上挑的"元"字；中期的钱币背面多有日、月、祥云、飞鸟、孕星和"⌒"等各种图案；晚期的外郭较阔、粗糙。关于开元钱背面新月形图案，就新月的形状可分为仰月、俯月、斜月、孕月、双背月等多种。对于新月纹的来历有几种不同的解释。一种是甲痕说。《唐会要》记载：太宗文德后指甲长，新月形的痕迹乃是文德后的指甲在蜡模上的留痕。但也有说是太穆皇后或是杨贵妃的甲痕。这些说法，大都缺乏充分的证据，传说的色彩较浓。另一种是外来说，即新月形图案是受中亚诸国乃至古希腊钱币造型的影响。在西方，如希腊、罗马和迦太基钱币上有星月文，波斯萨珊王朝库思老二世（Khosrau，590—628年）的银币上也有孕星。阿拉伯帝

---

① 郭彦岗：《中国历代货币》，商务印书馆1998年版，第46页。

国初期的钱币上也保留这一标记，且伊斯兰教以新月为教徽。总之，西方文化中两角向上的仰月象征进步和成功，因为新月要逐渐丰满下去，最后成为完全的圆月。西域商人和波斯国王都曾频繁地来到唐朝长安，有的胡人还在唐朝做了高官。可见唐朝中西政治、经济及文化的交流为星月文标记传入中国提供了方便。[①]

（二）通宝钱制创立的意义

1. 继承了汉代五铢钱的优良传统，如货币形制和发行权的统一等。货币重量单位的统一、十进位制的使用（如以文代替铢），使铜铸币发展到顶峰，进而出现了唐宋时期的"钱荒"现象，这本身就反映了铜钱使用的广泛和货币地位的提高。但是"钱荒"又会导致"钱重物轻"和物价下跌等不利于社会经济发展的后果，因此，自宋朝以后中国的货币结构又发生新的变革。

2. 结束了铢两钱制的历史，开辟了铸币发展的新阶段。打破量名钱的习惯，开创新的钱制"通宝"钱，消除了称量货币（纪重货币）的痕迹。此后，货币就再也不用重量单位作为货币的名称，而开始了通宝钱制，从而使中国钱币从计重过渡到了计枚行使，这种通宝钱制一直流通到清末民初，长达1300多年。

3. 促进了商品经济的发展，使铜钱的使用在唐宋达到封建时代顶峰。开元钱发行使用十分成功，它的通行统一了全国的货币，唐初政治稳定，生产发展，唐代"贞观之治"时，开元钱币值稳定，购买力高，1斗米只卖3—4钱。

4. 通宝钱制的巨大影响力。从空间维度上讲，通宝钱制对世界的辐射作用。当时甚至成为世界货币。从时间维度上讲，唐朝以后继续通行400余年。这种通宝钱制一直流通到清末民初，长达1300多年。

三 唐代铜钱的演变

唐朝的"开元通宝"钱先后铸行200多年，发行数量大、时间长，且一直保持着方孔圆形的基本形制，绝大多数为折一型的小平钱。但是到唐朝中后期，还发行了为数不多的几种钱币，其中有折十大钱和特殊

[①] 彭信威：《中国货币史》，上海人民出版社1965年版，第301页。

的开元钱，主要有以下几种。

（一）乾封泉宝、乾元重宝

高宗乾封元年（666年），铸行乾封泉宝钱，以一当十枚开元通宝钱。钱径25毫米，重3.3—3.5克。隶书，旋读。中国古钱中以"泉宝"为名的钱币少见，但这种钱却是中国统一的封建王朝发行正式年号钱的开始。它的影响，一直延续到清末的银圆、铜元为止。

唐肃宗乾元元年（758年）发行乾元重宝钱。这是又一种年号钱，也是重宝钱之始。当时正处于安史之乱和军费浩大之际，财政困难，货币贬值。

1. 当十钱，758年发行，径2.7厘米，重6克，当开元钱10文，两者并行。

2. 重轮当五十大钱，径3.5厘米，重12克，相当于开元钱3倍重，却值50枚开元钱。

3. 小平钱，与开元钱轻重大小相同。

民间把前两种开元钱叫"虚钱"，把开元钱叫"实钱"。形成了两种物价，虚价和实价。从此，中国货币史上出现了虚钱和实钱。

图5.2 唐朝乾封泉宝　　图5.3 乾元重宝重轮当五十

（二）得壹元宝、顺天元宝

唐朝安史之乱（755—763年），史思明占洛阳称大燕皇帝后发行"得壹元宝"大钱，一枚当开元钱百枚，当时取"得壹"有纯正、唯一正统之意，这不是年号钱。后来，史思明觉得"得壹"二字不吉利，非长久之兆，于次年又改铸顺天元宝钱。此两种钱数量不多，前者行用不久即废，因而更少，所以钱币界有"顺天易得，得壹难求"的说法。

（三）大历元宝、建中通宝

安史之乱后，西北地区铸造了大历通宝，还有一种是建中通宝，这

图 5.4　唐朝得壹元宝和顺天元宝钱

两种钱在西北铸造，制作不精，也较为少见。近年来，学者通过研究得出下面的结论：唐代的大历通宝和建中通宝及其别品"中"字钱、"元"字钱，都是唐代安西都护府为了坚守西域而在 766—783 年间铸造的。铸造地在今天的库车，全部都是官铸品，主要用于供给当时军需。

（四）会昌开元

唐武宗会昌五年（845 年）铸行的背面有文字的一种特殊的开元通宝钱。当时唐朝正值内乱，经济不振，民不聊生，铜材奇缺。自南北朝以来，佛教盛行，寺院普布全国各地，并占用无数良田，庙中金铜佛像、钟磬、瓶碗等用去大量铜料。为了解决财政困难和货币不足问题，武宗李炎一旨令下，让 26 万僧尼还俗，并废佛寺 4600 所，将铜佛像没收、熔化，铸成钱币。当时扬州节度使李绅在新铸的开元钱背面加盖"昌"字，表示会昌的年号。后来各州纷纷仿效，皆以本州地名为背文铸钱，史称"会昌开元"。会昌开元钱除扬州铸背"昌"字代表年号外，其余背面皆为州、郡名。由于背面的字是用另外刻的戳子印在砂模上钤盖上去的，所以正面文字风格迥然不同，且位置也不固定，具有较大的随意性，不少字模糊不清。由此形成会昌钱独特的风格。

公元 847 年，宣宗即位后，停止了灭佛行为，且将会昌年间所铸铜钱销毁，复改铸铜佛像，仍用"开元通宝"钱名，因而会昌钱留下来的不多，其中"永"字最少，次为"福""桂""丹""平"等。福字一般在穿上，穿下及穿右者更少。

目前发现会昌钱背面有州名的有23种，钱币收藏家邱思达先生将其编成诗句以记之："京洛兴平充越梁，丹梓桂荆鄂蓝襄，潭洪福益润宣广，清字新出扬作昌。"在京师（长安）铸的为京，昌（扬州）、洛（河南府洛阳）、益（益州）、梓（梓州）、蓝（蓝田）、荆（江陵府）、襄（襄州）、越（越州）、宣（宣州）、洪（洪州）、潭（潭州）、润（润州）、兖（兖州）、鄂（鄂州）、平（平州）、兴（兴元府）、梁（梁州）、广（广州）、福（福州）、丹（丹州）、桂（桂阳）、永（永平监）。会昌开元制作不精，轻重不一，钱径约23毫米，重3.4—3.5克。

图 5.5　开元通宝背丹

四　唐代的金银

唐宋时代，金银制作工艺达到相当高超的水平，黄金用于打造器物、饰品以及佛、道法事祭祀、布施等有增无减，黄金的用途更加广泛。与此同时，由于工商业和对外贸易蓬勃发展，以黄金计价、估值以及用于大额赋税、大宗交易的情况又时有发生。杜甫就有"囊虚把钗钏，米尽坼花钿"的诗句。由于经济的增长，黄金的货币作用在这一时期又有所上升，但相比之下它作为贮藏、保值的作用仍是主要的。史籍对这方面的记载很多，如"天下金帛皆贮于左藏"等。元代以后，纸币逐渐流行，黄金则进一步退出流通领域。尤其是明朝，曾明令禁止民间用金银交易，但实行的结果是，白银未能禁止住，而黄金的货币地位则正式取消。

黄金货币的形制，一直是多种式样同时并行的，但不同时期又分别以某一式样为主要形式。东汉以后，除圆饼形外，铤状逐渐多起来。金铤是狭长的金钣，似大臣用的笏，一直流行到唐代。1979年山西平鲁曾出土金铤82件，金饼4件，部分刻有唐肃宗乾元年号。南北朝时期，黄金制的钱币开始出现，《南史·吕僧珍传》曾有生动的记述。这种金钱，多是仿照当时流通的铜钱的形制而造的。从出土实物看，有些金钱是从国外流入的，如拜占庭金币等。唐宋时期，金银制的钱币已较普遍，但多用作祭祀、布施、馈赠、殉葬等，与流通中的铜钱有所区别。《旧唐书·玄宗本纪》记：开元元年（713年）九月，宴王公百僚于承天门，令左右于楼下撒金钱。杜甫诗云："何时诏此金钱会，暂醉佳人锦瑟旁。"张祜诗云："长说承天门上宴，百官楼下拾金钱。"两宋时金银开始以锭的形式出现，这是一种砝码或绕线板的形状，为两端宽、中间窄的亚腰形。元代的金银锭又改为元宝形，即两端尖而翘起。明清时又有中锭（小元宝形）、锞子（小馒头形）以及滴珠、福珠形状。上述多种形状的黄金体，仍属于称量货币，在使用时需用秤称量，分量多者要进行截凿。

黄金的购买力，东汉以后千百年来一直是比较稳定的。金银比价，大约为1∶5，维持了相当长时间。至宋初为1∶6.52。明中期为1∶7，明末为1∶10左右。清乾隆时为1∶14左右，和当时欧洲的比价大体相当。黄金和铜钱、纸币的比价，则由于后者价值经常不稳，而变化较大。

唐代的实物货币，主要是布帛。中唐以后，布帛货币已不能适应市场交易的需要，其货币作用逐渐趋于衰退。贵金属白银作为货币逐渐受到人们的重视。本来，唐代的法律不承认白银为合法的货币，但由于交换、支付使用方便，人们多乐于使用白银，致使后来唐政府的经费也使用白银了，所以实际上白银货币在唐代已具有多种用途，如：商品交易、租税、赈济、赏赐、贡奉、军费、布施、官俸、债务等。甚至朝廷的税法都有用银的规定，如唐税制《租庸调》规定："丁随户所出，岁输绢二匹……非蚕户，则输银十四两，谓之调"，到唐末、五代时期，白银已成为商品流通中最常见的一种货币，根本改变了过去主要用于装饰和贮藏的状态。不仅用银的范围扩大，而且用银的数量也是空前的。据一些史籍记载，人们进行贡献、济军、贿赂等活动用银，一次往往是数万两或数十万两。

唐代，朝廷就开始在税收时收纳白银，财政支出时也大量使用白银。现在考古发现，唐代时已经有庸调银、税商银、矿山银和税银。

1970年，西安发现了4枚唐代的庸调银，这是一种银饼，圆形，上刻有大量的文字，为岭南怀集等县交纳的庸调银。

1977年，陕西征集到了2枚税商银锭，也是岭南一带产银地区征收的。

20世纪50年代，西安出土了矿山税银。这是唐天宝年间的遗物，重50两，为唐代矿山税收用。

市银为征收物资改纳的银两，1970年在西安出土，重量也是50两。

现在考古还发现了唐代的银饼，1970年洛阳就有出土，面文有阴刻"二十三两"的字样。唐代的金饼也有出土，1979年山西平鲁屯军沟出土唐金饼4件。

五　唐代的实物货币——布帛

中国封建时代的上币，在发展阶段上呈现出与下币铜钱不同的特点，在唐朝及以前大致是：战国秦西汉时期普遍以黄金为上币；东汉唐朝中期以布帛为上币；唐中期以后，布帛逐渐退出货币行列，而铜钱一度成为货币家族中的唯一成员。问题是商品经济的发展客观上要求有贵金属与传统的下币铜钱相权以满足商品交换进一步发展的需要，因此，重建上下币相权的货币体系就成为必然。但唐朝中期两税法之后两个多世纪里，"建立稳定而完整的，能够适应日益发展的商品经济的货币体系的目的因金属供应数量的不合适而未能达到"[①]。因此，从货币体系上讲，唐中期以前是钱帛兼行，中期以后是以铜钱为基点向贵金属金银和更贱的金属铁锡铅等两个方向扩展，货币体系表现出不稳定性和不完整性。

唐代货币"钱帛兼行"的制度还是自东汉以来货币基本结构的继续，因为上币的贵金属没有真正确立，而铜钱本身又不便大额交易，因此绢帛作为实物货币是补上币之不足而出现的。

(一) 布帛充当货币的表现

唐朝诗人白居易的《卖炭翁》中有"半匹红绡一丈绫，系向牛头充炭直"的诗句。这说明丝织品在当时是可以当货币使用的。这里不妨以布帛来作为所有丝织品的代称，具体包括绢、绫、罗、纱、绡、锦和各种麻布等不同质地和等级的织物，因等级和质量不同，价格差别很大，其作为货币的购买力也随市价而波动。

唐朝初年，政府废五铢、铸开元，市面上的主要商品如马匹和粮食等的价格大都以绢帛来计价，贵重商品一律以绢帛计算。玄宗开元十六年（728年）规定绢与铜钱比价为每匹550钱。而帛以匹为单位计值，其大小在唐朝是有定式的，如幅宽为1尺9寸至2尺，长不过40尺，面积

[①] 李槐：《中国古代货币体系的结构变化研究（下）》，《云南教育学院学报》1997年第4期，第24页。

约为72—78平方尺。

布帛还广泛作为各种交易的支付工具，如赏赐、借贷、薪俸、租金、劳动报酬、购物付款、缴纳赋税等，如庸、调。两税法后，名义上的赋税都要交纳铜钱，实际上可通过折估以布帛代钱，后又允许直接交纳布帛。《新唐书·食货志》所载天宝年间，朝廷的收入，大部分乃至绝大部是布帛谷粟，铜钱比重不大。在总收入中，铜钱所占比重只有3.7%。政府开支也大都用帛，官俸一半以匹段，行政费用、军费以绢帛为主。

古代作为上币的金银，总是被人们用作价值的贮藏手段，而唐朝的布帛作为上币也不例外。唐朝人们储藏财物，在金银数量不足时，也用绢帛，关于这方面的记载是很多的。《独异记》中载：一次唐高宗问富人王元宝有多少财物，答曰：若将家中所藏帛布系于终南山的树上，每树一匹，"南山树尽，臣帛未穷"。虽然故事的真实性值得怀疑，但据当时诸多正史文献记载的布帛储存情况看，也绝非毫无根据的夸张之辞。

（二）布帛货币性能的消退

布帛作为货币的突出地位和作用在唐朝前期表现较为明显。到盛唐时期以后，随着经济的繁荣，铜钱的铸造量大增，布帛的货币地位开始动摇，并逐渐退出货币体系。

布帛和铜钱构成的货币体系结构是不正常的。布帛作为货币只能是补金银等上币一时不足的代用品，但自东汉末至唐中叶由于商品经济一直处于低潮而使这作为代用币布帛的存在被延缓了长达6个世纪之久。其间，始终没有"价值较高的金属变成货币"，以填补黄金退出货币行列的空缺，布帛虽长期代替贵金属充当上币，但其自然属性并不适于作币材。一旦商品经济重新获得发展，货币结构的缺陷对货币自身及政治、经济、社会等的影响很快就会表现出来。

布帛作为实物货币，其落后性表现为：不耐久藏，存放时间久了会腐败损坏；易污染破裂而损坏其价值；不易分割性；有多种不同的品级使其价值难以确立。这些都是布帛作为货币的不足之处，毕竟布帛还是实物货币，随着商品贸易的扩大，其地位终将由金属货币取代，"货币天然是金银"，这是历史发展的必然选择。唐中后期，铜钱严重缺乏，以致出现了"钱荒"。朝廷一再颁布钱帛兼行的法令，但没有用，布帛的货币地位越来越难以维持。

布帛地位的变化以"两税法"的颁行为转折点。

先来看看两税法颁布的背景。自东汉到唐中期以前中国封建社会商业经济不发达的原因有二：一是世族制，二是均田制的颁行推广。[①] 南北朝兴盛的世族制度，到了唐代中期已如强弩之末。均田制自北魏太和年间以来之所以屡废屡兴，在于多次战乱造就众多无主旷土以供给授，一旦出现长期和平，无主旷土和新垦土地供不上给授日益增多的人口，均田制就难以维持。民间土地买卖日益兴盛，禁止土地买卖的均田制趋于瓦解。这样，唐政府为解决财政税收问题，于德宗建中元年（780年）颁行了两税法，结束了均田制。这样，到唐中叶不利于商品经济发展的两大因素已不复存在，从此，商品经济进入更高的发展阶段。

两税法实质是以户税和地税来代替租庸调的新税制，户税按户等级高低征钱，地税则按亩征收谷物。每年按夏秋两季征收，故名"两税法"。它的颁行标志着土地私有制的重新确立。这一变化，从两个方面促进商品经济的发展。一方面，按照法令土地可以重新作为商品进入流通，进入流通的土地是价值很高的商品，这大幅度增加了流通中的商品价值总额。另一方面，江南的经济作物普遍种植，这也大幅度增加流通中的商品价值总额。由此推动商品经济在唐中叶进入新的发展高峰。商品经济的发展，必将冲击和影响着社会经济各个方面，其中包括了货币。

货币本身结构的变化也增大了对货币供给的压力。两税法颁行后，布帛逐渐退出货币行列重新成为普通商品，"钱帛兼行"的货币体系瓦解。曾在相当程度起过"上币"作用的实物布帛，一旦退出了货币行列而加入商品之中，便成为"流通中商品价值总额增加"的一个因素，这极大地改变了作为交换媒介的货币与商品之间的数量对比，这一增一减，全社会对货币的需要便迅速增加。

由以上分析可知，两税法使土地重新成为商品进入流通，增大了全社会商品总额；商品经济的持续发展又对货币供应提出持续增长的要求。而在贵金属没有真正进入货币体系之前，布帛已然退出，使唐朝中期以后货币供需矛盾异常突出，在这种情况下，货币很快陷入窘境。这种窘

[①] 李槐：《中国古代货币体系的结构变化研究（上）》，《云南教育学院学报》1997年第3期，第27页。

境表现为两税法前后两种截然不同的货币流通问题：两税法以前的长期物价上涨和钱轻物重；之后的钱重物轻，进而形成严重货币不足——"钱荒"。

六 唐代的货币流通

唐朝存在的290年间（618—907年），大致以安史之乱将其分为前后两个时期，前期为唐朝政治、经济的繁荣时期，后期由于战乱，经济衰退，货币制度也随之走向混乱。前期，唐朝货币流通中出现的问题主要是恶钱流行，私铸泛滥现象严重。后期出现了通货膨胀与通货回缩交替发生的情况。

（一）私铸恶钱问题及政府对策

盛唐几十年出现的货币流通问题是货币贬值，表现形式是铜钱减重，其根源是私铸泛滥。唐初从"贞观之治"到开元盛世的百余年间，政治稳定，社会生产迅速，唐朝逐渐进入鼎盛阶段。其间，货币流通基本良好。但自高宗武后开始，由于内外用兵，财政负担沉重，朝廷大肆搜刮财物，致使私铸纷起，出现了私铸恶钱流行的现象。在江南一带，因为盗铸多发生在深山老林或湖泊、海上等隐秘之处，州县官府难以查禁。由于私铸钱滥恶，成色较差，又与官方好钱并行使用，很快出现了现在人们常说的劣币驱逐良币的问题，这严重地阻碍了商业经济的正常发展，也影响到朝廷的税收。一时间，恶钱泛滥危害甚大。

私铸恶钱泛滥的原因是什么？似乎唐初出现的私铸现象与历代私铸产生的背景有所不同。过去私铸的发生往往与以下因素相关：或是社会经济受到严重破坏之时，如魏晋南北朝时的分裂和战乱，或是国家经济政策不当所致，如新莽、三国孙吴时铸造的贬值大钱，东晋南朝的减重鹅眼钱等。

唐初私铸恶钱的形成原因有所不同，一是商品经济的发展。经过隋末唐初的战乱之后，获得了长期的休养生息，政治稳定、经济繁荣，直到唐的开元、天宝年间，全国商业活动的规模和种类都有了新的发展。而落后的实物货币绢帛不能适应商品经济更高水平的要求，客观上要求更多的铜币投入流通，这是货币供需矛盾的一个方面。二是赋税征钱数量的扩大。唐代金属铸币地位有所提高，流通、贸易及财政领域里人们都愿意接受铜钱,唐初的租庸调只收粟帛,这时发生了变化。先开始征收户税(纳钱),数额增加了,再就是以铜钱纳资代役,也是财政收入的重要方面。

由于商品经济发展和赋税征收货币量的扩大,而铜钱的铸量有限,不能满足社会的需要,铜钱供需矛盾突出,"公私之间,给用不赡"。私钱就是在这样的形势下才开始严重泛滥开来的。

为解决困扰人民生活的这一社会问题,唐政府曾采取以下措施来阻止恶钱流行。

第一,收买恶钱回炉重铸。高宗显庆五年(660年),官方以好钱与恶钱1∶5的比价来收兑恶钱,但民间反把恶钱藏起来,因嫌钱作价太低。同年又把比价改为1∶2,也没收到效果。政府这项政策暴露出缺陷,一方面是好钱和恶钱的比价不把握,太高与太低都不合适;另一方面,国家财力不足,政府只能在京师一带收兑,无法把范围扩及全国去。因此,唐政府在这一时期曾多次下令禁私钱,但往往是屡禁不止;对回收恶钱也投入很多,但总是越收越多。最后,由于唐朝的通货膨胀严重,政府再也无暇顾及恶钱的问题了。

第二,扩大铸炉数以增官钱。这项措施是与收兑措施并行的,且应该是最主要的措施之一。因为增加官铸好钱,恶钱自然就没有市场了。但唐在开元以前,官炉所铸每年不过十几万贯钱,开元年间有所增加。到玄宗天宝年间朝廷才大兴铸炉,甚至曾征调农民来铸钱。当时全国共有99座炉,每年铸钱32万缗,这是唐朝最高的岁铸额。官铸铜钱数量的增加,对缓和铜钱不足具有十分重大的意义。

第三,允许部分恶钱存在。唐前期之所以对私铸恶钱禁而不止,其原因就是在流通领域存在较大的货币需求量,也就是商品数量的增加所致。官铸铜钱尽管逐年增加,但仍不足。如天宝十一年(752年),朝廷曾用几十万贯好钱来收回私钱,商贾们反而觉得不便,可见当时生产与交易之盛兴就加大了对货币的需求。加之官府铸钱因盈利太少而缺乏继续铸钱的积极性。私铸则在一定程度上缓解了铜钱短缺的矛盾,因而朝廷在某些时候又采取宽容政策,一面禁私铸,一面又默允部分质量好的恶钱在市面上流通。

（二）肃宗、代宗时的通货膨胀及对策

肃宗时正值安史之乱，北方大片领土变成硝烟弥漫的战场，战争持续数载，社会生产遭到严重破坏。为支持庞大的军费开支，已是府库空虚。只好通过卖官鬻爵、增加捐税等办法来筹资，但无济于事。唐朝廷随后便开始发行贬值货币——乾元重宝大钱，大搞通货贬值，致使随后的物价飞涨几百倍之多。

唐代宗即位后，安史之乱平定，由于战争太久，破坏太大，生产尚待恢复，物价仍然居高不下。杜甫诗中有"岂闻一绢直万钱"的句子，可见当时通货膨胀的严重程度。永泰二年（766年）朝廷招考进士，元结出了一个题目问：为什么往年粟一斛400钱还算贵，近年500钱还算贱？往年帛一匹价500钱算贵，近年价2000钱还算便宜？可见粟价比战前上升到原来两倍，帛价则在五倍以上。由于物价上涨过高，朝廷的实际收入下降了，因为通货膨胀时，收入的增长速度总是慢于物价上涨的速度；而朝廷税收也因货币购买力的下降而减少，尽管朝廷增加税收数量，但增加额抵不过货币贬值的幅度。因此，唐政府采取了一系列财政经济措施来抵制严重的通货膨胀。

1. 改革税制以增加收入

主要是增加新税，如代宗永泰二年税青苗地头钱；大历五年（770年）实行榷盐法，对官盐实行加价，从每斗110文升到310—370文，后来盐税越来越高，占每年总收入的一半；停收什一税。德宗时推行"两税法"，规定用铜钱交税，以此来回笼货币。这是唐朝廷增加国库收入重要方法。

2. 大量屯田以增加粮食产量

大量屯田、营田，让军队就近开荒种地，解决军粮，减轻国家负担。同时募人营田。

增加官府铸钱。这与增发纸币不同，因为铜钱本身有价值，膨胀情况下，买卖双方只用虚钱计价，实钱并不上市。大量铸好钱流通，对稳定币值与物价有好处。代宗在大历四年（769年）开始增设官炉铸行"大历元宝"；后来又禁止民间私毁铜钱、私铸铜器。德宗又发行了"建中通宝"。以上两项是政府财政政策中"开源"的办法。

3. 紧缩财政以减少支出

财政政策中"节流"措施就是紧缩政府开支。具体包括裁减官吏，削减"职田"；令寺庙僧尼还俗；高官提倡节俭，反对奢华之风。

实行各项措施后，随着生产的恢复和贸易的增加，物价开始平稳，币值回升，物价回落，"币轻物重"现象得到解决，但随后唐朝的货币流通又走向另一个极端——钱重物轻和通货紧缩现象。

(三) 唐后期的通货紧缩

唐德宗贞元年间（785—805）开始出现"钱荒"，就是货币经济中铜钱短缺现象，引起唐后期60年之久的"钱重物轻"和通货紧缩问题。其表现为物价下跌，如《新唐书》卷一六五中说："大历中，一缣直钱四千，今止八百。"就是说绢价在代宗时一匹4000文，到贞元十九年（803年），跌至每匹800文，仅是原来的20%。

1. 钱重物轻产生的原因

钱重物轻的原因大体可分为两个方面，就是铜钱供应量的减少和需求量的扩大，这使得货币的供需矛盾日益突出，加剧了通货紧缩程度。具体表现在以下几个方面。

(1) 百姓销钱为器。销毁铜钱铸佛像、制器物。代宗时市面上大小钱平价流通，民间熔钱一千文得铜六斤，可售铜料价三千六百文，获利三倍半；若再制成器物销售，获利还高达四倍多。[1] 这是对前一阶段通货膨胀自然调整的结果。通货膨胀之后，人们对货币失去信心，使货币购买力的下降程度超过了减重程度，即铜钱的市值低于它的币材价值，民间私铸也减少了，因为销钱为器更有利可图，人们就不再违禁铸钱了。这样私销铜钱现象就必然会发生。[2]

(2) 富人囤积，窖藏成风。秦汉以来的官僚、贵族和富商们都以贵金属金银为价值贮藏的主要对象，唐后期通货紧缩时，铜钱也加入贮藏品的行列。越来越多的人用铜钱来作为贮藏手段。一些王公大臣囤积的铜钱数目相当可观，有的一家就有几十万贯，民间富户亦有窖钱之风。在出土的当时私家窖藏中，有一只大木船盛满了铜钱。因为藏钱流行，

---

[1] 千家驹、郭彦岗：《中国货币史纲要》，上海人民出版社1986年版，第55页。
[2] 彭信威：《中国货币史》，上海人民出版社1965年版，第344页。

当时买卖房地产时，除正常价格外，往往加上"掘地价款"；付款后买主挖出来的铜钱，归自己所有。这样就有大量铜钱退出流通领域。

（3）朝廷减少铸钱，用铜大增。朝廷铸钱数量减少，天宝年间岁铸铜钱32万贯，到宪宗、文宗时仅十几万贯。而宫廷又大量建造佛寺，用铜来铸佛像、钟磬、法器等，消耗了大量的铜料。代宗时分量较重的乾元钱和重轮钱多被销熔成佛像。

以上是导致市面流通钱币减少的主要方面。

（4）税收用钱增加。中唐的两税法是唐朝货币由通货膨胀向紧缩的转折点，因为两税法的内容就是租税的货币化。实行"两税法"后，对铜钱的需求明显加大了，先是田赋收税一度全用铜钱，后来扩大到商税、茶税、盐税等其他税种。人人要用铜钱来纳税，而政府又收进的多，投放的少，铜钱的供需矛盾形成；富户、豪门趁机囤积，于是社会上窖藏风起，加剧了铜钱供需紧张状况。《新唐书·食货志》载："自建中定两税，物轻钱重，民以为患。""物价愈下，所纳愈多……虽赋不增旧，而民愈困矣。"白居易《赠友五首》诗这样描述两税法："私家无钱炉，平地无铜山。胡为秋夏税，岁岁输铜钱。钱力日已重，农力日已殚。贱粜粟与麦，贱贸丝与棉。岁暮衣食尽，焉得无饥寒。"两税法以货币纳税，但钱荒使纳税受阻，实际上两税法推行30年后就废弃了。

（5）用钱区域扩大。从国内来看，以前不用铜钱的现在也开始使用，"大历以前，淄青、太原、魏博，杂铅铁以通时用；岭南杂以金、银、丹砂、象齿"①。商品经济发展，使用金属货币的地区扩大了。另外，城市商业、贩运贸易、农村集市贸易日益兴旺，需要流通中投入更多的铜钱。从对外贸易交往来看，唐朝无论是陆上还是海上交通畅达，对外贸易交往超过前代任何时候。这样，通过外贸而流出的铜钱也较多。唐代中后期的国际贸易发展更快。除了传统的西北草原丝绸之路外，由东南沿海向东亚、东南亚、西亚，甚至非洲、美洲海岸海上丝绸贸易之路更为活跃，大量外商"胡贾"到中国来做买卖。中国在对外中经常处于入超，因此支付金银和铜钱数量相当可观。

---

① 《新唐书》卷52《食货志》。

上述几点又是铜钱需求增加的主要方面,由上分析可以看出,唐后期的铜钱供不应求,产生了"钱荒""钱重物轻",通货膨胀变成了通货紧缩问题。其间藩镇豪商囤积以牟利,而人民倍受其苦。为此,唐政府采取措施,加强对通货紧缩的治理。

2. 唐政府解决通货紧缩的办法

(1) 铜钱数量增加。首先增加铜料以扩大币材数量。唐贞元九年(793年)政府下令鼓励民间开采铜矿,禁止民间销铜为器,并由官方统购铜材。宪宗元和年间开采郴州等地的铜矿200余处,并增炉鼓铸。由于寺庙占用大量田地,容纳众多僧尼,却不纳税,造成政府收入锐减。唐武宗会昌五年(845年)下令禁佛,拆毁佛教寺院多所,让大量僧尼还俗,并没收寺院佛像、铜器,铸造会昌开元钱。[①] 通过以上措施,市场铜钱的数量大为增加。

(2) 流通速度加快。颁布"蓄钱禁"的法令,限制私人储钱量,让更多的铜钱由窖藏中回到市面流通,加速货币流通,减轻货币供给量不足的压力。如宪宗元和十二年(817年)规定官民私贮现钱若有超过5000贯的,超额部分在两个月内购买实物储存,否则将被没收。但由于囤积者多为豪强大户,政令往往难以推行。虽经多次调整放宽,如穆宗长庆四年(824年)放宽期限到一两年,限额为1万至20万缗,但终究收效不大。

(3) 钱币征收减少。由于赋税中收钱过多,这不符合封建社会自然经济发展的要求。也给百姓带来沉重的赋税负担。穆宗长庆元年(821年)下诏,允许两税,榷酒钱按各地物价来折纳粮食、布帛等实物。

这些措施的实行,取得了一定的效果。通货回缩问题渐渐缓和下来。但唐朝末期,由于政治腐败,地方割据严重,货币流通重新陷入混乱,民间甚至恢复实物货币,有些大额支付开始使用白银。

七 五代十国钱

唐宋皆为统一时代,在两者之间,出现一个短暂的分裂时期,即五代十国。从公元907年朱温篡唐到960年北宋代周,凡五十余载,北方中

[①] 《旧唐书》卷18《武宗纪》。

原一带先后出现了五个王朝和十五个皇帝。这是中国历史上又一次大分裂、大动荡的时期。"货币经济在这一时期暂时衰落，可以视为铜钱走向极盛过程中的一个反复。"① 因为铜的缺乏，各国发行的钱币数量不多，且常发行不足值的当十、当百、当千和当万的大钱。甚至用铁、锡、铅等合金铸钱，把它们和旧的开元钱、大钱、谷物、布帛混在一起用，是货币流通非常混乱的时期。

（一）五代钱币

以中原为中心的北方大部分地区，先后出现了五个政权，依次为梁、唐、晋、汉、周，史称五代。这五个小朝廷，更迭频繁，且与南方政权形成割据对峙局面，各方战事不断。政局混乱，经济衰退。铸钱不多，有关铸币的记载也较少。后梁和后唐基本沿用了开元钱。现分列如下。

1. 开平元（通）宝。开平元宝大钱是后梁太祖所铸，钱文旋读，字体不太工整。这种货币现存没有几枚，特别珍贵。有的学者认为清泰元宝钱也是后梁所铸。

2. 天成元宝。后唐明宗李嗣源的钱币，为小平钱。铸行时间不详，史书无记载。约为开平、天成年间所铸。

3. 天福元宝。后晋高祖石敬瑭所铸的小平钱，钱文旋读。石敬瑭曾以燕云十六州割让给契丹来换得儿皇帝之位（936年），并对契丹纳岁贡帛三十万匹，但仍未能保住其长治久安。947年，契丹入开封，后晋仅存十年后灭亡。石敬瑭割地卖国，为人所不齿。为了缓和国内矛盾，高祖在天福三年（938年）颁布"天福元宝"钱样，铸造了五种"天福元宝"，这种钱现在存世很多，基本上分成两种，一种为政府官铸，一种为民间私铸，官铸比民间私铸的要好得多，但较少见。因为官方允许官民自由铸造，轻重随意。

4. 汉元通宝。后汉政权仅存四年，后汉高祖刘知远铸行"汉元通宝"小平钱，形制较好，流通数量稍多。钱文直读。

---

① 汪圣铎：《中国钱币史话》，中华书局1998年版，第122页。

图5.6 后晋天福元宝　　图5.7 汉元通宝和周元通宝

5. 周元通宝。后周世宗柴荣发行的小平线。在五代钱币中，周元通宝是数量最多、影响最大的钱币。后周的政治经济情况较前四代大为好转。周世宗为发展生产而颁行一系列改革措施。后周改革为后来北宋统一中国准备了条件。其币制改革内容包括：将铸币权集中于王室；严禁民间私铸；铜材由官方统购统销。为补铜料之不足，世宗在显德二年（955年）下令废天下佛寺3336所，收其铜像、铜器以熔铸成铜钱，并禁止铸造使用铜器，所以周元通宝数量较多。这是继唐武宋灭佛以来又一次毁佛寺收铜铸钱之举。在一定程度上反映了自唐以来铜钱短缺的严重。后代有些迷信的人，认为周元通宝是用佛像铸的，佩戴在身上可以消灾祛病、辟邪，甚至还能助产。因此后代出现了不少仿铸品。周元通宝钱，阔郭、工整，钱径25毫米，重3.5—3.6克。钱背有月纹和星月纹，形制较好。

（二）十国钱币

十国地处江南，面积较大，人口较多，经济发展水平高于北方的五代。

1. 南唐

南唐由徐知诰建国。937年初建时，国号大齐，不久恢复李姓，改国号大唐，史称南唐。到李璟在位时（943—961年），国势盛昌。南唐的文化和经济在十国中是比较发达的。这样为仿唐朝盛世之制，南唐铸造了我国的第一种对钱——开元通宝。所谓对钱就是将一种货币的文字用两种书体来书写的货币，南唐铸造的开元通宝钱用的是篆书和隶书。这种对钱后来在北宋盛极一时。南唐开元钱与唐朝开元钱相比，特点有：文字小而紧凑，笔画肥短；形制略大，钱径约为2.6厘米；制作工整、精致；外缘较宽，可达0.2—0.3厘米；都有隶书和篆书两种字体。所以称为对钱。①

南唐还铸造了大量唐国通宝、大唐通宝和永通泉货大钱。

说起南唐的李煜，人们都知道他那"一江春水向东流"的名句。李煜所处的南唐时代，国土日少，经济衰败，李煜只好大铸铁钱来维持社会经济，铁钱与铜钱并用，民间纷纷以1枚铜钱换铁钱10枚，百姓将铜藏起来，大量铜钱被商人运出境，于是政府立即规定1枚铜钱兑换10枚铁钱。结果私铸风行，物价大涨。

2. 楚

十国中割据湖南的楚王马殷铸行了"天策府宝"大铜钱和大铁钱，这是他接受梁太祖"天策大将军"称号时铸造的。马殷还铸造了"乾封泉宝"大铜钱和大铁钱。这两种钱都是铁钱较多，铜钱较少。且铜钱与铁钱之间有固定的比价，为10枚值1枚铜钱。据说马殷接受高郁建议，大量用铅、铁铸钱，并且不征商税，外地商人来此卖掉货物，再用当地的铁钱换取特产带回去，在一定程度上促进了湖南生产、贸易的发展。

图5.8　篆书小字唐国背巨星　　图5.9　楚天策府宝

3. 前蜀、后蜀

907年朱温篡唐后，西川节度使王建割据于四川，建国号为蜀，史称前蜀，前蜀的王建虽割据了19年，却铸造了四种货币，即永平元宝、通正元宝、天汉元宝、光天元宝。其中以永平元宝最为少见。其子王衍铸有乾德元宝、咸康元宝两种钱币，可见前蜀的货币经济还是比较发达的。后蜀的

---

① 康巨峰：《古钱——发掘历史财富的投资方式》，湖南科学技术出版社1999年版，第104页。

孟知浩、孟昶父子还铸有"大蜀通宝""广政通宝"。先后割据四川的王氏、孟氏政权，这个地区在五代十国时期战乱比较少，境内相对安宁，地方也比较富裕，称为"天府之国"，所以发行的钱币相对多一些。

4. 南汉

南汉的刘氏政权在广州，刘龙铸"乾亨通宝"和"乾亨重宝"铜钱，后来又铸造了大量的乾亨年号的铅钱，这是我国第一次大量铸造并流通使用的铅钱。

图 5.10　光天元宝和天汉元宝

5. 闽

福建在当时为闽国，闽王王审知称王后的第八年（916 年）开始铸造货币，一开始铸造开元通宝，钱背后加一"闽"字，为大铜钱，后又铸造大铁钱和大铅钱。闽的汀州宁化有铅矿，闽即用此铸钱。其后王曦铸永隆通宝大钱，也有铜、铁、铅三种。

第二节　唐代信用关系与金融事业

唐代进入中国封建经济发展的繁荣时期。国内政治和经济长期安定，商业贸易发达，形成了如长安、扬州、成都和广州等人口在几十万乃至上百万大城市。都城长安有东市、西市，其他城市的商业也很繁盛。传统的陆上丝绸之路，以长安、洛阳为中心，与中亚的贸易进一步发展。汉朝时以陆路为主；南北朝时以海上为主，陆上受战乱之扰受阻；唐朝时陆海商道畅通，来唐做生意的外国商人中，前期有波斯人，后期主要有大食人（阿拉伯人）。在此背景下，唐朝的货币经济有了显著的发展，从而产生了中国最早的金融市场——京师长安的西市。

在这个金融市场中，进行着各种信用活动，像私人典当抵押借款的"质库"，国家经营放款的"公廨"，有负责收纳、保管个人财物的柜坊、寄附铺和各种商店，有从事兑换、买卖生金银的金银店；有办理汇兑业务的官府和商人组织。金融业务相当齐全。

唐朝金融事业的发展可从贷款、存款、汇兑和货币兑换业四个方面加以说明。

一 放贷业务的扩大

1. 官营高利贷——公廨钱

公廨钱起源于隋朝,又叫"公廨本钱""食利本钱"等。经营公廨钱取利的活动叫作"捉钱"。唐高祖武德元年(618年)在京师设公廨本钱,由各司的令史主持,称"捉钱令史"。每人给以本钱4万—5万文,每月纳利钱4000文,相当于月息8—10分。政府利用利息收入来作为官吏的料钱(津贴)。①

唐朝各代皇帝在位时,都设置了捉钱令史来负责这项事务。"令回易纳利,充官人俸。"② 但公廨钱曾多次罢去又几度恢复。玄宗开元年间,每一经营者的本钱是5000文,而利息降至月息7分及6分。穆宗长庆三年(823年)诸司食利本钱共84500贯,利率进一步降到月息4分。但是公廨本钱到唐后期日益遭到败坏,因为是不少官吏从中贪污,加上许多商人投资合股,中饱私囊。

可见,唐朝对公私放债的利息率是有限制的,各个时期的利率不同,从每月7分到4分不等,呈下降趋势,可能是唐朝后期钱重物轻、通货紧缩的经济形势所致。因为市场不景气,银根紧,很少有人愿意借款,只好降低利率。官府始终不收取复利。

2. 私营高利贷及其立法

唐朝的私人高利贷与南北朝时有所不同,经营高利贷者的构成发生了变化,由过去主要是富商、皇亲国戚和高级官吏,扩大到"蕃客""贾胡",就是外国商人。放贷方式多种多样,如唐初王公、官僚纷纷放贷取利,利息什一。有些高利贷者放款给在京在新选官吏,待任后归还,名曰"京债"。此外,放债对象亦非常广泛,包括衣冠子弟、军官、商人、百姓等。

根据是否需要担保品,可将高利贷分为两种,即信用放款和抵押放款。信用放款,是放贷者对借款者较信任,可不用抵押,但一般要立契约,并找人担保方可。抵押放款,当放贷者对借款人不信任时,借者必

---

① 叶世昌、潘连贵:《中国古代近金融史》,复旦大学出版社2001年版,第39页。
② 《唐会要》卷93《诸司诸色本钱上》。

须提供相当财物来作为抵押，才肯借到钱款。抵押品种类较杂，有田地、房产、金银等，甚至还有人身抵押，就是拿人身作为抵押，若不能及时还钱，就卖身作奴。以人身作抵押，是古代高利贷常见的现象，这反映了中国古代高利贷利率之高，也反映了高利贷对广大贫民剥削的残酷性。

抵押借款中，最典型的是"质库"，当铺的抵押借款。在南北朝时，所见的基本上就是寺庙兼营典当业务，可它在唐朝时已经是独立的私人事业了。当时政府规定不得随意变卖抵押品，对于过期不赎的东西，可以在报告当地官府之后予以处理。

关于私营高利贷的立法，古文献中见到的不少，其中相当一部分与利率有关。如武则天长安元年（701年）规定："负债出举，不得回利作本，并法外生利。"[①] 这里明确提出放贷不准"回利作本"，就是不许按复利计息。玄宗开元二十七年（739年）完成的《唐六典》中说："凡质举之利，收子不得逾五分，出息债过其倍，若回利充本，官不理。"为唐以后管理利率提供了法律依据。

二 存款的金融机构

以前的商人和百姓，对于闲置的资金，除了自己窖藏外，寄存在亲友家或寺庙里的事情也很普遍。到了唐朝时，由于商业发达，商人经常携带大量现钱到市场买卖货物，既不方便，又不安全，于是便存入商店，由商店代为保管，也有存入药店或外国人开的波斯店的，这便是最早的存款和保管业务。在这些商店、药店中，有一种接近于专门办理存款业务的机构，就是寄附铺，还在柜坊。寄附铺以办理存款为主要业务，兼营商业，这是最早的存款机构。

1. 柜坊

南北朝商人外出到他乡贸易，寄宿在旅店，带来买货的钱，数量巨大，会有很大的风险。

到了唐朝，由于商业的发展，市场上有了专收存款的店铺——柜坊。与南北朝相比，唐朝柜坊在经营业务和存款目的等方面都有很大的不同。

（1）两者经营对象不同。南北朝时，寺庙管财物的服务对象主要是

---

① 《唐律疏议》卷26。

官僚、贵族、富豪等；唐朝时，柜坊的存款对象主要是本地或外地商人。他们主要是接收本地和外地商人的经商钱财。

（2）两者经营的目的不同。南北朝时，人们将钱财存入寺庙或亲友家中是为了保险和避乱，和商业没有直接的联系；唐朝时，柜坊的存款是商人为了在市场上交易时付款方便，免去随身携带的麻烦。这是商品经济发展的反映。

由于存款业务的扩大，一种重要的信用工具产生了。这就是书贴。可以说，它是世界上最早的支票，是存户向寄附铺或柜坊发出的要求付款的通知书，商人、百姓在柜坊中存款的数目多少不等，有达百贯、千贯，甚至多达十万贯以上。取款时，也不必存户本人去。可以凭借书贴让柜坊支付给第三人。这种书贴是临时写上去的，而不是事先印好的空白格式，书贴由存户本人写上付款数量、收款人姓名、出贴人姓名、出贴日期等项。有时甚至可以凭存户的信物支取款。这些表明它还是比较原始形态的金融工具。

2. 寄附铺

寄附铺是一种寄售商店，办理客户寄存东西和出售寄卖的各种货物，收取手续费，像长安西市的"景先宅"；寄存出售各种首饰、玩物和高级服装，也代为保管商人和百姓的金银和各种贵重物品。

唐代的法令禁止利用受寄托物支放高利贷或者经营商业，只能在暗中进行。客户存钱是交纳保管费还是领取利息，史无详载。

三　汇兑事业的产生

汇兑事业有着十分悠久的历史。古巴比伦在公元前9世纪就有了类似汇票的工具，若甲地某人在土简（泥版）上写明某时由乙地某人付款若干，附带利息。这种办法是因为运输大量现金不便时产生的。中国在唐代才首次出现汇票这样的金融工具，也就是说唐朝是中国古代汇兑事业的开始。这比西方晚了许多。

唐朝汇兑产生的原因是，随着商品经济的发展，商人出外经商时感到大量铜钱携带很不方便，又因钱币缺乏，有的地方禁止钱币出境，于是便发生了异地汇兑的办法。

唐朝的汇兑工具（汇票）叫飞钱，又叫便换。《新唐书·食货志》

载:"商贾至京师,委钱诸道进奏院及诸军、诸使、富家,以轻装趋四方,合券乃取之,号飞钱。"经营这种业务的有官府,也有私人。唐朝汇票的产生有以下几种情况。

第一,"进奏院"等各种驻京机构的存在为汇兑提供方便。当时各道的地方政府在长安都设有"进奏院",各军、使也设有办事机构,专司同中央政府的联络。这些就是各地的驻京办事处。过去,外地商人在长安做生意,出货后大量携钱回家不便,也不安全。有了进奏院以后,商人在京出卖货物后,如果不愿或不能带现钱回家,就将钱交给家乡所在道的进奏院,进奏院开出一张票券,上面写着付款的数目、日期、付款人的姓名等,一半交给付款的商人,一半寄回本道。商人回到本地后到相应的机关合券核对,如果无误,便可领回现款,汇兑就这样产生了。结果是汇钱的人回家取钱既方便又安全,进奏院也可以用这笔钱在长安交纳本道上供的赋税,省得再从外地跋山涉水地运送钱财进京。这种汇兑,好像在两地飞来飞去,因此而得名"飞钱"或者"便换"。它属于有价证券,可以说是纸币的萌芽形态,但与纸币不同的是,它不能购物、纳税,还不是真正意义上的货币。

第二,各地禁钱出境是汇兑产生的又一背景。唐朝中期两税法实行后,出现严重的钱荒,各地州县下令,禁止本地铜钱出境,但这项措施并没有缓和"钱荒"的局面。禁钱出境令破坏了各地贸易的开展,造成"商贾皆绝"的不利局面。当时白银数量很少,还不能作为主币来代替铜钱在经济中的作用;绢帛作为货币,其落后的一面已不能适应新商品经济发展的要求,因而人们不愿接受。这样,在无奈的情况下,"飞钱"这种新交易媒介就产生了。

第三,南北方商品物资的大流通推动了汇兑事业的发展。京杭大运河是南北交通大动脉,在运河沿线也产生了许多商业中心,如扬州、苏州、杭州等。"吴、越、扬、楚盐廪至数千,积盐二万余石。"江浙产盐之地,设有四场十盐。"岁得钱百余万缗,以当百余州之赋。"[①] 唐中后期,饮茶逐渐在北方成为一种时尚,人们不论地位高低贵贱,一概饮茶。而茶叶的产地在南方,一方面北方商人去南方贩运货物,要携带大量钱

[①] 《新唐书》卷54《食货四》。

财；另一方面，四川、江南的茶商来京师长安等地出售茶叶后，也需要带钱回家，双方都有铜钱的运输问题。政府禁钱出境后，这样的铜钱运输也被禁止了，于是飞钱、汇兑事业正是应各地物资交流的需要而产生的。

飞钱的产生，适应了商品经济的发展的要求，为北宋纸币交子的产生奠定了很好的信用基础。

经营飞钱的有地方政府和军队的驻京机构，也有私家大商人、大官僚，汇款一般是平价汇兑，不收汇费，唐朝政府曾在元和六年（811年）下令禁止公私办理飞钱，后来反而引起了大量铜钱被带出长安，人们更加藏钱不出，促使物价下跌得更厉害；因此，又在第二年解除了禁令。中央政府也开始兴办"飞钱"，由户部、度支、盐铁三司专门办理。起初，每贯（千钱）要收汇费百文，即1/10；商人们嫌汇费太多，无人办理，只好改为"敌贯"——平价汇兑，不收汇费。官府营办的汇兑保持到唐末，后来因为政治腐败，常有留难、拖延不付铜钱的现象，因而逐渐衰败了。

四　金银钱的兑换业

兑换是金、银、钱之间的兑换。唐朝的币制是钱帛本位制，黄金主要充作保值手段，白银已开始作为货币流通，因此，金、银、钱就有相互兑换的事情，兑换业务便由此产生。

经营兑换业务是金银铺。金银铺产生得很早，称金银店，但其业务只是打造金银首饰和器皿，是豪门贵族家中的私人作坊性质的机构，不属于金融的范围。在金银店里做工的手艺人叫金银匠，是豪门贵族的奴隶。到了唐朝，金银匠的地位提高了，金银店也独立出来，变成金银铺，除继续制作金银首饰和器皿外，也从事金银买卖和兑换。如果只是买卖金银，那也不能算是信用业务，金银只不过一般商品，金银铺也只能是一般商店。但唐朝的白银开始广泛用作货币，黄金也作支付手段，这样，金银铺就担负起兑换业务来，这种货币兑换就属于信用业务，金银铺也具有金融机构的性质了。长安、扬州、苏州都有大量的金银铺。

金银铺出现以后，一直担负起货币兑换的任务，到五代时继续发展，直至钱庄出现以前，一直是中国古代社会中主要的兑换机关，它的业务有时甚至超过了兑换。

唐朝时期,传统金融业的几种主要业务——存款、放款、汇兑和货币兑换都有了,是古代金融业发展的表现。虽然还只是一种雏形,但却是空前的,是中国金融发展史的重要阶段。

第三节　唐朝五代十国时期的货币理论

唐朝废除了流传700多年的五铢钱,开元通宝成为唐朝的主要钱币。西汉以来货币数量影响物价的观点,到唐朝发展为单纯按货币数量来解释物价的理论。刘秩已有这种倾向,陆贽则提出了典型的货币数量论。

一　崔沔、刘秩的垄断铸币权论

崔沔（673—739年）,字善冲,京兆长安人（今陕西西安）,唐朝官员。唐玄宗开元二十二年（734年）,张九龄提出不禁私铸的建议,想以此增加钱币的供给。崔沔反对开放私铸。

他认为允许私铸存在弊病:一是会使人民追求小利而放弃本业竞相铸钱,妨碍了农业发展,最终只能导致贫困;二是铸钱的人为了追求更大利益,一定会铸恶钱,这两条都是贾谊早就指出的。

崔沔认为货币数量多少没有什么关系,称,"夫钱之为物,贵以通货,利不在多,何待私铸然后足用也"[①]。

刘秩,字祚卿,他反对开放私铸的理由具有较强的理论性。他既吸收了前人有关论点,又加上自己的认识,把货币铸造权的理论提到一个新的高度。刘秩反对开放私铸的理由共有以下五点:

第一,用《管子·轻重》的货币理论来说明国家必须掌握铸币权。他说:"古者以珠玉为上币,黄金为汇总比,刀布为下币。管仲曰:'夫三币,握之则非有补于暖也,舍之则非有损于饱也。'是以命之曰衡。衡者,使物一高一下,不得有常。故与之在君,夺之在君,贫之在君,富之在君。是以人戴君如日月,亲君如父母,用此术业,是为人主之权。今之钱,即古之下币也。陛下若舍之任人,则上无以御下,下无以事上,

---

[①] 《文献通考》中《钱币一》。

此其不可一也。"这是《管子》轻重论的基本观点,刘秩认为轻重之本,全在于君王的敛散之术。

第二,从国家要利用货币调节物价来说明国家必须掌握铸币权。刘秩要求国家调节物价,做到既不伤农,又不伤贾。他还倾向于单纯从货币数量来看待物价的涨落,具有货币数量论特点。

第三、第四两条和贾谊说得差不多。"夫铸钱不杂以铅铁则无利,杂以铅铁则恶,恶不重禁之,不足以惩息。且方今塞其私铸之路,人犹冒死以犯之,况启其源而欲人之从令乎!是设陷阱而诱之入,其不可三也。夫许人铸钱,无利则不铸,有利则人去南亩者众。去南亩者众,则草不垦;草不垦,又邻于寒绥,其不可四也。"

第五,从允许私铸会加剧贫富矛盾来说明国家必须掌握铸币权。在刘秩的货币思想中,值得注意的是他关于货币数量的认识。他第一次把货币的需求量与人数的多寡联系起来,同时,将货币价值的大小与货币数量的多寡直接联系起来。

刘秩关于货币的作用,不能允许私铸,应由国家垄断货币铸造权等论述,在一定程度上推动了唐代货币思想的发展。

二 杜佑的货币论

杜佑(735—812年),字君卿,唐代史学家。在《通典·食货八(钱币上)》中记载有杜佑的货币理论,杜佑认为过去谈货币的,只有贾谊和刘秩"颇详其旨"。杜佑也提出了他自己对货币的论点。归纳如下:

关于货币的起源。杜佑对货币起源的看法,与前人不尽相同。他说:"货币之兴远矣。夏商以前,币为三品。"接着又在夹注中指出:"珠玉为上币,黄金为中币,白金为下币,白金为银。"与《管子·轻重》相比,不同之处有二。一是《管子·轻重》说珠玉、黄金、刀布为三币,杜佑将刀布改为白金;二是《管子·轻重》没有肯定三币始于何时,杜佑则将它落实到"夏商以前"。

关于货币的作用。杜佑已经认识到货币是用来衡量各种商品的不同数量。"原夫立钱之意,诚深诚远。凡万物不可以无其数,既有数,乃须设一物而主之。"这里所说的数的含义不明确,似乎是不同商品的价值量。杜佑的货币理论,最具有创见性的是关于货币作用的论述。他已经认识到货币是用来衡量各种商品的不同数量的，至于这个数量是商品自然形态的量还是商品的价值量，他还没有将它们明确地区分开来。

关于货币的材料。杜佑认为，金银、谷帛都不适合做货币，唯有铜才是理想的货币材料。"其金银则滞于为器为饰，谷帛又苦于荷担断裂。惟钱可贸易流注，不住如泉。"就是说，谷帛使用不方便，金银要作为器具或饰物，都不适宜作货币，只有铜钱"如泉"，可以方便贸易流通。

关于货币制度。对于历代钱币，杜佑肯定五铢钱最为适中。杜佑是足值铸币主张者，他批评通货贬值的行为。"其后言事者，或惜铜爱工，改作小钱；或重号其价，以求赢利，是皆昧经通知远旨，令盗铸滋甚，弃南亩日多，虽禁以严刑，死罪日报，不能止也。"

三　陆贽的反对赋税征钱和货币数量论

陆贽（754—805年），字敬舆，浙江嘉兴人。他的货币思想在《新唐书·食货二》及《陆宣公奏议》中均有记载。概括为以下几方面：

第一，货币起源、职能作用方面。陆贽在货币起源问题上秉持《管子》先王制币说。"先王惧物之贵贱失平，而人之交易难准，又立货泉之法，以节轻重之宜，敛散弛张，必由于是。"[①] 可以看出，在陆贽没有认清货币是在交换过程中产生的，但认识到货币可以平"贵贱"，准"交易"，即有价值尺度和流通手段职能。

第二，钱货国定说。陆贽赞同前人所说的由国家垄断铸币权的主张。谷帛的生产，由百姓所为，铸钱的利益，有国家独享，"国专其利，而不与人共之"，铸币权应该由国家垄断。

第三，货币数量观点。有关货币数量说，《管子·轻重》以及司马迁等均有所涉及，在货币如何调节物价上，陆贽提出了他的货币数量说观点，"物贱由乎钱少，少则重，重则加铸而散之使轻。物贵由乎钱多，多则轻，轻则作法而敛之使重。是乃物之贵贱，系于钱之多少；钱之多少，在于官之盈缩"。即把形成物价贵贱的原因完全归之于货币的多少。为了增加货币数量，陆贽主张"广即山殖货之功，竣用铜为器之禁"。除铸钱外，国家还可以从盐酒专卖中取得货币收入。国家手中有了相当数量的

[①] 巫宝山：《中国经济思想史资料选辑》，第372—376页。

货币，就能调节货币流通。

第四，在批评两税法带来的新问题①时，陆贽反对赋税征钱。赋税征钱，有利于商品经济的发展。他指出国家征收赋税必须"量人之力，任土之宜。非力之所出则不征，非土之所有则不贡"。农民生产的布帛和百谷，所以应该交纳布帛和百谷，人民不铸钱，向他们征收货币，就会"使贫者破产而假资于富有之室，富者蓄货而窃行于轻重之权，下困齐人，上亏利柄"。总之，于国于民都不利。陆贽的理论反映了当时货币流通中存在的一个实际问题。实行两税法前，钱币数量本来就不能满足流通需要，实行两税法后，政府又没有相应地增加钱币的铸造，以致物价大幅度下跌。

四 白居易的反对赋税征钱和平物价论

白居易（772—846年），字乐天，唐朝诗人。白居易的货币思想，主要反映在他早期著作《策林》中。

在货币起源和作用方面。白居易把货币的发明仍归于圣人，认为是圣人根据客观需要创造出来的，但未直接把货币的起源归于救灾。"且圣人辨九土之宜，别四人之业，使各利其利焉，各适其适焉；犹惧生生之物不均也，故日中为市，交易而退；所以通货食，迁有无，而后各得其所矣。"②白居易认为货币是圣人顺应商品交换或客观情况的需要而创造的。

在《策林·平百货之价》中，白居易分析了国家调节商品流通的办法，国家通过敛散货币、谷物和财物以调节物价。他突出强调了货币的作用。首先，他把货币看作君王"防俭备凶"的法宝；其次，他肯定了货币在农工商三者中的调节作用；最后，他强调君王在货币调节中的作用。从以上白居易对货币发挥交易、均节作用的重视，不难看出他对货币在商品交易中充当流通手段的职能，已有一定程度的认识。

---

① 杨炎变租庸调制为两税法，新税制以原来的户税、地税为基础，重新确定税额，租庸调也折钱并入户税。固定于每年夏秋两季交纳，所以称为"两税法"。两税中的户税征钱，而当时社会钱币数量不足，纳税者要出卖更多的农产品才能缴清税额，使人们的赋税负担大大增加。

② 《白居易集》，中华书局1979年版，第994—995页。

对货币与商品流通关系的认识。白居易对货币在商品交易或商品流通中的作用高度重视。他没有孤立地谈货币流通，而是将其与商品流通联系起来。首先，他认为货币流通或壅塞影响着物价的稳定与否，通货不足将引起钱重和物价轻贱。其次，他认为货币流通可以促进生产的发展，增加物质财富。最后，他认为货币流通直接关系到整个社会经济的兴旺和人们生活的安定。概言之，白居易初步体会到商品流通是货币流通的前提，认为物有变化，货币就跟着变化，同时，他也体会到货币流通对商品流通的反作用。

反对赋税征钱。在论钱重物轻的原因及对策时，白居易认为"游堕者逸而利，农桑者劳而伤"的根源在于"天下钱刀重而谷帛轻"，赋税征钱加剧了社会上的舍本求末现象。白居易认为只要改变赋税征钱的办法，就能消除这一现象。他认为调节商品流通离不开货币，"圣王"创造货币正是为此。白居易认为钱重的一个重要原因是钱被私销，因为销毁铜钱铸成铜器后，可以卖更高的价钱，以致铜钱被大量销毁。

五　韩愈的名目主义观点

韩愈（768—824年），字退之。元和七年（812年）二月，唐宪宗令百官讨论"钱重物轻，为弊颇甚"的问题，韩愈上《钱重物轻状》[①]，提出四条对策，其中前三条与货币密切相关。

第一，赋税改征土产。他主张出布之乡赋税全部征布，即出产什么征收什么。

第二，禁铜和禁钱出五岭。唐代五岭以南"以金银为货币"，所以韩愈主张岭南专以银为货币，禁钱不得出五岭，而岭南原来的铜钱则可以运出，以补充用钱地区的不足。

第三，铸造当五钱，新旧钱兼用。在韩愈看来，国家有规定货币价值的权力，只要给铸币以某种名义价值，就能使它按照这一名义价值流通。这是货币名目主义观点。

---

① 《韩昌黎集》卷37。

六 杨於陵的货币论

杨於陵（753—830年），字达夫。他的货币观点，是在唐穆宗令百官讨论"欲减税则国用不充，欲依旧则人困转甚，皆由货轻钱重，征税暗加"① 的问题时提出来的。

杨於陵认识到货币的职能作用是作为价值尺度和流通手段。他说"王者制钱，以权百货，贸迁有无，通变不倦，使物无甚贵甚贱，其术非它，在上而已。何则？上之所重，人必从之"②。这是典型的名目主义货币观点。货币是由先王创造的，货币的职能也是王者赋予的。王者创造货币并掌握其价值的主要目的，在于使商品价格贵贱适中。

对于中晚唐钱重物轻的原因，杨於陵认为："古者权之于上，今索之于下；昔散之四方，今藏之公府；昔广铸以资用，今减炉以废功；昔行之于中原，今泄之于边裔。又有闾井送终之啥，商贾贷举之积，江湖压覆之耗，则钱焉得不重？货焉得不轻？开元中，天下铸钱七十余炉，岁盈百万，今才十数炉，岁入十五万而已。大历以前，淄青、太原、魏博杂铅铁以通时用，岭南杂以金银、丹砂、象齿，今以用泉货，故钱不足。"

杨於陵列举了导致钱重物轻的主要原因，可以归纳为七条。第一，赋税征钱（今索之于下）；第二，钱币贮于国库；第三，铸钱数量减少；第四，钱币外流；第五，钱币被商人囤积；第六，钱币被埋葬和没于江湖；第七，用钱地区扩大。第一条和第七条是使钱币需求量增加的因素，第二至第六条是使钱币流通数量减少的因素。此外，杨於陵认识到钱币的自然损耗及窖藏对货币的供应将产生重要影响，这也是其他思想家所未注意到的。杨於陵要求钱币充分流通，防止壅塞，从而解决钱币缺乏问题，是货币理论上的一大贡献。

根据以上分析，杨於陵从供需两方面提出解决对策。一方面赋税改征布帛，不再用钱，以减少钱币的需求；另一方面采取增加铸钱、限制外流、禁止囤积等措施，以增加钱币的供给。

---

① 《元稹集》卷34《钱货议状》。
② 《新唐书》卷52《食货二》。

第 六 章

两宋的货币与信用

第一节　两宋的货币

一　两宋货币概述

（一）两宋的历史背景

宋太祖赵匡胤发动陈桥兵变，取代了后周的柴氏政权，建立起宋王朝，史称北宋（960—1127年）。后来经过长期的战争，到宋太平兴国四年（979年）灭掉了北汉，结束了五代十国的分裂局面，基本上完成了中原和南方的统一。但北方人辽国，西北有西夏政权与北宋一起形成三足鼎立之势。概言之，北宋与南宋的历史特点是经济上的繁荣和政治上的虚弱腐朽，并对中国货币制度的发展产生了重大影响。

1. 繁荣的商业

北宋城市和商业贸易也十分繁荣。宋代是中国古代商业形态发生演变的转折阶段，这对货币制度的变革也产生了重大影响。

（1）商业制度的进步

北宋商品经济发展最显著的表现就是废除坊、市的限制，促进集市贸易的开展。唐朝的大城市划分为住宅区（"坊"）和商业区（"市"），区域分工明确。交易买卖只能在"市"内进行，所有的商店、作坊都集中到市区内，按售货种类排列成名条行列，叫作"行"，每行只售同类货物，如米行、药行、杂货行等，优点是有利于朝廷对商品买卖的管理和监督。但造成了居民和商贩购物售物两不便，也限制了商业的规模。在唐朝市区的交易时间也有严格规定，如午时开市、日落前闭市等。

北宋时，城市人口增加，商品数量和种类的增多，必然要求打破旧的坊市制格局。北宋都城汴京人口就超过100万。城市的大街小巷店铺林立，住宅区内小贩的叫卖声随处可闻。市场的开放时间不再受限制后，店铺可以经营到深夜，甚至通宵达旦。

（2）朝廷商税收入的增加

全国各地的州府形成较大的地方性商业城市，在州县以下的商业集中地则设立镇市，神宗元丰年间全国值市已发展到1871个。镇市以下还设有草市（墟市）。北宋太宗正税分为住税、过税两种，前者是对城镇店铺的"坐贾"买卖货物所课的税，要交物价的3%；过税是对商人贩运货物所课的税，按物价征2%。太宗至道年间（995—997年）一年商税收入约400万贯，仁宗庆历年间（1041—1048年）商税达到2000万贯。随着商业的发展，商税已成为朝廷的一项重要财源，从中也可以看到北宋商品运输业的兴盛之势。

（3）对外经济交往的加强

宋朝与辽、西夏及周边少数民族的边境贸易得到了进一步的发展。辽、西夏与宋交易的主要商品为当地特产，如牲畜、盐、药材、皮货等。同时，海外贸易的范围也扩大了。宋朝时，航海技术的进步，特别是指南针的使用，扩大了中国同东南亚、南亚、西亚等海外诸国的贸易联系。东南沿海的广州、杭州、明州和泉州等成为著名的商港和外贸城市。宋政府在主要的港口设立市舶司，管理海上贸易。外国商人可以常年居住在中国，他们的居住地称为"蕃坊"，当时住在广州的外国商人很多。

北宋是中国古代货币体系发生巨大变革的时代，这些变化对后世的货币制度产生广泛而深远的影响。

首先，铜钱铸造达到历史顶峰。由于北宋的商业及对外贸易大大超过前代，商品交流的扩大必然对货币供应提出要求。在其他货币不能增加的情况下，铜钱的需要大大提高了，北宋的铜钱铸造数量和水平达到历史最高。在宋神宗年间（1068—1085年），一年铸铜钱506万贯。这个数字是唐朝平均每年铸钱数的十倍。也是后来历代无法相比的。

其次，绢帛的货币地位下降直至退出流通。自东汉至唐绢帛曾长期充当国家法定的货币。与铜钱一起构成了"钱帛兼行"的货币制度。唐代两税法之后，绢帛的货币性能减弱，在两宋时期进一步变化，最终回到其商品的地位。

最后，两宋纸币形成和发展是重大的变革。这是货币体系中最主要的变化。宋代的货币结构已经从钱帛兼行演变成以铜钱为主，铁钱、锡钱等为辅，兼以金银的货币结构时，货币制度异常复杂，主币不明确和数量供应不充足，加大了对铜钱的需求压力，出现钱荒；各种货币地区分割严重，不利于社会经济发展。因此，纸币就是在这种货币供需矛盾突出的情况下产生。这对当时和后代货币经济都具有重要的影响。

2. 虚弱的政治

两宋国势的特点就是积贫积弱，表现在上层统治保守腐败，对外妥协苟安。在强大的辽、西夏和金政权的压迫下，步步退让，导致国土沦丧，山河衰败。其政治的腐败可从以下两个矛盾的政局可见一斑。

矛盾之一：对内强大的军事政治中央集权和对外软弱无力。北宋时，为防止国内形成割据局面，朝廷将兵权和政权集中于中央，导致政治军事上腐败丛生。官僚机构庞大而臃肿，贪污腐败成风。军队里，兵将不相知，士兵缺乏训练，战斗力低下，在与游牧民族的战争中难以取胜。北宋东京拥有的八十万禁军，是为保卫最高统治者的安全，却置北方外族蚕食国土、人民安危于不顾。对外关系上，北宋时西北部被西夏占据，北方的燕云十六州被辽国占领。南宋更是偏安于一隅，国土仅限江南一带，国势如江河日下，极度颓废，结果是两宋先后为金和蒙古所灭。

矛盾之二：国家财政空虚与统治阶级挥霍侈糜。宋朝财政收支落差巨大是历史上空前的，原因一是宋朝边防开支巨大，由于不能击败北方强劲的对手，两宋政府在平时、战时都要付出巨大的边防军事费用。二是两宋向辽、西夏、金等国年年进贡岁币银、绢帛等物，以换得一时和平，却给财政带来极大的压力。国内生产遭到破坏，人民生活每况愈下。就在社会经济下严重衰败之时，皇室、贵族及各级官僚生活奢侈，极力勒索民财，挥霍享乐。如此沉重的负担全部落到百姓的身上。统治者竭尽搜刮之能事，在货币制度上花样翻新。滥发纸币、铁钱，发行各种成系列的贬值货币，如南宋的钱牌从当十文、二十文、三十文直到三百文、五百文，种类繁多，在货币史上也是罕见的。

（二）宋朝钱制的多样性

根据现有史料和实物，北宋是中国历史上铸造铜币最多的时期。北宋自太祖至徽宗，共铸铜钱 62 种，重量均在 4 克上下，主要由铜、铅、锡组成。铜约占 66.05%，铅占 22.63%，锡占 8.56%。① 另据史书记载，北宋铸钱有标准，每千文用铜三斤十两，铅一斤八两，锡八两，重五斤。② 但不同时期，标准不同。北宋的货币制度在中国货币史上是最复杂的，其特点可用一个"多"字来概括。

1. 币材种类多

金、银、铜、铁，还有黑锡钱，是铅锡合金的。铜钱、铁钱是正规的货币。北宋货币结构上发生重大变化，其表现在三个方面：一是白银开始在流通中占据更重要的地位；二是铁钱的广泛使用，铁钱在后代都有发行，但没有像北宋那样普遍和长期地使用；三是纸币交子的出现，标志着此后几个世纪纸币流通的开始。

2. 钱币名称多

前代钱名单一，宋盛行"年号钱"。北宋皇帝每改一个年号，就铸一次新钱。中国封建时代后期，像明清时期的皇帝，通常只有一个年号，而宋代皇帝的年号特别多，仁宗有9个年号，理宗有8个。据统计，两宗共铸45种年号钱，还有"宋元""皇宋""圣宋""大宋"等国号钱。名称一般为"通宝""元宝""重宝"。南宋嘉定年号的铜、铁钱，一共有通宝、重宝、之宝、珍宝、正宝等22种称呼。

3. 铜钱面值多

宋钱的面值种类也很复杂，一般有小平钱、折二、折三、折五、当十、二十、三十、五十、当百、二百、三百、五百面值的钱币。其中有不少是虚价的大钱，也有的是足值的。看起来好像很复杂，实际上用起来很方便，因为多种面值可以用于各种支付。

4. 钱文书法字体多

唐代钱文的书法大都只有一种，但北宋钱币的书法则有隶、楷、篆、行和草书多种，同一钱文往往有两种或三种字体，称为"对钱"。直到南宋才固定为一种端庄的字体，就是现在的宋体字。

---

① 戴志强、王体鸿：《北宋铜钱金属成份试析》，《中国钱币》1985年第3期。
② 《宋史·食货志下二》。

从以上几个方面来看，宋钱的确是较为复杂的，如果我们用钱币的大小、名称、材料、年号、年份、成色、钱监、版别、字体来区分宋钱种类，那么简直多得无法计算了。

5. 铁钱使用的地方多

宋朝钱制的复杂性还表现在它有明显的地方性特点。宋代有好几百个独立的铸钱机构发钱，从使用看，北宋川蜀四路专用铁钱，陕西、河东地区铜铁兼用。而河南、河北、江南各路专用铜钱。四川人到外地，须在交界处把铁钱换成铜钱才能使用。外人入川同样如此。南宋时，为了防止铜钱外流出境，把淮南、淮北、京西和湖北荆门等邻近金国的地区改为铁钱区。

在钱币的流通使用上呈现出一种割据的局面，这也是宋钱复杂多样性的一个方面。

二 两宋的铜钱、铁钱

（一）北宋铜钱、铁钱简介

北宋从 960 年到 1127 年的一百多年间，根据先后铸行的铜铁钱数量、品种相当丰富，因为北宋各代铸钱的特点是在位皇帝有不同的年号，且每易一年号必铸新钱，于是根据不同的在位皇帝和年号，可以从以下三个阶段来分述北宋钱币的铸行情况。

表 6.1　　　　　　　北宋历代皇帝年号及年号钱表

皇帝称谓	皇帝姓名	统治时间	年号	年号时间	钱币名称
太祖	赵匡胤	960—976 年	建隆	960—963 年	宋元通宝
			乾德	963—968 年	
			开宝	968—976 年	
太宗	赵炅	976—997 年	太平兴国	976—984 年	太平通宝
			雍熙	984—987 年	
			端拱	988—989 年	
			淳化	990—994 年	淳化元宝
			至道	995—997 年	至道元宝

续表

皇帝称谓	皇帝姓名	统治时间	年号	年号时间	钱币名称
真宗	赵恒	998—1022年	咸平	998—1003年	咸平元宝
			景德	1004—1007年	景德元宝
			大中祥符	1008—1016年	祥符通宝
			天禧	1017—1021年	天禧通宝
			乾兴	1022—1022年	
仁宗	赵祯	1023—1063年	天圣	1023—1032年	天圣元宝
			明道	1032—1033年	明道元宝
			景祐	1034—1038年	景祐元宝
			宝元	1038—1040年	皇宋通宝
			康定	1040—1041年	康定元宝
			庆历	1041—1048年	庆历重宝
			皇祐	1049—1054年	皇祐元宝
			至和	1054—1056年	至和通宝
			嘉祐	1056—1063年	嘉祐通宝
英宗	赵曙	1064—1067年	治平	1064—1067年	治平元宝
神宗	赵顼	1068—1085年	熙宁	1068—1077年	熙宁重宝
			元丰	1078—1085年	元丰通宝
哲宗	赵煦	1086—1100年	元祐	1086—1094年	元祐通宝
			绍圣	1094—1098年	绍圣通宝
			元符	1098—1100年	元符通宝
徽宗	赵佶	1101—1125年	建中靖国	1101—1101年	圣宋元宝
			崇宁	1102—1106年	崇宁重宝
			大观	1107—1110年	大观通宝
			政和	1111—1118年	政和通宝
			重和	1118—1119年	
			宣和	1119—1125年	宣和通宝
钦宗	赵桓	1126—1127年	靖康	1126—1127年	靖康通宝

1. 北宋前期

宋太祖、太宗、真宗时期发行的钱币，为北宋钱币发行的初期，这一时期所发行的钱币，在铸造技术、形制、书法、风格等方面确立了北宋钱币的基本特点。

太祖赵匡胤铸"宋元通宝",但没有铸过年号钱。宋元通宝钱文仿效五代之汉朝的"汉元通宝"钱,但也有人将其读成"宋通元宝",此读法根源于唐朝的"开通元宝"。这不是年号钱,而是国号钱,是一种带有纪念意义的货币。宋元通宝传世很多,有光背的和带星月的,还有铁钱。特别罕见的一种"广穿宋元",穿孔很大,是用铜在铁范上铸成的,称为"铁母"。

太宗赵光义太平兴国年间铸造"太平通宝",是北宋第一种年号钱。后来又在淳化、至道年间铸造淳化元宝和至道元宝两种年号钱,各有楷、行、草三种字体,皇帝亲书,因此叫"御书钱"。又由于这些钱除了书写体不同外,钱文内容、钱体质地、钱的大小厚薄重量、穿孔、轮廓阔窄、文字位置等都彼此相同或十分接近,因而人们把两枚或以上的这样的一组钱叫"对钱"。

图6.1　淳化元宝（楷、行、草三字体对钱）

宋真宗铸造过咸平元宝、景德元宝、祥符通宝、天禧通宝等几种年号钱,都是楷书一种字体。

公元994年,宋太宗淳化五年,王小波、李顺在四川起义,发行了"应运元宝""感运通宝"铜钱,还有"应运通宝""应感通宝"两种铁钱。"应运"是李顺占领成都后称蜀王时的年号,但他在五个月后失败,所以这些钱币流传极少。

2. 北宋中期

北宋中期的钱币指宋仁宗、英宗、神宗、哲宗四朝发行的钱币。北宋中期是铸行年号钱最多的时期,而到神宗时期,宋朝每年铸行的货币数量是北宋乃至历朝历代最多的。

仁宗在位（1023—1063年）40年，共换9个年号，发行8种年号钱、1种国号钱。发钱数量多，天圣元宝、明道元宝、景祐元宝、皇宋通宝、皇祐元宝、至和通宝等钱，各有楷书、篆书两种字体。还发行康定元宝铁钱和庆历重宝当十大钱，后者是贬值的大钱，因为其重量只相当于两个小平钱。由于仁宗庆历年间和西夏作战，军费开支很大，所以发行了这种不足值的钱币，这是北宋第一次货币贬值。

图 6.2　仁宗天圣元宝、明道元宝、皇宋通宝

英宗铸行治平元宝、通宝两种小平钱，各有三种字体：楷书、古篆和小篆。

神宗发行熙宁元宝小平钱和熙宁重宝折二钱，元丰年间又发行元丰通宝小平钱、折二钱，这是北宋铸钱最多的时期，全国铸铜钱有17监，北宋政府曾在一年内铸铜钱506万贯；铁钱有9监，每年铸铁钱113万贯。[①] 宋神宗时期是宋代大文学家和大书法家云集朝中之时，因而神宗货币的书法艺术水平高超，而且多为名人书写。熙宁年间铸造了熙宁元宝小平钱和重宝折二钱均为真篆书对钱，又有熙宁通宝钱。元丰年间时铸造元丰通宝小平钱和折二钱及铁钱有真、行、篆三种书体书写钱文。元丰通宝钱文有行、篆、隶三种，隶书相传为苏轼所写，称"东坡元丰"。

[①] 彭信威：《中国货币史》，上海人民出版社1965年版，第416页。另见汪圣铎《中国钱币史话》（第129页）所分析的，五百万贯铜钱要用去铜料约两千万斤，约合一万吨。若每枚铜钱径一寸、每贯铜钱有七百七十文计，所连成的长线可绕地球三周。

图 6.3　宋神宗熙宁重宝、元丰通宝

3. 北宋后期

宋徽宗、钦宗时发行的钱币。

徽宗发行"圣宋元宝"国号钱，还有一种建国元宝，因年号是建中靖国而得名。崇宁元年（1102年）铸崇宁通宝小平钱、当五钱和崇宁重宝当十大钱。一枚当十钱的重量仅是小平钱的三倍，因此受到人们的抵制。

宋徽宗共发行7种钱，其中有6种年号钱。其余的还有大观通宝、政和通宝、重和通宝、宣和通宝几种年号钱。其中重和的年号只有三个月，所以发行的钱币很少。

图 6.4　宋徽宗崇宁通宝、重和通宝、宣和通宝

宋徽宗写得一笔"铁划银钩"的好字，人称"瘦金体"，徽宗朝货币极多，除建中靖国元年铸造的圣宋元宝没有用这种书体外，崇宁钱、大观钱、政和钱、重和钱、宣和钱多用这种书体书写钱文。

中国历代钱币中，要数王莽、宋徽宗、金章宗的钱币最为精美，号称"三绝"。徽宗赵佶用瘦金体写的崇宁通宝、大观通宝等钱文，加上钱币铸造工艺的精美，使这几种钱币成为中国古钱中的精品。

图6.5　北宋徽宗大观铁母
（径31.8毫米，厚2毫米，重10.91克）

图6.6　宋钦宗的靖康通宝钱

钦宗时发行过靖康元（通）宝。对于岳飞的"靖康耻，犹未雪"的那首《满江红》，人们无不被诗中荡气回肠的豪情所感染，也就记住了北宋的一个年号——靖康，而这正是金人南侵，北宋行将灭亡之际。靖康钱的铸造工艺远远不如前代的北宋钱，但是因钦宗在位仅一年（1126—1127年），北宋被南下的女真人所灭，因而这种钱铸造的并不多，因而十分珍贵。

（二）南宋的货币

南宋政权长期与北方金对峙，在政治、经济和对外关系各方面受金的影响很大。北宋被金所灭后，钦宗之弟康王赵构于1227年在河南商丘即位，建立南宋（1127—1279年）。后来金兵南进，高宗赵构被迫逃往江南，于绍兴八年（1138年）定临安（今杭州）为都城。绍兴十一年（1141年），宋金议和，宋向金称臣，并进贡岁币银25万两、绢25万匹。孝宗隆兴二年（1164年）宋金再次达成议和。到嘉定元年（1208年），宋金第三次达成议和，宋继续向金进贡岁币银和绢各30万。金、南宋先后亡于蒙古政权。

在上述政治、经济背景下，南宋货币及相关制度发生了新的变化，表现为以下几方面。

1. 两宋钱币的特点

两宋钱币，无论在钱币币材、货币构成，还是在铸币形制、文法、铸造数量上都有很大不同。两宋钱币（包括铜钱、铁钱、纸币等）具有以下几方面的不同点。

（1）钱币构成上不同。南宋以会子（纸币）和铁钱为主，铜钱的发行不多；北宋以铜钱为主。据考古学家统计，在出土的宋钱中，98%为北宋的钱，南宋的钱只占2%。北宋发行铜、铁钱数量之多是历代之冠，可从各地出土的宋钱中找到答案。如湖北黄石市出土的窖藏中，一次就有220000斤，其中宋钱占绝对多数。而民国十九年（1930年），日本人入田整三根据日本48处出土的古钱作统计，在总数553802枚钱币中，中国钱占99.88%，其中北宋钱占82.39%，参见下表6.2。

图6.7　淳熙元宝背十六折二母钱

表6.2　入田整三据日本48处出土古钱中国钱的统计表

顺序	1	2	3	4	5	6	7	8	9	10
时代	唐	五代十国	北宋	南宋	辽	西夏	金	元	明	合计
种类	2	10	31	22	4	1	2	4	4	80
枚数	47299	599	456086	8065	6	5	1016	167	40559	553802
中国钱占比	8.54%		82.39%	1.45%			0.18%		7.32%	

资料来源：唐石父《中国古钱币》，第223页。

（2）钱币书法上不同。在铸币的钱文上，南宋初书法沿袭北宋遗风，后来逐渐趋向呆板单一，字体仅宋体一种；北宋钱文字体行、草、楷、篆、隶、瘦金体等多种。

（3）铸币之大小币种不同。南宋发行折二钱为主；北宋发行小平钱为主。北宋大品钱不如南宋复杂，尤其铁钱更是如此。

（4）背文不同。南宋钱币有了纪年的标记，如某某元年，就在钱背面铸"元"字，如十年，就铸"十"字；北宋钱背无纪年。

2. 南宋主要铸币简介

根据南宋几代皇帝在位时发行的年号钱，可分述如下：

（1）宋高宗赵构铸造过建炎、绍兴两种年号钱，前者有元宝、通宝、重宝（当十钱），篆书和楷书成对。后者有元宝、通宝两种。

（2）孝宗在隆兴、乾道、淳熙年间发行篆书和楷书两种字体的年号钱；但从淳熙七年（1180年）开始，南宋的货币制度发生了一次变革。

不再发行几种字体的对钱，只发行一种字体的钱币，就是宋体字。另外，开始在钱面上铸上年份，像淳熙七年，就在背面铸上"柒"字，八年就铸"捌"字，以后改为小写。这比欧洲早300多年；但南宋后这种制度就停止了。

（3）宋光宗发行过绍熙元宝，宁宗发行过"庆元""嘉泰""开禧""嘉定"四种年号钱。理宗发行过大宋元宝和皇宋元宝两种国号钱，还有宝定元宝铁钱，以及绍定、端平、嘉熙、淳祐、开庆、景定几种铜质年号钱。度宗在咸淳年间铸过咸淳元宝铜钱，背面有纪年从元到八，可能九年后，南宋国力贫弱，就不再铸钱了。一般认为"咸淳元宝"是南宋最后一种钱。

图6.8　大珍绍兴通宝折十　　　　图6.9　庆元通宝背六

另外，南宋有两种特殊的钱币，一是钱牌，二是招纳信宝。

钱牌是高宗发行的一种钱币，有铜牌和铅牌两种。长方形，一面的文字是"临安府行用"，另一面记载钱币的面值，如铜牌有准一伯（百）文省、准二、三、五百文省四种。铅牌比较小，有十文、二十文、四十文几种。钱牌是高宗南渡到临安后，暂用的贬值钱币。

招纳信宝钱[①]，是南宋大将刘光世铸造的钱币，有金、银、铜三种。据《宋史·刘光世传》载，1131年夏季，南宋将领刘光世在镇江专门铸造了一种军用币。南宋军队与金兵长期交战。刘光世铸造的这种特殊货币，上面环书"招纳信宝"，背穿上有"使"字，径26毫米，重5克，

[①] 在北京嘉德拍卖公司2004年初举办钱币专场拍卖会上，有一枚"招纳信宝"铜钱，估价6万元。这枚带有传奇色彩的南宋钱，现存者极少，中国历史博物馆藏有一枚。

铜质铸造均属精美。每俘获金兵，刘便送"招纳信宝"钱，让其秘密散发给愿意归乡的同伴。并规定凡是执此钱币渡江的金兵，一律放行。就这样，金兵在不到两个月的时间内，逃离军营的达数万人。终于逼迫完颜昌退兵。由于这种钱币在当时发挥了特殊的作用，且铸造量十分有限，与同时发行的南宋流通币建炎通宝、绍兴通宝相比，数量更少。能流传至今的真品寥若晨星，现在人们所见的实物基本上都是铸仿品。

图 6.10　南宋"临安府行用准五百文省钱牌"

图 6.11　招纳信宝

三　两宋铜铁钱流通的地区性差异

唐代的币材较为单一，基本上都是铜钱。到宋代时，铜、铁钱并行，而且形成了铜钱流通区和铁钱流通区，这是宋朝特有的现象。从历史的继承情况来看，这主要是继承了五代十国时铁钱的流通习惯。五代十国时，江南、四川都曾使用铁钱，北宋在公元965年平定蜀乱后，曾在四川发行铜钱，但四川铜贵，朝廷财力不足，只好允许铁钱流通。宋朝平定江南后，江南各产铜区积极开矿，铸造铜钱，于是朝廷在江南禁用铁钱，江南者统一用铜钱。北宋的铜钱最初只在川、陕、河东（山西）等少数偏远地区，但到南宋时，铁钱区逐渐扩大到江北大片区域。

1. 北宋边境地区流通铁钱

（1）四川是铁钱流通区。北宋前期，四川地区是铜钱、铁钱并用的，且在全国只限于四川地区行用铁钱，铜钱一当铁钱十，禁止铁钱出境。但因该地区铜钱少，铜铁钱比价变成1∶14。为了得到铜料，人们剜佛像、毁器用，甚至掘古冢，铜钱还是不足。太平兴国七年（982年），宋政府规定四川的赋税不再征收铜钱，于是四川开始专用铁钱。

（2）陕西、河东（今山西）为铜钱、铁钱并用区。这两个地区原来都流通铜钱，后来西夏与宋在西北边境的战争越演越烈，为了筹措战费，宋仁宗庆历时（1041—1048年），在晋州（今山西临汾）、泽州（今山西晋城）铸造庆历重宝当十大铁钱，还在晋、江（今江西九江）、饶（今江西波阳）、池（今安徽贵池）、石（今山西离石）等州铸小平铁钱，一律运往陕西境内充作边防费用。后来部分小铁钱移用至河东。这样，陕西、河东便成了铜钱、铁钱并用地区。

从此，北宋就有了铜钱、铁钱区的划分。其中，专用铁钱的地区有成都、利州、梓州、夔州四路；铜钱、铁钱并用的地区有陕府西路、河东路；专用铜钱的地区有开封府、京东、京西、江北、淮南、两浙、福建、江南东、江南西、荆湖南路十三路。

2. 南宋大部分地区流通铁钱

五代十国时期，四川、江南的封建割据政权发行铁钱，由于其他地区行用铜钱，这种各地区间支付方式的不统一，对商业贸易的发展极为不利。但北宋统一后，北宋政府并没有结束这种货币体系分割的局面。到南宋时期，四川地区仍然继续行用铁钱。

如果说四川地区使用铁钱是由于历史的继承性的话，那么到南宋时铁钱区域扩及除江南之外的广大领土，其原因与金对南宋在政治、经济各方面施加的强大影响密切相关。现分述如下。

第一，严重的财政困难迫使南宋大量铸行铁钱。南宋朝廷财政开支的巨大压力完全是由于金政权施加的。一方面，南宋与女真的金政权长期对峙，宋朝在两淮、江汉流域大量屯兵。绍兴议和以后，双方的交战不多，但是由于宋金对峙始终存在，加上后来北方蒙古势力的崛起，在边境对南宋形成新的军事压力，因此南宋边境地区始终有大量驻兵，军费开支也相当庞大。另一方面，即使在和平时期，宋也要向金贡纳大量岁币银和绢帛。在南宋财政开支异常困难的情况下，政府是不可能有财力去完成货币的统一的；相反，还要大量发行铁钱来弥补因银、铜钱减少带来的货币供应量的严重不足。

第二，南宋由于国土缩小，铜矿产量下降很多，每年铸造不过十几万贯，只相当于北宋最高年量的1/30。

第三，南宋铁钱的广泛使用还与女真政权采取的货币政策相关。女真所建立的金政权，是同一时期几个少数民族政权中货币经济最发达的一个。金倚仗其军事实力，迅速占领宋大片领土，并利用汉人原有的铸币技术、人力和币材，货币制度很快建立起来。战乱之后，金统治的中原地区，商品经济得到了恢复和发展，铜钱的需要扩大了；而北方原本并不是产铜之地，因此金一直存在着铜钱不足的问题。为此，女真统治者先采取措施以增加铸钱，如开采铜矿，增炉鼓铸，但由于技术条件等限制而作罢。于是，金将吸收南宋的铜钱入境作为最主要办法。这是各种办法中最为有效的一种。但由此导致南宋铜钱大量流出，致使南宋"钱荒"问题更加严重。

第四，南宋建立铁钱区是对金"引铜钱入境"政策的应对措施。原本就一直闹钱荒的南宋政权，在金的引铜钱入境的政策下，大量铜钱外流，致使钱荒问题更加突出。为阻止铜钱出境，孝宗乾道元年（1165年），南宋扩大了铁钱区，宣布在宋金交界的淮南、淮北、开封以西各路和湖北荆门一带，一律禁用铜钱，改用铁钱和纸币；江北的铜钱限期兑换成铁钱和会子，再把收兑来的铜钱集中于都城临安与南京、镇江等江南经济中心地区，江北只用铁钱和纸币。此举的目的是在与金国的交界地带建立一个人为的隔离带，让使用铜钱的江南广大地区和金国脱离接触，从而切断南北之间的铜钱贸易，以阻止铜钱的外流。这样，在南宋时期，铁钱的流通区域又有了扩大，而铜钱的流通仅限于东南沿海。

表6.3　　　　　　两宋铜钱区与铁钱区变化比较表

朝代	铜钱区			铁钱区	
北宋	江南	淮南、湖北	开封	陕西、河东	四川

朝代	铜钱	铁钱区			
南宋	江南	淮南、湖北	开封及其附近	陕西、河东	四川

四　宋代的货币体系构成及变化趋势

宋代的货币体系异常复杂，从币材来看，基本上可分为金属货币、纸币和绢帛等实物货币，金属货币的币材又分金、银、铜、铁、锡、铅等多种。但纵观整个两宋时期，各种货币的流通状况和变化趋势是完全不同的。大致是铜钱的数量严重缺乏，出现了"钱荒"；金银等贵金属的货币性增强，但没有成为十足的货币；铁钱、铅锡钱是补铜钱的不足，并在部分地区使用；绢帛的货币地位下降；纸币开始出现，并逐渐成为主要的货币形式。

（一）宋代金银绢帛货币性表现

宋代货币的复杂性不仅可以从铜钱，还可以从货币的构成上看出。宋代金银绢帛都可以作为货币。真宗景德元年（1004年），宋辽"澶渊之盟"，宋每年向辽进贡岁币银10万两、绢20万匹。仁宗庆历四年（1044年）起，宋岁赐西夏绢15万匹、银7万两，还有其他实物等。宋金多次议和时，也是宋向金赐大量岁币银和绢等。[1] 这里银、绢是代表价值的两种基本物资，其货币性是不言而喻的。

从国内货币使用情况看，真宗至英宗时三司向内藏库借用经费，据《续资治通鉴长编》记载，所借及所赐之物以铜钱、绢帛、银、金为主。其中，金银多用于贮藏，而绢帛多用于"市籴"和其他各种捐税等。

1. 宋代金银货币性能的增强

两宋时期，流通领域中使用的黄金和白银，在使用数量和应用范围等方面都比前代有了显著的增加。

（1）从宋代政府的财政收支的数量来看，金银使用一直在增长。宋真宗天禧五年（1021年），国库全部收入中包括铜钱2653万贯、黄金14400两、白银883900两。到北宋中期神宗熙宁、元丰年间，岁收铜钱6000万贯、黄金37985两、白银2909086两，比真宗时提高三倍多。从支出的情况来看，天禧五年总支出为钱2714万贯、金13500两、银58万两。到南宋孝宗淳熙年间，仅颁给百官、禁军的俸薪每年即为铜钱1558万贯、黄金8400两、白银293万两。由此可知，在国家财政收支中，黄金、白银使用的数量明显增加。[2]

（2）在财政收支的范围方面，金银的使用在扩大。北宋政府曾规定，商税、盐税和茶税等这类交纳现钱的税收，约有40%—50%允许交纳白银。至于田赋，少数地区，如四川、浙江、安徽等，由于水陆运输不便，运输实物税收如粮食、布帛到京师十分困难，也允许用白银交纳田赋。在支出方面，金银主要用于赏赐大臣、作为军费，或是救灾的费用；军

---

[1] 叶世昌、潘连贵：《中国古近代金融史》，复旦大学出版社2001年版，第50页。
[2] 宋杰：《中国货币发展史》，首都师范大学出版社1999年版，第194页。

队将士薪俸的一部分也发白银。特别是在南宋，官吏将士的俸饷都是白银、铜钱、纸币各发一部分，进行搭配。度宗咸淳十年（1274年），以贾似道都督军马，于封桩库拨金10万两、银50万两；关子1000万贯充都督公用。① 这些都是金银货币性能增强的表现。

（3）两宋时期民间私人经济活动中金银的使用更加普遍。人们进行馈赠、借贷等活动中用金银的例子不少，且南宋多于北宋。此外，购买宅院、田地和珠玉宝物等大额交易，也常常用金银来支付。但是，日常生活中充当价值尺度的依然是铜钱，如在零售商品交易中，人们需要先把金银兑换成铜钱，然后再行支付。也就是说，在一般的日常买卖活动中，用金银表示物价或者直接用金银购买普通日用品的情况并不多。这说明金银在宋代使用仍然是十分有限的，通常是财政性用途要大于日常交易用途。

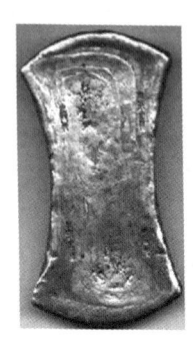

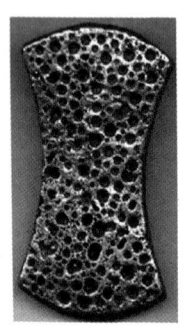

图6.12　南宋税银25两（重977克）

宋代白银的形制最普通的仍是铤形，其他还有砝码形、长条形和船形几种。大银铤重五十两，两端呈弧状，束腰砝码形，上面往往有各种文字，记载着地名、用途、重量、经办官吏和匠人的名称等。例如庆贺同天节（神宗生日）、天宁节（徽宗生日）、某州某县进纳、重量多少等。小铤没有固定的等级，有二十五两、十二两半、七两多、三两半等，大小不定。宋代的铤也称锭。银价每两值铜钱一贯到两贯不等，随行就市。

由上可知，宋代的贵金属金银使用的数量和范围比前代都有了明显的增加，它们的货币性能已经有了显著的增强。随着商品货币经济的进一步发展，金银有逐渐成为主要货币的趋势，但是这一发展过程，却因北宋纸币的产生和广泛应用而被打断。

2. 绢帛货币性能的下降

绢帛的货币性有减退的趋势。按绢计账从北宋时起已改为折钱，南宋继续折钱，并增加折钱数。有的原来征绢的赋税改为征铜钱或白银。

---

① 叶世昌、潘连贵：《中国古近代金融史》，复旦大学出版社2001年版，第70页。

农村则有以谷米为货币的情况。南宋末秀州（今浙江嘉兴）的佃户到店铺买物，所有油、盐、酱、醋等日用品，"皆以米准之"①。

（二）铜钱的严重匮乏——钱荒

北宋时期，货币的需求量很大，主要是因备战而由内库收入金银财富并贮于封桩库；真宗以后每年向辽的岁币，仁宗以后向西夏的岁赐等；随着国家机构的发展，财政开支的日益增加。虽然以上用费中有一部分是用金银来支付，但金银需求量的扩大，铜钱供给的压力也增大。宋神宗时王安石变化中青苗法和免役法也增加了对货币的需求。青苗法是国家信用，一年两次政府从事放贷。免役法把原来的差役改成募役，按户等高低出免役钱。

为了满足货币流通的需求，北宋开始大规模铸钱。天圣时（1023—1032年）年铸百余万贯铜钱，庆历时（1041—1048年）增至300万贯，熙宁六年（1073年）后铸铜铁钱600余万贯。虽然北宋铸钱为历代之冠，但仍然出现了"钱荒"问题，最早使用"钱荒"一词的是大文学家欧阳修，他在仁宗庆历二年（1042年）上书批评某些地方官为了讨好而向皇帝进献大量铜钱，而东南地区百姓家中已无铜钱贮存，"淮甸号为钱荒"。

宋朝钱荒的原因有多方面，主要有以下几种。第一，王安石新法的推行使钱币需求量大增，而且交钱时间比较集中。第二，铜钱大量外流。不仅是北方、西北的辽、西夏、后来的金政权以吸收宋钱为国策，宋朝铜钱还大量流到东亚（如日本、朝鲜等）、东南亚（如现在的越南）等国。第三，许多铜钱贮藏于府库。使实际流通的货币量大大减少。第四，私销铜钱现象十分严重。②

（三）宋代货币结构的变化

两宋时期，铜钱的铸造发行数量可以说空前绝后的，但与此同时"钱荒"问题也是最为突出的，这种"钱多"与"钱荒"并存的现象也是宋朝货币流通中出现的怪事，这似乎让人难以理解。③ 但如果纵向地考查两宋时期货币结构的变化及不同性能货币的演化趋势，也许能找到钱

---

① 《续古今考》卷18《附论班固计井田百亩岁入岁出》。
② 叶世昌、潘连贵：《中国古近代金融史》，复旦大学出版社2001年版，第47页。
③ 汪圣铎：《中国钱币史话》，中华书局1998年版，第154—156页。

荒问题的根源。

首先，绢帛退出货币领域带来货币体系的空缺。如上一章所分析的，由于两税法的推行，国内各地区之间的贸易往来日益活跃，土地买卖更加普遍。社会经济生活中货币需求量大增。而货币体系内部，绢帛作为货币的劣势愈加明显，绢帛的货币性能大大减弱，到宋代这种趋势还在继续，直到最后完全退出流通。这样自唐以来货币结构中钱帛兼行的货币相权制度被打破，必然要求有新的货币加入。

其次，金银货币地位并不稳固。就贵金属而言，唐中叶以后经济持续发展，需要不断增大货币供应量，但贵金属数量却没有相应增加，因数量下降而退出货币体系的黄金自不必道，东汉以后的史实说明了这一点。拿白银来说，唐宪宗元和初每年银矿课额仅为1.2万两，到宣宗时因银冶有所恢复，课额较元和初翻了一番多，但也仅为2.5万两。① 宋代的金银数量虽有较大增长，但与商品经济发展带来的货币需求量的扩大之间相差甚远。"货币天然是金银"，但是，在贵金属金银数量不敷使用的情况下，宋代金银的货币地位自始至终也没有恢复到如西汉时期黄金作为上币的那种地位。

再次，铜钱的作用被放大。由于以上两个方面的原因，社会对铜钱的需求量明显增加了，这就是北宋铸钱增多的社会经济背景。但货币体系的不完整，是不可能单靠增加贱金属铜钱就能解决的，货币供应量依然不足。于是，铁钱、铅钱和锡钱等金属货币补充进来。但新的问题随即产生，因为铜钱、铁钱的价值低，本身又比较重，转运起来很困难，不能满足商业发展的需要。钱币的铸造虽多，却赶不上商品流通发展的需要，从而出现了折二、折三以至折十钱币，这种以一当十的使钱币增值的办法，并不能消除钱币短缺问题，却当即造成了通货膨胀。②

最后，在贱金属体系内部，货币制度也十分紊乱。宋代金属货币金银的货币性能加强的同时，贱金属铁、锡、铅也成为币材。铜钱与铁钱、铅钱并行，改制频繁，折倍不齐，流通区域也有限制。铁钱对铜钱的比价过低，一般为一枚铜钱换十枚铁钱，造成了交易极为不便；钱币的混

---

① 《新唐书·食货志四》。
② 徐唐龄：《中国农村金融史略》，中国金融出版社1996年版，第108页。

乱，使刚刚恢复的贵金属金银等良币被劣币铁铅钱所驱逐，很快退出了流通。唯独交子、会子、关子、钱引等纸币的使用，在金融史上具有突破性意义。

五　宋代纸币的产生与发展

从唐朝中期以后，中国的货币体系以铜钱为基点，向贵金属金银和贱金属铁锡这两个方向展开。但到两宋时代，稳定的货币体系仍然没有建立起来，其根本的原因是货币数量不足。"钱荒"只是货币体系内部整体不足的一个方面。增铸铜钱也不可能解决大额交易的支付问题；而绢帛的货币地位逐渐失去。因此，合理稳定的货币体系无法建立起来，货币体系的不完善要求有新的货币形式加以补充。

自 10 世纪以来，世界最早纸币"交子"就产生了，可以说它是上述诸因素共同催生的产物。

（一）北宋的纸币

1. "交子"产生的原因

北宋交子的产生有两个前提条件。

第一，商业信用关系的普遍发展。自唐朝以来，飞钱便换的广泛使用和普及，使信用关系发展达到了一个新阶段。同时，政府对百姓的赈贷活动和民间贸易中赊买和赊卖规模的扩大，也使票据的使用更加频繁，并发挥着越来越重要的作用，从而在百姓中间建立起这种信用，将这些票据作为金属货币的代表，使交易的过程大大简化，从而日益受到普通民众的欢迎。这是纸币交子产生的必要前提。

图 6.13　原传北宋的小钞

第二，物质技术条件的巨大进步。四川地区在北宋时期有着发达的造纸技术和印刷技术。宋代是中国古代科学技术发展的鼎盛时期，四川又是当时全国重要的造纸基地。纸币的使用和流通，需要复杂的技术保障，如纸币上暗记、水印等，对纸张的质量要求很高。四川广都的楮纸是印制纸币的上佳原料，且四川的雕版印刷业发达，是全国三大雕版印刷中心之一，素有"宋时蜀刻甲天下"之说。因此四川地区已具备了纸币印刷的物质技术条件。

交子的产生还有以下三个直接原因。

其一，纸币的产生是当时封建商品货币经济发展的结果。唐朝中叶以来，商业日益发达，地区贸易往来增加了，买卖交易数额越来越大，客观上需要一种轻便易带的货币。为了解决长途运输铜钱的困难，唐代创立了飞钱，这种汇票的进一步发展，就形成了纸币。从交子这个名称来看，它是当时的俗语、方言，和后来的会子、关子一样，交、会、关字都有会合、对照的意思，可以看出它与汇票之间的渊源关系。纸币产生的根本原因是商业信用和信贷关系得到普遍发展。

其二，它与铁钱的发行和使用有着直接的联系。北宋时四川诸路，生产、贸易都相当发达，但是这个地区由于铜矿缺乏，交换的手段和媒介却相当落后，使用贱金属货币铁钱。按政府的规定，铁铜钱比价1∶10，一贯铜钱（五六斤）的购买力，相当于重65斤的小铁钱，携带和支付相当困难。"蜀民以铁钱重，私为券，谓之'交子'，以便贸易。"[①] 这样，铁钱充当货币在较大数额的交易中很不方便，纸币交子就在这一矛盾下应运而生。这是纸币产生的直接原因。

其三，交子的产生与四川地区的地理环境有关。川蜀诸路多山，峡谷纵横，河道交错，交通极为不便，人称"蜀道难，难于上青天"，交通的困难更增加了人们携带钱的麻烦，这也成了促成轻便货币交子产生的外因。

这样，在以上几个方面的影响下，世界上最早的纸币交子在宋初的四川地区产生了。

2. 宋初交子的形成过程

北宋初年，四川地区交子的形成过程大致经历了三个阶段。

（1）私商自由发行。北宋太宗时，铜钱在四川停铸，以铁钱代之，铜铁钱的比价为1∶10，如买一匹丝罗，铜钱只要2贯，铁钱却要20贯，重130斤，一个人拿不动，只能用车拉。商业交易十分不便。最初，一些铺户接受外来商人寄存的铁钱，并开出作为取钱的凭证票据，与其说是

[①] 《续资治通鉴长编》卷101。

私商发行的票券，不如说是开出收据更为确切。这种票券越来越多以后，被统称为"交子"。但实际上每家铺户开出的票券并没有统一的标准。它的正面和背面都有出票人的印记，如密码花押及朱墨笔迹等。这种券面也不是印刷品，而是铺户收到多少现钱，就开出多少交子。收到的钱多少不一，具有随意性，因此票面上的金额数字都是临时填写的。由于开出票券的铺户在外地有分店，于是它同唐朝的飞钱一样，可以在异地兑现。但与"飞钱"不同的是，交子在民间交易中可以起到货币支付的作用。

（2）十六户联合发行。私商发行的交子作为兑现凭证尚可，但要发挥支付手段的职能，其缺点很多。如私人发行式样不统一，印制技术不过硬，容易被伪造。这样往往因收到假票子被商铺拒付的情况越来越多，引起官司不断。宋真宗景德初年，四川地方政府开始整顿这种对混乱的局面。为了加强交子的信誉，保证商业贸易的正常进行，朝廷委派成都十六家富商联合成立"交子户"（或"交子铺"），专门负责交子发行，而禁止其他商户经营此项业务。这样，交子的印制有了统一的样式，技术水平也提高了。如用铜版印刷统一的图案花纹——人物、花鸟和建筑等；保留过去的密码和花押等防伪做法。这样交子所用纸张有统一模式，但票面上的钱数还是临时填写，且收取现金数额不限，收多少便写多少，并随时可到四川各地"交子铺"分号兑现。兑换或以旧换新时，每贯须扣除30文作为手续费。

从私商发行到十六户联合发行，加强了交子的信誉，这样交子在四川一度成为广泛流通的货币。最多时数额可达到几百万贯。交子被普遍用于各种交易之中，如商人收购粮食、百姓卖粮和交税、购买日用品等。后来，"交子铺"的富商在收到的现钱时移作他用，或投机而亏空，或经营不善而赔本，致使交子不能兑现，甚至挤兑。于是联合发行也出现了危机。最后不得不将所发行的交子全部收回销毁。

（3）官府控制发行。交子停废，引起了四川地区商业的萧条，政府遂决定改交子为官办。宋仁宗天圣元年（1023年）十一月，北宋政府设立了益州交子务。次年（1024年）二月发行官交子。于是北宋的纸币发展进入一新的阶段，即国家发行的纸币由此开始。熙宁二年（1069年），王安石上书宋神宗，在河东潞州（今山西长治市）设"潞州交子务"，推行交子。北宋纸币从四川推广河东、陕西等地。

北宋对官交子的发行与流通管理形成一套完整的办法和制度,具体为以下几个方面:第一,交子以两年为一界①,兑现时或期满后拿旧交子换新交子时,每贯要交工本费30文。第二,交子有发行限额。每一界的交子发行最高限额为1256340缗(贯)。第三,发行交子还备有本钱(即现金准备),并以铁钱作为发行纸币的准备金。每界36万贯,准备率约为28.7%。第四,对纸币面额的规定。私人发行时交子面额不固定,官办时期规定有一定的等级。开始分为一贯到十贯共10种,到仁宗宝元二年(1039年)改为十贯和五贯两种。神宗熙宁元年(1068年),又改为一贯和五百文两种。用铜版印刷,图案精美,用红、蓝、黑三色套印。交子在宋神宗以前流通相当稳定,对其管理也较为成功。

3. 北宋末年的钱引

宋徽宗崇宁大观年间,北宋进行了一次币制改革,发行纸币钱引,在四川以外各地区推行,四川一地仍用旧法。钱引一词来源于茶引和盐引等词,茶引意思是领茶或卖茶的证书,因此钱引就是领钱的证书了,即兑换券的意思。钱引制度是北宋末年纸币贬值政策的一个重要组成部分。这个时期是北宋纸币最为败坏的阶段。

徽宗崇宁四年(1105年),朝廷由于财政困难,决定扩大纸币的流通地区,把交子改名为钱引,并且规定除了东京开封府、闽、浙、湖广以外,全国各地都可以通行使用,但实际上只在北方推行。初四川仍用交子,到大观元年(1107年)才正式改交子务为钱引务,但仍发行第43界交子,后交子贬值严重。大观三年(1109年)六月,四川废前三界交子,改印第44界钱引。钱引恢复天圣时期的界额。次年(1110年)以50万贯钱为成都钱引务的发行准备,准备率高达40%。这一政策能一时维持钱引的法定币值,但却不能维持长久。因为,北宋朝廷大搞通货膨胀,滥发纸币,四川的钱引流通额最后达到2000万贯以上,而且不再发行准备金。所以最后钱引一贯曾贬值到几十文甚至十几文。后来各地的钱引又都停止使用,只是四川的纸币仍然流通。

---

① 有说三年一界的,但那是指挂带三个年头,实为两足年。见彭信威《中国货币史》第432页和叶世昌、潘连贵《中国古近代金融史》(复旦大学出版社2001年版)第46页。

(二) 南宋纸币会子

1. 南宋会子的发行

南宋的纸币,最初流行是"关子",和唐朝时的"飞钱"性质相同,如同汇票。后来,最通行的纸币名叫"会子",东南所用的会子,起初也是民间所发行,叫作便钱会子,大概仍带有便换性质。绍兴三十年（1160年）二月,钱端礼主持临安府,将临安会子的发行权收归政府。七月钱端礼为户部侍郎,会子亦由户部接办,并由户部掌管会子的发行事宜。绍兴三十一年（1161年）二月,设立行在会子务,将四川钱引之法,推行到东南各路,军需供应时铜钱与会子并用,以10万贯为准备金。"会子"与"交子"的意义相同,实质上也没有什么区别,只是流通的范围会子比交子广,会子通行于两浙、淮河、

图6.14　南宋的会子

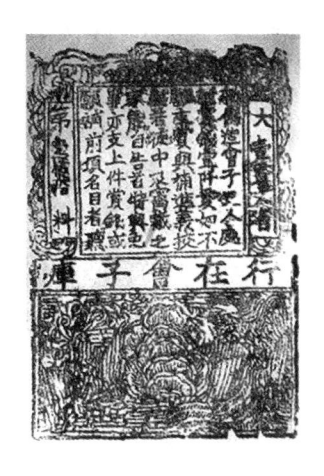

湖北、京西等地,纳税和大额商品交易都可使用,由于纳税、上供以及民间买卖田宅、马牛、舟车和其他日用支付都可以使用会子,所以它获得南宋统治区的法币资格。

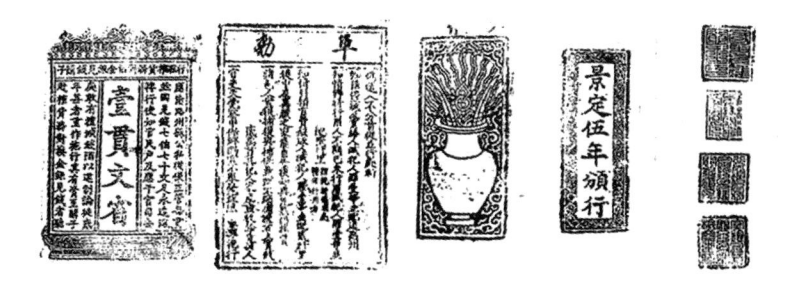

图6.15　南宋关子版分版印样

会子面额分为一贯、五百文、三百文、二百文四种,孝宗乾道四年（1168年）规定三年为一界,每界发行限额为1000万贯。界满以新换旧,收换时每贯收靡费钱20文,几百文的减半。绍兴年间还发行过银会子,面额为一钱银,每年换发一次。面额较小是为了便于流通。

2. 会子的通货膨胀

孝宗淳熙初年会子流通额增加到2200多万贯。淳熙三年（1176年）确定第三、第四两界会子各展期三年，以后八、九两界也展期，相当于流通额增加一倍。但孝宗特别重视会子的发行数量，强调纸币"少则重，多则轻"的道理，因此这时纸币价值较为稳定。宁宗庆元元年（1195年）规定每界发行额增至3000万贯。由于金兵南下，军费大增，到嘉定二年（1209年）会子发行量已达11560多万贯。纸币急剧贬值，一贯会子只值300—400文。理宗绍定五年（1232年），两界会子增加到32900多万贯。淳祐六年（1246年）又增加到65000多万贯。七年（1247年）规定十七界、十八界会子永久通行。① 南宋后期，会子的通货膨胀程度相当严重，南宋淳祐年间以后的会子200贯连一双草鞋都买不到。

表6.4　　　　　　　　　南宋时期会子发行额对照表

年代	界别/年限	每界发行限额（万贯）	总发行量（万贯）
孝宗乾道四年（1168年）	第1界/3年	1000	
孝宗淳熙初年（1174年）			2200
孝宗淳熙三年（1176年）	第3、4界/6年		
宁宗庆元元年（1195年）	第7、8界	3000	10200
宁宗开禧年间（1205—1207年）	第11—13界并行		13938
宁宗嘉定二年（1209年）			11560
理宗绍定五年（1232年）	第14—16界并行		32900
理宗嘉熙二年（1238年）	第16、17界		40000
理宗嘉熙四年（1240年）			50000
理宗淳祐六年（1246年）			65000
理宗淳祐七年（1247年）	第17、18界永久通行		

资料来源：根据《北京金融史料·货币篇》第27页相关数据编制。

---

① 中国人民银行北京市分行金融研究所：《北京金融史料·货币篇》1994年版，第27页。

3. 收回会子的办法——称提之术

南宋会子因不断增发,并延长其界为六年,甚至出现三界并行的情况。展期一界等于货币流通额增加一倍。因此纸币会子价格低落,流通受阻。政府为了维持会子信用,防止会子贬值,以金银、现钱、度牒①,随时收回一部分会子,以收缩其流通额,维持其价格。人们将维持或提高纸币币值的方法和措施称为"称提"。这一理论的提出者有袁燮、袁甫、陈耆卿等。宁宗时陈耆卿说:"夫有钱而后有楮,其楮益多,则其壅底(滞)益甚,甚则称提之说兴焉。"② 称提又叫称提之术、称提之法,就是借助兑现来保持纸币的名义价值与实际价值相符。它还有泛言货币管理之意,不仅对纸币。方法是用金属货币、实物、茶盐钞引、度牒等收兑流通中过多的纸币,并设置准备金以保证兑现,维持纸币信誉和币值稳定。但回收时并不按面额价格而却按时价,于界满新换旧时以一换二,甚至以一换五,因之价格愈落,用会子表示的物价随之昂贵。③

4. 南宋会子的地方性

南宋除了中央政府发行会子、关子,在东南沿海地区通行外,还有许多种地方独立发行的纸币,如:

(1) 川引和四川会子。北宋末期发行的钱引到南宋时继续流通,四川发行的钱引,限本地区使用,以铁钱计价。以两年为一界。后来增为三年为一界。到理宗淳祐九年(1249年)改为十年一界。造成钱引严重贬值,宝祐二年(1254年)川引80贯只值铜钱160文。到宝祐四年(1256年)朝廷决定将四川纸币印造权收回中央政府,并开始按会子之制在四川地区印行会子。

(2) 河池银会子。镇守川陕边境的大将吴玠在河池(今甘肃徽县)发行的银会子,流通于今甘肃、陕西一带,分一钱和半钱两种,以白银为金额单位,面值分一钱、半钱两种;和四川钱引有一定的比价,银会

---

① 度牒本是古代僧人、道士出家的凭证,但由于出家者免纳赋税,普通俗人也购买它以避税,犯法者购买以免牢狱之灾,因而它又是一种货币代用品,或有价证券。购买时为空白,可以任意填写姓名。北宋时每张度牒由百贯至三百贯不等,南宋时从六十贯逐渐增至八百贯,这是后来通货膨胀引起的。到南宋后期,会子严重贬值时,官府甚至还用摊派的办法来逼近百姓购买。

② 《历代名臣奏议》卷273。

③ 石毓符:《中国货币金融史略》,天津人民出版社1984年版,第45—46页。

子四钱折川引一贯。最初发行额 47500 贯。绍兴九年（1139 年）吴玠死后，银会子由四川总领所管理。后因发行额增加和使用地区扩大而不断贬值。理宗宝祐四年（1256 年）银会子 5 贯折合第 18 界会子一贯。

（3）两淮交子和会子。在淮南、淮北铁钱区发行使用的交子（称淮交），面额为二百文、三百文、五百文和一贯，乾道二年（1166 年）印行 300 万贯回收原流通之会子，纳税和买卖均以交子、现钱各半使用。淮交以铁钱计价，只流通于两淮。后因淮交易坏，于乾道八年（1172 年）用行在会子收兑之。光宗绍熙三年（1192 年）印造两淮铁钱会子 300 万贯，面额为二百文、五百文和一贯三种，以三年为一界。但随后也不断贬值。

（4）湖会。又称"湖广会子"，湖北、安徽西部和河南南部一带发行使用。孝宗隆兴元年（1163 年），湖广总领王珏发行直便会子 700 万贯，供湖北一带驻军使用。应限于襄阳、荆湖北路流通。面额分为五百文和一贯两种。后来，湖会以三年为一界。湖会一直流通至南宋末。

南宋地方性纸币还有兴元府铁钱会子、四川总领所小会子等。这些地方性纸币多于四川、陕西一带发行。这是两宋铁钱区和铜钱区划分在纸币流通领域的继续，它反映了南宋货币流通的不统一性和地方政权割据势力的存在和强化。

（三）对两宋纸币的再认识

1. 历史地看待两宋纸币流通

两宋是中国古代货币体系大变革的时代，纸币的出现就是其中之一。中国自北宋行交子以来，经南宋、金、元至明朝中期以前，是纸币流通时期。纸币作为国家法定货币，在社会经济生活中起着十分重要的作用。如纳税、大额买卖、一般商品交易、货币借贷等。

从中国几千年封建社会的货币构成来看，货币主体的构成要素是金属货币，再从货币发展阶段看，一般的发展顺序是由金属到纸币，在金属货币阶段，又是先贱金属，后贵金属。而中国古代的货币发展趋势却全然没有遵循这一普遍规律。金属货币时期，中国自古以来一直是以贵贱不同的两种金属充当货币，构成上下相权的体系。历史证明，这两种金属货币体系币值稳定，货币供应量充足之时，货币制度就是稳定和健全的，否则就是混乱和有缺陷的。如先秦至西汉时，黄金货币就是上币，与下币的铜钱相权。但从魏晋到隋唐，随着黄金退出流通后，经济生活中主币地位便由实物货币绢帛所代替。而实物货币在流通了几个世纪后，到两宋时逐渐退出流通领域，并让位于纸币（交子、会子等）。宋元到明初，纸币盛极一时，甚至一度排挤了铜钱。它的出现和推广就货币物质形态来说，是具有深远的历史意义的。

2. 从横向对比看两宋纸币流通

再从同一时期的世界来看，中国宋代的纸币在古代世界是首屈一指的，比起西方国家最早的纸币英格兰银行券要早六七百年。纸币既是中华文明的见证之一，也是世界文明的一大创举。这一发明和普及，对中国封建社会经济的发展，特别是商业的繁荣，起了积极的促进作用。纸币的轻便，有利于国内各地区之间的贸易往来和物产的交流，为统一的封建国家的形成和发展打下经济基础。纸币的出现，很快就产生了世界性影响。特别是一些亚洲国家，像波斯、印度、朝鲜、日本后来都仿效、实行过中国的钞法。

但值得注意的是，中国从15世纪中叶到19世纪后期，纸币逐渐退出流通，银铜成为明清两朝的主货币，金属货币贵贱相权的体系再次复归。这种情况直到晚清时才得以改变，纸币才最终成功确立主币地位。何以理解中国古代纸币的几番沉浮？不妨从中国古代纸币与英格兰银行券的使用情况作一简单比较，以便找到些合理的理解。

（1）社会经济发展水平不同

中国的纸币产生于北宋，从生产力和商品经济发展阶段来看，中国北宋时期与西方银行券时代完全是两个不同的发展阶段。英格兰银行券出现在17—18世纪，当时欧美资本主义已经取得相当的发展。英国在17世纪就完成了资产阶级革命，进入资本主义的发展道路。因此，银行券的现出与其商品生产的迅速扩大和对货币需求量的增加密切相关。

（2）金属货币的发展进程不同

中国纸币出现在北宋初年，当时中国的金属货币发展阶段远没有结束，而贵金属黄金不再充当货币，白银也不能成为十足的货币，纸币是在铜钱出现"钱荒"和铁钱的广泛使用下产生的，是为了弥补上币缺位和下币匮乏的替代品，可以从当时发行纸币的准备金看出，在铁钱流通的地区最早行用纸币，其准备金都是铁钱，兑现的也是不便运输的铁钱。

英格兰银行券代表的是贵金属金元和银元，是金币流通不足时出现的金银币的替代品，这是金属货币发展到高级阶段后的必然结果，也是资本主义商品经济发展的必然要求。

(3) 发行纸币的目的不同

中国封建时代的纸币，从发行者方面来说，其目的更多是为封建统治者服务的，而不是为发展商品生产的。当然从纸币的产生可知，每次纸币不论以何种形态出现，都发端于民间，这本身也说明是经济发展促使的结果。但之后总是被封建统治者所掌握。如北宋前期在四川地区私商的"交子"是为了解决铁钱笨重、交易不便的困难。但很快就被收回，虽然这有利于对纸币的管理，但发行者的目的使它对商品流通的积极作用大大降低。如南宋时，国家积贫积弱，财政危机始终存在，印发纸币的一个重要目的就是弥补财政赤字，解决军政费用的开支；所以印发纸币经常没有足够的准备金，不能保证十足的兑现；甚至有时根本没有准备金，从而走上滥发纸币的道路，通货膨胀在所难免。南宋孝宗可算是中国历史上最重视纸币币值稳定、管理纸币较为成功的皇帝了，他曾多次告诫臣下会子发行不能过多，"少则重，多则轻"，还因担心会子贬值而"几乎十年睡不着"①。但即使这样，他也明确表示了其纸币发行目的："会子之数不宜多。他时若省得养兵，须尽收会子。"②

英格兰银行券的发行，目的是减少贵金属金银在流通中的磨损，解决大量运输的困难。银行券的发行还有充足的准备金，避免了纸币的滥发。另外，从当权者管理角度看，英国的当权者为资产阶级和新贵族，在纸币制度的制订和管理上能够保证其为资本主义商品生产和商品流通服务。因而，其各方面的制度能得到很好的贯彻执行。

(4) 未来的发展道路不同

北宋时期的纸币一出现就是国家纸币，与西方国家后来的信用纸币从产生特别是到后来的发展都不是一条道路，不要因为都是纸质而将其混同。

综合以上分析，两宋时期的纸币，诞生的基础不牢，北宋交子的作

---

① 洪迈：《容斋三笔》卷14《官会折阅》。
② 《皇宋中兴两朝圣政》卷62 淳熙十二年七月癸未。

用尚且有限,而南宋会子很快取得了主币地位,似乎有些超前。到金、元朝时期,纸币的流通很不稳定,经常滥发钞票,引起通货膨胀。所以明中叶以后到清朝贵金属白银取代了纸币。这看似倒退的货币形态演化进程,实际上暴露了前期纸币流通是缺乏牢固的经济基础的,因此明清时白银作为主币不过是中国货币体系的重建,不过是回过头来进行补课罢了。①

第二节　两宋时期的信用

一　北宋的金融业务

(一) 放款业务

1. 国家信用的立法

宋朝时商品经济比唐朝时更为发达,信用事业却发展缓慢。但政府放款方面比唐朝时显得有制度性,这主要体现在王安石的信用制度上。此外,两宋的货币兑换业比唐朝发达。

王安石的信用政策反映在他制定的市易法和青苗法中,这是有关政府信用的法令。

(1) 市易法。市易法是北宋朝廷向民间提供的抵押信用。市易法规定:人民向地方政府赊贷财货,以田宅或金帛作抵押,没有抵押物的可由5人担保;年息2分,逾期不还,每月罚息2%;商人在货物滞销时将货物卖给政府,待市场需要时,又可以分期付款形式购回贩卖,半年付清认息1分,一年付清者认息2分。熙宁五年(1072年)在京师和各地设市易务负责办理。市易务既是市场和物价的管理机构,又是金融机构。目的是防止大商人垄断,促进商品流通,稳定物价和增加政府收入。因市易法收取和利息低,不少人拖欠本息不还。

(2) 青苗法。北宋于熙宁二年(1069年)开始推行青苗法,是政府以常平、广惠仓的存粮和存钱为信贷资金,向农民提供的农业贷款。规定:农民每年可两次向政府请贷,贷钱贷粮均可,一次是正月三十日以前,随夏收归还;一次是五月三十日以前,随秋收归还;利率每次2分;

---

① 宋杰:《中国货币发展史》,首都师范大学出版社1999年版,第201—202页。

贷款数额根据户等而定，头等户不超过 15 贯，末等户 1.5 贯；贷款按照借款时约定的谷物价格折合粮食归还，如归还时谷价上涨，农民不愿交纳实物，可酌量照市价较低的价格交纳现钱，但不得超过贷款额的 30%，其余部分仍须交纳实物。青苗法利率较高，虽然是为防止大商人高利贷的剥削，但其本身又是一种国家高利贷。

市易法有利于解决商户的流动资金问题，青苗法有利于解决农民生产和生活问题，两法都能增加政府的财政收入。但执行中弊端也不少。二者执行时间都不长，前者不满 14 年，后者不满 17 年，便在反对派的攻击下被罢。南宋时，仍有市易的办法，设有市易务，利率 3 分。

2. 民间信用

宋朝民间放款，仍为信用放款和抵押放款，供给放款的依然以富裕商民为主，寺庙放款也相当普遍，因为寺庙还是相当富有。北宋时商业信用的发展表现在赊卖和预付款两种商业信用方面。

（1）赊卖。北宋不仅存在着商人对消费者的赊卖，而且商人对商人的赊卖也很普遍，主要是批发商与零售商之间。有一则故事是记述北宋赊卖的事：邢州一张姓小布商，曾救过一名死囚。10 年后有一大客商到邢州，带来 5000 匹布，专找张姓布商卖布。张说他小本经营，无力购买，客商可以找铺户赊买，"以契约授我，待我还乡，复来索钱未晚"。几日后，客商告诉张他就是当年被张救活的死囚，这 5000 匹布是送给张报恩的。"张氏因此起富，资至十千万，邢人称为'布张家'。"故事反映了北宋批发商与零售商之间的赊卖制度。

（2）预付款。北宋的许多商品买卖都有预付款的做法。以茶商预付茶农的定金为例。茶户财力有限，采茶所需费用是在前一年收取茶商的定金，否则只得借自高利贷了。在北宋预付定金的办法已不是个别现象，而是当时的商品生产和流通的惯例。

另外，北宋从事抵押放款的金融机构有质库（又称解质）和寺庙的长生库。《清明上河图》中有一店铺的招牌写有"解"字，就是质库。南宋时，杭州城内外的质库有几十家，收解钱数以千万计。

（二）汇兑业务

唐代以飞钱在北宋得到继续发展。北宋初年，商人向三司提出申请，批准后每贯要扣除 20 文。太祖开宝三年（970 年）设立"便钱务"，作为专办汇兑业务的机关。商人向便钱务申请，当日输钱左藏库，领取券证。朝廷命诸州，"凡商人赍券至，当日给付，不得住滞，违者科罚。自是毋复停滞"①。

便钱务后来罢去，改由京师榷货务兼营汇兑业务。真宗景德三年（1006年）规定："客旅见钱往州军使用者，止约赴榷货务便纳，不得私下便换。"② 榷货务成了办理汇兑业务的唯一机构，而且禁止私营。最初京师钱不许外汇，后来才有京师与外地相互通汇。

汇款收取的手续费，因时因地而异。元丰六年（1083年）时的汇费为10%。但也有不但不收汇费，反而贴钱3%至4%。如元祐八年（1093年），为鼓励商旅于陕西内郡入便铜钱，"仍定加饶之数，每百缗，河东、京西加饶三千，在京、余四千"。

汇兑时的取款凭证称为"券"，后来又有"见钱公据"或"公据"的叫法。朝廷运钱到地方时十分不便，于是就发给现钱公据，再向当地有关积钱机构支取。公据是政府发行的有价证券，并非专指汇票，每张面值十万贯，还要加息1分，大概是作为对积钱机构的报酬。

定额汇票就是在公据上预先写明钱数以供便钱者领取。元丰年间陕西转运司要求朝廷印制五贯、十贯的公据共计20万贯送往陕西延州，供商人购买粮草，商人收到定额公据后，再到有关机构领钱。这里的公据具有纸币的性质。

汇兑在宋朝仍称便换，由政府设置便换务办理，最盛时每年汇兑总额接近300万贯。后来纸币流通，便换业务逐渐衰落。

（三）货币兑换

两宋的货币兑换业比唐朝发达，这是因为宋朝货币复杂，黄金、白银、铜钱、铁钱、纸币并行，都有一个兑换的问题。办理兑换的是唐朝延续下来的金银铺，到南宋时叫交引铺，或叫金银交引铺、金银钱交引铺、金银盐钞引交易铺。从其称呼可见兑换业的兴盛。宋代除了金银的买卖和金银钱钞的兑换外，还有钞引也可买卖。所谓钞引就是一种专卖特许证。宋代盐、茶采取国家专卖的制度，商人到盐茶专卖机构交钱后

---

① 《文献通考·钱币二》。
② 《宋会要辑稿·食货》55之22。

领取盐钞（盐引）或茶引，再凭盐引或茶引到盐场或茶场领盐、茶运销。由于盐、茶均属专卖，也很赚钱，所以盐钞茶引就成了一种商品，犹如今日之有价证券，在金银铺中交易，也可兑换成纸币。史籍记载，当时的金银铺"屋宇雄壮，门庭广阔，望之森然，每一交易，动辄千万，骇人闻见"。可见其气势了。

（四）金融机构

北宋的金融机构可分为官府机构与民间机构，前者包括便钱务、交子务和榷货务等，民间金融机构主要有质库、交引铺、金银彩帛铺和柜坊等。这里只介绍质库和交引铺。

1. 质库

质库又叫解库、典库。北宋时还称"库户"。《续资治通鉴长编》卷二八〇记载：神宗时，吕温卿曾用田契向"华亭库户"质钱500贯。北宋时寺院仍开设质库。质库的利息普遍较高，虽有抵押品作担保，但利息还是高得惊人。有关史料记载，各地放款利息高低差别较大，有月息什而取一的，有借一贯文还两贯文的，有借一石米还一石八的。如果说抵押借款利息就如此之高，那么信用放款不是更高吗？这都是封建时代信用制度不发达所致。

2. 交引铺

百姓上交粮草后取得的凭证叫作"交引"，凭此可以向京师榷货务领取现钱或茶、盐等物。但领取时还要商店担保。加上直接领取钱物的手续繁杂、不便运输，因而不少人更愿意将交引卖掉。这样，交引铺就专营担保和交引买卖业务。交引铺是经营有价证券的金融机构，其设立需经榷货务的批准。

交引铺主要设在京师，其他地方不多。交引铺一般以低于原价的价格买进交引，然后以较高的价格卖出去。因政府滥发交引，又一时难以兑付现物，这样交引铺便借机压价收购交引，造成了交引的严重贬值。在交子售价提高时，交引铺亦乘机高价出售或凭所买交引向政府直接领钱，其差价收入是相当可观的。

二 南宋的信用与金融机构

(一) 朝廷和社仓的赈贷

1. 朝廷的赈贷

朝廷的赈贷是历朝历代荒政的重要措施，南宋也不例外。宋高宗即位后，"命有司招诱农民，归业者振贷之……免耕牛税"①。绍兴四年（1134年），贷庐州民钱万贯，用以购买耕牛。两年后，都督张浚奏改江淮营田为屯田，召庄客承佃，每五顷为一庄，客户五家相保共佃，一人为佃头。每庄官给牛五头及种子、农具。每家又给菜田10亩，贷钱70贯，两年偿还，不收息。②

2. 社仓的赈贷

南宋除义仓外，又产生社仓。隋代的义仓也叫社仓，但南宋的义仓和社仓有区别。义仓米贮于州县，常常被移作他用。义仓米往往不能起救荒的作用，所以朱熹又别创社仓。乾道四年（1168年），建宁府（今福建建瓯）大饥。当时朱熹在崇安（今武夷山）向知府请得常平义仓米600石赈贷饥民。冬天收成后归还所贷米，并附有息米。乾道七年（1171年），朱熹又征得知府同意建造社仓以贮米，知府沈度出钱6万以助建仓经费，建成了三仓。至淳熙八年（1181年），已积有社仓米3100石。后来一些地方仿效也建社仓，如金华、宜兴、南城、萍乡、长沙等县。自是数十年，凡置仓之地虽遇凶岁，人无菜色，里无嚣声。③ 可见社仓赈贷对救荒所起的积极作用。

(二) 官营汇兑业务

北宋的汇兑业务到南宋得到进一步发展。南宋初年，关子有官营汇票的性质，而临安的便钱会子则是私营汇票。

南宋政府还实行了官营汇兑。高宗建炎元年（1127年），商人在临安交钱给政府，凭兑便关子就可到设市舶司的州如广州、泉州等地领取现钱。这是从临安汇款到闽、广等地，汇票是兑便关子。闽、广不必运输

---

① 《宋史》卷173《食货志上一》。
② 《建炎以来系年要录》卷98绍兴六年二月壬寅。
③ 《西山真文忠公集》卷10《奏置十二县社仓状》。

大件商品或现钱到京城，利用汇款办法就解决了运输问题，当然对政府很有利。绍兴二十四年（1154年），经户部奏准，诸路州军不通水路地区的上供朝廷之现钱不必起运，由商人兑便，每贯给予优润钱30文，在州县的原来运费中支给。需要指出的是，南宋政府的官营汇兑，目的是减少政府的运钱麻烦，并非从适应商品经济的需要考虑。因此，汇兑业务往往是单向的，就是只有从外地汇往临安的，没有从临安汇往外地的。即使如此，官营汇兑业给需要将现钱从临安运往外地的商人也带来了极大的方便。

（三）民间商业信用

1. 赊卖活动

南宋时的赊卖仍然非常普遍，因而赊买赊卖中出现的纠纷也时有发生。孝宗隆兴二年（1164年）臣僚言："诸路客贩盐货，间有虚袋数，纽计价钱，妄立牙保，限约作债负，放与无徒不逞之人。既至违逋欠，辄兴词诉理索，紊烦州县。"① 这是讲买卖双方因债务纠纷引起的诉讼案件，政府遂制定相关法律进行处理。

对于一些茶商引诱"不肖子弟"赊茶"致令父母破产偿还"的欺诈行为，政府立法也有所涉及。淳熙十一年（1184年）曾下诏："今后应赊买客人茶，其人见有父母兄长，并要同共押文契，即仰监勒牙保均摊偿还。"父母兄长必须共同在文契上画押，才使赊买契约具有法律效力。诏书还提到"其余买盐货之人亦一体施行"，说明这种规定也适合于盐商。

2. 预付款

南宋时商品买卖中的预付货款的情况也很多。淳熙元年（1174年），有一米商向常熟县直塘富民张家籴米500石，价已定，张家又要每斗增价20钱，商人不愿，张家"遂没其定议之值"。这个故事说明在买卖初成交时，米商即已付给张家一笔定金。照理如买方反悔，可以没收定金，支付定金以后，米价即不能再涨。所以这笔交易是卖方破坏了协议，但张家仗势欺人，反而没收其定金。

---

① 《宋会要辑稿·食货》27之15。

（四）民间的货币兑换

在南宋广大铁钱流通地域内，形成种类繁多的地方性纸币，如川引、河池银会子、湖会、淮交等，凡是货币种类复杂的时必是兑换业兴盛之日。因此，南宋的货币兑换业较北宋更为发达。从事于货币兑换业的机构有金银交引铺、金银铺及其他店铺等。因而货币兑换活动亦十分频繁。

有文献记载，宁宗嘉定三年（1210年），金银交引铺或其他经营茶盐钞引买卖的店铺，以每贯三四百钱收进会子，纳官当作770文行使，获利一倍。这些店铺用金银来收购会子，也就是进行货币兑换业务。另一种方式是以买卖金银为主，即店铺卖出金银收进纸币，或买进金银付出纸币，也是一种货币兑换。孝宗淳熙五年（1178年），权货务官员奏：近来该官营机构收纳白银稀少，原因是一些商人先将金银卖与金银铺户，换得会子后再向官府购买茶盐，这样可能获利更多。而金银铺也一样有利可图。

对于流通中的纸币，如果政府不能及时兑现之时，那些民间的店铺就按市价进行兑换。如湖北会子只能流通于湖北和京西，士兵领到月料钱（湖北会子）除在当地使用外，只能到鄂州兑换铜钱。于是鄂州就产生了"兑便之铺"。这些店铺行兑便业务，就是兑换各种货币，包括金银、铜钱、铁钱和各地区间不同名称的纸币之间都可以兑换。

（五）高利贷及有关立法

南宋高宗建炎二年（1128年）罢市易务，保留原有的抵当库，这就是官营高利贷机构。后来又在州县置抵当库。以金、银、匹帛等为抵押品，月息3分，以10个月为限，过期没官。后又将当期改为两年。但随即又改为以一年为期。

南宋地方政府及各路驻军还设有回易库，经营商业和高利贷。绍兴六年（1136年），各督府还对回易库规定了年利率在6分以上者有不同程度的奖赏。从绍兴二十九年（1159年）起，针对营债越来越严重，南宋朝廷多次下令免除军队中债负，以利于稳定和提高军队的战斗力。

绍兴改元时曾下诏免除公私债务。高宗时还规定，利息总计不能超过本金，这是许多朝代共同的立法。绍兴二十八年（1158年）九月，禁止地方官借贷于民，违法者治罪。

(六) 民间金融机构

1. 质库

南宋时私营质库很普遍。质库是富贵人家的主要投资对象之一。有史料记载，当时临安城内外质库不下数十处之多，收解以千万计。湖北人吴生以赌博赢得的钱办起了质库，常贷钱给士兵，不到几年时间，收取的利息以万计之。

南宋时寺院质库比前代发展。当时的寺院质库叫"长生库"。长生库的高利贷资本称为"长生钱"。长生钱就是寺院放贷所用的本金，是不能移作他用的，只能用于寺院日常开支及修缮费的是放长生钱所得之利息。本钱要长期保存，这就是"长生"的寓意所在。

有些质库同地方政府及军队相勾结，剥削下层民众及兵士。绍兴二十二年（1152年），右谏议大夫林大鼐奏：一些商人开设解质库，名为赡军回易，实则借军队兵卒之便，为其兴土木之工。这样，质库借"赡军"为名，行取得士兵无偿劳动之实，当时这种情况不在少数。后来，高宗下诏禁止。

无疑质库对穷人进行的是高利贷的盘剥，但质库的存在，确实在一定程度上解决了人们临时性的生活困难，也起到融通生产资金的作用，因此也有一定的积极意义。

2. 金银交引铺和金银铺

金银交引铺是经营交引买卖和货币兑换的金融机构。北宋的交引铺在南宋发展成金银交引铺，或称"金银盐钞引交易铺""金银钞引交易铺"，金银买卖同茶盐钞引的买卖合在一起。其中最大的铺户有沈家、张家金银交引铺。

金银交引铺是临安的店铺名称。据有关资料记载，临安的官巷街就是南宋都城的"金融一条街"。街道两旁的金银交引铺林立，店内摆放着金银器皿和铜钱等，店内有雇用的工匠，负责加工打制各种器皿。这些店铺更普遍的名称是"钞户"。"钞户"是买卖交引的店铺。银铺的行业组织称"银行"。在南唐《江宁府图》中即出现"银行"，南宋景定《建康志》中亦有"银行、花行、鸡行""皆市"的记载，这里的银行街是一条金银铺丛集的街道，可见银铺在南宋的规模了。

南宋还有金银铺和银铺，都是打造、买卖金银器饰的从事钱币兑换的店铺。它与金银交引铺的区别仅在于是否买卖交引。而鄂州的"兑便之铺"也属于从事货币兑换业务的金融机构。有些金银铺除了兑换钱币外，还办理存款业务。

第三节　宋朝的货币理论

一　北宋的货币理论

北宋的货币理论有新的发展。李觏的货币起源论，沈括的货币流通速度论，张方平关于货币流通渠道的分析以及周行己的纸币准备金理论是其主要代表。

（一）李觏的货币起源论

李觏（1009—1059年）在《富国策》中论述了货币的起源与轻重理论。[①] 关于货币的起源，李觏认为："昔在神农，日中为市，致民聚货，以有易无。然轻重之数无所主宰，故后世圣人造币以权之。"李觏提出，物物交换缺乏衡量商品价值的统一标准而使交易极为不便，货币是为了解决物物交换缺乏价值尺度的困难而被"圣人"创造出来的。货币是起价值尺度作用的一般等价物。李觏指出："其始以珠玉为上币，黄金为中币，白金为下币。但珠玉金银，其价重大，不适小用。惟泉布之作，百王不易之道也。"李觏认为珠玉、金银价值大，不适于流通。但宋朝以后白银流通渐广。李觏论述了货币数量与物价的关系："钱多则轻，轻则物重；钱少则重，重则物轻。物重则用或阙，物轻则货或滞，一重一轻，利病存乎民矣。"就是说，物价上涨，对商品的购买者不利；物价下跌，对商品的生产者不利。但从国计考虑，以钱多为宜，因为国家的财政支出"有常数，不可裁减"，钱少了会不够用。这一论断是基于宋朝"钱荒"的现实考虑，造成朝廷和地方都无货币积蓄的原因是，市人销毁铜钱来铸造恶钱，或僧人、道士销毁铜钱铸为铜像、铜器。李觏提出的策略是：收恶钱和铜像、铜器来铸钱。"恶钱去则盗铸者无用，无用则盗铸自绝矣。"但该策略难以付诸实践。

[①]　（宋）李觏：《李觏集》卷16《富国策第八》，中华书局1981年版。

(二) 张方平关于货币流通渠道的分析

张方平（1007—1091 年）在《乐全集》中论述了宋代"钱荒"问题，并分析货币流通与物价波动的关系，进而提出运用货币吞吐调节经济的思想。宋神宗任用王安石推行新法，其新法中对货币流通影响较大的是青苗法和免役法。青苗法是官府发放的农业贷款，免役法是过去承担差役的民户可出钱免役。实行青苗法和免役法，对货币的需要量大增。熙宁、元丰年间虽然增加了钱币铸造，但钱荒之患并未减轻。农民被迫廉价出卖农产品获得货币来向政府交纳，于是唐代实行两税法之后"物轻钱重"问题再次发生。青苗法与征免役钱更加重了农民的负担，甚至比两税法的负担还重。因此，张方平、司马光、苏辙等人都反对赋税征钱的做法。

张方平肯定货币的重要作用："夫钱者，人君之所操，不与民共之者也。人君以之权轻重而御人事，制开塞以通政术，称物均施，以平准万货。"这些观点都大致源自单旗、贾谊和《管子·轻重》的货币理论。

张方平从货币流通渠道角度分析造成"钱荒"的原因："凡公私钱币之发敛，其则（规律）不远。百官群吏三军之俸给，夏秋余买谷帛，坑冶场监本价，此所以发之者也。屋庐正税，茶盐酒税之课，此所以敛之者也。"国家铸造钱币，用来发放俸饷，购买谷帛和作为经营矿冶、茶盐等业的本钱，钱币流到民间后，通过房屋、茶、盐、酒等税收或专卖收入流回官库。他认为这样的流通渠道是正常的，再加上免役钱，就使原来的货币流通秩序遭到了破坏，民间必然会发生钱荒现象。因此，张方平指出，向民间征收免役钱，首先要考虑钱币通过什么渠道流向民间的问题。北宋政府在这方面没有采取什么措施，因此即使钱币铸造数量增加了，民间还是发生了钱荒，而许多钱币却贮存在官库，没有充分发挥流通手段的作用。张方平注意到在货币铸造、供应与货币流通之间的不均衡和不相称，因为部分货币处于窖藏状态。张方平以应天府为例指出钱荒的必然性，应天府每岁纳役钱 75000 余贯，青苗息钱 16600 余贯，两者合计 92000 余贯。"每年两限，家至户到，科校督迫，无有已时，天下谓之钱荒。"[①]"民间货布之丰寡，视钱所出多少。官钱出少，民用已乏，则是常赋之外，钱将安出？"实行免役法后，民间发生了"伐桑枣，卖田

[①] 曾枣庄、刘琳主编：《金宋文》（第 19 册），巴蜀书社 1991 年版，第 172 页。

宅，鬻牛畜"的后果，稍有荒歉，人民流散。

张方平分析了造成钱荒的另一个原因——货币的外流和私销。熙宁七年（1074年）取消钱禁，使上述现象更为严重。张方平指出："而又弛边关之禁，开卖铜之法，外则泄于四夷，内则恣行销毁，鼓铸有限，坏散无节。"张方平批评熙宁七年的新法令助长了钱币外流和销毁，加剧了钱荒。根据旧法令，带钱贯出国界的就要处死。"而自熙宁七年颁行新敕，删去旧条，消除钱禁，以此边关重车而出，海舶饱载而回……钱本中国宝货，今乃与四夷共用。"同时由于取消了铜禁，民间销毁铜钱难以辨别，"销熔十钱得精铜一两，造作器物，获利五倍"。这两方面的共同结果是使"中国之钱日以耗散"。他还指出："更积岁月，外则尽入四夷，内则恣为销毁，坏法乱纪，伤财害民，其极不可胜言矣。"因此，张主平主张恢复旧法，"立四夷内外之限，通下民衣食之原"。[①]

（三）周行己的纸币准备金理论

周行己（1067—?），著有《浮沚集》，周行己根据北宋的当十铜钱、夹锡钱、铁钱和交子的流通问题，提出了货币理论和改善货币流通的方案。

周行己认为货币本身是无价值的，也无轻重之说。因为和商品交换，才表现出购买力的高低。"盖钱以无用为用，物以有用为用，而物为实而钱为虚也。"他把所有货币都看成是虚的，即看成是价值符号。但是，"本无重轻"的钱币本身却存在着重轻之别。比起小钱（小平钱）来，当十大钱、铁钱、夹锡钱都是轻的，都是不足值铸币，它们的流通造成了物价上涨。商品和货币的交换比例的建立，起初完全是偶然的，并不存在着等价关系。但这种交换比例一经建立，形成了对等关系，如果换一种比原来的货币轻的货币来流通，就会造成物价的上涨。从一种货币换到另一种货币，破坏了原来的流通惯性，就引起物价波动。这就是"本无轻重，而相形乃为轻重"。

周行己分析了不足值铸币的弊端，认为如果国家铸造不足值铸币，民间就进行私铸，这两种因素加在一起，使物价上涨得更加厉害。铸大钱从暂时看，国家固然有利可图，但物价上涨，结果反而使财政更加困

[①] （宋）张方平：《乐全集》卷26《论钱禁铜法事》，转引自叶世昌、李宝金、钟祥财《中国货币理论史》，厦门大学出版社2003年版，第82—85页。

难。国家所需要的粮食只有十分之四是从租税中来的，十分之六要用钱去买。货币购买力降低，买同样多的商品要花更多的钱，自然会加剧财政的困难。因此，"物价愈重而国用愈屈"。而发行小钞，又存在着两个弊病：一是纸币真伪难辨，造成民之交易困难；纸币输于官府，又不同于十足现金，难以充当准备货币。

周行己提出了货币流通问题的解决方案。对于当十铜钱，他建议用官诰、度牒、盐钞等收回，然后改为当三通行全国。一枚当十铜钱的重量相当于三枚小钱，改为当三后和小钱就没有轻重的差别了。他指出这样做的好处有三：一是国家收入增加了；二是物价趋于平稳；三是盗铸恶钱的行为将被禁止。对于铁钱和夹锡钱，他主张和铜钱分路流通。他建议铁钱、夹锡钱只流通于河北、陕西、河东三路（四川也用铁钱），禁用铜钱，而其他各路则专用铜钱。认为采取这一分路流通的办法，"则铁钱与物复相为等而轻重自均矣"①。

周行己主张纸币兑现，但已认识到兑现纸币不需要有十足准备。因为总有一部分纸币是经常处于流通中的，因此不会来要求兑现。周行己认为准备金须占纸币发行量的三分之二。实际上，按官交子的最初发行限额 1256340 贯和现金准备 36 万贯计算，现金准备约占发行限额的28%。这是中国最早关于兑现纸币不需要十足现金准备的理论。

在理论上，周行己看到了货币和商品之间存在着某种相等的关系。在纸币和金属货币的关系方面，周行己实际上涉及了纸币虚金属货币实的问题，以金属货币为实，以纸币为虚。同时，他认为货币的轻重是在同商品的交换中形成，又提出"物为实而钱为虚"的结论。

二 南宋的货币理论

南宋时，纸币流通更加广泛，货币理论主要集中在纸币流通方面，代表性的有杨万里的钱楮母子说和袁燮的货币流通论。

（一）杨万里的钱楮母子说

杨万里（1124—1206 年），著有《诚斋集》等。子母相权论是相传

---

① 参见杨兴发《中国历代金融文献选注》，西南财经大学出版社 1990 年版，第 99—101 页。

是春秋末年单旗的理论，子母都指铜铸币，大者为母，小者为子。杨万里将子母相权理论应用于纸币和钱币关系的研究中。江南的行在会子是代表铜钱的，铜钱为母，会子为子。新会子即两淮会子，是代表铁钱的，铁钱为母，铁钱会子为子。"母子不相离，然后钱、会相为用"，即纸币同它所代表的钱币同时流通，能互相兑换。这里的兑换是指市场上的兑换，不一定指人们拿纸币去向政府兑钱。纸币和钱币同时流通时，即使政府不负责兑现，仍能从市场上换到钱，兑换比价由市场自发形成，随行情而变。这就是杨万里所说的母子相权的意思。杨万里指出，"今新会子每贯准铁钱七百七十足，则明然为铁钱之会子"，这是"母子不相离"。但沿江八州不行使铁钱，只有交子或会子独行，却无现钱（铁钱或铜钱）与之并行。① 铁钱会子就成了无母之子。因此，他反对无钱可兑的纸币流通。不兑现纸币流通的前提条件之一是能用来向政府输纳。一旦新会子发行后，内帑（库）不受，那百姓输纳官府之物，州县也不受了。这样，新会子在公私上下不受的背景下，将归于无用之物。这会给江南八州的百姓带来更大的困扰。杨万里强调只要纸币能够兑现，纸币便能正常流通，但没有注意到政府对纸币负兑现之责的问题。

（二）袁燮的货币流通论

袁燮（1144—1224年），著有《絜斋集》等。会子自宁宗庆元后，进入了恶性通货膨胀时期。庆元元年（1195年）将会子每界的发行额提高到3000万贯。开禧年间（1205—1207年）因对金战争，军费开支增加，会子不仅三界同时流通，而且每界的实际发行额都超过了限额。袁燮的货币流通理论即产生于这一时期。他反对将两淮铁钱用于沿江八州，认为这会使铜钱更加减少，物价上涨，"盗铸如云而起，楮之轻也滋甚"。事实果真如此。袁燮批评称提政策屡变的现象。关于称提，原意与"准平"一样，都是权衡的意思，后来就有不同物品之间达到一种对等、平衡的关系。但在宋朝文献中，更多的是指提高某物价值之意。南宋的"称提"，多指提高纸币的价值。高宗绍兴年间，沈该在论四川交子时说："官中有钱百万缗，遇（交子）减价则用钱自买，方得无弊。"史称"沈

---

① （宋）杨万里：《诚斋集》卷70《乞罢江南州军铁钱会子奏议》，转引自欣士敏《金泉沙龙：历代名家货币思想述论》，中华书局2005年版，第152页。

该称提之说"，即指沈该提出用兑现来提高纸币币值的主张。袁燮批评南宋庆元元年（1195年）之后的通货膨胀政策，认为是称提之策失败所致，原因在于政策易变。主张恢复钱楮各半的老办法。袁燮还分析了南宋铜钱减少的原因：一是铜钱外流，即指南宋铜钱外流到高丽、日本等国的情况。他要求重申禁钱出口的禁令。二是铜钱被销毁为器。因销钱为器，可"获利十倍，人竞取之"。他要求"痛惩其奸"。三是铜钱被采铜户销成原铜，指当时新开采的铜矿输官以抵消定额，经办官吏"幸其精练，无复致诘"。他指出应"坚明其约束"。四是铜钱被纸币驱逐。"当今州郡，大抵兼行楮币，所在填委，而钱常不足。"袁燮在《便民疏》中提出了稳定会子币值的办法，总结了孝宗维持会子币值稳定的基本经验，即通过回笼纸币来减少纸币的发行数量。袁燮强调回笼货币的作用："盖楮之为物也，多则贱，少则贵，收之则少矣；贱则壅，贵则通，收之则通矣。"[①] 通过收兑过剩纸币，纸币币值提高了，人们对纸币的信任程度增加，纸币就容易通行。

[①] 参见叶世昌、李宝金、钟祥财《中国货币理论史》，厦门大学出版社2003年版，第122—123页。

第 七 章

辽夏金元时期的货币与信用

第一节　辽夏金元时期的货币

与两宋处于同一时期的，还有北方的几个少数民族政权，分别是契丹建立的辽、党项族的西夏、女真族的金、蒙古族的元朝。自唐末五代时，中国北方的少数民族契丹、女真、党项和蒙古人相继崛起，并先后对中原地区的汉族政权形成强大的军事压力，像北宋和南宋，先后被女真和蒙古人所灭，最后由元朝统治了整个中国。这些少数民族政权的货币经济，在中国经济史上占有独特的地位。

一　辽代的货币

辽代（916—1125年）从辽太祖耶律阿保机到天祚帝，历时210年，曾与北宋、西夏形成三足鼎立的局面。货币经济经历了巨大的变化。这与该政权的社会经济结构的变化和对汉族的战争和外交政策密切相关。

（一）辽国货币经济变迁

契丹族在唐代还是中国北方的游牧民族。10世纪初，契丹在对外扩张中受到汉族先进文化的影响，社会制度由奴隶制向封建制转化。与其经济制度变化相适应，以铜钱为主体，其货币亦大致经历了三个发展时期。

第一个时期，指契丹人建辽前后，是辽代货币经济形成时期。契丹原是个游牧民族，最初处于奴隶社会阶段，商品经济欠发达。实物货币在交易中发挥主导作用，主要的实物货币是牲畜，如牛、羊、马等。直到圣宗统和二十三年（1005年），辽代的官吏还领取"俸羊"。在牧区，牲畜一直具有货币性，直到辽末。

辽代最早使用的铜钱是外来钱，就是从中原输入的开元通宝钱等。《辽史·食货志下》记载，辽太祖之父撒剌的"以土产多铜，始造钱币"。钱币学家根据出土实物认为有"通行泉货""开丹圣宝""千秋万岁"等，但有人认为撒剌只是八部落首领之一，并没有铸钱的条件。

辽太祖耶律阿保机建辽后，初时沿用旧钱。在天赞年间（922—926年），铸行"天赞通宝"年号钱，数量不多。这是辽朝最早的年号钱，有三种：楷书，背平无文，径24毫米，重2.9克；隶书，背有月纹，径23毫米，重2.65克；还有一种为篆书钱。

第二个时期，从辽太宗到辽景宗在位（927—982年），是辽货币经济发展时期。中原版图不断扩大，辽朝境内金属货币流通大大增加。辽太宗天显十一年（936年），辽从后周石敬瑭那里取得燕云十六州，不仅极大地扩充了辽朝的版图，也吸收了这块土地上先进的封建经济文化。特别是金属货币及其铸币技术，从此辽朝流通的主要货币有金、银、铜钱。辽太宗到辽景宗在位期间，实行南北分治。北方以契丹人为主，采用旧制；南方以幽州为南京，仍保留汉制来治理汉人。随着经济及商业的发展，更多的货币投入流通。为此，辽朝设置了五冶太师的官职，专门负责铸钱，又设立"为钱院"，作为货币的发行机关，先后铸造了多种年号钱，有"天显通宝"（太宗）、"天禄通宝"（世宗）、"应历通宝"（穆宗）、"保宁通宝"（景宗）、"乾亨通宝"（景宗）。但是发行数量仍然较少，不能满足流通之需。

图 7.1　辽国天显通宝、天禄通宝

第三个时期，从辽圣宗即位到辽国被女真人灭亡（982—1125年）是辽国货币制度确立时期。辽圣宗大力推行封建化进程，对辽政治、赋税及货币制度进行了一系列改革。在货币方面,圣宗凿大安山,取刘守光所藏钱,还铸太平通宝,并令新旧钱兼用。1004年,宋辽议和以宋每年向辽输岁币银10万两、绢20万匹而结束战争。此后,铜钱成为辽国的主要货币,国家的铸币量有所增加,甚至还打破一帝只铸一年号的惯例。如辽圣宗发行三种货币——"统和元宝""开泰元宝""太平元宝"。兴宗为重熙通宝。道宗时改换了4个年号,铸造了6种货币,即"清宁通宝""咸雍通宝""大康通宝""大康元宝""大安元宝""寿昌元宝",是该时期中铸钱种类最多的。天祚帝铸造两种货币,一为"乾统元宝",一为"天庆元宝"。此外还铸造有大辽天庆,天祚帝铸币一般均有当十钱。朝廷的赏赐、税收,民间的买卖计价、支付、借贷、典当都相当普遍地用铜钱。

辽朝自铸铜钱数量始终是有限的,所使用的铜钱主要还是外来钱。辽朝使用的铜钱主要来自北宋。除铜钱外,辽的货币结构中还有布帛和白银等其他货币。如上文所述,布帛在辽朝,尤其在北方地区始终是作为货币来使用的。至于白银,一部分是开采而得,外来白银数量亦相当可观。后晋、北汉和北宋都对辽输岁币银。其中北宋自1004年澶渊之盟之后的118年中,共计输送给辽岁币银1980万两。这为辽代的白银使用提供了重要基础。

辽代钱制有以下一些特点[①]:第一,货币体系以铜钱为主,兼用金银。"澶渊之盟"后,宋每年向辽送绢、银,弥补了财政,辽货币价值稳定,没有用纸币。辽钱比较标准,劣币少,反映了国内私铸现象被禁绝。但与北宋相比,辽钱制作工艺不精,技术水平落后,钱面粗糙,常见错范,有的一个钱上还出现两种字体。第二,全是年号钱,但品种及数量不多,铸行数量约为岁五百贯。小平钱居多,大钱较少。第三,钱文以汉文为主,多见隶书、楷书。辽有自己的文字,但钱币铸契丹文的仅见"大泉五铢"。第四,货币经济不平衡,南北差异较大,南方与宋接壤的地区用铜钱,但以引进宋钱为主,自铸为辅;北方地区实物货币更为普遍。

---

① 千家驹、郭彦岗:《中国货币史纲要》,上海人民出版社1986年版,第65页。

（二）辽的货币政策与立法

辽的货币大致分为旧钱、自铸钱和外来钱，三类钱中唯外来钱是辽流通货币的主体。其中大部分又是北宋的钱。外来钱也有不同的来源：一是南方汉人政权后晋、北汉的献钱，如北汉每年输辽10万贯钱；二是通过对外战争抢夺大量钱币，如辽进攻入开封后又尽取府库财物，其中一定有许多钱币。另外，圣宗时，又凿大安山，取刘守光所藏钱。由此决定了辽的货币政策大方向：保护本国铜钱出境；争取北宋铜钱输入。

在法律上，辽规定关于铜铁及钱币的禁令，防止销钱为器和铜钱外运。为此辽制定了严厉的处罚措施。如南京三司曾规定："销钱作器皿三斤，持钱出南京十贯……处死。"开泰年间（1012—1021年）又禁止铜钱流入西北的回纥。并"诏禁诸路不得货铜铁，以防私铸"。后来随着货币经济的发展，铜钱增多，钱禁有所放宽，兴宗重熙元年（1032年）规定持钱二十贯出境、毁铜三斤以上者处死。禁止铜铁交易、禁钱币出境和不许熔铜作器的法令十分严明，且始终能得到严格的执行，这保证了辽国境内钱币的供应。

在对外政策上，辽采取一切办法吸收宋的铜钱入境。辽因自然条件及铸造水平较宋落后，自铸钱币数量很少。且铸钱所用费成本太高，因而自铸钱币不是辽货币的主要来源。大量使用的铜钱是来自南方的邻国北宋。辽每年通过与北宋的边境贸易，如大量向北宋出口盐、羊等产品，换取大量的铜钱入境。其中，农畜产品是辽向北宋输送的主要商品，因辽地处北方草原，畜牧业发达，畜产品丰富，这与北宋在贸易上形成互补关系，因此边境贸易繁盛。北宋每年因向辽购买牛、羊等畜产品而支付的铜钱达40万贯之多。

除传统的畜产品外，辽还利用境内盛产海盐的优势，将盐贱价运往北宋，以换取北宋铜钱。为此，北宋政府严令禁止在贸易中用铜钱支付，北宋时铁钱区就是对策之一。正式的贸易渠道不畅之后，辽又通过走私的办法从北宋运钱入境。宋的铜钱继续北流。辽长期实行的钱禁和引钱入境政策，保证了货币的需要。但辽地域广大，境内用钱地区差别明显，北方实物货币多，南方用铜。这与南方引宋钱入内也有密切的关系，通过边贸引进的钱币多留在宋辽边境。

二 西夏的货币

西夏（1038—1227年）是羌族的分支党项族拓跋氏建立的政权，元昊建立"大夏"。这个在西北陕西、甘肃、宁夏地区崛起的王朝，日后与北宋战争不断，与北宋在川陕各地的军事对峙一直持续到北宋末年。其间，宋朝年年向西夏进贡"岁赐"，包括银5万两、绢13万匹、茶2万斤。

图7.2 西夏天盛元宝、乾祐元宝和光宝元宝

在货币制度方面与辽十分相似，西夏畜牧业比较发达，马、牛、羊等畜产品是对北宋输出的主要商品。并以此从宋大量吸引铜钱入境。每年宋向西夏购买马匹，所需花费就有几十万匹绢、十几万两白银。

西夏自建国时便开始铸币，从实物来看，共有一二十种之多，又分铜钱、铁钱两种。在文字上可分为汉文和西夏文两种，以汉文居多，都是年号钱。

西夏的社会经济和文化比较发达，党项族建立的这个王朝有自己的文字，铸造过西夏文的货币，一共有5种，分别是毅宗朝"圣福宝钱"、惠宗朝的"大安宝钱"、崇宗朝的"贞观宝元"、仁宗朝的"乾祐宝钱"和桓宗朝的"天庆宝钱"。西夏文现已是一种死文字，钱币学家们不认识，所以称西夏文为屋驮文，西夏钱也被叫作屋驮钱。近代在凉州大云寺发现古碑，正面为西夏文，背面为汉文，有天祐民安五年（1094年）纪年，才知道是西夏文。这些钱币便成为研究西夏文明珍贵的历史资料。

表 7.1　　　　　　　　　　西夏文钱币文字对照表

公元	纪年	钱币名称	汉文译名
1053—1055 年	毅宗福圣承道年间	𗼃𘓺𘊝𘏱	福圣钱宝
1075—1085 年	惠宗大安年间	𗼃𘓺𘊝𘏱	大安钱宝
1101—1113 年	崇宗贞观年间	𗼃𘓺𘊝𘏱	贞观元宝
1170—1193 年	仁宗乾祐年间	𗼃𘓺𘊝𘏱	乾祐钱宝
1194—1205 年	桓宗天庆年间	𗼃𘓺𘊝𘏱	天庆钱宝

资料来源：千家驹、郭彦岗《中国货币史纲要》，第 97 页。

西夏还铸造了汉文钱，常见的汉文钱币有崇宗朝铸造了"元德通宝""元德重宝"，仁宗朝时铸造了"天盛元宝"和"乾祐元宝"，桓宗朝时有"天庆元宝"，襄宗时有"皇建元宝"，神宗时有"光定元宝"。最常见的是天盛、乾祐两种。

关于西夏王朝铸造货币机构的资料不多见，仅《宋史·夏国传》有天盛十年仁孝立通济监，由监察御史梁惟忠负责，铸天盛元宝钱。西夏天盛年以前的铸钱机构是文思院。

西夏还铸造有大量的铁钱，近年来，在西夏故地的东部，也就是现在的河套地区发现了大量西夏铁天盛元宝、乾祐元宝。

在较发达的社会经济和文化背景下，西夏钱币铸造得极其精美。西夏铜钱，制作精整、规范，很少有错范、流铜、倒书、传形等弊病，技术水平高于契丹人，西夏境内流通的主币还是宋钱，从古西夏所在地出土的窖藏和随葬品中出现的钱币中，绝大部分是宋钱，还有少量的五铢钱、开元钱等。

近年来西夏货币基本上已均有出土资料证实其确定性，而且还出土了一批新的品种。20 世纪 70 年代末，贺兰山货币窖藏中出土了西夏文的大安宝钱、乾祐宝钱、天庆宝钱，还有汉文钱天盛元宝、乾祐元宝、天庆元宝、皇建元宝和光定元宝。1981 年，内蒙古出土了大安通宝隶书小平钱和西夏文大安宝钱，第二年包头出土了大量西夏乾祐元宝和天盛元宝铁钱。1984 年，银川出土了篆书的光定元宝钱，此外，各地还出土了真书元德通宝、元德重宝钱。

三　金朝的货币制度

中国东北部女真族首领完颜阿骨打建国金朝（1115—1234年），都城在会宁（今黑龙江阿城南白城）。太宗天会三年（1125年）灭辽，五年（1127年）灭北宋。疆土不断向南扩大。海陵王贞元元年（1153年）迁都燕京，改为中都。金占领了淮河以北大片领土。强盛时期，与南宋长期形成南北对峙。后来北方蒙古强大起来。金宣宗贞祐二年（1214年）迁都南京（开封）以避蒙古。天兴三年（1234年）被蒙古所灭，金历时约120年。

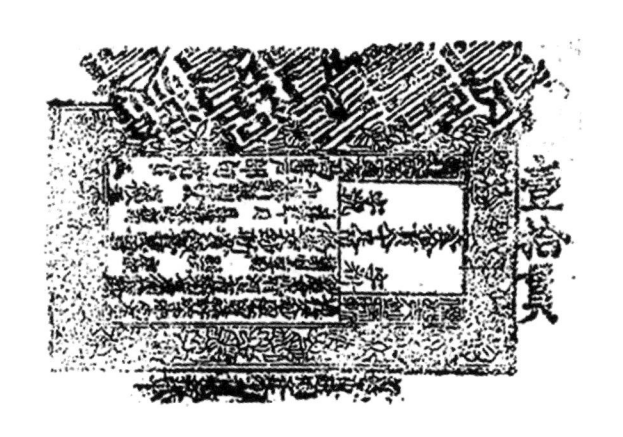

图7.3　金代的壹拾贯交钞版印样

与少数民族政权辽和西夏不同的是，金朝的货币经济很多方面有较大的进步。如金使用纸币，并早于南宋第一次实行不分"界"，并第一次铸造和通行法定的银币（承安宝货）。但金与辽和西夏的货币经济的形成和发展又有许多方面是相似的。

金货币制度演变经历了三个阶段：自建国至金统治广大北方地区（1115—1153年），处于落后的以物易物的货币贸易阶段；从海陵王完颜亮迁都燕京到金世宗大定二十九年（1154—1189年），金货币经济的鼎盛时期，货币制度是以钱为主、钱钞并用；自金章宗明昌元年到金哀宗天兴三年（1190—1234年），由于国内政治混乱、经济衰败，货币制度也陷入崩溃。①

第一阶段，奴隶制货币经济，无独立的货币，后期使用宋辽钱。金建国前，女真各部处在奴隶制阶段，商品交易方式是以物易物，与近邻契丹等民族进行边境贸易，用人参、松实、生金和马匹等换取日用品。据文献记载，女真人常用的实物货币是牛、马等畜产品。因为女真人散居各地，"无别族，无市井，买卖不用钱"。商品经济尚不发达，不可能有金属货币。后来，金从辽和宋掠夺了大量的金银铜钱。金打败伪齐刘豫政权，从齐府库中接收了"钱 9870 余万缗，绢 270 万（匹），金 120 万（两），银 6000 万（两）"。占领汴京以后，金掠走更多的金银铜钱。从此，女真人开始由物物交易变成金属货币流通的贸易阶段。外来金属货币的大量流入为女真人迅速进入商品经济和货币贸易阶段提供了物质条件。

金建国后第五年（1120 年），在渤海建立机构，征收商税，注意恢复发展当地商业。1132 年后，金先后在黄龙府（今吉林农安）和肇州设立"钱帛司"，这是金代最早的管理钱帛的机构。但此时金没有铸行自己的货币。《金史·食货志》载："金初用辽宋旧钱，天会末，虽刘豫阜昌元宝、阜昌重宝亦用之。"可见仍处于货币经济的初级阶段。

第二阶段，以铜钱为主、钱钞并用的时期，金代货币高度发展。从海陵王完颜亮在贞元二年（1154 年）迁都燕京。为适应商品交换的需要，金开始发行纸币、铸造铜钱并大量吸收宋钱入境，形成以钱为主、钱钞并用的局面。海陵王南下入侵失败后，宋金"隆兴议和"，双方息战。此后金世宗继位，金进入其发展的鼎盛时期。由于国内面临与宋相同的钱荒问题，金朝政府主要采取了以下三方面的对策来解决货币供需不足的矛盾。

1. 发行纸币交钞。金地处北方，铜矿缺乏，金不断发动南侵战争，货币需求较大。于是金先发钞以解决困难。贞元二年，金设立"交钞库"，第一次印发纸币交钞，大钞（1 贯、2 贯、3 贯、5 贯、10 贯）五等，小钞（100 文、200 文、300 文、500 文、700 文）五等。以七年为一

---

① 乔幼梅：《金代货币制度的演变及其对社会经济的影响》，《中国史研究》1983 年第 3 期。

界，期满后，以旧钞换新钞。以铜钱为本位，与辽宋钱并用，两者兑换比价1∶1。因行用方便，朝廷控制发行量，使交钞的币值稳定，信誉很高，商民乐用交钞。

金发行交钞最初目的是兑换吸收南宋的铜钱，因此只行用于黄河以南。到世宗大定二十九年（1189年），取消七年一界的制度，纸币从此无限期流通，交钞有损时可随时兑换新钞，有利于交钞币值的稳定，兑现为铜钱亦可。金首创不分界的货币制度，到60年后，南宋才有会子开始实行无限期流通。

2. 自铸铜钱。金代最初不铸造货币，只用宋辽钱和古钱。一直到海陵王时，先是使用自己的附庸国伪齐国的阜昌钱，伪齐于南宋建炎四年（1130年）铸造了大量阜昌元宝小钱和通宝、折二、折三钱，都是真书和篆书的对钱。金发钞三年后，于正隆二年（1157年）设立宝源、宝丰、利用三个钱监，才开始铸造货币，名称是"正隆元宝""正隆通宝"，轻重仿宋的小平钱，铸造相当精美。大定十八年（1178年）在代州设阜通钱监，铸"大定通宝"，仿大观通宝，带瘦金体。分小平和折二两种。大定二十七年（1187年），大曲阳设利通监，次年（1188年）铸"大定通宝"纪年钱，背有"申""酉"字样，这是我国最早纪干支的孔方圆钱。金代所铸钱币上全是汉文。大定钱文字肉好，均超过正隆钱，内略带白银，但数量较少。

3. 引南宋钱入内。金产铜少，铜价贵，钱币铸行成本高，自铸钱自然也少，流通主要是宋钱，因而尽量争取南宋钱便成为金对政策的一项重要措施。为此金实行了一整套办法：在与南宋接壤的开封一带发行纸币，以

图 7.4　金朝正隆元宝、大定通宝

收兑宋钱；通过出口货物药材、牲畜、绢、盐等来获得宋钱；实行短陌制，少于770文/贯，以此吸引南宋商人来北方购买商品。在国内采取与辽相似的钱禁令：禁铜钱出境，铜器一律由官府分类定价收购；禁止私藏过多铜钱，针对钱荒之下民间普遍窖藏成风，政府定"官民存留见钱法"，限定个人贮藏铜钱额，违者处以重罚；金世宗大定八年（1168年）还禁止民间私铸，以保证铜钱原料的来源和供应。

金代通过以上三方面的措施，缓解了钱荒；铜钱为主，钱钞并行政策得当。因此，金代在世宗大定年间（1161—1189年）共29年被认为是社会最繁荣的时期。其中，货币政策措施合理是经济发展的重要原因。

第三阶段，银钱钞并用，货币制度走向混乱。从金章宗明昌元年（1190年）到金哀宗天兴三年（1234年）金朝灭亡为止。这是金代经济从顶峰开始走向衰落的时期。货币制度亦随财政经济危机的加深而日益混乱，直至最后崩溃。

金章宗承安、泰和以后，受蒙古人威胁日甚，国势渐危。政治腐败，黄河泛滥成灾，农业经济受到破坏。军事上与蒙古人和汉人连年用兵，军费开支浩大，财政负担沉重。造成了货币流通的两大问题：纸币交钞贬值和铜钱短缺日益严重。为此，金政权制定了相关政策以应对危机。

1. 自铸钱由少到停。世宗大定年间是金代铸钱最多的。但铜料来源短缺和铸钱成本高的先天不足，使自铸铜钱难以维持。在世宗时因经济相对繁荣，政府财力充裕，对铸钱采取长期的经济补贴政策。随着政治、经济的日益衰退，政府已无力承担。金章宗即位那一年（1190年），"岁铸钱十四万贯，而所费乃至八十余万贯"，成本高达币值的五倍，政府只好下令停铸。

金章宗明昌年间（1190—1196年）铸"明昌通宝"，泰和年间（1201—1208年）铸"泰和通宝（重宝）"，泰和钱有四种：小平钱、折二钱、折三钱和当十钱，只有当十钱数量较多，泰和钱铸造的工整精制，书法是党怀英书写的玉筋篆，比机器铸造的还精整。金卫绍王崇庆元年（1212年）铸造了"崇庆通宝"，有小平钱和折二钱，还有折五大钱；卫绍王至宁元年（1213年）铸造了"至宁元宝"。宣宗贞祐五年（1217年）铸"贞祐通宝"，数量不多。

2. 限钱令难以贯彻。为了确保铜钱供应量和加速货币周转，就必须减少民间蓄铜数量。章宗明昌五年（1194年）起开始实行"限钱法"，规定官民之家，蓄钱最多不超过2万贯，告发者奴婢转为良人，佣工赏给1/10，其余的没收。到泰和四年（1204年）被迫宣布取消限钱。泰和七年（1207年）又恢复限钱法。限钱令几度兴废，说明该项政策执行不力。因为金代后期交钞贬值严重，铜钱便愈加升值，所以储藏铜钱无法禁止。

3. 铸银币"承安宝货"。金所铸银币，实为银铤，每铤重 50 两，与铜钱的法定比价为第铤 100 贯，即银每两值钱 2 贯。但银钱的市场比价却经常变动。章宗承安二年（1197 年）十二月，经尚书省议定铸"承安宝货"银铤，分一两至十两五个等级，这是中国最早的银铸币。

金初年白银已投入流通，政府发给官吏俸禄、士兵薪饷是银钞兼用的，但主要还是作为储藏手段，没有成为法定货币。在铜钱短缺、纸币贬值的情况下，金政府为了摆脱困境，就把库存的大量白银铸成银币，以补铜钱之不足，缓和钱荒。"承安宝货"这种银币，已发现的有重量一两和一两半的，形状为束腰砝码形。但银币发行后，民间私铸蜂拥而起，多杂以铜锡，质量恶劣，真假难辨，百姓抵制不用，三年后，政府被迫停铸，不再发行和使用银币。

图 7.5 金代铸行的银铤货币"承安宝货"

4. 银交钞滥发无度。大定二十九年（1189 年）章宗即位，遂取消了交钞的 7 年为界的制度。从此交钞"收敛无术，出多入少，民浸（渐）轻之"，交钞走上了贬值之路。

自章宗在位至卫绍王大安二年（1210 年），交钞逐渐贬值，流通困难。但朝廷尽力维持，贬值尚可控制在有限的范围内。大安三年（1211 年）蒙金战争起，金政府大搞通货膨胀，交钞越印越多，币值越来越大。宣宗贞祐年间发行了从 20 贯到 100 贯的大钞，后又发行从 200 贯到 1000 贯的特大钞，致使物价大涨，1 万贯才买 1 个饼。老百姓不愿用，就换个名称重印。金代后期纸币换了六次名称。除以前通行的交钞（分大钞和小钞）外，还有"贞祐宝券""贞祐通宝""兴定宝泉""元光重宝""元光珍货"（用绫制造）"天兴宝会"等。

贞祐二年（1214 年）发行 20 贯至千贯大钞。次年政府还禁止铜钱流通，以推行纸币。交钞迅速贬值，交钞已贬值到千分之一，每贯仅值一钱。贞祐三年（1215 年）换发新钞"贞祐宝券"。仅至次年八月，宝券又跌至一贯只值数钱。贞祐五年（1217 年）发行"贞祐通宝"，一贯当

"宝券"千贯。并通过轻罪重罚的办法来收缩通货。兴定六年（1222年）又发行"兴定宝泉"，一贯当通宝400贯，与通宝并行。元光二年（1223年）发行"元光重宝"，可能是当宝泉50贯。同时发行"元光珍货"，代表白银。元光两种纸币发行后，政府曾限制民间用银，如3两以下不得用银；以上则2/3用纸币，1/3用银。但"是令既下，市肆昼闭，商旅不行"，政府只得放松禁令。从此，民间只以银交易。哀宗天兴二年（1233年）发行了"天兴宝会"。

从以上几种纸币的兑换率推算，金代在短短的20余年中，物价上涨了200亿倍以上。金代的通货膨胀给后人留下了极其深刻的印象。

四 元朝的货币制度

（一）元朝概述

蒙古初期建国（1206—1271年），太祖成吉思汗发动一系列对外扩张战争。1227年灭西夏，1234年灭金。1260年忽必烈（世祖）即位，建元中统。至元八年定国号为大元（1271—1368年）。改中都（燕京）为大都，定为国都。至元十六年（1279年）灭南宋。这样元完成了中国的统一，并逐步向西扩张，形成地跨欧亚两洲的王朝。

北方中原地区，封建经济已取得相当的发展。蒙古人南侵并占领这一地区以后，由于采取了极端的高压政策，将农民沦为农奴，数百万工匠变成手工业奴隶，使社会生产遭到严重破坏。终元一代，社会经济整体上没有多大发展，与元对中原地区的政治、经济政策相关。

但元朝的商业出现了畸形发展之势，因为元朝地域辽阔，为镇压各地人民的反抗，也为了尽快运送搜刮来的物资，元政府在所辖之地广设驿站，这些四通八达的驿站和海陆交通线，沟通了中国与西方世界的经济联系。带动了国内商业兴盛和城市的发展。当时大都（北京）、泉州、广州等地商业发展迅速。与各国贸易交往十分频繁。

中国古代的货币结构在两宋时期发生巨大变化，由北宋铜钱为主到南宋的纸币为主的本位货币的变化就是典型反映。元朝货币结构中包括白银、纸币、铜钱，其中纸币是主要货币，使用的是政府强制推行的不兑换纸币，纸币制度继两宋之后得到新的发展。白银的货币性能继续增强，使用范围比两宋更广。而铜钱的地位进一步下降，某些时期还被禁用。具体情况分述如下。

(二) 元朝的白银

白银在中国历代的演变有一个大致的趋势,自东汉以来使用越来越普遍,货币地位不断提高。宋代白银广泛用于财政领域。金的承安宝货银铤,被视为中国古代最早的银铸币。蒙古人入主中原后,也铸行了50两的银铤,这是白银货币形制演变的历史继承性。元朝流通领域中白银的使用可分为三个阶段。

1. 早期的银铸币。蒙古人从事游牧生活时,还是物物交易。后来受中亚诸国贵金属货币形制的影响,蒙古早期银币具有典型西方货币特点:圆形无孔,手工打制,币面上铸有骑马持刀的人像,或者有动物的图案。在接受当时货币文化的影响以后,蒙古人开始铸造方孔圆的"大朝通宝"银币,重约2克到3克,这种银钱文字的书法有仿宋徽宗大观通宝的瘦金体。

2. "元宝"的出现。至元三年(1266年)以平准库的白银铸成银锭,重50两,形状如船形,称为"元宝"(元朝之宝货)。至元十六年(1279年)蒙古兵彻底征服了南宋,回到扬州,丞相伯颜下令搜检将士的行李,搜出撒花银子销铸成锭,每锭50两,献给皇帝后再分赏下来,民间即有元宝流通。此外还有束腰砝码的银锭,有50两、25两、12.5两三种重量。

图7.6 宁波出土的元代银锭

元代银两较有名的品种有扬州银两和平准银两,两种银锭现在有一些发现。1956年、1988年都出土了元代至正十四年(1354年)银两,上面刻有铸地、时间、重量和铭文,背面有较大的"元宝"二字阴铸。1956年江苏出土的至元十四年(1277年)平准银两上铸有"铸银官,提领,副使,库子杨良口""平准,至元十四年,银伍拾两""提举司,银匠彭兴祖,刘庆,秤子韩益"。又如1988年出土的元代至正十四两银锭上就铸有"扬州,库官孟口,销银官王琪,马念银库子吴武""行中书省""至元十四年,重伍拾两,银匠侯君用"。近年来又发现了一种蒙山课银,这是元政府在蒙山银矿开采后,铸成银锭是上交政府之物。

3. 成为次于钞币的第二货币。至元二十七年(1290年)元世祖诏书"金银系民间通用之物"。为推行纸币,元朝政府曾下令禁止金银的流通和买卖,但执行效果差。白银的使用范围日益广泛,早已突破了作为储藏方式的职能。白银不仅在大宗商品交易、民间借贷中充当支付手段,而且政府对臣下、将士的赏赐,部分官俸的发放也开始用银了。元朝白银已成为仅次于纸钞的主要货币。

(三) 元朝的铜钱

1. 元代各个时期铸行的铜钱

元代的货币相对而言铸造量比较少,主要是由于元代行用纸币和银锭,从而使铜钱的铸造处于从属地位。

元初,铸造了一些以前代货币为范而改造的货币,如用宋代的大观通宝加铸半分,用金代的大定通宝改铸"大朝通宝"银钱等。之所以铸造大朝通宝等货币,主要是刚刚入主中原,对过去制度的模仿,这种大朝通宝钱分为铜和银两种,背部大部分除了铸有阳文的符号外,还加钤了不同的蒙文印记,这些印记的内容现在还无人译出。

忽必烈中统年间开始铸造了元代第一种正式行用的货币"中统元宝"。这是一种楷书和篆书的对钱,现在发现的只有几枚。至正二十二年(1362年)又铸造了"至正通宝",用汉文和八思巴文铸造,数量不多。成宗铸造的"大德通宝"和"贞元通宝"也很少见。元武宗至大二年(1309年)发行了至大银钞,为此铸造了八思巴文"大元通宝"当十大钱和汉文的"至大通宝"小平钱,八思巴文的大元通宝数量较多。

元代末年,元顺帝铸行的"至正通宝"(汉蒙文),面值大小分为五等，从小平钱到折二、折三、当五、当十。这种钱的种类很多，可以分为三种，第一种是地支纪年钱，共5个系列3个类别15个品种，钱文上有八思巴文的纪年符号，分小平、折二、折三。第二种是纪值钱，有汉文和八思巴两种文字，十分复杂。第三种是"权钞钱"，也就是用铜钱来标明纸币，上面铸造有壹分、五分、壹钱伍、二钱伍、伍钱，背面还有一个"吉"字，代表吉安路，钱背穿左有"权钞"两字。但至正元宝的数量却很少。

图7.7 元朝铸八思巴文大元通宝　　图7.8 元代至正之宝权钞钱五分珍钱

由于《元史》是30多人在朱元璋的命令下，一年间编成的，因而其中很多经济史料不全面，现在出土和传世的货币实物中，很多是《元史》没有记载的，比如世祖年间铸的大朝通宝铜钱、大朝通宝银钱、至正通宝蒙文钱；成宗年间铸造的蒙汉文的元贞通宝钱和元贞元宝钱；蒙汉文大德通宝和大德元宝钱；武宗年间蒙汉文的至大通宝钱；仁宗年间铸造的皇庆元宝和皇庆通宝，延祐通宝和延祐元宝钱；英宗年间至治通宝和至治元宝钱；泰定年间的泰定通宝和泰定元宝、致和元宝；文宗年间的天历元宝、至顺通宝、至顺元宝，顺帝年间的元统元宝、至元通宝、至正通宝、至正元宝等。

元代的货币还有一个十分奇特的地方，就是在当时还铸造了大量的寺庙"供养钱"，元代佛教的地位万分显赫，僧侣曾青天白日闯入公堂痛打官吏，也曾将皇妃从车上拉下来棒打一阵，皇帝都不过问。

佛寺的经济权力也很大，为了聚财，寺庙里铸造了大量的供养钱，号称供养神佛或与人结缘，因而留下了很多这种货币。钱一般较小，分为两种，一种上面的文字和正式流通的货币文字差不了多少，也用年号叫通宝之类，比如至大元宝、至顺元宝、致和元宝等；还有一类就是用寺庙或佛名作币名，如大帝觉寺、大安福寺、大普庆寺、圣寿万安、大悲神咒、大慈观音等。

前人关于元钱的图谱较少，但是有一本《百二元泉拓本》，为于泽山集，缪继珊收藏，有刘大同序并注，石拓本。该书收录了于泽山花了几万元收藏的元代有货币，有方地山等人的序言，并注文，有共和三十年序一篇。

元钱钱谱少见，书中收录了大量元代的货币，且有不少元代的寺庙钱，如"真定获香，青旗小社"，另收录有大量元钱。如：面至元背天下太平、至元戊寅、至元通宝半分、元贞通宝铜、银钱、大德通宝当10型，另有小平多种并有银钱，延祐元宝、通宝，至治元年、元宝、通宝，至顺元年、皇庆元宝、泰定元宝、天历元宝、元统元宝、至顺多种小字甚多，大朝通宝、中统元宝等。

寺庙钱：普庆寺宝、大觉寺宝、宝天之宝、至和元宝、东岳大生、东岳献香、北岳神前、承华普庆、穆清铜宝。

元代末年，群雄四起，1355年爆发了大规模的农民起义。刘福通等人在黄河畅言："石人一只眼，挑动黄河天下反。"修黄河的民工引发了暴动。他拥立韩林儿为皇帝，建立宋国，改元龙凤，铸造"龙凤通宝"。龙凤货币有三种，即小平钱、折二钱、折三钱。

图7.9 元末农民起义韩林儿铸造龙凤通宝

湖北的徐寿辉及其部将陈友谅也铸造过货币，徐氏建国号天完，铸造过"天启通宝"和"天定通宝"，各有小平钱、折二钱和折三钱三种。而陈氏后来立国号为汉，铸造过"大义通宝"，大义通宝也有小平钱、折二钱、折三钱三种，在长江中游地区流通。在政局动荡的年代，铜钱要比纸币稳定得多，受到百姓的欢迎。

江浙一带的大周张士诚铸造过"天祐通宝"。这种钱是仿元的至正通宝钱而铸造的，分四种，有小平钱、折二钱、折三钱、折五钱，背有一、二、叁、伍等字样。

2. 元代铜钱的特点

根据上文所述元代的铜钱的详细情况，将元朝的铜钱特点可概括如下。

第一，铜钱的品种多，而数量少。这与元朝的货币结构和货币政策有关。甚至还有几次在短期内禁止和收藏过钱币。元朝因为铜钱的使用不多，民藏的唐宋旧钱往往卖给商人运到国外去，或者是熔化了做成铜器。日本曾多次派人用黄金来中国兑换铜钱。幕府将军足利直义派船来中国贸易，规定不论盈亏，每船回去都要交铜钱五千贯，用来建造天龙寺，这些商船被日本人称为"天龙寺船"。

第二，供养钱盛行。供养钱的特殊用途，本身反映了元朝佛教的地位和在中国兴盛程度。这种钱亦叫"庙宇钱""香火钱"，是用来捐献给寺庙的。香客进香拜佛时，先用银、铜、纸币兑换和尚的供养钱，放于佛像前。这种钱币上面有年号，比较轻小，传世的略多于"至大""至正"之外的年号钱。

第三，钱文有蒙、汉两种。蒙文又称"八思巴文"，元朝部分铜钱上兼有蒙、汉两种文字，有的上面铸了纪年、纪值，如在背面铸有子、丑、寅等地支，或者二、三、五、十等字，是用来表示发行年代和面值的。

第四，"权钞钱"。元顺帝铸造"至正之宝"钱中的一种。这种权钞钱是用金属货币来代表纸币，这与宋、金、元常以纸币代表金属的惯例相反，其发行的目的是抬高纸币的身价，这是世界上独有的，存世很稀罕。

(四) 元朝的纸币

中国古代纸币自北宋产生到明中期结束，形成一个完整的变化发展过程。而元朝正是纸币发展的顶峰时期，在纸币发行、管理制度上都取得相当大成就，并产生了极其深远的影响。

1. 元代纸钞演变经历四个阶段

第一阶段，初期以白银为主，纸币由地方发行。元代初年以银为主币，同时发行纸币。太祖成吉思汗二十二年（1227年），在博州（今山东聊城）等地发行过纸币"会子"，以丝为本位。太宗窝阔台八年（1236年）开始发行"交钞"，以金代滥发为教训，中书令耶律楚材提出发行交钞应不超过万锭的限额。后来各道相继发行交钞，限于本地流通，三年为一界。由于没有准备金,又不能出境,交钞发生了贬值。宪宗蒙哥继位的1251年,建立了"银钞相权法",用白银来作为纸币的准备,以维持交钞的稳定。两年后又设立了"交钞提举司",专门管理发行纸币事务。这一时期,元代纸币的特点是:仿宋金的旧制,但用丝、银作为准备金(而不是铜)。各地的纸币互不通用,纸币仍没有统一。

第二阶段,中统元宝钞流通,元世祖统一纸币。元世祖中统六年(1260年)始发"中统元宝交钞",又称"丝钞",以丝为本位,以两为单位,二两丝换一两银。后又印行"中统元宝钞",称"宝钞",以铜钱为本位,分为十等,十、二十、三十、五十、一百、二百、三百、五百、一千、二千文。宝钞一贯等于丝钞一两。此后,纸币发行权专属中央,统一的纸币制度得以建立。中统钞发行时,都有现银作保证。而且银钞可以互换,允许纸币兑现。至元十三年(1276年),元世祖下令收兑江南当时流通的纸币,即南宋的关子、会子,禁用铜钱,中统钞也由木版印刷改为铜版印刷。原发行的各种纸币作废,用中统钞收兑。这样,全国的纸币就统一了。

图 7.10　至元通行宝钞

第三阶段，从"至元通行宝钞"到"至大银钞"。元世祖至元二十四年（1287年），实行了一次重要的币制改革。主要是发行"至元通行宝钞"、整顿纸币流通。

至元通行宝钞分为11等，从5文到2贯。因为中统钞贬值，政府规定至元钞与中统钞比率为1：5。至元钞发行60余年，是元代最重要的货币。

元政府还采纳叶李（1242—1292年）的钞币主张，制定的《至元宝钞通行条划》十四款，主要内容可分两个方面，第一方面是关于发行方面的规定：

（1）交钞、宝钞为法偿货币，严禁金、银、铜钱的流通和使用。

（2）设立发行准备金。

（3）中统钞、至元钞均分为不同面额、两种钞票并用。

（4）百姓随时可以用旧钞换新钞，用破钞换好钞，并收取一定手续费；有阻碍和刁难者，定罪。

第二方面是关于流通方面的规定：

（1）交钞、宝钞不限年月，通行流转。

（2）各地设立平准行用库，负责买卖金银，平准钞法，维持钞值。

（3）严禁私自买卖金银，违者治罪，告发者赏。

（4）严禁伪造交钞宝钞，伪造者死，告发者重赏。

元朝纸币制度的各项基本原则和规定，基本上都包括在其中。可以说是当时世界上最早的、最完备的不兑换纸币制度条例。其内容有纸币的用途，法律偿付性质，票面的种类、单位，各种纸币的比价、发行和更换办法，对私自买卖金银、伪造宝钞者的惩罚办法等，制定得相当周密详尽，大致上到元末年还有效。

至元宝钞通行二十余年后，钞值下跌，物价飞涨。政治方面，王位争夺激烈。武宗即位后，大行赏赐之风，对亲信赏赐越来越多。钞券不敷甚巨，财政发生危机，遂生币制改革之议。武宗至大二年（1309年），武宗行"至大银钞"，面值从2两到2厘分为13等。每两准至元钞5贯，或白银1两，或赤金1钱。此前，市面中统钞、至元钞并行多年，且至元钞的面值是中统钞的5倍。鉴于当时物重钞轻，银钞与至元钞发生联系，规定以银钞为"母"，至元钞为"子"，民间流行的中统钞应于百日内兑换收回作废。① 同时开放用钱，除流通旧钱外，还铸行至大通宝、大元通宝小平钱和蒙文大元通宝当十钱等。至大三年（1310年）发行银钞1450368锭，由于现行银钞面值是中统钞的25倍，所以相当于中统钞36259200锭。② 结果银钞多发，引起市场物价波动，民间行使不便。至大四年（1311年）武宗去世，继位的仁宗废罢银钞。

第四阶段，至正钞及元朝纸币的衰亡。元顺帝至正十年（1350年）改革币制，在诸路设宝泉都提举司，发行"至正交钞"，与旧钞至元钞并行，至正钞一贯合至元钞两贯；铸至正通宝铜钱，与历代铜钱并行。至正钞发行不久，物价改以至正钞计算，使物价下降90%。实际上至正钞是用原中统钞的旧版印刷，只是在背面加盖"至正印造元宝交钞"八字。

由于至正钞没有发行准备金，是纸币本位制，因此纸币发行量达到前所未有的程度。从几个年份的发行额作一比较可以看出。至正十二年（1352年）、十三年（1353年）的年发行额折合至正钞各为195万锭，合中统钞为1950万锭，为此前除至大银钞以外的最高发行额。至正十六年（1356年）的发行额为600万锭，相当于中统钞6000万锭，比至大银钞的年发行额还多2000万锭。

至正钞发行后，物价飞涨，继而出现纸钞严重通货膨胀局面。元末政治腐败，各地连年天灾人祸，农民起义不断爆发。1351年，韩山童、刘福通、徐寿辉等人起义，蒙古贵族四处镇压，军费开支大增，钞票也越发越多。政府为解决财政危机，就采取滥发纸币的办法。1279年，元灭南宋时，一石米约值中统钞一贯，到1350年元顺帝发至正新钞时，每石大米合旧钞67贯。物价上涨越来越高，纸币名目越发越繁多，老百姓称之为"观音钞、画钞、折腰钞、波钞、熬不烂"等。诗人王冕曾作《江南民》，提到"江南民，诚可怜，疫疠更兼烽火然，军旅屯驻数百万，米粟斗直三十千"，提到一斗米值三万钱。纸币几乎一钱不值。百姓拒用，买卖东西时，或用铜钱，或用实物交换。明代邱浚总结了封建国家纸币的实质是："阴谋潜夺之术，以无用之物，而致有用之财，以为私利。""民间初受其欺，继而畏其威，不得已而勉从之。……因之而失人

---

① 王雷鸣：《历代食货志注释》（第三册），农业出版社1989年版，第246—247页。
② 叶世昌、潘连贵：《中国古代近金融史》，复旦大学出版社2001年版，第88页。

心，亏国用，而致亡乱之祸如元人者，可鉴也。"

2. 元代钞法的特点

第一，不分界，不分期限，可以永久通用。

第二，不限地区，可以全国通行，这比宋代钞法先进。

第三，用途广泛，交纳钱粮赋税，贸易买卖，借贷典押皆可用，朝廷对它的用途有各种规定作保障。

第四，由中央统一颁行和制定法规。元朝初年叶李制定的《至元宝钞通行条例》十四款，元廷将比较完整的纸币管理制度，用法律的形式固定下来，是我国历史上第一个纸币立法。

第五，得到外国仿效。印度、日本、波斯等亚洲国家都曾经仿照元朝的钞法建立了本国的纸币制度。就纸币制度的发展来看，元代的钞法是两宋、金以来纸制度的继续，它继承了我国古代纸币流通三百年的经验，并使它发展成为相当完善的纯纸币流通制度，这在世界货币史上具有重要的意义和影响。因为元朝的版图辽阔，横跨亚欧大陆，在元朝最强盛的时期，中国的纸币北跨蒙古高原、西贯中亚都通行无阻。马可·波罗曾叙述说："大汗国中商人所到之处，用这种纸币来给赏赐，购买货物，接受卖货的付款，居然和纯金没有什么区别。"甚至把发纸币的事情说成是中国皇帝的"点金术"。

3. 元朝的伪钞问题

元代使用纸币还有一段阴阳学说的记载，陶宗仪《南村辍耕录》中说，元代之所以决定使用纸币，是因为华夏阳明之区，沙漠幽阴之地，钱用阳，楮用阴，如用钱，四海且将不靖。

元朝主要行用纸币，也是一个伪币满天飞的时代，史料记载，元代的伪币制造已经成为一个严重的社会问题，从都城到地方，伪造者多如牛毛，而案犯也是形形色色，从上百人的团伙到单枪匹马的个人，从平民百姓，到高官宰相，有伪造十几年的高手，也有初出茅庐或偶尔为之的新人。元代制造伪钞的方法有两种，一是雕版印制，一是挑补描改。

元朝对伪造钞票的治罪是十分严厉的，雕版印制伪钞能流通的，至正年间规定要砍头，而不能流通的要流放。后又加重刑罚，一律处死。后竟然将伪造纸币和谋杀亲生父母一样，概杀不赦。对于挑补描改伪钞的，要打57下以上的板子。

政府处罚虽严，造假现象日甚。元仁宗时（1312—1320年）浙江暨州"奸民以伪钞勾结党与，胁攘人财"。元顺帝时（1333—1368年），出现了吴友文伪造集团，其伪造的纸币通行南北，且与官府内外勾结，官民告状无门。

更让人吃惊的，元顺帝至正十八年（1358年）破获当朝宰相造伪钞的大案。身为右丞相的搠思监，"任用私人朵列及妾弟崔完者帖木儿印造伪钞"。事发后，宰相却让当事人自杀以了事，最后也就不了了之了。

元代伪钞之盛，可听民谣一唱："岂期俗下有奸弊，往往造伪潜隈隅，设科定例非不重，奈此趋利甘捐躯。"时人唱道："丞相造假钞，舍人做强盗。贾鲁要开河，搅得天下闹。"

第二节　辽夏金元的信用

一　辽夏金的信用

（一）辽的信用

辽朝有以子女为抵押品向人借债的，这种情况在当时可能比较普遍。圣宗时发生水灾，有些饥民以子女为抵押借债。《辽史·食货志（下）》记载："开泰中，诏诸道，贫乏百姓，有典质男女，计佣价日以十文；折尽，还父母。"开泰元年（1012年）十二月下诏，规定从第二年正月起，典质的子女替债主做工，要计算工钱，每天工钱10文，直到工钱足以抵销债务。

圣宗统和十三年（995年），诏诸道放置义仓。义仓粮食用以赈贷。统和十五年（997年）曾"诏免南京旧欠义仓粟"。从这里可以看出，南京的义仓设立的时间应更早一些。开泰元年，又下诏在"年谷不登"时要"发仓以贷"。说明义仓是用于赈贷而不是赈济。道宗时，在东京道50余城及沿边诸州设有和籴仓，"许我自愿借贷，收息二分"[①]。这和赈贷不同，借粮食的不一定是赈贷对象，而且要收利息。大概义仓粟用于赈贷，和籴仓粟用于积贮粮食，以贷放取息的办法增加粮食储备。

辽国崇尚佛教，道宗时尤其如此。各处寺院林立、僧尼众多。国家

[①]《辽史》卷59《食货志上》。

常向僧侣施舍衣食。仅大康三年（1077年），"诸路所奏饭僧尼人数三十六万之众"[①]。皇帝、贵族常以土地、奴户赐给寺院，使僧侣们在政治、经济上处境优越。辽国寺院广占房地，设立店铺，有不少僧侣也经营高利贷。苏辙曾作为使者去过辽国，了解到"北朝皇帝好佛法。因此僧徒纵恣，放债营利，侵夺小民，民甚苦之"[②]。寺院还开设质库。有一寺院的质库一年的利息收入有千余贯。

（二）西夏的信用

史料中关于西夏的文献较少。这里举出西夏天盛新律令中的一些有关信用的立法。

关于借贷问题，法律规定：任何人借债都必须偿还。借债不还者，则应报官，并予以不同的处罚：如借债10缗以内的，有官品的罚5缗，庶民罚10杖；超过10缗的，有官品的罚一马，庶民罚13杖。如果欠债人无法以现钱还债，也可"以劳抵债"。借贷要有相关见证人和法定程序，如中间人和委托人等。若借债人无力还债，应向中间人索债。依附于某人的人借债要有委托人，无力还债者可由委托人偿还。借债人、中间人、委托人都无力还债时，则由借债人以劳作抵债。若有子弟背其家长借债挥霍，家长可以不予偿还，而由借债者本人偿还。任何时候不许拿借债人或中间人的妻、妾及未嫁女抵债，但可以由她们以劳抵债。

对于官、私债务的利息问题，利息由借贷双方协商，但不能超过最高限额，"一缗付五文以下，一石谷付一斗以下"。这里一缗（贯）取息5文可能有误，因为前者两种利率相差很大。利息最多不超过本金，过者按律索债无效。利息额可定在本金额限内任意比例。也就是说，利息只要不超过本金，都是合法的。具体利率高低，则完全由市场规律支配，政府不予以干预。从西夏残存的有关典契中，有借大麦的利率记录，三个月加三（30%），就是年当时通行的利率是月息10%。

对于质库抵押借款中，受当者（开设质库者）违约的，还有较详细的处罚规定：第一，物主与受当者双方要商定，如果质物价值很高而借钱很少时，受当者无权出卖质物；若质物少而取用钱多时，超过期限，

---

① 《辽史·本纪·道宗四》。
② 《栾城集》卷42《论北朝政事大略》。

质物便可出售。第二，如无协议，则在本利对等后尚未赎取时可以出卖质物。第三，如物主未付足应付利息，受当者未经与物主协商而出卖质物，则受当者有罪，质物价值在10缗以下者处以罚金，超过10缗的处一年苦役。卖出物归还原主，不在的按价赔偿，但应得的本息必须算清。第四，若典出的官私畜物、房产，因保管不善而被火或被盗，必须按市价赔偿。若受当者藏匿贵重物品而伪称物已毁的，处以盗窃罪减二等，若物主高抬物价，则处以偷窃罪减三等。

从以上可知，西夏对信用的立法已比较完备。

（三）金朝的信用与金融机构

1. 金朝的赈贷政策

金朝随着对外战争和领土不断扩大，在新占领区的移民也是一项重要政策。天辅七年（1123年），太祖下诏地方官对起迁民户实行安抚措施。对"衣食不足者，官赈贷之"①。熙宗皇统四年（1144年），立借贷饥民酬赏格。② 政府有时还发动富户对饥民进行赈贷，为此还规定了对愿意提供赈贷的富户予以适当奖励。金章宗即位后，诏令在饥荒时，总管、节度使应"先行赈贷或赈济"，然后上报。明昌六年（1195年）规定灾荒一年的赈贷，两年的赈济。对无恒产的饥民则一年予以赈济。卫绍王大安二年（1210年）三月下诏："去岁荒歉所在，流民行业，在处闲地旷土甚多。官为给其牛种，贷以资粮，候岁有成，官司量与收入。"③ 朝廷鼓励流民从事农业生产，贷给口粮，送牛、种子。以上措施，反映了金对救荒实行中央和地方两级负责制，同时采取将赈贷与赈济相结合的办法。

2. 金的官营质库"流泉务"

与北宋官营相似，金朝也有官营质库。世宗大定十三年（1173年），因为"民间质典，利息重者至五七分，或以利为本，小民苦之"，世宗随计划设立官营质库。"十中取一为息，以助官吏廪给之费，似可便民。"④

---

① 《金史》卷2《太祖纪》。
② 《金史》卷4《熙宗纪》。
③ 《大金国志》卷22《东海郡侯上》。
④ 《金史》卷57《百官志三》。

开设官营质库的目的,既可降低民间利息率,发展社会经济,又可以补充国库收入。于是在中都、南京、东平、真定(今河北正定)一带开设质典库,定名为"流泉务"。

官府所设的流泉务,主要经营抵押放款业务。放款的标准是借款相当于鉴定质物价值的七成,每月收息一分,不足一月按天数计。抵押期以两年零一个月为最高时限,过期的可以质押物下架出售。典质时,要在帖子(当票)上写明质物人的姓名、质物的品名、金银的等级,以及典质日期、质钱数和下架年月等。如质物遗失,在收赎日除由经办人赔偿原借官本及利息入官外,还由库子按典质物上的等价赔偿给质物人,"物虽故旧,依新价偿"。流泉务的每月经营额须上报。大定二十八年(1188年),官营质库得到进一步推广,在各地添设流泉务28所。流泉务到章宗和宣宗时曾几度被取消和重建,但终不能兴,大概是由于流泉务对朝廷无益之故。

从以上规定可知,官营质库的利率的确较低,对遗失物赔偿也对典质者较为有利。这在一定程度上抑制了民间高利贷的剥削,改善了人民的生产和生活。

3. 金朝的民间高利贷

金朝民间抵押放款十分普遍,而用来作为抵押的质物更是五花八门,不仅土地、房屋可作抵,连一切动产以至人身都可以拿来抵押。一些家道中落的富人往往以土地、房产等大件作抵,贫穷百姓更多的只能将自身或家人作为抵押品来典质。人身抵押常使无力归还者沦为典质者的债务奴隶。太祖和太宗时,朝廷曾为出卖或典质自己而为奴的同姓之人赎身。后来金朝又多次下令允许卖身为奴者可以赎身。金朝大定时,官府规定因借贷不能偿还而卖身为奴是不合法的。世宗时,规定强取借债者的财产以抵债也不合法。

金朝对高利贷利率的标准曾有立法:"举财物者月利不过三分,积久至倍则止。"规定的利率是不高的。但上文所述,到大定十三年(1173年)准备设流泉务时,世宗谈到民间的利率高达5—7分,有的还以复利计算。可见朝廷的法律执行不久,利率很快就涨到几倍。实际上可能是当时朝廷的规定在民间很难得到执行。因此,利率往往是大大超过规定的限额。

二 元朝的信用与金融机构

（一）元朝的赈贷和替民还债

元朝的荒政多采用赈济和赈粜之法，单纯的赈贷举措记载不多，更多是与赈济有关的信用行为。

关于元朝赈贷的记载主要有：世祖中统二年（1261年）七月，将留屯蔡州的江南新附民徙居怀孟（今河南沁阳），贷给种子和口粮。富户以私粟进行赈贷的，朝廷会授以适当官职以资鼓励。文宗时，浙西连年大水，饥民达85万余户，至顺二年（1331年）令官私、儒学、寺观等田的佃户向其主借贷钱谷以自赈。

元代朝廷还有替民还债之举。太宗时曾以官银76000锭代还民间所欠的羊羔利。东平路行军万户严忠济为了代部民交纳欠赋，向富人及官库借钱，总计欠富人钱437400锭，欠官库银15000余两。中统三年（1262年）世祖发内藏代为还债。太宗七年（1235年）董文炳任藁城令。前任县令因军兴乏用，曾借高利贷，一年利息一倍，要用民间的蚕麦还债。董文炳拿出自己的田地抵债，并组织贫民生产，使流离渐还，数年间民食以饶。太宗十年（1238年）、十一年（1239年）间，真定等路蝗灾和旱灾，真定等五路万户史天泽用自己的家财还债，不足之数再在族属官吏中均摊。这些替民还债的做法，实则为赈济行为。

至元年间，朝廷出台的与赈济有关的信用举措十分频繁。如至元十年（1273年）五月，元朝廷免除民间无力偿还的所欠前朝官钱。至元十一年（1274年），李德辉为安西（治今陕西西安）王相，开垦泾河边营牧故地数千顷，起庐舍，疏沟浍，"假牛、种、田具，赋予民二裔家屯田"。两年后年粟麦10万石，刍槁100万束。济南路总管张宏为了代交民间欠赋，向人借钱550锭，无力偿还，至元十五年（1278年）八月世祖下诏"依例停征"。意思是管民官为民户而负债，经过批准可以不予归还。同年十一月，贷给侍卫军屯田者中统钞2000锭。至元十二年（1275年），濮州等处饥荒，政府贷粮5000石。至元十七年（1280年）正月，磁州（今河北磁县）、永平县水灾，用中统钞赈贷。至元十八年（1281年）五月，对乏食者量加赈贷。政府还用放债取息的办法取得赈济经费。至元二十二年（1285年）七月，朝廷以中统钞12400锭给甘（今甘肃张掖）、肃（今甘肃酒泉）二州，取息以供给贫穷军人。至元二十五年（1288年）八月，安西大饥，除免征田租2万余石外，还赈贷粮食。

成宗以后，上述各种信用都少见。成宗之世，仅有大德十年（1306年）五月，因辽阳、益州（今山东青州）受灾，对饥民进行过赈贷。大德十一年（1307年）五月武宗即位，在大赦诏书中宣布免除积年逋欠；七月又下诏，富家能以私粟进行赈贷的，授以适当官职。仁宗延祐七年（1320年）七月，浙西各路连年水灾，饥民达85万余户，中书省奏准，令官私、儒学、寺观等田的佃户向其田主借贷钱谷以自赈。

（二）元代的高利贷

1. 民间高利贷"羊羔利"

蒙古人四方征战，赋税沉重，人民多借贷，放钱举债是很普遍的情况。太宗时，蒙古的高利贷活动十分猖獗，经营高利贷的似乎全是西北的回鹘人。他们取息很高，一年利息一倍，第二年翻利为本，就是以复利计算的利滚利。如同母羊生下羊羔，羊羔又成为母羊生小羊羔，故称为"羊羔利"。大臣耶律楚材上奏说："所在官吏取借回鹘债银，其年则倍之，次年则并息又倍之，谓之：'羊羔利。'积而不已，往往破家败族，至以妻子为质，然终不能偿。"可见借此债的官民深受其害。朝臣们纷纷上奏，太宗作出了"民债官为代偿，一本息而止"的规定，并"布告诸路，永为定制"。所谓一本息和后来多次重申的一本一息的规定，都是利息最高不超过本金，并作为以后利息的法定标准。

元朝廷对羊羔利的法令在不同文献中说法并不一致，但大致有几点是相似的，现归纳如下：（1）羊羔利的猖獗同赋重有关，主要发生在太宗七年（1235年）登记户籍以后。（2）朝廷代还民债的时间在太宗八年至十二年（1236—1240年）之间。（3）代还民债的数额为76000锭，即380万两。（4）利息总计以等于本金为限，即本利合计不超过一倍。（5）对利率尚未作出规定。

至元十九年（1282年）开始对利率作出规定。这年四月，中书省奏称，"随路权豪势要之家举放钱债，逐急用度，添利息每两至于五分或一倍之上"，如不能归还，"除已纳利息外，再行倒换文契，累算利钱，准折人口头匹事产"。经奏准："今后若取借钱债，每两出利不过三分。"即月利率为30‰。当时还议定，违例取息的许人陈告，查实后多取的利息归还借钱者，本利没官，犯人严行治罪。

虽然作此规定，但民间的习惯仍是年收对倍利息，于杂剧中可见。《感天动地窦娥冤》中，窦娥之父窦天章借蔡婆20两银子，一年后本利40两。《玉清庵错送鸳鸯被》中，李彦实府尹借刘彦明10两银子，经一年光景，本利合计是20两银子。至元二十年（1283年），云南地区的富强官豪放债如到期不还，"将媳妇、孩儿、女孩拖将去，面皮上刺着印子做奴婢"。至元二十九年（1292年）中书省御史台呈文说：近年来缺食之家向豪富借粮，从春到秋，利息每石重的1石，轻的5斗。当年不还，翻利作本，重写文契。次年不还，亦照此办理。"有壹石还数倍不得已者，致使无告贫民准折田宅，典雇儿女。"于是户部重行议定："年月虽多，不过一本一利。"

2. 元朝官府高利贷种种

（1）营债。军官对本管军人放高利贷，取息很高。元初曾予以禁止。至元十四年（1277年）泰安州长清县尹赵文昌呈文指出：管军人员对军人不知存恤，向军人出放钱债，"不出三四月便要本利相停，一岁之间获利数倍，设有违误，辄加罪责"。最初，枢密院下令禁止营债，后来朝廷已不再禁军债了，但要按法定利率收息。成宗大德二年（1298年），政府规定军债利息以每月3分为限，超过者，本利没官。大德十年（1306年）又规定，"管军吏放债，照依通例取息，岁月虽多，不过一本一利"。武宗即位（1307年），在改元诏书中宣布免除所有军债："应管军举放本管军人钱物，诏书到日，尽行倚免。"这自然并不禁止以后新的军债。

（2）"斡脱钱"。元代有一种专为皇帝和诸王等大官僚做买卖的民户，称为"斡脱户"。由他们经营的高利贷资本称为"斡脱钱"。因为斡脱的经营带有特权性质，因而滋生行为。大德五年（1301年）禁止斡脱夹带他人参加营运。大德六年（1302年）妃子扎忽儿真、诸王念木烈派人带圣旨到江浙行省追征斡脱钱，"展转攀指一百四十余户"。江浙行省向中书省提出可将欠债户有关的姓名、数目具呈中书省，再转到行省下，由地方官监督追债。在中书省的支持下，斡脱钱乱追债的行为得到控制。

（3）政府机构放债取息。元朝有时放债以补充经费。太宗十年（1238年）设惠民药局于10路。朝廷给银500锭为本钱。中统四年

(1263年）在上都设惠民司，"掌收官钱，经营出息，市药修剂，以惠贫民"①，每中统钞100贯，收息1.5贯。这只是支付朝廷的利息，药局经营时的取息标准肯定要高于此。另外至元十三年（1276年）立永昌路山丹城等驿站，以中统钞千锭为本，取息以供驿站费用。

（三）解典库和银铺

元代的金融机构除了平准库外，主要还有解典库和银铺。

1. 解典库

元代民间的信用机构还是以典当业为主，当铺多称"解典库"，亦称"质库""解库""解铺""解典铺"等。

元代开解典库的多是有权势的富人。因蒙古征服中原及江南以后，"无势之家"怕受官司科扰而不敢开设解库。杂剧中的富人，很多开有解典库。《玉清庵错送鸳鸯被》中的刘彦明"家中颇有钱财"，开有解典库。《东堂老破家子弟》中的赵国器"负郭有田千顷，城中有油磨坊、解典库，有儿有妇，是扬州点一点二的财主"。《看钱奴买冤家债主》中的"贾员外，有万贯家财，鸦飞不过的田产物业，油磨坊、解典库、金银珠翠、绫罗段匹，不知其数"。这些例子都说明，富人开解典库是很普遍的。

寺院和道观也开解典库。寺观的解典库亦称"长生库"，也有称"长生局"的。当时寺院和道观财产甚多，不仅放债，而且广开店铺。《元代白话碑集录》的碑文中，有寺院和道观碑文88篇，其中提到解典库的就有46篇，半数以上。名称绝大多数为"解典库"，偶尔有"解典仓库""解库""典库"的。碑文内容都是关于保护寺院、道观财产的圣旨。这些出现频率之高，正反映了寺院、道观开解典库的普遍性。顺帝至正六年（1346年），大护国仁寺昭应宫放债达26万余锭。英宗至治元年（1321年）嘉兴路资圣寺以中统钞2500贯为长生局本，放债取息，"厥息蕃衍，用以贸田入租，专给兴修土木工直之费，毋他侵取，本则常存，计图绵远"。"长生"之意于此可见。

元代解典库的利率因时因地差别很大。有文献记载，大都的典库月息最低为2%，不按复利计算，50个月利息等于本金。同时又有质物周年

---

① 《元史·志第三十八·百官四》。

下架，12个月取过倍之利说明，则月息达8％以上。据此，好像利率随没当期限而定：没当期限越短，利率越高。据彭信威《中国货币史》，元代的利率一般为每贯每月收三十文到三十六七文。而普通放债只有每月二分五厘。也就是说抵押放款反比信用放款的利率还高。

"解帖"作主解典库收解时发给借款人的凭证。大德时，淮安路"孔胜不依通例明发解帖，暗行出典，加一取息"。可见各地解典库有大致通行的利率标准，且解帖的运用使解典库的经营更加合法化、规范化。

2. 银铺

银铺或称"银匠铺"，从唐宋的"金银铺"到发展到元代的"银铺"，这一字之差，反映了白银使用的增加。当然银铺的经营对象也包括黄金在内，但银铺更突出"银"字，说明白银的使用比黄金更加普遍。

银铺以熔铸金银锭、打造金银器皿为本业，但从事金银买卖、兑换业务也很重要。杂剧《罗李郎大闹相国寺》中有："一路上将盘缠马匹都使尽了，则有这两个银子，拿去银匠铺里换些钱钞使用。"《争报恩三虎下山》第一折有"倒换些钱钞，做盘缠去"的情节。这些说明银铺兑换货币业务的频繁。

第三节　元朝的货币理论

一　至元年间的纸币理论

元世祖中统元年（1260年）发行中统元宝交钞，以钱为单位。各路设平准行用库，用金银（主要是银）作准备金来维持纸币的币值。在最初的十余年间，币值比较稳定。至元十三年（1276年）统一江南后，中统钞发行额大增，平准库金银被移作他用，因而逐渐贬值。王恽、张之翰、刘宣等分析了中统钞贬值的原因。

至元十九年（1282年），山东东西道提刑按察副使王恽（1227—1304年）在《便民三十五事·论钞法》中讨论了中统钞问题。他认为纸币是不虚的，贬值的部分才叫作虚。王恽认为中统钞贬值的原因有四：一是至元十三年后，各地平准行用库的金银钞本先后被尽行运走，"自废相权大法"。二是初立钞法时，新印纸币只作为换易烂钞之用，"印造有限，俭而不溢，得权其轻重"。"今则不然，印造无算，一切支度虽千万锭，一于新印料钞内支发，可谓有出而无入。"三是"物未收成，预先定买"，增加了纸币的支出，"物重币轻，多此之由"。四是外路行用库的官吏舞弊，私自向百姓调换昏钞，"多取工墨以图利息"。"故昏转昏，烂者愈烂，流转既难，遂分作等级。"以上四条，重要的是两条，一是纸币不能兑现，二是用纸币弥补财政赤字，以致发行数量过多。他主张"用银收钞"，或另造银钞，收兑旧钞。① 张之翰在至元年间写过《楮币议》，认为："天下之患，莫患于财用之不足；财用之患，莫患于楮币之不实。""不实"就是"致虚"，与王恽的观点一致。他认为当时纸币贬值，是因奸臣（阿合马）的聚敛而造成的。他认为纸币是能够流通的，并把纸币流通的责任归于统治者，并提出称提纸币的三策：出金以兑换，使纸币通行；增加铸钱，保障货币流通之用；造钞以更新，收兑昏烂之钞。而最有效的是"出金以兑换"，即恢复原来兑现的办法，才能保证币值稳定。② 吏部尚书刘宣（1233—1288年）针对中书省传旨讨论更改钞法提出意见。认为中统钞发行初期的稳定是由于以金银为准备。中统钞贬值的原因，一是发行过多；二是取消了准备金制度。因此，他提出的对策，一是恢复准备金制度；二是减少财政支出。

至元二十四年（1287年），根据尚书左丞叶李的建议，发行至元通行宝钞，一贯当中统钞5贯。恢复准备金制度，"依中统之初，随路设立官库，买卖金银，平准钞法"。至元钞法的推行，虽直接源自叶李的建议，但也间接受到王恽、张之翰和刘宣等人的影响。

二 郑介夫的子母相权论

元朝第二次建立的准备金制度，很快就遭到破坏。郑介夫曾在湖南道任小官，他主张用铜钱，"国家输运则钞为轻费，百姓贸易则钱为利便"；"钞为一时之权宜，钱为万世之长计"。他的子母相权理论，强调用钱的必要性。

---

① 《便民三十五事·论钞法》，转引自叶世昌、李宝金、钟祥财《中国货币理论史》，厦门大学出版社2003年版，第137—138页。

② 张之翰：《西岩集》卷13《楮币议》，转引自欣士敏《金泉沙龙：历代名家货币思想述论》，中华书局2005年版，第285页。

郑介夫分析了各类子母相权："天下之物，重者为母，轻者为子。""国初以中统钞五十贯为一锭者，盖则乎银锭也，以银为母，中统为子。既而银已不行，所用者惟钞而已，遂至大钞为母，小钞为子。今以至元一贯准中统五贯，是以子胜母，以轻加重，以后逾前，非止于大坏极弊，亦非吉兆美谶也。"强调不能实行单一的纸币流通制度，要钱钞兼行。郑介夫还指出元朝纸币流通的危害：一是引起物价飞涨；二是纸币易于伪造；三是纸币易于损坏；四是纸币因通货膨胀而使民贫。郑介夫提出了富民之术，认为古之民富，今之民贫，贫富相悬之区别就在于"铜钱之兴废"。并提出铜钱的益处：一是历代旧钱散于民间，取资国用，可抵全国一年的税赋收入；二是市场交易方便，无纸币转换贴水之烦，也无纸币伪造昏烂之忧；三是钞与钱相权可各得其所，"钞以巨万计，货以畸零计"。"若使畸零之货可易铜钱，则巨万之钞自然流通，此国与民之两便也。"[①] 郑介夫的观点就是提倡大数用钞，小数用钱，以此子母相权。

三 马端临的货币理论

马端临（1254—约1323年），著有《文献通考》。他分析历史上钱值变化的趋势："古者俗朴而用简，故钱有余。后世俗侈而用糜，故钱不足。于量钱之值日轻，钱之数日多，数多而值轻，则其致远也难。"马端临分析了珠玉、黄金、铜钱与钱币的区别，认为珠玉、黄金为可贵之物，铜钱为适用之物，楮币则是以无用为用。肯定了纸币比铜钱更有优势，铜重楮轻，鼓铸繁难而印造简易。推行纸币就是舍其繁且难者，用其轻且易者，是货币制度的进步。但纸币的便利要以纸币的币值稳定为前提条件，指出纸币泛滥会引起种种恶果，纸币的优势就没有了。马端临还分析了南宋纸币流通不统一的问题。纸币不同于铜钱，纸币代铜，"千里之远，数万之缗，一夫之力，克日可到"[②]。因此，地方性纸币完全可由统一纸币来代替，这样也免除地方性纸币因易变易废而造成百姓财产的损失。

[①] 叶世昌、李宝金、钟祥财：《中国货币理论史》，厦门大学出版社2003年版，第141—144页。

[②] 马端临：《文献通考》钱币二，转引自叶世昌等《中国货币理论史》，厦门大学出版社2003年版，第146页。

四 王祎的货币论

王祎（1321—1373年），著有《泉货议》，讨论货币问题。对于货币的作用，王祎认为，历代货币是"以至无用而权至有用"。他批评至正年间的"二钞并行"："夫中统本轻，至元本重，二钞并行，则民必取重而弃轻。钞乃虚文，钱乃实器，钱钞兼用，则民必舍虚而取实。"王祎提出救弊的建议，钱法要罢铸当十大钱，大量铸造质量好的小钱。"盖大钱质轻而利重，利重故盗铸者多，质轻故宝爱者少；小钱费厚而利均，费厚故盗铸者少，利均故贸易者平，此亦势之必然。"广铸小钱就要增加铜源，王祎主张禁铜，并建议收铜的方法："民间所有铜皆入官，官为鼓铸，除工本之费，更取其三而以七归于民。"这就是实行有控制的自由铸造制度，官府收取30%的铸造费，这样就能使钱"流于地上，而异代之钱将不销而自废"。王祎提出铸金银钱三币的主张："今诚使官民公私并得铸黄金、白金为钱，随其质之高下轻重，而定价之贵贱多寡，使与铜钱母子相权而行，当亦无不可者。且今公私贸易，若于铜钱，重不可致远，率皆挟用二金。""是则用黄金、白金为钱，与铜钱并行，亦所谓因其所利而利之者也。"[①] 以金银为货币的主张，反映了金银，特别是白银是货币化的发展趋势。

[①] 杨兴发编：《中国历代金融文献选注》，西南财经大学出版社1990年版，第134—136页。

第八章

明朝的货币与信用

第一节 明朝时期的货币

明王朝（1368—1644年）统治的276年是中国封建社会经济史上一个重要的时期。政治上的统一和中央集权的进一步强化，为封建经济的发展提供了重要的保证。明朝前期遭破坏的农业和手工业得以恢复和发展，城市和商业贸易都取得了显著的发展，特别是明中后期出现了资本主义生产关系的萌芽，为货币经济的发展和变革创造了条件。因此，明朝的货币发行制度和货币结构在后期发生了重大变化。由于政府强制推行不兑现的纸币制度，且采取了无限制的发行措施，使得纸币在明中后期已是名存实亡。而白银在纸币和铜钱之后，取得了第一货币的地位，从而构成了中国封建社会后期货币制度以银为主、以铜钱为辅的银铜兼行的货币制度的新格局。

一 纸币

（一）大明通行宝钞的发行制度

明代钞法主要包括以下内容：设置管理机构；对纸钞形制的规定；制定防伪措施；印制、发行宝钞；制定旧钞更新的办法等。

1. 管理机构

"大明宝钞"的印制、管理机构为宝钞提举司，该机构始设置于洪武七年（1374年）九月，最初设正副提举各一人。所属有抄纸局、印钞局、宝钞库和行用库。行用库是负责用钞换取民间金银和负责旧钞更新的机构。永乐七年（1409年），明朝又设北京宝钞提举司。

2. 宝钞形制

初行钞法，明朝对"大明宝钞"的形制作了详尽的规定。面额六种：百文、二百文、三百文、四百文、五百文、一贯（千文），每贯值千文铜钱，或白银一两、黄金1/4两。钞钱并行，禁用金银交易，规定百文以下交易，悉用铜钱。大额支付用宝钞，商税三成收钱，七成收钞。规定税粮可以用银、钱、钞、米折纳，定价白银一两折钱千文，或钞一贯，或米一石。其目的是维护宝钞地位，促其流通。

洪武二十二年（1389年），明廷又增发小钞五等，为十文、二十文、三十文、四十文、五十文。

大明宝钞用桑皮纸做原料，一贯大钞长一尺，阔六寸，即36.4×22厘米，是世界历史上面积最大的钞票。其他形制方面同宋元纸钞。在其他形制方面，大小钞并无区别，各种条款、花纹图案的布局基本上仿照宋元时代的纸钞，只是文字内容有所不同而已。

3. 防伪措施

明朝实行钞法，在防伪方面颇为留意，除了在钞面上印有对伪造宝钞者的惩罚办法外，明朝的法律还规定：将造伪钞与谋叛、奸党等并列，都要被处以极刑，同时还要没收其财产。"凡伪造宝钞，不分首从及窝主，若知情行使者皆斩，财产并入官。"[①] 对各种形式的破坏钞法行为也有不同的处罚规定。

4. "大明宝钞"的印制与发行

明朝实行钞法，是一种纸币本位制，完全没有发行准备金。无论印制宝钞还是发行宝钞，都没有一个明确的发行限额。因此从某种意义上可以说，宝钞存在的依据主要不是经济上的，而是政治上的，即政权的力量与信用。这使得明朝钞法变行非常简单，那就是，印出宝钞，规定宝钞的价值，然后将宝钞发行出去。宝钞的印制与发行一直持续到明宣德三年（1428年），宣宗下令停造宝钞，宝钞才停止发行。

---

① 《明会典》卷170《伪造宝钞》。

图 8.1　大明通行宝钞壹贯

"大明宝钞"的发行方式有两种，一是国家用钞换取人民手中的金银，二是将钞用于财政支出，但在无限制发行这一点上，二者是相同的。事实上，"大明宝钞"的发行数量最终取决于两方面，一是国家财政需要，二是人民手中实际有多少金银。①

5. "大明宝钞"的货币职能

明朝廷为推行大明宝钞制度，曾下令禁止金银作为货币流通，并设行用库用宝钞收兑民间的金银。这样原来许多用银、钱、实物支出的地方，都改用钞支付了。具体表现在以下几个方面。

（1）支发俸禄。洪武九年（1376 年），明朝定诸王公主岁供之数，其中规定，亲王岁钞 25 万贯，靖江王万贯，公主未受封者钞 2000 贯，其下多少不等，至县主尚有钞 500 贯。洪武十三年（1380 年），重定内外文

---

① 王毓铨主编：《中国经济通史·明代经济卷》，经济日报出版社 2000 年版，第 767 页。

武官岁给禄米、俸钞之制,从正一品至从九品,给俸钞自 20 贯至 300 贯不等。①

(2) 卫所军士月盐、月米用宝钞支付。洪武十五年(1382 年)十一月规定,在外卫所军士,月盐皆给钞。永乐年间,下令在粮多之地,士兵的月粮八分支米,二分支钞,不少地方则为米七钞三,少数地方也有全部用米支的。

(3) 赏赐臣民和外国使臣等。永乐九年(1411 年)九月,满剌加国王拜里迷苏剌辞归,朱棣除赐给金银若干外,又赐钞 40 万贯,赐王妃钞 5000 贯。

需要指出的是,明朝实行钞法,只重视向外发钞,却不重视钞的回收。百姓可用金银与国家兑换宝钞,却不能用钞与国家兑换金银。金银只是单向地由民间流向国家。金银既然只进不出,于是国家回收宝钞的主要途径便只剩下征收赋税了。明朝的赋税收入主要为田赋收入。明初宝钞不用于田赋,只用于商税收入,且规定钱钞兼收,钱什三而钞什七,一百文以下则止收铜钱。

6. "大明宝钞"的更新制度——倒钞法

洪武九年(1376 年)七月,为解决旧钞问题,明朝规定了旧钞更新的办法,即"倒钞法"。国家设行用库,负责旧钞换新,每旧钞一贯更换新钞时,加收工本费 30 文。但规定对钞面贯百文字分明可辨者不得更换,但"若以贯百分明而倒易者,同沮坏钞法论",政府要"究其罪"。② 同时规定对"钞虽破软而贯百分明"的宝钞,民间交易和官府收赋悉听其便,不得拒收。明政府虽制定了"倒钞法",但对换新钞却严加控制。因此,实际上当时人们能用旧钞换新钞的数量是十分有限的。

倒钞法实施受阻,引起了严重的经济社会问题。倒钞法不能很好地贯彻,甚至连专门负责换钞的机构行用库也很快被罢去。而同时政府新钞又不断增发,得不到回收的旧钞就越积越多,形成实际上的贬值。加之政府在实际税收时只要新钱,这就造成了在市场上新旧宝钞的价值差异,如 1 贯宝钞新钞兑换 2 贯旧钞的现象。一些地方官吏,趁机从中舞

---

① 《明史》卷 82《俸饷》。
② 《明太祖实录》卷 107。

弊，强迫百姓用新钞纳税，然后再进行调换，用新钞低价买进旧钞，把旧钞送进国库，新钞自己留下，借此中饱私囊。

(二) 宝钞制的实施与最后消亡

大明宝钞是不兑现的纸币，发行量又无限制，发多而收少，这样久而久之，流通中的纸币会充斥起来，终于发生了通货膨胀。洪武年间刚发行纸币时 1 贯 = 1 石米；到永乐元年（1403 年），钞 10 贯 = 米 1 石；到洪熙元年（1425 年）钞 25 贯 = 1 石米，50 年间官价大米价格上涨了 25 倍，而市价的涨幅还要更高。为了应对纸币贬值的局面，明初从明成祖到明宣宗近 30 年间，政府曾先后采取了各种措施来稳定宝钞的价值和购买力。明政府主要采用了以下一些敛钞的办法：

1. 实行户口食盐法。就是增加盐税，以扩大宝钞的使用范围。全国百姓每人每月按食盐 1 斤计算，要交纳宝钞 1 贯，未成年者减半。宣德元年（1426 年）下令，规定各地官吏贪赃罚款时都折收宝钞，不分新旧。

2. 规定租粮课税"准折收钞"。宣德四年（1429 年），朝廷在 33 个府、州、县把市镇店摊的税增加了 5 倍，如菜地每亩每月交纳旧钞 300 贯，果树每棵一年交 100 贯。旅馆客店每间房每月纳钞 500 贯，驴骡货车每辆每次纳钞 200 贯。用这种办法来回笼纸币，收缩通货，稳定币值。

3. 暂停发新钞。在宣宗宣德三年（1428 年）停造新钞。已造的收库，不许发放，旧钞选择好的以供赏赐，不能用的烧毁，从而达到减少宝钞数量的目的。

4. 输钞以赎罪。成祖永乐二十年（1422 年），定阻挠钞法罪，犯人处死，全家罚款，并充军边远地区。又规定不用钞一贯者罚钞千贯。各种惩罚都用罚款的办法，动辄罚款千贯。

由此，本来想用敛钞的办法来推行宝钞制度，却演变成了明政府一场大规模的增税运动。这不但不能挽救宝钞贬值和消亡的命运，还同时加重了人民的负担，也不利于社会经济的发展。明政府虽一再声称敛钞之法为"一时权宜"之计，但这些敛钞措施在钞法事实上已经破坏之后仍在执行，这样明政府"通钞法以便民之交易"的"便民"口号，已变成"害民"之实了。

明朝推行并实施的各种维持钞法的措施，显然是不能挽救宝钞最终灭亡的命运。到明朝中叶以后，钞法作为一种货币制度已经名存实亡，新钞一贯，时价只有 10 钱；旧钞一贯仅值 1 钱、2 钱，甚至"积之市肆，过者不顾"。"大明宝钞"最后完全退出了流通领域，只在与国家财政有关的某些方面还使用。所以纸币到弘治年间以后，在经济生活中已然没有实际意义。此后，民间的交易，则以白银和铜钱为主要的支付工具。明政府鉴于禁用金银、铜钱的命令已不能贯彻执行，于是不得不在 1435 年和 1436 年先后解除铜禁、银禁。从此，"朝野率用银，其小者乃用钱"[①]。

二 白银

（一）明朝白银货币化过程

明代前期，中国民间货币的使用情况是相当复杂的，不少学者根据民间买卖的情况，将明前期一百多年使用通货分为三个阶段：洪武、永乐之间以钞为主，宣德、正统则钞、谷、布、银兼用，成化、弘治以银为主。这里，我们通过明代徽州地区土地买卖交易的契约，就能明显看出明代白银货币化进程的大致轨迹。

表 8.1　明代徽州地区土地买卖契约中通货使用情况表（部分）

年代	契约数量	使用通货分类			
		宝钞	白银	谷物	绢布
洪武二年至三十一年（1369—1398 年）	49	37		6	5
建文元年至四年（1399—1402 年）	22	7		11	4
永乐元年至二十二年（1403—1424 年）	103	84	1	14	3
洪熙元年（1425 年）	6	4		1	1
宣德元年至十年（1426—1435 年）	40	9	1	9	21
正统元年至十四年（1436—1449 年）	54		35	7	12
景泰元年至七年（1450—1456 年）	30		27	1	2
天顺元年至八年（1457—1464 年）	33		31	2	
成化元年至二十三年（1465—1487 年）	90		90		
总计 119 年	427	141	202	43	39

资料来源：万明《明代白银货币化的初步考察》，《中国经济史研究》2003 年第 2 期。

[①] 《明史·食货志》卷 81。

明朝一开始就禁用金银，建立宝钞制度，可以说国家推行的通货目标与民间货币发展趋势是完全不同的。下面根据表 8.1，再结合其他文献资料，将明代白银的使用分为以下三个时期。

1. 洪武至建文时期（1368—1402 年），是宝钞推行于民间的第一阶段，特点是作为国家法定货币的宝钞迅速衰落，白银货币化的趋势已经明显出现。

2. 永乐至宣德时期（1403—1435 年），是宝钞推行于民间的第二阶段，特点是宝钞再度经历顶峰后衰落，向白银过渡的实物交易出现。

3. 正统至成化时期（1436—1487 年），是宝钞绝迹于民间的阶段，特点是白银逐渐成为实际主币。

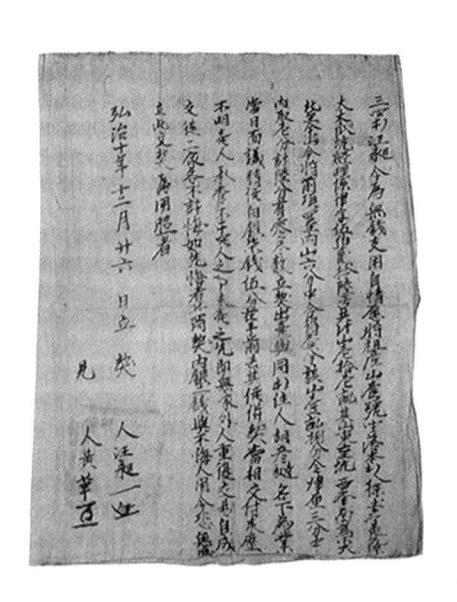

图 8.2　明弘治年间安徽徽州地区土地买卖契约

（二）白银成为主币的原因

白银自宋、元以来，在民间的流通逐步普及。明初政府为推行纸币，而禁用金银交易，但无法阻止白银流通及其向正式货币的发展。洪武三十年（1397 年），江南苏杭一带市场上的大额交易已经是"不论货物贵贱，一以金银定价"。到明英宗正统元年（1436 年），废禁银的法令之后，朝野内外普遍用银作主要货币，铜钱则来作小额支付（辅币）。白银成为本位货币的原因：

1. 商业发展的需要。从世界货币史的角度看，白银这种贵金属的积累和充分供给，是资本主义生产方式发展的一个历史前提和重要条件。明中叶，白银获得正式货币地位，也正是资本主义萌芽发生的时候。明初以来，社会经济的进步和商业的繁荣，国内几十个大城市、各地区之间的商品交流日益频繁，海外贸易也有了新的发展。这一切客观上要求本身价值比较高的金属来充当主要货币，这是白银在明代货币结构中地位上升的历史背景和主要原因。

2. 本身的优越性。明朝当时有人根据现实经济生活的感受指出："凡贸易金太贵而不便小用，且耗日多而产日少；米与钱贱而不便大用，钱近实而易伪易杂，米不能久，钞太虚亦复有浥烂；是以白金（银）之为币长也。"

3. 得到充分的供应。一方面，明代白银的采矿、冶炼水平比前代有所提高，银产量因此得到增加；另一方面，在对外贸易中，南洋各国的"番银"大量流入，也补充了流通领域里白银的来源。

4. 政府税征银。明政府关于赋税征收白银的制度，对于货币经济的进一步发展、推广白银的使用起到了促进作用。明英宗时，南方各省的田赋米麦四百多万石折征银两，称为"金花银"，规定米麦四石折银一两，这是白银成为正式赋税的开始。嘉靖年间，又规定对各地进京服役的"班匠"（工匠）实行纳银代役制度。

明神宗万历年间，实行赋税改革。张居正推行"一条鞭法"，丈量全国土地，将原先的田赋、徭役、杂税"并为一条"，叠成银子，平摊在田地上，按田地多寡来分摊，"计亩征银"，不再按户、丁征缴役银，即土地折银。工商户免征徭役，可交银代役，即赋役折银。百姓的税负减轻了，农民与封建国家的依附关系松弛了。赋役征银的方法，融入了市场经济的因素，推动了货币地租的发展，白银成为各阶层人民普遍接受的货币。

随着白银的普及，明朝中后期白银已经成为社会财富的同义词。由于白银在货币结构中的地位已经上升为主要货币，因此明朝中后期的货币制度就变成银铜复本位制。在商品交易中选用货币的情况大致可以归纳为交易额大者用银，小者用钱。既然白银是上币，按照当时的银、钱比价，一分银子大致可兑换铜钱五六文至十文左右。①

这样，贵金属白银的流通，在中国封建社会里经过宋元几百年缓慢、曲折的发展，终于排挤了纸币，并取代了铜钱而成为流通中的主要货币，从而形成了封建社会后期以银为主、以铜钱为辅的银、铜并行的复本位货币制度。

（三）白银的铸造形式

1. 银锭。这是明朝白银最普遍的形态。白银自宋代以来叫铤，元朝叫元宝，到明朝，白银的货币地位日益巩固，明嘉靖八年（1529 年），令解京的银两皆铸成锭，并在银锭上镌有年月及官吏、工匠姓名，于是银两始有一定的单位和成色，成为人民纳税的法货，又为国家收支的计算单位。银两制度至此正式确立，直至 1935 年废两改元为止。②

明朝最常见的银锭是 50 两一锭的船形元宝，下面是许多大小不一的小元宝。银锭上一般有文字，记有铸造地名、重量和银匠的姓名，还有年号；小银锭上有时不铸文字。

旧式的银条、砝码形的银锭在明朝很少见。元宝是一种落后的形制，从前中国人携带钱财，经常是缠在腰里，俗称"腰缠万贯"。元宝的船形制式，正是便于缠在腰间，左右各缠一个。

2. 银钱。明朝设有"银作局"，铸造金银钱，主要是用来赏赐。明银钱遗留下来的主要有永乐通宝、万历通宝、天启通宝三种；大小形制与铜钱差不多，只是略小一些，重一钱，也有重几分或几钱的。其中比较有名的银钱是万历银矿。万历年间朝廷大开银矿，所以银钱的铸造要多于其他朝代。常见的银钱正面为"万历通宝"，背面有"矿银"二字，重三分、四分、五分等几种。也有正面为"万历年造"，背面为"二钱""五分"。

3. 银豆、银叶。官府的银作局也铸造这两种银币，银豆为圆珠形，重一钱或三分；银叶是方片，轻重不一。日本在德川幕府时期曾经使用过豆板银，大小轻重不等，很可能是受到了中国的银豆、银叶子的影响。

---

① 王毓铨主编：《中国经济通史·明代经济卷》，经济日报出版社 2000 年版，第 812 页。
② 刘鸿儒主编：《经济大辞典·金融卷》，上海辞书出版社 1987 年版，第 572 页。

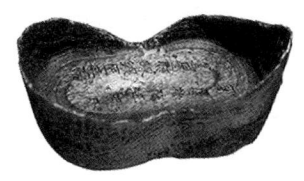

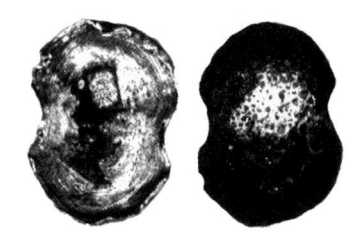

图 8.3　明万历年间云南 20 两税银　　图 8.4　明后期使用的 4 两银锭（150 克）

4. 银牌。明朝还曾经铸造使用了银牌，分为五钱和一两的，是专门用于对西域哈密等地作贸易上的支付手段。

三　明朝制钱

明朝称本朝所铸铜钱为"制钱"，把前朝的铜钱称为"旧钱"，在两者的比价和使用上都有差异。明朝制钱的发行数量并不多，一方面是由于铜矿的开采冶炼较少；另一方面是因为明朝初年主要用纸币，明中叶以后又用银两，致使铜钱的需求量不大，明代许多皇帝没铸过铜钱。

（一）自洪武至崇祯时期

明代的制钱铸行情况大体经历三个阶段。

第一个阶段：自洪武至隆庆的二百余年间，历十二位皇帝，仅六位皇帝铸过钱，且铸行不多；第二阶段：万历中期开始增加铸钱量，是明朝铸钱由少至多的转折时期；第三阶段：经天启至崇祯，是明政府铸币膨胀和铸币贬损的阶段，形成铸钱愈益滥恶，钱制极为复杂与轻劣钱泛滥的局面。[1]

明朝铸行的铜钱大致具有以下特点：第一，铜钱都称"通宝"，不称"元宝"，是为避太祖朱元璋的名讳。第二，整个明朝的铜钱铸行量都是有限的。第三，明朝大部分时间由工部的宝源局和地方各宝泉局铸钱，且时断时续。第四，明代小平钱居多，钱文大都是真书顺读，小平钱背面多无文，大钱背有文。

---

[1]　唐石父：《中国古钱币》，上海古籍出版社 2001 年版，第 304 页。

明正式的年号钱有以下十种：

1. 洪武通宝

明太祖在洪武元年（1368年）开始铸行铜钱。京师的宝源局和各省宝泉局开铸洪武通宝和大中通宝钱。洪武通宝仿大中通宝的形制，分为五等，有小平钱、折二钱、折三钱、当五钱、当十大钱。

洪武通宝钱共有4类61种，现存世的58种，都是真书顺读。第一种是钱背面无字。第二种是纪重钱，铸有重量的文字，如一钱、二钱、三钱、五钱、十钱、一两。第三种为纪值钱，如一钱、二钱、三钱、五钱、十钱等，穿上。第四种为纪地名，如京（南京）、济（山东）、桂（广西）、豫

图8.5 明洪武通宝

（河南）、浙、鄂、福、广、北平等九种。洪武小平钱一般钱径为24.5毫米，重3.4—3.6克。但因铸地不同，钱径及重量等的差距亦很大。

洪武八年（1375年），明政府正式发行大明宝钞纸币，定宝钞每贯合铜钱一千文或白银一两，宝钞四贯合黄金一两。准许铜钱与宝钞兼行。但禁止金、银的流通，只能用于兑换政府的宝钞。为了推行宝钞制度，明政府在洪武年间及以后几代皇帝都多次停铸过铜钱。史载洪武年间铜钱铸行额最高的一年是洪武五年（1372年）的222400余贯。① 但这与北宋相比较，仅是元丰年间铜、铁钱铸行总量的三十分之一。

洪武二十七年（1394年），"诏禁用铜钱……限半月内，悉收其钱归官，依数换钞，不许再用，敢有私自行使埋藏弃毁者，罪之"②。由于民间重钱轻钞思想严重，私藏者众多。20世纪80年代，在浙江发现下限为洪武通宝的铜钱窖藏20起，窖藏方法简单，多用选缸、罐，亦有用空棺内装500斤，多距民房不远，数量不大，埋藏不深。③

2. 永乐通宝

明成祖朱棣永乐六年（1408年）铸行永乐通宝铜钱，先在北京和南

---

① 《明太祖实录》卷77，明洪武五年十二月。
② 《明太祖实录》卷234。
③ 屠燕治：《洪武年间的铜钱窖藏》，《中国钱币》1988年第2期。

京开铸，永乐九年（1411年），又在浙江、江西、广东、福建四省铸造。所铸钱币主要是小平钱，折二钱、折三钱也有铸造，但传世的很少。永乐钱文为真书顺读，都是光背小平钱。铸作精整划一，钱文瘦逸，是仿照金朝大定通宝钱的字体。一般径24毫米，重3.4—3.7克。

3. 宣德通宝

明宣宗宣德八年（1433年）发行宣德通宝钱，两京的宝源局和浙江、江西、广东、福建四省宝泉局铸宣德通宝十万贯。永乐、宣德两朝所开省局相同，连两京在内，都只有6处鼓铸，因此，年铸额在十万贯左右，比洪武时期更少。宣德钱都是光背小平钱，且真书顺读。平钱一般径24毫米，重约3.4克。

4. 弘治通宝

明孝宗弘治年间铸造的钱币。明朝自宣帝铸宣德通宝后，有数十年时间没有铸钱，其间有英宗、景泰帝和宪宗三个皇帝，历正统、景泰、天顺、成化四朝，到弘治十五年（1436—1502年），共66年都未铸过铜钱。直至孝宗弘治十六年（1503年）才恢复铸钱。两京及全国十三省一律开炉鼓铸，并增加了钱炉总数，但弘治通宝实际铸行的数量仍然不多，仅年铸行四五万贯，还不及永乐、宣德时期的铸行量。

弘治通宝钱的版别较永乐、宣德钱为多，有大字宽郭、小字狭郭者；文字的笔画亦有多种不同版别。但弘治通宝钱都为光背小平钱，一般钱径24—24.5毫米，重3.4—4克。

5. 嘉靖通宝

明世宗嘉靖六年（1527年）开铸嘉靖通宝钱。除北京、南京宝源局开铸外，还有直隶、河南、福建、广东四省铸钱。规模大约等同于永乐、宣德时期。与永乐、宣德钱相同，嘉靖通宝钱以小平钱为主。嘉庆通宝每文重约一钱二分，千钱重七斤八两；后改为每文重一钱二分八厘，千钱重八斤。从嘉靖朝时，已正式开始用黄铜铸钱，且黄铜与锡的比例为 10∶1。

嘉靖二十三年（1544年），工部宝源局曾仿照洪武通宝铸造嘉靖通宝系列钱币，有小平、折二、折三、当五、当十共5种，各3万枚，这几种钱币留传下来的数量也非常少。嘉靖小平钱一般径24.5毫米，重3.8—4.2克。

6. 隆庆通宝

明穆宗在隆庆四年（1570年）以后铸造隆庆通宝钱，每文重一钱三分。隆庆朝铸钱数量少于嘉靖朝。自洪武到隆庆朝，是明代铸钱数量不多的时期，且往往是时断时续的。隆庆钱都是小平钱，真书顺读，背无文。钱文端庄，铸作精整，版式差异较小。钱径与重量与嘉靖钱相同。

7. 万历通宝

明神宗万历四年（1576年），开铸万历通宝钱。在神宗以前，明朝铜钱的发行量很少。万历初年，铸币数量较前代有所增加，但数量并不大。从万历二十年（1592年）开始，中国对日作战，军费开支大增，明政府财政状况恶化。加之国内商业贸易的发展，对货币的需要量也增加了，因此，万历、天启、崇祯这几代铸钱数量比前代大为增加。

万历小平钱大多数背无文，但少数有星月和文字。因全国铸局、炉数的不断增加，万历的版式也较多，钱径、钱文都有一定的区别。万历小平钱径25毫米，重与嘉靖钱相近。万历钱铸行长达44年，故存世甚多。

8. 泰昌通宝

万历皇帝在位48年，其子光宗朱常洛继位，年号泰昌。但是该年（1620年）九月，光宗还未及铸钱就死了。后来的"泰昌通宝"钱是其子熹宗即位后补铸的，所以数量较小。

泰昌钱仅铸小平钱，面文真书顺读，背面无文。版别种类不多。小平钱一般径25毫米，重约4克。

图 8.6　明万历通宝　　　　图 8.7　明泰昌通宝

9. 天启通宝

明熹宗朱由校1620年年底继位，次年为天启元年（1621年），铸行泰昌通宝钱一年，再接铸天启通宝钱，常见的天启通宝钱有小平钱和当十大钱。天启二年（1622年），增设户部宝泉局，由户部右侍郎督办，此后，全国的铸钱中心转到户部，而工部宝源局所铸的钱就很少了。这是自洪武皇帝开设宝源局开铸铜钱以来，铸钱体制的重大转变。

天启钱分小平钱、折二钱和当十钱三等。小平钱分背无文和背有文两类，背有文的钱比万历钱更复杂。单是背面铸有星月标志的就有多种，月有大月、小月、半月、仰月等，星有小星、大星、巨星、圈星等，更有星月形成的多种组合等。文字有纪地名、纪重和纪事三种。天启通宝小平钱一般直径为25—26毫米，重量约4克。

10. 崇祯通宝

明朝末代皇帝思宗朱由检在崇祯元年（1628年）铸行崇祯通宝钱，每钱一文，重一钱二分五厘。由于崇祯继位不久，即爆发了李自成的农民大起义，加之水旱灾害，明政府面临着日益严重的财政、经济危机。于是增开炉房并鼓铸铜钱，便成为唯一救急的办法。于是各地开局铸币数量大增。由于各处都纷纷设厂铸钱，因此，钱币的形制十分不统一。面值有小平钱、折二钱和当五钱。崇祯通宝背铸文字的小平钱一般径23—24毫米，重约为3克。崇祯钱背面的文字也很复杂，主要有以下几种：

（1）铸有地名。如广、贵、重、泸、沪、宁、嘉（嘉州）、榆（榆林）、鄂、太平等十六种。

（2）背有发行机构名称。如户、工、兵、新、局、京、院等九种。

（3）背有天干纪年钱。如"甲""乙""丙""丁"等。

（4）"跑马崇祯"钱。有一种在南京铸造的崇祯通宝钱，背面有一奔马的图案，称为"跑马崇祯"。这种钱币是十分奇特的，因为有二，一是在中国古代，铜钱两面以文字为多见，很少采用动物的图案；二是这种钱，民间存在不少传说。当时的百姓看来，跑马崇祯就是明朝灭亡的不祥之兆。明末民众中传言"一马乱天下"，后来又有人说明朝亡于闯王李自成，"闯"字就是"一马进门"。也有人说是南明政权亡于马士英，"马"指马士英。

图 8.8　明天启通宝　　　　　图 8.9　崇祯通宝

(二) 明朝末至南明时期

崇祯十七年（1644 年），李自成在西安称王，国号大顺，建元永昌，铸行永昌通宝，有小平钱和当五钱两种。后来，李自成领导的起义军攻入北京城，明朝灭亡了，又在北京铸造"永昌通宝"铜钱。

同年（即清顺治元年），张献忠在四川成都称帝，建立了大西国，建元大顺，因而发行了"大顺通宝"铜钱，仅见的只有小平钱一种；另外还铸行一种赏功钱，文字为"西王赏功"，分金、银、铜三种。由于明朝末年发行的钱币又轻又小，"永昌通宝"和"大顺通宝"这两种农民起义军发行的铜钱，很受广大人民的欢迎。

明朝灭亡后，朱姓宗室的藩王相继在南方建立了反清的政权，历史上称它们为"南明"。这些政权也陆续发行了一些钱币。

1. 弘光通宝。崇祯十七年（1644 年），明朝灭亡后，福王朱由崧在马士英等人的拥立下，在南京即帝位。次年改元弘光，铸行弘光通宝年号钱。有小平钱、折二钱两种。弘光元年（顺治二年，1645 年）五月，清军攻入南京，福王政权瓦解。

2. 大明通宝。1645 年，鲁王朱以海在绍兴监国，并在台州铸造大明通宝钱，皆为小平钱。1651 年，清军攻占舟山，鲁王奔往福建厦门。

3. 隆武通宝。1645 年，唐王朱聿键在福州称帝，改元隆武，铸造隆武通宝钱，有小平钱、折二钱两种。次年八月，清军入闽，唐王政权灭亡。

4. 永历通宝。1647 年，桂王朱由榔在广东肇庆称帝，建元"永历"，发行"永历通宝"铜钱，有小平、折二及背文有文字等不同版别，字体上可分为楷、行、篆书三类。永历政权存在 16 年，是南明王朝中存在的时间最长、占有的领土最广的政权。钱币版别的多样性，可能与该政权处于战乱中，且不断辗转迁徙有关。

图 8.10　明弘光通宝

图 8.11　永历通宝背壹分

行书、篆书的"永历通宝"铜钱是郑成功在台湾地区使用的。永历三年（1649 年），郑成功接受桂王延平公封号，奉永历正朔。后开始铸行永历钱。永历十五年（1661 年），郑成功收复台湾后，仍用永历年号，不仅在台湾继续铸行永历钱，还曾请日本人帮助铸造过

图 8.12　日本在长崎铸造的永历通宝钱（左行书，右篆书）

永历通宝钱，铸造于日本长崎。永历钱主要在福建、台湾等地行用。直到清军进入台湾后，永历钱还流通了很长一段时间。

第二节　明朝的信用和金融机构

一　高利贷及有关立法

明朝的高利贷规模比前代更加发展了。高利贷在城市和农村都很盛行，官民在拮据时都被迫向放贷者告借。

明朝对放债有一些法律规定：凡私放钱及典当财物，每月取利不得过 3 分，年月虽多，不过一本一利。并对各种违规行为作出不同的处罚规定。放债的利率不超过月息 3 分，同元代一样。

但实际上，高利贷资本在不同的地方其收息标准和地政府法令的执行情况差别是很大的。如在商品经济发达的城市，借贷资本供给多，市场利率的高低决定于高利贷资本的供求状况，利率可能符合法定标准。李乐《见闻杂记》卷九记载：唐顺之的宗侄想做生意，苦于无资本。唐顺之叫他到市上向商人了解，他们的资本是自有的还是借自富人？宗侄

回来说，十有六七是借来的。唐顺之说："富人有本只欲生利，但苦人失利负之尔。汝未暇求本，先须立信，信立则我不求富人，而富人当先觅汝矣。"这话反映了商业发展地区高利贷和商人之间的关系，商人处于主动地位。他们必然要考虑借贷付息后是否仍有相当的利润，否则一般就不会借贷。在这种情况下高利贷者不可能把利率提得太高。

在封建社会，高利贷在农村更是肆意横行。这是由于农民为生产和生活所迫而不得不向高利贷者借贷。明朝这种情况比较典型，利息率也奇高。据《吕公实证录》介绍："民间息谷，春放秋还，有加五者，有加倍者，未尝分毫负欠。"春放秋还一年不到，如借贷期限为六个月，利息以加五计，月利率为8.3%，如借贷期限为九个月，月利率为5.6%。如利率以加倍计，则月息还要增加一倍。许多豪民放债一年要收一倍的利息。弘治《吴江志》介绍当地高利贷的情况为：小民乏用之际，借富家米一石，至秋则还二石，谓之"生米"。其铜钱或银，则五分起息，谓之"生钱"。或七、八月间，稻将熟矣，而急于缺食，不免举债，亦还对合。故吴人有"出门加一"之谚。

明朝的高利率还反映在用复利计息上。边远地区尤为严重。史书载，一些浙江、江西地区的高利贷者到云南和广西等地，"生放钱债，利上生利收债米谷，贱买贵卖"，从而"置买奴仆"，过上"游食无度"的富人生活。[①] 此外，高利贷者还通过少借多写，预扣利息等办法来加强剥削。

这样，在高利贷的盘剥下，许多负债者无法还债，就被强夺财产甚至妻子儿女来抵债。从稳定社会经济秩序这个角度，明朝政府在各个时期都对高利贷的剥削加以限制，但无论是高利率，还是抢夺负债者的财产的行为，都是屡禁而不止。

二　明朝的金融机构

从世界范围看，15—16世纪，亚、欧两洲经济发展相近，即由于钱币的兑换而产生的一种新的金融组织。欧洲封建割据，大大小小的王国、公国、城市发行的金、银、铜币五花八门、轻重不同，又难辨真伪，商人、市民在使用时甚感不便，于是出现了钱币兑换业。起初这项业务出

---

① 《皇明条法事类纂》卷12。

现在意大利的威尼斯和伦巴特等城市，由当地商人或犹太商人经营，规模不大，只是坐在板凳上，沿街摆个钱摊、钱柜、钱桌，被人们称为 Banco，专门从事鉴定、兑换各种货币的业务。后来，因贸易的发展，钱币兑换的数量增大，Banco 的规模也扩大，业务也增加了，不仅鉴定各种钱币的价格，进行兑换，还接受存款、汇款，对外进行放贷活动。英语中 Bank 一词就源于此。这种金融机构盛行于 15—16 世纪的欧洲，正当中国的明朝。而中国的银钱兑换业也是在明朝开始产生的。

（一）典质业的新发展

从明朝整个金融业的情况来看，典质业的机构"当铺"成了最主要的金融机构。明朝的典当机构名目繁多，例如解库、解铺、当铺、质库、印子铺等，简称"典"和"当"。

明代当铺都为私营。元代寺观多设解典铺，而到明朝却不见文献记载，说明这时当铺已发展成为完全独立的金融机构。明朝的当铺多为山西、陕西和徽州商人所开设，是商业资本以及官僚、地主们一个重要的投资场所。明末的小说，如《金瓶梅》《警世通言》《拍案惊奇》等都有多处描述。明朝后期，在跨省经营当铺的商人中，徽商是最为突出的。如在北京的徽州人汪箕，有家资数十万，典铺数十处。另外，"新安大贾"不仅"开当遍于江北"，而且还广设当铺于南京、扬州、常熟和嘉兴等江南一带。[①]

在万历三十五年（1607 年），单是河南一省就有当铺 213 家，多数是徽商所开，资本一般是银子几千两。

明代典当和放债的利息，大致在每月二三分到五分，即 2%—5%，法律规定月息不许超过 3%，利息累计不得超过本金。见《大明律》："凡私放钱债及典当财物，每月收利不得过三分，年月虽多，不过一本一利。"然而典当业的盘剥除去利息外，还有其他方面，例如在银两进出时上下其手，用大、小秤，兑出时轻些，兑换时重些。兑出的银两成色通常略差，兑进的银两一定要足纹。或者是调换成色好的金银首饰、珠宝等。

[①] 叶世昌：《中国金融通史》第 1 卷，中国金融出版社 2002 年版，第 473—474 页。

（二）钱庄的兴起

施伯珩著《钱庄学》一书对"钱庄"一词下的定义："钱庄者，有无限公司之性质，以独资或合伙组织，均依自己之信用，吸收社会一方之资金而贷诸他方，以调剂金融界之需要与供给，及以货币为交易之企业也。"这一定义的对象是指那些拥有雄厚资金的大钱庄，如上海的汇划庄等，并没有包括小钱庄在内。[①]

1. 钱庄产生的历史背景

首先，中国古代兑换业有很久的历史渊源，唐宋有金银铺，业务是打造金银首饰为主，买卖金银是副业。宋代，倒卖铜钱，利用铜钱、铁钱、大小钱之间的差价兑换贩卖，从中牟利。但这种行为在宋元各朝被政府禁止。

其次，明代中叶商品经济的发展，资本主义萌芽在中国封建社会内部的诞生和成长，促使金融事业和信用关系也得到了显著的进步，其重要的表现之一出现了钱庄、钱铺等类似近代金融性质的组织机构。

最后，明朝中叶，由于宝钞贬值，政府下令停用，并取消了银禁、铜禁，于是白银、铜钱公开合法流通。后来由于私铸的原因，钱币的重量、成分不一致，制钱和各种私钱、旧钱兑换白银的价格差异很大，而且经常有变动，由此而产生了专门从事银钱兑换的业务。

2. 钱庄的兴起和业务特点

从明朝成化年间开始，中国各地出现了钱市，各种从事兑换业的商店、摊位称为"钱庄""钱铺""兑店""钱桌""钱米铺"等。到万历年间后更为普遍，许多规模大、资金多的钱铺、钱庄，除了进行金银、铜钱兑换外，还经营存款、放款等业务，存户可以签发类似支票的"帖子"取钱，而且民间的钱庄也开设"会票"的汇款业务。具体做法是：在某一地的官、私钱庄中付款取得"会票"，拿着它到目的地后，再向钱庄的联号、分号凭票取款。这种汇票渐渐取得了流通工具的地位，在一定程度上起到钞票的作用。

[①] 陈明光：《钱庄史》，上海文艺出版社1997年版，第2页。

第三节 明朝的货币理论

一 叶子奇的纸币兑现论

叶子奇（约1327—1390年）著《草木子·杂制篇》讨论钞法，分析了元朝纸币失败的原因，称"非其法之不善"，而是因"后世变通不得其术"。"当其盛时，皆用钞以权钱。及当衰叔，财货不足，止广造楮币以为费。楮币不足以权变，百货遂涩而不行，职此之由也。"意思是都是权钱的兑现纸币，后来的失败在于发行过多，不能维持兑现。叶子奇主张实行兑现纸币制度。为了维持纸币兑现，在府县各立钱库，贮钱作为准备，像初期的四川交子一样，"全富室主之"。因宋、金、元的国家纸币都失败了，他想恢复民办。他还提出用兑现纸币来调节物价的办法：物价低时就要投放货币；物价高时就要回笼货币。这一理论是从以敛散货币来调节物价的观点发展而来。叶子奇认为，纸币流通有它本身的规律，统治者只能认识和利用这个规律，而不能用政权的强制力量来改变这个规律。如果统治者"徒知严刑驱穷民以必行，所以刑愈严而钞愈不行"，"卒于无术而亡"。[①]

二 刘定之的货币理论

刘定之（约1410—1469年），著有《刘文安公全集》。刘定之论述了金属货币和纸币的起源，并对钱币与纸币持同样肯定的态度。"珠玉金宝可以为用矣，而不能多得。谷粟布帛可以为用矣，而不能致远。腰万贯之缗，手方寸之楮，寒可以衣，饥可以食，不珠玉而自富，不金宝而自足，盖亦古人抚世便民之良规也。"他还赞成以不兑现的纸币代替钱币流通。对于如何保持钱币币值的稳定性，刘定之认为："夫钱轻则物必重，而有壅遏不行之患；钱重则物必轻，而有盗铸不已之忧。必若汉之五铢，唐之开元，则庶乎轻重得中矣。"刘定之的观点与前人"钱轻则物必重""钱重则物必轻"的理论有所不同，前人所述钱之轻重是指钱币购买力的高低，与货币数量相关，而刘定之所说却是钱币分量的轻重，但他既未

[①] 杨兴发编：《中国历代金融文献选注》，西南财经大学出版社1990年版，第144—145页。

考虑货币数量问题，也未考虑铜钱自古就有面值之别和大小钱之分。刘定之指出明朝纸币流通的问题："钞之造于上也，有出而无纳；钞之行于下也，有敝而无换。""古人利民之事，而为今日病民之本也。"他提出改善纸币流通的办法：改换新钞，或收回旧钞。关于改换新钞，"上之所以赏赐俸给者以渐而出之，下之所以输纳赋役者时或而取之"，纸币就可以流通。纸币流通之法，不是要求兑现，而是要控制纸币流通数量，以稳定币值。关于收回旧钞，他反对用搜刮百姓的办法收回旧钞，"若一概取之于民，而为头会箕敛之下策"。①

三 丘濬的金属主义货币论

丘濬（1421—1495 年），于成化二十三年（1487 年）刊行《大学衍义补》。关于货币的起源，丘濬认为："日中为市，使民交易以通有无。以物易物，物不皆有，故有钱币之造焉。"货币是为了解决物物交易的困难而创造出来的。货币具有价值尺度和流通手段职能："钱以权百物"；"百货皆资于钱以流通。重者不可举，非钱不能以致远。滞者不能通，非钱不得以兼济。大者不可分，非钱不得以小用。货则重而钱轻，物则滞而钱无不通也。"丘濬认为国家垄断货币权是完全必要的："钱币乃利权所在，除其禁，则民得以专其利矣，利者争之端也。""操钱之权在上，而下无由得之，是以甘守其分耳。苟放其权，而使下人得以操之，则凡厌贱而欲贵，厌贫而欲富者，皆趋之矣。非独起劫夺之端，而实致祸乱之渊丛也。"人心趋利，允许自由铸钱必然私铸成风，以致造成祸乱。西汉吴王刘濞即山铸钱而终于叛乱就是例证。主张统治者垄断铸币权要"以利天下为心"，即国家从掌握铸币权中获取利益，但要取之于民，用之于民。对商品买卖，丘濬强调等价交换的原则："必物与币两相当值，而无轻重悬绝之偏，然后可以久行而无弊。"大钱是不足值铸币，不符合等价交换原则，因此铸大钱就是"以欺天下之人，以收天下之财，而专其利于己"。这是违反"上天立君之意"的，所以"卒不可行"。如何禁止民间私铸钱币，丘濬提出："为今之计，莫若拘盗铸之徒以为工，收新

---

① 《刘文安公策略》卷 6《户科》。转引自叶世昌、李宝金、钟祥财《中国货币理论史》，厦门大学出版社 2003 年版，第 157—159 页。

造之钱（私铸币）以为铜。"铸钱就在原来私铸的场所进行，铸造成新钱后，再用新钱去换民间伪币。并用新钱去换民间唐宋旧钱，在旧钱上加刻新标志后仍投入流通。丘濬反对纸币流通，认为纸币不符合商品买卖之等价交换原则，不过是"阴谋潜夺之术，以无用之物而致有用之财，以为私利哉！甚非天意矣"。丘濬分析了纸币流通的后果："民初受其欺，继而畏其威，不得已而黾勉从之。""因之以失人心，亏国用，而致乱亡之祸如元人者，可鉴也。"但没有把纸币失败的原因归于通货膨胀，而是归于纸币流通本身。丘濬在理论上反对纸币流通，在现实中提出了折中的方案，建议明朝政府仿古代三币之法，"以银为上币，钞为中币，钱为下币。以中下二币为公私通用之具，而一准上币以权之焉"①。银与钞、钱之间有固定比价，且白银在十两以下禁止交易。

四 谭纶的用银致贫论

谭纶（1520—1577年），著有《谭襄敏公奏议》。嘉靖以后，白银流行，钱法阻滞，常有整顿钱法的呼声。谭纶认为，国家财政困难是由于百姓不足，百姓不足则由于货物贱而银贵，银贵则由于银少。用银致贫的原因："夫天地间惟布帛菽粟为能年年生之，乃以其银之少而贵也，至使天下之农夫织女终岁勤动，弗获少休。每当催科峻急之时，以数石之粟，数匹之帛不能易一金（一两白银）。""民既贫矣，则逋负必多，逋负多矣，则府库必竭，乃必至之理也。"隆庆三年（1569年），赋税征银已较为普遍，造成了物轻银重现象。谭纶主张整理钱法以贱银，认为增加钱的数量，可使银不至于甚贵，"农织不伤"，"家给人足"，"国用自裕"。谭纶分析了钱法难行的原因："今之钱法所以难行者，盖惟欲布之于下，而不欲输之于上，所以权恒在于市井，而不在朝廷。"统治者不愿用钱，因为当时用银已成为一种趋势。而且嘉靖时税收一度专收嘉靖钱，使得旧钱不能通行。对此谭纶提出的对策：一是增加收钱，赋税原来征银，改为解往中央的银六钱四，留在地方的为银钱各半。官军俸饷折银的部分也改为银钱各半。这样，"百姓皆以行钱为便"。二是将钱文改为

---

① 《大学衍义补》卷27，转引自杨兴发《中国历代金融文献选注》，西南财经大学出版社1990年版，第162—163页。

"大明通宝",这样可缓解旧钱不可用的难题。① 在银钱比价上,谭纶主张按银的实际铸钱数来决定。这比固定比价有所进步,但在当时难以实现。

与谭纶观点相似的还有靳学颜的重钱轻银论。靳学颜认为,用银有利于豪右,用钱则不利于奸豪。因为用钱时,盗不便,商贾持挟不便,官为奸弊不便,豪家盖藏不便。针对白银多为富豪所占,靳学颜建议大力推广用钱,国家可以掌握货币这个"驭富之权"。上述关于"钱者权也"的观点,反映了地主与商人的矛盾,因为白银作为货币资本,当时大量掌握在商人之手。② 靳学颜认为,钱由国家垄断铸造,首先为统治者所掌握,若推广用钱,权可操于统治者之手。但是,废银用钱的主张,在当时白银流通已成趋势的背景下,他的主张难以实施。

---

① 《明史》卷81《食货志五·钱钞》,转引自欣士敏《金泉沙龙:历代名家货币思想述论》,中华书局2005年版,第273页。
② 《古今图书集成·食货典》卷358《钱谷论》,转引自叶世昌等《中国货币理论史》,厦门大学出版社2003年版,第166—170页。

第九章

清朝的货币与信用

第一节 清朝前期的货币

清朝是中国历史上最后一个封建王朝，它的货币制度基本和明朝一样，实行白银与铜钱并行的复本位制：大额交易用白银支付，小额交易用铜钱，重点是用银。鉴于元、明两代封建王朝滥发纸币，引起通胀和经济危机的教训，清朝的统治者以不用纸币为原则，只在财政困难时才发行，很快就废止了。但民间有钱票流通，如私人钱庄、银号使用的银票、凭帖、兑帖、期帖等。起初，白银与铜钱之间通常维持着一两白银兑换铜钱一千文的比价，这是指新铸的制钱，旧钱的比价要低一些；银两与铜钱的比价根据市场的情况变化有涨有落。

一 银两制度

中国以银为货币的历史，可以追溯到战国时代，出土的银布币可以为证。至宋代封建经济繁盛之时，银两大规模地使用，并逐渐形成一定的规格和形式，如铤、锭等。宋仁宗景祐年间，曾规定纳税收银，银锭一度取得合法的货币地位。到金、元及明朝初年，政府推行钞法，曾禁银流通，但民间白银的使用却日益广泛。明朝后期至清朝，中国白银成为主要货币，并从国家制度上正式确立为本位货币，其主要表现为明清两代的银两制度。特别是清朝的银两制度更是形成复杂而又牢固的体系，它完全植根于封建割据的自然经济基础之上，即使到近代中国逐步半殖民地化，但由于割据势力有增无减，银两制度继续存在，直到民国时期废两改元才正式结束。

(一) 银两的使用阶段

银两制度的推行主要在明朝中后期和清朝时期。民国时期虽也有银两的存在，但已不是官方所规定的银两制了，只存在于民间交易中。

1. 明代银两制度的确立

明洪武初年，"禁民间不得以金银为货交易"，官方发行大明宝钞强迫民间使用，后失其信用。当时恰值云南平定，云南银矿较多，市面之银逐渐增加。到英宗正统元年（1436 年），始令南方产粮地区江浙湖广等不通舟楫地方的米麦折银交纳，4 石折银 1 两，称金花银，政府年收入100 多万两。[①] 天顺四年（1460 年），明官方禁止人民自由开采银矿，统由官府开采。此时正值欧洲人在美洲大规模开采银矿之际，因而很快美洲的白银便开始输入中国的沿海如广东、厦门等地，再由沿海转入内地。这样中国的白银才开始增多，为白银代替纸币创造了条件。正德以后，布帛杂谷之税停止，百姓输纳、官兵俸饷皆用白银，白银的需要量大增，在货币系统中成了主要的支付手段和流通工具。市面上，各种铜钱与白银进行频繁的兑换，官方规定解京银两皆倾注为锭，并记年月、官吏及工匠的姓名。从此银两有了规定的成色、重量和单位。官方进而规定白银为纳税的法定货币和国家财政收支的计算单位。至此正式确立了银两制度。

2. 清朝的银两制度

清廷将白银作为纳税的主要货币，并对白银缴纳的起征点和与制钱之间的比价都规定得十分具体。但清代的银两制度还不是真正意义上的金属铸币制度，因为朝廷虽对解京白银要熔铸成锭，且有一定重量、成色及镌刻上官吏及工匠姓名等的规定，但清廷对各地上缴的白银在形状、名称、成色、重量等始终没有具体的统一的规定。致使各地的银两标准具有明显的地方性。加之清朝时，外国银元大量流入中国，在市场上形成了银两与外国银元并存的局面。这又加重了中国银两制的复杂性。

(二) 计算价值单位

清承明制，清代白银货币有了更大的发展。但清朝的银两制是一种比较原始的货币制度，它是以金属的重量来计算价值，就是所谓的"金

[①] 张研：《清代经济简史》，中州古籍出版社 1998 年版，第 311 页。

属称量货币"的制度，还没有进入法定铸币的阶段。白银的货币单位是"两"，就像英国的"镑"，意大利的"里拉"，德国的"马克"一样，起初也是重量单位。但是后来，英镑的镑和实际重量的磅已经毫无关系，变成纯粹的货币单位名称。银两的"两"却仍然是以金属的重量作单位来计算价值。清廷规定：

（1）征税中银两起征点在1两。赋税1两以上必须交纳银两，1两以下听民自便。乾隆年间还曾一度把征税中的银两起征点降到1钱。

（2）银两与制钱的比价，法定为制钱1000文换银1两。完纳钱粮时，凡小户零星大户尾欠，纳银时每银1分收钱10文。

（3）官方规定以纹银为标准成色，就是含银量在93.5%的银块为标准成分。

（4）清政府的财政收入、支出，都是以银两来计算，银两成为官方会计核算的基本单位。

这一时期，不仅政府收税要银两，国内外商业贸易，如果款项比较大，亦要用银两来计算和支付，所以银两在清朝是一种法定的本位货币，它与制钱是主币与辅币的关系，照乾隆皇帝的话说，叫作"用银为本，用钱为末"。

（三）银两制度的复杂性

银两制度的内容是非常复杂和烦琐的，它的复杂性主要表现在以下几个方面。

1. 银两的形制

清代各官炉和私炉铸造的银锭皆有各自的形状、成色和名称。按形状来分，银锭主要有"元宝""中锭""小锭""碎银"等。

（1）"元宝"。元宝又称为马蹄银，形状类似于马蹄，一般每锭重50两，也有的重53两、54两。

（2）"中锭"。中锭的形状大多类似秤砣，也有类似马蹄形的，称为"小元宝"。每锭重约10两。

（3）"小锭"。小锭又称为小锞、锞子，形如馒头，重1—5两不等。

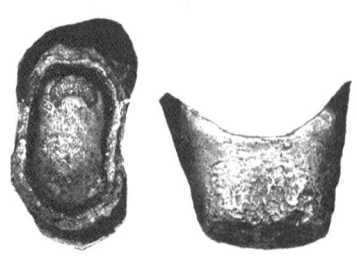

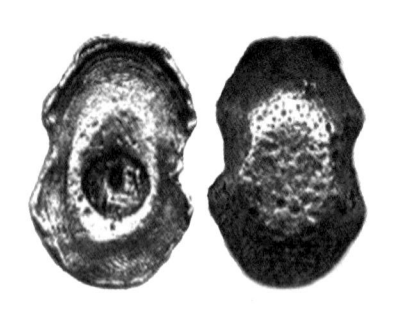

图 9.1　1828 年勤泰慎记银号铸 50 两元宝　　　　**图 9.2　重 1 两 4 分的小锭**

（4）"碎银"。碎银又称为滴珠、福珠，即呈珠形块状的散碎银两，有的是不规则的散碎银块，形状没有固定的形式，分量也不等，多重 1 两以下。

按产地或流通的地域分，白银有官方的"纹银"；江浙的"元丝"；湖广江西的"盐撒"；陕西的"西漕"；四川的"土漕"；云贵的"石漕"；另有"青丝""白丝""单倾""双倾""方漕""长漕"等百余种名称。这些银两大的携带不便，小的称重、鉴定成色也很麻烦。

2. 银两的成色

清朝使用银两的成色差别较大，含银成分多少很不一致。清政府虽公布含银量为 93.5% 的纹银为标准成色，但是实际上各地使用的宝银的成分相当复杂。据张家骧先生调查，各省通用的不同成色的宝银共计 104 种，从十成的足银（99.2%）以下，至九九、九八、九三至八成等，不可详计。使用时需要专门的内行人来鉴定成色高低，有时还要借助工具"夹剪"。付款时计价的银两成色若与实际支付的银两成色不一致，还要进行折算，也是非常麻烦的。

清代的银两按成色可大致分为实银两和虚银两两类。实银两通称"宝银"，成色一般在 93% 以上。而"虚银两"则并无实物，只是计价单位。当时虚银两在全国不下几百种，代表性的有以下几种：

（1）纹银

纹银是官方法定的银两标准成色。源于康熙年间。号称"十足纹银"。纹银的实际成色，即含银量为 935.374‰，按整数 940‰ 计算，也就是"纹银"含银量 94%。纹银 100 两需加 6 两，方为 100% 的十足纯银，这加上的银两称为"申水",或"升水"。作为实银两的"宝银"多比"纹银"的成色高,所以折合纹银也要有"申水"。北京的"十足宝"、天津的"化宝"等,名为"纯银",实际是992‰,即99.2%。若达到纯银,100两需加申水8钱,50两需加申水4钱。而以纹银为标准,50两纹银需申水3两,与50两"十足宝""化宝"申水4钱的差为2两6钱。即50两的十足宝、化宝,折合纹银要申水2两6钱,所以又叫"二六宝"。还有"二五宝""二七宝""二八宝"等。以此类推。

表9.1　　　　　　　　　　宝银成色比较表

宝银名称	银炉所定成色(‰)	分析化验的成色(‰)	每百两申水数	每锭重量(两)
纹银	932.000	935.374	—	—
二四宝	980.000	980.272	4.800	52.400
二五宝	982.000	982.000	5.000	52.500
二六宝	984.000	984.010	5.200	52.600
二七宝	986.000	985.880	5.400	52.700
二八宝	988.000	987.750	5.600	52.800
二九宝	990.000	989.600	5.800	52.900
足银	992.000	991.500	6.000	53.000
纯银	—	1000.000	—	—

据有关资料统计,全国各地通用宝银的标准各不相同,一般使用二四宝的地区有:西安、太原、济南、汉口、长沙、常德、九江、南昌、贵阳、重庆、成都、开封、镇江等地;用二六宝的有:营口、吉林、黑龙江、北京(名十足银)、天津等;用二七宝的有:镇江、杭州、芜湖、南京、上海等;使用二八宝的有:苏州、安庆、杭州等;用二九宝的有:宁波等少数地区。

(2) 海关银

海关银起源于中外通商条约的规定,为海关进出口课税的标准银。名为纯银,实际含银量为98%。

(3) 上海"九八规银"(或"九八规元")

九八规元通行于上海。源于道光年间。当年年终时,东北豆商急于兑得现银北回，不惜以98折折算，叫作"九八豆规银"。后租界成立，此习相沿，普及到整个商界。规元的价值由三个要素构成：一是重量，以重565.65谷的漕平一两为标准；二是成色，以库平银1000的944为标准；三是习惯，以九八折。就是98两标准银就是上海规元100两。如前述标准银成色935.374‰，以98除之，规元的成色就是：

$$0.935374 \div 0.98 = 0.916666$$

规元标准重量的计算是这样的，如一锭上海"二七宝银"等于52两7钱"纹银"，再以98%除之，就是"规银"数53两8钱2分。"九八规银"在上海金融界地位极其重要，转账汇划都以之为单位。直到废两改元为止。

(4) 天津行化银

天津行化银是天津专用记账的虚用银两，成色约等于"二四宝"。天津实际授受的是"白宝银"，属"二八宝"，所以"白宝银"50两，等于"行化银"50两4钱。

此外，还有汉口的洋例银等。

3. 银两的称重（平砝）

衡量银两重量的标准叫"平"，各地称银的砝码轻重也有差异，情况相当复杂。据民国初年中国银行所作的调查，有170多种平砝，实际上比这个数字还要多。

(1) 库平

清政府法定的银两货币单位。凡是国家和地方的财政收支、银行中官府的股份、征收税款，都是用库平银来核算。《马关条约》规定，清政府的库平1两＝37.31256克。但各省地方的库平却不相同，最大的广东库平1两＝37.79克，最小的是宁波库平，1两＝36.877克。此外，一省之内的库平也不一致，比如有藩库平、道库平、盐库平等。

(2) 关平

海关征收关税的银两重量标准。源于第二次鸦片战争，在咸丰八年（1858年）签订中英《天津条约》中规定的标准，略重于中央库平，1两≈37.68克。设关平是为了统一进出口关税的征收计算标准。以后，凡是国际贸易、对外借款、国际金融往来大都用关平来计算。

(3) 漕平

为了征收漕粮折色所用银两的计算单位。清原来规定鲁、豫、皖、苏、浙、湘、赣、鄂八省的漕粮，都要运交本色（粮米）。后来嫌运送粮食麻烦，可以改征折色银两，就设置了漕平砝码来称量所收的银两，如上海漕平1两≈36.657克。但各地的漕重量不同，没有统一的标准。

（4）司马平（司平、广平）

司马平是广东等地对外贸易专用的银两计算单位，1两≈37.57克。因为广东和欧美通商最早，这种计算单位被外国商人所熟悉，所以多用它来计算价格。

（5）公砝平（"砝平"）

公砝平主要用来调拨、汇兑银款，各地钱庄、票号的客户来汇兑银两时，用这种标准计算，也是北京市场通用的平砝之一。

（6）钱平

钱平是金融业（钱庄、钱铺、票号）内部通用的计算标准。与其他行业账目清算往来，都是按照钱平来计算。

从以上可以看出，银两这种在中国封建社会后期特殊的经济条件下产生的金属称量货币制度，在半殖民地半封建社会中得到发展。由于在外形、成色和重量上不统一，交易支付时需要鉴别、称重、折算，相当烦琐，所以它在清朝末年就开始被新型的货币——银元逐渐取代了。

4. 银两的鉴定和铸造

综上所述，银两制度的主要构成要素有三：色、平、兑。所谓色就是成色；平就是平码；而兑则是虚实银两之间的换算关系、各地银两之间的兑换等。既然各地宝银不同，它们是怎样铸造和鉴定的呢？

清代的大中城市都设有铸造银两的官营、私营炉房，负责熔化和铸造各种银锭。在南方通称为银炉。炉房所铸的宝银，必须先送到公估局去鉴定后，方能在市面行使。"公估局"由政府设立，专门负责鉴定银两的成色和称定重量，即看色、看秤（用公平和标准砝码来称重），公估局的估宝手续，在银两制度盛行的时代，是十分重要的，因为它是银两标准的合法认定机关，经过指明的盖印的宝银，公估局负无限责任。

公估局鉴定宝银分两步：看秤和看色。看秤以砝码权衡。而看色是专门技术，凭多年的经验，用眼力测定宝银的成分，检查是否掺杂了铅、锡，再用小锤敲击银块的要害部位，辨别声音来判断它内部的质量如何。检验后，把重量和成色用墨笔书写在银锭面上，加盖印章，结果相当准确，和化验的结果相差无几。公估局鉴定的宝银是有信用的；后来，清末设造币厂，采用新式化验方法后，公估局也不再设了。

二 流通于中国的外国银元

（一）外国银元的流入

明末至清初，与银两并行使用的白银还有外国的银元。早在鸦片战争以前，外国的银元就在中国的东南沿海一带流行起来。与中国落后的银两相比，外国银元有许多方面的优势。如前所述，清朝的银两制度非常繁复，成色、重量各地无统一标准，交易时十分烦琐，不能适应市场和国际环境的需求。而外国银元形式划一，名称单一、重量准确、使用便利，所以自明末不断输入以来，在各省广泛流行。

康熙初年，漕运总督慕天颜《请开海禁疏》中提到，顺治六年、七年（1649 年、1650 年）禁海之前，"市井贸易、咸有外国货物，民间行使多以外国银钱，因而各省流行，所在皆有。自禁海之后，而此等银钱绝迹，不见一文"。《清文献通考》叙述乾隆十年（1745 年）前的情形说："福建、广东近海之地，又多行使洋钱，其银皆为范国钱式，来自西南二洋，约有数等，大者曰马钱，为海马形，次曰花边钱，又次曰十字钱。……闽粤之人称为番钱，或称为花边银，凡荷兰、佛郎机诸国商船所载，每以数千万计。"文中的"马钱"，又称"马剑"，是荷兰（尼德兰）的银元；花边钱是西班牙"佛头银元"，是指自 1732 年起在西属墨西哥城开始用机器铸造的新式双柱图形的银元；十字钱是有十字架图形的钱，这里可能指的是葡萄牙的十字钱。荷、西、葡都是最早与中国通商往来较多的国家。

进入 19 世纪，外国银元流入与行用更多了，道光初年，外国银洋盛行各省，凡完纳钱粮、商贾交易无一不用洋银。道光九年（1829 年）的上谕就说："朕闻外夷洋钱有大髻、小髻、蓬头、蝙蝠、双柱、马剑诸名，在内地行使，不以买货，专以买银，专以买银，暗中消耗，每一文抵换内地纹银，计耗二、三分，自闽、广、江西、浙江、江苏渐至黄河以南各省，洋钱盛行，凡完纳钱粮及商贾交易，无一不用洋钱。"[①] 欧洲一些国家的银铸币，多铸有国王头像，这里所言的大髻、小髻应是指有

---

① 《东华录》道光九年十二月十六日上谕。

查理第三、查理第四、斐迪南第七头像的西班牙银元；蓬头则可能是美国有自由神图样时期的银元，而蝙蝠大概是鹰图形，即墨西哥的鹰洋，西班牙（包括两种查理银元、斐迪南北七世银元）是最早和最广泛流通的银元，俗称为本洋，含银量为90%。这些西班牙银元皆铸于盛产白银的墨西哥，直至1821年墨西哥独立时才停止铸造，它在东方曾广泛流通于菲律宾等地。墨西哥独立后，从1823年起，就开始铸造有飞鹰的国徽图形的银币了，这就是后来的墨西哥鹰洋，含银量在94%，流通最广也最久，曾为商业的上标准货币。

（二）影响深远的西班牙本洋

在清初流通在中国的所有外国银元中，西班牙银元是影响最大的一种。西班牙银币在中国一般被称为本洋，早期被称为卡伯银币，后期称为双柱、花边，不同的美洲西班牙银币铸造大体分成三个时期。[1]

第一个时期（16世纪—1732年），是打制的不规则的手工银币，称为"卡伯"（Cob）。

"卡伯"银币，正面为西班牙国徽或双柱，下为水波纹。背面有两根圆柱，代表直布罗陀海峡两岸的山岩，希腊神话传说这座山岩是被大力神赫克利斯（Hercules）劈开的。银元图案上的双柱各有卷绸裹着，成＄＄形，这是后来美元符号的来源。西班牙银币使用八进位，也就是8reals，相当于1元，这一时期的银片重约为25—27克，还有4R、2R、1R几种。这些银片不同的铸地均有标记，墨西哥银币为M上有一小圈，秘鲁为L，玻利维亚为P。

图9.3　西班牙卡伯银币

---

[1] 戴建兵等：《中外货币文化交流研究》，中国农业出版社2003年版，第202—206页。

钱币的反面则有城堡和狮子的图案，有两条线相交十字将城堡和狮子分在四角，上有 REX HISPANIARNM ET INDIARUM，即西班牙和印第安之王的字样。从 17 世纪开始，多数的卡伯上标有年代，或者在钱币的表面铸有验金师的首写字母和造币厂，也能确定铸造年代。

由于美洲殖民地与西班牙贸易要以白银作为保障金才能进行得迅速顺利，因而早在菲利浦二世（1556—1598 年）时，开始生产一种不规则的银币卡伯，是用银棒压成银板，再制成可生产银币的薄银板，然后再压制成钱。后来一种更快的方式产生了，就是直接将银棒切下来一块适当重量的厚片，然后在上面打制上图案，从而形成一枚钱币。这些钱币极不规则，但重量相当，有的图案上面只有部分印记。如果超重，被切下一点。整个 17 世纪的西班牙钱币，只有极少数有完整的图案被保留下来。

第二个时期（1732—1772 年）铸造的老双柱银元，分为三世（1732—1741 年）、五世（1742—1746 年）、六世（1747—1759 年）、后三世（1760—1771 年）机制币，周边有纹饰，又称老双柱。

老双柱自 1732 年起铸造，至 1771 年改版，改版后的银币亦即新双柱。老双柱是当时改用机器铸造的新型银币，加入了近代钱币才具备的边纹，币面上有著名的地球与双柱图案，还有皇冠、王徽等，但是没有国王的肖像。面值为 8R、4R、2R、1R、1/2R 几种。不同铸地各有记号，墨西哥为 M 上有一小圈，危地马拉为 G，秘鲁为 LM，智利为一近似 S 上加圈，玻利维亚为 TS 重合。

1987 年广东洪江市赤坎出土 134 枚西班牙银币，铸造时间 1736—1771 年，币文为"西班牙与印第安国王斐迪南六世"，一种为"西班牙与印第安国王查理三世"，正面双狮双城，反面双柱，银币上面还有中国商号打制的文字。

第三个时期（1772—1825 年）铸造的西班牙国王头像银币（新双柱或人像双柱），分为卡洛斯三世（1772—1788 年）、四世（1789—1808 年）和斐迪南七世（1809—1821 年或 1825 年）。新双柱银元均以国王肖像为版面，中国民间称其为佛洋，面值为 8R、4R、2R、1R、1/2R、1/4R 几种。1825 年后墨西哥独立后，西班牙开始在国内铸造银元。

图9.4　西班牙老双柱银币　　图9.5　西班牙新双柱银币加罗拉四世银元

人像双柱银元是西班牙殖民者在所属殖民地——墨西哥、智利、玻利维亚、哥伦比亚、危地马拉和秘鲁等地铸造。不同地点所铸的双柱除正面（三世、四世和七世）人像不同外，背面图案基本一致，面值完全相同（8R）。不同的铸地，在背面边缘字母中各做标记。墨西哥为 M 上有一小圈，危地马拉为 NG 或 G，秘鲁为 NE，哥伦比亚为 P，智利为一近似 S 的符号，代表圣地亚哥，玻利维亚为 TS 重合。成色为90%左右。

人像双柱银元铸造时间1772—1825年，长达54年。它铸地广，铸量多，并且流通区域很广泛；它不但对铸造国（地）影响极大，后来对流通的国家和地区也有深远影响。本洋在市场有优势是18世纪以后的事情，中国现在发现的本洋多是新双柱，老双柱已难发现，说明两种钱币在市场上差别很大。

新双柱停铸后，秘鲁与墨西哥后来都另铸银元，前者曾少量流入中国，但未成气候；后者亦即著名的鹰洋，填补了本洋所遗下的市场空缺，不过这已是19世纪50年代之事，在此之前中国与南洋各地均深受本洋短缺之苦，本洋仍居于主要货币的地位，但来源日稀，价格也节节高涨，而鹰洋在中国尚处于试炼期，未被市场全面接受，此段青黄不接的期间，中国在广东等沿海一带又出现了一种银片。

这种不规则的粗银片，是在墨西哥的利马和波多西等地铸造的。重量与正式银元、半元相等。银片重量遵守一定的标准，除七钱二分之外，另有三钱六分一种。这类银片，在广东和台湾都有出现，但数量不多，从其制作技术看来，制作虽然原始而简陋，但从其图案、重量与成色标准紧盯住西班牙银元的情形来看，应是作为西班牙银元使用。

这类银片出现中国的时机，按合理的推算，应在较短的一段时期里，并且与当时的历史背景有关。在本洋供应日趋减少而鹰洋又未能在中国市场取得普遍认可的时候，这种银片借助与西班牙本洋的形制相当的特征，希望获得认同。因为西班牙本洋上的王徽图案，原有一个皇冠，下方为方形城堡，似盾状，两个图案被合称为"帽盾"；而这种银片上，皇冠已被摘除，有盾无帽，是否借此象征西班牙的统治权消失，但为了以此取代本洋，却不得不保留部分足以代表本洋的记号，让人深思。

（三）清初流通于中国的其他外国银元

明末至清初，与银两并行使用的还有外国的银元。早在鸦片战争以前，外国的银元就在中国的东南沿海一带流行起来。与中国的银两相比，外国银元有一些优势。如前所述，清朝的银两制度非常繁复，成色、重量各地无统一标准，交易时十分烦琐，不能适应市场和国际环境的需求。而外国银元形式划一、名称单一、重量准确、使用便利，所以自明末不断输入以来，在各省广泛流行。

1. 马钱

又叫"马剑"，是荷兰（尼德兰）在17世纪铸造的，币面上有个全副盔甲的骑士像，持剑乘马，民间俗称为马剑。

2. 十字钱

葡萄牙自铸的钱币为十字钱，本名Crusado，因基督教的教徽而得名。葡萄牙所铸银币，流通于清乾隆年间。大小与小样双柱钱差不多，币重约有五钱六分，钱缘为花边切纹，边齿间隔整齐，无论正面还是背面，沿钱边四周均镌刻有西洋文字。正面上部为一皇冠，上覆飘扬的绶带，皇冠下是一个大的盾形，内含一个小盾形，小盾形之中五个方块以竖三横二的十字形状排列，大小盾形之间的空隙中均衡分布着七个方形符号。背面是一横贯币面的大十字，由十字分割而成的四格内，分别点缀着对应的四个花形符号，十字钱之名即因此而来。[①] 银币正面四周的外文是PETRVS II D G PORIVG ET ALG REX，在有十字的一面，四周文字是SIGNO VINCES IN HOC。

3. 鹰洋

墨西哥政府在1823年开始铸造。图案是一只叼着蛇的鹰，落在仙人掌上，这是墨西哥的国徽。鹰洋由于成色、质量比较好，含银量94%，

---

① 张家骧：《中华币制史》上，知识产权出版社2013年版，第51页。

在中国受到欢迎，代替了原来本洋的地位，在中国各大城市成为标准的货币。许多早期的兑换券都规定以鹰洋来兑现，其他银元和它折算多数要贴水，如 105∶100。自 1877—1910 年，墨西哥输出鹰洋共计 4 亿 6 千 8 百多万元，很大一部分流入中国。

图 9.6　荷兰马剑银币（铸造时间 1742 年）　　图 9.7　墨西哥鹰洋

鸦片战争以后的几十年间，在中国流行的外国银元中，西班牙本洋占主导地位，流行于长江中下游各省以及河北、广东、福建等地。但是 1821 年墨西哥独立以后，本洋停铸，其地位被鹰洋所代替。

4. 篷头

美国 1794 年发行的早期银元，币上是披发的自由女神像。

（四）外国银元对中国的影响

第一，当时各国政府利用他们的银元，配合政治、经济的侵略，形成了各自的势力范围。如英国的站人洋在北京、天津及广东地区形成流通领域，印度卢比在西藏、西康一带流行。法国安南银元垄断广西、云南两省，日本龙洋大量流入东北三省和福建等，墨西哥鹰洋在华中、华南各省流通最广。它们各霸一方，俨然构成金融上的独立王国。

第二，外国银元在与中国银两的较量中取得优势，并对清代货币价格和物价都造成了严重的影响。外国银元种类很多，重量、成色也不一致，市价时高时低，加上洋商和中国钱庄相勾结，从中操纵，并用银元套购中国大量白银出口，使银价越来越高，促使了中国封建经济的混乱。外国银元流入中国之始，以含银量为价，每元值钱六七百文，约合纹银六七钱。后来因使用方便，流通广泛，价格上升，超过了其本身价格。道光间值钱 1200—1300 文，咸丰间涨至 1900 文，几乎与当时银价相等（1 两银约合钱 2000 文）。

鸦片战争以前，外国银元便因一般商民乐于使用，而逐渐扩大流通了，从福建、广东而逐渐扩及江苏、浙江、江西等沿海及长江一带，并开始在日常经济生活中，显示近代银元对银两流通的优势。因为西方的近代机制银元，形制精美，成色划一，流入中国后，"市民喜其计枚核值，便于应用"。所以它的交换价值皆高出于所含纯银许多。

嘉庆十九年（1814年），户部官员奏言外国银元的流通情形说："外洋低潮银两制造洋钱，又名番饼，又名花边，每个重七钱三分五厘。始则带进内地补色换纹银，沿海愚民私相授受，渐渐通行，迩来居然两广、楚汉、江、浙、闽省畅行无忌。夷商以为奇货可居，高抬价值，除不补色外，每个转加七、八不等"①；林则徐于道光十六年（1836年）奏言外国银元在江苏流通的情形说："道光十三年间……维时江省每洋钱一元作漕平纹银七钱三分，虽成色远逊足纹，而分两尚无轩轾。……近日苏、松一带，洋钱每元概换至漕纹八钱一、二分以上，较比三、四年前，每元价值实已抬高一钱；即兑换制钱，亦比较纹银多至一百文以外。"② 所以，还在鸦片战争以前，外国银元便因一般商民乐于使用，而逐渐扩大流通了，并开始在日常经济生活中，显示近代银元对银两流通的优势。

鸦片战争后，随着西方资本主义势力进一步侵入，外国银元的流通也更广泛了，扩及全国南北各地。流入最多、使用最广的西班牙本洋，在五口通商以后，竟成为上海地方一切华洋交易及汇兑行市的记账单位，只是因为本洋停铸，来源断绝，上海商界的记账单位才改为九八规元。

第三，促进中国银两制向银元制的转变，加速了中国封建货币制度的崩溃。

受西方银元的影响，清在地方上及民间也有自铸银元的出现。乾隆年间西藏地方官府曾铸正式银元，名"章卡"，每"章卡"重1钱5分，纯银，6章卡兑纹银1两，面文"乾隆宝藏"，边缘铸年号，皆藏文，流通于西藏一地。

道光年间台湾有"道光年铸造足纹银饼"；漳州有"足纹通行漳州军饷银币"；咸丰年间湖商发行"足纹银饼"等。

---

① 清代钞档：道光十三年七月七月二十一日御史黄爵滋折。
② 清代钞档：道光十六年署两江总督林则徐等折。

民间所铸银元"广东有'广板';福建有'福板';杭州有'杭板';江苏有'吴庄''锡板''苏板';江西有'土板''行庄'"等。

外国银元在中国广泛流行，使清代旧的银两制度暴露出越来越多的缺点，到清末，凡是缴纳赋税和做买卖的，人们都愿意用银元，因为用银元支付时，不用看成色、称重量，只计枚数即可，十分方便。所以，社会各界要求中国自铸银元的呼声越来越高。统治阶级也感到有必要改革货币制度，发行中国自己的银元，来打破外国金融势力的垄断，阻止贸易入超和白银外流。这样，在光绪年间，清政府开始正式发行中国的银元——龙洋。

三 银两与银元的互换

自古以来，中国就有秤量银块作为货币进行授受的习惯。通常作为秤量货币的银块被铸成一定的形状。就近代而言，这种银块被总称为元宝、银锭、纹银、银两等。此外，没有被铸成一定形状或是散碎的银子，也通过秤量作为货币授受。

银锭秤量银两制度由三个要素构成：第一，银锭的存在；第二，秤量过程；第三，银锭秤量银两单位。所谓银锭秤量银两单位，是指由银锭的品位和重量构成的"两"这一秤量价值单位。换言之，"两"具有秤量单位和秤量价值单位的双重含义。就该制度而言，"银两"一词经常被用于统称各种银锭秤量银两单位，同时也被用于指代所称的银锭。

随着银元的大量流入，银元与银两互换引发一系列新的基于银两的货币制度。

在固有的银两制度——银锭秤量银两制度中，银两这一名称同时指代秤量价值单位和银锭。但是，在银币秤量银两制度下，已无人将银币称为银两，此制度下的银两仅指秤量价值单位的"两"。

根据秤量价值单位的性质，银币与银两互换可称为银币秤量银两制度又可分为：

1. 银锭秤量银两单位银币秤量制度。此制度是将银锭秤量银两制度下的银两的平色作为秤量价值单位，依据其银两单位秤量银币进行授受的制度。许多情况下，银两与银币品位不同，后者将会以前者为标准被重新换算。银锭秤量银两制度运行之际，其原本的秤量对象——银锭匿乏时，银币便被采用。此时，银锭秤量银两制度和银锭秤量银两单位银币秤量制度并存。但是，如果后来银锭消失殆尽的话，便会只剩下银锭秤量银两单位银币秤量制度。在18世纪末，广州中外商人之间的贸易活动中，该制度已经消亡。但在该地政府收支、海关税缴纳时仍然延续该制度。此外，该制度并非华南特有的制度。如在上海，被公会认定为不可等价流通的银币就是在银锭秤量制度的外围以秤量进行授受。

2. 银币秤量银两单位银币秤量制度。此制度是用一定的平去秤量实际流通于市场的银币，以其重量直接作为银币的银两价值额。这种情况下，"两"这一秤量价值单位是由所使用的平和银币所具备的成色构成。因此将这种秤量价值单位称为银币秤量银两单位。此类银两制度几乎为两广及福建三省专属。

如清末以降在广州实行的银两单位重毫秤量制。1890年，中国近代造币厂的嚆矢——广州造币厂发行大小银元。但由于滥造银币，不仅导致大元和毫子之间的十进制价值关系被破坏，甚至毫子（法定品位820）也被分为重毫和轻毫。所谓重毫是具有或接近法定重量的毫子，其他为轻毫。轻毫一般用于零散交易，为避免秤量之烦琐，故采用个数支付制；重毫用于批发交易，银号及商人认为重毫便于用秤量制进行授受，故采用此方式。因此，轻毫和重毫也被称为数毫和兑毫。

又如烂板（破损银元）的秤量制度，该制度进而可分为秤量特定烂板的制度和统一秤量各种烂板的制度。前者如19世纪初以降在广州实行的破损西班牙银元秤量制，以及清末民国初年在广东省的大部分地区及广西所见到的破损大元的秤量制。后者有福州的台新议平番银，即福州两。在福州，破损银元被称为番银、棒番、棒银等，在20世纪10年代，至少有十余种。直至1928年，福州的钱庄及华商使用名为"台新议平"的平秤量番银用于授受，以台新议平番银为本位。

再如完整银币与烂板混合的秤量制度。

汕头的直平银即为此例。20世纪10年代，在汕头流通的银币至少有十余种，其中，若干种外国银币中破损币与完整币相混杂。直至1925年，汕头的银庄及华商使用名为"直平"的平秤量、授受此类杂银，以直平银为其本位。

银币秤量银两单位下的银币秤量制度及价值换算制度是华南地区的

福建及两广三省特有的银两制度。华南的银币流通导致了民间银锭秤量银两制度的崩溃。银币流通掩埋了曾经的银锭秤量银两制度，它取而代之并建立起自己的王国。18世纪70年代以降，由于西班牙银元品位重量的可靠性及其流通的扩大，民众建立起对该外国银币的信任，原本90品位的西班牙银元（佛头银、卡洛斯银元）被赋予远高于市场上通用的92品位银锭的名目价值，实行了个数支付制。但此时，银币秤量银两单位（曾被称为银币的"自身银两本位"）形成，19世纪初以后出现的破损西班牙银元秤量制也继承了这一银两单位。综观广州贸易时代的史实，至少广东、广西两省的银币秤量银两单位与前述广州的货币情况具有历史关联性，沿袭了其惯例。

乾隆后期，福建确立了西班牙银元的货币单位"元"。在厦门，银肆为牟利巧妙地削取（挖凿）番钱，致使番钱破烂不堪。于是，道光十年（1830年）各行商通过公议确定番银厦秤7钱2分为1元，将之前实行的个数支付制改为秤量制。从广州中英商人之间处理银币的方式中可勾勒出该地银两制度的变迁轨迹：银锭秤量银两单位银币秤量制→银币秤量银两单位银币定价换算个数支付制→银币秤量银两单位银币秤量制。

第二节　清代钱制

一　清初的制钱

清朝与明朝一样，将本朝所铸的铜钱叫"制钱"；前朝所铸的铜钱称"古钱"或"旧钱"。清代的货币制度虽以白银为主，银、钱并用，可是老百姓在日常生活中多数情况下还是使用铜钱。由于白银到清末才发展成为铸币的形式，所以人们手中有时虽然保留一些小块银锭或是散碎银两，但是实际使用的时候，经常是先到钱铺、商店换成铜钱，然后再用来购买日用品或各种零星支付。因此，铜钱是人们日常生活中最为密切的货币。

明万历四十四年（1616年）女真人首领爱新觉罗·努尔哈赤建后金政权，被称为后金太祖。建元"天命"，发行了满文的"天命汗钱"和汉文"天命通宝"年号钱。满文天命汗钱为小平钱，较天命通宝为大，径约为28—29毫米，重6克以上，文字读法为左右上下，与众不同。汉文天命通宝钱也为小平钱，直读，有青铜、红铜与黄铜之分，一般径23—27毫米，重3—5克，版别较多，制作精美。

明天启六年（1626年），皇太极即位，改次年为天聪元年，铸满文"天聪汗之钱"（当十大钱）。钱文读法以左—上—下—右为顺序。背文仿明天启通宝大钱，穿左铸"十"字，穿右铸"一两"。径44毫米，重约26克。传世不多。

图9.8　天命汗钱满文钱和天命通宝汉文钱　　图9.9　满文天聪汗之钱当十钱

清军入关后，在顺治元年（1644年）仿明朝的制度，在京师设宝泉局（属户部）、宝源局（属工部），正式发行铜钱。

清代铜钱的单位为文、串（又称为吊、贯）、卯。

1000文为1串（清中叶后各地不同，直隶100文为1串；东北160文为1串，其他还有500文、480文1串等）；12280串为1卯（主要用于铸钱的计算）。

清代铸铜钱的机构为钱局。

顺治元年（1644年），清仿明制度，在京师设铸造铜钱的宝泉局（属户部）和宝源局（属工部）。两个中央直属的铸币局设在京师，名为"京局"。"置宝泉局属于户部，宝源局属于工部。""宝泉局岁铸钱解交户部库，配银发给兵饷。""宝源局岁铸钱解交工部节慎库，以备给发各工之用。"① 两局年铸制钱30卯，1文重1钱。成分为红铜7成、白铅（即锌）3成混合铸造。这是终清一代，一直延续的格局。

清又在陕西、山西、密云、蓟县、宣化、大同、延绥、临清、盛京、江西、河南、浙江、福建、山东、湖广、荆州、常德、江宁等各地方开

---

① 《清朝文献通考》卷13，钱币一，考4965。

局鼓铸。名为"省局"。有清一代先后在各省设过五六十个铸局。

清代前期铜钱的铸造情况大致如下：

（一）顺治通宝"五式钱"

顺治皇帝在位，先后发行了五种顺治通宝铜钱，称为"顺治五式"。

1. 光背式

银1两值1000文，顺治元年至四年（1644—1647年）铸。主要特点是背面无纹。

2. 仿唐朝的会昌开元钱、明洪武纪地钱

顺治元年铸。初设宝源、宝泉局时，规定每枚重库平一钱，每七文准银一分，径24—25毫米，重3.5—4.5克。钱文为汉字，背面铸一汉字，表明发行机构、局名：户、工、临、宣、蓟、原、延、云、同、荆、襄、河、昌、宁、浙、东、福、阳共18种。旧著收录的顺治通宝背陕、江、广等字，实际并未铸行。

3. 一厘钱式

又称权银钱。顺治十年（1653年）铸，背穿左"一厘"二字于左，指对银作价，钱一文值银一厘，穿右有局名，分别用汉字户、工、陕、临、宣、蓟、原、同、河、昌、宁、江、浙、东、福、阳、云表示十七局名。此钱大小轻重变化较多，各局所铸不尽相同，径36毫米，重4克较为普遍。顺治十七年（1660年）停铸。

图9.10　顺治通宝背"户"　　图9.11　顺治通宝背穿"一厘"穿右"东"

4. 满文式

背带有满文"宝源""宝泉"的铜钱。此钱重每文一钱四分，顺治十四年（1657年）停各省局铸钱，北京宝泉局继续鼓铸，穿左为ᡦ（宝），穿右为ᡦ（泉）。顺治十七年（1660年）停铸三式时复开宝源局，穿左为ᡦ（宝），穿右为㴐（源）。自满文钱式起，均为新式满文，径 28 毫米，重 4 克左右。

图 9.12　顺治通宝背满文宝泉　　图 9.13　顺治通宝背满文宝源

5. 满汉文式

钱背穿左一满字，穿右一汉字，均为局名简称。顺治十七年（1660年）复开各省钱局，背文与上式两京局所铸不同。共 12 局，分别为陕、临、宣、蓟、原、同、河、昌、宁、江、浙、东。本式钱虽只铸行两年，但流传数量并不少，常见径 28 毫米，重 4 克。

官府虽定银价为一两兑换铜钱一千文，但实际上新、旧钱的价格不同，制钱七文准银一分，旧钱则为十四文。

（二）康熙通宝的版别

康熙钱的版别也很多，大致仿照顺治五式中的 1、2、4、5 四种铸造。背面带有铸造各省局名的共有 22 种，其中背"巩""西"字的极少，常见的为同（山西大同）、福（福建福州）、临（山东临清）、东（山东济南）、江（江苏江宁）、宣（河北宣化）、原（山西太原）、苏（江苏苏州）、蓟（河北蓟州）、昌（江西南昌）、南（湖南长沙）、河（河南开封）、宁（甘肃宁夏）、广（广东广州）、浙（浙江杭州）、台（福建台湾）、陕（陕西长安）、桂（广西桂林）、云（云南昆明）、漳（福建漳州）20 种。乾隆年间，有钱币爱好者将康熙通宝满汉文纪局钱 20 种收齐后集为一套，称为康熙套子钱，并将其拼成一首五言诗："同福临东江，宣原苏蓟昌。南河宁广浙，台桂陕云漳。"20 种钱币中，背东、南、台、广少见。[1]

---

[1] 唐巨峰：《古钱：发掘历史财富的投资方式》，湖南科学技术出版社 1999 年版，第 136 页。

图9.14 顺治通宝背满汉文"蓟"字  　　图9.15 康熙通宝背满文宝泉

康熙钱中少见的是"罗汉钱"（又称万寿钱），钱径21毫米，重4克余，铜色发亮，制作精良。传说康熙五十二年（1713年）因皇帝六十大寿，户部宝泉局专铸这一炉钱，铜料中投入一尊金罗汉，以示庆祝，故称"罗汉钱"，又传说每钱含3厘黄金。钱文中"熙"写法与众不同。原四式"熙"字左上部首有一竖笔画，为"臣"的写法，罗汉钱无"竖"划，为"亞"字；原四式钱"通"部首的"走之"为双点，罗汉钱为单点，所谓"单点通"。

（三）雍正通宝钱

1722年爱新觉罗·胤禛继位，称世宗。次年（1723年）改元雍正。规定各省只准设立一钱局，停临清、宣府、蓟州、大同、江宁、漳州等钱局。又增设一批省局。重定背文格式，照宝泉局、宝源局之式，背为满文局名，穿左为宝（ᠪᠣ），穿右为省局名简称，如浙江省局称宝浙局，简称"浙"（ᠵᡝ）；江苏省局称为宝苏局，简称"苏"（ᠰᡠ）；江西省局称为宝昌局，简称"昌"（ᠴᠠᠩ），依此类推各省分别为：河南省局为"河"（ᡥᠣ），湖南省局为"南"（ᠨᠠᠨ），安徽为"安"（ᠠᠨ），云南为"云"（ᠶᡠᠨ），贵州为"黔"（ᡤᡳᠣᠨ），甘肃为"巩"（ᡤᡠᠩ），山东为"济"（ᡤᡳ），山西为"晋"（ᡤᡳᠨ），台湾为"台"（ᡨᠠᡳ），四川为"川"（ᠴᡠᠸᠠᠨ）。从此背文一直沿用至清末。①

雍正年间制钱重量曾有变更。初沿用康熙四十一年（1702年）每文重1钱4分之规定。雍正十二年（1734年），雍正帝总结出"钱重则私销，钱轻则私铸"的规律，因而折中铸造1文重1钱2分的制钱。并于制钱铸文的地名上加一"宝"字，如直隶铸为"宝直"等。

---

① 唐石父：《中国古钱币》，上海古籍出版社2001年版，第364页。

图 9.16　康熙通宝罗汉钱宽边 　　　　图 9.17　雍正通宝背满文"宝苏"

（四）乾隆通宝"普尔钱"

雍正十三年（1735年），世宗死，其子弘历继位，是为高宗，次年改元乾隆。后来宝河、宝巩两局停铸。增设了其他一些钱局。乾隆通宝背文纪局有宝泉、宝源、宝苏、宝南、宝浙、宝武、宝济、宝晋、宝黔、宝云、宝昌、宝福、宝桂、宝直（ࡒ）、宝广（ࡒ）、宝陕（ࡒ）等局，又新开新疆几个铸局，如伊犁的宝伊（ࡒ）局、南疆的叶尔羌、阿克苏和乌什等。

乾隆以前的制钱用料，不加锡，以铜、铅、锌相配铸钱，成品色泽偏黄，称为黄钱。乾隆五年（1740年）始有以铜、铅、锌、锡相配铸钱者，色泽青黄，称为青钱。乾隆通宝色泽分黄、青、红三种，钱文采用宋体，版别多样。红色的钱铸行于新疆，用产于当地的红铜铸造的，叫作"红钱"，又叫"普尔钱"（普尔，是新疆原来铜钱使用的单位名称）。红钱直到光绪年间仍在新疆继续铸造。

图 9.18　乾隆通宝背满文"宝晋" 　　　　图 9.19　乾隆通宝背满文"叶尔羌"

（五）嘉庆通宝

嘉庆通宝面文仍采用宋体，背文为满文局名，有宝泉、宝源、宝直、宝陕、宝苏、宝浙、宝福、宝昌、宝南、宝武、宝桂、宝广、宝川、宝云、宝黔、宝伊、阿克苏、云南宝东局等。嘉庆通宝制钱中有背文不依常规的，于穿左用草书，穿右用楷书，分别有"福""寿""康""宁""桂"等字，或穿左为满文宝字，穿右为楷书"福""寿""康""宁"等字。这种钱与一般的嘉庆通宝钱在形制和铸行质量上相同。

图 9.20　乾隆通宝背满文"阿克苏"　　**图 9.21　嘉庆通宝背满文"宝云"**

嘉庆元年（1796年）恢复省铸，到嘉庆十年（1805年），省铸不足定额，钱又贵，通饬督抚按卯鼓铸，然私铸又相踵起。嘉庆年间铸钱偷工减料，在各局时有发生，造成铸钱质量低劣，京局钱轮廓模糊，质地薄脆；宝苏钱铸中掺砂，掷地即碎，而贵州湖广私铸盛行。由此钱法大坏。又出现银贵钱贱的局面。

二　制钱的生产

清代财政和市场支付上实行大额支付用银，小额支付用钱，实际上，多时多地大额交易也有用钱的记录，所谓银钱兼用的货币体系。银两可以由私人自由铸造，而铜钱只能由官府铸造。其平衡点是朝廷也官铸银两，同时朝廷对于制钱的铸造也不能完全确切管制。钱为铜钱，官铸每枚一文的铜钱称为制钱。新疆南路的红钱（最低一级为当五）及咸丰年间的当五、当十、当五十、当百、当千等大钱，虽为官铸，但不称制钱。咸丰时还官铸铁钱、铅钱，当一的铁、铅钱称铁制钱或铅制钱。

制钱铸钱机构由京局以及遍布直省的地方铸钱局组成。

为了维持钱币的铸造，清廷严密组织铜、铅的供给，从进口洋铜、开采云南、贵州等地的铜、铅到收买废铜，以及组织滇铜运京，形成了庞杂而细密的制度。为维持银钱比价或因铸钱成本的变化，制钱的重量曾有多次变化，故有大制钱和小制钱之称，俗称大钱或小钱，这同以一当几的大钱和私铸的劣质小钱是不同的概念。

(一) 宝泉局和宝源局

顺治元年（1644年），清廷仿明旧制，在北京设置宝泉局、宝源局，宝泉局属户部，宝源局属工部。

宝泉局属户部钱法堂，管理钱法侍郎满汉各一人，掌宝泉局鼓铸政令。东西南北四厂大使各满洲一人，分管四厂。此外还有循环房、案房、钱库、铜库等部门。

宝源局属工部钱法堂，有管理钱法侍郎满汉各一人，掌宝源局鼓铸政令。宝源局设经承五人，设案房、兑房、钱房、算房、循环房等，分管各事。

光绪二十六年（1900年）七月间，八国联军进京，户部宝泉局并东南西北四厂，均被占据抢劫。光绪三十一年（1905年）八月十九日，户部奏准裁撤宝源局，仅留宝泉局西、北两厂，宣统二年（1910年）十二月，度支部奏准裁撤宝泉局。

宝泉局与宝源局铸钱工艺和流程为，先錾凿铜模制作祖钱，再翻铸母钱，然后翻沙而成制钱。铸冶工序有八：看火、翻沙、刷灰、杂作、锉边、滚边、磨钱、洗眼，冶文各以其序。① 每炉设炉头一人，有八行匠役：看火匠、翻沙匠、刷灰匠、杂作匠、锉边匠、滚边匠、磨钱匠、洗眼匠。

清代铸钱以各钱局所开炉座铸钱一批（次）为一卯，规定一卯用工用料和铸钱的数额，在同一卯额下，铸钱数额的大小决定于炉座的多少。户、工两局各厂规模大小不一，岁铸卯数也有差别。卯数的变化主要原因是铜源及市场钱价。

顺治初年，宝泉局每年开铸30卯，遇闰加铸3卯。宝源局的铸卯只及其半。清初以铸钱12880串为1卯。康熙初年，两局铸钱数又有减少。三十三年（1694年）起，宝泉局每年开铸30卯，每卯用铜铅5万斤；四十三年（1704年），宝源局每卯用铜铅6万斤。雍正元年（1723年），宝泉局、宝源局每年各开铸40卯；四年（1726年），两局各开铸41卯。乾隆四年（1739年），宝泉、宝源两局额铸钱各41卯；七年（1742年），

---

① 王庆云：《石渠余记》，北京古籍出版社1983年版，第210页。

因云南有加运铜斤，规定两局每年各加铸 20 卯，各共 61 卯；十六年（1751 年），因铜铅尚有余，令两局每年各加铸 10 卯，为 71 卯。后从 75 卯、76 卯减少至 50—30 卯。

咸丰四年（1854 年）设立的铁钱局，至五年（1855 年）十月，共采买新旧生铁 12078000 余斤，铸铁当十大钱和铁制钱合京钱（二枚合制钱一枚）5333000 余吊。同治五年（1866 年），宝源局新、老两局共设 30 炉，每月每炉铸当十京钱 4000 串。光绪年间，两局先铸当十大钱。因铜斤短绌，九年宝源局铸当十钱 24 大卯，十年铸 28 大卯。自光绪十二年（1886 年）三月始，宝源局仍旧开铸勤炉。十三年（1887 年）规复制钱，宝泉、宝源两局定例每月各铸制钱 6 卯。

（二）地方铸钱局

中国幅员辽阔，清廷实行分散铸钱制度，以便就地流通。各省可随时奏准设局铸钱。设局地点有省会或府，由地方政府负责管理。地方局所铸制钱，正面文字是年号加"通宝"。清廷在直隶、奉天、吉林、江苏、山西、山东、河南、陕西、甘肃、浙江、江西、湖北、湖南、四川、福建、广东、广西、云南、贵州等行省设立铸钱局，初时一省有多个铸钱局，乾隆后基本上一省一设，但也不固定。康熙六十一年（1722 年）十二月，始铸雍正通宝，准四川、云南两省开局鼓铸，将宝泉局钱样颁发两省，钱背铸二满字，一为"宝"，另一为表地名的"川"或"云"，以后别省铸钱俱依此格式。从此"宝×局"就成为地方铸钱局的统一名称。

以直隶省为例：顺治朝在直隶共设三个铸局，即宣府局（治所宣化）、蓟镇局（治所蓟县）、密镇局（治所密云县）。顺治十八年（1661 年），玄烨继位，次年改元康熙元年，改铸康熙通宝，"（康熙）十年停密云、蓟、宣府、大同镇鼓铸"。雍正朝仅直隶省未曾开炉鼓铸。乾隆十年（1745 年）于保定府置宝直局，"开直隶保定府铸局，钱幕铸'宝直'字"。委派官商采办洋铜，采办汉口铅锡，设炉六座，年额铸四十八卯。

嘉庆元年（1796 年）正月，宝直局在停铸两年之后复行开铸。

道光元年，直隶银钱比价为银 1 两∶1226 文，清廷认为是铸钱过多导致钱价日贱，且鼓铸成本增加，各省钱局亏损严重，多被关停。

道光二年（1822 年）闰三月至三年（1823 年）三月，宝直局设炉五座，每炉年铸制钱 48 卯。

咸丰改元，在保定同知署内设一炉，共6卯余，铸出制钱1525串726文，咸丰四年（1854年）之后始铸铜铁大钱。此次铸造，币材来源广泛，有采买，有调拨，有废旧铜器，有炸裂铜炮，有残破佛像等，铜铅锡搭配也很不规范，比例屡变，每月铸造额由4卯至12卯不等。宝直局在咸丰朝共铸行平钱、当十、当五十、当百四种铜质钱。

宝直局还铸制钱、当五、当13种面值铁钱。咸丰七年（1857年）正月至九年（1859年）十月，宝直局在保定设铁钱局，设炉二十五座，铸铁制钱八成，重六钱，当十大钱二成，重一钱二分。后因铁大钱行用不畅，咸丰七年（1857年）之后停铸当十大钱，仅铸铁制钱，共铸合制钱701001串。另有正定等分局铸造。还在遵化设宝蓟局，铸铜质平钱及当十、当五十、当百大钱，后又设炉座鼓铸铁钱。

除宝蓟局外，咸丰四年（1854年）在热河设宝德局开炉鼓铸，早期有大铜炉两座，小铜炉一座，共铸当十、当五十、当百大钱共铸5卯，折合制钱4384串。

保定宝直局同治五年（1866年）五月开炉，所铸同治通宝钱，共铸38卯，9630串188文。

光绪十三年（1887年），全国市面钱少而掀起一股恢复土法制钱的浪潮，宝直局铸光绪通宝钱，并在天津设宝津局，不久即停，原因是铜料不足，铸本昂贵。为提高铸造效率，李鸿章主持从英国购进铸币机器，按中国制钱在币中央打孔，费力且损伤机器。遂又在天津机器局添炉十二座，土洋并用铸钱，到光绪二十四年（1898年），每铸钱1000文，亏损491文，遂停铸。次年（1899年），虽户部令宝直局重新开铸，但由于各种原因再未铸钱，宝直局至此停局，直隶省的制钱体制宣告结束。

（三）其他钱币

其他钱币为公私所铸私钱、历代古钱、伪钱以及外国钱币。

清代银、钱并行，很长时期内，清廷只依钱币的铸造和流通制定货币政策，故以"钱法"代表币制。钱法中包含有许多禁止性的法令，统称为"钱法禁令"。从禁令中可以看到，清代实际上在很长时间内古钱、"伪钱"、私钱是可以在市面上流通的。所谓伪钱是指由三藩如吴三桂所铸"利用通宝""昭武通宝"等。外国钱币是日本、安南等国铸造的汉字方孔圆钱，如日本宽永通宝、安南的景盛通宝，等等。

顺治三年（1646年），禁用前代旧钱，暂许用崇祯钱，四年，严禁私铸南明伪钱和行用历代旧钱。乾隆二十二年（1757年）十月，唐、宋、元、明旧钱仍听民便。三十七年（1772年）前代旧钱，仍听民便。

有清一代私铸的情况十分严重，清廷严刑峻法也没有能解决这一问题。

早在顺治年间："各省开炉太多，铸造不精，以致奸民乘机盗铸，钱愈多而愈贱，私钱公行，官钱壅滞。"康熙二十三年（1684年）私铸竞起。雍正年间"湖广河南等省私铸之尤甚"。

雍正三年（1725年），"河南湖广等省私铸之风尤盛"。乾隆初年，"江西钱文最杂，所用俱系小广钱又掺和私铸之砂钱"。乾隆二十六年（1761年）时曾下令湖南收回小钱，该地小钱有二枚顶一枚，三枚顶一枚制钱行使的。嘉庆二十五年（1820年），"近日江省宝苏局所铸官钱，铜少铅多，而官铜偷铸小样钱，每钱一千不及四斤，民间号为局私，自苏松至浙江、江西，流通侵广"。光绪年间的天津的《直报》的报道："街市行用私钱日多一日，虽钱庄当铺在所不免，良由禁令不严，遂至毫无忌惮。"

三　清代钱法禁令

（一）关于钱币的禁令

1. 禁私铸

有清一代对于私铸立法不可谓不严，查禁不可谓不繁，但鲜有成效。顺治十四年（1657年）制定了十分严格的钱法，以防私铸。"凡奸民私铸，为首及匠人拟斩监候，为从及知情买使者拟绞监候。总甲十家长知情不举首者，照为首例。不知者杖一百，徒三年，告捕者给赏银五十两，其卖钱之经纪、铺户，有与犯掺和私钱者杖一百，流徒尚阳堡。"十八年（1661年）时又一次加重。"为首及匠人斩决，家产入官。为从及知情买使者绞决。总甲十家长知情照为首例，不知者枷一月仍拟杖徒，与贩掺和者枷一月仍拟杖徒。"康熙七年（1668年）对伪造者的邻居"不论知情与否，俱枷一月，杖一百，徒一年"。以后三十六年（1697年）、三十八年（1699年）、四十四年（1705年）、四十七年（1708年）均重申并加重刑罚，其中四十七年时，对船只夹带私钱，例同斩决。乾隆年间制定了私铸铅钱的法律，为首及匠人拟绞监候，为从及知情买使减一等。

雍正十一年（1733年）、十三年（1735年），乾隆五年（1740年）、二十三年（1758年）、二十四年（1759年）又进行了一些修改。而到了清末私铸私销已为斩绞之刑。

康熙二十九年（1690年）又行收买私钱之令，在京城限六个月，在外限文到后六个月，对送交私钱之人免于刑事处分，每斤给银一钱。三十八年（1699年）时又让百姓可自行将私钱熔铜交官。每斤给银六分五厘。但实际上边远地区仍旧使用古钱。

康熙二十三年（1684年）定户工两局炉设夹铸私钱之禁。康熙二十六年（1687年）和三十六年（1697年），两次将轻小的湖北"昌"字钱和湖南的"南"字钱停止流通。道光十五年（1835年），江南道监察御史称，私钱之禁屡经奉旨申严，而禁之不能断绝者，以官局铸有小钱也。

私铸有官炉私铸和民间私铸。顺治十年（1653年）奏准，官炉夹带私铸者，照枉法计赃治罪。十二年（1655年），查获直隶宣府钱局炉头、工匠等利用官炉私铸，每月各私铸10包至20包不等，一包为16400文，私铸总数达50余万文。乾隆末年，云南、贵州、四川、湖广等处小钱充斥，乾隆帝指出："其故总由鼓铸局员多有额外私铸小钱，以为赢余，借资肥橐，而该上司亦不免从中分润。"道光时江浙一带将官局私铸的小钱称为"局私"，民间私铸的称为"民私"。

对于民间的私铸，顺治十四年（1657年）议准："私铸为首及匠人俱处斩，为从及知情买使者，拟绞监候。"

2. 禁私钱流通

私铸有沙壳、风皮、鱼眼、老砂板、毛钱、灰板、鹅眼、水浮等名目，薄而小，杂以土砂铜铅锡而铸造。夹此小钱于制钱中充用。

顺治十八年（1661年），为禁止私钱和明季旧钱废钱，清廷对这些钱实行收买政策。

乾隆帝晚年，曾致力于严禁私钱流通。嘉庆十四年（1809年）四月，浙江道监察御史何学林奏称："贵州钱法不堪，官局亦参与私铸，以致小钱充斥。"道光十年（1830年）十月，黔省离州县稍远处所，往往设炉私铸。

同治十三年（1874年）八月，上谕各省督抚饬令地方官，严禁当商、私押小典、钱铺掺和私钱。光绪三十三年（1907年）五月，商部奏准北京商会收化私钱章程，以收化当十私钱为对象。

3. 禁外国铜钱

乾隆年间，日本的宽永通宝铜钱流入中国。宽永钱每千文在日本仅值抵色银七八钱，而在浙江换制钱 900 文，钱铺则以 1000 文换出。乾隆十四年（1749 年），浙江巡抚、闽浙总督严禁。十七年（1752 年），又发现宽永钱，而且日见增多，乾隆帝下旨两江总督、江苏巡抚密行查处。严禁商船私带入口，零星散布者官为收买，解局充铸。

道光时，外国铜钱流入更多。广东流通的安南钱以光中通宝、景盛通宝最多，潮州尤为严重。还有国人仿铸，日积日多。道光八年（1828 年）十一月，经陕西道监察御史张曾奏请，道光帝令两广总督和广东巡抚立即严拿究办。

4. 禁制钱走私

咸丰年间，已有英国商人私运制钱出口。八年（1858 年）初，中国海关曾在一艘船上查到在桶里装了约值 3000 两银子的偷运制钱，又有 50 只箱子，每箱约装制钱两担。这些制钱被海关没收充公。

光绪十二年（1886 年）十二月，湖广总督奏称，湖北钱少价昂，由于运钱出省者多，而轮船、洋船装载为最甚。光绪十三年（1887 年），有人奏洋人于通商口岸购运制钱熔化提银，各省厘局存积纯铜制钱，加价售于钱商，钱商售于洋人销毁，清廷令沿江沿海各督抚认真查禁。

宣统二年（1910 年）十月，杭州将军奏日本大收中国制钱，毁成铜块到华销售。天津、上海租界公然日运铜板到埠，开炉铸成铜元，易我之银。欲用之何省，登时有钱模印之。

5. 禁铜

为了防止私销和保障铸钱铜源，康熙十二年（1673 年）开始实行禁铜政策，除红铜锅及现存铜器不禁外，其铸造一应铜器，只许五斤以下。违禁者，官革职，旗人鞭一百，枷一月，民责四十板，流三千里。十八年（1679 年），补充规定除军器、乐器、镜子、脸盆、钮子、锁钥、箱柜、等子、天平、法马、刀束等民间必用之物五斤以下者许其造卖外，一概禁止铸造。雍正四年（1726 年）九月，因钱价昂贵，禁止铜器。

乾隆元年（1736 年），户部尚书海望奏禁铜之弊，一是搜括难尽，用法不均；二是名为收铜，实为勒取；三是所得不偿所失，于鼓铸毫无所益；四是奸匠销毁制钱，搀药煮白以成器皿。经九卿等遵旨议定，停止收铜及禁铜之令。十四年（1749年）奏准，禁洋船将红、黄铜器私贩出口图利。十六年（1751年），乾隆帝令无论黄、红、白铜概禁造器。

咸丰二年（1852年），又实行禁铜，五斤以上铜器均不准制造，已造成者限一年售出。如欲交官收买，每斤给价银一钱一分九毫三丝。如一年后尚有五斤以上铜器，一经查出，即行入官。三年（1853年），又议准京城大小官员家，如有三斤以上铜器，均令自行运赴宝泉、宝源二局呈缴，毋庸给价。

（二）清代钱制的困境

历代政权均解决不了私铸问题，以清代为例，私铸主要有以下几个原因：一是币制本身的原因。清代实行的是不完全的银钱本位制度。银两用于大额贸易而且可以由私人自由铸造，而铜钱只能由官府铸造。银两和铜钱两者没有主币和辅币关系，只按市场价格自由浮动。这种币制对于清廷而言控制起来极度困难。

首先银和钱两者价格难以控制，中国本不是产银国家，白银的来源主要是通过对外贸易大量出口而从海外赚得白银，因而外贸的出超或入超都将对白银的数量产生重大影响，进而影响到银价。

制钱铜源无法保证。清廷将全国铜源几乎想尽用尽，但是铜的来源仍不稳定，先是明代旧遗铜用完，接着是洋铜进口日少，而滇铜又受政治因素的影响，如农民起义使之无法得到，银钱价格的变化，铜料的短缺对于私铸者而言总是有投机的机会。

还有币材上的原因。中国传统币制以贱金属为币材，且铸钱对铸造技术要求不高，从而使私铸成为可能。清廷为防私铸，也有降低铸钱成本而获得铸息的需要，一直不停变换铸钱的金属合金，加锌的黄铜钱，加锌铅的青钱，加锌铅锡的钱币，金属质地的变化也为私铸打开了口子。

清廷更难以解决的问题在于钱和铜两者的关系。铜是铸钱的材料，更是民间用品的原材料，民间生活的多数用具在清代已为铜器，因而钱价与铜价成为影响清廷币制的重要因素，钱贱铜贵则引起私销，反之则私铸。

此外，由于银钱关系的变化和铜源问题，曾使得清廷不断地改变其制钱的重量，从一钱四分到一钱二分，到一钱，到八分、六分，本身也给私铸者熔毁旧钱，私铸新小钱提供了条件。轻则私铸。中国历代朝廷从来没有解决古钱流通问题，古钱与清制钱在金属质地、重量、形制上均有差异，这也是私铸得以实现的一个原因。

最终清代制钱流通呈现出了极强的封建地域性。

有大区域性钱制，清代流通区域较大的区域性钱制为：东北东钱、京师京钱、吉林中钱、江南七折、新疆红钱、西藏银钱。

而市场流通钱制可分为串绳钱制、短陌钱制和掺私钱制三种。

串绳钱制：在实际交易中，各地市场有不同的制钱使用制度。朝廷有钱制，区域有区域性钱制，而到了每个市场，各有钱制，这就是币制封建性和传统金融业存在的基础。

一文是旧时小钱的基本单位，一个小钱叫一文钱。小钱中央有孔，以麻线穿成一千文叫一串。一串钱，又叫一贯，古称缗，清代把一串钱称一吊钱，民国初年称千文。千文和一吊国家规定的 1000 文为 1 吊实际在市场流通中并非如此。以 998 文作一串的称为九九八钱，970 文作一串的称为九七钱，山西有 94 钱。九几钱基本上是绳价钱。按照钱业惯例，1 吊钱是要用绳子串起来的，否则无法计数与携带，其中扣去 20—40 文作为串钱绳索的费用，民间称为"九八钱""九六钱"。

短陌钱制：如"从八折串钱""六八钱""七折钱"均是短陌钱制。

掺私钱制：民间使用钱币，每串钱中掺杂私钱的多少各有不同的名称。百文钱中掺杂五六文的称为冲头，掺杂 10 枚的称为一九钱，以下依次为二八钱、三七钱、四六钱，掺杂 50 文的称为对开，以下依次为倒四六、倒三七。纳税必须全部用制钱，又称卡钱。

社会交易离不开货币制度，清廷对货币制度的干预人为地形成了不同区域的经济圈，从而强化了中国经济的封建性。市场对货币制度的人为割裂的反应是创造出一些新的货币制度，使货币制度更加复杂，这就使当时中国钱庄林立。金融复杂，一国之金融如国际金融般运行，从而加重交易成本，并对经济发展形成实质性伤害的根源，反映了封建经济的本质。

个人与市场、社会会形成合力反映货币自身规律而平衡国家力量。这就是清代中国货币的实际运行，即市场上，在大的区域货币制度体系下，又有了更小的市场币制。从货币制度层面可看出国家、社会、市场、个体四种力量的交合。

第三节　钞票与银钱比价

一　钞票

清朝吸取了元、明两代滥发纸币，造成通货膨胀的教训，以不用钞票为原则，只是在不得已时才发行，非常慎重，财政危机一过就停止，因此清朝的钞票发行量不多，可大致分为这样几个阶段。

清朝第一次发行钞票是在顺治八年（1651年），当时李自成、张献忠起义已失败，南明福王也早已被擒，但是南方一些朱姓小王朝还有激烈的反清斗争，这一年正值清兵进攻四明和舟山群岛，军事开支很大。政治上福临亲政，国家财政预算入不敷出，所以不得不发钞救急，但发行的数量不多，每年12.8万贯，到顺治十八年（1661年）永历帝被杀，南明政权灭亡，大局平定，纸币就停发。

二　清初的银钱比价

（一）清代货币制度的构成

清代沿袭明代的货币制度，白银和铜钱（制钱）同为法定货币，同时在市场上流通。

但两者有各自不同的使用范围：白银主要用于国家财政收入、官员俸禄、兵饷、商人大笔交易等；铜钱基本用于民间零星交易。白银作为称量货币流通。成色、重量，各地都不一样，政府基本上没有统一标准进行管理，完全由商人自由掌握。白银数量的变化、流向，直接受到国际和国内市场的影响，政府缺乏调控白银货币的能力。而对于铜钱来说，政府则有较强的控制力，可以不断发掘铜矿，从外国购买铜材，垄断铸币权力，随时调整制钱的数量，以及使用范围，使之发挥实际作用。以钱辅银，以银权钱，二者相权，共同构成清代中期以前的货币体系。

一般认为，清朝的货币制度是银钱复本位制，白银为上币，制钱为下币，白银与制度之间形成极为密切的关系——相辅相成。制钱制度到清朝已通行两千余年，比银两制有很多优点，但货币向贵金属发展是必然趋势。明末以来，随着资本主义生产关系的萌芽和商品经济的发展，制钱制度的缺点日益显露——不便于携带和巨额支付。这些问题，银可弥补。而银零星支付不便的问题，钱可弥补。

（二）清代中期以前银钱比价变化

白银和铜钱不仅表示两种货币，而且又是两种金属商品。银和铜自身的商品价格，决定货币的价值。由于两种金属商品的价格，随着市场需求的变化而波动，使得两种货币的价值也不能稳定不变。如果其中"一种比过去有了更大的需求，那么数量的增加或减少就会很快改变它们之间的比价"[①]。因此，白银和铜钱的货币价值，也就与银和铜本身的价格同时不断升降，这就形成了白银和铜钱的市场价格，同时也产生了两种货币的市场比价。这样就形成了白银与制钱的兑换及比价问题。银两制度的不健全可从银钱比价上得到反映。若从明世宗嘉靖八年（1529年）算起，到1933年废两改元，这种制度共存在了405年。

表9.2　　　　　　　清代不同时期白银制钱比价对照表

时间	比　价
顺治初年	每7文准银1分。即银1两易钱700文 不久，更定每10文准银1分（每1文易银1厘）。即银1两易钱1000文
康熙初年	银1两易钱1000文
康熙二十三年（1684年）前后	申定钱值禁：银1两易钱毋得不足1000文。实际"值终不能平"
康熙四十一年（1702年）	1钱重的旧钱与1钱4分重的新钱兼行。新钱千准银1两，亦即银1两易新钱1000文；旧钱千准银7钱，亦即银1两易旧钱1428文。实际是易新钱880—770文
雍正年间	银1两易钱800文
乾隆年间	银1两易钱700—840文
乾隆二十六年（1761年）	银1两2钱易钱1000文。银1两易钱833文
嘉庆初年	银1两易钱1300—1400文
嘉庆十七年（1812年）	银1两易钱"常至二千"
道光十八年（1838年）	银1两易钱1600文
道光末年	银1两易钱2000文

资料来源：张研：《清代经济简史》，中州古籍出版社1998年版，第325页。

[①] ［英］约翰·洛克：《论降低利息和提高货币价值的后果》，何新译，商务印书馆1962年版，第101页。

从表9.2看出，清初至道光十八年（1838年）的近200年间，银钱比价各不相同。此外，在乾隆三十年（1765年）以前，银钱比价虽上下波动，时有升降，但波动范围总是在800文上下，最低不低于700文，最高时也没有超过900文。这就是乾隆初年京师出现银钱比价波动后，经直隶省"实力办理富户囤积钱文"后，"各处集市每银一两换钱830—870文不等"，被认为平抑银钱比价"行之已有成效"，"钱价平减"。① 可在乾隆中期以后，银钱比价却一反常态，超出其长期以来正常波动的范围，逐渐增长。在增长过程中，虽时有回落，但总的趋势是上升的。只不过在刚刚开始时，是悄悄进行的，增长幅度较小，没能引起人们的重视。但在嘉、道之际，上涨速度加快，特别是在道光十年（1830年）后，随着鸦片走私贸易危害加深，银钱比价飞涨，至1838年，竟达到1600余文，上涨幅度比正常时期翻了一番多。

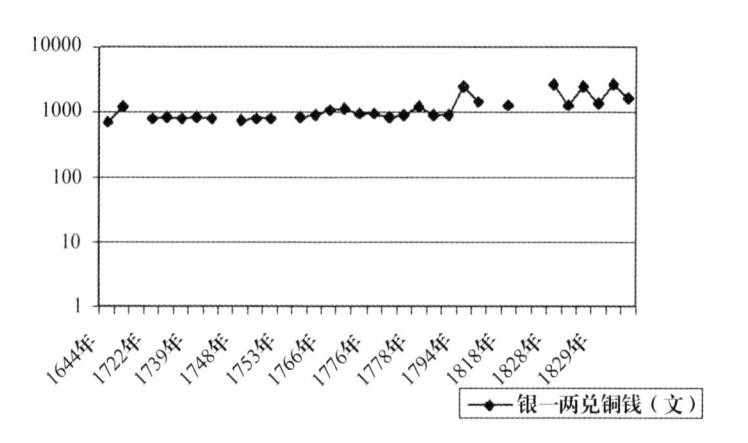

图9-22 清代中期以前银钱比价图

根据这一变化情况，我们可以得出这样的结论：清朝银钱比价的相对稳定时期在乾隆中期以前，其稳定范围800余文；乾隆中期以后，银钱比价超出稳定范围，应当视为鸦片战争前银贵钱贱开始。需要说明的是，

---

① 《清史编年》第五卷《乾隆朝》上册，第453页。

人们在谈论清中期以后银贵钱贱时会说鸦片的输入致使白银外流。但资料表明：早在鸦片战争前的乾隆朝中期，这一趋势就开始了。应该说，这种现象是由中国社会经济内部的发展变化引起的。至少在道光十年（1830年）以前，它仍然是银贵钱贱上涨的重要原因。因为在1830年以前，中国在对外贸易常处于出超地位，印度、英国及美国的白银不断流入中国。据统计，从康熙二十年（1681年）至道光以前的140年间，"欧洲船只输入中国的白银数量要在八千万两以上。如果加上来自菲律宾和日本等地的白银，恐怕有几亿两之多"[①]。道光中期以后，随着鸦片贸易严重泛滥，白银大量外流，中国的对外贸易从此转为入超，进一步加剧了银贵钱贱的趋势，引发了清朝经济社会危机。

顺治时铸钱1文重1钱，规定每7文准银1分，亦即银1两易钱700文。后千钱准银1两，即银1两易钱1000文。此比价成为后来银钱比价的标准。高于此标准的，称为"银贵钱贱"；低于此标准的，称为："钱贵银贱。"

（三）银钱比价反映了两种变化趋势

1. 清朝前期"钱贵银贱"的趋势

康熙以前钱价趋贵。康雍立法维持，直到乾隆中后期钱价时贵时贱，平时少贵时多。王庆云《石渠余记》认为其时数岁军需，散库银七八千万两于外，民间银易得，上下均多银，故钱贵。

总的来说，清前期多数时间处于"钱贵银贱"的局面。除上述王庆云的看法外，总结官书的记载，其主要原因有两点。

（1）由于铜产量有限，制钱作为"铜"的实际价值，贵于"钱"的名义价值，而私毁众多，销钱卖铜，引起钱数减少，钱价上升。乾隆时，"铜价每斤直银一钱四、五分，计银一两，仅买铜七斤有余。而毁钱一千，得铜八斤十二两。即以今日极贵之钱，用银一两，换钱八、九百文，毁之为铜，可得七斤七、八两，尚浮于买铜之所得，何况钱价贱时，用银一两，所换之钱，可毁铜至十余斤者乎！"[②]

[①] 彭信威：《中国货币史》，上海人民出版社1965年版，第854页。
[②] 陈廷敬：《杜制钱销毁之弊疏》，见《清朝经世文编》卷53，户政二十八。

(2) 外国银元的输入，对货币价格有很大影响。

明弘治五年（1492年），哥伦布发现新大陆。美洲成为当时世界上主要的白银产地。美洲银产量16世纪占世界银产量的73.2%，17世纪占87.1%，18世纪占89.5%。而西班牙殖民地南美秘鲁有当时世界上最大的银矿。这些白银大量输入西班牙，引起西班牙物价高涨。欧洲其他国家物价相对低，于是这些国家，特别是葡萄牙将货物输入西班牙赚取白银。葡萄牙再把白银运到亚洲购买黄金。当时中国的金价便宜，5.5两到7两白银即可换1两黄金，而印度果阿是9两银换1两黄金；欧洲是12.5到14银换1两黄金。嘉靖三十六年（1557年），葡萄牙占据中国澳门。16—17世纪，菲律宾共运进21亿西班牙银元，据说有1/2流入中国，"凡荷兰佛朗机诸国商船所载，每以数千万计"。

另一方面，银、钱的数量比发生变化，势必引起银、钱比价的变化。然而这并不完全是深层的原因。深层的原因是清代经济发展，人口激增，清人生产生活方式发生了悄然变革，更多的人进入市场网络。商品经济的发展，使得货币需求量前增长。清代赋税、朝廷会计、大宗贸易等用银，日用零星交易用钱。交纳赋税主要用银，而小民特别是广大北方民人的基础交易主要用钱，对铜钱货币的需求量尤其空前增长，从而致使钱价高昂。上述铜产量少、毁钱取铜及白银内流，实际起到了推波助澜的作用。

2. 清代中期"银贵钱贱"的趋势

一是清朝官方为平抑钱价，减轻钱重，增加钱数所致。

而等量"铜"的实际价值，低于等量"钱"的名义价值，引起私铸众多，销铜铸钱，更增加了制钱数量，钱价愈跌，银价上涨。

二是白银外流，自乾隆年间即已经出现白银外流。

从乾隆至道光年间，外国人不断将银元输入中国，但由于中国银两落后于银元，导致白银内流中的外流现象出现。嘉庆十九年（1814年），苏楞额在奏疏中论及外国以低含量洋银运进，以内地足银两运出之弊："夷商贿通洋行商人，借护回夷兵盘费为名，将内地银两偷运出洋，至百数十万之多。该夷商将内地足色银两私运出洋，复将低潮银洋运进，欺蒙商贾，致内地银两渐形短绌。"外国人将所购中国银两偷运出洋加以鼓铸，再运回中国，从中牟利。中国商人亦私带制钱出海交易，数十文易番银1元，带回中国，得获大利。白银内流中的外流，只是白银的相对外流，虽然造成暂时的"银价回升"，但最终因为还要流回中国，仍是潜在的钱贵因素。

鸦片战争后，白银外流更加严重，这是白银数量的绝对外流。导致白银外流的主要原因是鸦片的输入，清政府既然不能有效地阻止鸦片的进口，也就无法阻止白银的外流。据魏源统计，道光十七年（1837年）广东的对英贸易中，中国进口英国商品（不包括鸦片）共值银1447.8万元，出口英国商品2181.6万元，出超733.8万元，而这一年英国输入中国鸦片共值银2200万元。据此，该年中国需用银1466.2万两抵补对英贸易差额。这大致反映了鸦片战争前夕每年的白银外流量。

白银外流造成了严重的后果。主要表现为三个方面。

首先，引起货币危机，即银荒。清初一百多年间银钱比价一般在银一两折钱千文以内嘉庆后期银钱比价超过了千文，且不断提高，到鸦片战争前已达到了银一两换钱一千六七百文。银贵钱贱，以银计算的物价下跌，以钱计算的物价上涨。这对以钱为日常的人不利，社会购买力下降，商品销售不易，导致商业萧条。

其次，加重财政困难。清政府的财政收入三大项：田赋、盐税、关税。清朝的地丁银纳银代役制在白银不足时可折钱交纳，银贵钱贱后折钱数就要增加，加上地方官的掠夺，钱数定得比市价还高。赋税负担加重后，必然降低人民的纳税能力，使国家的赋税收入减少，积欠增加。另外，商业萧条使得盐课、关税收入也下降。

最后，加剧社会矛盾。银贵钱贱，人民收入下降，统治者又加强搜刮，阶级矛盾恶化。19世纪中期的太平天国起义，原因之一就是这种矛盾积聚的结果。

嘉庆末年，钱法大坏，银钱需要渐多，银价贵，钱价贱，道光末年已是鸦片战争后白银大量外流，银越贵钱越贱，每两银可易钱2000文。

（四）清朝前期控制银钱比价的货币政策

为了垄断货币权，控制货币价值，清政府继承明代规定银钱固定比价的方法，顺治四年（1647年）规定银钱比值：每十文铜钱，准银一分，永为定制。即规定铜钱与白银的比价为1000：1。一般来说，政府努力维持官定比价的操作，体现在对市场上流通货币数量的调控，同时也是朝廷推行货币政策的过程。

1. 硬性规定银钱比价

顺治十二年（1655年）铸钱1文重1钱4分。钱粮征收银七钱三。自至此康熙多数年间，制钱作为"铜"的实际价值，贵于"钱"的名义价值，引起民间毁钱卖铜，钱价上昂。对此，朝廷硬性规定钱值禁令：银1两换钱不得不足千钱。雍正七年（1729年）钱价贱，朝廷亦硬性申明每银1两只许换制钱千文。但钱价均"仍不能平"。

2. 置钱行官牙

雍正元年（1723年）朝廷特设钱行官牙，以平其值。乾隆二年（1737年）以钱价久不平，令大兴、宛平置钱行官牙以平钱价。

3. "平粜"

朝廷用平粜米粮的铜钱，减价兑换白银，调节市场上的银钱比价。八旗、内务府，在京城共设米局27处，朝廷一方面发给各局银两作为资本，使其收买米谷；另一方面也发给各局米谷，让其平粜，收买粜卖所得铜钱，在市场上减价兑换白银。康熙禁令不行，银钱比价仍保持在银1两易钱880—770文之间。官方于是"发五城平粜钱"易银，以平钱价。乾隆九年（1744年）钱价昂，银1两易钱880文。发平粜钱24万串平钱价。定价银1两易钱950—1000文，尽市侩贱买贵卖之长短钱。乾隆二十七年（1762年）统计，户部库存平粜钱八万五千余串，五城各厂存钱1.3万余串。

4. 增减钱重

市场上铜钱数量的多少，又是什么原因决定的呢？在市场上，人们都是追求利益最大化的。如果作为流通手段的货币，其实际价值超过了名义价值，也就是当制钱含铜量高，市场银钱兑换率低（比价低），私人销毁制钱能牟取更多的利益，就会有人大量熔化铜钱取得铜，到市场上售卖，或者制成铜器出卖。但当制钱含铜量低，市场银钱兑换率高（比价高），铸币费低廉，民间私铸铜钱比较容易的时候，人们为了获取更多的货币，就私铸大量铜钱出卖。因此，私销、私铸的出现与铜钱本身的轻重有直接关系。这就是"铜贵钱重，则有私行销毁之弊，铜贱钱轻，则滋生私铸射利之端"①。

市场中流通的铜钱过多,或者铜钱货币过少,都会引起物价变化,为了稳定物价,就必须调节钱价,这就是政府增减铸币数量的原因。具体地说就是:"钱贵银贱"之时,减轻制钱重量;同理,"银贵钱贱"之时,增加制钱重量。由于铸造轻钱,引起民间私铸,"钱贱银贵",物价上涨。康熙四十一年(1702年),恢复铸造重1钱4分的制钱,结果银钱比价立刻提高为钱770—880文折银1两。

需要指出的是,政府调节货币的政策往往处于两难之中,使其有效性大打折扣。政府原本为防止私销,减少制钱含铜量的措施,则给私铸造成机会;为防止私铸,增加制钱重量的政策,又造成私销的猖獗。政策、法律之所以无法解决这些实际问题,关键因素就是市场在其中起作用。

5. 调整开炉数量

市场上钱少,则增加铸钱量,钱多则减少铸钱量,政府根据流通中货币的需求量,下达定额。清廷最常用的方法是以调整铸币省局开炉数量、控制制钱数量的方法,进而控制银钱比价。钱贵则增炉增卯,钱贱则减炉减卯。

乾隆中期,铜钱价格昂贵,在政府倡导下,各省"皆增炉广铸,价暂趋于平"。但由于铜料的运输出现了一些问题,加上投机商人乘机囤积居奇,哄抬钱价,使钱价奇昂。到乾隆五十七年(1792年),以"官私钱错出,钱贱","乃暂罢直省铸"。嘉庆元年(1796年),"复直省铸"。到嘉庆十年(1805年),省局没有完全恢复所铸卯数,"钱复贵","通饬各都抚按卯鼓铸"等。

6. 促进铜的生产

清廷由于制钱数量不足,钱贵银贱,乾隆初开始重视和促进铜的生产。其主要措施有:(1)减税。从原来课铜税值百抽20,亦即20%的税率,降低到值百抽10,亦即10%的税率。(2)提高购铜官价。乾隆十九年(1754年)、二十一年(1756年)、二十四年(1759年)、二十五年(1760年)的购铜官价,从雍正十一年(1733年)的每百斤3.7—5.1528

---

① 王庆云:《石渠余记》卷五《纪银钱价值》。

两,提高到每百斤6两。(3)一分通商。乾隆中期始允许于纳课10%以外铜产的1/10在市场上自卖,所余再行统购。(4)预支工本银,甚至预支数年。

第四节 清朝前期的信用机构

一 中国银行的萌芽——账局

自明朝中后期以来,中国的资本主义生产方式已经开始产生,在东南沿海地区广泛出现了手工作坊。清朝初年,在中国的华北地区资本主义生产方式已处于手工工场时期,其规模是相当可观的。在不少地方,像冶铁业、棉织业、碾米业、榨油业、造纸业、制糖业、制瓷业、制盐业、制茶业、采矿业等行业中,每家拥有一二十、百八十、三四百不等工人的手工工场。随着这些手工工场规模的扩大,它们对资金的需求也越来越多,这为高利贷资本向借贷资本过渡提供了条件,这样中国最早的具有银行性质的金融机构产生了,它就是账局。[①]

据史料记载,账局(账庄)最初出现在北方。1736年(清乾隆元年),山西汾阳商人王荣廷投资白银4万两,在张家口开设祥发永账局,这是最早的账局。此后,账局在张家口、北京等地得到进一步的发展。经营账局的多为山西、冀中一带的商人。

账局的放款对象有两个,一个是对候选官吏主账,另一个是对工商业者的放款,而以后者为主。但1736—1853年,清实录、档案和私人日记的记录中多数提出的是前者,这是因为官府保存的文献比较多的缘故。加之封建专制是轻视和限制工商业的,因而奏疏中提到得少。在1853年发生太平天国起义,北伐军进逼北京城时,奏折中才提到账局的影响,从中可以看出其规模和对工商业的作用。当时由于京城恐慌,市场哗然,账局收本不放,工商铺户纷纷关闭,危及京师根本。此时,京师许多官吏,上奏皇帝:"臣尝细推各行歇业之由,大抵因买卖之日微,借贷之日紧。夫买卖多寡,由于时势,非人所能为也。而借贷日紧,则由银钱账局各财东自上年冬以来,立意收本,但有还者,只进不出,以致各行生

[①] 黄鉴辉:《中国早期的银行——帐局》,《山西财经学院学报》1984年第4期。

意不能转动。"① 这里所说的京师铺户歇业与账局收本之间有着必然的联系，可以肯定账局在经济生活中发挥着重要的调节作用。

账局所经营的主要业务是具有银行的性质。如大多数账局经营存款、放款业务，部分账局还经营汇票、发行银票、买卖生金银和收取各种票据等。这些业务说明账局明显具有银行的职能。

账局有不少局限性，如家数多、资本金少、活动地域狭窄等，部分账局还没有完全从一般商业中分离出来。但账局经历了从小到大、由分散到集中的不断发展之势。到清末，全国的账局有192家总号，资本多者7万两，少者只有3000多两，每家平均两万一千多两；而票号全国有26家总号，资本有30多万的，也有十几万的，每家平均约20万两；作为中国最早的新式银行中国通商银行，初期实收资本就250万两。

二 钱庄的发展

1. 钱庄的业务及规模不断发展

钱庄在清朝有了初步的发展。兑换货币、鉴定和称量金银成色和重量、办理存放款、签发银钱票是一些大钱庄的主要业务。钱庄放款以商号为主要对象，利息也比典当业低得多。乾隆年间，典当利率约在2分以上，钱庄却为1分左右。钱庄揽存虽以私款居多，却也收存公款。收存公款对钱庄有重要意义，可以扩大钱庄的信誉，并以此招揽更多的私人存款。钱庄签发的银钱票不同于后来清政府发行的纸币，持票人可随时向出票钱庄兑换银钱。银钱票在乾隆嘉庆年间已广泛通行。

清代的银号，大概是由打造器饰的银铺发展而来，其业务同钱庄极为相似，所以人们对钱庄和银号并不刻意区分。乾隆年间，钱庄银号的存款业务十分发达，已有力量对钱价起伏施加影响。为平抑钱价，政府又设置了官钱局和官银号。

钱庄在鸦片战争前，已有很大的发展，例如位于长江入海口的上海在嘉庆二年（1797年）以前已有钱庄124家，并已经设立了钱业公所，以维护同业利益。

钱庄作为传统的金融机构，其信用和经营手段已达到相当的水平。

---

① 咸丰三年三月二十五日，《王侍郎奏议》卷三。

上海钱庄的庄票，到鸦片战争以前已有近百年的历史。1841年，上海钱庄所签发的庄票面额达千两银者，已不稀罕。不仅商品交易可以通过庄票成交，而且债权债务关系的清理，也可以通过庄票"到期转换，收划银钱"而相互抵销。庄票的出现和发展，表明上海银钱业在信贷上已达到较高的水平。

三 票号的产生

1. 票号起源说

票号是清代重要的信用机构。因为它是山西人首创，所以又有"票庄""山西票庄""山西票号"等称谓。票号最初主要经营埠际间汇兑业务。中国很早就有汇兑业务，唐代的"飞钱"，宋代的"便换"、明朝时期的"会票"，都具有汇兑的性质。但专营汇兑的票号到清中叶后才出现。票号的产生，标志着近代金融业的三大基本业务，即存款、贷款、汇兑，已成为中国金融机构全部的业务，与现代金融业务相似。

唐朝的飞钱到宋代开始衰落。清朝因慎用纸币，改用白银和制钱，汇兑业务又兴起。在票号产生以前，异地之间的商业结算，多靠镖局运现了结。随着商品经济的发展，地区之间的结算也日益增多，需要镖局运送的现银也增加，这不能适应新的经济形势的需要。且镖局运现费用高，时间长，风险大。一些商人就利用在各地设有分支机构的商号办理汇兑。由于商号汇兑比镖局运现安全、迅速、费用低廉，它们的汇兑业务就迅速发展，一些商号由最初兼营汇兑发展为专营汇兑，商号也改为票号。实际上，票号是由一般商号演变而来，它的产生是同地区之间的货币汇兑紧密相连的。

票号的起源有三种说法。第一种说法，山西票号起源于唐朝，即唐朝的飞钱是山西票号的起源，但这种说法缺乏历史的继承性，不可信。第二种说法具有传说的色彩。相传明末清初，闯王李自成被清兵击败，在败走山西途中，为减轻行军负担，将所携金银掩埋于一康姓院内。闯王大军走后，康氏便用这笔财富创办了票号。而票号的规则，是由反清志士顾炎武起草，故极为严密，是为反清复明预做经济与联络方面准备的。但也不可信。

第三种说法是平遥人雷履泰首创票号说。这一事实，无可争议，但对雷氏何时创办，又有不同的时间说法。有乾隆年间（1736—1795年）、嘉庆年间（1796—1820年）、道光年间（1821—1850年）三种说法。黄鉴辉的《山西票号史》对此专门进行了考证，认为起源于道光三年（1823年）。这种说法比较可信。

2. 票号的产生

清代乾隆嘉庆年间，山西省平遥县有个西玉（裕）成颜料店，总号设在平遥县西大街，分号设在北京崇文门外，生意不错。当时山西晋中地区的平遥、介休、祁县、太谷等县，在北京经商的人很多，每到年终分红后，都要往山西老家送银钱，当时交通不便，银钱多由镖局押运，费用极高，且容易发生意外。银两少，镖局又不接，随身携带更不安全，有与西玉成有来往的人，找西玉成掌柜商量，把银两交给西玉成北京分店，到平遥总号再取。最初只是亲朋好友联系，互相拨兑，没有手续费和汇费。有时因京城急需用钱，还有倒贴汇的，后来大家都觉得这个办法安全、省事、经济，找的人越来越多，经理雷履泰抓住机会，即将这些款项揽由西玉成拨兑。以后业务日繁，获利日大，从此便有了"内贴""外贴"等费用。道光三年（1823年），东家与掌柜商量，将西玉成改为日升昌票号，专营汇兑业务。这就产生了第一家票号。不论这个说法是否属实，有一点是可以肯定的，那就是票号是商品经济发展和货币流通扩大的产物。

图9.23　日升昌票号原址

日升昌票号业务发展迅速，又在各地设有分号，获得丰厚，于是便有人效法，相继出现了山西平遥蔚字五联号、祁县合盛元、太谷志成信等票号。票号的发展是在鸦片战争以后。

第五节 清朝前期的货币理论

一 清朝初期的货币理论

清朝初期的货币理论，代表人物及其理论是黄宗羲的废金银论、顾炎武钱粮论和王夫之的废银用钱论等。

（一）黄宗羲的废金银论

黄宗羲（1610—1695年），著有《明夷待访录》，书中有关于货币的理论与主张。黄宗羲认为以银为货币"为天下之大害"。因为"百务并于一途"，导致"银力竭"，银供不应求。他说明朝两百余年，将天下金银运至京城，后来京城的银"既尽泄之边外"，而北方的富商、大贾、达官"又能以其资力尽敛天下之金银而去"，留在民间的银更少。后果就是物价下跌，人民贫困，从而加剧社会矛盾。黄宗羲提出废金银的主张。废金银的好处有七：一是粟帛之属，小民力能自致，则家易足；二是铸钱以通有无，铸者不息，货无匮竭；三是不藏金银，无甚贫甚富之家；四是轻赍不便；五是官吏赃私难覆；六是盗贼肢箧，负重易迹；七是钱钞路通。废金银后，"使货物之衡尽归于钱"，以钱为价值尺度。钱要"制作精工，样式画一"。但不必冠以年号。提倡除田土赋粟帛外，凡盐酒征榷，一切以钱为税。针对钱"不便行远"，提出要行钞。应效仿宋的称提之法："每造一界，备本钱三十六万缗，而又佐之以盐、酒等项。盖民间欲得钞，则以钱入库；欲得钱，则以钞入库；欲得盐、酒，则以钞入诸务。故钞之在手，与见钱无异。"认为"非界则收造无数"，就是要用界来限制货币发行量。从兑现的要求出发，黄宗羲批评了明朝的纸币流通：明朝的宝钞库除收回旧钞外，"凡称提之法俱置不讲"，所以纸币终于不行。"官无本钱，民何以信。"他主张行钞之策：以五年为界，"敛旧钞而焚之，官民使用，在关即以之抵商税，在场即以之易盐引，亦何患其不行"。① 并主张纸币兑钱，钞为价值符号。

（二）顾炎武的货币论

顾炎武（1613—1682年），著有《日知录》，另有《钱法论》《钱粮论》等文。他认为明代的钞法是"罔民"之政，钞法的失败证明"天子不能与万物争权"，即政治权势不能左右客观经济规律。但顾炎武将纸币与用银绝对对立起来。顾炎武提出用银的弊端：一是在国赋征银上，认为赋税征银是百姓的祸害。"夫田野之氓，不为商贾，不为官，不为盗贼，银奚自而来。"在关中地区，至征粮之日，"则岁甚登，谷甚丰，而民且相率卖其妻子"。他提出，田赋征粮或征银应因地制宜，"天下税粮，当一切尽征本色"，"凡州县之不通商者，令尽纳本色，不得已，以其什之三征钱"；"通都大邑行商麇集之地"，仍可征银。顾炎武认为用银的另一个弊端是增加贪吏和盗贼，增加了社会矛盾，因此他主张用钱。主张"凡州县之存留支放，一切以钱代之，使天下非制钱不敢入于官而钱重，钱重而上之权重"。② 认为只要国家的财政收支一律用钱，就能加强制钱的货币地位。

（三）王夫之的货币论

王夫之（1619—1692年），著有《读通鉴论》《宋论》等。王夫之分析了国家垄断铸币权的意义。他批评了汉文帝的自由铸钱政策，这只能导致"奸富者益以富，朴贫者益以贫"。他指出："利者，公之在下而制之在上，非制之于豪强而可云公也。"国家垄断铸币权，应铸造符合标准的钱币。铸钱"不可以利言也"，如果讲利，以铸造恶钱为上，此利非长久之利。认为钱是贱金属，铸造足值钱币是必要的。铜钱的特殊地位既然是人为的，就一定要注意精和重。"其唯重以精乎，则天物不替而人功不偷，犹可以久其利于天下。"铸钱成本高，可以防止盗铸。"钱一出于上，而财听命于上之发敛，与万物互相通以出入，而有国者终享其利。"

---

① （清）黄宗羲：《明夷待访录》财计1，转引自叶世昌、李宝金、钟祥财《中国货币理论史》，厦门大学出版社2003年版，第179页。

② （清）顾炎武：《日知录》卷11《以钱为赋》，转引自欣士敏《金泉沙龙：历代名家货币思想述论》，中华书局2005年版，第69页。

这与吕祖谦铸钱"使奸民无利,乃是国家之大利"的观点一致。他还认为,国家垄断铸币权的根本利益在于建立一个稳定的货币制度,而不在于获得铸利。认为"恶钱不行则国钱重,国钱重则鼓铸日兴,奸民不足逞而利权归一,行之十年,其利百倍十万粟之资",所以是"富国之永图"。王夫之亦认为用银有害,理由是:第一,用银使天下贫,"其物愈多,而天下愈贫"。第二,用银要开采银矿,"耕者桑者戮力所获,养游民以博无用之物,银日益而丝粟日销",造成了国危民困的后果。第三,用银有利于官吏的贪污。"吏之贪墨者,暮夜之投,归装之载,珠宝非易致之物,则银其最便也。"第四,用银有利于盗贼。"银则十余人而可挟万金以去。"因此,王夫之主张禁开银矿,但主张以金、钱为币,认为金钱为百物之母,认为金、铜等,"产于山,而山不尽有;成于炼,而炼无固获;造于铸,而铸非独力之所能成,薄资之所能作者也"。即金、钱为劳动产品,本身具有价值。纸币则不同,"以方尺之纸,被以钱布之名,轻重唯其所命而无等,则官以之愚商,商以之愚民,交相愚于无实之虚名,而导天下以作伪"①。王夫之认为明朝纸币流通的失败是人民觉醒的结果,他否定纸币流通,在理论上是金属主义货币论者。

提出废银用钱论的还有唐甄(1630—1704年),其观点与王夫之相似。有人认为黄宗羲、顾炎武、王夫之、唐甄等人的货币理论是代表地主阶段的思想,他们反对用银的理由可归为三点:第一,用银不利于巩固君权;第二,用银加深了社会矛盾,不利于封建秩序的稳定;第三,用银加速了商品经济的发展,促使更多的人弃农经商,不利于封建制度的巩固。②

二 鸦片战争前的货币理论

清朝的对外通商口岸在鸦片战争前仅有广州一处。中英贸易中,英国常处于入超地位,为平衡贸易,英国人将鸦片大量输入,导致中国白银外流,造成银贵钱贱,加重了政府的财政困难,加剧了社会矛盾。此

---

① (清)王夫之:《读通鉴论》卷27《昭宗》,转引自叶世昌、李宝金、钟祥财《中国货币理论史》,厦门大学出版社2003年版,第185页。

② 叶世昌、李宝金、钟祥财:《中国货币理论史》,厦门大学出版社2003年版,第190页。

后，许多人开始讨论货币问题，其中王瑬提出了发行不兑现纸币的名目主义货币理论，包世臣等对王瑬的理论和主张提出的批评。

（一）王瑬的名目主义货币论

王瑬（1786—1843年），著有《钱币刍言》等书，系统地提出了自己的货币理论。他提出行钞的办法有：第一，钞分七等，从一贯到千贯。多加印信，严禁伪造，分省流通，随处立辨钞之人。钱粮、关税一律收钞，一贯以下征钱。第二，钱分三等：当百、当十和当一。第三，用钞倍价收民间铜器铸钱。第四，将钞和大钱发给钱庄，禁止钱庄再出会票、钱票。令钱庄凭票收银，令百姓交钱易钞。百姓用钞完粮纳税时，每钞一贯作1100文用。数年后，钞法盛行，则禁止银为币，但银仍可当商品买卖。第五，行钞初官俸加一倍；本俸用银，加俸用钞。钞法通行后官俸加数倍，一律用钞发给。第六，对外贸易只许以货易货，或令外人以银先易钞，再买货。他不承认钞虚银实的观点，认为钞与银等同，并认为钞有取之不尽的优点，"命百则百，命千则千"。关于纸币发行数量，王瑬认为"造钞约已足天下之用，则当停止"。造钞的数量限量标准，一是"当使足以尽易天下百姓家之银而止"，二是"以三十年之通制国用，使国家常有三十年之蓄可也"。取之不尽的钞，如何保证其价值稳定？王瑬认为：第一，国家的权力。他相信，百姓信国家之行钞，必万倍于信富家之钱票矣。王瑬只从表面现象出发，夸大了国家权势的作用。第二，纸币对国家的支付能力。他认为只要纸币可以用来纳税，就可保持纸币币值的稳定。实际上，纸币发行超过流通需求时，靠税赋是不可能维持币值稳定的。对于历代纸币流通的失败原因，王瑬归结为钞法屡更，制造不精，易于霉烂伪造，昏钞倒换要收费等技术方面，回避了要害问题。他认为物价在任何时间都同纸币流通无关："若夫物价之腾踊，原不关于行钞。"王瑬还认为纸币有贮藏手段职能。关于对外贸易，他主张行钞是抵制鸦片贸易的有效措施："若用钞，则彼无所利而自止，则除鸦片之贻祸。"王瑬的行钞办法包括四个内容：行钞，铸大币，禁铜器，禁银为币。并推行彻底的货币名目主义：将纸币与金属货币等同，认为国家可以任意赋予纸币的名义价值，国家权力可以保证纸币按名义价值流通，纸币的发行量可以不受限制，不论纸币流通可能引起物价上涨。①

(二) 包世臣的货币论

包世臣（1775—1855年），著有《安吴四种》等书。嘉庆年间，包世臣发现"鸦片耗银于外夷"，使得银价日高，市银日少。并分析银价高涨的弊病："今法为币者，惟银与钱"，"科银价以定钱数，是故银少则价高，银价高则值昂。又民户完赋亦以钱折，银价高则折钱多，小民重困"。针对白银问题，包世臣提出对策有二：一是专以钱为币；二是发行纸币。专以钱为币，就是一切公事皆以钱起数，政府一切财政收支都以钱为计算标准，即以钱为本位，白银辅之，"使银从钱"。包世臣"专以钱为币"本不符合客观规律，即使是在白银危机背景下的权宜之策，实际上也难以实现。包世臣也主张行钞，但与王鎏的观点有较大差异。他认为纸币只是"救弊之良策"，不是"理财之大经"，纸币的作用是"辅钱之不及"。发行量以岁入钱粮的一倍为限，方法是按市价卖钞收银。他反对王鎏"行钞而废银"的主张，提倡"银钱实而钞虚"，并遵守虚实相权的原则。他批评王鎏纸币是取之不尽的以及纸币可以贮藏的观点。纵观王鎏与包世臣的货币主张，包世臣把纸币看作对钱币流通的补充；王鎏以纸币取代金属货币，铜钱成为纸币的附属品。② 在理论上，王鎏是名目主义者，包世臣则不是。

(三) 鸦片战争前的其他货币主张

道光十八年（1838年），四川总督宝兴奏禁用钱庄、银号、典当等金融机构发行的钱票。他认为银价日昂是由于奸商辗转流通，而实际上并无现钱而造成的。在讨论中，大部分督抚反对宝兴的意见，主张听从民便，钱票不必禁。贵州巡抚贺长龄和湖广总督林则徐的观点就是其中的代表。贺长龄指出："钱之有票，犹银之有票。盖以运实于虚，方能流转无滞；而虚不废实，仍有现钱可资，非如楮币之即以纸为钱，不能课实

---

① （清）王鎏：《钱币刍言》钱钞议一至钱钞议十，转引自欣土敏《金泉沙龙：历代名家货币思想述论》，中华书局2005年版，第184—190页。

② 参见杨兴发《中国历代金融文献选注》，西南财经大学出版社1990年版，第220—223页。

也。"① 认为钱商的钱票与不兑现纸币有本质区别。林则徐也反驳银贵钱贱是源于钱票流通的观点："盖钱票之通行业已多年，并非始于今日"，"何以银不如是之贵"。他肯定钱票的积极作用："查近来纹银之绌，凡钱粮、盐课、关税一切支解，皆已极费经营，犹借民间钱票通行，稍可济民用之不足。"②

---

① 中国人民银行总行参事室金融史料组编：《中国近代货币史资料》第 1 辑，上册，中华书局 1964 年版，第 133 页。

② （清）林则徐：《林则徐集·奏稿》中册，中华书局 1965 年版，第 599 页。

下 篇

中国近代货币金融发展

第 十 章

中国近代的铜元与银元

第一节 中国近代的制钱和铜元

一 清朝后期制钱制度及其衰落

（一）清朝后期的制钱

1. 道光通宝

1820年道光皇帝即位，户部题准各钱局开铸道光通宝制钱。后来因鸦片战争爆发，白银大量外流，银价增高，各钱局发生严重亏损，纷纷奏请停铸，至道光二十一年（1841年），仅存宝泉局、宝源局、宝云局、宝广局、宝川局勉强维持铸钱。这样官局普遍偷铸轻小劣钱。即使宝源、宝泉二京局也多铸小钱，且掺杂铅锡。

道光年间，新疆在阿克苏、宝伊两钱局铸钱，两局都铸造过道光通宝红钱。其中阿克苏红钱，面文道光通宝，背有满、回文的地名"阿克苏"，穿上还有"八年"二字，穿下有一"十"字，是当十钱，当五钱则铸一

图10.1 道光通宝背宝源

"五"字。这是清朝平定张格尔叛乱时在新疆阿克苏铸造的。宝伊局铸造的道光通宝，背文左右为满文、回文局名"库车"，穿上下为"库十"两字。后来又铸造背文左右为满文"宝库"，穿上下为"新十"。

2. 咸丰通（重、元）宝

咸丰年间爆发了太平天国起义和第二次鸦片战争，清政府财政困难，军费巨浩，便采取了发行大钱的办法来搜刮民财。咸丰钱的大小面值分

为十六种，从一方小平钱到当四、当五、当十、二十、三十、四十、五十、八十、当百、二百、三百、四百、五百、当千。钱币的名称分为"咸丰重宝""咸丰通宝""咸丰元宝"三种。小平钱称"通宝"、当四到当五十称为"重宝"，当百以上（当一百、二百、三百、四百、五百、当千）称为"元宝"。还有一种特殊的当百咸丰大钱，一枚重五两，是中国历史上最重的钱币。咸丰年间还发行过铁钱和铅钱，这些贬值的钱币引起物价飞涨，造成人民生活的困苦。

图10.2 咸丰通宝背宝济（左）、
咸丰重宝背宝桂（中）、咸丰元宝背宝泉（右）

在太平天国占领管辖的地区，货币制度并不是统一的，各地的将领经天京核准，可以自行铸钱，所以钱币的文字、规格、等级很不一致。文字一般为"太平天国"，背面为"圣宝"二字。或者正面是"天国圣宝"，背面是"太平"；"太平圣宝"，背面"天国"。大钱的背面没有"当十""当百"等纪值的文字。太平天国始终没有发行铁钱和铅钱，也没有发行过纸币，相对来说，货币制度是比较稳定的。

1853年，刘丽川领导上海小刀会响应太平天国起义，占领上海县城后，次年铸行"太平通宝"钱。小刀会的口号是"反清复明"，所以在钱币背面铸上了象征"明"字的日月形图案,老百姓称为"日月钱"。

3. 祺祥通（重）宝，同治通宝

咸丰十年（1860年），英法联军兵围北京城，火烧圆明园。咸丰皇帝逃往承德避暑山庄，后病死于热河。其子载淳继位，当时有肃顺、载垣等八大臣辅政，后改元为"祺祥"，试铸了一批祺祥通宝和祺祥重宝的年号钱。传世的祺祥通宝钱极少，仅有宝泉局、宝源局及宝云、宝巩、宝苏三局所铸祺祥通宝、祺祥重宝流行于世。

图 10.3　太平天国背圣宝　　　图 10.4　祺祥通宝小平钱背宝源

祺祥通宝铸钱少与政治背景有关，就在1861年末，慈禧发动宫廷政变，垂帘听政，杀了辅政的八大臣，废除了祺祥的年号，改元"同治"，就发行了"同治通宝""同治重宝"两种钱币，因同治年号时间较长，自然所铸铜钱数量也就比较多。

4. 光绪通宝、重宝

光绪皇帝铸造了光绪通宝小平钱和当十的光绪重宝钱。光绪年间，全国铸局虽多，但所铸光绪通宝钱质量低劣，径小体轻。光绪十五年（1889年），在广东洋务派官僚张之洞的支持下，开始用外国机器铸钱，文字为"光绪通宝"。此后，机制制钱在全国推广开来。机制钱局有宝泉、宝源、宝广、宝福、宝漳、宝武、宝浙、宝直、宝吉、宝苏、宝奉、宝宁等。机器铸造，大大降低了制造费用，而且比较整齐规矩，同一批钱币的成色，重量差别不大，不过机器钱的数量比较少。光绪机制钱的重量后来逐渐减轻。光绪三十一年（1905年）仅是光绪二十一年（1895年）制钱重量的60%，即重6分。民间称为"局私钱""光版钱"。

5. 宣统通宝

清朝最后一种铜钱，也是中国货币史上最后一种铜钱，是清朝末代皇帝溥仪在位时发行的，也是手工铸钱和机器铸钱两种。宣统年间，全国各省局几乎全部停铸制钱，仅户部所属宝泉局继续鼓铸。宣统通宝宝泉局制钱有大小两种：小样者为常见品，径19毫米，重约2克。大样者较少，径24毫米，重约4.5克。此外，宝云局铸有背文穿上"山""碪"等字样。宝广局、宝福局有机制宣统通宝钱。

图 10.5 光绪重宝当五背宝苏　　图 10.6 宣统通宝背宝泉

（二）制钱制度的衰落

1. 咸丰朝大钱制度及其失败

清军入关二百余年间未曾铸过大钱。但到道光时因鸦片战争耗去巨额战费，加上赔款两千多万元，国家财力已陷入山穷水尽之地。接着太平天国起义，清廷仅靠赋税已不能筹措军费，于是咸丰朝就实行了通货膨胀政策，而其中铸行大钱是该政策重要组成部分（清政府还发行官票、宝钞）。另外，从货币制度本身的条件来看，因滇铜运出困难，铜价上涨，铸造成本上升，这样清政府只好从铸钱利益出发，增大钱币面值以谋出路。

1851年咸丰皇帝刚即位，太平天国起义爆发，太平军势如破竹，两年多时间就攻下南京，沉重地影响了清政府的统治基础：财政枯竭和币材不继。这是因为大片领土，尤其是东南沿海富庶地区被占，清政府财源锐减，同时还要增加大量的军费开支。另外清朝京局等北方铸钱机构大都依靠云南的铜矿作为原料。但因太平军已占领长江各重要城市，滇铜经长江、运河运到京师十分困难。导致铜价上涨，私铸劣钱和官铸小钱充斥市面。咸丰三年（1853年），清廷在财政极端窘迫之下，经户部奏准开铸大钱。

此时铸造大钱的机关除京局宝源、宝泉外,外省也纷纷开铸,从而形成了铸造大钱的极盛时期,这也是中国货币史上币制最复杂混乱的时期。

咸丰朝通货膨胀政策很快造成了货币严重贬值。大钱制度迅速走向绝境。王茂荫等大臣主张发行可兑换的钞票,反对铸大钱,理由是"官能定钱之值,而不能限物之值。钱当千,民不敢以为百,物值百,民不难以为千"。但朝廷在情急之下只能饮鸩止渴了,大钱既出,物价腾贵。最大面值的当五百、当千大钱一出市面,很快不久就被拒用,很快便停铸。因为当千、当五百大钱刚一发行,私铸钱马上出现。市面价值大大低落。加上清朝官吏的贪污等行为更加速大钱的崩溃。清廷为保证大钱信用,规定民间纳税准以大钱交纳,但事实上各地官吏不收大钱却反向百姓勒索制钱,再用贱价私买大钱,搭交藩库,营私取利。

大钱制度到咸丰末年已被破坏到极点。市面只存有当十大钱一种。而一枚当十大钱只值二枚制钱使用。

2. 制钱制度难以恢复

到同治年间,由于太平军失败,捻军也近尾声,清廷财政压力减轻。于是计划恢复制钱制度。因为此时,北京地区制钱几乎绝迹,市面上流通的除了当十大钱外,只有私铸小钱了。重钱已全部被私藏或重新熔铸成小钱。

清政府于光绪十二年(1886 年)决定恢复制钱,并令直隶江苏先行开铸。但因铜料市价已涨到每百斤值银十三四两,若铸造重一钱以上的制钱不但政府亏本,且会导致民间私熔私铸的发生。所以定每文八钱为准,铜锌各半。

图 10.7 咸丰重宝背当十宝浙

光绪十五年(1889 年),广东钱局用机器铸造制钱,这是中国机制制钱的开始。改变了以往只用手工铸钱的方法,这是铸造技术的一大进步。机制制钱不仅外表美观,且可杜绝私铸,当时很受人们欢迎。但因铜锌价格逐年上涨,铸钱亏折极大,被迫于光绪二十年(1894 年)停铸。

制钱难以恢复，大钱又不能行使，这就必然要有一种新的货币制度来取代旧制。这种新的货币制度就是铜元制度。

二　清代的铜元制度及其演变

（一）清代铸造的铜元

光绪二十六年（1900年）在广东铸造铜元。当时广东正闹着制钱荒，广东总督是洋务派的李鸿章，首次用机器铸造铜元。铜元又叫铜板、铜子，或叫铜角子，是没有孔的圆形铜币。

广东最先铸造的铜元，每枚重二钱，成色为铜九五，白铅四，锡一，币面铸"光绪元宝"四个汉字和"广东"二满字，周围是"每百个换一圆"字样，背面中央有团龙花纹，周围有英文 KWANGTUNG ONE CENT（广东一仙）。到光绪三十年（1904年），铜元面文改为"每枚当制钱十文"，背面英文为也由一仙改为 TEN CASH（十文）了。铜元在银元与银两之间徘徊，似乎是这二者的辅币，但始终没有与银元、银两形成固定的比价关系。

清朝先后发行的铜元主要有以下几种：

1. 光绪元宝

正面为"光绪元宝"四字，背为蟠龙、坐龙图案。从大小、面值来看，清朝铜元有一文、二文、五文、十文、二十文几种，以当十文和当二十文的为最多。正面所铸天干地支年份，现所见各省铸造的光绪元宝铜元，大都在1905—1909年之间。铸造钱局主要有户部、北洋、广东、江南、浙江、江苏、安徽、湖南、湖北、福建、四川、山东、奉天、吉林、江西和新疆等地。

图10.8　光绪元宝当十铜元吉林造

2. 大清铜币

光绪年间、宣统年间两个时期都有铸造。正面有"大清铜币"，上有满文大清铜币，下有当制钱十文或二十文字样。背面正中也有龙的图案，上圈部分为"光绪年造"或"宣统年造"，下圈为英文 TA-CHING-TI-GUO COPPER COIN（清朝铜元）。面值多见为十文、二十文。铸造地主要有户部、北洋、广东、江南、安徽、湖南、湖北、山东、奉天、吉林、云南、河南等。

3. 宣统元宝

图案与光绪元宝基本相同。现多见的有新疆造当红钱十文铜元，正面铸有"新疆通用"和"当红钱十文"字样。铸造时间在 1909 年和 1910 年。

新的机制铜元整齐精致，在流通中很受欢迎，政策也能从中获利。朝廷于是下令沿江沿海各省仿广东之法开铸铜元。当时铸铜元可有三成以上的利润，因此直隶、江苏、山东、浙江、福建等十几个省纷纷从国外购置机器，大量铸造铜元。各省所铸铜元都在钱面都带省名，其他式样也各有不同。各省铸造的铜元在重量上也有一些差异，比如每枚当十铜元重约为 7—8.4 克之间，含铜量在 6.34—8.04 克之间，所以，有些省禁止外省铜元入境。铜元与银元也没有固定的比价，而是随着市场价格的波动而上升和下降。

铜元的铸造和日益广泛的流通，它逐步取代制钱的地位，是中国货币历史上的一次重大变革，它结束了中国几千年来钱币圆形方孔的样式，铜元制度也是铸造技术上的重大革新。铜元制度的进步性，主要表现为以下几点：第一，从手工到机器铸造。这是铸造技术的历史性飞跃。中国从秦汉到明朝，基本上都用钱范浇铸，这种落后的铸钱技术，只适合于商品经济不发达的封建社会。且手工铸成的钱币不整齐美观，在重量和成色上差异很大。加上方法简单，一般百姓易于掌握，容易造成私铸泛滥，从而造成钱法的混乱，给社会经济和人们生活产生巨大影响。铜元用机器铸造，精制而技术水平高，可有效防止盗铸。第二，从钱币形制看，铜元没有方孔，制作更加简便。方孔的作用是旧制钱加工技术决定的。清末，机器加工无须中间穿孔，铸造起来更方便。第三，机制制钱大大降低铸钱成本。传统手工铸钱费用高，这也是同治时期制钱难以恢复的主要原因。由于铜元大都是当十铜元，这既是对咸丰大钱制的局部保留，也是铜元有利可图的主要所在。正如上文所说，光绪时凡铸重一文以上的制钱，必然亏本，且在铜价居高不下之时，也必然被熔铸。而当十铜元适应了这一趋势。

（二）铜元的滥铸与贬值

清末各省开铸铜元，据光绪三十一年（1905年）户部奏称："铜元开铸已有十七省，设局多至二十处。"由此，铜元的铸造达到空前的繁盛。但从财政方面考虑，清政府发行铜元一个重要的目的就是搜刮民财，获取暴利。一枚当制钱十文的铜元，仅重二钱左右，实际上是一种贬值的虚价钱币，是一种通货膨胀的手段。李鸿章在广东开始铸造铜元，其目的在于获取盈利以弥补地方经费的不足。后来其他各省纷纷仿效，目的也是相同的。

各省既然贪图铸造厚利，就必然导致铜元的滥铸。于是铜元贬值就是难免的了。有资料显示，在光绪三十年（1904年）前后，1枚银元可兑换铜元90枚。后来由于各省增加铸额，市面铜元开始泛滥，其价值逐渐走低，到光绪三十四年（1908年），银币1元可换铜元120枚以上。铜元跌价的原因，一是其币面价值与所含铜质相差太大；二是铸局太多，铸行数量过巨。光绪三十年，铜元铸发数量约为17亿枚，到第二年就达到75亿枚。当时有的省由于铸铜元过多，而开始向邻省低价倾销，以致发生各省禁铜元入境的情况。

为了统一铜元的铸造，清政府决定设立户部造币总厂于天津，并将各省铸局改为分厂。光绪三十一年（1905年）五月开始铸造"大清铜币"四种：当二十重四钱，当十重二钱，当五重一钱和当二重四分。成色定为紫铜九五配白铅五，后来实际铸行的绝大多数是当二十和当十两种。

图10.9 宣统大清铜币五文钱

为规范发行，清政府还颁布了"整顿圜法章程十条"以规范各省发行。但在割据势力加强的各省，开铸本省铜元难以抑制，政令不能贯彻。铜元市价日落，到宣统元年（1909年），银元每元可换铜元170—180枚。铜元价跌，物价上涨，人民生活日益窘困。宣统二年（1910年），清廷颁布"币制则例"，定铜币为二分、一分、五厘、一厘四种，这是又拟将铜元作为银元的辅币，但尚未实行，清朝便灭亡了。

三 民国的铜元

由于清朝末年各省贪图厚利，大量铸造铜元，造成铜元泛滥成灾，铜元问题十分严重。辛亥革命后，北洋政府实际控制的地区只有几个省，大部分地区是军阀割据状态，各省军阀纷纷开厂铸铜元，作为筹措军饷的主要来源。

民国时，各省多开铸新式铜元，主要有交叉国旗的开国纪念币和中华民国铜币，四川铸有"大汉"和"四川军政府"字样。十文纪念币特征为：正面为交叉国旗（十八星、五色共和旗帜）的图案，"中华民国开国纪念币"字样，背面为麦穗、树叶的图案，有"十文"字样。极少正面为孙中山或袁世凯头像。

各省所铸铜元多数标明省份和铜元的面值，但正面国旗图案基本相同，面值多为当十文，当二十文，少数为当五十文、一百文、二百文的大铜元，以及当五文、二文、一文的小铜子，数量很少。具体来说，十文铜元所有局厂都曾铸造。而铸造二十文，有津、鄂、川、奉、滇、闽、吉、苏、皖、浙等十厂。铸造一文、二文和五文仅津、闽等五六局厂。而铸当二百文、一百文、五十文的，仅四川一厂。

图 10.10　四川造当一百文铜元

据民国二年（1913 年）财政部泉币司调查，各省所铸铜元，总数达 290 亿枚，其中以当十铜元为最多。详见表 10.1[①]：

表 10.1　　　　　　　　民国二年各省所铸铜元数额表

铜元种类	枚数
百文	447253
五十文	2653548

---

① 魏建猷：《中国近代货币史》，黄山书社 1986 年版，第 188 页。

续表

铜元种类	枚数
二十文	274786488
十文	28583195956
五文	37942952
二文	28049671
一文	185937661

民国三年（1914 年）北洋政府颁布《国币条例》，打算限制铜元的发行数量，并统一它的重量、成色和形式，下令把全国 19 个铸造铜元的厂局减为 9 个（天津造币总厂、奉天、南方、武昌、长沙、成都、重庆、广州、云南），减少铸币数量，以稳定铜元的价格。一战爆发，铜价上涨，铸币的成本高，铜元数量自然减少。

由于滥铸，重量逐步减轻，成色趋于越来越差，使铜元质量下降，使铜元比价不断下跌。原来规定 1 银元 = 100 枚当十铜元，到宣统三年（1911 年），上海可兑换 134 枚，苏州 132 枚，杭州 130 枚。辛亥革命后，各省一度滥铸成风，只为获利，不求章法，使新铸的铜元数量倍增，质量更加低劣，加之清朝旧铜元仍在使用，铜元的价格继续下跌。1914 年虽裁撤各厂，但不久以后，各省军阀又把关闭的铸造局重新恢复生产，还有的新设造币厂，铸造减重和成色恶劣的铜币，铜元价格自第一次世界大战结束后又开始了下跌，如上海 1916 年 1 枚银元可兑换铜元 127 枚，五四运动以前，中国的银元和铜元比价始终在 1：135 上下，还算比较稳定。之后，铜元价格继续下跌，1921 年 1 枚银元可兑铜元 154 枚，1927 年可兑 294 枚，1930 年可兑 301 枚，比民国初年下跌了三倍。

图 10.11　民国时期湖南双旗当二十文铜元三种

1914年的《国币条例》有整理旧铜元意图，首先是限制铸造额，通过裁减局厂的办法来实现，但实际上并未生效。其次是铸发新铜辅币。依《国币条例》规定，铜币种类有：二分铜币，重二钱八分；一分铜币，重一钱八分；五厘铜币，重九分；二厘铜币，重四分五；一厘铜币，重二分五。到1917年天津造币厂开始逐步推行。先试铸一分及五厘两种铜币，形制为正面有铸造年份，一分者中有"一分"，下列"每一百枚当一元"字样，五厘者有"五厘"，下列"每二百枚当一元"字样，与旧铜元不同之处在于将"当钱"改为"当银"，显然，这是将铜元与银元挂钩，并作为新银辅币相同。为了与旧铜元相区别，还在新铜币中加一圆孔。但此法施行后，百姓不便使用，铸行数量又不多，很快便归于失败。

北洋军阀时代，劣质铜元始终泛滥成灾，对公对私都有危害。因此，北伐以后，国民政府先后用小额的铜币和镍币充当辅币，逐步代替了铜元。

图 10.12　二分新铜币中有圆孔　　图 10.13　民国二十八年贰仙布图

第二节　从银两到银元的转变

从清初到 20 世纪 30 年代，中国一直是银本位国家，白银（银元、银两）是货币主体，铜币（铜钱、铜元）退居次位。清朝使用白银可分三个阶段：第一阶段是顺治到乾隆的清前期 100 余年间，国内大部地区专门使用银块，以两为单位，称为银两。第二阶段是从嘉庆到光绪初年约八九十年间（19 世纪大部分时间），外国银元深入中国内地，变成了一种选用货币。第三阶段是光绪十五年（1889 年）到宣统三年（1911 年）清朝灭亡，中国开始铸造银元，作为正式流通的法定货币。需要注意的是，在第二、第三阶段里，银两继续通行，占据主要地位，并未被银元取代。

下面介绍清朝中后期银两制度的情况。

一 近代银两的形制

近代银两（1840—1933年），总体而言，可从重量上分为四种大的类型。大型多为船形和方槽形，重为50两（1800—1900克）之间，成色多为98%。中型多为圆形和船形重量在10两（300—400克）以下，成色多为98%。小型多在5两左右，为圆、方、船、马鞍、腰等形状，重量在160—200克上下，成色一般为95%左右。最后一种重量多在1两以下，形状各异，俗称散碎银子。

近代银两形制的区域化十分严重，除政府的50两重大锭在各省基本统一外，各地通行的银两形状各异，但在省的范围内基本趋于统一。

近代银两的铸造方法仍然是相当原始的，以铸船形银锭为例，其具体铸法为："将银及少量的铜大约五十两投入坩埚，将坩埚放入附有风箱的火炉中，待银料熔化后，使之流入铸型，并立即使铸型轻轻地向左右前后摇动，这样则形成马蹄（船）形，在其中央的冷却部分，以小竹管用口吹气，使之滑流地凝结。"① 吹气后锭面有的留有小波纹，故又称银两为纹银、细丝。待锭面尚未完全冷却时，用铁模在银两上打上用途、年号（时间）、字号、匠名等，也有的是用铁笔刻划，但比较少见。

图 10.14　云南马鞍形银锭　　图 10.15　光绪二十三年广西梧州银锭

近代银两仍分为官铸和民铸两种，政府多在各省藩库、海关道、盐法道、道库或政府设立的官银钱号内附设的银炉中铸造。民间铸造多在

---

① 《天津志》，日本驻屯军司令部编，第13章第一节"货币"，1909年编。

银局、银炉、炉房、银铺中，各地称呼不同。民间设炉要经政府批准允许，并发给凭证，每一地方均有定额，不能私自增设。

因各地银两形制、平色不同，因而银两易地则不能流通，必须重新熔铸成当地的银两，才能上市交易。近代主要城镇均设有公估局，对银匠所铸银两的纯度和重量进行鉴定，对其实际价值给以证明，然后银两方能上市。公估局为私人设立，政府不加干预，但有的地方并无公估局，银两成色等由银铺自己保证或彼此互保。下面将近代各省的银两分述如下：

直隶银两的形制多为船形，主要分为两大类：一种为重 50 两，锭面略有倾斜，如北部以张家口为中心通行的蔚州宝，上多有生号、地名、铺号、银匠名等标记，各县铸造的大锭均标有县名；另一种为 10 两重的船形银锭，锭面略有倾斜，如北京地区通行的足纹银，上多加印有公十足、十足色及铺号、银匠姓名。

山西银两以 50 两重的船形元宝最多。清代山西票号极为发达，经营汇兑业务，仅 1861 年时票号汇兑银两即达 1.2 亿两之巨[①]，所铸银锭甚多，且以票号股东所在的介休、太谷、祁县三县为最，上多有年号、地名及铺号、银匠姓名，有的还铸有银两名称如镜色宝、镜宝。另一种为小元宝为束腰形，重 150—200 克左右，上有县或铺子名称。

图 10.16　同治年间山西 50 两银锭

此外，陕西、山东、河南、甘肃、四川、云南、湖北、江西、安徽、江苏、浙江、福建、两广、东北、新疆及内蒙古等地所使用的银两，形制各不相同，重量成色各有差异。重量轻的有 2.5 两、5 两、10 两，重的有 25 两、50 两不等。一般 10 两和 50 两的居多。形状也五花八门，有长条形、方形、圆形，还有束腰形、船形和砝码形。且不同重量的银两与形状有一定的关系。如较重的 25 两、50 两，多数为船形；10 两重的为束腰形；10 两以下多为圆形或方形。一个地方普遍使用两三种重量的银两，如山东、安徽、湖北、福建等省都只使用两种：50

---

① 傅尚文主编：《中国近代经营大观》，河北教育出版社 1991 年版，第 6 页。

两和10两。另外，各省地方所铸银两，都印上时间、地名、铺号和银匠的名称。

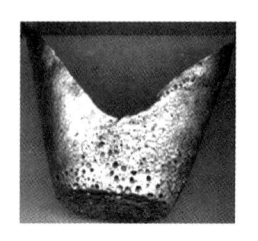

图10.17　光绪三十一年吉林长春同顺成银号50两银锭

近代银两发展到民国时期，形制上无大的变化，但由于近代银两各地形制不一，平色差异较大，交易中换算繁杂，不利于商品经济的发展，故已近末途。到1933年国民党宣布废两改元前，调配全国银两仍有下列名目：（1）北京十足银、松江银。（2）天津化宝银、白宝银、老盐课银。（3）北平保定新化银、张家口蔚州宝、滴珠银、榆关松江银、祁县蔚州白宝、石家庄小西宝、邢台周行银。（4）山东济南高白宝，烟台曹估银、青岛公估足银，周村单戳高边足银、潍县高宝银、济宁山东高边二十七宝、胶县胶平足银、惠民白宝及盐课锭、临清十足银、掖县山东高边银、及十两锭老盐课、滕县公议十足白宝、临沂山东高边及钱粮小宝、龙口高宝银。（5）河南开封元宝银、及净面银、周口二八宝足银、洛阳库宝及街市周行银信阳足银、禹县足银、南阳存平足银、许县现银、漯河足色银。（6）山西太原库宝及周行足银、运城足银及公估银、新绛库宝银、大同足色银。（7）江苏镇江公议足纹银、苏州它银、扬州曹平银。（8）上海二七宝银。（9）浙江杭州元宝银及小锭子、湖州十足宝银、绍兴绍宝纹。（10）安徽芜湖二七宝银。（11）湖北汉口公估二四宝银、武昌关锭及昌关子、襄阳老宝银、沙市荆沙锭、宜昌汉口及川锭。（12）湖南长沙用项银及十足大宝银、湘潭市纹银、常德市纹银。（13）江西南昌镜面及盐封库平银、及二七东宝及江西方宝，九江二四曹纹。（14）福建福州闽锭。（15）广东广州藩纹及盐纹、关纹。（16）广西桂林足银及花银、梧州花纹。（17）云南公估银、思茅市银、元江元江银及猛撒银。

(18) 贵州贵阳票银及巧水银、罗罗银。(19) 四川重庆足色票银、成都川票色银、泸州川白锭、及新票老票银、万县十两锭票色银、自流井银两。(20) 陕西西安十足银、三原足色银及街市周行银。(21) 甘肃兰州足纹银、凉州饥安银。(22) 新疆迪化足纹银。(23) 辽宁营口现宝银、沈阳锦宝银、安东镇宝银、辽源现银。(24) 吉林及长春大翅宝银。(25) 黑龙江大翅宝银。(26) 察哈尔丰镇蔚州宝足银。①

所谓"二四宝",成色为980‰,而纹银为932‰,高出48‰,换成百分比,二四宝比纹银高4.8%,故每百两申水4.8两,而银两一锭为50两,故只申水2.4两,故名曰"二四宝",其余的与此相同。

银锭、银两,要用天平来衡量,天平的衡制称为"平",近代秤量银两的衡制几近千种,故而同一宝银用不同的平砝衡量。其值大异,又要换算。

1895年中日《马关条约》规定清政府的衡制称"库平"一两为575.82谷(英厘),即37.31256克,用之与全国各地较著名的平相较,可知银两制度的复杂性。②

表10.2　　　　　　　　库平与各地通用平比较表

地名	库平	与库平一千两相比较(两)平
北京	京公砝平	小 34.75
	京平	小 60.812
	市平	小 57.917
天津	行平	小 32.82
	公砝平	小 3.657
	运库平	小 0.903
保定	保平	小 13.615
济南	济平	小 1.59
太原	省大平	平
西安	陕汉平	小 39.5
汉口	占平	小 36.68

---

① 《各地宝银成色调查》,《工商半月刊》,第4卷第18号(1932年9月)。
② 孔祥贤:《大清银行行史》,南京大学出版社1991年版,第16—18页。

续表

地名	库平	与库平一千两相比较（两）平
长沙	长平	小 37.64
南京	藩库平	平
上海	申公砝平	小 20.27
杭州	市库平	大 10.00
	司库平	平
南昌	库平	平
	漕平	小 20.27
福州	城新议平	小 29.924
	洋平	小 5.078
广州	九九七司马平	大 1.5
成都	川平	小 38.61
云南	滇平	小 40.60
吉林	吉平	小 39.00
奉天	沈平	小 36.10

以上是以库平为准，如以海关的关平为准，则100两相当于天津行平105两，牛庄营平108两5钱，南昌漕平106两4钱等。后来又出现了仅表现价值的虚银两，各种实银反要换算成虚银方能记账交易，如上海的九八规元、天津的行化、汉口的洋例银等，使本来就已十分复杂的银两度更加混乱，极不利于商品交易，其失败是必然的。

1933年废两改元之后，银两逐渐退出了流通领域，银元由于适合商品经济的发展而彻底取代了银两，银两作为中国货币文化的遗存物，其珍贵的历史文物价值是不言而喻的。

二 中国流通的外国银元

银元最初是从海外流入中国的，所以称"洋钱"，广东叫"番银"。据历史记载，大约在15世纪中叶，外国银元开始流入中国，主要是西班牙在本国及其殖民地墨西哥铸造的银元，俗称"本洋"，币面有西班牙国王像的头像，民间称"佛头银元"。由于银元本身的形式、成色、重量比较统一，又可以计数使用，不像使用银两时那么麻烦，所以在民间流行开来。特别在18世纪后期和19世纪初年，清政府开放海禁以后，外国银元流入得更多，流通范围也日益扩大。

（一）鸦片战争以后在中国继续流通的外国银元

1. 墨西哥鹰洋

1823年，墨西哥政府在开始铸造独立后属于自己国家的银元——鹰洋。自1877—1910年，墨西哥输出鹰洋共计4.68亿元，很大一部分流入中国。

图 10.18　1811年西班牙双柱　　**图 10.19　1859年墨西哥鹰洋**

2. 美国贸易银元

专供对远东贸易使用的，正面的自由女神坐像，手持一枝花，背面是一只展翅的鹰，抓着橄榄枝和箭。这种银元始铸于1873年，美国想以此来抢夺鹰洋在中国地位，但由于它的成色低，不受欢迎，所以发行了14年，就宣告失败。

图 10.20　美国贸易银元　　**图 10.21　日本明治二十六年龙洋壹圆**

3. 日本龙洋

日本政府在明治维新以后，从香港买来英国机器铸造银元，币面有蟠龙图案及大日本明治某年的字样，在中国东北和福建等地流行。

4. 坐人洋

法国在安南（越南）铸造的贸易银元，币面上印有一位坐着的自由女神，手执一束权杖，椅子旁边有犁。

图 10.22　法国的坐人洋
（铸造于 1896 年）

图 10.23　英国的站人洋
（铸造于 1908 年）

5. 站人洋

又叫杖洋。英国银元，1895 开始在远东铸造，正面有不列颠女神手持叉杖的站像，背面有中文和马来文"一元"的文字。这种钱主要是用来对华贸易的，因为英国法律禁止本国钱出口，所以这种贸易银元是在印度的孟买、加尔各答等地铸造，由我国上海、香港，以及新加坡等地的英国银行发行出来。

自 19 世纪末至 20 世纪初的光绪年间，由于外银元在中国流通的时间已经很久，范围也很广，数量又很多，据清朝政府调查（1910 年）大约有 11 亿元，其中鹰洋约有 4 亿元。

（二）外国银元的大量流通

中国在经历了明末清初外国银元的流入，以及西班牙银元的大量流通后，到了近代，外国银元一度成为中国流通的主要货币。

中国传统币制是银两和制钱混用，且没有主辅币的关系，清政府曾规定银两一两折合制钱一千文，但实际上两者比价随市场变化而波动。

货币单位是货币制度十分重要的内容，从纪重的铜钱如半两、五铢等进化到了以文为单位的开元通宝，一文表示一枚铜钱，而不像过去以重量表示其价值。货币作为记账单位，简化了价值比较，很多西方货币学理论将记账单位作为货币十分重要的功能。在此基础上，人们能够更深刻地认识货币实际是衡量万物的"纯价值体",而不是货币所穿贵金属外衣的价值,由此引发了人们的更深层次的信用观念。

而中国近代的货币银两一直到废两改元前依然是纪重货币,其单位是"两""分""厘"等重量单位。依其重量的白银价值衡量其他商品的价值,已落后于时代。中国近代币制因为没有主辅币制度,因而货币间的比值均每天发生变动,晚清政府铸造银元后,货币体系的核心——白银,即银元和银两之间价格也天天变动,时人称之为洋厘。而且银两之间由于成色和平砝及市场需求的关系也无时不处于变动之中。而西方国家的银元却早已走出了纪重货币的阴影,各国纷纷抽象出了自己的非纪重的货币单位,如英镑、里尔等,并铸造银元按枚行使,这种货币制度随着西班牙银元的铸造及大帆船贸易而大量流入中国,极大地影响了中国近代币制的发展。

14、15世纪,西欧的手工业有了很大的发展,资本主义萌芽已经出现,商品经济的发展使得社会经济需要更多的金银货币。而此时欧洲的金属矿源已近枯竭,"14世纪和15世纪蓬勃发展的欧洲工业以及与之相适应的贸易,要求有更多的交换手段,这是德国——1450—1550年的白银大国——所提供不出来的"[①]。而且在与中国和印度的通商过程中,欧洲输出了大量的白银,因而交易媒介问题成为困惑欧洲经济的主要问题,通过寻找新航路发现新的金银矿成为欧洲一些冒险者的梦想。

哥伦布发现新大陆后,他在埃斯帕诺拉马上就开始强迫当地的印第安人交纳黄金,而西班牙殖民主义者更是将眼光投向了拉美大陆。在毁灭了阿兹特克和印加文明后,西班牙人了解了墨西哥和南美西部丰富的矿藏。1530年,墨西哥城附近的苏提皮克和祖潘戈银矿开采后,采矿业就开始在塔斯科和特拉布雅华、新加利西亚、萨卡特卡斯、瓜那华托、帕丘卡、桑布雷雷特、圣路易斯、波托西等地发展起来,其中萨卡特卡斯的银产量最高,占墨西哥白银产量的1/3。美洲是16—18世纪时期世界最大的白银产地,西属美洲殖民地的大批银矿开采都在16世纪,最著名的秘鲁波多西银矿(Potosi)也在1580年间达到采银的鼎盛期。波多西在1581年至1609年二十年中,平均年产白银达254000公斤,约合明

[①] 《马克思恩格斯选集》第4卷,人民出版社2012年版,第608页。

制680.9万余两,几乎占当时全世界产银总额60%,占有巨额(白银)财富的西班牙于1571年占领马尼拉,菲律宾殖民地发展为著名交易地点,经中外海商之手,西班牙运向东方的白银滚滚流入中国。① 这一条新的海上贸易之路。后来取代了陆上的丝绸之路,并改变了世界历史的进程。由于交易商品品种的改变,后人将其称为"丝银之路"。

贸易史从此开始了西班牙人以菲律宾为基地与中国进行贸易的时期。由于贸易量巨大,西班牙曾规定从墨西哥出航的船只不许装运超过25万比索的银币。② 交易的媒介主是西班牙银币。

墨西哥独立后,1823年停铸双柱,自铸墨西哥鹰银元。其面值、直径、重量和成色与西班牙银元完全一脉相承。直到1905年才由于实行金本位而停止铸造。墨西哥银元早在1829年就流入广东,开始时被称为蝙蝠。③ 第一次鸦片战争后更是大量流入,成为中国现存量最大的外国银元。由于墨西哥鹰洋制作技术和成色好,1850年前后鹰洋就代替了"双柱"。它的流通区域和数量与双柱相比,有过之而无不及。后来日本、美国(贸易银元)、安南(法属,坐像)、英国(贸易银元,站像)、中国等也陆续铸造银元,大部受"鹰洋"影响,在直径、重量、成色上进行模仿,甚至相似。

明末清初外国银元大量流入中国后,很快广东、广西、福建、江西、浙江、江苏、安徽和湖南的东部南部逐渐成为银元流通区域。

三 外国银元的流通促成了中国货币制度的变革

中国近代的货币银两一直到废两改元前依然是纪重货币,这已落后于时代。而西方国家的银元却早已走出纪重货币的阴影,并纷纷铸造银元按枚行使,这种货币制度随着西班牙银元的铸造及大帆船贸易而大量流入中国,极大地影响了中国近代币制的发展。中国在经历了明末清初外国银元的流入,以及西班牙银元的大量流通后,到了近代,外国银元一度成为中国流通的主要货币。

---

① 王裕巽:《明代白银国内开采与国外流入数额试考》,《中国钱币》1998年第3期。
② 陈健英:《关于西班牙银币流入中国的若干问题》,《福建钱币》1994年第3、4期合刊。
③ 伍连焱:《外国银元大量注入广东史迹》,载《银海纵横》,广东人民出版社1992年版。

从外国银元流入到中国货币开始变革，其过程是漫长而复杂的。中国货币制度变革的总体路线是从钱两到银元，但再细分一下，又可分为自下而上，由地方到中央；从对外国银元的态度上看，又可分为明末清初的熔铸时期、烂板时期、民间仿铸和自铸时期以及官方铸造时期四个阶段。

第一阶段，明末清初时外国银元大量流入后多被熔铸成中国银两。

从明代中后期到清代中期，是西班牙人通过贸易以银币向中国换取丝绸、瓷器的时代，为此本来产银不多的中国，竟然开始在流通领域中大量使用银两——将大批西班牙银币熔化再重新铸造成船形的元宝。但墨西哥银元初入中国时，在部分地区甚至在相当长时间里，也同样遭受到西班牙银元的命运——被投入熔炉再铸成中国式的银币"元宝"。

南方沿海的港口城市是西班牙银元最初流入中国的地区。后来在对外贸易活跃和发达的地区，由于墨西哥鹰洋制作技术和成色好，1850年前后鹰洋就代替了"双柱"。它的流通区域和数量与双柱相比，有过之而无不及。墨西哥银元广为流行。但是，这种银元毫无例外到中国后都得按重量来计价。本来这些银元的流入是为了向当地居民证明，它们所代表的货币是坚挺可靠的。然而，它们到中国之后，大部分很快就被投进了熔炉之中，经过重新精炼后，再铸成银锭在市面上流通。无论就其重量还是成色而言，墨西哥银元都被公认为是世界上标准的通用货币，它之所以在中国受到如此荒唐的冷遇，其中的原因是多方面的。

麦高温在《中国人生活的明与暗》中分析了墨西哥银元在中国遭受的"冷遇"的原因。中国的生意人在辨别本国银锭的成色方面有一双"异常犀利的眼睛"。墨西哥铸的银元与中国的银锭相比很不相同，它没有中国商人所习惯辨认的那些符号和线纹。虽然它们自己并不能说明，"但中国商人总是模模糊糊、疑神疑鬼地相信，类似墨西哥铸银那样的外国货币肯定是用一定比例的合金铸成的"。也就是说，墨西哥银元不是纯银的。因此，他们宁愿把这些东西变成自己所喜闻乐见的原始形式。"这样的话，只要瞄一眼，他们立刻就能够判断出其真正的价值如何"。可以说，这是人传统的思维习惯的结果。但不可否认，"除纯色的银锭之外，中国政府从来没有接受、认可或者支付其他任何形式的货币"。①

第二阶段，墨西哥银元逐步被中国人接受的明证——烂板银元。

在中国早期墨西哥银元流通时，曾经历过两种模式，一是被重新融化成银锭，二是在银元上打上各种记号。需要指出的是，似乎两种应同时并存，但随着时间的推移，两者有此消彼长的变化：初时多数被熔铸，少数被打上印记；后来更多地被打上印记了。所以被视为一个新阶段。钱币学上称为烂板银元（Chop coin），之所以形成这种烂板银元，也是由于银元需要按照中国传统的银锭即按重量流通，同时也需要中国钱庄的成色保证。可以说它是中西货币制度相结合的产物。

图10.24 烂板银元

烂板现象产生的原因在于这些沿海城市形成了一个风俗：当地的钱庄和银号总要把它们所经手的所有银元打上自己商号的印记，以作为负责定额兑换的信用标志。于是，这种做法陈陈相因，家家仿效，每家商号都在经手的银元上面打一个信用记号，如此重重叠叠、反反复复，一块银元很快就变得千疮百孔，面目全非，难以辨认。它们在显然不能按块计算以后，还可以凭重量流通一段时间。

西方银元虽受到沿海商民的欢迎，但是在一些地方，"交易也并不总是诚实的"。每个商行都有自己的小戳子，用于往银元上打戳记，为其真实性作证。但在这个过程中，少量的银子就被这些商家刮下来自肥。那时候，你可以发现银元上布满了戳记，这些银元毫无疑问是真的，"但太多的戳记已把大约百分之二十的重量和价值剥去了"②。

第三阶段，中国仿铸和自铸银元时期。

墨西哥银元的巨大影响力，使西方列强坐立不安，后来日本、美国（贸易银元）、安南（法属，坐像）、英国（贸易银元，站像）等也陆续铸造银元，大部分受"鹰洋"影响，在直径、重量、成色上进行模仿，甚至相似。

---

① [英] 麦高温：《中国人生活的明与暗》，时事出版社1998年版，第211页。
② [德] 卫礼贤：《中国心灵》，国际文化出版社公司1998年版，第345—347页。

外国银元的流入对中国传统的币制产生了巨大的冲击。第一，中国传统的以铜币和纸币相结合的货币制度发生了根本性的变革。过去白银虽然很早就成为货币家族中的一员，但是其货币的属性大多囿于储蓄，自从明中后期美洲银元大量流入中国以后，白银在中国货币体系中的地位大为增强，政府在赋税中征收白银的政策，更加强了白银在中国社会经济中的重要性，白银在大额交易和政府财政上起着纸币和铜钱无法替代的作用。第二，引发了中国自铸银元。中国最早的银元，应当是仿铸外国的银元，如西班牙银元或墨西哥银元，现在已经发现了仿铸这些银元的币模。同时也开始了中国自铸银元之路。

中国最早的仿铸外国银元，发生在乾隆年间的广东，当时广东省的藩库官员曾下令让银匠将银元"铸得像外国人造的一样"。但是这个命令带来了麻烦，由于银匠向银币内掺铜，导致市场上的银元贬值，政府下令禁止其流通。[①] 这种银元只能是仿造的西班牙银元。

自乾隆年间银元在中国南方广为流通后，到了嘉庆道光年间，各地仿铸外国银元在中国南方已相当普遍。道光十三年（1833年）黄爵滋在奏稿中说："盖自洋银流入中国，市民喜其计枚核值，便于运用，又价与纹银

图 10.25 西藏宣统宝藏壹钱

争昂，而成色可以稍低，遂有奸民射利，摹造洋板，消化纹银，仿铸洋银。其铸于广东者曰广板，铸于福建者曰福板，铸于杭州者曰杭板，铸于江苏者曰苏板、曰吴庄、曰锡板，铸于江西者曰土板、曰行庄。种种名目，均系内地仿铸，作弊已非一日，流行更非一省。"[②] 郑光祖的《一斑录》对于这些仿铸的银元记载道："广东省造者曰广板，形大而声尖；福建造者曰建板，旁有字脚作钓；苏州造者，形同小吉而声尖。"其中小吉则为仿西班牙卡洛斯银币，此外还有加铜掺铅的。但是由于这些仿铸银元的成色太低，不久在江南就不能使用了。两江总督陶澍和江苏巡抚林则徐在奏稿中说："是仿铸之洋银，在本地已不能通用。"咸丰年间，

[①] Wen Pin Wei, The Currency Problem in China, Columbia University 1914, p. 41.
[②] 中国人民银行总行参事室编：《中国近代货币史资料》，中华书局1964年版，第43页。

江苏有一个叫徐雪村的人，也曾在无锡乡间，自行铸造了一些银饼。被民间视为新板，但很快停用。李鼎颐的《通行银元八议》说："咸丰初年，徐君雪村，曾于无锡乡间，自行开铸，民间指为新板，不能通行，以此竟作罢议。"而《平贼记略》也说："继有徐雪村者，吾邑北乡人，仿造银元与外国一式，识者既辨其色，又听其声音以为皆逊于洋元，而抑其值，遂至闽、粤仍以七钱三分兑换而已。"①

除了直接按外国银元的币模样式仿铸银元外，国人还开始自铸银元。最早类似于银元的东西当属银片，这些东西和西班牙银元一起出土，因而很可能参与了当时的流通。福建南安市官桥乡1972年出土了1.04公斤的西班牙COB银币。大型的重量为25.8—27.4克之间，中型的重量为13.6克，小型的重量为7克。上有NO、OMP、OMD、PST等字样，此外还有4块银片，上有金、鸡、落、井四个汉字。重量为0.12—0.29克。西班牙银币中有墨西哥城铸造的，时间为1618—1633年，有波多西铸造的，时间为1640—1649年。其中塞哥维亚铸造的是中国出土的西班牙铸造时间最早的银币。这些钱币经大英博物馆的克里勃考证，大部分为墨西哥城铸造。这与当时泉州与马尼拉之间的贸易关系密不可分，史料记载"漳泉商船，装载生丝和丝织品的，每年开进马尼剌，至少三十四只"②。而有汉字铭文的四个银片，很有可能是中国最早的仿铸银币。

图 10.26　湖南官局五钱银饼

在民间仿铸外国银元时，地方政府也开始自铸银元。林则徐在其任上就曾自行铸造了一批仿铸的外国银元。从史料的记载中可以知道，这种仿铸的银元实际上是一种银饼，而且"其面如棋，面刊是银七钱三分"。但是这种银饼流通了很短的时间就因为出现了仿铸而不得不废除了。③

---

① 罗尔纲：《清代流行的外国银元及最初自铸的银元》，《历史研究》1956年第4期。
② 傅衣凌：《明清商人及商业资本》，福建人民出版社1984年版，第116页。
③ 郑观应：《盛世危言》，内蒙古人民出版社1996年版，第430页。

浙江省曾在道光时自铸过银饼。日本人吉田虎雄的《中国货币史纲》中说："又在浙江省，于道光中，铸造一两银币，以与外国银币一起使用，但因流通阻滞，终于废止了。"《币制汇编》第4册也说："道光中，浙江曾自铸一两重银钱，欲与洋元并行，以民间阻滞而止。"《松江府续志》曾经记载："道光季年，当事者恶其（外国银元）夺利，制为银饼（每元重一两），迄未行。"

1981年4月，北京大兴县红星公社南羊大队村民在基建施工时，在地下0.7米处发现了一个木匣窖藏，从中出土了银饼19枚，这种银饼是圆形的，直径2.6—2.8厘米，厚0.3厘米，正面微凸，有三行戳记。中间是横书的"库纹"和直书的"七钱二分"；右边是浙江省的县名，其中有永嘉2枚，奉化、长乐、龙泉、海盐、钱塘、黄岩、诸暨、鄞县、临海、上虞、平阳、乐清、长兴、淳安各1枚，还有3枚上面文字不清；左边记的是发行银号的名字，有振昌6枚、协丰2枚、性诚4枚、敦裕3枚，还有4枚文字不清，这些银饼重量在18.6—24.6克之间，成色是95%。报告者认为是道光年间铸造的银饼。由此可知，浙江的银饼可能有两种情况，一种是官铸的一两重银饼，而民间的银号也铸造有七钱二分的银饼。[①] 浙江造银饼是中国近代货币史上重要的一笔。

上海开埠后使用的货币以西班牙的本洋为主，但是由于商人囤积等原因，本洋曾一度越来越少，这样，上海道曾以船商的名义发行过一种仿外国银元的银饼。咸丰六年（1856年），上海道以该地三家商号的名义发行的这种银饼，钱币上面只有文字，标明铸造的银炉、工匠名字、成色重量、发行时间和商号名称。钱币正面文字为"咸丰六年上海县商号某某某足纹银饼"，背面为"朱裕源监倾曹平实重壹两（五钱）匠某某造"。面额分为一两和五钱，发行一两银饼的有王永盛、经正记、郁森盛三家，而发行五钱的只有后两家。而且这种银饼还有不同的版别，郁森盛发行的银饼有丰年、平正、王寿三种，王永盛发行的均为万全。而发行的这三家商号均为当时在上海势力强大的沙船商人。[②] 这种银饼为简单机械制造，仅流通了半年。

---

① 《北京金融史料·货币编》，北京金融志编委会1995年编印，第190页。
② 傅为群：《图说中国钱币》，上海古籍出版社2000年版，第111页。

福建漳州铸造的漳州军饷，是清政府为了支付当地驻军的军饷而用土法铸造的银元。现在这种银元人们一般将其分成三大种类，第一种是面文为漳州军饷，第二种是上面的戳印特别多，第三种上面的文字人们一般认为是"谨慎"或"谨性"。

在台湾地区，道光咸丰年间，由于农民起义，台湾地方政府将库存的数十万两白银拿出来铸成银元，发放军饷，铸造了三种形式：一种是寿星，一种是花篮，一种是剑秤，重七钱二钱分，上有"库府"两字。这是台湾地区最早铸造的银元。现在人们一般称花篮银元为如意银元。福建和台湾的早期中国自铸银元，由于与农民起义有一定的关系，因而在20世纪50年代曾引起史学界的热烈讨论。

图10.27 台湾府库军饷如意6.8钱花篮银饼

此外，中国传统的银两，一般分为大锭，重50两；中锭，重10两；滴珠重量在5两以下不等，用于找零。而传统的滴珠形制各异，随着外国银元对中国币制影响的加深，很多地方的滴珠，也开始铸成像银元一样的薄的圆盘状。

第四阶段，晚清政府官铸铜元、银元时期。

近代中国货币在西方国家的影响下发生了剧烈的变革。从形制上说，中国的货币圆形方孔钱，以文字为主，并以此构架了亚洲货币文化的核心，但自近代以来，由于外国货币的传入，中国货币文化已经与西方的货币文化相融合，也是圆形无孔，而且上有图案。从货币制度上来说，中国近代以来聘请了一大批的外国顾问，请他们为中国设计货币改革的方案，而所有的这些方案均是想与国际货币制度接轨，特别是与当时世界通行的金本位制接轨，但是由于中国传统用银，一直到1933年以后，中国进行了废两改元和法币改革，中国货币才开始与世界货币发展的潮流一致起来。

洋务运动掀开了中国向西方学习的浪潮，清政府的一些封疆大吏开始向国外购买机器，向西方学习，用机器铸造货币，而铸造银元则是其中的重要的内容。光绪十三年（1887年）初，两广总督张之洞上奏要求设立钱局，购买机器，用机器铸钱。不久获得了批准，张之洞向英国伯明翰希顿公司购进机器，在广州大东门外黄华塘建造厂房，光绪十五年（1889年）钱局竣工，定名为广东钱局。只不过是用机器铸造的制钱。

早在光绪十年（1884年），吉林将军希元就上奏，要求"仿制钱式样，铸造银钱。……饬交机械局制造足色纹银一钱、三钱、五钱、七钱、一两等重银钱，一面铸刻监制年号、吉林厂平清汉字样……"① 秦子帏所著《中国近代货币集拓》一书，有吉林厂平银币1枚，此币当为希元上奏时吉林机器局铸造的中国第一枚机器铸造的银元。该币是仿制钱样式的；面值5钱，与上文相符。只不过因为没有被清廷批准而没有大量铸造。就是人们现在熟悉的吉林厂平银元一套5枚，也只不过铸造了5000两银子的。

中国首次用机器仿制银元是在光绪十五年，由张之洞开设的广东钱局内附设的银厂铸造银元。银元的正面是汉文"光绪元宝"大字和满文"光绪元宝"小宝，周围有九个汉字"广东省库平七钱三分"。为抵制外国银元，广东钱局铸造的银元比通行的外国银元重一些，在劣币驱逐良币的经济规律作用下，该币反而不能流通，1889年年底改为七钱二分，和当时流行的外国银元一致。这两套银元背面是蟠龙纹，外边都环绕着英文，通称"龙洋"。当时一些人认为此币有反意，因而称为"反版银币"。这是中国最早一批流通的自铸机器银元。

图10.28　广东造七钱二分光绪元宝银元　　图10.29　造币总厂七钱二分光绪元宝银元

另外还铸造有五角、二角、一角、五分几种辅币。此后，各省纷纷仿效，铸造本省龙洋，样式基本一致。宣统年间，中央和各省又发行

---

① 《吉林通志》，经制志五，钱法。

"宣统元宝"和"大清银币"两种银元,至辛亥革命时停铸。此外,光绪年间,四川为抵制英国铸造的印度卢比,曾仿照它的样式发行了一批银元,正面有光绪皇帝的半身像和服饰,背面有"四川省造"的字样,俗称"四川卢比",这是中国最早的带人像图案的金属货币。

制度经济学认为,经济后发的国家不仅有后发优势,还要承受对后发者的诅咒,即经济后发者往往只学习看得见的技术或产品,而不学习这些东西后面隐藏的经济制度。中国自铸银元的历史也说明了这一问题。自铸银元上面一般并没有标名"元",而依然是用过去的纪重如"七钱二分",说明中国的银元还是在走传统的银两制度的老路,银元是按银两七钱二分的价值在市场上流通,并没有像外国银元那样,从纪重单位中抽象出来,从而形成诸如"元""镑""法郎""里尔"这样的纯货币单位,直到晚清民国,才出现标有"圆"而不再纪重的银元,到了1933年,中国废除了银两制度,废两改元。从仿铸外国银元、自铸银元,到真正步入近代货币体系,中国人花了几百年的时间。

图10.30 光绪二十四年北洋机器造壹圆

人类历史上主要有两种独立的货币文化,就是中国和西方的货币文化。后者从古希腊、罗马发展到近代的欧美,其共同特点是圆形、无孔,图案多为人像、鸟兽、花木等。西方的货币文化在中世纪非常低落,到文艺复兴后才有很大发展。而中国以方孔圆钱、文字图案为特征的货币文化,从宋代以后逐步倒退,无论是制造工艺还是钱文的书法,明清两朝都明显不如前代,发行的数量也减少了,货币文化和使用制度都已经不能适应当时社会发展的需要,因此被迫为西方的货币文化和使用制度所征服。

四 民国时期的银元

(一)袁头币与银元的渐趋统一

1. 民国初年银元的混乱局面

民国初年,市面上既有外国银元,又有本国自铸银元。当时在中国流通的外国银元有十多种,如鹰洋、站人洋、本洋、日本的龙洋等,还有清朝末年北洋造币总厂和名省铸行的各种龙洋。民国元年（1912年），各省先后开铸各种纪念银币，如孙中山半身像侧面像开国纪念币、四川军政府发行的"汉"字银元等，多达十几种。由于银元种类杂，成色不一，有的甚至相差较大，因此价格也有高低的差异，按照当时全国金融中心的上海银钱业所开的价目，标准以成色最好的鹰洋定为1；南方各省龙洋减少0.15‰—0.25‰，北洋选币总厂的龙洋减少0.5‰。东三省、四川等地银元，因成色差，钱庄素不通用，即便用，也增加重大贴水，减少百分之一至二。这样，钱庄、兑换业就利用这种混乱情况，操纵市价，买进卖出，获取暴利，给人民带来了危害。同时，对中外贸易的开展，国家财税收入都造成了麻烦。因此，在社会各阶层的呼吁之下，开始进行币制改革。

2. 《国币条例》与统一银元的出现

北洋政府于民国三年（1914年）颁布了《国币条例》，整顿统一银元发行。规定铸造一元、五角、二角、一角四种银元，以一元为主。这种新铸造的银元，正面是袁世凯侧面头像和铸造年份，背面是"一元"两字和嘉禾纹饰，俗称"袁头币""袁大头"。规定每枚重七钱二分，成分为银90%，铜10%；后改为银89%。同时宣布一切税收和财政收支都要用国币，不用外国钞票和生银两。在少数民族地区准许使用时银币、铜元和制钱等。但都要照市价折成新银币。

民国四年（1915年）以后，各省又先后仿铸袁头币。这种银元形制划一，容易识别，成色和重量又有严格的规定，所以发行后，很快在全国流行开来。它首先在上海取代龙洋的地位，与旧主币——外国鹰洋持平。1917年北洋政府财政部又规定，一切税项均应以国币计算税率，一元新主币通行省份，征收税款应以该项主币为本位。至于外国银元，非不得已不许收受。这一措施，进一步增强了袁头币的流通力量。1919年五四运动后，上海爆发"三罢"运动，上海钱业公会通过决议，取消鹰洋等外银元的行市，只使用国币，至此银元的流通完全在全国范围内得到统一。

图 10.31　袁世凯像民国三年壹圆　　图 10.32　袁世凯像民国八年壹圆

（二）北洋政府发行的纪念币

从 1911 年到 1917 年，民国时期还发行一些纪念性银币，主要有如下几种：

1. 孙中山像开国纪念币。
2. 黎元洪像开国纪念币。民国元年（1912 年），黎元洪任南京临时政府副总统时，由武昌造币厂铸造。

图 10.33　孙中山像开国纪念币壹圆　　图 10.34　黎元洪像开国纪念币壹圆 OE 错版

3. 唐继尧纪念币。1915 年云南督军唐继尧宣布反袁，拥护共和，组织军务院任抚军长，由云南造币厂发行此币，正面有唐继尧头像及"军务院抚军长唐"字样，背面有"拥护共和纪念"字样。
4. 洪宪年号纪念币。1915 年袁世凯复辟帝制时发行，正面为袁世凯头像，背面为龙纹，有"中华帝国洪宪纪念"八个字。

这一时期还发行过其他几种纪念币，如一种是龙凤银币，1923 年发行。因袁世凯背叛民国，复辟帝制，激起民愤，纷纷要求废止"大头"银币上的人像图案。一种是曹锟纪念币，1923 年 12 月曹锟就任大总统时由天津造币厂铸造。一种是段祺瑞执政纪念币。1924 年 11 月 24 日，段入京，改总统为执政，此币由天津造币厂铸造。正面为段祺瑞胸像及

"中华民国执政纪念币"字样,背面为"和平"两字及嘉禾纹饰。最还有一种是张作霖纪念币,1926年4月东三省巡阅使张作霖入京主政,改执政为陆海军大元帅,正面为"陆海军大元帅"字样,背面为"中华民国十五年""纪念"与太阳、嘉禾等图案。

图 10.35　唐继尧拥护共和纪念币 3.6 钱

（三）国民政府发行"船洋"

1927年,北伐胜利,南方国民政府取代了北洋军阀政府,停止袁头币铸造,请英、美、日、意、奥地利五国造币厂帮助制版,铸造孙中山像银元。1929年在杭州试行,银元正面为孙中山侧面像及"中华民国十八年"字样,背面有三帆帆船图案及"一元"字样,试铸的数量很少。

国民政府于1928年将上海造币厂改名为中央造币厂,从1933年3月1日起开始铸造银币。正面为孙中山半身像,背面为帆船图案,俗称"孙头"或船洋。

这种船洋与试铸钱的差别在于:一是正面的年份不同。由"十八年"改为"二十二年";二是帆船的帆数不同,试铸币三帆,正式币二帆。"船洋"含银88%,铜12%。成色略低于袁头币。

图 10.36　三帆银元 1929 年　　　　图 10.37　二帆银元 1932 年

1933年3月8日,国民政府颁布《银本位币铸造条例》,此后便开始了废两改元。中央造币厂一经成立,便开始铸造银元。从1933年3月到年底,共铸造1元银币2806万枚,1934年共铸7096万枚,而1935年上半年共铸3356万枚。从1933年3月到1935年6月共铸1元银币13258万枚。这样,废两改元后,银元正式成为唯一的流通的本位货币。1935年以后，法币改革，银本位让位于纸币本位制，中国银元的历史宣告结束。

第三节　中国近代金属主义货币理论

一　清朝末年金属主义货币论

清朝自鸦片战争后到清末，金属主义货币论的主要代表人物有魏源、许楣、王茂荫和张之洞等。

（一）魏源的金属主义货币论

魏源（1794—1857年），著有《圣武记》等，论述了他的货币理论。魏源批评了反对开银矿的议论和王鎏《钞币刍言》中的行钞主张，提出解决货币危机的对策：一是"官铸银钱以利民用，仿番制以抑番饼（洋钱）"；二是兼行贝币和玉币。后一主张不符合货币发展方向。魏源重视货币的价值尺度职能，并在此基础上，提出了他的金属主义货币论。他以数量的多少解释商品和货币的价值，"万物以轻重相权，使黄金满天下而多于土，则金土易价矣"。作为货币的商品，必须是数量有限的难得之物，币材可以变量，但这一种特性却不能改变。认为古之金、贝、刀、布为币，"皆五行百产之精华，山川阴阳所炉鞴，决非易朽易伪之物，所能刑驱而势迫"。魏源否定纸币流通的合理性，指出纸币有十不便："造之劳，用之滞，敝之速，伪之多，盗之易，禁之难，犯之众，勒之苦，抑钱而钱壅于货，抑银而银尽归夷。"但对兑现纸币持肯定态度："唐之飞钱，宋之交会，皆以官钱为本，使商民得操券以取货，特以轻易重，以母权子。其意一主于便民，而不在罔利。"同时指出不兑现纸币的弊端："改行钞法，则无复本钱，而直用空楮，以百十钱之楮，而易人千万钱之物。是犹无田无宅之契，无主之券，无盐之引，无钱之票，不堪覆瓿，而以居奇。"他认为纸币的失败主要源于没有现金准备，并指出："金、元、明代，竟不鼓铸而专用钞，重以帝王之力，终不能强人情之不愿。"[①] 说明统治者权力作用是有限的，不能违背经济规律。

（二）许楣的金属主义货币论

许楣（1797—1870年），著有《钞币论》等。许楣用金属主义观点

---

① （清）魏源：《魏源集》下册，中华书局1983年版，第471—482页。

对王鎏《钱币刍言》进行批评,将中国封建社会的货币理论发展到新的高度。许楣赞成以银为币的立场,继承《管子·轻重》的价值论,认为"凡物多则贱,少则贵"。指出金银具有稳定的价值,即使数量增加也不会变化。认为金银与纸币之不同:"多出数百千万之钞于天下,则天下轻之;多散数百千万之金银于天下,天下必不轻也。"许楣的观点反映了货币拜物教思想。金属主义者不能正确认识纸币的流通手段职能。许楣认为:"夫天生五金,各有定品,银且不可以代金,而谓纸可以代钱乎?"许楣反对"以纸代钱",但肯定"以纸取钱",即兑现纸币,认为前者是"弊法",后者是"良法"。他举证说,交子初行时准予兑现,但元朝的纸币就成为"孤钞",明代亦成为"废票"。[①] 许楣还从货币的贮藏手段出发否定纸币流通。许楣夸大了纸币的弊端。对于当时银贵钱贱的问题,则未能提出有效的应对之策。

(三) 王茂荫的货币理论

王茂荫(1798—1865年),著有《王侍郎奏议》等。王茂荫在货币理论上是金属主义者,他认为纸币只能不得已而行之,绝不能在整个流通领域中取代金属货币。他上奏朝廷,强调纸币的发行量应加以严格限制:"钞无定数,则出之不穷,似为大利。不知出愈多,值愈贱。"王茂荫行钞主张是针对朝廷财政困难而言,故钞币以银两为单位。虽然他主张钞币兑现,但兑现之责不在朝廷,故实际上是不兑现的。王茂荫主张行钞要"以实运虚",这与"虚实相权"不同,后者强调兑现;前者将流通重点放在金属货币上,纸币仅为辅助之功。后来,王茂荫对行钞提出补救之法,旨在提高商人用钞的积极性,关键在于纸币兑现。此时他主张兑现之责应由朝廷负担,并指出纸币兑现并不需要十足的现金准备,"一则有钱可取,人即不争取",这符合兑现纸币流通的规律。由于当时各地都有为州县征解钱粮倾熔银锭的银号,王茂荫的主张用银号准备解省之银来维持兑现,解省则以兑得的户部官票抵补。王茂荫认为大钱流通必然失败,他认为"钞法以实运虚,虽虚可实;大钱以虚作实,似实而虚"。大钱由金属铸成,比纸币价值要高,但实际上仍是不足值的,所

---

① (清)许楣:《钞币论》钞利条论,转引自欣士敏《金泉沙龙:历代名家货币思想述论》,中华书局2005年版,第192—194页。

以"似实而虚"。他批评铸大钱的论点:"国家定制,当百则百,当千则千","然官能定钱之值,而不能限物之值。钱当千,民不敢以为百;物值百,民不难以为千"。① 这是对货币价值国定论的有力驳斥。因此,他强调"信为国之宝",要求朝廷守信于民。

(四)张之洞等的铸银钱论

张之洞(1837—1909年),著《张文襄公全集》,在光绪年间上《购办机器试铸制钱折》,并附《试铸银元片》。他指出外洋银钱通行中国各地,"以致利归外洋,漏卮无底"。强调"铸币便民,乃国家自有之权利,铜钱银钱,理无二致,皆应我行我法,方为得体"。这是将铸币与国家主权联系起来。他分析了矿务、钱法、银元三者的关系:"矿务、钱法、银元三事相为表里,交互补益,如环无端。矿产盛,而后铸铜铸银有取资;鼓铸多,而后西南各省铜铅有销路;以铸银之息补铸铜之耗,而后钱法可以专用内地铜铅而无虞专折。"他计划铸库来7钱3分的银元,比外国银币稍重,以达推广本国银元之效。② 后来在正式铸造银元时,还是接受了新铸银元"与向有洋银一律,便于交易"的建议,一元银元改为重库平7钱2分。张之洞开启了中国用机器铸银元的时代。

二 清朝末年金属货币与纸币关系的理论

清朝自鸦片战争后到清末,金属货币与纸币关系理论的主要代表人物有黄遵宪、郑观应、唐才常和严复等。

(一)黄遵宪的楮币代金银论

黄遵宪(1848—1905年),著有《食货志》六卷,其中《食货志五》是关于纸币理论的。关于纸币问题,黄遵宪强调纸币必须兑现,纸币本身并无价值,但可以"饥借以食,寒借以衣,露处借以安居,则造之易而赍之轻,天下之至便无过于此矣"。纸币之所以能流通,主要在于能代表金属货币。黄遵宪还认为,金银铜之所以为币,是因商品交换客观上

---

① (清)王茂荫:《王侍郎奏议》卷1,转引自杨兴发《中国历代金融文献选注》,西南财经大学出版社1990年版,第246—247页。

② (清)张之洞:《张文襄公全集》卷19,转引自欣士敏《金泉沙龙:历代名家货币思想述论》,中华书局2005年版,第31—34页。

需要有某种商品担任交换职能，而它必须是"贵而有用"之物，金银铜最适合。他还分析了金属币与纸币的关系："以楮币代金银则可行，指楮币为金银则不可行也。"他认为兑现纸币比金属货币具有更大的优势："代以楮币，则以轻易重，以简易繁，而人争便之。"他提出纸币发行办法："诚使国家造金银铜约亿万，则亦造楮币亿万，示之于民，明示大信，永不滥造，防其赝则为精美之式，求其朽则为倒钞之法，设为银行以周转之，上下俱便，此经久之利也。"① 这就是要对纸币发行数量的限制，并发挥银行的作用。虽对准备金的要求较高，但比前人的货币思想已有进步。

（二）郑观应的铸银钱及行钞论

郑观应（1842—1921年），著有《易言》《盛世危言》等。郑观应指出西方国家每年向中国输入洋银在百万元以上，获利巨大。为收回利权，郑观应主张要自铸银钱。铸银钱有利可图，但不能降低银钱的质量；铸银钱的权力要高度集中，"严定章程，仅准户部设一专局，功罪攸归，非但不许民间铸银，并不许各省官员开铸"。关于铸银的原因，他将洋银的便利与中国银两作对比："盖洋钱大者重七钱二分，小者递减，以至一角五分。市肆可以平行，无折扣之损；囊橐便于携带，无笨重之虞。""纹银大者为元宝，小者为锭，或重百两，或重五十两，以至二三两。用之于市肆，则耗损颇多。有加耗，有贴费，有减水，有折色，有库平、湘平之异，漕平、规平之殊，畸重畸轻，但凭市侩把持垄断，隐受其亏。若洋钱则一圆有一圆之数，百圆有百圆之数，即穷乡僻壤亦不能勒价居奇，此民间所以称便也。"郑观应也指出洋在中国流通之害，以及中国自铸银元之利：既可"夺西人利权"，也能"便商民而维市面"。郑观应后来又提出，"由户部设一总局，惟核收而不铸造，分饬各省督抚拣派廉洁精于会计之大员，专司鼓铸银钱之事"。他还主张开设银行，发行银行纸币，并强调要取信于民，并指出："民情不信，虽君上之威无济于事；民

---

① 叶世昌、李宝金、钟祥财：《中国货币理论史》，厦门大学出版社2003年版，第280—281页。

情信之,虽商贾之票亦可通行。"① 取信之法,一是纸币由银行发行,可随时随地向银行兑现,绝不留难;二是官府要加强对银行的管理,设商部为管理银行的机构。主张由官府每年对银行进行核查,以促使银行遵规守信。他建议中国设银行,发纸币,也是为了抵制外国银行在中国滥发钞票,扰乱中国币制。

(三) 唐才常的铸银钱及行钞论

唐才常(1867—1900年),著有《唐才常集》等。唐才常认为,中国经济上受制于外人,非改变不可。"变通之法"就是"改用银钱,自行铸造"。他主张以银钱为唯一合法的货币。国家的一切收付都以新银钱为标准,银元以下为分角,更小的数额则用铜钱,铜钱也改用机器铸造。对于入境的洋钱,则只准按九成计算,以逐步收回货币主权。唐才常认为自铸银钱有三种:一是可以消除用银两的弊端,银两折色、减水、加耗、贴费,还有湘平、漕平、库平之类,轻重轩轾,随市侩为高下。二是可以弥补用铜钱的缺陷,铜钱"质轻则盗铸,质重则销毁",难以禁止。三是可以抵制洋钱的流通。唐才常认为,纸币流通"本虚实相因之法",即"虚实相权"之意,发行纸币应以便民为目的,而不以富国为动机:"以之便民,则钞盛行而国亦裕;以之富国,则钞立废而民不堪。"为防止重蹈历代行钞的覆辙,唐才常指出必须依照西法而行:"西人银行,有官有商,其发行钞票,要皆有政府主其权。每岁行中存本之多寡,与钞票出入之数实足相抵,随至随兑,绝无折阅倒闭之虞。民之视钞票与现银无异,安得而不信从?"② 他主张由各省藩司拨款设立官银行。钞票亦分省发行,但随处通用。发行纸币要十足的现金准备。

(四) 严复的名目主义货币论

严复(1854—1921年),著有《原富》等。严复认为,商品与货币的价值都决定于供求关系;货币仅是一种符号,代表价值可多可少。货币如同赌博之筹码,"筹少者代多,筹多者代少,在乎所名,而非筹之实贵实贱也"。因此,货币不是真实的财富:"夫泉币所以名财而非真财

---

① (清) 郑观应:《盛世危言》银行下,转引自叶世昌、李宝金、钟祥财《中国货币理论史》,厦门大学出版社2003年版,第291—295页。

② (清) 唐才常:《唐才常集》,中华书局1980年版,第7—13页。

也。"这是货币名目主义观点。不同于重商主义者夸大货币对决定国家贫富的作用,严复认为,富国不一定靠金银,金银却有助于富国。严复介绍了英国于1816年实行金本位制,并指出各国实行何种本位制度有其必然性和历史原因。"决非在上者所得强物从我,倒行逆施也",即认为经济发展有其内在规律,统治者要顺其自然,实行自由放任的政策。这一主张源自亚当·斯密的古典经济学思想。严复还分析了复本位制的弊端,在金银复本位制下,金银都是法币,有法定的交换比价。但实际比价常变,这样就会产生盈亏之差别。在实际比价与交换比价相差较大时,"纳赋偿负之家,必用其过实之币,而不及实者则或聚而熔之",或输送到国外,此种情形难以禁止。这其实就是所谓劣币驱逐良币的现象。严复肯定了纸币的作用。他认为,金属货币有三种弊端:一是多则滞重,难以转输;二是秤量计数,烦琐启奸;三是藏弃不周,动辄诲盗。纸币可以避免金属的不足。同时他主张纸币应满足兑现,就可以保证其币值。[①] 实际上,兑现可保证纸币和金属币币值一致,却不能保证纸币符号流通的需要。这是严复对纸币认识上的局限性。

[①] (清)严复:《原富》上册,商务印书馆1981年版,第270—271页。

第十一章

中国近代的纸币

第一节 钞票、官银钱号纸币和私票

一 钞票

1. 特殊时期纸币是筹措战费的手段

满洲人原是金人的后代,他们对祖先在金末期滥发纸币的历史有深有感触,加上元、明两代发钞都遇到过通货膨胀的事情,因此他们在货币制度上对发行纸币采取十分谨慎的态度。

清朝政府发行的纸币最早是在顺治初年。清初在北方要肃清李自成的军队,在南方又要同鲁王和永明王小朝廷战争,军费开支巨大。顺治八年(1651年),因"经费未定,用度浩繁",财政入不敷出,于是仿照明代货币制度,发行钞贯与钱并行。从这年起,每年发钞128172贯,至顺治十八年(1661年)停止时,总发行额不过1200000贯。总体数量不多,流通时间又不长,其影响也是有限的。由于这段史料不详,后人无法知道更详细的情况。

此后190多年间,清朝没有发行过纸币。但每逢朝廷财政紧张之时,对发钞的提议就会不断。乾隆末年,水旱灾害,赋税收入激减,因之财政匮乏,不能不另筹补救之法。嘉庆十九年(1814年)发行纸币的建议才重新被人提出。当侍讲学士蔡之定奏请行用楮币时,却受到"交部议处,以为妄言乱政者戒"的处分。复行纸币的建议被抑制了。道光年间,又有人主张行钞,著名的有王鎏和包世臣。王鎏极度夸大了纸币的作用,认为它可以解决一切社会矛盾,而且主张无限制地发行。包世臣则仅把纸币作为重钱轻银的补充措施,反对王鎏的纸币理论和无限制发行。从维护用银的立场批判王鎏的有魏源和许楣、许槤兄弟等。这时的争论都是在民间进行的，还没有对朝廷的货币政策发生直接影响。

2. 咸丰年间官票、宝钞的发行

咸丰元年（1851年）太平天国起义，形势紧急，清政府财政困难时，行钞的呼声又起。九月，陕西道监察御史王茂荫首先奏请行钞。他称行钞法之利，"不啻十倍于大钱"。他主张钞用丝织，发行数量以银1000万为限，由银号（无银号处由官盐店或典铺）负责兑现。咸丰二年（1852年）九月，因左都御史花沙纳奏造钞、行钞、换钞三十二条和用钞十四利，清政府命筹备军饷的定郡王载铨会同户部研究发钞。他们建议仿京师钱票流通，就其法而扩充之，推行银票、期票，这些建议，朝廷都未同意实行。

但到了咸丰三年（1853年），太平军迅猛挺进，占领了东南富庶地区。当时，随着军费开支的日益增大，清政府财政已极端困难，不能不考虑发行纸币。

咸丰三年正月，朝廷终于转变了态度，于是正式派左都御史花沙纳和王茂荫会同户部堂官速议行钞章程，奏明办理。经过筹划，拟定官票试行章程十八条。其主要内容为：以京师为试行地区，待有成效后再推广；官票有1两、5两、10两、50两四种面额；先发数额12万两。官票发行采用银、票搭发办法，除兵饷搭发外，凡在京王公和满汉官公俸银，各衙门应领款项，定为银8票2搭发；官票回收采用银票搭收办法。凡在京常捐、大捐及完纳税课，赴银号兑换银钱者或换现银，或换现钱，或换钱票，均按照票面上所开平色照数付银，即按本日市价换给钱文钱票、毋许克扣。清政府于咸丰三年五月印刷和发行了官票。[①]"官票"又叫银票，以银两为单位，票面写"户部官票"。官票有实际发行时有1两、3两、5两、10两和50两多种。又于十一月颁行钱钞章程，发行钱钞。使银票与钱钞相辅而行。

"宝钞"，全名为"大清宝钞"，它以制钱为单位，又称钱票、钱钞。发行宝钞使各方"咸知银票即是实银，钱钞即是制钱，上下一律流通，

[①] 中国人民银行北京市分行金融研究所：《北京金融史料·货币篇》，1994年版，第84—88页。

其钱钞民间日用周转行使,并准完纳地丁、钱粮、盐关、税课及一切交官等项。"至京外各库搭发搭收,随核定成数,务令出入均平,至多以宝钞。票面额初分为250文、500文、1000文、1500文、2000文几种。后来,用宝钞收回当千和当百大钱,发行量增加,面额也膨胀到5000文、1万文、10万文等大面额钱钞。清政府规定:"……凡民间完纳地丁、钱粮、关税、盐课及一切交官解部协拨等款,均准以官票、钱钞五成为率。官票银1两抵制钱2000,宝钞2000抵银1两与现行大钱、制钱相辅而行。其余仍交纳实银,以资周转。"并准"殷实铺商具结承领宝钞,俾民间自行通用"。

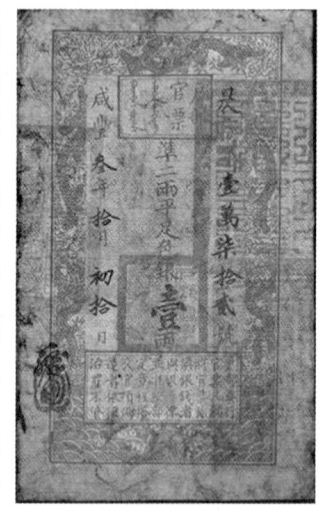

图11.1　大清宝钞和户部官票

3. 官票、宝钞的形制

"官票"和"宝钞"现存的数量还有不少,罗振玉《四朝钞币图录》书中收录的有官票、宝钞各四种。据称,"宝钞"用厚白纸为之,上列"大清宝钞"四字,宝钞长24.5厘米,阔13.8厘米,两旁并列"天下通行""均平出入"八字,中间三分,正中为准足制钱若干文,右为某字第某号,左为某年制。钱数上钤"大清宝钞之印"满汉文合璧钤记。下端镌小字九行,文曰:"此钞即代制钱行用,并准按成交纳地丁钱粮一切税课捐项,京外各库一概收解,每钱钞二千文换官银票一两。"四周有花纹，上作双龙纹，两傍作云，下作波浪纹。花纹字画悉用蓝色刷印，钱数也是刻印出来的，并按千字文编号，某字及某号用墨戳钤补，某年字则用蓝色木戳钤之，年下加黑色小长印，则钞局编号时私记也。

官票用高丽纸印制，中部顶端印"户部官票"四字，满汉文于一方格内，下为"准二两平足色银若干两"，右为某字第某号，左为某年某月某日，下端长方格内镌小字八行："户部奏行官票，凡愿将官票兑换银钱者，与银一律，并准按部定章程搭交官项，伪造者依律治罪不贷。"银数上盖有"户部官票永远通行"方形满汉文合璧钤记，骑缝处盖有"户部官票所关防"。长方形满汉合璧关防。花纹字画也是蓝色，银数用大字墨戳，也用千字文编号，某字上用黑色木戳，号数及年月日则用墨填写，下角有黑色押字木戳。外省颁行的在骑缝处加钤户部紫水印，外省解部的，还加盖督抚关防、布政使司及各府州县印，右侧骑缝处有验讫蓝戳，上有主政某姓氏朱戳。官票大小与宝钞差不多，四周上方及左右作龙纹，下方作波浪纹。①

4. 对官票、宝钞的管理

对官票、宝钞的管理最重要的一环是保证其兑现发行。但在清政府财政发行的背景下，是不可能做到兑现的。咸丰四年（1854年）二月，宝钞发行的时间还不久，宝钞千文已贬值为值制钱七八百文。原来首奏行钞法参与拟订钞法的王茂荫于三月再次上奏议钞法，表示现行的官票、宝钞不是他的原拟之法，建议官票、宝钞可以向政府兑现以保证其流通。他的四条补救办法是：（1）钱钞可以取钱；（2）银票可以取银；（3）店铺用钞可以易银；（4）典铺出入均搭现钞。文宗看了奏折后大怒，批评他"只知以专利商贾之词率行渎奏，竟置国事于不问，殊属不知大体"，传旨申饬。其实，王茂荫的补救方法，不仅与统治者的愿望背道而驰，而且完全脱离实际，统治者用发钞来补财政支出，哪里会有银两制钱来兑现？难怪他最后受到排挤，引咎辞职了事。

管理钱票的机构称为官票所，管理宝钞的机构为宝钞局。户部还设立官钱铺推行宝钞。咸丰四年（1854年）十月，有商人白亮、刘宏振等呈请出资设立总局，为政府推行宝钞，负责宝钞的兑现，得到了批准。

---

① 魏建猷：《中国近代货币史》，黄山书社1986年版，第83—92页。

这些商人资本有限,设立后收钞隔日一次,每次限收几十号或100号,每号又限不得过100张;要求兑钱的人"多有守候竟日不得交入者"。十二月被撤销。撤销总局的同时,户部又设立五家官钱铺,铺名都有"字"字,合称"五字"。"五字"对宝钞实行定期抽号,抽到的可以向它们兑钱或兑它们所发的官钱票。每20天抽一次。新增的四种大额宝钞不参加抽号。咸丰七年(1857年)对官票也实行抽号,抽到的可换给宝钞。同年十二月,"五字"发生挤兑,户部清查其账目,发现有亏空。八年(1858年)十一月,户部决定裁撤宇丰,其余"四字"改为官钞局,抽号改为每月一次。

抽号的办法使宝钞有了"实钞"和"空钞"之分:抽到的为实钞,未抽到的为空钞,不参加抽号的四种大额宝钞也是实钞。还有流入北京的"省钞",不参加抽号,也被视为空钞。到咸丰十年(1860年)二月,计造宝钞2400余万串,已抽到的800余万串;造官票900余万两,已抽到的190余万两。此时北京省钞每串值京钱100余文,空钞每串值京钱300文,官票每两值京钱400余文,合制钱分别是50文、150文和200文。①由于不能保证兑现,贬值是必然的。这也是官票、宝钞最后停发的主要原因。

为了在各省推行官票和宝钞,在朝廷的督促下,咸丰年间多数省份也成立了官钱铺。宝钞在各省的贬值更甚于北京。如咸丰五年(1855年)九月河南官票一两和宝钞一千都值制钱四五百文,而北京到咸丰六年(1856年)十二月官票一两还值制钱八九百文。

5. 官票、宝钞的贬值

官票、宝钞发行后引起市面和货币流通的混乱。官票发行后,由于政府缺乏现银,不能兑现,只能兑取宝钞,而宝钞缺乏钞本,发行数量又多,也不能兑现。京师人民纷纷抵制官票、宝钞。"有以钞买物者,或故昂其值,或以货尽为词",因而内外呼为"吵票"。人们担心钱票落空,大量向银号钱铺争兑现钱,使得银号钱铺应付不及,一时倒闭者200余家。由于户部议行钞法,传闻将令商贾交银领钞,以致人心惶惶,富商大贾将大量银两载车装运出来。本来,清政府规定官票、宝钞出纳皆以

---

① 叶世昌、潘连贵:《中国古代近金融史》,复旦大学出版社2001年版,第166—168页。

五成为限，民间完纳地丁、关税、盐课等交官款项皆以钞票同银钱相辅而行。但是，朝廷官员在收入时少收或拒收票钞，在支付时多搭或全用票钞，然后，再用规定比例搭配缴库，从中营私舞弊，破坏票钞信用。因之，官票宝钞在京师流通中受到阻碍，特别在发放军饷时受到阻碍，在市面流通上也打折扣。

票钞投入流通后，很快就遭到了贬值。那时候，京师的情况是：咸丰四年（1854年），钞1000只能易制钱400—500文。咸丰六年（1856年），官票1两，市商交易仅值制钱800—900文。而当时市银价每两约可以兑换制钱2750—3000文，官票已大幅度贬值。咸丰九年（1859年），在京城银票每两仅值京钱500—600文，而实银则每两值京钱12000文，20两银票才抵实银1两。咸丰十一年（1861年），民间持有的官票几乎等于"废纸"。这年，宝钞每千仅值当十钱百余文，后来，每千只抵10余文，人们抵制拒用。当时，外国商人用贱价收买票钞，并按原规定的五成比例交纳海关关税，从中取得大量收益。

对于混乱的票钞，清政府于咸丰七年（1857年）本拟定补救措施：加强票钞发行网，减少搭配比例，积极鼓铸制钱，尽可能恢复兑现等。但情况并无好转。票钞流通仍然不畅。直到咸丰十年（1860年）二月惠王绵愉等正式奏请停发官票、宝钞。他们在折中称："宝钞一项，以纸代银，原冀其架空行用，借资周转，至今日钞必须有本，其民间持钞到局，并不取现钱，而专取官号钱票，且甫经发钞，旋即取票，名为行钞，实则仍用钱票。""总因制造发放，均无限制，以致壅滞不行。""若年复一年，制造无已，弊端百出，伊于胡底。"于是，建议：第一，以前的钞票，照常收效，以后之钞票，暂停制造；第二，兵饷改放七成实银，二成现钱，一成票钞；第三，钞本停用钱票，改用一成铁制钱，九成铜当十钱；第四，省钞银票，暂停制造，如各省及河工有必须领发之款，则将官票所旧存及捐铜局收捐之钞票发给。清政府批准这一建议。不久停发了官票、宝钞。同治初年，清政府通令课税只收实银，停止收钞，各项开支也不用钞。

同治元年（1862年）十一月，官票、宝钞在外省停止使用；只有直隶，钱粮仍按银九票一征收，用款照旧银、票各半搭放，到同治五年（1866年）七月也停止使用。官票曾予回收，同治七年（1868年）三月为最后截止期,计原造官票978.12万两,未收回的达650万余两,一概成为废纸。未收回的约占发行数的66%。

二 官银钱号的设立与发展

(一) 咸丰时官银钱号的设立与钞票的推行

1. 北京官银钱号的设立

官银钱号是清政府官方设立的金融机构,它经历了一个设立、裁撤、再设立的过程。到清灭亡以后,这些官银钱号就变成了各地方的省银行了。因此清朝的官银钱号的设立对近代中国金融机构的形成、发展是有一定意义的。

鸦片战争以后,清政府因军需、赈灾、河工等费用很多,决议成立官银钱号发行钱票,在支持兵丁月饷、官员公费和各项工程费用时,搭放一定成数。道光二十五年(1845年),管理财务的内务府设立了天元、天亨、天利、天贞、西天元5家官银号(俗称"五天官号"),发行钱票、银票所得收益,作为内务府的进款。

太平天国运动爆发后,清政府在财政上已处于崩溃的边缘,为了维持统治,清廷违反了顺治以来百余年的惯例,开始铸发大钱,并发行官票宝钞。为了推行便利,又仿照道光年间为"议平钱价"而设立的官钱铺,清政府于咸丰三年(1853年)设立乾豫、乾恒、乾丰、乾益4家官银钱号(俗称"四乾号")发行以户部所属宝泉、宝源两局所铸制钱为"票本"的京钱票,充分八旗兵饷之用。次年(1854年),又设立宇升、宇恒、宇谦、宇丰、宇泰5家官银钱号(俗称"五宇官号")以铁大钱为"钞本",发行"京钱票"。后又裁宇丰一号,并将官钱铺改名为官钞局,"收钞发钱"。[①] 同时将原于道光二十一年(1841年)由内务府开办的"天元、天亨、天利、天贞、西天元"等五号与"四乾号"合办八旗兵饷。

2. 各省官银钱号纷纷成立

咸丰三年(1853年),清政府下令各省城及商业繁盛之地设立官钱总局和分局。

---

① 中国人民银行总行参事室编:《中国近代货币史资料》,中华书局1964年版,第508页。

在清廷的一再催促下，许多省份积极遵办。咸丰三年（1853 年），福建成立了永丰官局，发行局票。陕西在省城设立官钱总局、在宁夏设立分局。咸丰四年（1854 年），江苏在清江、山阳等处设立中和官局，制造 1 两、5 两银票，1000 钱、2000 钱票，又在苏州设立钱店。云南、四川、山西、热河也在省城设立了官钱局，四川还由官钱局发行了制钱票。直隶在蓟州遵化设立钞局，行销蓟州宝钞，并在保定开设恒丰、恒泰两官号。湖北亦在省城设立官局一所。江西在南昌开设宝丰官钱总局。浙江开设大美官钱总局，并发行 1 两、2 两、3 两、5 两、50 两银两票及 100 文、200 文、300 文、500 文和 1000 文的制钱票。[1] 咸丰五年（1855 年），山东招商开设官钱铺，河南设立巨盈宝钞局及豫丰字号官钱店。安徽在庐州开设钱店。甘肃、贵州也有此举。咸丰年间，甘肃和云南还发行了地方纸币甘肃司钞和滇司钞。甘肃司钞面额为 500 文、1000 文、2000 文、3000 文、5000 文。滇藩司钞仅见有"对搭钱贰千"一种。

这些官钱局号开设的目的，无非是推行大钱及钞票，以筹现款，应付国用。其业务主要是以中央宝源，宝泉两局及各地钱局所铸大为本，开钱票，放兵饷，收兑清政府发行的银票、宝钞。因为中央和地方的纸币发行均为财政性发行，失败是不可避免的，地方官钱局纸币最后随着清政府的宝钞、官票同入坟墓。而且有和地方钞票还弄得臭名远扬，如福建永丰官局，大发钱票，使地方"百物增昂"，"民悉其苦"，即是一例。

太平天国农民起义爆发以

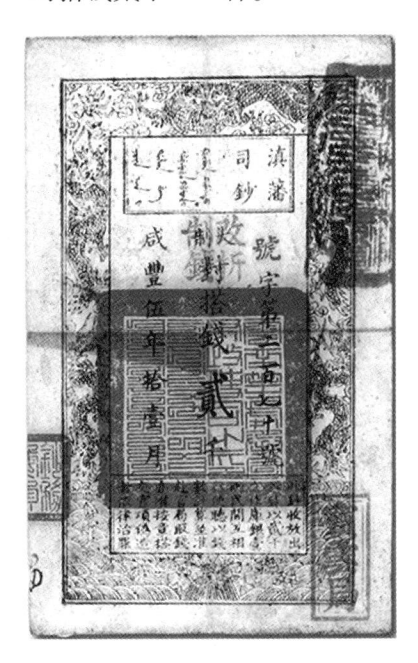

图 11.2　咸丰五年滇藩司钞二千文票一枚

---

[1] 黄亨俊：《浙江大美官钱总局史》，《舟山钱币》1991 年第 1 期。

来，特别是第二次鸦片战争以后，在政治上，中央政府自身难保，"堂堂大清皇帝"避难于承德离宫，地方更是"各自为战"。反映在经济上，清朝的财政在此时发生了巨大的变化，从此，原以中央户部为首、各地藩司为辅的财政系统基本上崩溃，"户部之权日轻，疆臣之权日重"①。各地财政只能"自为出入"。原来直属中央，掌一省财政的藩司已经是"署衔画诺""徒拥虚名"的机构，完全成为各上督抚的掌中之物，清廷的衰象已露。

（二）光绪年间的官银钱号及纸币

同治年间，经过慈禧太后的"一番苦心"，内用曾国藩等地方武装湘军、淮军镇压太平天国起义得手，外以一切权益"宁与外人"的姿态曲意结交，终于使得清政府"回光返照"——"同治中兴"。

面对着日益糜烂的钱法，慈禧一意要归复祖制，即恢复咸丰以前的银两和制钱混用的、近似于银铜复合本位的货币制度中去。但几经变革，各地铸钱局多已停铸，外加对各国的种种赔款和太后本人的巨大"花销"，使整个国家处于"银钱两荒"的状态，恢复旧制，首先就要开铸制钱，但今非昔比，铜源、铸本两涩，在"中兴"的外衣下，一场更严重的危机已根植于其货币体制之中。

图 11.3　江苏裕苏官银钱局五元票（光绪二十九年）

清朝的地方货币体制——各地铸钱局及银两平色的不同，为日后地

---

① 何烈：《清咸、同时期的财政》，台北"国立编印馆"1981年版，第402页。

方官银号的兴起打下了基础。特别是原有的中央集权的财政体制被破坏以后，地方货币愈显重要，全国货币的地方性日益增强。以拱卫京师的直隶省为例：铸钱机构则有宝直局、宝德局、宝蓟局、宝津局。银两除不同于外省外，在省也各迥异，以天津行化银、张家口蔚州宝、石家庄小西宝为代表。铸造银元则有北洋机器局、北洋银元局。铜元则由北洋银元局和户部直隶造币分厂负责。在这些地方性硬币流通的基础上，地方纸币的出现已成为必然趋势。

外国纸币泛滥及中央政府的纸币流通不广，也是地方纸币发展的动因之一。除了汇丰等帝国主义银行在华发行纸币在通都大埠畅行无阻外，边疆省份外国纸币大肆其虐，如东北和新疆的一些地区，俄国纸币——羌帖几为主币，广西则法纸势力强大。

纸币较中国各地繁杂的硬币而言，便利流通。再加上各地财政需要，一场各省大设官银钱号、发行各省独自行用纸币的浪潮不可避免地到来了。

从时间上看，除了新疆、伊犁两个地区的官银钱号设立较早外（设于1889年），其余各省官银钱号的设立呈现了三个高峰期。①

第一个高潮是甲午战争爆发前后，特别是甲午战争后，设立官银钱号的省份有陕西（1894年）、湖北、山东、河南、奉天、湖南（阜南官钱局）、四川（蜀区官钱局）、天津、吉林（均为1896年）。

第二个高潮是庚子之变以后。设立官银钱号的省份有福建（1900年）、直隶（1902年）、江西（1902年）、山西（1902年）、江苏（1903年）、广西（1903年）、湖南（1903年，湖南官钱局）。其中江苏计设立了裕苏、裕宁两个官银钱号。

第三个高潮为清末加速推行新政以后，设立官银钱号的省份有广东（1904年）、四川（1905年，浚川源银行）、安徽（1906年）、甘肃（1906年）、贵州（1906年）、热河（1906年）、浙江（1908年）、黑龙江（1904年设立广信公司，1908年又设官银号）。

---

① 谢杭生：《清末各省官银号研究》，载《中国社会科学院经济研究所集刊》第11辑，中国社会科学出版社1988年版，第212页。

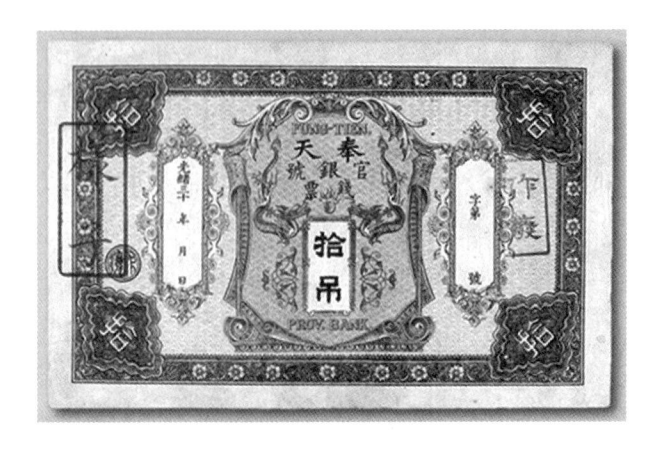

图11.4 奉天官银号钱票十吊

而这三个高潮期，正是清政府财政最困难的三个时期。

开设官银钱号的目的为"通圜法""裕财政"。在通圜法的要求下，官银钱号发行的纸币基本上为兑现纸币。而裕财政主体现在大铸铜元、银元上。由于官银钱号纸币和当地流通硬币挂钩，因而纸币种类和面额也极为复杂。银两票上多标明各地不同的银两平色，制钱票也多以地方钱制如东钱、中钱、九八钱、九五钱为标准。银元票也随着各地流通种类的不同而变化，如东北地区和广东多通行小洋为本位的元票，俗称小洋票，而其他省份多通行大洋票。

光绪年间官银钱号的纸币发行有以下几个特点。第一，对于当时国内的银钱两荒，活跃地方金融，抵制外国纸币和私票有一定的功绩。第二，对以后军阀割据，特别是货币发展的混乱埋下了伏笔。第三，这一时期的纸币信用，除吉林官贴局外，大都信用较好。

三　私票

私票泛指由非官方、非银行发行的信用流通工具，以纸币为主，也有少数为布券，与"官票"对应。在清中后期和民国时期，大量小区域流通的票券最为典型。发行主体繁多，大致分为两大类，一类是钱庄、银号、商号、工厂等工商业部门；另一类是县以下地方行政机构发行，如县财政局、工商局、乡公所等发行的短期流通工具。此外，还有介于官商之间的社会组织发行的票券，如商会、同业公会等。

(一) 纸币溯源

北宋四川的交子，南宋的河池银会子、川引、湖会、淮交均为地方纸币。金朝纸币在承安二年（1197年）以前，基本上是分路发行的，后来改为几路联合发行，钞上加盖合同印章，可在几路通行。据考古发现，已知有山东东路、北京路、陕西路等合同钞。至泰和二年（1202年）才出现了全国通用的纸币。元初也是先发行地方性纸币，如在博州发行的会子，真定的地方纸币等。一直到清咸丰年间，甘肃司钞、滇藩司钞及地方官钱局纸币仍在各地发行流通。

明中叶后即有钱庄，后又发行会票。"今人家多有移重资至京师者，以道路不便，委钱于京师富商之家，取票至京师取值，谓之会票。"[①]

明中期以后，货币主要用白银和制钱，纸币渐趋退出流通。作为纯粹民间信用工具的会票，日益兴盛起来，因为在官方纸币没落的时代，会票更多地充当纸币的作用。

到了清朝，钱庄发行的银票和钱票已在各地通行。清朝主要的私票就是钱票，由大量钱庄所发行。道光年间，钱票在北方大盛，东北及"直隶、河南、山东、山西等省则用钱票"。[②]而且河南、江苏、安徽、河西、浙江、湖南、陕西、甘肃、四川、广西、云南也均广泛地行使钱票。当道光帝下令调查时，直隶总督琦善认为："直省钱票勿庸禁止。"山东巡抚认为："应顺俗所尚，仍听其便。"两江总督陶澍说："江省现行钱票，并无弊窦。"贵州巡抚贺长龄上奏："力陈钱票有利无弊。"之所以如此，皆因钱票随支随取，有票即可取钱。

钱票在道光年间的勃兴，固然是社会经济发展，制钱银两交易不便所致。同时由于信用货币适合经济发展，自然有生命力，这也是封建时期国家纸币屡发屡滥，人民屡受其苦，而纸币仍旧未被人民所抛弃的一个原因。

在长期的封建社会中，民间信用纸币的发展只是一个涓涓细流，在封建社会统治阶级的残酷统治，超经济强制及封建社会的伦理道德和社会心理的干扰下，一直到清朝中后期，民间金融机构和纸币的发展程度，

[①] 《皇朝经世文编》卷52，陆世议《论钱币》。
[②] 中国人民银行总行参事室编：《中国近代货币史资料》，中华书局1964年版，第128页。

是不可能与西方资本主义前期的水平相提并论的。

地方性纸币是有别于国家纸币和民间纸币的另一个分支。它隶属于国家纸币,但又以其地方性及割据性为特点。它的发展也是连续性的。地方纸币的连续是和封建社会自然经济的分散性及地方割据势力由其产生的天然温床这一经济结构分不开的。

图11.5 咸丰十年裕茂隆号钱票

图11.6 宣统源聚恒银号银票二两

纵观中国古代纸币的发展,可以看出它的几个特点。第一,中国纸币萌芽很早,且有信用性质,这是中国国家纸币得以在宋朝就已产生,从而先于世界其他国家使用的历史原因。第二,封建统治者一旦掌握了纸币发行这一经济杠杆,就会必然地将之纳入国家财政领域,它决定了古代国家纸币屡发屡败的命运。第三,民间纸币的小规模流通一直没有停止,这是自然经济中商品交换的必需及发展的必然产物。第四,国家性地方纸币早已有之,且连续不断,这是自然经济的区域性经济圈所决定的。在封建社会,当中央政权稍有松懈,自然经济结构下的封建政治极易形成割据势力。地方纸币正是中国封建社会经济分散性和政治集权性这一矛盾的反映。特别强调的是,中国封建的自然经济和商品经济并不是水火不容的，而且自然经济急需封建性商品经济——注重于商业流通领域中商品经济——的支持。只有在这种不产生新的生产方式的封建性商品经济的支持下，自然经济结构才会更稳定和更具弹性，这是中国古代纸币萌芽产生极早，而又是世界上第一个出现国家纸币的国家的根本原因。

（二）民国时期私票

私票是指未经政府允许，由地方种种机关，或由一些金融、商业、企业机构以致个人发行的，仅能在固定地区流通的，类似于纸币的价值符号。民国时期各地对私票的称呼不同，诸如私帖、私币、花票、杂钞、土钞、土票等。它的形制大致分横竖两种，竖式的年代较远，横式的年代近；纸质不一，有的用纸相当好，有的就用当地所产土纸；印刷技术也是千姿百态，良莠相杂，有的使用当时最好的印刷技术，有的用铜、石版套印，有的仅用木版单色印刷。

民国时各省都有私票发行，以下仅举部分地区为例，说明私票的兴盛。

山东省在民国五年（1916年）前后，钱业颇为发达，银号钱行为数甚多，全省107个县，经营银钱业者不下千余家，各县多则百余家，少则数十家、十数家不等。各家都可自由发行钱票，并不只限于银钱号，凡属商店也均可发行。民国十二年（1923年）后，济南商人组织公利钱局代山东官钱局发行铜元票，民国十二年（1923年）以前济南一市发行铜元票的机关在千家以上。

山西"各县之银号、钱庄，发行亦颇可观，不但如此，即当铺质店，以至银行布庄，商会机关，亦莫不有纸币之发行，其流通范围，虽或仅一县数县，而发行总额，达数百万元，省府虽屡次整顿，无如终鲜成效。迨民国十八年省府通令各庄号所发纸币，一律限期收回，一时发行之数大减"①。

广东汕头，私帖最盛，屡闹风潮，到1935年屡经整顿后，私帖称为保证货币，仍照常流通市面者有阜丰、同元、黄藏元、陈成记、陈成有、郑绵发、吕兴合、陈实源、协裕、黄松兴、仁元、林万泰、永孚、陈荣记、林仁发、利东、郑永成、广泰、鼎泰、汉记、琼南丰等三四十万元。自动收回者有马合丰等庄135元，倒闭未清理宝盛等庄约有五六十万元。

---

① 蒋学楷：《山西省之金融业》，《银行周报》第20卷第21期，1936年2月。

直到1936年保证货币才被禁用。

图11.7 民国十二年（1923年）安徽巢湖庙集振兴钱庄票

东北流行的私帖，最初为制钱兑换券，俗称"钱帖"。据《中华民国货币史资料》的统计，民国五年（1916年），辽宁铁岭等19县发行私帖商号数为980家。庄河公集财团发行纸币数达21.09万余元，岫岩公共财团发行额达24余元。第一次世界大战期间，辽宁省私帖流行额数约为小洋1500万元。截至民国十年（1921年），吉林榆树一县市上流行之私帖尚有300余种之多。①

福建"各县私币充斥"，到民国二十四年（1935年）尚有私币的县为"闽清、平潭、屏南、福安、宁德、寿宁、莆田、仙游、安溪、南平、建瓯、崇安、浦城、政和、上杭"②。民国二十三年（1934年）三都市及宁德县城裕宁、宁兴、建南、崇裕、生春、慎余立家就发行私帖约15.1万元。除上述六家外，福鼎、霞浦、寿宁、福安等县各商铺大都兼发钞票，每县不下数十家。

民国二十三年（1934年），江西30县发行180750元，204586600枚铜元私帖。发行单位为商会、钱庄、钱业公会、区办公处、商店、筑路委员会、平民公质所、纸业公会、米业公会、财务委员会、"剿匪"区善后委员会、县政府、财政局、金融维持会等机关。江西本省政府设立官办三银行后，"交通阻梗之县，多通用本地发行之花票。据调查，靖安县商店发行花票者几占十分之八；宜春县商店发行花票者有八十余家；修

---

① 中国人民银行总行参事室编：《中华民国货币史资料·第一辑（1912—1927）》，上海人民出版社1986年版，第853—856页。

② 王孝泉编：《福建财政史纲》，台北：文海出版社1987年版，第417—422页。

水公团及商店发行之花票有九种；萍乡县公团及商店发行者亦有八种。①到民国二十二年（1933年），据《江西之金融》一书称，江西仍有16县发行私帖。

四川"各县府与商会发行之角票与铜元券，按是项票券之发、缘于大额钞票之流斥，现金匿迹，市场交易，找零困苦，遂由各县财科或当地商仁义决发行小额票券，以资调剂，此作彼次，几至无县无之，所印票券质料即劣，花纹又简，易于摹仿，伪为假票，层出不穷，虽各券流通，限于当地，然小民受累，已属不少"②。

安徽仅颍州就有益萃恒、汇昌和、道生恒、庆和祥、和兴、阜兴会、三义合、协和、际昌隆钱庄发行私帖，一般说来，银元票分5元、10元、50元、100元四种，钱票分5、10、50、100四种，银元票材质有布质、牛皮纸币、棉纸质、棉双料宣纸等。

河北据民国十三年（1924年）天津造币厂报告，直隶省抚宁、昌黎、迁安等县，及抚宁所属之留守营地方，各钱商本有私发铜元之恶例，只因关外铜元源源内运，预料铜元市价势必日趋低落，于是争相投机。大发铜元票。一直到抗战前，各县基本上都有私帖，人们称之为土票，有各种名称的银号、钱庄、官钱局、官银号等发行的纸币、钱帖以及其他形式的票据证券，这些银钱业当时大都设在天津、北平或保定等大中城市，而它发行的纸币、钱帖等，都能流通在华北各地如冀中区内地。就连近代工商业极为发达，殖民化程度较高的上海，私票照样出现，民国十八年（1929年）10月，财政部布告第196号指出："兹查上海公共租界内钱商及烟兑业，有私自擅发铜元票情事。"③

私帖发行家数和数额极为庞大，据金国宝《中国币制问题》一书统计，仅1926年，全国钱业发行纸币家数为3585家，履行额为82873773元。

（三）近代私票产生的原因、性质及与地方纸币的关系

1. 近代私票产生的原因

（1）自然经济是私票产生的根本原因。纵观中国近代经济史，自然

---

① 《江西金融概况》，《工商半月刊》第6卷第21号，1935年11月。
② 《四川考察报告书》，全国经济委员会经济专刊第五种1936年编印，第165页。
③ 《中央银行旬报》第12号，1929年10月。

图11.8　南洋兄弟烟草股份有限公司五角赠券

经济依然是中国社会经济的一大特色,在这种封闭的经济环境中,人们的经济范围极为狭窄,特别是偏远省区。表现在地域上,则是每一个村、乡、镇、县、市都可以成为一个自然经济圈,人们不与或稍与外界发生商品联系就可以维持本地区的经济,地方上稍有实力者,不论是拥有权力还是财力,就可以发行货币,由于封建的社会关系根深蒂固,人们对当地有势力者的信任程度,往往会超过心目中遥远的国家的信任,私票就这样在全国泛滥开了。

(2) 政治不统一是私票得以产生的重要原因。清末民初,国家权力有限,地方军阀割据一方,相互混战,政权如走马灯似的更替,政令朝行夕改。地方上今日张三为王,后日李四作主。国家银行纸币也时常发生挤兑,信用有失。北洋军阀统治时期,政权每在动乱中度日,军费开支巨大,军阀滥发军用票,政权约束力不强,对商业银行、省银行的管理尚难进行,何况私票。

(3) 私票产生的国际原因。近代中国是一个半封建半殖民地国家,帝国主义国家不仅在政治上侵略中国,在经济上对中国的侵扰更甚。近代中国的经济总是唯帝国主义的马首是瞻,货币情形也是如此。国民政府推行废两改元政策之前,中国是银本位国家,而当时世界金银比价在帝国主义的操纵下,时涨时落,尤其是民国二十一年(1932年)后,银价跌落,这对中国经济造成了极坏的影响、表现在货币上,白银大量外流,使整个中国现货奇缺,更无现银出现,各地只好行用私票,以维持经济。

(4) 私票产生和中国货币制度本身不健全有很大的关系。民国时期的货币，千奇百怪，为世界之奇观。论币材，有金、银、铜、镍、合金、锑、纸、竹、布等；论单位则有元、角、分、吊、文、枚、串等，极其复杂。正像加藤繁分析清朝私票时说："至于清代大都市的钱铺、钱庄及银号发行银票、钱票流通使用……补救通货之不便不足，对于商业之发展大有助益焉。"① 民国私票也是如此，私票兴盛之机，必是各地狂呼金融枯涩之时，而且市民公商皆乐用之，咸称其便，政府不敢立即禁止。

（5）政府视发钞为聚财之方，只顾发行大额钞票，这种情况一直延续到抗日初期，而人民日常生活中需要的大量小额辅币、零钞不足，私帖便起而代之。另外私商发行货币亦有利可图，靠发行私帖而聚资本，一遇挤兑，则席卷资财而逃，实为致富易径，私票能不大兴？

2. 私票就其性质而言是一种不完全的纸币

在价值尺度上，有的私票毫无价值，它既不代表贵金属，也不代表金、银、铜元、制钱。它们不能兑现，仅能相互磨兑，甲票换乙票、乙票丙票，而且票面价值与实际价值不符，有的又无发行准备，价值如何、全凭信用，特别是许多私票仅能按规定的用途去购买特定商品，如河北张北县津记纸烟公司铜元纸票三枚，上面印有"只准买烟，概不兑现"的字样，它只对一定的商品具有价值尺度的作用。

从流通手段上来说，私票仅能在一县、一市流通，因而它仅能使商品在极狭小的范围内进行。私票即使能兑换硬币，各地行市也不一率，而且私票又非国家信用担保，这都说明了私票不是完全意义上的纸币。

在储藏职能上，人们不能储藏私票，一是因为信用不好，挤兑屡闻；二是私票大都为小额辅券，本身有的又不能代表金属货币，储之无益。但近代中国社会状况十分复杂，有的私帖因信誉较佳，人们反而乐于储藏，如包头复字号凭帖，解放后还有人前去复字兑现。

有的私票是作为支付手段而产生的，如东北"凡商贾往来，多互相记帐。每至三大节清结存欠。除彼此抵消外，其差额即由债务者给欠据。此种欠据，果其发出者为殷实商号，信用强固，即可以辗转传让，流行市面，无异现货，此私商发帖之嚆矢也"②。但由于很多私票存在时间极

---

① ［日］加藤繁：《中国社会经济史概说》，台北：华世出版社1978年版，第97页。
② 侯树彤：《东三省金融概论》，《太平洋国际学会丛书》，1931年版，第36页。

短，大部分私票很难充作支付手段。

3. 私票与地方纸币之间是互相依存的关系

地方金融机构常以民间滥发私帖，破坏金融、力图整理为由，大发省钞，而又因省钞发行太滥，失败以后，私帖复起。光绪二十年（1894年），奉天为了铲除滥发私票的危害，而由华丰官局发行纸币。民国九年（1920年）2月，吉林永衡官银钱号根据吉林《查禁私帖考成暂行办法》制定了吉林永衡官银钱号兑换私帖维持市面简章八条。

北洋军阀时期，各省均以消除私票，推行本省纸币为急务，如直隶省银行就曾颁布《直隶省银行大纲》以消灭私票为急务，到1935年，还有河北铜地票发行准备库的筹备，也是为消除私票。山西因以省钞消灭不了私票，就让各县广立银号，银行等机构，大发县政权纸币，以取消私票。除此之外，北洋时期，中央政府及各省政权机构无不在行政上对私票严加取缔，但省银行纸币的滥发，纸币价值波动太大，实又是私票得以大量出现的原因。这样一来，地方纸币和银票形成恶性循环，以消灭私票为由而大发地方纸币，又因地方纸币失败而使私票蜂拥而起。

私票的消灭从地域上来说是从北向南由三种不同性质的政权完成的。在东北，伪满洲国在日本的指挥下将旧政权发行的各种私票约1600万元，在民国二十三年（1934年）6月整理竣事。[①] 抗战时，华北、西北各抗日根据地在新民主主义经济政策指导下，为打破敌伪封锁，壮大发展力量，成立自己的银行，坚决打击私票。如晋察冀边区，1939年至1940年初将边区各地土票大体肃清。而蒋管区通过法币政策，和中央银行垄断发行权而于1942年左右肃清了私票。

私票作为半殖民地中国的特有产物，作为半封建半殖民地经济不可缺少的一部分，在民国时期存在了30多年，对它的研究有助于深刻了解民国时期的社会经济，有助于了解我国独特的货币文化。

---

① 东北经济小丛书：《金融》，东北物资调节委员会1948年版，第137页。

第二节 外国银行券在中国的流通

一 外商银行在华的纸币发行

帝国主义列强为了维护各自在华的经济利益，为适应其对华贸易日益发展的需要，从19世纪40年代开始，即纷纷来华设立银行。在华开办的外资银行代表性的有丽如、麦加利（又名渣打）、汇丰、德华、有利、花旗、友华、东方汇理、华比、道胜、正金、台湾、朝鲜等20余家。

（一）外商在华银行的纸币发行史略

近代中国外商银行在中国境内流通的纸币，从其来源说，有三个部分。一是由在华的外商银行直接发行的纸币，这在外币流通总额中所占比率最大。二是民国时期创办的中外合办银行发行的纸币，三是外商银行在其他地区发行而通过各种不同途径流入中国的纸币。关于中外合办银行发行纸币的问题，我们将在本章第二节详述。至于外商银行在境外发行，而通过各种渠道流入中国的纸币，与外商银行在华发行的纸币不同，前者都是以外国货币单位计值的，如汇丰等行发行的港币，法国东方汇理银行发行的安南票，美国联邦准备银行发行的美钞，沙俄国家银行发行的卢布纸币（又称羌帖），日本银行发行的金票等属之。因为这部分外商银行纸币不是在中国境内发行的，故不述及。

凡是以中国市场为对象所发行的外商银行纸币，全部在中国境内流通，如华俄道胜、横滨正金、花旗、德华以及比、荷、法诸国在华银行发行的纸币属之。这些外商银行在华发行的纸币，有以下两个特点：一是各以本国在华的势力范围为发行区域，二是都以中国货币单位计值的，或银元本位或银两本位。

由于各外商银行在华设立机构时间不同，以及各外商银行的资力有厚薄之别，各外商银行在华发行纸币的情形亦各有别。为使读者能对各外商银行在华发行纸币数额有所了解，兹将1925年各外商银行在华发行纸币数额列表于后。

表 11.1　　　　　　　1925 年外商银行在华发行纸币数额表

行　名	发 行 额	行　名	发 行 额
麦加利银行	1931942 英镑	美丰银行*	898487 元
汇丰银行	45298871 港洋	正金银行	6657869 日元
有利银行	192104 英镑	台湾银行	51357396 日元
东方汇理银行	1476890420 法郎	朝鲜银行	83924848 日元
花旗银行	3791641 美金	华比银行	3749167 法郎

＊美丰银行发行额系 1946 年度的发行额。

上表所列 10 家外商银行 1925 年在华发行纸币额，只是根据调查所得，其中误差很大。如日商横滨正金银行于民初年间仅在东三省地区发行金票即达 3000 余万元，而表列数字仅 600 余万元，可知相去甚远。

1. 麦加利银行在中国的纸币发行

麦加利银行，又名渣打银行，是英国皇家特许银行，1853 年开办，总行设于伦敦，分支机构遍设世界各地。1870 年，麦加利银行为适应英国对华贸易及经济侵略的需要，率先借口享有"治外法权"，不经清政府批准，擅自非法在华发行纸币、为外商银行纸币之嚆矢。

麦加利银行在华发行的纸币，是以中国银元作为货币计值单位的。中国自清末到 1933 年废两改元前，货币的计值单位基本上有两种，一是银元，二是银两（此外还有制钱本位）。麦加利银行在华发行的纸币，也有银元和银两两种货币单位。以银元货币计值单位的纸币，分五元、十元、五十元、一百元、五百元、一千元 6 种。以银两货币计直单位的纸币，则有一两、五两、十两、二十两、五十两、一百两 6 种。以上纸币的流通区域，主要以英国在华势力范围界，即上海至汉口沿江及附近地区。

2. 汇丰银行在华的纸币发行

汇丰银行 1864 年成立，总行设于香港。在上海（1867 年设立）、广州、汉口、哈尔滨、北京等地设有分行。汇丰银行的钞票不仅在香港，且在华中、华南、东南沿海以至长江中下游地区都广为流通。据时人称，港币在中国 18 省为人所知。

汇丰银行纸币种类，最初除港币外，还有采用中国银元本位和银两

图 11.9 麦加利银行汉口五十元票一枚

本位的两种纸币。港币面值有一元、五元、十元、五十元、一百元、五百元及一千元 6 种。以中国银元为本位的纸币，也有一元、五元、十元、五十元、一百元、五百元及一千元 6 种，其中香港英商银行所发行的一元纸币，共计 300 万元，统归汇丰银行发行。以银两为本位的纸币，面值有一两、五两、十两、五十两及百两五种。

汇丰银行 1866 年公布的章程中，规定普通钞票的发行额为 1500 万元。1922 年该行修正章程，则将变通钞票发行限额增为 2000 万元。汇丰银行在中国境内大量发行钞票，对中国的社会经济曾产生过巨大的影响，尤其是 1937 年前后，其纸币发行量较 1912 年几乎增长五倍。

3. 德华银行在华的纸币发行

德华银行系德商在华创办的股份两合公司，1889 年成立，总行设在上海，分行设在汉口、北京、天津、青岛、香港、广州、济南等地。该行是 1912 年成立的五国银行团成员之一，其实力并不亚于英商汇丰银行。

德华银行从 1904 年 10 月 30 日开始在中国胶州湾及总分行所在地发

行纸币。纸币有两种，一是以银两为本位的银两票，计分一两、五两、十两、二十两四种银两兑换券。二是以银元为本位的银元票。纸币发行数额历有增加，到 1911 年 12 月底止，发行量较 1907 年年底增加了 100 余万两。

早在 1912 年以前，德华银行在所有外商在华银行中，是颇有影响的银行之一，而且是 1912 年成立产五国银行团成员之一。1914 年爆发的第一次世界大战，德国受挫，德华银行在华的实力开始走下坡路，该行在中国境内的纸币发行也开始收缩。

图 11.10　德华银行北京五两票

4. 东方汇理银行在华的纸币发行

东方汇理银行是法商股份有限公司组织，1875 年成立，总行设于法国巴黎。该行在中国各大城市设有分行。

该行初创时，实质上是法国殖民地之银行，1900 年 5 月 16 日公布的改订章程中，明文规定该行有发行兑换券特权。从 1900 年起，东方汇理银行即开始在中国发行纸币。1911 年以前，该行兑换券流通区域为上海、北京、天津、昆明等地。1912 年开始，其纸币以云南全境及广西、贵州、西康、青海、西藏部分地区为流通区域。

东方汇理银行在中国境内发纸币种类有两种，一是以中国银元为本位的银元票，面额分为一元、五元、十元、五十元及一百元 5 种。二是以法金为货币单位的兑换券，面额分为一千法郎、五百法郎、一百法郎、二十五法郎、二十法郎、五法郎 6 种。

第一次世界大战结束后，不少国家在华银行的业务趋于收缩状态。法国东方汇理银行在中国西南一隅，利用其特殊的地理条件，在中国境内发行纸币数额较以前不仅未减，反且大幅度地增长，成为所有在华发行纸币的外商银行中发行额最多的银行。

5. 花旗银行在华纸币发行

花旗银行，亦称为万国宝通银行。1812 年成立，总行设于纽约。该行在华先后设有上海、香港、北京、汉口、广东、天津、大连、哈尔滨等分行。

花旗银行在华的纸币发行，是其重要业务之一。该行在华发行的纸币，与英商麦加利银行等外商银行一样，均采用中国银元作为在华发行纸币的货币单位。从面值分，计有一元、五元、十元、五十元及一百元 5 种。该行纸币在华流通区域以香港、广州以及上海至汉口长江中下游为主，东三省、华北地区鲜有发现。1933 年中国废两改元后，该行在华发行纸币数额骤增。

6. 华俄道胜银行在华的纸币发行

华俄道胜银行于 1895 年 12 月在俄国成立，总行设于圣彼得堡。俄沙皇政府授权该行为对华经济侵略的唯一代理人。在华分行有上海、北京、营口、吉林、哈尔滨、烟台、伊犁等十余处。该行享有在华发行纸币特权，是帝国主义对华贷款的银行团成员之一，并取得了中东铁路的建筑权。1926 年因外汇投机而破产倒闭，并通知在华各分行一律于 12 月停业清理。

华俄道胜银行从 1896 年开始，即在中国东北地区发行各种纸币。1897 年中东铁路建成通车以后，该行纸币发行量与日俱增，在中东铁路

图 11.11　美商花旗银行上海十两票一枚

沿线及附近地区广为流通，数额颇巨。日俄战争后，日本取代了帝俄在中国东三省的地位，华俄道胜银行的纸币也逐渐被日本各银行发行的纸币所排挤。此后以至民初，华俄道胜银行纸币除仍在中国东北地区流通外，并逐渐向中国新疆地区推广。

华俄道胜银行在中国境内发行的纸币，其种类多达五六种，计有金卢布纸币、银两纸币、银圆纸币、鹰洋纸币、羌钱币等。鹰洋纸币（兑换券）是牛庄道胜银行发行的一种地名券，流通区域仅限于牛庄及附近区域，数额不多，时间也不长。羌钱纸币实际是卢布纸币的一种少额券，实具辅币券的性质，且数量也不多。清末民初，当时中国东北地区流通的外国纸币，1905 年以前，以帝俄国家之卢布（俗称羌帖）为数最巨。日俄战后，卢布纸币被日本各银行发行的纸币所排挤，羌帖从此日减，日票纸币数量与日俱增。

当时在中国东三省及西北区流通的卢布纸币，主要来源有四种：一是由华俄道胜银行在中国境内直接发行的；二是在建筑中东铁路过程中，帝俄沙皇政府为了支付筑路各项费用，由帝俄国家银行直接在华发行的；

图11.12　哈尔滨华俄道胜银行五十元票一枚

三是由东铁路当局发行的；四是从中国境外如西伯利亚等地通过贸易等渠道流入中国境内的。清末民初，中国东北和西北地区市面上流通的羌帖，种类繁杂。其中帝俄国家银行在华发行的卢布纸币和中东铁路当局发行的卢布纸币，在华的发行时间主要在1905年以前，其后逐渐稀少。最初所发行的卢布纸币，面值有一卢布、三卢布、五卢布、十卢布、二十五卢布、五十卢布、一百卢布、五百卢布等类。1918年，华俄道用银行（即俄亚银行）鉴于羌帖发行过滥，以致价格一落千丈，币信扫地。于是，华俄道胜银行从秋季开始，改发面值五角、一元、三元、五元、十元、百元六种新卢布纸币，以取代过去发行的卢布纸币。从此，卢布纸币有新帖、旧帖之名目。至于帝俄国家银行及从中国境外流入中国的卢布纸币，票面则另有二十卢布、三十卢布、四十卢布、二百卢布、二百五十卢布、一千卢布、五千卢布及一万卢布等十数种新纸币，其中情形极为复杂，因不属于华俄道胜银行在华所发行的纸币，自不必详及。

俄华道胜银行在华还发行过银两票和银元票两种纸币。前者是道胜银行最早在中国东三省的"北满"、"南满"发行的银两兑换券，这是以中国银两为其货币单位的纸币（兑换券）。银两票面值有一两、五两、十两、二十两、五十两、一百两六种。银元票是以中国通用银圆为货币单位的纸币，其票面值有一元、五元、十元、五十元、一百元五种，也是华俄道胜银行在中国东三省地区发行较早的纸币。

以上这些纸币，印刷颇为别致。票面上除印有俄文外，还印有汉、满、蒙、维四种中国文字。该行在华发行的各种纸币，都是地名券。如在东三省地区流通的，有哈尔滨、吉林、"北满"、"南满"及全东三省境内通用之地名券；新疆境内流通的，则有伊犁、塔城、哈什及全新疆通用的四种地名券。

由于各种历史原因，华俄道胜银行在华发行纸币数额，向无详细准确的统计。据魏建猷的《中国近代货币史》，该行仅有民国元年（1912年）、民国二年（1913年）两年的数字，1912年为1438127卢布，1913年为2183304卢布。然据日本1917年9月调查报告，卢布的发行额为153.9亿余元，其中"北满"一带卢布流通额即达4亿元，滨江一埠其数亦约2亿元，其他如黑河、满洲里等处，其数亦不下2亿元。又据肇东、呼伦、望奎、青冈、克山、黑河、大赉、海拉尔等县报告统计，商民存有羌帖总数达19亿之多，而海拉尔一地即达18亿余卢布之多。诚然，以上巨额羌帖，不尽为华俄道胜银行所发行，其中大部分为俄国银行及其他外国银行所发行而流入中国境内。但华俄首胜银行在华所发行者，按十分之一计，当不下2亿卢布，按二十分之一计，亦在1亿卢布以上。

7. 横滨正金银行在华的纸币发行

横滨正金银行是日商股份有限公司，1880年开办，总行设于日本横滨。该行是日本政府指定为专门经理日本国际贸易的汇兑业务的银行，其分支机构遍设世界各大商埠。1894年开始，该行先后在华设有上海、广州、汉口、香港、天津、北京、青岛、大连、牛庄、沈阳、开原、长春、哈尔滨等分行。

从1906年起，正金银行通过在华各分行大量发行银行券。1913年7月3日，日本政府命令该行在关东州及中国地方发行银行券（日本金票）。1917年，日本政府取消了正金银行在华发行金票的特权，其发行权由朝鲜银行接替。

正金银行在华发行的纸币除金票为时短暂外，主要为银票（又称钞票）和辅币券，银行券（即银票）是以日本银元为货币单位的纸币，其面值分为一元、五元、十元、一百元四种，均可兑换日本银元。辅币券面值有一角、二角、五角三种。正金银行在中国境内发行的纸币，由该行统一印制，另于票面上加盖各分行所在地地名，然后再由各分行领回发行。

图 11.13　横滨正金银行汉口十元票

8. 台湾银行在中国大陆的纸币发行

台湾银行①是按照日本皇家特许法律组织而成，为股份有限公司（株式社会）。1899 年开办，总行设于中国台湾省台北市。是日本国家银行在台湾的经理机关。该行在中国大陆设有上海、香港、广州、汕头、厦门、福州、汉口、九江、大连等分行。

1899 年 9 月开始发行银币兑换券一元票。此为台湾银行发行"银钞"之始。为确立银钞之信用，日本政府特拨银 200 万元，以为该行发行银钞之准备金。1904 年 7 月，日本政府开始发行金钞，与银钞同时通用。1906 年 3 月，银钞在日本和中国台湾地区停止发行，但在中国大陆则继续发行银钞。

台湾银行在中国大陆发行的纸币，有银票、黑银票、汕票、番票四种。银票又称银钞，1905 年 1 月开始在厦门发行，以后逐渐推广至华南

---

① 台湾银行在 1945 年 9 月以前，是由日本政府投资经营的银行，是日本帝国主义对中国经济掠夺的工具之一。1945 年 9 月，国民政府下令，由台湾省行政长官公署接管，并改组为台湾省银行。

和长江流域各地。银票面值计有一元、五元、十元、五十元四种，由在华各分行发行，票面盖有发行行所在地地名。黑银票是1913年在九江发行的一种以黑银为货币单位的纸币，面值有一元、五元、十元三种，流通区域由九江逐渐推广至广东等地。汕票面值也有一元、五元、十元三种，1913年下半年开始在汕头地区发行。番票是1906年下期开始在福州发行的纸币，又称台伏票。

图 11.14　台湾银行本票和一元票

9. 朝鲜银行在华的纸币发行

朝鲜银行，原名高丽银行，是由日本政府特许设立的韩国中央银行，1909年11月开业，1911年改组为朝鲜银行，总行设于韩国京城汉城。该行开办之初，在中国安东设立分行。其后奉天（沈阳）、旅顺、铁岭、大连、长春、哈尔滨、四平街、吉林、北京、天津、上海、青岛等分行次第成立。

1917年12月，日本政府取消横滨正金银行在中国发行金票的特权，并将其在中国金票的发行权统归朝鲜银行办理，以此来"统一"中国满、蒙的金票，使该行处于日本在华金融之中枢地位，成为日本在华的中央银行。

朝鲜银行发行的钞票谓之金票，是以日本金元来发行的，是朝鲜的标准通货。在 1931 年，金票的平价为 0.4984 美元。金票名义上是允许兑换的，实际上不准在中国境内兑换，而只准在汉城总行兑换，所兑取的又只能是日本钞票（日元）。

金票不仅是中国东北日本侨民的法定货币，而且广为中国商民所使用，是中国与日本两国商贸易中主要支付货币。

朝鲜银行在华发行的纸币，有金票、钱票两种。金票是以日本金币为货币单位的纸币，其发行准备金即以日金充当现金准备。金票面值分为一元、五元、十元、五十元、一百元五种，为找零计，又发行一角、二角、五角等小票，不过数额不大。钱票是该行在"北满"地区发行的辅币券，面值有十钱、二十钱、五十钱数种。

（二）外国银行在华发行纸币及其影响

1. 外国银行在华发行纸币的侵略本质

从 19 世纪 70 年代起，随着外国银行在华机构的普遍设立，中国的金融业逐渐被外国银行所把持，中国的金融市场亦为外国银行所操纵。

外国银行借口享有"治外法权"不经请示清政府批准，即擅自在中国境内非法行纸币，是帝国主义侵略中国的罪行之一。因为从 19 世纪到 20 世纪 40 年代，帝国主义列强对中国进行的政治、军事、经济和财政金融等方面的侵略活动，在很大程度上是通过推销商品和发行纸币来实现的。

众所周知，帝国主义国家的银行在中国境内非法发行纸币，是由帝国主义国家一贯的殖民政策和对经济不发达国家进行野蛮粗暴和残酷无情的掠夺政策所决定的。这些帝国主义国家的银行之所以敢如此妄为，是恃其暴力为后盾，利用清政府的妥协投降政策，以货币金融侵略充当帝国主义侵略中国的开路先锋，趁着当时中国内忧外患、天灾人祸和币制混乱的时机，利用发行纸币对中国实行金融渗透，以此为帝国主义国家巩固和扩大在华的势力范围效力。

2. 外国银行在华发行纸币对中国币制的影响

帝国主义国家的银行在中国境内擅自滥发纸币，不仅侵犯了中国的货币发行权，而且搅乱了中国的金融市场，阻碍了中国币制统一的进程。

从清朝末年，到 1935 年 11 月国民政府实施法币政策，在近半个世纪的岁月里，中国的币制是极为混乱的。就纸币言之，当时的状况也是很复杂的。当时中国境内流通的纸币，既有中国国家银行（户部、大清、中国、交通、中央、中国农民）及省市地方银行发行的纸币，也有中国的华商银行、钱庄及商号发行的纸币。从纸币种类言之，又有银两（俗称银票）、银元票（俗称大洋票）、钱票、铜元票之分。银元票又分为大银元票、小银元票两种。各地区各行号发行的纸币，即使同一种名目的纸币（或银两票或银元票等），因为各地区铸币的成色、重量不同，而各种银两票、银元票等纸币相互又不等值，互相兑换时则顺贴水。外国银行在中国境内发行的纸币，有以中国的银两、银元为货币单位的，也有以它们本国货币为单位的（如英镑、美金、日金、羌帖等），可谓名目繁杂。因此，外国银行纸币在中国的大量发行，使中国已经混乱的币制愈加紊乱。

3. 近代外国银行纸币的侵略史实

1894年以后，帝国主义各国对华的经济掠夺，开始由商品输出逐渐转变为对华的资本输出。帝国主义列强为了永远把贷款作为对中国进行瓜分和划分各自在华的势力范围的重要手段。为此，在对华借款的优先权上，各帝国主义国家间的竞争异常激烈。而在帝国主义国家对华的贷款和投资中，大多由各自在华银行的纸币充任。使这些外国银行纸币在中国境内的发行额骤增。

清末民初，由于外国银行纸币在中国的广泛流通，外钞几成喧宾夺主之势。在我国东北，先是沙俄之卢布（俗称羌帖），后是日本的金票独占鳌头。由于外国银行纸币的广泛流通，对中国官商银行纸币的推广应用，无疑是一个极大的障碍。早在1909年11月，度支部鉴于外国银行纸币是"国币推行之障"，提出要限制外国银行纸币的发行，但是，在外国银行还没有表示意见前，当时中国清朝外务部怕由此引起交涉，率先表示反对。[①]

由于中国政府对外国银行在华发行纸币长期没有采取任何限制政策，更谈不到对其发行业务进行监督管理，致使外国银行纸币在中国境内肆意横行。在清末民初的二三十年间，外国银行纸币在各国在华势力范围

[①] 参见王方中《中国近代经济史稿》，第361页。

内，长期主宰着当地的金融市场。如东方汇理银行在云桂，华俄道胜银行在东北及新疆，朝鲜银行在东北，麦加利、花旗银行在长江中下游，它们的纸币都曾经是这些地区的主要货币，在那里居于支配地位。1903年，中东铁路通车后，俄国人居然规定，买客票、付运费、交纳木植税，一律只收卢布，"持中国银钱不能行用，反顺加价以买羌帖（卢布）"。第一次世界大战初期，东三省境内卢布纸币的流通额约在一亿以上。此后，随着数额之增加，流通区域也不限于东三省，而且遍及直、鲁、豫各地。

日俄战争后，日本帝国主义的势力取代了沙俄在东三省的地位，日本的银行竞相在东三省发行纸币。当时朝鲜银行被日本政府指定为在华的中央银行，该行纸币发行骤增，到1944年12月止，该行在东三省发行纸币总额折约合中国银元为24亿元之多。

1931年以前，东三省地区的纸币，有奉票、吉帖、江帖及小银元票，又有沙俄的卢布及日本的金票等外国纸币之侵入。1931年以后，又增加了伪满洲国在中央银行发行的纸币。在这种错综复杂的状况下，中国、交通以及中央、中国农民四个国家银行钞票的发行和推广，受到严重阻碍。我们从下列1912年至1935年间中外银行纸币发行数额比较表中，即可得到印证。

表11.2　　　　　中外银行纸币发行额比较表[①]　　　（单元：元）

年　别	外国银行发行数 （A）	中国银行业发行数 （B）	比　　较
1912年	43948359.8	52675375.5	（B）比（A）多8727016
1916年	65344657.2	67735125	（B）比（A）多2309468
1921年	212384806.8	95948965	（A）比（B）多一倍以上，为116435841
1925年	323251228.46	205006026	（A）比（B）多出116245202
1935年	322016195.2	867984374	（A）仍维持在1925年水平

[①] 参见1927年4月19日上海《银行周报》11卷第14号。

表 11.2 所列 1921 年中外银行纸币发行数,外商银行纸币比华籍银行纸币发行要多出一倍以上。从 1919 年至 1921 年,中国、交通两家银行纸币由贬值到挤兑、停兑,使外商银行更加有机可乘。1935 年中国实行币制改革,实施法币政策,将中央、中国、交通、中国农民银行的纸币定为法币,取消及商办银行纸币发权,对其已经发行流通在外的纸币定期分批收回,但是仍不排斥外国银行纸币的在华流通。因此,各外国银行在华纸币流通额,1935 年仍达到 322016195 元,比最高年份的 1925 年只减少 123 余万元,1936 年则增至 3.6 余亿元,比 1925 年增加了 3756 余万元。

抗战期间,日籍银行在华发行的纸币急剧增加,如果加上日本侵华军发行的军用钞票在内,总计流通额最高时达 30 亿以上。抗战胜利后,美英籍银行在华发行之纸币,发行额之大,流通区域之广,达到惊人的程度。1949 年中华人民共和国成立前夕,外币在华流通额为 1787301784 元,其中港币流通额为 587301784 元,美钞流通额达 12 亿元(均按 1936 年时价折成中国银元数),较战前四行发行总额多出 3.8 亿余元。

4. 中国人民的反外钞斗争

帝国主义国家通过其在华银行发行纸币,本身就是对中国的纸币发行和推广的干扰和破坏。广大有识之士,在看清外币在华流通的本质和严重危害后,纷纷上书当时的中国政府,要求取缔。

1925 年 2 月,广州国民政府曾制定《行用外币取缔条例(草案)》在粤省施行,其目的在驱逐港币,"二年以来,港纸势力,虽以历史上之关系,犹能相当保持,而据外人之观察,则谓粤省年来现洋用途之增加,即为由于粤省厉行取缔外币之效"。是年 3 月 15 日,广州国民政府重申禁令,以期彻底禁绝。[①]

随着历史的推移,中国人民对于帝国主义国家的银行在华发行纸币的本质和危害性,终于认清了。人民觉醒了,反对和抵制外币的斗争日益激烈,驱逐外币的呼声响彻中华大地。在"五四"爱国运动中,全国人民自发地抵制日货的斗争,其中包括拒用日钞。由于全国人民拒用日钞,使正金银行、台湾银行、朝鲜银行等日籍银行的纸币,几乎完全不

[①] 参见 1927 年 4 月 19 日上海《银行周报》第 11 卷第 14 号。

能流通,"市面拒绝,不值一钱"。

香港一向为广东之枢纽,商货出入以港纸为本位。1924年由于广州国民政府颁行《行用外币取缔条例》后,港币在广州市面上几乎绝迹。

1925年5月30日,上海南京路上发生英国巡捕枪杀市民学生的流血事件,引起全国人民的极大愤慨,上海及全国各大都市掀起了工人罢工、商人罢市、学生罢课的风潮,史称"五卅"运动。上海、天津等各大商埠,在抵制英日货的同时,并提出不卖粮食及一切日用品与英国人、日本人,工人退出英、日办的工厂,学生退出英、日所办的学校,不用英、日银行的钞票等口号,同英、日帝国主义进行了英勇的斗争,充分显示了中国人民抗暴的巨大威力。

至此,中国人民反对外国银行在华发行纸币的呼声,日益高涨。1927年4月19日,上海《银行周报》发文抨击外国银行在中国境内发行纸币,"为害于金融、社会甚大,非严厉取缔之,不足以谋我国发行之统一,更不能谋我国币制之整理也"。认为"目前我国银行既有相当基础,则摈除外钞,于理亦无不要,除明令禁止外钞外,应同时禁止通行,庶得正本清源,外人固无所借口也"[①]。但是,由于当时中国政府的妥协让步,帝国主义银行在华发行纸币,不仅没有被取缔和禁止,反而有恃无恐,发行量日益增加。

1949年,中国人民在中国共产党的领导下,取得了新民主主义革命的伟大胜利,从此结束了外国银行纸币在中国的发行史。

二 中外合办银行的纸币发行

(一)中外合办银行纸币发行概况

中外合办银行发行纸币,除清末的华俄道胜银行外,民国创办的中外合办银行发行纸币,都是曾经呈请中国政府批准的,其纸币的订印、封存及启封、发行,都是由中国政府核定及派员监视之下进行的,其纸币的发行是合法的。这与外商在华银行不经呈准中国政府即在华擅自发行纸币,性质绝不同。其中如中法实业、振业银行,中华汇业银行,中华懋业银行,四川美丰银行及华义、震义等银行,都曾于创办时即呈请

[①] 引自《中华民国货币史资料》第一辑,上海人民出版社1986年版,第1279页。

中国政府批准享有纸币发行权,并将其发行纸币订入章程中。当时的中国政府同意中外合办银行发行纸币是有条件的:(1)规定将来中国政府订有统一纸币条例颁布后,这些银行应即停止发行,政府亦得随时取消其发行纸币之权,并分期批收回销毁。(2)纸币发行数额由中国政府核定。(3)由币制局派员监理官一员,驻行随时检查各项账目。(4)所有纸币须先由币制局批准,始得照原请数目订印。印就后,应由币制局派员监视点验封存,启用时须报局核准,饬监理官分批启封发用。(5)每星期须将准备及发行数目列表呈报财政部、印制局存查。

中外合办银行发行的纸币。其种类有银两票、银元票、铜元票及辅币券。银元票有一两、五两、十两、二十两、五十两、一百两数种。银元票则有一元、五元、十元、五十元、一百元数种,铜元券又有十枚、二十枚、三十枚、五十枚、一百枚数种。辅币券则有一分、五分、一角、二角、五角数种。票面印有中西两种文字,均由国外印制运华发行。发行方法一般由各分行领回发行,多为地名券。因此,中外合办银行纸币的流通区域,均以各自总分行营业区域为限,流出外地者,为数甚少。

目前国内有关中外合办银行发行纸币的数额,仅仅从一些零散的资料中偶有所见,既不系统完整,又缺乏其可靠准确性。这对于我们今天研究中外合办银行纸币发行史,是一大障碍。揆其原因,不外有两点:一是因为战争或天祸人灾,使有关这方面资料的毁灭;二是因为中外合办银行纸币发行时间短促,数额及其社会影响,都远不及外国银行纸币为大,因此对这部分资料的收集整理没有引起时人重视所致。

兹将部分中外合办银行1922年纸币发行情形列表11.3如下:

表11.3　　　　　　中外合办银行发行纸币统计表

行　名	发行纸币		批准年月	摘　要
	发行定额	流通数目		
中华汇业银行	100万元	818300元	1917年4月24日	1922年6月30日止流通额

第十一章　中国近代的纸币　/　347

续表

行　名	发行纸币		批准年月	摘　要
	发行定额	流通数目		
中华懋业银行	订印一千万元拟续至五六百万元	539000 元	1919 年 5 月 19 日	
华义银行	100 万元		1920 年 5 月 19 日	
震义银行	100 万元		1920 年 11 月 27 日	
华法银行	100 万元		1921 年 11 月 15 日	
华威银行	银元券 100 万元 辅币券 200 万元		1921 年 9 月	此系 1924 年京津两分行流通

中华汇业银行从 1918 年开始发行纸币，总额为 847847 日元，1919 年发行额为 656444 日元，其后逐年减少，至 1924 年 12 月底，该行纸币发行额只有 326128.83 日元，因而在津、沪市面已罕见其流通矣。①

图 11.15　中华汇业银行天津十元、五十元票

---

① 参见中国第二历史档案馆藏《北洋政府财政部档案》。

中华懋业银行为中美商人合办，总行设于北京，分行有天津、上海、汉口、济南、哈尔滨、石家庄六处。该行纸币以上海分行所发行为数较多，流通额逐年增加，据该行1924年12月底的营业报告，总计在外流通者有银元票2034376元。

中法实业银行成立于1912年，总行设于法国巴黎，在中国境内的分行计有北京、天津、上海、汉口等处。1921年7月，因总行营业失败宣告停业。该行所有发行在外的纸币，均委托中国籍各银行代为兑现，总额达2099163元，这是该行纸币流通额的见证。

北洋保商银行原为中、日、德三国合办，最初资本总额为库平银400万两，华洋各半。华股先后由清政府与北洋政府财政部认缴资本160万两，又以财产抵40万两，共计资本200万两。洋股有礼和洋行存银3.4万两，瑞记洋行存银1872270两，另由日本大仓洋行缴付股银60万两。1910年开办，总行设天津，该行设立的目的，原为清津商倒欠洋款，维持津埠华洋商务。该行有特许发行纸币之权，其发行额至1920年12月底，共计451000元。

华义银行1923年年底华股全部让渡予意商，1924年即改组为意商在华银行，其纸币发行权也随之消失，震义银行于1925年即停业清理结束。该两行虽都有发行纸币权，但时间很短，数额甚微，因此市面鲜有发现。

（二）中外合办银行纸币与外资银行纸币的差异

中外合办银行取得纸币发行权，因为时期不同而有所不同。如华俄道胜银行、北洋保商银行，都是从清末宣统年间即开始发行纸币的。前者与后者情形，也并不完全一样。华俄道胜银行原为俄商银行，总行也不在中国境内。后来清政府加入股本，遂使其成为"中外合办"的银行。民国初年，中国政府鉴于经费支绌，将中国在该行的股本撤出拨充教育经费，至此该行又成为纯粹俄商银行。后者情形则是另一回事。这两行发行纸币，都是在清末。当时中国政府对纸币的性质缺乏科学的认识，因此对纸币的监督管理还不十分重视。民国建元以后，从中法实业银行开始，凡新成立的中外合办银行，都是按照中国法律程序，呈准中国政府成立的。这些银行的纸币发行，也都是经过中国政府批准的。在这些银行中，除中法实业银行的总行设在国外，其他银行如中华汇业、中华懋业、华义、震义等银行的总行，均设于中国，这对于中国来说，有利于对这些银行的监督管理。

北洋政府曾先后颁布《取缔纸币条例》和《修正取缔纸币条例》，就是为了加强对银行发行纸币实行监督管理，最终达到统一纸币发行。因此，北洋政府对一般商办银行请求发行纸币，都要经过国务会议讨论决定，并责成财政部、币制局详细核定，对其纸币的订印、封存、启封、发行、流通及检查监督等，都有具体的规定。北洋政府时期全国有纸币发行权的商办银行并不算多，而且其中不少是在清朝即享有纸币发行权，如中国通商、浙江兴业、四明等银行等。

中外合办银行发行纸币，也须经过北洋政府国务会议批准，并对其发行数额等项加以制约。但是，由于这部分银行都打着"中外合办"的招牌，北洋政府害怕引起外交上的交涉，一贯采取妥协政策，只要有发行纸币之请，一般都是"绿灯放行"。虽说北洋政府对其发行纸币附带制约条件，并派员常年驻行监督检查其各项业务，实际上多流于形式。

中外合办银行发行的纸币，从总体来说数量并不太大，结果也同样起到扰乱中国币制的副作用。对于这一点，是不言而喻的。但是，由于中外合办银行之间的情形不同，对其本质的分析认识上应当有所区别。一种类型是名义上是"中外合办"银行，实质上是外商银行（如华俄道胜银行）。一种是银行的实权操诸在外国人手里，"中外合办"不过虚名而已（如中法实业银行），这两种"中外合办"银行的纸币，同外国银行在华发行纸币性质相类，具有一定的经济掠夺的本质。对于那些实权掌握在华人手里的中外合办银行，如中华懋业、震义、华义、中华汇业等银行的纸币，如果一概说成具有经济掠夺的本质，是不合乎史实的。从整体看，这部分银行的创办，大都是以中外贸易的发展为目的。它们所发行的纸币，主要是为了中外汇兑之便利。我们这样说，并不排斥其营利、资本积累等方面的因素，因为这是银行业的正常职能。再加上中外合办银行纸币发行时间较短，数额不大，因此它们的纸币对中国的危害性，远不如外国在华银行纸币危害性之大。

第三节　近代银行券与法币

中国之有国家银行，是从 1905 年户部银行开始的。从此，中国的纸币发行，从政府机关直接发行转变由国家银行发行。省银行由清末的官银钱号发展而来，开始发行纸币。商业银行在清末民初得到飞速发展，纸币发行量也很大。这样从晚清到法币改革以前，中国的纸币发行是种类繁多，发行机构庞杂，其纸币发行管理的混乱程度是史无前例的。

一　晚清到民国时国家银行发行的纸币

（一）户部试办银行的纸币发行

1840 年中英鸦片战争，外国入侵者为了维护本国在华经济利益，从 19 世纪 50 年代开始，纷纷在华各通商大埠设立银行，并擅自发行纸币。一时间，中国的金融权操诸外人。利权外溢，国库如洗。清政府为了挽回利权，光绪三十年（1904 年）正月，由户部拟定并奏准"试办银行章程"计 32 条，这是中国有史以来的第一个国家银行。

光绪三十一年（1905 年）三月，由户部奏准在北洋官报局订印的户部银行钞票，逐渐在民间流通通用。从此中国纸币的发行，遂由国家职能机关发行过渡到由近代国家银行发行，开中国纸币发行史上中央银行发行兑换券的先例。

户部银行从 1905 年 9 月开始在北京发行银两票，发行额为 53 万余两，并逐次推及天津、奉天、济南、上海等地。后来因为各地分行根据章程的规定，发行以市面通用平色为单位的银两票，面值有二十两、四十两及五百两、一千两等数种，以致各地分行发行的银两票并不等值，如北京、天津、上海等分行发行的一两票，虽然面值都是一两，但是各地分行所用的秤不同，以致价格互异。因此据戈里（Jules Gory）统计，户部银行发行的银两票有 28 种之多。

1906 年，户部银行加发银元票和制钱票两种纸币。银元票面值分一元、五元、十元、五十元、一百元五种。最初仅发行有一元票、五元票、十元票三种银元票，而且数量仅 23000 元，流通区域也不如银两票广。钱票面值分为二吊、三吊、四吊、五吊及十吊五种。

图 11.16　大清户部银行兑换券天津改开封十元

随着时间的推移，银元票逐渐被社会公认为一般的支付手段，凡银行解交户部库款及户部发放各种款项，甚至各省缴纳税厘钱粮各项民款及汇部款项，均一律通用。在北京的外国银行，也不拒绝兑换，使银元发票发行额骤增，流通区域日广，即使在东北及内蒙古等边陲地区，也都畅通无阻。

由于户部银行试办期间营业发达，社会信誉渐固，使该行发行的纸币信用日坚，发行额逐年有所增加，1907 年 12 月底止，银两票发行总额为 2883160 两有零，银元票发行总额为 113850 元有零。分别为 1905 年的 5.3 倍和 1906 年的 4.8 倍以上。因有以上试办的成绩，才有 1908 年正名为大清银行之举。

（二）大清银行的纸币发行

1. 大清银行纸币发行制度

大清银行纸币的发行，最初与前户部银行并无多大变化。清宣统二年（1910 年），度支部奏准《兑换纸币则例》（以下简称《则例》）计 19 条，规定清政府的纸币由大清银行统一发行，名为大清银行兑换券，凡持有该行兑换券者，均可在大清银行照数兑换国币。这是中国第一部纸币大法。

清政府设立大清银行的主要目的，是为了统一币制。因此，大清银行的纸币发行权，是与之设立同时而立的。《现行详细章程》第 33 条规定："本行有代国家发行纸币之特权，俟币制划一，再行遵守兑换则例另订细章，呈准度支部施行。现暂行使用一百两、五十两、十两、五两、一两五种银票。其通行之银元票亦如之。"此外，为方便商民，可出市面通用平色及百两以上银两等票以及各种票据。

1910年，清政府在《则例》中，将兑换纸币的发行，统由大清银行管理，定名为大清银行兑换券，在当时来说，是有积极意义的。发行纸币既然是大清银行的特种业务，在银行内部组织机构的设置上自必有相应的措施，这主要体现在以下三个方面：一是在机构的设置上，从总行到分行号，一律设置发行机构，专司纸币发行事宜；二是在制度上，为了防止滥发和巩固币信起见，实行存储发行准备金制度，并于总分行号内另行分科专司其事。并于《则例》第九条规定：大清银行应每日将收发、存留、流通各项纸币数目及准备金数目制为简表，并于每星期、每月、每季、每年编制各种平均总表，呈报度支部查核，并将每星期六、日流通纸币总数及准备金数目，刊登官报；三是纸币发行权属于国家所专有，大清银行发行纸币是受国家（清政府）的委托而经理其事的，因此国家有随时指示、监督其发行业务之责。《则例》第十条规定：大清银行监理官得监察银行发行纸币事项，应随时检查各项出入账簿、表册及准备、现金等项，开单呈报度支部查核。此为中国近代银行实行监理官制度之始。

综观大清银行的纸币发行制度，较历代纸币发行制度都更加精密完善，对中国近代纸币发行有着深远的影响。

2. 大清银行纸币种类

大清银行的纸币分三大类：银两票、银元票、钱票。

银两票俗称银票，是银两兑换券。所采用的衡制，与银两完全相同，都是以库平足银两为计值单位，票面价额分为一两、五两、十两、五十两、一百两五种。但是，清末的库平，向来有北京国库平及各省市的库平。名目繁多，地区差异较大。银两票是银两兑换券，只限于在发行分行号所在地市面流通兑换，因此各分行号发行的银两票不得不采用各自当地银两衡制为计值标准，出现各分行号发行的银两票所代表的银两平色彼此不同。

大清银行总行及各分行号所发行的银两票，都是度支部统一由北洋官报局或外国钞票公司印制的，然后于票面上加印地各分送各地分行号发行。

图 11.17　大清银行交换券五元宣统年间

银元票即银元兑换券，是中国近代史上行用最久发行量又最多的一种纸币，且长期居于国币地位，被历届政府立为主币之一。银元票从票面值区分，有一元、五元、十元、五十元、一百元五种，最初开始发行时，仅有一元、五元、十元三种银元票流通市面。银元票的情形与银两票基本相同。银元票的本位是银元。作为银元的兑换纸币银元票，又均为地名券，只限于发行行号管辖区域内流通行使。又因银元有大银元、小银元之分，故银元票也有大小之别。大清银行发行的银元票除大银元票（即俗称大洋票）外，还有一种以角计算的小银元票。原则上小银元票十角兑换大银元票一元，由于小银元成色不足，常有以十二角甚至十五角兑换大银元票一元的事实发生。清末民初，中国东北地区的哈尔滨、长春、吉林、沈阳、营口等地以行使小洋票为主，如奉小洋、吉小洋等。此外，山西太原及广东等地，也以行使小洋票为主（广东的小洋票俗称毫洋）。

表 11.4　　　　　　　　大清银行纸币发行总表

总结次数	总　结　期	发行额（单位为两，小数点以下为钱分厘）		
		银　两　票	银　元　票	合　　计
第一次	光绪三十一年（1905）底	537294.580		537294.580
二	光绪三十年（1904）	477074.450		477074.357
三	光绪三十年（1904）	1542438.220	23960.810	1566399.030
四	光绪三十年（1904）	1384235.090	117515.280	1501750.370
五	光绪三十年（1904）	2883160.393	113850.606	2997010.999

续表

总结次数	总 结 期	发行额（单位为两，小数点以下为钱分厘）		
		银 两 票	银 元 票	合 计
六	光绪三十年（1904）	3157609.617	1089457.753	4247067.370
七	光绪三十年（1904）	1632580.318	2444622.753	4077203.071
八	宣统元年（1909）六月底	3083974.273	3269968.124	6353942.397
九	宣统元年（1909）底	3041009.453	4840871.157	7881880.610
十	宣统二年（1910）六月底	2914042.773	5649909.231	8563952.004
十一	宣统二年（1910）底	3421916.861	8770511.055	12192427.916
十二	宣统三年（1911）闰六月底	5438910.759	12459907.898	17898818.657

大清银行资本总额 1 千万两，最后统计的发行额约为资本总额的 1.8 倍，说明大清银行已居于中央银行的地位。但是，大清银行纸币的发行，并不那么顺利。首先，受到各省实力派的抵制，这是由中央财政与地方财政之间的矛盾引发的。因为大清银行推行纸币，必然影响到各省官银钱局号纸币的发行，各省财政收入又是依靠发行纸币，所以大清银行纸币发行越多，推行越广，对各省财政收入的危害就越大。其次，外国银行早在 19 世纪 70 年代即开始在中国发行纸币。大清银行纸币的推广使用，从根本上损害了外国银行的在华利益，必然遭到帝国主义侵华势力的干预和破坏。再次，清朝一向采用银本位制，既然各地银行分歧如前，实行过程中互相折兑找补频繁，这对于大清银行纸币的推行多生窒碍。最后，清末时中国除大清银行发行纸币外，还有各省市地方银行及商办银行也发行纸币，甚至银钱号、商店也有私自发行纸币以图谋利的，这种漫无限制的自由发行制度的本身，从客观上对大清银行纸币的发行和推广起到了干扰的副作用。

尽管如此，大清银行纸币的发行，对在国金融币制的发展还是有一定的可资借鉴的意义。这主要体现在以下两个方面：一是货币本位问题必须统一。1901 年，清政府为了整理币制，曾有过向法国借款之举，只是未及实施。从此，中国的币制在民国建立以后仍复紊乱如前，长期成为中国商品经济发展的桎梏。二是巩固中央银行纸币的信用，最重要的一点是废除自由发行制，取消省市银行及商办银行纸币发行权，取缔私票，严禁外国银行在华发行纸币，将中国农业政策纸币发行权集中于中央银行，实行单一发行制。

（三）交通银行的纸币发行

1. 交通银行纸币发行过程

交通银行钞票的发行权，是根据1907年11月4日批准的《交通银行章程》第17条的规定取得的。"该行拟仿照京外银号及各国银行，印刷通行银纸，分一百元、五十元、十元、五元、一元5种，并依照各银号，印出该埠市面习惯通用平色各种银票，以及各项票据，惟不得出国币纸票。俟度支部禁止各埠银行出票后，该行所出通行票纸，即当照章收回，与各埠银行一律办理。"这说明交通银行创办初期，并不完全具备国家银行的性质。1909—1942年，政局迭经变迁，交通银行纸币发行大体可分为四个时期：

图11.18 宣统元年交通银行广东五元券

（1）第一个发行时期（1909—1921年）。从宣统元年起交通银行开始发行兑换券，种类有银两券、银元券、小银元券，均非国币券。截至1911年10月辛亥革命爆发时止，三种纸币的发行总额约计250万元。

1914年8月，财政部规定统一币制，推行钞票办法。1915年1月，交行与中行同时开始推行新币，两行协会同时取消上海北洋银元行市，代以新币，于是新币由北方逐渐推及南方，通货也由复杂而渐趋一致。此后随着国币基础之确立，交通银行发行之国币兑换券的信用日益坚固。

图 11.19　民国三年交通银行厦门十元票

这一时期有两次大的风潮，使交通银行钞票的信用发生过动摇。第一次是 1916 年 5 月 12 日国务院关于中交两行钞票停兑令，第二次是 1921 年中交京钞挤兑风潮。这两次风潮表现的形式尽管不同，然而其原因与影响是一致的。就是替袁世凯政府财政垫款过大，各处商民出现兑现。政府下令两行不准兑现。此后两行纸币信用大挫，尤以交行为甚。到 1921 年时，交通银行纸币价格跌至六成以下，对交通银行纸币的推行极为不利。

（2）第二个发行时期（1922—1927 年）。1922 年起，交通银行的纸币发行业务渐有改进。鉴于 1916 年以后实行的限制兑现的结果，不仅没有达到增加现金储备的目的，反而使交通银行纸币信用日衰。为此，1922 年 1 月 6 日，交通银行恢复无限制兑现，并着手筹备发行独立，增订京津两行及沪行增设发行股暂行办法，规定发行纸币准备金以现金七成、保证三成为率，先由京津两分行试办。

（3）第三个发行时期（1928—1932 年）。自从 1927 年汉口国民政府实施集中现金政策以后，继汉口地各券停兑之后，河南地名券也随之停兑。1928 年 10 月，南京国民政府为了清偿交通及中国、中央[①]等银行的借款，开始发行十七年金融长期公债 4500 万元，以为整理上年在汉口提借的交行及中央、中国三银行兑换券。1929 年 2 月，交通银行会同中国银行在汉口共同设立汉钞调换债票处，代政府发行此项公债，以期收回

---

① 此系武汉国民政府成立之中央银行。

汉钞。五年中，交通银行纸币发行业务，在推进中不断加以整理，准备公开，信用逐渐恢复，发行纸币数额与流通额均见增长。

(4) 第四个发行时期（1933—1936年）。从1933年实行废两改元到1935年施行法币政策，是中国币制史上重大变革时期，在此期间，交通银行的发行业务，亦随之有过重大演进。

1935年11月3日，国民政府实施币制改革，将交通银行及中央、中国两银行发行的纸币定为法币，并取消各省市地方银行及商办银行的纸币发行权。对于各省市地方银行及商办银行已经发行并流通在外的纸币，暂准在市面流通使用，分批定限收回销毁，不得再发行。至此，中国的纸币发行权渐趋统一。

法币与兑换券不同。兑换券是以铸币为本位的纸币，如银元票是银元的代用品，是以银元为本位的。铜元票是铜元的代用品，是以铜元为本位。正常情况下，一元银元票是铜元或十枚铜元票，分别可以兑取一元或十枚铜元。然而法币是不兑换纸币。因此，法币取代兑换券，是中国纸币史上一个重大的改革，也是中国币制史上一个重要的里程碑，具有深远的历史意义。

1942年，中国的抗日战争进入最艰苦的关键时期。国民政府为加强抗战的实力，对全国金融实行管制方针，将全国纸币的发行权统归中央银行独家经理，交通银行纸币发行业务，由中央银行发行局接收，从7月1日起，交通银行不再发行自己的钞票。此后，中国的纸币发行，由多数分散的发行制度，演进为由中央银行集中发行的单一发行制，为中国货币发行史上又一大里程碑。

2. 纸币发行

交通银行纸币的发行始于清宣统元年（1909年）。当时交行的营业机关仅北京、天津、上海、汉口、广东5处分行，因此纸币的发行数额尚不甚巨。1912年以后，由于各地分行、汇兑所次每增设，纸币发行额渐次增加，1914年12月已增至1912年的30倍以上。1916年5月，交通银行奉令停止兑现，纸币发行数额因以大减。1917年恢复兑现后，发行额渐增，纸币信用随之坚固。1920年，北洋政府发行整理金融公债，该行纸币发行数额大增。1933年，由于废两改元推行纸币，交通银行纸币发行数额年有增加，1934年12月已增至1亿元。1935年，国民政府实施法币政策，交通银行纸币被定为法币后，信用大增，推行亦愈广。1936年6月底，发行纸币总数突破2亿元大关。

兹将交通银行历年纸币发行数额列表11.5如下：

表11.5　　　　交通银行历年兑换券发行数额表

年份	本位币	流通额（两）	备考（元）
1912年12月	库平银	793558.040 库平银	折合银元 1190337.06
1912年12月	库平银	4498762.946 库平银	折合银元 6748144.42
1914年12月	库平银	595762.280 库平银	折合银元 8936440.92
1915年12月	库平银	24863110.140 库平银	折合银元 37294665.21
1916年12月	库平银	21297891.504	折合银元 31946837.26
1917年12月	大银元	28603836.39	自起改大银元为本位币
1918年12月	大银元	35114563.48	
1919年12月	大银元	29272653.72	
1920年12月	大银元	39170192.57	
1921年12月	大银元	30143233.03	
1922年12月	大银元	32523840.23	
1923年12月	大银元	38517613.18	
1924年12月	大银元	41613418.22	
1925年12月	大银元	48337132.83	
1926年12月	大银元	57136466.02	
1927年12月	大银元	65096888.69	
1928年12月	大银元	68026113.88	
1929年12月	大银元	69221511.92	
1930年12月	大银元	82893785.26	
1931年12月	大银元	81098079.59	
1932年12月	大银元	94500925.33	
1933年12月	大银元	93004611.29	
1934年12月	大银元	112512472.29	
1935年12月	大银元	180825650.00	
1936年12月	大银元	302140924.5	

交通银行从1909年开始发行纸币起，至1911年10月止，共发行银两票93000余两，银元券220.8万元，小银元券148.9万余角（照章以1.5折合国币或以12角折合银元一元）。

1916年以前所发行的纸币，有银两票、银元票、小银元票、铜元票数种，因记账均以银两为单位，故将大银元票、小银元票、铜元票一律按时价折为库平银计数。

1933年5—6月间，发行额曾减至6700余万元。

1935年10月底，即实施法币政策前夕，交通银行纸币的发行额为102316300元。

交通银行纸币有银两票、大银元票、小银元票、铜元、辅身券五种。其中银两票有两版，大银元票十一版，小银元票四版，铜元票四版，辅币券三版。

（四）中国银行的纸币发行

1. 中国银行纸币发行概略

中国银行从1912年2月成立时即开始发行纸币，至1942年6月底止，其纸币发行大致可分为四个时期。

（1）第一发行期（1912—1916年）。中国银行成立后，即开始发行纸币，1912年发行额仅有银两票京公砝74万两，折合银元106万余元。其后几年，在北洋政府的大力推行下，1915年12月底止，中国银行纸币发行额增加到3844万元。

1915年，袁世凯为了筹备帝制，使中交两行财政垫款频繁，数额急剧增加。北洋政府为了集中现金，于1916年5月12日命令中交两行停止提存付现。中国银行上海分行在广大旅沪商股股东及社会各界支持下，毅然抗命，照常兑现，其他各分行亦相率开兑，使中国银行纸币信用大著，纸币发行额也随之大增，1916年12月底发行额增为4643万元，较之1912年计增40余倍之多。1916年5月12日抗命兑现等举，都对中行纸币的推广及信用的巩固，具有一定积极意义。

（2）第二发行期（1917—1928年6月）。1917年，中国银行招足商股1000万，北洋政府准其享有纸币发行特权。1917年年底，中行发行额达到7298万元。1917—1927年，曾发生几次挤兑风潮。中行准备充足，经受了考验。每经过一次风潮，中行纸币信用就增高一次，因而发行额逐年增加。1927年年底，中行发行纸币总计达15900万元，较1917年年底计增一倍有余，而与1912年的106万元相比较，计增150余倍以上。1928年3月，中国银行为昭信实起见，请准财政部将上海地名券准备金完全公开，由上海银行公会会同检查，为中国近代纸币发行史上之首创。自此，中国银行纸币信用愈坚，对外国银行在华的纸币发行，起到积极的抵制作用。

图11.20 民国八年中国银行东三省兑换券十元

（3）第三发行期（1928年7月—1936年）。1928年10月，国民政府制订并颁布中央银行条例之后，又修正公布中国银行条例。根据修正后的新条例，中国银行资本总额改为2500万元，将总处移驻上海，并由国民政府指定为"国际汇兑银行"，虽名义上仍具国家银行的地位，并继续享有经理国库、发行兑换券之特权，但实际上失去了中央银行的地位，因此中行的地位较前大大下降。从1928年开始，中国银行纸币发行额逐年增加，是年年底时发行额增为17200余万元。因受"九一八"事变及上海"一·二八"战事影响，纸币发行业务有所收缩，至废两改元后，发行额突破2亿大关。

1935年6月，中行资本总额增为4000万元。11月，国民政府实施法币政策，将中国、中央、交通三银行发行的纸币定为"法币"。法币政策的实施，对中国银行纸币的发行具有很大的促进作用。一方面使中国银行的纸币与中央等国家银行发行的纸币具有同等地位，使中国银行纸币信用大增；另一方面法币不再是兑换纸币，对中国银行纸币的推广流通，

(4) 第四发行期（1937—1942年6月）。1937年抗战全面爆发后，中国银行纸币流通市面者，仍以上海、天津、山东、福建、重庆五种地名券为多。中国银行本着便民的原则，开始发行无地名的钞券，以便各地流通无阻。

1939年8月，中国银行将分区发行制改为集中总处发行制。在此期间，中国银行为协助政府战时所需，纸币发行额空前激增，有一日千里之势。1937年年底发行额为6亿元，1938年、1939年两年停留在7亿元以上，1940年年底骤增至15亿元，为上年的一倍，1941年年底竟达40亿元之巨。

1942年6月，国民政府为加强战时金融管制，进一步使四行专业化的需要，实行发行集中制度，所有纸币发行权集中由中央银行独家经营，中国银行奉令将法币发行事务移交中央银行接收；从1942年7月1日起不再发行。

表11.6　中国银行历年纸币发行数额表（1912—1942年6月）

年　份	正　账	年　份	正　账
1912年	743145.35两	1927年	159001102.16元
1913年	5020995.09元	1928年	172304026.84元
1914年	16399179.71元	1929年	197728286.98元
1915年	39449229.39元	1930年	203847443089元
1916年	46437234.70元	1931年	191749193.34元
1917年	72994307.42元	1932年	144426936.51元
1918年	52170299.25元	1933年	143726997.37元
1919年	61690099.25元	1934年	20471346541元
1919年	61690099.39元	1935年	286245041.92元
1920年	66994103.65元	1936年	465691272.42元
1921年	62493340.97元	1937年	606547669.50元
1922年	77766029.92元	1938年	711050325.00元
1923年	90996712.31元	1939年	7119107105.00元
1924年	99979591.99元	1940年	1562080415.00元
1925年	127091461.59元	1941年	3969714565.00元
1926年	137421344.79元	1942年6月	6848 123 517.90元

2. 中国银行的钞券种类与版别

民国期间，在国民政府的"四行二局"中，中国银行发行纸币的历史仅晚于交通银行。其钞券计有 260 余种，印制的票版不下 60 余种。就中行纸币的性质而言，可分为银元票、银两票、铜元票三种。此外尚有特殊单位的钞券数种，闽区所发行的台伏票即为一例。就计算单位而言，银元票计分一元、五元、十元、二十五元、五十元、一百元、五百元及一千元八种。其中五百元及一千元两种券，未发行。至于银两票，系 1912 年所发行的一种过渡性质的钞票。铜元票则为调剂地方金融而发行的一种地方性钞票。且后两种纸币发行数额不多，流通不广。

图 11.21　民国元年中国银行兑换券十元

银元票是中国银行发行额最大、流通区域最广的纸币。就银元票流通区域而言，分为地名券和无地名券两种。地名券是在票面上加印发行行所在地的地名，标志中国银行自身划分兑换券责任，然而对社会而言，限制流通区域，以致影响币信，民间授受多有不便。1939 年，中国银行为适应抗战的特殊环境，在成立集中发行处之前，就开始发行一种无地名券，使之在全国范围内均能普遍流通。再就券版而言，又分为原版券与改版券两种。原版券印制后不须加印、即可发行。改版券是为调剂盈虚及平衡各地券料供求起见，于券印成后，临时改印地名。中国银行先后发行的改版券达 87 种之多。

1935 年 11 月，国民政府实施法币政策，使中国银行发行的纸币在性质上发生了很大的变化。在此以前中国银行发行的纸币虽然称为"国币"，实际上是以银元为本位币之一种货币，属于代用品，因此正名为兑换券。1935年11月以后，中国银行所发行的纸币，具有实质性货币的独立地位，因此不再是兑换券。

（五）中央银行纸币的发行

中央银行于1928年11月1日开始发行纸币。由于中央银行具有特殊职能和得天独厚的优势地位，对该行纸币的推行，具有重要作用。因此，该行纸币发行数额之巨，流通区域之广，为"四行"中其他三行所不及。

1935年11月以前，中央银行所发行的纸币，与中国银行、交通银行一样，都是以银元为本位币的兑换券。该行为了推行本行钞券的发行流通，采取了一系列措施，诸如采用十足现金准备制，规定钞券的用途，规定最高发行额，规定纸币法偿性质及兑现性质等。

中央银行发行的纸币，有银元票、铜元票、关金券及辅币券四种。银元票是中央银行发行最早的一种银行兑换券，是以中国银元为计值单位的一种纸币。按其面值分，有一元、二元、五元、十元、二十元、五十元、一百元7种。其中二元、二十元票都是后来（1934年）添发的。1935年5月23日公布的《中央银行法》第八条规定，该行除发行本位币兑换券外，还得发行十进辅币券。其辅币券面值有五分、一角、二角3种。

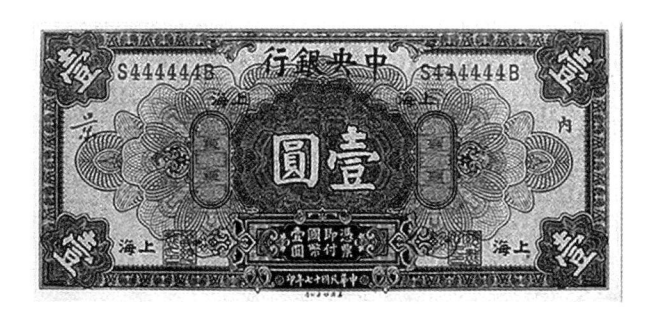

图11.22 1928年上海中央银行发行的一元钞票

1935年11月4日，国民政府为加强金融管制，巩固其统治起见，取消各省市地方银行及商办银行（包括部分官商合办、官督商办银行）的纸币发行权，将全国纸币发行权集中于中央、中国、交通（后又增加农民）三家银行，并将三行发行的纸币定为法币，史称法币政策。从1937年8月开始发行铜元票40万余元（折合银元数）。

1929年初，国民政府鉴于中国以关税作抵的外债本息，一向以外币支付，而关税收入又以银元计算。且当时又正处在金价日涨，银价日跌之秋，为稳定税收价值，保障债权利益，国民政府又有关金单位的规定，并从是年2月1日起开始实施。关金的成分，最初规定为含纯金60.1866公毫，等于美金4角整。凡可缴纳关税。后为便利商民缴纳关税起见，由财政部责成中央银行印制发行关金券。其面值分为十分、二十分、一元、五元、十元5种。该券发行后，由于使用面狭窄，因此发行额不多，1934年1月31日，由于美金贬值40.6%，关金相应升值，每一关金单位，等于美金0.67725美元。抗战时，由于法币贬值过快，政府用关金券代替法币1：20使用。

1942年7月，国民政府为加强战时金融管制，将全国纸币发行权集中于中央银行独家经理，所有中国、交通、中国农民三家银行发行业务及准备金，全部由中央银行接收管理。自此，中国纸币分散的多种发行制的历史被终止，由单一的集中发行制取代，为中国币制史上一大进步。中央银行逐渐发展成为管理全国银行之银行。此后之"四联总处"实际上已是空有其名的虚设机构，它所掌管的业务，几乎尽为中央银行所代替。

中央银行纸币的券版，有国内版与国外版之分。国内版有香港中华书局券版，国外版则有美国钞票公司版、英国德纳罗公司版及华德路公司版3种。各版印制时间、背景、大致与交通银行、中国银行情形相似，故不赘述。

（六）中国农民银行的纸币发行

1. 中国农民银行的纸币发行

中国农民银行纸币发行史，应当追溯到1933年4月。1933年3月，豫鄂皖赣四省农民银行成立后，就开始发行一角、二角、五角3种辅币流通券。复于是年9月30日，开始发行一元券流通市面。1935年4月1日，中国农民银行正式成立后，开始发行新券，计分一元、五元、十元3种银元券，以及一角、二角两种辅币券。

1935年6月，国民政府颁布的《中国农民银行条例》，其中第十一条规定："中国农民银行得发行兑换券，其发行条例另定之。"

1935年11月4日，国民政府实施法币政策，将中央、中国、交通三银行发行的纸币定为法币。对于其他曾经财政核准发行纸币的银行钞票，现在流通者，准其照常行使。其发行数额，以11月3日止的流通额为限，不得增发。

中国农民银行虽然早经政府核准发行钞票，但并未被列入法币范围内，因此该行纸币也属于被限制发行及定期收回之列。因为中国农民银行不论其资历、信誉、都远不及中国、交通两行。中国、交通两家银行在成立时，即具有国家银行的性质，且中国银行在刚成立时，交通银行在1916年以后，又具有中央银行的地位，都一直享受政府特许之业务，如经理国库、代政府经募国债、发行兑换券等特权。1928年中央银行成立后，中国、交通两银行的条例几经修正，地位亦稍有变更，但仍然代理一部分国库业务，这一点，中国农民银行都是不能比的。更何况根据国民政府财政部公布的法币发行办法，将法币的发行权仅授于唯一的国家银行，即中央银行一家独营。中国、交通两银行发行的纸币虽被定为法币，亦只以满两年为限。

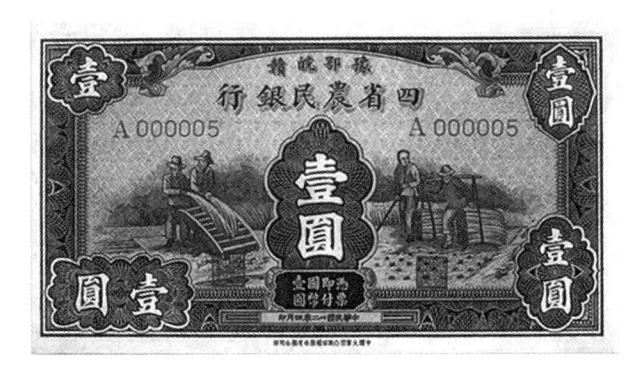

图11.23 鄂、豫、皖、赣四省农民银行一元券（1933年）

1935年11月8日，财政部部长孔祥熙派赵祖武到中国农民银行，接收该行全体发行现金准备、保证准备，及已印未发、已发收回新旧钞票。同月12日，宋汉章又受发行准备管理委员会委派前往中国农民银行办理接收该行发行准备。以上两次接收工作，均遭到中国农民银行拒绝。1935年12月，财政部鉴于中国银行接收困难情形，将中国农民银行发行准备等项的接收事宜，改归中央银行办理。中国农民银行则以种种借口进行拖延。

1935年11月至1936年初，中国农民银行一面拖延推诿，拒不移交发行准备及已印未发钞票，一面向国民政府要求继续发行纸币。其理由是，中国、交通两行虽发钞时间久，但都是官商合办的，而中国农民银行只有官股而无商股，更应当享有纸币发条权。1936年年初，国民政府财政部最终核准该行纸币，但不加入"法币"行列，中国农民银行即不作为"法币"发行银行。

1936年4月16日，中国农民银行再次密呈财政部，要求加入"法币"发行银行，与中央、中国、交通三银行一例待遇，并要求同样负担外汇责任。对此财政部一一予以批驳。1941年9月1日，顾翊群致函孔祥熙，再次"呈请财政部明白确定本钞为法币，藉增本行钞信"，但是，中国农民银行纸币始终未有财政部核准其加入法币行列之明文。1942年7月1日，全国纸币发行权尽集中到中央银行一家，中国农民银行的纸币发行权逐渐被取消。

尽管中国农民银行1935年11月以后并未取得法币发行银行的资格，实际上由于国民政府在实施法币政策过程中，所有其他曾经呈准享有纸币发行权的银行之发行权均被取消，而中国农民银行发行的钞票，虽未明令定为法币，但仍能与中央、中国、交通三行纸币同时流通行使，以致从事实上中国农民银行发行的纸币，自然地被视为法币。因此，后人在谈到法币政策时，往往把中国农民银行写成"后加入"的法币发行银行，这是不足怪的。

纵观中国农民银行的发行，由于该行成立较迟，其发行期在"四行"中最短，纸币发条数额亦为"四行"中最少。兹将该行历年纸币发行数额列表11.7如下，以资参考。

表11.7　　　　　　中国农民银行历年纸币发行统计表

年度	发行额	年度	发行额
1933年	200800000	1938年	27713838500

续表

年度	发行额	年度	发行额
1934 年	566338200	1939 年	37679727000
1935 年	2984680700	1940 年	74606408000
1936 年	16201383100	1941 年	181159273500
1937 年	24861189100	1942 年 6 月底	542526477650

2. 中国农民银行钞券的印制与种类

中国农民银行的钞券，大半是向国外钞票公司订印，在香港交货，然后转运到内地。1941 年 12 月，香港沦陷后，该行遂改变钞券印制政策，钞券的印制遂改为由国内印制公司印制为主，只是在必要时，才向国外印制，以补国内印刷公司的不足。1933 年发行辅币券，由上海大业印刷公司承印，面值分一角、二角、五角 3 种。

1935 年发行三种面值的钞票：一元券，总数 2000 万张；十元券，总数 500 万张；五元券，总数 150 万张，都由英国德纳罗钞票公司印制。三券正面应用的文字，即用该行原用的新一元券上的华文各字样，五元、十元券的伍、拾及伍圆、拾圆字样。阴阳文的螺旋线图案中书壹圆、伍圆或拾圆字样，均位于三券的左首。图画用农田图画一整张。背面采用中国银行天津分行新十元券的背面样式，但三种各异且成套，并有深浅之别。中间用古迹风景图，并分用羊、马、牛三牲畜图案，英文行名居中，下首留空白，以备添印地名。一元券用红色，五元券用绿色，十元券用粉紫色。

1936 年 11 月 2 日，中国农民银行又和英国德纳罗钞票公司签订印制新钞合约，计印制一元券 4000 万张，五元券 4000 万张，十元券 590 万张。1937 年 1 月 25 日，中国农民银行又与英国德纳罗钞票公司订约印制五角辅币券 9200 万张。其他券料则由国内印刷公司印制。除上述系英国德纳罗公司印制外，尚有由美钞公司印制者，而其中五十元、一百元、五百元券 3 种，均系美钞公司印制。

中国农民银行发行的纸币，辅币券计发一角、二角、五角 3 种，成元券分一元、五元、十元、五十元、一百元、五百元 6 种。

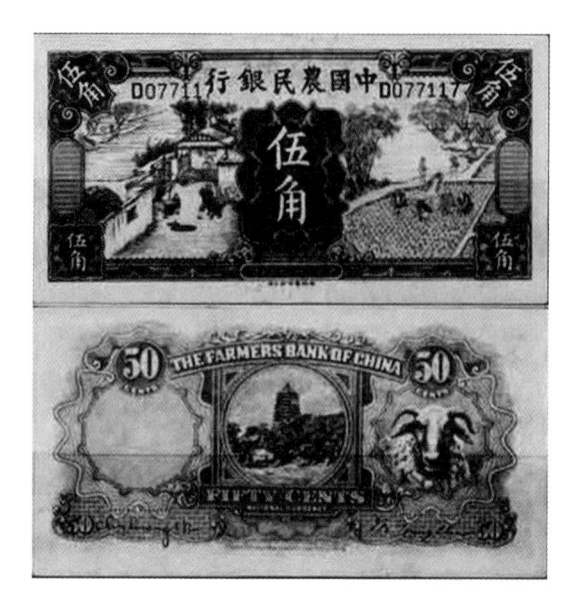

图 11.24　中国农民银行民国二十五年五角（纳罗公司印）

二　各省地方金融机构的纸币发行

各省地方金融机构，主要指清末民初时间和各省官银钱号（局），以及由官银钱号（局）改组成立的各省银行。从清末一直到20世纪30年代，各省地方金融机构曾经是中国近代纸币的重要发行机构之一。就它们发行历史来说，有的不仅早于户部、大清、交通等国家银行，而且早于中国通商等商业银行。因此，我们对中国近代史上各省官银钱行号纸币发行史的研究，是研究中国近代纸币发展史必不可少的重要课题之一。

各省官银钱行号发行的纸币，都是以各省当时当地通行的硬币为本位的，不仅纸币种类不同，而且同一种名称的纸币，面值虽同，但所代表的价值并不相同，流通区域也仅限于一省一区范围之内，出省则往往不能流通。因此，从清末一直到1935年11月国民政府实施法币政策止，各省官银钱行号发行纸币的情形最复杂，问题也最多，是中国近代史上币制混乱的重要原因之一。

（一）清末官银钱行号的纸币发行

各省官银钱号发行纸币的时间，有的不仅早于户部银行和大清银行，有的还早于中国通商银行。从其流通区域来说，几乎遍及全国各省区以至边疆地区。在各少官银钱号发行纸币之先，我国银行纸币早已在全国各大通商口岸及各帝国主义国家在华势力范围内广为流通，因此，清朝末年各省官银钱号纸币的发行，对抵制外国银行纸币在中国的流通，维护国家权利，具有一定的积极作用。

但是，由于清政府在纸币管理上缺乏强有力的手段，以致弊端横生。这主要表现在：第一，纸币种类繁多，名目纷杂，以致酿成币制紊乱的恶果。就纸币的货币本位言，有银两票、银元票、制钱票、铜元票四种纸币并行，既无新制旧制之分，又无主辅币之别，各省区更是各排为制，不仅各种纸币票面额的大小多寡不同，如银元票有一角、二角、五角、一元、五元、十元6种，亦有一元、三元、五元、十元、二十元、三十元、一百元、一千元8种者，甚至只有一元、五元两种者。再者银两票，有分一两、三两、五两、十两、二十两、五十两6种的，亦有只分一两、五两的制钱票有分一吊、二吊、三吊、五吊、十吊、五十吊、百吊7种的，亦

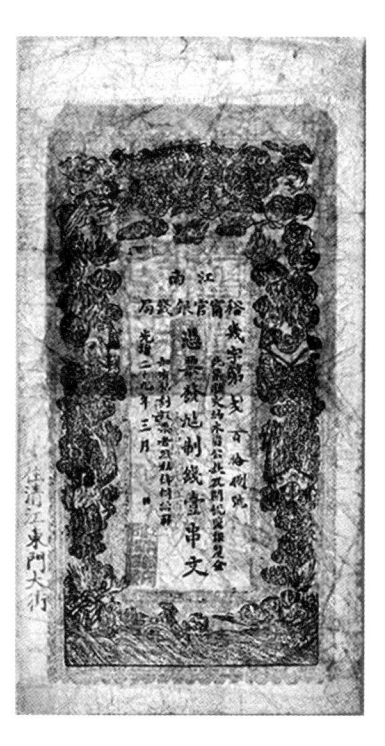

图11.25　江南裕宁官银钱局一串文票一枚

有仅分一串、五串两种。更为复杂的表现，一是平色，二是计算单位，往往因地而异。如银两票，既有按通行平色计算的，也有一地同时行使几种平色不同银票的。银元票则既有大银元票与台伏票之不同，又有小银元票与毫洋的差别。至于制钱票的计算，亦同制钱一样的复杂。第二，由于各省自行印制纸币，票纸质量差，印刷技术不良，不仅不耐用，且易伪造，使币信大受影响。第三，各省官银钱行号发行的纸币，只限于本省区内流通，在外省区等于废纸，不同程度地影响了各地间商品经济的发展。第四，由于发行数额向无定额，导致一些省份滥发纸币，纸币跌价，广大商民受害匪浅。

（二）各省官银钱行号发行纸币对商业银行纸币的影响

各省官银钱行号的纸币发行，大都始于清朝光绪年间。中国自19世纪70年代起，各外国银行的纸币，在中国广泛流通行使，中国的纸币发行权受到严重侵犯。各省官银钱行号成立后，也仿效发行自己的纸币，在民间流通行使，从一定意义上讲，对外国银行的纸币发行起到了不同程度的抵制作用。但是，由于清政府缺乏对纸币发行的监督管理，也由于各省官吏将官银钱行号纸币发行视为一种营利手段，最终酿成纸币发行紊乱的恶果。

1897年中国通商银行的成立及纸币的发行，是中国近代史上商业银行纸币发行史的首创。商业银行纸币的发行，对外国银行的纸币发行，同样起到某种抑制作用，对挽回中国的利权具有重大意义。但是，由于各省官银钱行号纸币的大量发行流通，不同程度地影响了中国近代商业银行纸币的推广行用。更有甚者，各省官银钱行号在清末民初的数十年间，无限制地滥发各种纸币，使纸币的信用堕落，间接地也影响到商业银行的纸币信誉，以致商业银行纸币得不到充分的利用和广泛的推广。

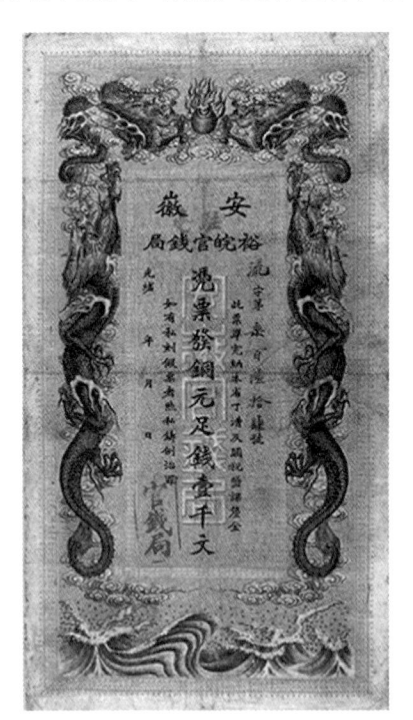

图11.26　安徽裕皖官钱局一千文票一枚

三　近代商业银行纸币发行

（一）商业银行纸币发行的历史背景

首先，由于帝国主义国家在华银行擅自发行纸币，并借此剥削和掠夺中国人民，在这种背景下，中国人开始设立银行并发行纸币。

鸦片战争爆发后，各帝国主义国家纷纷来华设立银行，从最早的丽如银行，到麦加利（又名渣打）银行、汇丰银行，以及东方汇理银行、德华银行、华比银行、道胜银行、横滨正金银行、朝鲜银行等。在1897年以前，中国各大通商口岸及附近地区的金融，完全被帝国主义国家在华银行所操纵和控制。尤其是当时在华的外国银行，一经设立，无不发行纸币，这是对中国主权的侵犯。由于清政府对纸币缺乏科学认识，因此对外商银行发行银行券不做任何政策上的限制，使外币在中国肆意横行。最初，广大商民也乐于收受外钞。随着外行倒闭，商民存款不能兑现，才认识到其危害性。郑观应在《盛世危言》一书提出首先要"多设银行"，强调中国自己设立银行发行纸币的重要意义。1896年，盛宣怀就设立中国通商银行向清政府提出中国应设立银行，"以通华商之气脉，杜洋商之挟持"，"使华行多获一分之利，即从洋行收回一分之权"。1897年中国通商银行成立后，盛宣怀即积极筹备该行兑换券的发行事宜。1898年，中国通商银行开始发行银两票、银元票两种纸币，从此中国有了自己的银行发行纸币，是中国纸币史上的创举，在客观上对外国银行在华的纸币发行，起到了抑制作用。

其次，中国通商银行的创办和发行银行兑换券，又是当时中国经济发展所需要的。1840年以后，帝国主义国家对中国的经济掠夺，开始以商品输入为手段，从19世纪末，逐渐以资本输出为其主要手段。它们利用剩余的国内资本，直接来华兴办工矿、农商、交通等事业，利用中国的廉价的原料和劳动力，组织生产，然后将产品再卖给中国人，并通过外国银行存款而变中资为外资，投入中国，以赚暴利。在帝国主义在华新式企业的刺激下，中国人也开始举办各种新式企业。随着洋务运动的扩大，中国一大批新式企业相继创办。这些新兴的资本主义企业的发展，不仅需要有中国自己的新式银行为之服务，更需要自己国家的银行发行纸币为之便利。而中国传统的金融机构和国家纸币及地方私票已不适于当时中国经济的发展，商业银行的创立和发行纸币是势所必然。

一个国家的纸币发行，最终应当委之于中央银行，然而大清银行在中国通商银行成立四年之后，方以试办营业。大清银行迟建之原因是多方面的，一是资金来源困难，清政府到了晚期，本来已财力不足，加上每年赔款及债务之清偿早已国库空虚，清贫如洗，根本无力投入巨资创办银行。二是清政府内部对创办国家银行的重要性认识上有分歧，以致清政府的大清银行推迟到1905年才成立，较中国通商银行晚了八年的时间。三是纸币屡发屡败，政府和人民对之均缺乏信心。

（二）商业银行纸币的发展及其原因

1897年中国通商银行成立，并发行银行兑换券后，1905年、1907年又先后有大清银行和交通银行两个国家银行成立，并先后发行银行兑换券。在交通银行成立后，又先后有浙江兴业、四明、殖业、北洋保商等商业银行相继成立，均呈准清政府度支部发行银行兑换券。到1911年辛亥革命爆发前夕止，上述各商业银行所发行的纸币少则200万元，最多时亦未突破500万元大关。

图11.27　中国通商银行五十两票一枚

民国时期，中国的纸币仍处在自由发行的阶段。随着中国近代商品经济的发展，中国的银行业处于突飞猛进的发展时期，从1912年到1928年6月止，全国已有银行近200家。在这些银行中，不少资力雄厚的商业银行大都附有政府的官股,因而也取得纸币发行权,农商、中国实业、中国农工、边业等银行即属之。中南银行则是由于该行是归国华侨黄奕信创办的,涉及华侨投资问题,经财政部特别准其发行纸币。至于大中银行,则是由于北洋政府欠有该行巨款,因此对该行特予照顾,也准该行发行纸币。综计北洋政府时期,发行纸币的商业银行为数最多时达30余家,其中还未包括未经呈准而私发纸币的商业银行。随着发行纸币银行的增加,以及各发行银行资力的增强,商业银行纸币发行量也相应增加。以1921年至1931年为例,1921年全国有发行权的商业银行纸币发行总额约计1300万,为1912年的两倍半。1925年则增加到3750万以上,为1912年的七倍半。1931年则达到8300万以上,为1912年的十六倍半。

1898—1935年,中国商业银行纸币从100余万元,增加到1935年的21159万余元,与1935年中央、中国、交通、中国农民四个国家银行纸币发行总额40479万余元相比较,为之半数以上。这说明1935年以前,中国商业银行纸币在国民经济与人民生活所占地位的重要。

商业银行发行纸币数额如此巨大的原因是什么?第一,当时中国通商银行系一家商业银行,政府准其发行纸币,这开创了一个先例。第二,由于当时外国在华银行的纸币发行无限制,中国政府鼓励或放纵中国商业银行的纸币发行,对抵制外国纸币的势力,挽回中国之利权,是有益的。因此,当浙江兴业、四明、殖业、北洋保商银行成立时,均准其发行纸币,亦在事理之中。北洋政府时期,政府对商业银行发行纸币虽取了限制政策,但也不可能骤然下令取消商业银行的纸币发行。第三,从清末到北洋政府时期,政府对中央银行职能缺乏科学知识。这说明这个时期,中国的银行业还处在初创时期,关于中央银行的理论尚不成熟,职能还不完善。1935年11月国民政府实施法币政策,1942年又将纸币发行权统由中央银行独家经营,标志着中国的中央银行职能的完备。

中国的商业银行的纸币发行,从1899年中国通商银行开始,到1935年11月国民政府取消商业银行的纸币发行止,其间经历了38个春秋,中国的政府几经变动,总的来说,中国的政治、军事、经济、文化各个方面都发生了巨大的变化,中国的货币,尤其是信用货币也不断地发展变化。在这个发展的历史过程中,商业银行纸币具有什么地位,对中国近代的商品经济的发展起到什么作用，将是我们研究的又一个问题。

（三）商业银行纸币的作用

中国信用货币在1935年以前，是自由发行时期，商业银行纸币所起的作用，主要有以下三个方面：

1. 抵制外国银行纸币在华流通

1870年，帝国主义银行借口所谓享有"治外法权"不呈请清政府批准同意，即擅自在中国境内发行纸币，多达20余家。外国银行能在中国领土以内发行纸币，这一方面说明帝国主义的侵略本质，另一方面也反映清政府的腐败无能。中国通商银行的创办目的，获利是其次的，在清政府国家银行创办之前，中国第一家商业银行先成立并发行自己的纸币，其意义非凡。

1903年2月，中国通商银行在营业中发现一批伪造的纸币，是在华日本人所为。这严重影响到通商银行纸币信誉。当清政府向日本政府提出交涉，要求追究责任人时，日本政府以"伪造他国钞票日本法律无专条"为借口，不予受理。由此可见，在帝国主义强大的政治经济压力下，中国商业银行发展如何艰难。

1912—1935年，从北洋政府到南京国民政府，尽管试图加强对外商银行在华的纸币发行业务的管理，但各外商银行恃强根本不予理睬，甚至连每年度的营业报告也不向中国政府报送。尽管在此期间中国的银行业有了较大的发展，纸币发行额也较清末有了惊人的增长，但是外商在华银行纸币发行额的增加也足以令人咋舌。我们不妨将1912年至1936年中国银行业与外商在中国的银行发行纸币数额列表11.8比较一下，就一目了然。

表11.8　　　　　　　中外银行纸币发行数额比较表[①]

年　别	外国在华银行发行额（A）	中国银行业发行额（B）	比　　较
1912年	43948359.8元	52675375.0元	B比A多8727016
1916年	65344657.2元	67735125.0元	B比A多2309468
1921年	212384806.8元	95948965.0元	A比B多116435841.8

---

① 转引自《中国货币史纲要》，上海人民出版社1986年版。

续表

年　别	外国在华银行发行额（A）	中国银行业发行额（B）	比　　较
1925 年	323251228.46 元	205006026.0 元	A 比 B 多 116245202
1935 年	322016195.2 元	867984374.0 元	B 比 A 多 545968178.8 元
1936 年	360819442 元	1407200000.00 元	

从表 11.8 中，我们可以发现，在 1912 年到 1916 年这几年中，外国在华银行发行的纸币几乎与中国的银行纸币数目相等，1921 年外国在华银行发行纸币数额竟超过中国各银行发行总额一倍。就外国银行在中国发行纸币增长速度来看，1936 年高达 3.6 亿，较 1912 年增加了 3 个多亿。1926 年 10 月 12 日，《银行周报》抨击道："我国银行之发行钞票为时尚不久远，外国银行因通商关系，设立较早，发行在先，故其钞票势力殊大，获利殊厚。现在我国银行钞票，虽足与之抗衡，仅为桑榆之收。如今日东三省之金票，其势力犹未可侮。该处尝受羌帖①损失，尚无觉悟，又奉此不兑换券为神圣，将来结果如何，未可知也！况自日本取引所②改用金建以来，金票用途更巨，我国大洋票几无插足余地也！如年前重庆之美丰银行，在内地发行钞票，有背商约，乃至今未得结果，依旧发行，其侵凌势力，概可想见。"③

外国银行纸币在中国的发行流通，激起全国各界人民的强烈反对。1919 年五四运动，广大爱国学生明确提出不用日钞的口号，北京商会决议中也有不用日钞的规定。此后，全国各地拒用外国银行纸币的声浪日益高涨。在这场争夺纸币发行主权的斗争中，商业银行发行纸币，对外国银行在中国的纸币发行，是一个打击，这是不容忽视的历史事实。

2. 商业银行纸币的发行是对国家银行纸币的补充

清末以来，中国的银行业尚处初创时期的发展阶段，中央银行制度尚未确定，组织亦欠完善。在大清银行、中国银行以及早期纸币发行机构的章则条例中，都没有明文规定其独享纸币发行特权的条文记载，中

---

① 即俄国卢布纸币。
② 即交易所。
③ 上海《银行周报》第 10 卷第 39 号，第 7—8 页。

国在 1935 年以前,采用自由发行制度。1935—1942 年则逐步由自由发行制向集中发行制过渡的发展阶段。1942 年 7 月起才真正进入集中发行制。

早在北洋政府初期,作为国家银行的中国、交通两银行的纸币,并不流通全国。原因很多,一是由于政局混乱,银行为避免大规模的损失而采用分区发行制。两行发行的纸币大都是地名券,各地分支行发行的纸币,商民只能从发行行处兑换现金,加上边远地区,设立行行处不多,这都限制了中、交两银行纸币的流通。二是各省军阀拥兵自立,为了维持浩大的军费支出,各省在设厂鼓铸现钱同时,还大量印制纸币在管辖区内广泛发行。为了增加各省的纸币的兑现能力,各省都有限制现银、现铜硬货出境之禁令,而中国、交通两个国家银行的纸币,在这些省区内往往受到冲击。三是在 1921 年以前,北洋政府在国库空虚,度支奇绌的情况下,往往依靠中国、交通两行垫款。且所谓垫款,不过是由两个国家银行增发纸币而已,致使两行库内现金匮乏,1916 年中、交两行停兑风波就是一例。停兑使两行纸币"信用损失,金融艰窘"。[①] 各省趁机增发省行纸币。我们不妨以 1923 年中、交两行以及各省官银钱号与商业银行发行纸币的数额作比较。到 1923 年 11 月 15 日止,中国银行发行纸币 75079076 元,交通银行发行纸币 33997196 元,两个国家银行发行纸币总数为 109076272 元,各省民办的银行、钱局、银号所发行的各种纸币,如银两票、大小银元票、银角票、铜元票、钱票、角票等,总计折合银元票 941835850 元,为国家银行发行额的 8 倍半,而商业银行发行纸币(按浙江兴业、中南、中国通商、农商、中国实业、北洋保商、边业、劝业、四明 9 行发行额计算)合计只有 1825 万余元,如果加上其他商业银行发行的纸币,总数亦不过 3000 万元之谱。就全国纸币的发行情形而言,商业银行的纸币发行量是不算多的。

3. 商业银行纸币对中国近代经济发展的影响

在清末民初国家的中央银行制度不尽完善,国家银行兑换券信誉还不巩固的情况下,商业银行的纸币发行,对活跃地方区域性的金融市场,扶持地方工商业等生产事业的发展,对促进各地区经济的发展,是有积极意义的。

[①] 中国第二历史档案馆藏《北洋政府财政部档案》。

图 11.28　上海四明银行十元票一枚

1921—1931 年，中国通商、浙江兴业、四明、中国实业、中南（1923 年为四行准备库）、中国农工、中国垦业七家商业银行各类放款状况与中央、中国、交通三个国家行相比较，可知商业银行发行纸币对工农商各业所起的作用，因为商业银行的放款资金来源（除自身股本外）主要有两部分，一是通过存款业务吸资金，作为放款的资金，二是以本行纸币直接充当放款的资金。因此，不发行纸币的银行的放款总额基本应与存款数额相等，发行纸币的商业银行的放款总额，原则上应与该行吸收存款数额加上纸币发行额相等。

兹将中国通商等 7 家发钞商业银行存放及发行纸币数额与中央、中国、交通 3 个国家银行比较列表于下：

表 11.9　七家商业银行与存放款发行纸币比较表①（1921—1931 年）

年份	中央、中国、交通三行			通商、浙兴、四明、中实、中南、农工、垦业七行		
	放款	存款	发行	放款	存款	发行
1921 年	268997417	292163686	92636574	56556719	49407645	3312391
1922 年	276469514	298481606	110289870	66357926	49575491	4682196
1923 年	276689640	295604715	119504325	140013492	123876596	20983838

① 1923 年开始商业银行存款数字，包括盐业、金城、大陆三行的数字在内。

续表

年份	中央、中国、交通三行			通商、浙兴、四明、中实、中南、农工、垦业七行		
	放款	存款	发行	放款	存款	发行
1924年	310299975	333962512	131592000	163553939	156325748	19878217
1925年	378117442	394988895	175428595	204794289	209247702	29376815
1926年	435584332	478278633	194557811	244085739	254815447	34403736
1927年	448394393	488808218	224097991	254954386	271073662	38065893
1928年	522825009	554151749	252043064	302420774	332897431	56774875
1929年	613726890	648437532	282329661	334281653	393111131	67906424
1930年	716060615	786329840	309410457	385613032	495263816	103558131
1931年	797348214	889087190	298020567	472404940	602312148	95347302

从表11.9中，我们发现1921年至1924年商业银行放款总额与这些银行吸收款余额数与发行纸币数额几乎持平，1925年以后的数年间，商业银行放款总额则小于它们所吸收的存款余额数，并不反映它们所发行纸币的作用，是因为商业银行资金运用上不充分所造成的。但是，就这几家商业银行放款的状况与国家银行相比较，除1921年、1922年两年只等于国家银行的1/4左右，其余年份商业银行放款总额都为国家银行放款额的50%以上。

当然，中国近代商业银行及其纸币是根植于中国半封建半殖民地社会这一特殊土壤的，故而极具时代特色。近代商业银行的创办人、股东往往是大官僚、大资本家，故而许多商业银行常常将其主要资本投资于政府发行的公债中去，以此为博利秘诀。在近代中国，北洋时期的财政总长被外国人讥笑为借贷总长，连年内战，钱由何来，商业银行为之贡献颇多，而其法即购买政府公债。《偿还内外短债审查委员会》呈文中说："东西各国（公债）普遍利率不过六七厘，其超过一分者已属罕见，政府需款孔毁，暂予重利，本非得已，讵料各行昧于国家观念，视为投机事业，巧立回扣手续汇水各项名目，层层盘剥，与利息一并算计，恒有至五分以上者,殊属骇人听闻。"① 如此厚利,使商业银行有甚至以"超过资本额数倍"之款借给北京政府,以博大财,而视投资工农业为危险之极之事。

即使是对工农投资,银行对之的控制极严。华商纱厂联合会宣言中指出:"国内金融,贷款重息,厂商辛苦经营,谋偿银行钱庄欠款之子金,犹虞不足,日积月累,母子相乘,只有出售厂之一法。"②

张郁兰先生在《中国银行业发展史》中说:"中国纱厂向银行取得贷款最重要的方式是厂基押款,商品抵押不占重要地位,信用透支更难。而厂基押款是以纱厂的地基、栈房、厂房和各种机器为担保品向银行取得接最毒辣也最普通的方式"③,由此使银行不仅不能为近代工业发展提供资本,反而成为束缚中国近代经济发展的绳索。

第四节　中国近代纸币理论

一　孙中山的钱币革命论

孙中山(1866—1925年),著有《钱币革命》一书,论述了他的货币思想。孙中山认为,中国对付沙俄侵略,前提条件是解决财政困难,为此就只有实行钱币革命,并提出要实行纸币流通制度。纸币制度的内容:"以国家法令所制定纸币为钱币,而悉贬金银为货物。国家收支,市廛交易,悉用纸币,严禁金银。"纸币发行有两种途径:一是在国家预算制定后,税务处根据预算中的赋税收入额,发行数额相同的债券交纸币发行局,发行局如数发给纸币以供国家开支。二是由纸币发行局通过收兑民间财物发行纸币。国家设立公仓工厂,以便人民以货换币,或以工换币。

孙中山认为实行钱币革命,可收以下效果:第一,国家财政之困难可立纾;第二,市面永无金融恐慌之患;第三,既行纸币,财货必流通,工商必发达,出口货必多于入口货,而外货不能相敌,必有输其金银珠

---

① 李明伟:《中国近代银行业的发展道路》,《社会科学辑刊》1998年第5期。
② 陈铭勋:《经济改造中之中国工业问题》,新时代教育社1928年版,第30页。
③ 吴承禧:《中国的银行》,商务印书馆1934年版,第59页。

宝以为抵者。孙中山分析钱币革命的理由：货币是交换之中准和货财之代表，在工商业不发达的国家多以金银为货币，在工商业发达国家则多以纸票来代替金银。从布帛刀贝到金银，再从金银到纸票是"天然之进化，势所必至，理有固然"。现在要人为加速这种进程，就要"革命"。①孙中山结合中国古代纸币流通的历史，再联系资本主义国家货币流通的情况，指出不兑现纸币代替金银是社会发展的必然规律。如何控制纸币的滥发问题，孙中山指出，纸币是代表金银成为货币的，纸币发行途径是从防止纸币过度发行考虑，不以纸币弥补财政赤字，而是以发行纸币作为财政垫支，发行额和税收额相等，税收完成纸币也即回笼。以购买商品而发行的纸币，国家掌握商品，"纸币之流于市面，悉有代表他物之功用，货物愈多，则钱币因之而多"。纸币有商品保证，运用恰当，也不会发行过多。孙中山对纸币流通的效果估计有夸大之处，但其出发点是积极和进步的。

孙中山结合货币的演化史，将人类社会发展分为三个时代：一是需要时代，人的欲望是求温饱，别无他求。二是安适时代，人的欲望始生，"此时而人类始得有致安适之具"。交易的扩大，货币的产生，后来又以金银为币。"自我钱币之后，乃能由野蛮一跃而进文明也。"三是繁华时代，"自机器发明之后，可称为繁华时代"②。由于生产发展超过前代，大宗交易金银已远不能满足需要，因此契券（信用工具）就取代金银为货币了。孙中山认为，中国尚处于安适时代，金银货币一时不能废除。这里孙中山将纸币流通制度视为货币进化的必然结果，而不再强调立即进行钱币革命，这比较符合当时的中国实际。

二　朱执信的纸币理论

朱执信（1885—1920 年），著有《朱执信集》等。对于中国古代纸币的论述，他认为宋至明的纸币流通中，纸币可分为两类，一类是代表货币，如交子、会子等；另一类是代表货物，如盐钞、茶引等。两类后

---

① 孟建华：《孙中山货币流通思想与实践：纪念孙中山先生诞辰 150 周年（1866—1916）》，中国金融出版社 2018 年版，第 140 页。

② 孙中山：《孙中山全集》第 6 卷，中华书局 1985 年版，第 170—177 页。

来汇合在一起，北宋的钱引是交子和盐钞的合流，金朝的交钞则是取盐钞和交子各一字而成。代表货物是纸币最后的归宿。如何保持纸币购买力？第一，依据费雪（I. Fisher）的货币数量论，货币流通量与货币流通速度的乘积，除以交易额，就是货币之价。第二，依据西方效用价值论，货币材料作为普通商品所具有的使用价值，是金属货币的"最后效用"；不兑现纸币的价值则以其所预期回收时与交易之一种物品之推定价值，为其最后效用。所以，只要有使不兑现纸币能换取一定货物的确实保证，就能保证其价值。朱执信从中国货币起源的历史，分析货币最初源自某种奢侈品或必需品，于是提出扩大纸币兑换商品的范围，如可用米、布、丝、茶、盐、油、煤、糖八种生活必需品来作兑换品。国家度量社会上的纸币流通需求总额，来贮藏准备的物品，一面按月收进，一面按月兑出。纸币兑换商品的标准按物价指数计算，某商品物价指数提高，单位纸币兑换该商品的数量就按比例减少；若物价指数降低，纸币兑换到的商品数量则按比例增加。为了保持总物价水平的稳定，用合理的方法制成物价指数，即加权物价指数。若指数稳定，则纸币购买力就稳定。

三 廖仲恺的货物本位论

廖仲恺（1877—1925年），著《钱币革命与建设》《再论钱币革命》等。廖仲恺将货币的作用归纳为三点：交易媒介、价格标准和购买力的贮藏。货币还具备"有定值、便取携、能耐用、易分割"的"四美质"，金银成为货币的首选。但随着经济社会发展，币材发生了根本变化，各国普遍以纸币流通。廖仲恺指出："钱币之本质亦不能不顺应此状态方法而变，此乃进化之程序使然，非人力所能如何者也。"关于纸币的定值问题，廖仲恺指出："纸原无价值可言，代表金银本位钱币者，则以金银本位钱币之价值为价值。"又因为金银价值易变动，不能作为物价之标准，就只能以纸币为代表。如何保证纸币价值稳定，廖仲恺提出的方案：纸币以重要货物为本位。廖仲恺的方案是这样的：纸币以重要货物为本位。单位纸币所代表货物的多少决定于物价。物价由政府有关部门视各种商品的供求情况，以每月或每周的统计制成指数表，作为标准。纸币的单位叫"圆"，下为毫、分。对旧纸币进行清理，由国家发行公债收回，新纸币不能用来弥补财政赤字，盈余部分则拨归国库作为行政和生产费用。

廖仲恺进一步分析了西方国家纸币发行以金银为准备的缺陷是，"钱币之数量与社会之需要，常不一致"。因此他主张用货物本位制，包括贵金属和必需品，即金、银、铜、铁、煤、米、麦、豆、糖、盐、丝、棉十二种，为钱币之本，但不为交易媒介，仅用作准备，用同价之钱币流通于市场。纸币与准备货物的关系是："价低者多购，价高者少购"，以维持货物之间的"平价"，还可以通过地区间的物资余缺来调剂物价。[1] 纸币没有价值，廖仲恺进而认为货币都没有价值，货币的价值就是购买力。这是用名目主义观点来解释货币的价值。廖仲恺的货物本位论与朱执信的纸币理论属于同一种类型。

四　褚辅成的货币革命论

褚辅成（1873—1948年），著《钱币革命十讲》。褚辅成认为钱币革命，就是实行纸币制度，并实行"货物本位"。背景是1933年美国的白银政策，"其势实有非将世界用银各国之争，尽数收买不止"，使中国的经济危机和金融危机根本无解决的希望。通过钱币革命，针对以下四个问题：一是复兴农村，钱币革命以救济农村为出发点，要复兴农村，唯有实行纸币制度才能获得大量资本。二是救济工商业，就要发行纸币以增加流动资本，并减轻利息。三是安定金融，白银外流，金融枯竭，救治之道，只须变更银本位，增加通货，使国家银行充实力量，成为银行之银行，"则各处金融机关，自能周转裕如矣"。四是挽救入超，改用货币本位制后，本国商人不能以纸币向外国购货，外货即不能自由输入，国际收支就趋势平衡。五是防止白银外溢。实行纸币制度，将现金集中于国库，偷运可不禁自绝。褚辅成认为，西方国家的货币政策，为管理货币，即管理纸币的发行额，务使与工商企业的需要相适应，使物价保持稳定。褚辅成主张把纸币称为"货物兑换券"，以它为法币。在国内可兑换货物，亦可向国际汇兑局兑换各国汇票，即"金汇兑本位"。[2] 发行之后，各级国家机关均只准收受法币，政府收集全国金银，作为国际汇

---

[1] 廖仲恺：《廖仲恺集》，中华书局2011年版，第51—98页。
[2] 叶世昌、李宝金、钟祥财：《中国货币理论史》，厦门大学出版社2003年版，第494—497页。

兑准备金，用于清偿外债。为了防止滥发纸币和以现金中饱私囊，褚辅成提出由政府和商业团体各出相同数目的代表组成金融管理委员会、法币发行委员会、金银保管委员会和货物管理委员会，做到官民共管，互相监督。

五 阎锡山的物产证券论

阎锡山（1883—1960 年），著有《物产证券与按劳分配》。阎锡山认为社会上的罪恶都由"金代值"和"资私产"造成。"金代值"指以金银为币，代表工、物价值；"资私产"指生产的资本属于私人所有。"金代值"造成"二层物产制"，一层为物产本身，另一层为以货币代表物产的价值，以致金银独占贮藏。这样会造成"四弊害"：一是"重金轻物之弊害"；二是生产过剩，不能销售，生产愈多，生活愈困；三是不能换得金银，限制人民工作，减少人民收入；四是各国为了取得金银而竞相输入产品，造成商战与兵战。"资私产"造成"四罪案"：一是强盗罪，资本家剥削劳动者；二是杀人罪，造成劳动者大量死亡；三是扰乱罪，贫富不均造成社会动乱；四是损产罪，靠产金生活者好逸恶劳，减少社会生产。阎锡山的结论是，"金代值"是四弊害的主要原因，"资私产"则助其势，是次要原因。解决四弊害的办法就要取消"金代值"，实行物产证券制。以物产证券代替货币金银，就能消除"二层物产制"，就可能消除四弊害。阎锡山物产证券制在理论上是错误的，取消"金代值"可适当减轻经济危机，却不能从根本上消灭危机。阎锡山解释物产证券："政府用法令规定，代表一定价值之法货，用以接受人民工作产物，并作人民兑换所需物产，及公私支付一切需用者也。"它也是一种纸币，纸币应取代金属货币，理由是货币作为价值尺度和流通手段，不在于其本身为有价值之物，而在于"赋予法货资格"，使其代表一定之价值，纸币取代金银，就会杜绝私资剥削与国际侵略等问题。阎锡山强调，物产证券能兑换物产，而不是十足兑现的纸币。"证券如同物产之价值收条，直接代表物产之价值。"阎锡山以纸币取代金银以消除四弊害，在理论上是错误的。阎锡山认为，实行物产证券制，就不会有商品贵贱或产品销售困难问题，他说："收产发券，券如同物之照相片；以券易物，物为券之兑换品。物有若干多，券可发若干多，政府不患不能尽量接受人民之工作产物。发券时，既收回物产……人民不患有券而不能兑物。券之数量，随物产多寡以伸缩。就物之价格言，则物之价值稳定；就券之信用言，则券之担保确实。"① 物产证券制的问题在于，并非所有商品都应该得到销售，而不符合社会需要的产品只能被淘汰，因此阎锡山的论点违背了商品生产和流通规律。从物产证券的实际运行看，阎锡山的物产证券论，不单纯是认识上的错误，而是为了欺骗人民，用纸币来掠夺人民的财富。1935年11月，国民政府实行法币改革后，阎锡山颁布《山西省银行、晋绥地方铁路银号、绥西垦业银号、盐业银号四行号共同设置实物十足准备库暂行章程》，宣称以实物作为四行号纸币的准备。四行号纸币以金银和市场上交易之货物为十足准备；准备库设立商行向市场收买上述实物为发行准备；商行出售货物，售价按成本加3.5%以下。实际上，阎锡山利用纸币进行官营商业活动，售价高于收购价，这既不能起稳定物价之效，也不会收购无利可图的物产；而收购物产的货币就是阎锡山发行的不兑现纸币。实物准备库组织庞大，"经营业务以输出棉花、粮食为主，其次为药材、核桃、煤炭、皮毛等。由分支库及合作商号收购民间物资，由津沪物产商行办理输出，买成外汇，交给四银行号"②。物产证券成为维护阎锡山军阀割据政权利益的工具。

六　马寅初的通货新论

马寅初（1882—1982年），著有《通货新论》等。马寅初将各主要资本主义国家放弃金本位后的货币制度称为"纸本位"，中国的法币流通制度是"汇兑本位"。马寅初认为，金本位制下，黄金在各国自由流通，故能保持对外汇价的稳定；而国内货币流通，因银行准备的多少会引起信用的膨胀和紧缩，形成物价的涨跌，导致经济危机的爆发。这是金本位的致命伤。第一次世界大战后，黄金不能在国际自由流通，而国内物价则可以通过贴现率和公开市场操作维持稳定，致命金本位的崩溃。他指出，金本位就是牺牲内价，维持外价；而纸币本位就是管理通货，维

---

① 叶世昌、李宝金、钟祥财：《中国货币理论史》，厦门大学出版社2003年版，第474页。
② 中国人民银行山西省分行、山西财经学院金融史编写组：《阎锡山与山西省银行》，中国社会科学出版社1980年版，第114页。

持内价，牺牲外价。马寅初认为，稳定内价应放在首要地位。中国法币与英镑联系，是维持外价，牺牲内价。英国对本国主张维持内价，但英籍顾问却要求中国维持外价，宣称这样可以利用外资，保障国际贸易。马寅初分析了这种"汇兑本位"的弊端：扰乱国内物价；容易失去金融控制权；对接受存款国家（如英国）不利。他主张中国应改为以维持内价为主，从"汇兑本位"转变为"纸本位"。马寅初指出，纸币不兑现后，不是代表金属货币的价值，而是代表流通中商品的价值。他还强调，在稳定内价的前提下，还可以稳定外价，方法是设立外汇平准基金。内价随国内农工商各业情形而变动；外价则易受国际情形变迁的影响。因此将内价与外价拆开，拆开之法就是设立外汇平准基金。凡国际短期资金的流动，凡其所引起外汇涨落的风险，都由外汇平准基金来管理，使中央银行的准备金不受丝毫影响，其贴现率也保持稳定；国内农工商各业可以安然度过。不但内价可以稳定，外价也不会涨跌甚大，内价外价可相辅而行。这就需要央行的准备金与外汇平准基金同时发挥作用。前者维持内价之责，避免货币通胀与紧缩的危险；后者维持外价之责，避免投机资本与他国金融政策加害本国经济。[①] 针对1939年外汇平准基金实际运行的困难，马寅初指出，外汇平准基金发挥作用的前提，就是首先稳定货币的内价。

---

① 马寅初：《通货新论》，商务印书馆1946年版，第23—29页。

第十二章

中国传统金融组织"会"

金融是货币流通和信用活动以及与之相联系的经济活动的总称。古人云："不言理财者，不能治平天下。"我国金融活动历时悠久，创造了很多世界第一，包括最早的纸币、最早的汇票和期票、最早的货币理论和实践等。在传统社会经济发展历程中，金融发挥着重要作用，尤其是"中国民间金融在儒家文化浸染下，恪守'仁义理智信'的经营准则，创造了让现代人可汲取的金融文化"。

中国传统社会，只要是通过需要"钱"也就是资金干的事，国人是通过一种"会"的信用组织来进行的。"会"又称"合会"，是我国民间传统金融组织中最为常见的一种融资形式。"合会"起源久远且在民间广为流行，与钱庄、典当、票号、私人借贷等共同构成了传统的中国民间借贷体系，被称为"中国式之信用合作制度、中国式之储蓄制度"。它往往为了某种目标而成立，名称也常因时因地而不同，作为民间组织而有经济性质，是中国传统社会民众经营、互助等的重要组织形式。

"合会"中的成员所共同遵守的章程规约，称为"会书"，又称"会规""会簿""会约""会启"等。"会书"一般由序文或规文、会脚（会员）名录、会脚逐期抻款表三部分组成，详细记录了合会的名称、成立目的、成员、集资规模、运作规则、责任与义务等相关信息。

下面以民国年间江南地区的会为便介绍。

第一节 传统金融组织"会"的种类

合会是我国民间传统经济组织，依据民国年间学者从资金积累到分配及利息收取的角度分类，可分为五类，① 即伸缩会类、标会类、堆积会类、缩金会类、杂类。从资金最终获得方式上可归纳为三式，即轮收式、摇彩法、投标会。

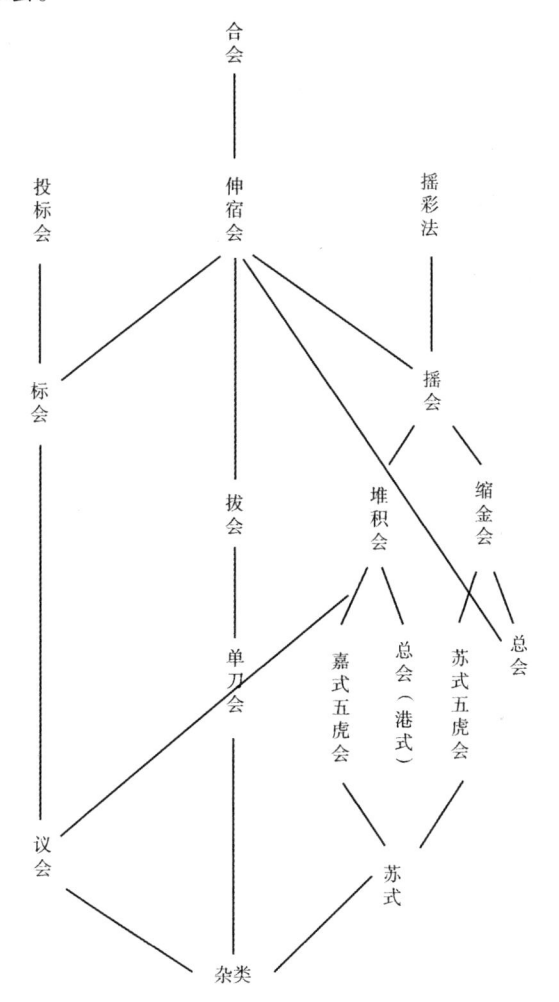

```
                         合会
                          |
          投               |                摇
          标              伸宿会             彩
          会               |                法
          |      _____|_____        |
          |     |         |         |       |
          标会  |         |        摇会      |
          |    |         |         |        |
          |    |         |         |_____   |
          |    拔会       |        缩金会    |
          |    |         堆积会     |       |
          |    |       ___|___     |        |
          |    |      |   |   |    |        |
          |    |   嘉式 总会 苏式  总会      |
          |    单刀会 五虎  (港式) 五虎会    |
          |    |     会              |      |
          |    |                     苏      |
          |    议会                   式     |
          |____|_____|_____|
                         |
                        杂类
```

一 伸缩会类

所谓伸缩会，是参加会的会员，古称会脚，所抴（交）的会金，按

---

① 王宗培：《中国合会方式之分类（上）（附图表）》，《银行周报》1928 年第 12 卷第 26 期，第 38—44 页（7 月 10 日）。另可见其著《合会制度》第二章。

会期的结束时期先后，故称收会，前后伸缩，各人不同。收会时期越靠前，所交会金越多，收会之会期越后，所撷会金越少。收会在前会金溢出之数，就是贴还后收者的利息。收会后者少交之数也就是收入历年所撷款的利息。所以会金分配按固定的利率计算而得。收会时由各会脚预先认定第几会依次轮收。

伸缩会类的重要起源地在徽州，故又称新安会，各地名称不一，如称至公会、认会、坐会等。其特征为：

会首发起一个会，俗称合会，一定要先发布会规（会启），将何人何期何年何月收会及个人应交会金数额附录，以便检查。

会脚收会时，免撷会金。而该会脚应交之会金由会首交纳。会首交纳会金之法，分为会首交利与会首免利两种。（1）如会首每期交款等于该期收会会脚应交会金时，会首交款总数不过还本，故免纳利息。会首为了表示感谢，会按期设席款待诸会脚。（2）如会首每期交款前后一律，而等于二会所交会金，会首除还本外，又加交利息若干。故酒席按期由收会人办理。

伸缩会会期多一年一转，民国时期江北各处为十月一期。此外也有八个月或半年一期的。每期收会交款以会票收付为凭证。

伸缩会参会人数少则五人（连会首六人），多则十人（连会首十一人）。故可分为六人、七人、八人、九人及十一人五种。七人与十一人两种流行最广。又均有会首免纳利息之办法。此外，另有会首交会利之七人伸缩会，流行于崇明、无锡、靖江等地。

十一人会会首一人，会脚十人组织。俗称十贤会、十义会、十一友会、十众至公会。新安会为此会所专用。转会通常一年或十月一期，八个月或半年者并不多见。其收会次序，除前述认定一法外，还有不多见的摇定或抽定者，其会式均有会首免利与会首纳利两种。

二　标会类

标会含夺标之意，体现的是打折竞争。又称为写会、划会。标会组织人数与会金无定数，会期常按月举行，每月会期，开票一次，以投票最高票价为第一期会额的取得者。首期例由会首坐得。也有首期共同投票者，但相对甚少。第二期起，采用投标竞争，标数最大者得标。下期仍照原会金缴纳，并不加利。得会者必须觅有信用之人或殷实商店作担保负完全责任，才能收领会款，以此防弊。

标会在广东省最盛行也是标会发源地，各地仿行。广东另有三益会是改良标会。

三 堆积会类

堆积会与缩金会是民间最通行的摇会。组织不限人数，七八人至四五十人不等。会额小自钱数千文至数十元、数百元、数千元，最大之会额有一两万元。

会额由会首凑集成数后，首期由会首坐收，第二期用拈阄摇彩，点多得会。堆积会会首一般按期还本不加利息。缩金会则按期加交利息若干。堆积会利息为重会逐期加纳，故会额也陆续增高。而缩金会则由轻会按期扣除，会额始终为一定之数目。故堆积会之轻会得会前所堆会金数目前后相同。而缩金会则逐期缩小。前者利息收会时一次莖收，后者则逐扣现。

缩金会例作会规，并以会收票作会金收纳凭证。堆积会无此种手续。堆积会人数有的多至四五十人。缩金会至多有二十人。缩金会会期较长，普通每年两期。堆积会多为月会，又称撞月会或月月红。堆积会与缩金会差别，主要在堆利与蜕利不同。摇会皆分单式与总式。总式通称总会，一会之成会首会脚系须由第三者会总介绍谓之总会，也可分为堆积会与缩金会。两种总会差别除上述各项异尚有下列数点。

首先组织不同。堆积总会与缩金总会组织不同，即会总责任不同。堆积总会会总责任为均等主义，不论其头总、二总、三总，所负责任一律平等。同时须共同负担公会会金交纳。故堆积总会责任最大的是各会总而非会首，会首责任全部移转于会总。缩金会会总责任采取差等主义（也有均等的但较少）。头总、二总、三总责任各不相同，因其名称次序而参差，通常头总责任最大，二总次之，三总又次之，责任最大的头总由会首本人兼任。

再有就是人数上差别。堆积五总会组织，为会首一，会总五，会脚二十五及公会一，合计共三十二会。反之，缩金五总会会数，只有二十（会总五，会脚十五）。两者相较差十二会。

还有就是会总收回不同。堆积总会与缩金总会因会总责任不同收会有异。堆积总会会总收会办法采用摇彩竞争。每届会总摇会都有希望。会总得会机会也系均等。缩金总会会总责任系差等的，头总、二总、三总责任各人不同，行坐次轮收之法。依照责任大小，定收会先后。

流行区域不同。堆积会与缩金会通称摇会。堆积总会流行区域仅在上海。他处流行的总会，不论其为二总或四总或五总皆为缩进式。故总会一词在上海即指堆积月会，在他处系指缩进式之半年会也。

堆积会可分为单式与总式两项。

单式堆积会会式简单，会额小则几千文，大则几十元，会脚自七八人至十余人，每月或间月一次。用竞摇之法，手续简单，期限较短成为下层阶级最流行的会式。重会之交利办法，各地不同，多则加二，俗称加二会；少则加一，按会金计算定为月息一分或八厘不等。

总式堆积会流行也限于上海，名之沪式总会。系四总、五总或六总的摇会。按月转会一次，由每总代合会脚五会或四会，如以各合五会脚为例，则每总连会总共六会。五总合计三十会，六总则为三十六会，再加会首一，公会一，共三十二会或三十八会。

四　缩金会类

缩金会也分为单式与总式两种，完全与堆积会相同。计算较繁，一开始流行没有堆积会普遍，转会时期，少则两个月，多则半年一期（总会只半年一期者）。而轻会换纳会金，逐期减少。

缩金会与伸缩会除得会方法一为摇定一为轮收外，并无显著差别，两者第一期会金分配法不同。缩金会第一期会金＝会数/会额，缩金会首期会金按会数平均分配，而伸缩会之各会会金并非平均分配。其中单式缩金会流行不如总会。会脚自十人至二十人，会额普通为银一二百元。总式缩金会除上海通行总会外皆属缩会金，流行区域广会式多，人数自十数以至二十余不等，每年转会两次。奇数各期由会总依次坐收，至会总收清为止，偶数由会脚竞摇，按其会总多寡，分为二总、四总与五总三式。

五　杂类

（一）五虎会、苏会

五龙会与苏会是会首可收会五次之会，前者会首连收五次，后者则会期内受足五次。五虎会者是二十五人所集之会。会首先邀集二十四人。连会首共二十五会。合五五而成二十五。故谓之五虎会。此会通行每年三期。为会首者得连收五期。

苏会流行于江西宁郡。会首收会五次。每年一转共十五期。由会首邀集会脚十人组织之。除会首坐收、首、三、五、七、九五期外。其余各期收会次序由会脚先期认定，到期收会，像伸缩会一样。

（二）拔会、单刀会

圆会后不再转会为单刀会与拔会。单刀会与拔会。一而二二而一。单刀会若能按期拔还。也可称为拔会。反之，如拔会，一去不返称之单刀会。又名帮头会、平头会、松花会、一字会等。多为圈子中人组织与贷款性质相似。

单刀会会金会脚无限制，多者数十人，少的也必有十余人。会金多寡视会首会脚感情厚薄而定。会金只付一次，不摇不标，实际上是会首搜括。表面虽有按期拔还之说，而实则一去不返者十之八九。

拔会。单刀会金会律按期拔还称拔会。如会首邀定亲友若干人，合一拔会。会脚首期交纳会金后不再缴纳。会首收会时让会脚摇彩或拈签或分摊。以定拔还次序，分若干期归还会脚。归还期数等于会脚人数，不出利息。

获得资金之法一是标摇并用法。摇会前先采用标会办法，由会脚自由投标，以会额最低数为得会之人。如该期无人投标，即采用拈团摇彩之法。二是议摇并用法。开摇前会脚如有急需可出钱购买得会优先权。如各轻会同意即可收会。

合会中除年会单刀会之外都可以投标，办法与议会同。但夺标者均在八折以下，否则无人允议。

第二节 传统金融组织"会"的起源与发展

(一)"会"的起源

"会"在中国有悠久的历史,早在唐代就有互助型借贷行为的发现,《新唐书》循吏传中有韦宙"置社立会,探名市牛"的做法。[①] 中国的"会"有两个源头,且互相关联。一个是家族内部对祖先的祭会,其礼仪活动的经济部分成为后来各种"会"的重要源头。另一个是民间的神灵崇拜,其仪式活动中的经济行为则构成了"会"的另一个重要源头,二者相互融合,共同发展,以"义"为理念运营资金,以"义"为宗旨进入社会。从而形成了上百年,甚至几百年的"会"。

1. 家族祭祖的"吃会"

一切社会活动的基础是经济活动,中国传统宗族社会。祭祖为最重要的民间集会活动,需要一定的资金支持方能顺利举行。民以食为天,活动主题之一就是聚餐,而这种聚餐吃饭的习俗代代相传,历代沿纳,子孙繁衍,开枝散叶,亲人不得相识。最终使祭祖演变成了"以铜牌为凭据、认牌不认人"的"吃会"。

以近代石家庄周边的大安舍村为例,该村 12 个姓氏按笔画排列依次是:马、刘、邢、李、周、张、赵、聂、耿、崔、雷、路。其中,超过 100 人的有 7 个姓氏:马、刘、邢、周、赵、聂、雷,都有属于本族的族地及祭祖。以马、刘、邢三家为例,据村史记载:

(1) 马家姓家族:民国十六年(1927 年),有祖地 3 亩,卖给大马村后,又买下 2.5 亩地,靠出租祖地的租利吃会祭祖。民国三十七年(1948 年),有人口 104 人;马家没有家族庙,租用马双印家每年清明、阴历十月初一,分两次吃会祭祖。而所有的祭祖吃会这一步就是分摊资金,方能进行。

(2) 刘家姓家族:民国三十七年(1948 年),有人口 231 人,会地 9 亩有余,每年寒食节和阴历十月初一,凡年满 18 岁以上男性到刘玉丑家吃会祭祖。

[①] 罗彤华:《唐代民间借贷之研究》,台湾商务印书馆 2005 年版,第 135 页。

（3）邢家姓家族，民国三十七年（1948年），有人口53人，在村北邢家祖坟处有会地6亩，每年寒食节，阴历十月初一，男15岁以上者参加吃会祭祖，有所剩余、按股分用，吃会地点在北院邢五妮家。①

随着时间的推移和人口的繁衍，家族的分支逐渐增多，新的会地②也不断买入，使族内吃会进一步分化，形成了吃小会祭祖的局面。1948年各家族会地被平分，吃会风俗终止。

2. 社会和庙会

先秦以来中国传统社会结构，构架了一家一户为单位的以农业生产为主的社会框架，社和社祀一直存在于底层社会中，并不断演化，后又不断神化。元以后，"后世里社之社遍布天下"。"明清两代，社神偶像化的趋势就更为明显。"③ 从社祀到各路神佛的庙会，从先秦时的《立社祝》，到后来各地的祭祀土地神，再到有明代洪武年间的里社祭赛的基本仪式，办会筹款、吃饭花钱都是支撑这些活动的经济基础。

民间的社会和庙会也存在"吃会"的习俗。如每年农历三月三，在山东荣成成山头举办的祭海活动，由"祭海"和"吃会"两部分组成。荣成渔民成山头"吃会"约形成于明朝中期，一年举办一次，1922年已被《中华全国风俗志》收录，成山头周边乡村具备农、渔两种形态。出海渔民的土地，由专事农业的村邻帮助侍弄，而渔民除了以鱼虾海鲜回馈，爬虾、小鱼这些也会送给农民作肥料使用，互利加深了渔农之间的感情，为表达日渐累积的感激之情，当地大户便在农耕、出海前召集组织乡邻，"把酒话乡情"。大户们备足食材，乡民自然也争相奉献聚会物品，全员动手，佳肴飘香，场面热烈，路人也会成为座上宾。祭海祈福，团坐共饮，民俗会演。成为当地一年一度最大的公共事务。而运营资金由"会"筹集，会首负责。

---

① 《大安舍村村史》，2003年12月自编，第150—151页。

② 家祖庙和会地一般是前辈留下的本家族的公有财产。家祖庙专作祭祖之用；会地靠收地租用于本家族吃会的开销，吃会本家族按规定年龄的男性，每年寒食节、阴历十月初一上坟祭祖回来吃会。利用出租会地的钱，钱收得多了，吃会年龄放宽，吃的顿数也不等，饭菜质量也不一样，主要是看本家族公地公共收入而定。

③ 陈宝良：《中国的社与会》，中国人民大学出版社2011年版，第408—409页。

(二) 家庭乡里的互融

1. 由家庭到乡里

中国传统社会是以血缘、地缘为基础的社会，普通事务一般从家庭内部延伸到家族，然后再推广到社会乡里，其涉及的范围逐步扩大。作为中国传统的民间金融组织，源于家族的"会"逐步推广而进入乡里社会。从一些民间立会时的会书可发现端倪，如《嘉庆十九年德应等会券》记载：

> 盖闻戚友有通财之义，经营有襄助之情，是以义而成会，情洽以通财。虽会息之无几，要而必行于始终，凡承雅爱，务相同志，无逾期日。敬邀戚、友五位玉成一会，每位请出钱一千文，共成五千正，付首会收领。会期公议个月一轮，至会期首会前三日具帖邀请。首会每次填钱一千二百文，已、未得者每位填银〇两〇钱〇分，俱议现银上掉，然后拈阄动股，点大者得会，如点相同者，尽先不尽后。立此会券，各执一本存据。[①]

又如徽州《道光九年（1829 年）舒灿□等会券》：

> 盖闻戚友有通财之义，经营有襄助之情，是以义而成会，情洽以通财。虽会息之无几，要而必祈于始终。凡承雅爱，务相同志，无逾期日。敬邀戚友六位玉成一会，每位请出员钱五千文钱　分，共成三十千文整，付首会收领，会期公议十个月一轮，至会期，首会前三日具帖邀请，首会每次填银　两　钱　分，未、已得者，每位填银　两　钱　分，俱议现银上掉。然后拈阄动骰，点大者得会，如点相同尽先不尽后，立此会券，各执一本存据。[②]

通过上述会书的内容可以看出，会首与会友之间也多为亲戚或朋友

[①]《嘉庆十九年德应等会券》，原件由田涛收藏。
[②] 田涛、宋格文 Hugh T. Scogin, Jr.、郑秦编著：《田藏契约文书粹编三》，中华书局 2001 年版，第 62 页。

的关系，说明"会"是从家庭内部的亲戚逐步扩展到交往融洽的朋友，从而广泛地推广到传统的乡里社会。

2. 以"义"进入社会

与家族祭祖的"吃会"不同，社会和庙会的"吃会"作为民间信仰的经济行为，往往超出血缘范围而盛行于一定的公共区域内，推广过程从一个家庭扩展到多个家庭，以"义"为办会宗旨进入社会。由此关公因诚信之义而为其财神身份背书，如同治三年（1864年）所立崇拜关公的聚新会，其祭文有云："照公关公之位前，曰惟神义气凌霄，忠心贯日，扶正统而彰信义，威震九州；完大节以笃精忠，名高三国。神明如在，偏祠宇于寰区，灵爽丕昭，荐馨一于历代。屡征异绩，显佑群生。恭逢华诞之辰，典重明烟之庆。瑞云拜献，鼓瑟吹笙，俎头千秋，朋齐雍睦。尚飨。"[1]

安徽歙县的《光绪二十四年汪兆廷、罗连泉等会券》有云："盖会者，古人常以为结纳之情，如令名攸著，今以为汇聚之事，如义利有道，是皆名利两途之设也，予窃效之。今特相邀亲友雅爱，玉成一会。"[2]

从上述会书可知，当"会"由传统的"熟人社会"进入"生人社会"之时，在失去血缘关系作为基本保障的情况下，办会之人往往借助"仁义""忠义"的思想，将"会"推广到更为广阔的社会范围。

3. 因"低利"而盛行

家庭和乡里民间行事的经济基因的金融因素，开始向诸多社会层面、以"会"的形式将金融借贷的信用实质性流布。中国民间借贷的利率向来比较高，高利贷盛行。民国时人有云："我国市场利率，素称高昂，民间借贷，更见綦重。其名称奇特者：如印子钱、加一钱、老鸦钱、转风钱等，取息之高，往往出人意料。即以全国金融中心之上海而论，三分四分之月息（月利3%—4%），为普通社会所习见，而不以为奇，通商大埠如此，内地情形，可以设想。"[3] 1934年，实业部中央农业实验所农业经济科对全国22个省份的借款利率进行调查，结果全国借款利率平均

---

[1] 张介人编：《清代浙东契约文书辑选》，浙江大学出版社2011年版，第111—113页。
[2] 《光绪二十四年汪兆廷、罗连泉等会券》，原件由田涛收藏。
[3] 王宗培：《中国之合会》，中国合作学社1931年版，第267页。

水平为年利 10%—20% 占到 9.4%，20%—30% 占到 36.2%，30%—40% 占到 30.3%，40%—50% 占到 11.2%，50% 以上占到 12.9%。① 虽然国民政府为控制高利借贷，提出"以超过年利 20% 或月利 1.67% 就算高利贷"②，但这一法定利率在民间并未得到很好的执行，导致"富者益富，贫者愈贫，不得已铤而走险者，实不能屈指累计"。

"会"作为重要的民间金融组织盛行于全国各地，利率较低是不可忽视的因素。合会"不须抵押品，会费比较小额，利率较高利贷低廉是也"，合会中还存在只还本不付息的"拔会"，以及本金都不需要归还的"单刀会"等一些特殊的形式，正因为如此，合会降低了平民因高利贷盘剥而导致家庭经济破产的概率，被认为"此种合会之组织，于现在苦于金融枯竭之中国农村，确为农民从高利贷业者之手，自谋解放之一手段，为农民自身组织之金融机关，意义至为重大。且此种组织遍行全国，似为现今中国农民可借以对抗高利贷资本之唯一方法"③。

第三节 "会"的金融创新

1912 年，经济学家熊彼特出版《经济发展理论》，首次提出了创新理论。他认为创新就是把一种从来没有过的生产要素和生产条件的新组合引入生产体系。他归结为五种情况：（1）引进新产品或提供产品的新的质量；（2）引进新技术或新的生产方法；（3）开辟新的市场；（4）获得原材料或半成品的新的供应来源；（5）实行新的企业组织形式。创新是经济概念而非技术概念，可以通过模仿和推广来促进经济的发展。金融创新不仅体现在产品层面，更体现在制度层面，也是金融业影响经济最有力的、带有时间变量的触角。而中国传统金融的创新是真正地以金融为手段，将社会信用和金融信用有机结合在一起的促进经济社会发展体

---

① 实业部中央农业试验所：《各省农村金融调查》，《农情报告》第 2 年第 11 期，1934 年 11 月 1 日。

② 李金铮：《借贷关系与乡村变动——民国时期华北乡村借贷之研究》，河北大学出版社 2000 年版，第 52 页。

③ 黑田诚：《中国农村金融之现状》，罗理译，《农村复兴委员会会报》第 1 卷第 6 期，1933 年 11 月 26 日。

现金融重要性的典范。相较于西方金融的创新，中国传统金融的创新范畴更广泛、形式更活跃、与社会结合更加密切，从而构架了中国传统经济行为方式的文化。

作为传统的民间金融组织，"会"既有中国古代特有的契约精神，而且具备现代众筹的基因，因资金信用而标的各种事业，在金融领域呈现出了无限的创新能力。

（一）组合形态的创新

近代随着民间对于资本需求的增长，"会"与新兴事物相结合，产生新的组合形态。

光绪三十二年（1906年）正月，三代居美的回国侨商候选道徐锐向商部申请招募侨商股份建立公司。他原有在上海创办中国振兴商务轮船、银行、保险公司的计划。宣统元年（1909年）六月，他发起成立中国积聚兴业银行有限公司（或称中国积聚兴业银公司，后又改称华侨积聚兴业银公司），经两广、两江总督批准，总公司设广州，先后在新加坡，以及中国上海、北京设总分公司，以传统会的方式整合股份公司办银行。《中国积聚兴业银行有限公司简章》规定：

> 本公司仿西人集会代股分期收银办法，组合二十万份为一会，首满之会名为甲会。今甲会虽经集足，已于本年六月十五日当众开号，然资本愈厚实业愈宏，故股份仍须陆续招集，以期由甲会而乙会，而丙会丁会也可次第成立，以厚储资本，惟专收华股不收外股。
>
> 本公司之会，既以二万份为额，即编定二十万号，由一号至二十万号止，每年开四期，每期每份供银一元，以七钱二分为本位，六年为满，共二十四期。[①]

这种集会代股的办法公司方面称是仿自西法，但"集会"的名称完全是中国式的，"集会"即合会，是中国民间传统借贷形式之一的专称。是将西方股份制与中国的会融合的一种方式。

民国十年（1921年），肇庆人冯达纯在广州创办南华置业储蓄有限公

---

① 《公益总银行代理中国积聚兴业银公司招股广告》，《申报》1910年1月23日第6版。

司,经营不动产。以"三益会"的形式在华侨、归侨及基督教教友中广泛吸收存款,作为资金,《南华置业储蓄有限公司三益会章程》规定:

一、本会以四十一分为一组,每年开会三次,每组开投一份,连开至四十一次为满。以每年旧历二、六、十月十五日为开会之期,如是日礼拜,则为十四日。

二、本会开投时出票之银,第一会每组三百元,该银由生会共同科足。自第二会至三十会每组也科三百元,该会先由熟会每份科银十元后由生会共同科足。自三十一会至四十一会则三百元起码,每会每组均递增十元,该银由熟会每份科银十元,便可足数,无庸生会再科。故生会科银至第三十会乃止,而熟会科银则直科至第四十一会为满。

三、本会每会开票,均是先将每组出票之银扣起二十八元,作为本会办事经费,而后当众以暗票开投,以领少者得。若是同票则先开者得,若有银领剩则为生熟会共同均派,倘无人落票,则用抽签法,抽得其名者作为领会,如不在场,作为默认。①

上述两例,不仅是"会"与近代有限公司相结合所产生的新型组合形态,而且在经过一定的发展之后,中国积聚兴业银行有限公司选择了在"本公司一俟集足股本即先开设银行"②,而南华置业储蓄有限公司则是与嘉南堂合资创办了嘉华储蓄银行,③ 成为中国传统金融与近代金融的又一种新型组合形态。

(二) 制度创新

金融创新有广义和狭义之分,狭义的金融创新仅指金融工具的创新,广义的金融创新则包括金融工具、金融市场、金融制度在内的整个金融体系的创新。④ 作为金融组织,"会"在制度方面的创新也是其金融创新

---

① 冼锡鸿:《嘉南堂·南华公司·嘉华储蓄银行》,《广州文史资料》第14辑,第69—79页。
② 《公益总银行代理中国积聚兴业银公司招股广告》,《申报》1910年1月23日第6版。
③ 冼锡鸿:《嘉南堂·南华公司·嘉华储蓄银行》,《广州文史资料》第14辑,第75页。
④ 杨星:《金融创新》,广东经济出版社2000年版,第3页。

的重要组成部分。

1. 担保制度

会原本"集会筹款,以应其需,无非仰诸亲友,注重信用",故无须任何担保。例如盛行冀南的旧式信用合作制度"拨会",就是完全根据信用而不用任何担保品的一种借贷制度,由始至终只有一本账,此外没有什么文件或契约。天津的"老人会"也是"最要是以信用为基本"。但随着"会"的规模日益扩大,会员可能来自不同的家族、村庄,彼此之间也互不熟识,常发生诉讼且无法解决。为应对可能存在的风险,一些"会"便在运行中设置担保制度,如一册民国《摇钱会簿》规定:"倘有每年填仄不清,自愿将受分之业,地名老井湾田地作抵,任随会内人自耕另佃馀,不得异言反悔,口恐无凭,立会簿为据。"①

《民国二十三年十二月初十日四乡人寿互助义会会部》也规定:"凡入会须要二服内亲人担保,倘一家有老者上升,收了寿金,其子妇系属会友,中途不供份金,应责成联保家负担,以为借老骗取寿金者戒。"②

通过担保制度的设置,避免了会员之间不必要纠纷的发生和会内资金的流失,确保了"会"的正常运行和长期存续。

2. 转让制度

在各种"会"运行过程中,得会方式不同,往往出现会员因特殊事务急需使用会款、但却未能顺利得会的情况。"会"有互助性质,灵活转让制度便应运而生,从而根本保障会的信用和正常延续。比如《陈中品卖古盆会田契》记载:"光绪三年十二月外,收陈中品古盆会契乙支,当付九四大钱三千。张月房仁金过,又收老契乙支,共拾贰脚得半脚。批:张月房来,张日房合会;日、月两房十二股得乙股。"③

民国时期,北京摇会"买会",也是转让制度之一。摇会有时接连若干次均有不能得会者,甚至多出钱也不能得到,假使甲接连数次均未得会,而又急需款,变通之法即"买会"。流程为"甲既因需款而买会,则可向会员中得会者之乙商之,由甲出资若干是为买价,买价均系由得会

---

① 《摇钱会簿》,按原件实物录入。
② 《民国二十三年十二月初十日四乡人寿互助义会会部》,原件由戴建兵收藏。
③ 张介人编:《清代浙东契约文书辑选》,浙江大学出版社2011年版,第130页。

者自定其价值,是为让与之报酬也。甲如因乙所索之卖价合意时,即按乙所索之卖价出资买之,买得之会也与自己摇得之会相等。故甲买得会后则由请人将甲之竹签涂之以墨作为黑签,其卖会之乙则仍为白签,以后仍有摇会之权利也,换言之即仍有得会、得彩之权利也。甲则自此至斯会完了,即不能再得会、得彩矣"①。

因此,转让制度的产生,使"会"的运行更加灵活,成为民间金融中一种简单有效的变通之法,也是会的信用得以延续的保障。

3. 租赁制度

一些规模较大的"会",内部各项活动的开支均需要全体成员共同承担。大多数会员均系中下层平民,经济实力有限,仅依靠会金维持组织正常运行远远不够。将"会地"等不动产实行租赁,便成了增加会产收入的一个有效手段。如清同治六年(1867年),广东顺德《创建大宗祠合德堂三益余原议章程》规定:"会满之日,将余银置业收租,一半留存带长,以供岁修及重建之用,一半充作祀典,务须撙节,以留后用。"②

又如《民国十四年厚和执肖祖扶尝公益会部》规定:"会满之日,各人银两,本利俱已收回;所存溢息,自当置买产业,以作永远颁胙及预备尝款支绌,或提作助学之用;倘租息日增,或作各种善举,到时再行酌议,但愿我房子孙,竭力维持,俾垂永久有厚望焉。"③

上述两例可知,通过租赁增加了会产收入,为组织的长期稳定运行提供了经济保障。

(三)近代会的创新

金融的社会功能之一就是使人们的想法通过资金的运用而转变为现实,这是近代中国社会政治借款等概念的根本所在。随着时代发展,"会"被广泛运用于社会生活的诸多方面,成为无冕银行,衍生出新型用途。从历史学的意义而言,它提示了社会运行的经济支撑运作。

---

① 郭瑞兴:《北平之债权习惯》(续101期)五,摇会(续),《京报》1933年2月14日第10版。
② 何兆明主编:《顺德碑刻集》,广东人民出版社2012年版,第195页。
③ 《民国十四年厚和执肖祖扶尝公益会部》,原件由戴建兵收藏。

1. 社会动员

纵观中国的历史，起义、暴动、革命等不同类型的群体事件无论组织者目的如何，均需要资金、物资作为经济基础方可起事。其中，清朝末年浙南的"金钱会"起义便是以办会的方式起事的典型。

金钱会属天地会流派，成立于清咸丰八年（1858年），从咸丰十一年（1861年）起义到同治元年（1862年）失败。作为近代太平天国起义期间闽浙边区规模最大的农民起义，金钱会采取由入会者缴纳会钱的方式募集资金，《会匪纪略》记载：

> 钱仓埠役，设店以寓客，尝以结盟拜会，聚诸恶少年。既而周荣至，复谋聚众敛钱，自云得金钱于山中，后当贵。于是与奸民朱秀三、谢公达、缪元、张元、孔广珍、刘汝凤等八人，合谋为金钱会，而先诱钱仓汛外委朱鸣邦使入会，依托钱仓山庙神以惑众。入会者，纳钱五百于会首，则诣庙神，誓无负约；人给大铜钱一枚、红帖条约一纸，无少长老幼皆相呼曰兄弟。其钱文曰"金钱义记"。其帖分八卦，卦以三千人起，数至五六千人，以张声势。①

金钱会参加会员达数万人，势力曾席卷浙南地区和福建东北。

1894年11月24日孙中山在美国檀香山创立了兴中会，近代资产阶级在策动革命时也采取了相似的办法。孙中山在领导革命时组织"兴中会"，1894年，孙中山在檀香山成立兴中会的重要作用就是用"会"的功能为革命筹款。据《檀香山兴中会章程》规定："凡入会之人，每名捐会底银五元。另有义捐以助经费，随人惟力是视，务宜踊跃赴义。凡会中所收会底各银，必要由管库存贮妥当，或贮银行以备有事调用。惟管库须有殷商二名担保，以昭郑重。"②

1899年7月20日康有为也在加拿大与华侨李福基、冯秀石等人成立"保救大清光绪皇帝会"，又称"保救大清光绪皇帝公司"，简称"保皇会"。《保皇会条例》中也明文规定"入会者须缴会费2元，作宣传、通

---

① 聂崇岐：《金钱会资料》，上海人民出版社1958年版，第46—47页。
② 孙中山：《孙中山全集》，中华书局1981年版，第19—20页。

讯、办报之资，并集资开矿、兴办工商"。"保皇会"甚至直接就叫"公司"，是用来筹款聚资的。

民国年间，在广东阳春等地民间自办金融合会，有月会、季会、半年会、年会和多年会，因可收"储蓄、借贷、周急"之益，故称"三益会"。1946年春，中国共产党阳春县地方组织，春城永生堂药店，掌柜是中共党员邀集谷会，筹集资金扩大药店流动资金，以增收盈利，供应党组织经费和购买军用物资，支持人民武装斗争。①

2. 社会事业

社会事业以提高社会福利为导向，从而体现经济效率和社会公平、在宏观层面制定统一政策并实施调控的公益性事业。涵盖了科学、教育、文化、医疗卫生、社会福利和社会保障等领域中的公益性部分。"会"的广泛盛行，普遍运用于社会事业的发展与建设之中。以教育事业为例，民间家族以办会的方式资助教育的情况极为普遍，如《民国十四年厚和执肖祖扶尝公益会部》有云："会满之日，各人银两本利俱已收回，所存溢息自当置买产业，以作永远颁胙及预备尝款支绌，或提作助学之用。倘租息日增，或作各种善举，到时再行酌议，但愿我房子孙竭力维持，俾垂永久，有厚望焉。"②

民国二十一年（1932年），广东《多凤储蓄会纪念碑》③记载："有教育，乃有人材。财政裕，乃可培教育，欲求教育长足进展，故为多凤学校筹款焉。是以联合同人，组成斯会，各份先捐会本，递次按月开投。年中余资，充本校经费。他日完会，所存会款是为本校基金。"

此外，民间也以办会的方式进行拍卖搞慈善，如《普仁善会书画券》④载：

> 本堂办理善举已历五十余年，虽无恒产，幸蒙各界善士乐助，尚可支持。不料灾患频施、连绵不绝，如今春之四川兵燹未平而苏

---

① 阳春市地方史志办公室编：《阳春县志》，广东人民出版社1996年版，第453页。
② 《民国十四年厚和执肖祖扶尝公益会部》，原件由戴建兵收藏。
③ 东莞市文化广电新闻出版局：《东莞历代碑刻选集》，上海古籍出版社2014年版，第377页。
④ 根据《普仁善会书画券》实物录入。

常昆青嘉等县之雹灾又降，民房尽毁、田禾全伤，以致贫民无衣无食，嗷嗷待哺，闻之凄惨，观之心痛。哀我同胞何其否运如斯耶。敝堂虽欲稍尽绵力，无奈力与心违，不得已愿将各界善士所赠名人书画古玩以及同人等家藏各种字画编成书画券六千张，每张收洋一元，定于旧历七月二十日邀请绅商名士，假座陇商会馆当众开号，届时不中者每张各赠值洋四角之书籍于邮局奉上。如该券遗失即以收条核对，也可领取。

3. 建筑事业

社会平民生活，除婚嫁、丧葬人生大事之外，家居、公共建筑如庙、所、观、堂是重大事项，工程耗资较巨。民间通过办会的方式筹资用于建筑。如清乾隆五十六年（1791年）《重建上帝祖庙碑记》有云："乾隆庚子，乡人复起重建之议，然以所贮无多，未遽兴役。乃先请集百益会银，积放生息。"[①]

民国时期，广西临桂县民间有"路会"和"桥会"，基金自筹，由民众推选素誉清正的人主管，分别负责村路、乡路的修建和维修以及支付架桥的木料和工匠费用。为少数民族地区的百姓解决了不少困难。

4. 旅游娱神

"会"的源头与民间的神灵崇拜有关，因此，除上述的几个方面之外，办会用途方面的创新还包括旅游娱神。比如乾隆十三年（1748年）山西晋城市阳城县的《金顶会碑记》记载了从明代就传下来的金顶会："盖悉遵昔日先赠相国祖昌会之始所定规制也，迄今近百年矣。""三年一举。"乾隆四十二年（1777年）五月《西山院》碑文又云："金顶会相沿最久，每岁三月之初三日，居人联集，各出资数百文，三年一易。""跋涉千里敬朝武当之山。"会不仅为神灵崇拜在民间的广泛传播提供经济支持，也使虔诚者获得了精神的寄托。

5. 博彩高利贷

"会"者，"缓急相济，有无相通；有往必来，有施必报；自古以来，

---

① 陈建华主编：《广州市文物普查汇编·萝岗区卷》，广州出版社2008年版，第156页。

即本此旨以称会"①。其始本在互济互助,周人之急,以免受高利贷的盘剥。然而资本是有其自身发展规律的,成为高利贷资本的重要来源。典型的如番禺碧沙王秋波祖三益银会,创会的目的就是追求利润,而非为宗族谋益。该会以王秋波祖之名吸引其属下及各地不同姓氏者四百五十四人参加,内设五十一首会(称五十一大股),第一会每股各养银三两三钱三分四厘,除去银会经营费用外,投入生息资本的会银共五千一百两。参加的有士绅、地主、商人,以及不同族姓的祠堂。地域包括乡村和市镇、本房等共27个地区。主持此会的族绅把零散的游资汇集起来投入高利贷活动。②民国时期上海标会盛极一时。无业游惰依仗恶势强制请会,自为会首,将收得会款转放高利贷(俗称印子钱)。譬如集会百人,每人于第一次出款十万元,一百人共为一千万元,首会一次收入,后转放他人,每元每月可得利至少三角最多六角,每千万元,至少可得三百万不法利润。③"会"的资本属性已从缓解高利贷剥削转变为助长高利贷流行。

合会中的"标会"起源广东,竞标的竞争性引发赌博现象。1921年10月《申报》记载:"新闸路和乐里一千八百二十五号屋内,设有赌博花会机关,捕头即率同中西包探,协往调查,适有多人正在标会,因其形迹可疑,遂将屋主妇人徐李氏、书写会簿之杨文鸿、及妇人王李氏、洪王氏、黄林弟、王小妹、黄余氏、俞王氏、刘黄氏等男女二十四人,连同会簿会洋,一并带入捕房,着徐李氏、杨文鸿各存洋十元,余各存洋五元保出。""以标会迹近赌博,且情属可疑,会判徐李氏杨文鸿各罚洋十元充公,其余从宽免罚,一并开释,会洋没收,会簿涂销。"④世人对标会多持否定态度,认为其近似赌博且风险较大,一旦解体将造成严重后果,《益世报》评论称:"标会之说,一唱百和,各处风靡,而其所以如此之盛者,据个中人言,其一种则放印钱人,即以此标得半数之金,转放他人,可获倍蓰重利,故标会较为合算也。其一种则赌博之徒,以囊中急欲得钱,不惜重价标之,孤注一掷,期在必得,不问合算与否也。

---

① 王宗培:《中国之合会》,中国合作学社1931年版,第1页。
② 叶显恩、谭棣华:《略论明清珠江三角洲的高利贷资本》,明清广东省社会经济研究会编:《明清广东社会经济研究》,第194页。
③ 《风行沪上的标会内幕》,《申报》1946年11月22日第3版。
④ 《标会以赌博论》,《申报》1921年10月14日第15版。

而妇女好利性成，欲于此中霑其余润，赢其生息，故赴标会者尤多，然也颇有贪小利而失巨资，顾目前而悔将来者，何也。以标会之成也骤，而其坏也也速，半途解体，意外生波，其结果往往如是。"① 呼吁禁止标会，一些地方政府曾颁布法令"标会一种，全采投标办法，似有所不合，着即取缔云"②。

堆积会与缩金会都是民间最通行的摇会，组织不限人数，会的信用破裂更容易引发社会动荡。清光绪二十年（1894年）间，上海流行蟠桃会。这种蟠桃会都是总式，会金吸纳皆用上海通行的挑打庄庄票，为会脚以重利贴来。这种庄票并无相当准备，多是一两个月的远期票据，一旦钱庄搁浅倒闭，庄票就等于废纸。蟠桃会倒闭后，影响所及一百数十万元，涉讼至公堂也无法处理，最终以摇会迹近于赌博，认赌服输不了了之，为害非浅也。由此此种大会后来日少。

第四节　传统金融组织"会"在金融领域的启示

金融是现代经济的核心，作为民间金融的重要形式，"会"在金融领域的创新，在众筹盛行过后的今天，让我们以新的视角全面地审视中国金融史和传统金融的地位。

（一）传统民间经济活动中可不需要银行

银行在中国为西方舶来，最早出现于13世纪意大利的威尼斯。18世纪末至19世纪初，银行在欧洲已得到普遍发展，很多至今对社会具有很大影响力的银行都在此期间陆续创立成型，如英国汇丰银行、德意志银行、瑞士瑞银集团等。然而，直到1845年，英国丽如银行在中国开设第一家银行以后，英、美、法、俄等国相继在中国开设银行。1897年中国才正式成立第一家银行——中国通商银行。

在漫长的传统社会发展过程中，传统的经济活动中并没有出现银行的身影，原因之一是由于中国民间盛行着各种类型的"会"。

传统经济活动中，"会"承担了诸多的金融功能。明清时期，徽州地

---

① 实秋：《标会不如储蓄》，《益世报》（天津）1926年7月26日第14版。
② 《社会局取缔标会》，《中央日报》1930年3月7日第3版。

区盛行"钱会"。搭建了经营者的融资平台,在乡族社会和商业经营中发挥了重要的融资功能。以储蓄为例,如直隶省之"攒钱会"、武汉之"堆金会"、胶东之"自治储蓄会""同志储蓄会"与粤省之"三益会"等,采取合会方法,以互相勉励储蓄为目的,① "会"常与生产的相结合。清光绪八年(1882年),广东佛山西樵地区简村元宰祖祠堂发起了一个"会",目的是开辟新的桑基鱼塘。

广西农村流行有"鸡会"与"猪会",是由乡村中妇女组织。将会员股金收集后,买小鸡数只或买小猪一只或数只,轮流豢养,其法即以拈阄为准,以定饲养之先后。平常对猪每会员饲养两个月,饲养平均须一律,以免纠葛。养大售出所得金额共同分配,分银之日聚餐一次联欢。②类似于当今曾在世界大行其道的优努斯银行。

随着"会"在金融领域的不断创新,其又进一步拥有了抵押、转发、租赁、放贷等功能,涵盖的方面日益广泛。

与银行相比,"会"在中下层平民间有很多优势。"会"作为天然具有互助性质的民间金融组织,参与成员以血缘、地缘等关系联结,在一定程度上规避了风险,加之运行几无成本,其交易费用非常低,无须银行、信用社等金融机构要求的一系列抵押及组织审批程序。且"会"贷款利率比银行低,存款利率比银行高。

当然,毋庸置言,"会"不具备银行大规模投资的能力,满足不了近代资本主义大机器生产的资金需求。

(二)"会"需纳入法律规范的框架方能发挥积极作用并得以长期存续

"会"在民间广泛盛行,其由特定关系的成员组成,以一定的规则运作,又按一定的周期解散,且因社会环境与公共金融机能的不发达而顽强存续。但战争、天灾、人的信用危机等又是"会"无法预测的。"世风日下、欺诈迭出",由熟人社会进入生人社会的离散风险日增。

"会"虽在中国大陆走向了衰落,却在海峡另一端的台湾地区凭借法律的支持,以新的形式存活了下来。1945年,台湾地区制定《台湾省合会储蓄业管理规则》《合会储蓄契约》等成文法规,将该行业的发展置于

---

① 王宗培:《中国之合会》,中国合作学社1931年版,第75页。
② 李纪如:《广西农村中固有合作的调查》,《新农村》第16期,1934年9月15日。

法律的规范之下。因此，台湾的"会"在注入了新元素之后，以民营公营的合会储蓄企业与民间并行，逐渐蓬勃发展起来，到1976年以后改制成为中小企业银行，走出了一条迥然不同的发展道路。直到今天，台湾地区仍有活跃着各种类型的"会"。

市场经济下的一切社会经济行为，都应纳入法律规范框架才能发挥其在市场中的积极作用，这是"会"这种金融组织得以长期存续的重要保障。

(三) 为当代金融的改革提供了可资借鉴的历史经验

我国金融活动历时悠久，创造了很多世界第一，包括最早的纸币、最早的汇票和期票、最早的货币理论和实践等。1991年，邓小平就指出："金融很重要，是现代经济的核心。金融搞好了，一着棋活，全盘皆活。"[1] 习近平总书记强调："金融是国家重要的核心竞争力，金融安全是国家安全的重要组成部分，金融制度是经济社会发展中重要的基础性制度。"[2] 2017年7月召开的全国金融会议展现出中国金融改革"顶层设计"的胆略、气魄和格局，为中国实现"金融稳、经济稳；金融强、经济强"的发展目标奠定了基础，将金融安全从技术层面提升至战略层面，将金融发展从行业维度提升到国策维度。

金融是国之血脉，从近代历史来看，世界强国的崛起往往同其金融能力有关，而大国博弈的重要表现形式之一就是金融竞争。16、17世纪，荷兰能够击败当时强大的西班牙、取得海上贸易霸权，其银行、证券交易所构成的初具现代特征的金融体系扮演了重要角色。17、18世纪，英国发生的以中央银行、国债市场、股票市场等为主要内容的金融变革，为技术创新产业化提供了资金支持，成为工业革命的催化剂，助力英国成为所谓的"日不落"帝国。美国作为一个后起大国，早期大规模经济开发和产业兴起很大程度上得益于其金融体系的资金动员能力。第二次世界大战结束后，美国主导建立布雷顿森林体系，美元取代英镑成为主要国际货币，美国在国际资本市场上的主导能力大幅增强，为其谋取霸权、成为世界头号超级大国提供了重要条件。从思想的层面而言，金融

---

[1] 邓小平：《邓小平文选》第3卷，人民出版社2006年版，第366页。
[2] 《习近平谈治国理政》第二卷，外文出版社2017年版，第278页。

理念决定着人们经济思维的进化。

（四）中国传统金融文化的特质

党的十九大胜利召开之后，"加快完善社会主义市场经济体制"与"乡村振兴"战略迅速成为学界讨论的热点问题。鉴于民间金融在弥补正规金融不足、活跃民间经济、稳定社会秩序等方面的重要作用，建立规范的民间金融市场，构筑完善的民间金融体系势在必行。作为中国传统的民间金融组织，"会"在金融领域的创新不仅满足了中国人在传统金融活动中的各种需求，更为重要的是这种创新一方面启示我们在社会主义市场经济建设和金融体系改革中，可借鉴中国金融发展的历史经验服务于当代；另一方面，这种创新也启迪我们无论是在金融改革、还是在社会建设中，都应该用科学的、理性的态度，传承和发扬包括传统金融在内的中国传统文化。

传统的"会"，传统经济组织形式中的"顶身人力股"和"分货制"，是传统中国经济生活中，特别是在资本匮乏状态下运用于社会生活，最具典型意义的三大标志。

创新体现了人类认识事物的主观能动性。"会"的运行更加灵活且避免了不必要的纠纷，达到了金融制度创新的目的，起到了近代商业银行在社会中所起的作用，成为资金与事业之间的媒介。

第十三章

近代货币制度改革

第一节 近代白银核心型货币体系

1890—1935年，国际货币经历了金本位制由稳定到崩溃及信用货币应运而生的时期。中国则走过了货币发展的异常复杂时期，从清中后期主要流通银两、铜钱和纸币（含私票），到晚清民初流通银两、银元、铜钱、铜元、纸币（含私票）等货币，以及废两改元确立银本位，再到发行金汇兑本位下的信用货币（管理通货）——法币。在学术界，关于近代中国货币体系以及有关货币史和金融史的著作已经很多。但依据金融学学理，仍有深化的必要。本书研究的近代货币特指自1890年中国机制银元产生至1935年法币改革期间的中国货币，力图将历史学、经济学（金融学）、钱币学三者结合起来，对中国近代货币体系进行分析，总结出近代中国经济发展进程的一些规律。不当之处，敬请方家指正。

一 白银核心型的中国近代货币体系

货币本位（standard）是一国货币制度所规定的货币的基本单位与价值标准。金本位是以一定量的黄金来表示和计算货币单位价值的货币制度；银本位是以一定量的白银来表示和计算货币单位价值的货币制度。此外，还有因经济发展状况及金银供给等问题引发的两本位制，即金银平行本位制和金银复本位制。两者的不同之处在于平行本位下的金币和银币可以自由铸造，而复本位制下的金币与银币之间的交换比率是以法律形式予以规定的。

金融与贸易密切相关。任何时代金融交易都是贸易交易的自然延伸。

金融的发展加速国际经济的一体化进程。19世纪末至20世纪30年代，国际货币体系经历了金本位崩溃、金本位制衍生的如金块本位、金汇兑本位流行及向管理通货（纸币）发展几个较大的变动阶段。1914年第一次世界大战爆发后，由于各参战国禁运黄金、纸币停兑黄金，导致国际金本位制实质上被废止。战后，随着1925年英国恢复金本位，各国也相继恢复金本位，但实际上黄金的地位被大大削弱。除美国继续维持金本位制、法国和英国推行金块本位制外，其他国家则大多实行金汇兑本位制。即使实行金本位制的美国，为了减轻压力，极力主张以国际金银复本位制来替代金本位制。金汇兑本位制经过1929—1933年的世界经济危机也岌岌可危。1931年9月，英国第二次放弃金本位。为维持国际贸易，英、美、法均组织各自的货币集团。同时，世界币制也发生变化。随着中央银行制度在世界范围内的发展，信用货币（管理纸币本位、管理通货）制度开始在世界范围内建立。

1840年后，中国被迫融入世界经济体系。然而，在相当长时期内，中国货币本位并没有与国际接轨。

近代中国的货币，种类极为复杂，在市场上流通的主要有：银两、银元（自铸和外国银元两大种类）、制钱、铜元、银行券、私票等。时人多认为近代中国货币"芜杂紊乱"，是"最复杂的一种"，外国学者认为近代中国货币"缺乏体系"，甚至有中国经济学家认为"吾国历来，仅有货币，而无币制"。

具体到光绪朝中期以前的货币本位，学术界流行的说法有两种：银钱平行本位、银铜复本位，其学理来源均为上述西方金银平行或复本位制，实际均不确切。因为清代流通的银锭和铜钱都近似本位货币，但是银两是可以自由铸造的，而制钱却被清政府严格控制和管理，严禁民间私铸，私铸首犯及匠人均治以处斩等重罪。这与金银平行本位制中金银均可自由铸造为币的原则大相径庭。此外制钱是由贱金属——铜及铅、锌铸造而成，这与西方货币本位制度中两种货币金属均由贵金属构成，有着明显区别。无论是对货币单位，还是主辅币制度，货币本位都有严格规定。但是，中国的称量货币——银两的基本单位"两"及成色在国内却千差万别。此外，尽管清政府在清初就规定了银一两等于制钱一千文的比价，也极力维持，但实际上银钱比价随行就市、时有变化，银两与制钱并非主辅币关系,这与复本位制中两种货币金属的法定比价是不一致的。因而此时的货币与严格意义上的任何本位制度均有较大距离。

那么,自光绪朝机制银元出现后,中国是否开始进入银本位时代呢?

光绪十六年(1890年),广东钱局银厂开始铸造银元,随后各省纷纷仿效,使中国的货币流通领域出现新的等价物——银元,掀开中国近代货币史新的一页。1905年10月,清政府财政处拟定《铸造银币分两成色章程》十条,确定了本位货币为库平一两;1910年又订立《厘定国币则例》,规定了银币的重量及其辅币;1914年2月北京政府颁布《国币条例》十五条,对银币的面额、重量、成色、辅币等均作了相应的规定,有学者由此认为此时的中国已为银本位。不过,这些条例仅是具文,当时流通领域中的银质货币——无论银两、银元还是银角,均按重量成色天天有行市,彼此之间并非主辅币关系,从而谈不上银本位。对于晚清民初的货币制度,学者多因纷乱的货币现实而将之归为多元本位。

当时的中国处于世界发达国家均为金本位货币制度的国际环境之中。那么,中国近代究竟具有一种怎样的货币体系呢?

实际上,中国近代币制是十分独特的,没有严格意义上的货币银行学学理上的本位含义可以对应,其构成实质是十分独特的"白银核心型"货币体系。明代,由于对外贸易的发展,白银大量流入中国,以铜钱为币的传统改变,铜钱和白银(银锭和银元)均开始在流通领域发挥作用。清初沿袭明制,钱粮收银。顺治十四年(1657年),"直省征纳钱粮多系收银。见今钱多壅滞,应上下流通,请令银钱兼收,以银七钱三为准,银则尽数起解,其钱充存留之用,永为定例",从而强化了白银在货币体系中的地位。而在市场流通中,早在乾隆年间,市场用银已占据相当主导地位,当时朝廷下令"各督抚转饬地方官出示剀切晓谕,使商民皆知以银为重,不得专使钱文",商民大数用银,小数用钱。即使边远的西北地区也是如此。

之所以宜称之为白银核心型的货币体系,是因为近代市场上各自流通复杂多样的货币(纸币是硬币的货币符号)均以白银为核心兑换,并在市场上与之发生密切的关系。近代中国金融中心上海的货币市场,在1915年8月前为龙洋(龙洋折合银两数)行市,此后改为鹰洋行市。自1919年6月到废两改元前,上海货币市场每天挂出各种货币行市以及相应银两借贷利率，分别为：每日银元一元合规元的"洋厘"；约期买卖的银元市价即"期洋"；银辅币十角合规元的"小洋"；规元一百两合铜元的"铜元"；银元一元合铜元的"兑换"；小洋一角合铜元的"角子"；小洋一角需贴水合大洋一角的"贴水"。这些每日公布的货币行市均是以银两、银元、银角标价的。此外相当于当时借贷市场基准利率的"银拆"（即规元一千两之日利）也是以白银标价的。其他各地亦有相应的类似组织以银两和银元为标准，每日公布当地的货币行市。可见，白银居于货币市场的核心地位。

白银核心型的货币体系与银本位的最大不同在于：银本位制要求的是单一银本位币及相应的辅币制度，而白银核心型的货币体系没有单一的本位币，银元和银两均发挥着类似本位币的作用；同时没有辅币制度，银角、制钱、铜元实质上都不是银元或银两的辅币，均可独立在市场流通。

整体来看，法币改革前，近代中国的各种货币都与白银关系密切，均可通过比价折合为银元、银两，但折合比价是动态的，这与西方国家货币本位中非常重要的比价严格固定的主辅币制度毫无共同之处。

白银核心型货币体系是中国货币向银本位发展的阶段，发展过程是日益向银收缩。最初表现就是晚清民国后造币厂大量铸造的银元，一方面取替铜钱等传统货币；另一方面侵消市场上的银两地位，并导致虚银两制度形成。虚银两制度以一些区域性的大中城市为核心，并影响广大区域，如上海九八规元、天津行化、武汉洋例、绥远拨谱、营口炉银、安东镇平银、汕头七兑等。铜元随着银元流通及自身的滥铸，价值日低，使用范围缩小，实质是向辅币地位转化。1933年，废两改元，标志着中国进入银本位时代。

二　外国势力对中国货币体系的影响

（一）白银货币的外部供给

中国近代货币体系的核心是白银，其货币表现形式是银锭或银元。1492年美洲新大陆被发现后，世界产银量最多的地区为北美中部、南部。17世纪秘鲁、巴西发现新银矿，18世纪墨西哥几占该世纪银产量之半。但是，以白银为币的中国银产量"殊无几也"。明代以来，由于对外贸易发展，国外白银大量流入中国。至近代，中国产银量仍非常有限，北洋政府时期最高年产量不足5万两。1925年调查发现中国的产银地仅有五省，总额为35569两，其地域分布如表13.1。

表13.1　　　　　　　　中国各省的银产量

省别	产量（两）	值银元数（块）
湖南	20000	26000
四川	1569	2040
广西	10000	13000
云南	3000	3900
热河	1000	1300
总计	35569	46240

资料来源：企云：《远东之银》，《钱业月报》第9卷第6—7期，1929年。

因中国产银量有限，白银的输入自然十分重要。据杨格统计，1888—1931年中国共输入白银达103700万盎司。白银由外部供给这一特点对近代中国经济影响巨大，晚清的白银外流和国民政府时期的白银风潮均可归结于此。由于白银的外部供给，中国货币市场上极易创造出新的货币（如私票），日益激化复杂货币体系内的竞争，还导致中国很长时期内都是商品和白银双入超的国家。

晚清中国国门被打开后，逐渐纳入世界经济体系。民国时期，随着经济发展，对白银的需求日增。1890—1928年中国净入超白银627177427海关两。1918年中国成为白银纯进口国，这一年净进口白银达2350万关两。1925—1927年的白银进口分别为6300万关两、5300万关两、6500万关两。1928年、1929年两年更为突出，分别净进口白银10640万关两、10580万关两。与此同时，黄金净出口近200万关两。

货币量的多寡对经济是否发展影响巨大。因中国经济体内的货币量决定于白银的进出口，而白银的流动掌握在外人之手，导致了外国势力对中国经济的强力控制。

(二) 大条银市场被国外白银市场控制

白银的输出入与近代中国的货币数量、价值、汇率及内外贸易均有着直接关系。中国大条银市场被国外白银市场控制的最显著标志就是上海的对外汇价以伦敦大条银价格为标准。

中国白银输入早期，由于外商对华贸易逆差，需要向上海输入现银抵补。随着中国在当时世界经济体系中位置的确定，即沦为原料的产地及国外商品的市场，中外贸易日益扩大，国外实行金本位使白银在国外成为普通商品，再加上中国白银核心型货币体系日益向银收缩，中国对白银的需要量日益增大。近代中国形成了对外贸易常年逆差而白银仍大量进口的奇异现象。

第一次世界大战以前，居于世界金融中心的伦敦是唯一的白银市场。直到20世纪30年代以前，世界的银价由伦敦银市确定，银价的涨跌操于伦敦银市。伦敦市场有上海银条行市远期、近期两种价格，而纽约行市则仅有一种价格，一盎司白银的价格以便士或美金标明，每日9：30均由汇丰银行与外汇行市一起挂牌公布。中国是当时世界最大的白银输入国，一战前主要从伦敦白银市场通过外商银行购入白银。"伦敦银价的议定，常要探询汇丰、麦加利在上海交易的多寡；而伦敦现银的市价，则由上海汇丰银行隔日挂牌公布，决定当日上海对英汇价。"上海银市"大条银的交易，没有固定的市场，主要在银行，特别是在外国银行中进行，并且常常同外汇、标金互相套做"。

第一次世界大战爆发后，随着美国经济地位上升、实力提高，特别是其对世界产银量控制的加强，时人言："银贵银贱，其价格定之于伦敦，定之于纽约。"纽约银市地位不断上升，逐渐成为世界最大银市之一。上海大条银转而多从美国输入，数量超过了英国。如1931年，上海来自美国纽约的大条银达661000条，是来自伦敦112000条的5倍。仅纽约一地就有50余家银行接受中国各银行代理白银的交易。

外国白银是支撑中国金融中心上海资金链的重要砝码。《申报》时常报道大条银由伦敦或纽约运至上海，在上海银炉熔铸成通用的银锭（二七宝银）的消息。据统计，1919—1931年，上海进口的大条银有325000条熔铸为银锭，占进口总数的39%。其余的大条银则转运至国内其他重要商埠，如天津、南京、杭州等地，铸造宝银或银元。由于大条银与英汇、印汇存在投机市场，故也有少量大条银再由上海重新出口，运至印度孟买或重返英国伦敦套利。1919—1931年，中国共计输出大条银41000条，占同期进口总数的5%。

（三）外商银行控制中国白银

在近代中国白银核心型货币体系下，银行得银者得天下，银行的实力源于其对白银的控制力。汇丰银行就是如此。

建立以白银为基础的银行，是在中国实行资本迅速和大量积累的有效途径。晚清时中国海关总税务司的账户由汇丰银行掌管，款项存入该行。早在金本位时代，在中国的汇丰银行就控制了大量白银，向中国各省地方当局提供高额短期贷款，其利率要比付给各存户如财政金库的四厘利息高出许多。为了更强有力地控制白银，汇丰银行在世界各地广设分支机构，业务上注重金银的兑换，强调与相关金银业务相关的新金融工具的开发。汇丰银行买入和卖出的外汇总值经常占上海外汇市场成交量的60%—70%。

与此同时，近代中国连绵不断的战乱却对汇丰银行的存款持续增长十分有利。为了躲避战乱，中国的有钱人将白银运到上海、香港，在以汇丰银行为代表的英国银行开立账户。而汇丰又通过对资金的掌握控制了中国钱庄。汇丰银行在中国建立买办制度。香港的董事会企图控制信贷，依靠买办提供的拆款作为担保将其控制力延伸至钱庄。

真实白银的持有量更能说明外商银行在中国货币体系中的地位。1921年时，外商银行控制中国约70%的白银储备。而1921—1934年的情况，从上海中外银行存银底数的比较中可见一斑。见表13.2。

表13.2　　1921—1934年上海各银行现银存底折合银元总数统计　　单位：千元

年份	华商银行 库存数	比例（%）	外商银行 库存数	比例（%）	总计 库存数	比例（%）	指数
1921	21313	30.33	48950	69.67	70263	100.00	47.68
1922	28781	40.77	41813	59.23	70594	100.00	47.91
1923	29991	47.23	33511	52.77	63502	100.00	43.10

续表

年份	华商银行 库存数	比例（%）	外商银行 库存数	比例（%）	总计 库存数	比例（%）	指数
1924	48019	42.14	65919	57.86	113938	100.00	77.32
1925	62233	46.43	71817	53.57	134050	100.00	90.97
1926	73494	49.88	73859	50.12	147353	100.00	100.00
1927	79342	55.78	62907	44.22	142249	100.00	96.54
1928	102760	59.90	68781	40.10	171541	100.00	116.42
1929	144196	60.02	96064	39.98	240260	100.00	163.05
1930	166293	63.48	95663	36.52	261956	100.00	177.77
1931	179305	67.36	86883	32.64	266188	100.00	180.65
1932	253289	57.78	185050	42.22	438339	100.00	297.48
1933	271768	49.65	275660	50.35	547446	100.00	371.52
1934	280325	83.68	54672	16.32	334997	100.00	227.34

说明：表中数字为中国银行当时的查仓报告，以1926年指数为100，本表对原有表有删减。

资料来源：中国银行总管理处经济研究室：《中外商业金融汇报》第2卷第12期，1935年。

从表13.2可以看出，在美国等西方国家发生经济大危机前的1925年，仅从单纯的白银持有量考察，在华外商银行在白银存底上占有优势。世界经济危机爆发后，尽管华商银行白银存底已占优势（1933年因白银巨量外流例外），但考虑到外商银行对白银进口及对伦敦、纽约白银市场的掌握，以及此后由于白银贬值引发中国白银数量的绝对猛增，在白银核心型的货币体系没有发生根本变化的情况下，法币改革前在华外商银行通过掌握白银而控制中国的货币是毋庸置疑的。

（四）外商银行操控银两制度

外商银行除了控制中国的白银外，更为重要的是掌握了与白银有关的中国金融制度。近代银两制度的确立就充分反映了这一点。

自明代白银大量流入中国以来，流通领域或如东南沿海直接使用外国银元，或如内地将银元熔化成银锭使用。但直到清代中叶，百姓还需分辨银两成色，除官方平砝外，使用当地平砝。政府只规定了税收中常用几种平砝，如户部库平、漕粮的漕平。近代以来，随着沿海沿江口岸的开放，英国商人和银行参与了中国最有影响力的几种银两制度的制定。

上海开辟租界后，外国银行和外国商行交易最初使用的是西班牙银元，后因西班牙银元停铸，乃由外商银行与商界公议，于咸丰六年（1856年）起以上海豆麦行通用的"规元"为记账单位，所有商品交易往来收付都按银元折成"规元"入账。其后规元制度辐射到长江中下游和江南一带，成为近代银两制度中影响最大的一种。没有外商的支持，上海九八规元很难取得日后在中国东南地区货币核心的地位。

洋例银是近代汉口对内对外通行的一种虚银两，在长江中游影响较大。汉口开埠后，外商要求按上海规元之例，将当地估平宝银980两当作洋例1000两，以此为标准形成了新的洋例银制度，此后汉口商家相沿成习，以前各种平色的银两制度逐渐湮灭，洋例银成为主体。

关平银制度更是如此。五口通商前，外商缴纳关税均为"本洋"（西班牙银元），行商收取后再改铸成纹银（关饷锭），上缴国库。鸦片战争后，中国与英、法、美签订的《五口通商章程》《新税则》《望厦条约》《黄埔条约》，规定海关使用银币收取关税："交纳均准用洋钱输征"，废止行商与公行制度，建立海关监督特许的海关银号。1843年7月13日经在广州分析测验，中英双方确认海关使用的银两在"平"上使用粤海关的"平"，成色采用纹银。粤海关的"平"即关平。这就是不平等条约束缚的新关税制度下产生的中国海关使用的银两——海关两。新开五口缴纳关税统一实行这种新的银两单位。以外国银币交纳关税，必须折算成这种银两单位。此后《天津条约》再次确认了这一原则。

再如民国年间仍在使用的青岛胶平银亦是如此。一直到20世纪20年代末，青岛外国工厂产品仍以胶平银计价，中国人购买洋货仍须用胶平银，外商银行则可通过吸收洋商手中的胶平银，掌握其行市，进而操纵之。

三 近代白银核心型货币体系的影响

货币制度的确立有赖于币制的统一和规范，而币制统一和规范的前提是必须有强有力的中央政府。晚清以来，中国币制极度混乱，中央政府难以对货币的发行和流通实施有效管制，多次统一币制的努力均告失败。中国近代白银核心型货币体系正是中国近代特定的政治、经济环境孕育的怪胎，有着与生俱来的缺陷，并给经济环境带来负面影响。

(一) 白银核心型的货币体系传导经济危机

由于白银核心型货币体系的核心——白银由外国控制，故而世界银价的变动会引发近代中国的经济危机，从晚清时期的银贵钱贱，到20世纪30年代的金贵银贱及白银风潮，中国经济危机的发生均有世界银价变动的重要因素。通货膨胀与通货紧缩时，经济体会受到货币数量的压力，导致物价上涨或下跌，并由此引起生产和消费领域的种种规律性变化。由于白银的进出掌握在外人手中，这种变化只能简单地传导世界银价变动，中国经济的管理者不能进行人为的调节和控制，从而对中国经济产生灾难性后果。20世纪二三十年代的银价上涨和下跌引发的经济危机即可证明。

20世纪20年代末和30年代初中国发生了"金贵银贱"风潮。世界黄金购买力日见升腾，金本位国家物价日见跌落，经济恐慌发生。当时国际上除中国、印度还以银为币外，白银在其他国家已是普通商品。1929年12月底金价突涨，到1930年6月金价达到最高，与1920年白银价格相差近五倍半。风潮牵动全国。这是1929年世界经济危机在中国的反应。

银价下跌一方面使货币贬值，进口商品价格上涨，对中国出口商品有利，从而促进了中国制造业的开工；并吸引了国外白银持有者涌入中国，使中国金融活泼，刺激了经济无序发展。另一方面银价下跌却使中国人的财富无形缩水，实际购买力下降，关税、汇率、外债、商业均受损失，"吾国货币，于国际之购买力，已减少其三分之一"。银价下跌对中国财政更是致命打击。"今银价如斯低落，则向以关盐两项作担保之外债，亦将入不敷出。"为了避免从清代以来诸如"镑亏"等金银比价的变化对中国财政产生影响，1930年2月国民政府在关税收纳中实施海关金单位，从而在此领域尽量抵消这一影响。

中国白银核心型的货币体系的发展方向是银本位，其发展的过程就是不断向银本位凝聚的过程。1929—1931年的世界经济危机，导致国际金本位体系崩溃。从1931年9月到1932年12月，英国、日本、加拿大等17国先后放弃金本位。1933年，中国政府废两改元，标志着中国进入银本位时代。1933年3月美国放弃金本位，次年6月后推行白银政策，在世界范围内拉高银价，世界银价腾涨，银本位下的中国，更强烈地因为国外银价的变化而发生经济危机。首先是引发中国白银巨量外流。1934年1—7月，上海出口白银达5000万元，8月达8300万元。7—10月中旬合计流出白银约2亿元。至年底上海存银总额已由上年的3.93亿盎司降至2.53亿盎司。1934年4月至1935年11月，中国的白银储备从约6.02亿元下降到2.88亿元，白银外泄在中国导致严重的金融恐慌，并引发经济危机。在金融领域，金融市场票据收解寥落，各业款项收付呆滞。在经济领域则是物价惨跌，大批工商业者破产，国际贸易衰败。

（二）价值尺度失衡成为社会经济发展的阻力

经济发展要求货币是单一的价值尺度，货币自身发展运动的结局也是如此。货币作为计算单位（unit of account），重要职能就是简化商品价值比较，提高交易的效率和作用，是交换的润滑剂。简而言之，交易成本是订立和实施作为交易基础的合同的成本。使用货币作为计算单位，减少了需要考虑的价格数目，从而减少了经济中的交易成本。当经济日趋复杂时，货币作为计算单位的功能所提供的利益愈益显著。

中国近代白银核心型货币体系由于没有建立起主辅币制度，货币体系的几个层次在市场上均是相对独立的计账工具。如市场上存在多种货币，且其相对价值时常发生变化时，货币作为计算单位的职能就会发生混乱。近代上海，企业家和商人手中常常要掌握银两和银元两种货币以应对市场，这在近代资本极为缺乏的中国不仅是巨大的浪费，更是货币对市场流通和商品生产的阻碍。

货币价值尺度的紊乱失衡使得市场价格体系失灵。以白银核心型货币体系的核心银两和银元为例，市场上的商品以银两、银元两种货币定价，货币撕裂了市场。由于流通货币种类繁多，地方商会必须每天开会计算当天该地区市场上流通货币的相对价值。银元和银两之间的价格变化导致了商品价格的波动，价格成了误导生产和市场的标向，大大增加社会生产成本。

白银核心型货币体系由于其不同层次可单独地行使价值尺度职能，还加大城乡经济发展的差异。铜币成为农民和市民生活的货币，而白银是城市、政府、商人的货币。复杂的货币体系还滋养了钱兑业等食利中介，是中国政治分裂、军阀割据的经济基础之一。

（三）币制落后引发相关经济制度滞后

综观中外货币史可知，困扰近代中国货币制度的一些现象，在百余年前的西方国家也曾出现过。

近代白银核心型的货币体系中最重要的层面——银两是称量（计重）货币。作为近代中国货币体系核心，银两一直未能完全从原来的计重货币，抽象蜕化为"货币的货币"。实际上作为中国传统货币的铜钱，经过漫长的演化才从名义上脱离了重量单位，抽象出"文"这一货币单位，发挥"货币的货币"的作用。而近代中国银两，亦经历了货币单位的抽取过程，第一步就是虚银两这种记账单位日益发展，但从整体上看，各地不同的虚银两由于强烈的地域性，总体上仍然没有完成从重量单位向货币单位的转变。相反，欧洲人早就知道货币的计算，并不需要真正的硬币，在比较不同硬币的价值时，货币的记账单位作为货币的货币就显得格外重要了。

货币制度是金融制度的基础，币制落后，影响信用制度和金融制度的发展。西方学者评论民国初年仍在营业的山西票号业务让他们想起"17世纪晚期的欧洲"，而民国初年兴盛的中国钱庄业类似于百年前德国货币复杂的情形。更严重的问题是在一些重要的信用、金融制度的形成上，中国也难望其项背。早在12、13世纪欧洲就产生了结算制度及众多相应的信用工具，诸如追随商品交易而产生的信用——汇票。13世纪，意大利商人利用汇票冲销债务，减少了易货贸易、现金支付的必要。16世纪初，意大利通行的期票已十分普遍，本票也大量在市面上出现。到了19世纪初，票据经纪人变成交换的供求之间的单纯的中间人；他们自负盈亏，依靠从银行得到的短期贷款。较大的票据经纪人就是通过这种方式发展成为贴现银行的。反观中国，传统的汇划制度出现于19世纪，而追随商品的汇票（而非山西票号等发行的单纯汇票）、庄票（特别是上海钱庄庄票）不但发挥作用的地域有限，而且出现的时期也很晚。尤应注意的是，制度差异导致在西方基于货币制度自然出现并日益完善的金融制度，如股份制，在近代中国大都还停留于制度引进的状态，呈现出传统经济制度下非自然的历史进程。这种经济文化差异，很值得深入研究。

第二节 从清末《币制则例》到民国时期废两改元

一 清末币制改革尝试

近代中国的白银一直是主币，但在光绪朝以前是银两制度，即白银的形制是宝银，属于称量货币阶段，其间外国银元在中国已流通很久，而中国各地方亦纷纷自铸银元了，但中国中央政府正式开始铸造银元还是在光绪十三年（1887年）的事情。此后，各省纷纷仿效广东，试铸银元，虽然银元形式一样，但重量、成色差别较大。流通不久就出现市价与币价高低不一的情况。各省铸造的银元都有省名，本省铸造的银元往往不能流通于他省。这种局面，使清政府不得不考虑划一全国的银元。光绪三十一年（1905年），户部在天津设铸造银币总厂，并拟将各省铸局裁并作为分厂，以图铸造统一的银元。确定铸1两重的银元流通后，商民均感使用不便，于是在光绪三十三年（1907年）以改铸7钱2分的银元。宣统二年（1910年），清政府决定实行银本位货币制度，同年四月颁布《币制则例》，以银元为国币，银元重库平7钱2分。铸币权集中于中央。宣统三年（1911年）五月，在宁、鄂两厂铸造"大清银币"，停止各省自由铸造。辛亥革命爆发，新铸的银币，充作军饷，流通于市面，为一种通用银元，而未成为正式的国币。[①]

本国银元的铸造和流通，促进了国内的生产和商品流通的发展。自铸银元的广泛流通于全国各地。政府开支和民间交易都乐于使用。它显示了新式银元对旧式银两的进步意义。并在一定程度上排除了外国银元的流通。但清政府一直未能实行银本位的货币制度。在全国依然是银元与银两并行流通，而外国银元依旧畅通无阻。中国币制改革之路还有很长的路要走。

[①] 中国人民银行北京市分行金融研究所：《北京金融史料·货币篇》，1994年版，第76页。

二 北洋政府时期币制整理[①]

（一）本位币的讨论和《国币条例》的颁行

民国初年，因战争的影响，全国币制混乱，币制改革的呼声纷起。1912年，财政部特设币制委员会讨论币制改革问题，有三种不同意见：赞同金汇兑本位制、金本位和银本位并用、先采用金本位。1913年秋，币制委员会裁撤，币制问题移交国务会议讨论，最后还是决定采用银本位制。金本位制虽然是一种完善的币制，但中国不具备条件，既缺乏黄金，又无法处理白银。"今日中国之大患是无本位，如其梦想最好本位，不如行银本位为之过渡，作改进金本位的预备。"这样争论方停止。

1914年2月，颁布《国币条例》十三条，规定：国币分银币、镍币和铜币三种；采用十进位制；实行银本位制，以元为单位；元为主币，使用无限制；角、分为辅币；一元银币重7钱2分，成色银九铜一；铸币权属于中央政府。条例还规定了银币、镍币、铜币的种类、形状、发行和流通办法。从本质上讲，这个条例只是清末《币制则例》的修改和补充，谈不上什么改革，且并未触及银两制度，银两制度继续存在。但它毕竟对银元有关方面作出了统一规定，起到了消除各省军阀滥铸劣币的作用。

以后，北洋政府又数次欲进行币制整理，均无结果。

（二）管理铸造银元、铜元

北洋政府根据《国币条例》的相关规定，设立币制局铸发新银币。新银币每枚重7钱2分，成色为银九铜一，币面镌有袁世凯头像和年份，币背为嘉禾纹饰和"壹圆"字样，俗称"袁头币"，可用于完粮纳税。袁头币花样新颖，形式划一，成色和重量按照严格的标准制作，发行之后，受到商民欢迎，通行无阻。它取代了龙洋的地位，逐渐成了流通中唯一的主币。1915年8月，又经中、交两行同钱业公会协议，取消龙洋的行市，只开国币一种行市，这样，上海只剩下国币和鹰洋两种银洋的行市了。

《国币条例》中还对银辅币作了规定：辅币分为5角、2角、1角三

[①] 袁远福、缪明杨：《中国金融简史》，中国金融出版社2001年版，第111页。

种，按统一成色铸行，都为银七铜三。由中、交两行负责，并由造币厂铸造。1916年，中、交两行正式银辅币，并流通市面，得到社会各界的支持和响应。这种新型的铜元，由于有利可图，各省纷纷开铸，因各地币材差异较大，质量也各有别。尤其是当地方军阀把铸行铜元作为筹措军费的手段时，各地铸局大肆开铸，毫无章法，导致大量劣质铜元充斥市场。币值大跌。到北洋政府后期，逐渐被新的镍币取代。

1919年年初，上海钱业公会建议取消鹰洋的行市，但遭到外国在华银行的反对。随后爆发了五四运动和上海的三罢斗争，鼓励了钱业人们的信心。6月11日，钱庄业决议只开国币行市，取消鹰洋的行市，把几十年控制中国市场的鹰洋势力彻底排除，银元行市完全统一，袁头币成为流通全国的主币。这是中国近代货币史上一大进步。它既适应了商品经济发展的需要，又为以后的废两改元打下了基础。

(三) 纸币的发行与管理

北洋政府时期，中国银行与交通银行都是作为国家银行，有发行纸币权。政府规定，中国银行发行的兑换券可用于一切租税、俸饷、官款出纳和民间交易，不得拒收和折扣贴水，所有券均按地名在当地的中国银行随时兑现。1914年，交通银行新发行兑换券，同中国银行兑换券一样，通行全国。

但中、交两行兑换券在推行中遇到困难。主要是北洋政府时期，国家纸币发行不统一，全国各地纸币发行混乱不堪，发行主体复杂，主要表现在以下几个方面。

一是各帝国主义国家的银行在中国纷纷发行纸币，各种花花绿绿的外国银行券横行于通商大埠，对中国的币制构成巨大冲击。如前章所述，在中国流通的外国纸币，不仅有外国国家纸币，就是在其他国家发行而中国流通的外国纸币，有机构设在中国因而发行的银行券，还有北洋军阀时期大量出现的中外合办银行所发行的银行券。

二是各省地方军阀把持的省银行也大肆发行省银行券。各省军阀把发行纸币作为筹措军费的来源。北洋军阀时期，各省相继独立，地方割据局面相当严重，因此省银行势力获得了相当的发展。各省银行不仅发行纸币，还代理省金库，垄断地方金融。

三是私营银行也发行纸币。中国通商、浙江兴业、四明商业储蓄、中南、中国实业等银行，都发行兑换券，数量不等，最多上百万元。这一时期，不少商号、店铺也开始发行钞票。

因此北洋政府在1915年颁布了《取缔纸币条例》，规定除中国银行外，禁止新设立的金融机构发行纸币；已准发行的银行在营业年限内仍准发行，但至少有5成现款准备，其余准以公债、证券为保证准备，期满应即全数收回；在中国银行内设置货币交换所，以推广法定货币和纸币兑换；实行领用兑换券制度，使原有发券的私营行庄领用中国银行券、交通银行券。但因当时军阀割据，无法贯彻到各省。

到1916年，由于中、交两行为北洋政府垫付庞大的军政开支而滥发钞票，而发生停兑风潮。使两行信用大受损害。导致此前颁行的《取缔纸币条例》施行更加困难，原先被取缔发行权的私营银行又纷纷获准继续发行。纸币发行的不统一，加深了货币流通的混乱。

三　国民政府废两改元

(一) 庞杂混乱的中国币制

近代中国币制混乱，管理无序，主要表现在两个方面。

第一，货币种类繁杂，发行极为分散。在国内市场流通的货币，除本国银行发行的货币外，还有外国在华银行发行及各种进口的货币。1927年以前，经核准发行通货的银行，国内有几十家，在华外商银行也有十几家。市场流通货币中，既有银元银两，又有各种铜币和贬值的纸币。在主要流通货币银元中，有本国铸造的"袁世凯洋""孙中山洋"（俗称袁币、孙币），有从国外流入的诸如西班牙卡洛斯银元、秘鲁银元、墨西哥鹰洋以及美、英、日等国的贸易银元等。据1929年全国22个省统计，外国流入中国的银元有15种。银两则有元宝、银块、厂条、银锭等。20世纪30年代初，全国银两种类计有110种。铺币更是五花八门，因地而异。单上海一地就有30余种。银元种类不同，成色、重量也就不统一。据统计，全国不同成色的宝银共有104种之多。

第二，中央政权对货币发行统一有效的管理。纸币发行无集中准备制度。为了维护纸币信誉，发行需要一定比例和数量的金、银作准备金，由于发行不统一，准备金都由各自发行机关保管，没有形成集中保管制，这样政府很难加以调控和管理，对内不能运用通货来发展本国经济；对

图 13.1　清初 1 两银锭、新疆 50 两元宝、四川官钱局银饼、英印卢比

外不能利用币值的涨落来争取外汇的主动权，造成国家财政金融长期处于不稳定的状态。用美国财政顾问甘末尔说："中国的币制是在任何一个重要国家里所仅见的最坏制度，它是乱七八糟一大堆铸币、重量单位和纸币凑成的大杂烩。"①

（二）两元并行制的弊端

辛亥革命后，银两制度并没有消失，而是和其他封建残余一同被保留下来，货币混乱的情况虽有减轻，但没有根本解决。日常交易纳粮用银元、银毫子，但大额贸易和国际收支结算，普遍还是以银两计算。在银元通行之后，这种落后的银两制度继续存在，对于社会经济的影响是重大的，特别在商业和财政两个方面。

1. 商业方面

交易计算用银两，实际支付用银元，以两银换银元，辗转折合，不仅计算麻烦，还有贴水的损耗。两者交互使用，商人手头必须有两手准备，既有银元又有银两，二者缺一不可。当时的商业界经常出现"银元押款"的事情，就是买卖需要银两的时候，银元不能代替，商人不得不用银元到去抵押，借贷银两。于是钱庄和投机商人从中操纵银两、银元之间的比价变动，倒买倒卖，给贸易的正常开展带来不少阻碍。

2. 财政方面

收税的官吏借银两、银元比价的变动，营私舞弊，使纳税的老百姓蒙受额外的损失，或以米折银两，以银两折银元，趁机加重人民的负担，

---

① 虞宝棠：《国民政府与民国经济》，华东师范大学出版社 1998 年版，第 96—97 页。

图 13.2　光绪新疆 50 两银锭，民国十年袁头币

中饱私囊。另外，全国各地的货币制度不统一，这个省收银元，那个省收银两，各省银两人成色、平砝也不相同，使国内各地人民的赋税负担很不一致，极不公平。因此，在社会各阶层的强烈要求、呼吁下，国民政府在 1933 年 4 月 5 日宣布，全国实行"废两改元"，以后的银两交易、支付没有法律效力。

（三）废两改元的主要内容

1933 年 3 月 1 日，财政部发布《废两改元令》，称"本部为准备废两，先从上海实施。特规定上海市面通用银两与银本位币 1 元或旧有 1 元银币之合原定重量成色者，以规元 7 钱 1 分 5 厘合银币 1 元为一定之换算率"，并自本年 3 月 1 日起施行。3 月 8 日，又公布《银本位铸造条例》，规定银本位币定名为元，重量为 26.6971 克，为银 88%、铜 12%，即含纯银 23.493488 克，重量之公差不得逾万分之三，成色的公差不得超过千分之三；银本位币的铸造权专属中央造币厂；实行自由铸造制度，申请铸造时，应付铸造费 2.25%。新银币正面为孙中山半身像，背面为帆船图案。同时，还由中、中、交三行联合组织"上海银元银两兑换委员会"负责兑换事宜。上海钱业公会接到命令后，即通告同业，自 1933 年 3 月 1 日起，停业洋厘行市，银拆亦改称拆息。废两改元在上海获得通过。

随后，国民政府在全国范围内推行废两改元。财政部发布了《废两改元布告》，内容有：自 4 月 6 日起，所有公私款项之收付，与订立契约票据及一切交易，一律改用银币，不得再用银两。上海地方在该日之前发生的银两交易合同，按 91.66% 的成色，以 7.15 钱折合银元一元的标准，用银元收付。在上海以外地方，应按 4 月 5 日申汇行市，先折合规元，再以规元 7 钱 1 分 5 厘折合银币 1 元为标准，概以银币收付。其在是日以后新立契约票据，与公私款项之收付，及一切交易而仍用银两者，在法律上为无效。

至持有银两者，得依照银本位币铸造条例之规定，请求中央造币厂代铸银币，或送交就地中央、中国、交通三银行兑换银币行使。

为贯彻布告内容的实施，政府还采取如下一些措施。一是中央造币厂除加紧铸造新银币外，再另铸厂条，以应市面巨额款项之需要。二是中、中、交三行代理全国范围内的银币兑换。三是撤销炉房及公估局，限制白银外流，对出口白银征收2.25%的出口关税等。

这些措施，符合当下经济发展的要求，迅速在全国推广实行，从此结束了流行四百多年的银两制度，终于在全国范围内被废除，金属称量货币彻底退出了中国的流通领域，中国真正的银本位制度确立起来。

第三节　法币政策

一　法币改革的背景

（一）国内政治、经济背景

20世纪30年代以后，南京国民政府在政治上确立了在全国的统治，为了巩固政权统治的需要，内战依然不断。此时日本加紧了对我国东北、华北的入侵，南京国民政府的财政压力空前加大。据美籍财经顾问杨格统计：1929—1935年，南京国民政府每年的军费支出，均占当年国家财政支出的三分之一以上，其中1931年竟占到48.5%。因此，国民政府希望通过发行不兑现纸币，以弥补财政赤字，挽救其财政危机。

"废两改元"确立了银本位制，以银元为国币单位，虽然解决了银本位下的货币单位问题，但辅币却不统一，银角与铜元并行，仍照其市价行用。同时纸币的发行和流通混乱不堪，各种银行券令人眼花缭乱。废两改元仅是改革的初步。因此，如何加强对全国各类金融机构的管理监督和控制纷乱的纸币发行，就成为摆在国民政府面前的重大问题。

为加强对国家金融的控制和垄断，南京国民政府成立后不久，便着手在上海建设中央银行和中央造币厂。并在"法币政策"出台前通过各种手段，控制了包括中国银行、交通银行、中国农民银行在内的全国各类金融机构1971家，占到当时全国2566家金融机构总数的77%左右。但是，当时仍然有12家银行拥有货币发行权，市面上还流通着这些银行所发行的纸币，而发行储备金也由各发行机构自行保管。推行"法币政策"，实现白银国有，即等于取消了除中、中、交、农以外的国内其他银行的货币发行权，并接收其白银准备，这不仅可以统一发行权，还可以集中发行准备金，为进一步强化了南京国民政府对于商业银行资本的控制和对国家金融的垄断做准备，使中央银行成为真正意义上的中央储备银行。

中外金融机构滥发纸币。1934—1935 年，中国国内的纸币发行仍然十分混乱，外国银行纸币投入流通的有 3.2 亿元，相当于中国四大银行发行钞票的一半。东北的流通纸币几乎全被日本三家银行（横滨正金、朝鲜银行、台湾银行）和伪满、蒙疆银行的钞票所霸占。各省滥发省钞，贬值严重。此外，还有大量复杂的私钞，各种机关、团体、商店、当铺、钱庄都可以发行私钞。铜元和制钱在某些地区仍然流通，兑换价格也不一致，多元化的货币流通混乱状况并没有得到解决。

（二）国际时局的变化

"法币政策"实施之前，西方列强在华势力经历了此长彼消，形成了英、美、日三国在中国角逐的新局面。以这三国在 1934 年对华出口贸易所占中国进口总额的比例为例，美货为 26.16%，居第一位；日货占 12.21%；英货则为 12%。又比如在华投资方面，尽管 1931 年英国仍在各国在华投资总额中占据第一位，为 37%；但是日本已紧随其后，上升至 35.1%，居第二位；美国虽然暂时落后，也有后来居上之势。为了维护其各自在华的既得利益，英、美、日三国都对南京国民政府的币制改革表现出了异乎寻常的兴趣和热情，都企图施加其影响，以利于进一步扩大对中国的商品贸易规模，进而插足中国的市场、金融和财政。

就在美英两国竞相对中国进行经济、外交攻势，并取得操纵中国货币改革主导权的时候，不甘心失败的日本正朝着武力外交的方面发展。日本欲独霸中国，曾反对其他列强以联合或单独行动向中国提供财政技术援助。为了破坏中国的币制改革，日本不断制造麻烦。一方面继续大规模走私白银，鼓动日商在华银行带头拒绝兑换白银；另一方面阻挠华北地区中外银行的存银南运，阴谋策动华北地区的"币制独立"运动。

在"废两改元"之前，世界主要资本主义国家先后放弃银本位，改行金本位，白银成为国际市场上一种普通商品，其价格也随着市场供求关系而起伏不定。中国以银为本位，用银多，却不是产银国，世界银价的波动，对于中国币值的稳定影响极大。国内金融政策，还要仰仗于西方资本主义列强的支持。要彻底摆脱世界银价的波动对于中国货币制度的冲击，维护国内稳定的金融环境和货币流通秩序，就必须顺应世界货币发展的潮流，推行不兑现纸币的通货制度。

(三) 美国白银政策与中国白银外流

1. 美国的白银政策

1929—1933年资本主义经济"大萧条"时期，世界白银价格暴跌。美国是产银大国，每年产银量占世界30%，而世界产银量66%受美国垄断资本控制，如果听任价格下跌，对美国资本垄断集团很不利。1933年12月至1934年6月，美国政府分别颁布了《银购入法》和《白银法案》，在国内外大量收购白银，意在通过美元贬值的手段人为地促使国内的物价回升，从而刺激国内各经济部门的生产。同时，提高银本位制国家的货币购买力，便于美国抛售其过剩的商品。然而，过高的银价等于也抬高了银本位制国家的工农业生产成本，使其在国际贸易竞争中处于不利的地位。中国是当时世界上最主要的用银国家，美国的目的就是要迫使中国货币向美元靠拢。结果，世界市场的白银价格迅速上扬。1931年世界银价最低时1盎司兑换12便士，1935年4月上涨至36.25便士，是原来的3倍。银价上涨同时，各国存银大量外流。

2. 白银政策对中国的影响

(1) 中国的白银大量外流，国内通货紧缩，金融梗塞，工商各业资金周转困难。国内货币流通量和供应量大减，发生通货紧缩型金融危机。上海中外银行的存银量在1934年约为5.8亿元，到年底减少为3.3亿元。作为一个银本位的国家，其主要货币——银元数量减少的后果是严重的，各银行由于缺少储备现银，不得不减少钞票的发行，通货紧缩使银行减少放款，催收贷款，使工商企业的资金周转发生困难。这样的相互影响，致使金融界和产业界均受严重打击。1934年底，仅上海一地就有四家钱庄倒闭。到1935年，又有12家民族资本银行停业，占当时上海私营银行总数的18%。很多企业无法按期还款，被迫减价出售产品，削减生产或停业倒闭。

(2) 国内物价跌落，造成经济停滞，百业萧条，人民生活困难。从1926年到1935年，各地区批发物价指数下跌了21%—26%。由此大大动摇了我国银本位货币制度的基础，给我国的社会经济发展造成了极大的伤害。以上海为例，1935年1—10月，就有1065家工商企业倒闭。同年，其商品的批发价指数较1926年还低9%。工人工资不断下降，失业人数大量增加。

3. 防止白银外流的措施

国民政府采取了很多措施，如征收10%的白银出口税，限制运限到关外，禁运白银出境，限制纸币兑换白银等。但收效不大，因为增加出口税，反而使大量白银通过走私出境，政府税收锐减。中国有漫长的海岸线，国民政府没有多少缉私力量，许多海关、租界又被外人控制，政府无能为力，日本在东北、华北甚至用军队保护日商武装走私银元，据统计，1934—1935年间，日本商人从中国北方走私出去的白银就有1.2亿元。

面对如此严峻的金融和经济形势，南京国民政府解困乏术，唯有向列强寻求援助，革新币制，放弃银本位制。

二 法币改革的内容

在中国白银在量外流和纸币发行异常混乱的形势下，国民政府请求英国政府帮助。英国派出首席经济顾问李滋罗来华，为国府制订币制改革方案。李滋罗建议中国废除银本位制，实行"法币政策"，并以新货币必须与英镑相联系作为英国政府给予支持的条件，为南京国民政府所接受。经商定，双方以1930—1934年中国货币对英镑的平均汇价为作价之基础，厘定法币对英镑的汇价为1元兑1先令2便士半。

（一）币制改革及相关法案的公布

1935年11月3日午夜11时，南京国民政府财政部正式发布了币制改革的布告和宣言，主要内容为以下六项：

1. 自本年11月4日起，以中央、中国、交通三银行（后又加入中国农民银行）发行的钞票定为法币，所有完粮纳税及一切公私款项之收付，概以法币为限，不得行使现金，违者全数没收，以防白银之偷漏。如有故存隐匿、意图偷漏者，应准照危害民国紧急治罪治法处置。

2. 中央、中国、交通三银行（两个月以后又加入中国农民银行）以外，曾经财政部核准发行之银行钞票现在流通者准其照常行使，其发行额即以截至11月3日止流通之总额为限，不得增发。由财政部酌定限期，逐渐以中央银行钞票挽回，并将流通总额之法定准备金，连同已印未发之新钞及已发收回之旧钞，悉数交由发行准备管理委员会保管。其核准印刷中之新钞，并俟印就时一并照交保管。

3. 法币准备金之保管及其发行收换事宜，设发行准备管理委员会管理，以昭确定，而固信用，其委员会章程另案公布。

4. 凡银钱、行号、商店及其他公私机关，或个人持有银本位币，或其他银币生银等银类者，应自11月4日起，交由发行准备管理委员会或其指定之银行兑换法币，除银本位币按照面额兑换法币外，其余银类各依其实含纯银数量兑换。

5. 旧有以银币单位订立之契约，应各照原定数额，于到期日概以法币结算收付之。

6. 为使法币对外汇价按照目前价格稳定起见，应由中央、中国、交通三银行无限制买卖外汇。

与此同时，财政部即另案公布了《发行准备管理委员章程》，并在上海设立了发行准备管理委员会，在天津、汉口、广州、西安、济南、长沙等处设立分会，专门办理法币准备金的保管以及发行收换事宜。接着，财政部又发布了《兑换法币办法》《兑换法币收集现金办法》《收兑杂币杂银简则》《接收中南等九银行发行钞票及准备金办法》《接收各省省银行发行办法》等一系列文告，要求各地银钱、行号、商店、公共团体或个人，凡持有银币、厂条、生银、银锭、银块及其他银类者，必须于本年11月4日起，三个月以内，就近交各地兑换机关取法币；兑换机关除中央、中国、交通三行及其分支行或代理处外，还有三行委托之银行、钱庄及其他公共机关或团体或政府部门；除三行以外机构收兑的白银，应即送交附近中央、中国、交通三行兑换法币。

法币政策实行后，外商银行和国内商业银行发行的钞票，被陆续收回，兑换成四大行的票子。至1937年6月，南京国民政府共计发行法币14.07亿元。收兑国内存银5亿盎司左右，中央、中国、交通、农民四行原存1.3亿盎司，从境内其他中外银行收兑2亿盎司，从民众手中收兑1.7亿盎司，这些白银就是南京国民政府发行法币的全部准备金。[①]

---

① 陈新余：《南京国民政府的法币政策述评》，《中国钱币》2002年第4期。

(二) 对币制改革法案的认识

法币改革是近代中国货币史上的一件大事。其改革内容可以概括为以下三个方面。

1. 四大银行垄断发行纸币

以中国、中央、交通及农民银行发行的钞票定为"法币",用于一切交易之法定货币,代替原先使用的现银。而逐步取消其他商业银行的钞票发行权,并将其他商业银行已经发行流通在外的纸币限期收回。货币发行权的集中,结束了晚清和民初时期中国货币发行混乱的局面,这是货币改革的重大进步。在改革以前,全国有发行权的银行和机构共有 30 家,发行额达 3 亿元。改革后,货币发行权开始集中,即由 30 家集中到只有 4 家。为抗战时期货币权的进一步集中打下基础,1942 年中央银行最终完成货币发行权的统一。货币发行权的集中统一,是世界各国货币发展的共同趋势。只有集中发行,才可能根据经济发展对货币的需要来发行货币,维持正常的货币流通量,以保障币值的稳定,促进经济发展。另外,集中发行又是货币流通统一的前提,货币流通统一为全国统一市场的形成创造条件,扩大了商品的交换和流通。

2. 宣布白银国有

白银收归国家所有,禁止银元作为货币在市场上流通。银元和其他名种银类都必须到银行兑换成法币。从此,银元、金属铸币在中国货币地位也随之宣告结束。"这就是把白银从其长期占据的主要货币的宝座上拉下来,降格为普通商品的一员。"[①] 中国自明朝中叶以来的四五百年时间里,白银都是主导性的货币,虽然近代货币构成极其复杂,但白银在核心地位一直没有改变,即所谓的"白银核心型货币体系"是近代中国货币制度的特色。但这种货币体系的不足之处在于,中国并非白银生产大国,而是主要靠外来,因而世界市场上银价的变化,特别是金银比价的波动就直接影响到中国币值的稳定。如鸦片战争前后的白银大量外流,废两改元后美国白银政策对中国货币及经济的冲击都说明了这一点。法币改革后,中国的货币与白银的联系被割断了,从此世界银价的涨落不会影响到中国的物价,为中国经济的发展提供了一个有利的条件。它也

[①] 石毓符:《中国货币金融史略》,天津人民出版社 1984 年版,第 279—280 页。

顺应了纸币代替金银币的发展趋势，所以说是一种进步。

3. 实行"汇兑本位"制

国民政府改革法案中规定，为稳定法币汇价，中央、中国、交通三行有无限制买卖外汇，同时国民政府把在国内收兑的白银移存国外，以此作为维持法币与外币稳定的保证。这就是"汇兑本位"的货币制度。还规定法币有对英、美、日三国货币的汇率，而以对英汇率为决定其他两国汇率的基础。这与中国政府采纳英国人李滋罗斯的改革币制方案有关，从此也揭开了英、美等国对中国货币控制权的争夺。

早在清末民初，英、美两国就为此进行了激烈的争斗。1903 年，多年担任中国海关总税务司的赫德受英国政府派遣，1904 年美国派出了国际汇兑调查委员会委员精琪，1912 年美国委派的货币专家卫斯林和 1929 年美国人甘末尔，都先后建议中国实行金汇兑本位制，都因条件不成熟而作罢。1935 年，英国的首席经济顾问李滋罗斯的改革建议，被中国政府接受。

改革伊始，法币投入英镑集团，国民政府运白银到伦敦出售，换成英镑，存在伦敦为作维持法币汇价的准备金，法币一元换英镑 14.5 便士，这样法币汇价就依附于英镑。美国政府对此极不甘心，于 1935 年 12 月采取变更购银办法，减少对中国的购银量，迫使世界银价猛跌。1935 年 12 月以前，伦敦的白银价格每盎司在二十九又八分之三便士左右，当美国停止购银后，到 12 月 14 日猛跌到二十六又十六分之七便士，并继续下跌。美国是世界白银的最大买主，银价下跌使国民政府存在伦敦的外汇基金来源发生了问题。国民政府被迫又与美国政府于 1936 年 5 月签订《中美白银协定》，美国按世界市场平均价格大量收购中国白银，中国出售白银所得的外汇，必须存入在纽约，作为维持法币的准备金，另外美国还给中国以 5000 万盎司白银作抵押的 2000 万美元的贷款，银货也要运往美国。至此，法币不仅与英镑，也与美元联系起来，形成英美两国平分秋色的局面。这样法币成为英镑、美元的附属品。美英对中国经济命脉的控制进一步加强。

三　法币、金圆券和严重贬值和崩溃

国民政府的法币改革，为其通货膨胀打开了方便之门。在以前银本位制度下，银行发行的纸币兑换券（即银行券），因要实行兑换的需要，

其发行额总要受到限制；法币是一种不兑现纸币，从理论上控制发行量是必需的，但从实践运行中约束发行量的因素已不复存在了。因而在政府遇到财政困难之时，纸币发行便很快失控，走上了财政发行的老路。

图 13.3　1944 年中央银行一百元票

抗日战争以后到解放以前（1948 年 8 月 19 日），国民政府利用法币政策大搞通货膨胀，给人民带来极大灾难，由于法币不兑现纸币，四大家族和其他官僚资产阶级利用通胀和外汇买卖大发国难财，造成了法币的严重贬值和物价上涨。但是，应该看到，这主要是由国民政府政治腐败造成的；就法币政策本身而言，并不是造成通胀的主要原因。从货币制度的进化过程看，废除金银本位，实行纸币管理制度，是历史的进步，同时也顺应了国际金融发展的趋势。

图 13.4　1945 年中央银行四百元票

(一) 法币滥发与通货膨胀恶化

1937年7月7日，抗日战争全面爆发后，国民政府财政年年出现赤字，每年赤字占财政总支出的70%以上，全靠发纸币来弥补，致使通货膨胀不断扩大，物价持续上升。在抗战中，重庆物价上涨1226倍。法币发行额则由1937年6月的14亿元上升到1945年9月的6742亿元。

图13.5　1945年中央银行一千元票

1946年7月，国民政府发动内战，军费支出庞大，外汇和黄金储备枯竭，又只能借助滥发法币。在金价攀升的带领下，美元的汇率和物价出现狂涨，一日数变。至1948年8月愈发不可收拾，法币发行数为6639946亿元，等于抗战前47万倍。金价上涨462万余倍，美钞上涨333万倍，物价比战前上涨3492万倍。有人作了一个形象的分析，法币100元的购买力，1937年值黄牛两头，1939年值猪一头，1943年值鸡一只，1945年值鸡蛋两个，1947年值煤球一个，1948年8月值大米0.002416两（16两制）。在恶性通货膨胀下，百姓不得不携带大捆钞票上街购物。

图13.6　1947年中央银行五千元票

图 13.7　1947 年中央银行一万圆

（二）金圆券的发行与破产

1948 年，国民政府为挽救经济危机，掩盖恶性膨胀，采取发行金圆券的办法，规定金圆券一元可换法币 300 万元，或东北流通券 30 万元，发行额为 20 亿元。声称每元金圆券含金量为 0.22217 克，但却是不能兑现的，以此来强行收兑民间的金银外币，收兑率为纯金一市两合金圆券 200 圆，纯银一市两合三圆，银元每枚合二圆，美钞 1 元合四圆。到 10 月底，共搜刮黄金 165 万两，白银 900 余万两，银元 2300 万枚，美钞港币各数 4 万元，一般估计约合美元汇价 2 亿元。

金圆券既无现金准备，发行又无限制，结果使币值猛跌，物价暴涨，贬值速度比法币还要快。黄金、外汇及商品价格至 1949 年 1—2 月是每周翻几番，3—4 月是一天翻几番。到上海解放前，5 月初第一周，每两黄金市价为金圆券 2.43 亿元。金圆券发行额到 1949 年 5 月 25 日为 60 万亿元，较开始增加 65 万倍，批发物价上涨超过 120 倍，甚至出现每张面值高达 60 亿的纸币，买一粒米都要金圆券 130 余元。

图 13.8　中央银行金圆券 10 万圆

1949年6月,国民政府在南方用银元券代金圆券,1银元券=5亿元金圆券,但也迅速贬值,中华人民共和国成立后,银元券由人民政府用人民币陆续收回。

第十四章

中国近代旧式金融机构

第一节 中国近代的典当业

一 清代的典当业

(一) 清朝典当业概述

清代典当业如唐宋时那种，皇族、官府和商人都经营典当业。但与历代不同的是，清代寺院的质贷业进一步萎缩，这是商品经济大发展的要求和反映。

从经营典当业的总体规模来看，乾隆十八年（1753年），全国共有当铺18075座；嘉庆十七年（1812年），全国共有当铺23139座。作为京城的北京，当铺数量相当可观。乾隆《东华录》卷20所载，在1744年，京城内外的大小当铺共六七百座。至晚清1900年以前，北京的当铺有210余座。据1940年前统计，当时北京的87座当铺中，还有义盛当等14座是光绪年间创办的，时有资本计443500元。

全国其他地方的情况差别较大，发展很不平衡。山西的典当业较为兴盛。"典肆，江以南皆徽人，曰徽商，江以北皆晋人，曰晋商。"据咸丰三年（1853年）统计，北京开设当铺者，晋商占三分之二多。清代前期，山西是全国开设典当最多的省份。康熙年间，全国有当铺22 357家，山西有4695家，占21%。[①] 乾隆间安徽《临清州志》载："两省典当，旧有百余家，皆徽浙人为之。后不久其半，多参土著。今乡合城仅存十六七家，皆（山）西人。"据《晋政辑要》载，光绪十年（1884年），山

[①]《山西通志·金融志》，中华书局1991年版，第30—31页。

西当时经布政司钤印领帖（登记注册）并交纳当税的，即有1869座；需要指出的是，那些尚未登记注册而不缴税捐者肯定有不少。

道光二十年（1840年），广东新会县有当押店112家。天津从咸丰十年（1860年）开埠至庚子（1900年），有大型当铺44家，资本总额约660万两，半数以上是盐商开的。[1]清朝阮元《广东通志》卷一六七亦载，当时广州府有当铺1243座，仅南海、番禺二县即达556座。光绪三十年（1904年）上海《典业公所公议章程十则碑》称："上海典铺，星罗棋布，已遍及城乡。倘再有新创之典，必须同业集议。"[2]可见在一些商业发达的沿海城市，典当业十分兴隆。

清代典当行业，以其资本雄厚、分布广泛而空前兴盛，一时与盐商、木商并称显赫一时的三大行业。[3]据《两淮盐法志》载，康熙年间安徽歙县"诸商之中，托业至正面效忠最大者，则莫若盐商矣。何也？商之名号甚美者，必首推质库与木客矣。乃典商大者数万金，小者亦不下数千金，每年仅纳税银数两而已。木商除关税外，亦无他取也"。"大者数万金，小者亦不下数千金"，足见清季典商资本雄厚一斑。以此实力跻身商业诸行，自然令人瞩目。较之盐、木诸业，周折少，风险小，税率又低，简直是"坐收渔利"。于是，皇室、官宦、富贾，官与民，蜂拥而上，竞相开设当铺争利或投资于当铺生意蓄财。

（二）清朝典当的类别

清代典当业，就其创办人的身份及其资金来源，可分为三大类：皇当、官当和民当。

1. 皇当与官当

皇当是指由皇室出资开设，并指定专门机构和人员按一定的规章制度营运，收益用来充实皇帝或皇室的财富，并作官府的收入，供应某些特殊开支以及本衙门官吏胥役人等的某些需要，以经营典当业为主要业务的商号。皇当主要由掌管皇帝及皇室内部事务的内务府指派人员经管，盈利即直接蓄入皇帝或皇室资产之中。

---

[1] 胡光明：《论早期天津商会的性质与作用》，《近代史研究》1986年第4期。
[2] 《上海碑刻资料选辑》，上海人民出版社1980年版，第410页。
[3] 曲彦斌：《典当史》，上海文艺出版社1993年版，第61页。

内务府对所经营的皇当营运情况，需要定期行文呈报的"御览"，接受谕示，其呈报的账目竟细至丝忽。例如《内务府奏销档》所存乾隆二十九年（1764年）末，几则皇当的明细账目中载明有五个皇当，分别是：恩露当，实存架本银8552两；恩吉当，实存架本银80783两；万成当，实存架本银50000两；丰和当，现在实存架本银50000两；恩丰当，实存架本银10570两。其账目中将原收架本银与实收银及各种收支情况记录得十分详细，以备查阅。

皇宫开当铺蓄财，还把当铺赏赐给皇子或臣子。当乾隆第六子永瑢分府时，皇帝曾赐给他一座拥有4万两资金的当铺，年利可达3840两，占其年收入总额12864两的29.85%。但永瑢仍感到入不敷出，并由内务府请奏。结果在1763年，乾隆在内务府提供备选的庆春、信义、复兴三座皇当中，选定将庆春当给永瑢。雍正三年（1725年），皇帝曾专门下谕给内阁大学士马齐、富宁安等人，将原赏给原顾命大臣（其舅父）隆科多的当铺收回，转而赏赐给其第十七弟果郡王允礼。这一转赐，皇帝是把当铺作为一种连赏带罚的手段来使用。

"官当"是指由各种贵族官僚人等拥有和出资开设的以经营典当业为主的商号，也委派家人店伙并根据一定的规章制度负责营运，其收益用来增加本人财富，扩大私囊。

清季政府公开允许和鼓励官府经营典当业，是当时利用"生息银两"取利的方式之一。官府经营典当业，有许多优势所在。清朝上有皇帝的推动赞助，下有各级官府及长官们的积极操办，因此自雍乾之后，各级衙门开设当铺之风大兴。当时不论京内京外，不论八旗满洲、蒙古、汉军，抑或绿营，不论内务府的或各省、府、州县衙门，大多数经营数量不等的当铺。乾隆《内务府奏销档》对各旗开设当铺的座数、各当的名称、投资架本银数量以及营业状况等都有详细记载。大体说来，每旗一般都同时保有三五座当铺，每座当铺的资本多为一万余两到两万余两，少数当铺也有拥有四万两本钱。各省巡抚、督统等军政领导机关也普遍经营典当业。甚至朝廷还将有些当铺经营有方作为衡量官员政绩的一个依据。在全国范围内，实际上存在着一个由官府经营的当铺网。

实际上，无论是皇当还是官当，都具有"私当"性质。皇当自不必说，官当虽系"公当"，收益除补充官府部分公务费用支出外，也是大小官吏借机牟取私利的一条渠道，是公私兼顾的买卖。皇帝、官府作为表率，将此视为生财、蓄财之道，加之皇帝还不时把当铺作为不动产赏赐给王公贵族和臣属，事实上也是对官吏们自行投资开蓄财的鼓励。一时间，大小官吏竞相效尤，其本身的职位、权势与方便，无疑要保护、扶植这些属于私产的"官当"，获得比一般商人的"民当"优厚许多的利息，使"权"通过开当转化为"钱"。康熙三十一年（1692年），山东泰州府有人状告都察院左佥都御史宫梦仁，借开当讹夺民财。此官员贪赃40万两后，在泰州开一家典当铺。常在借款人按期取赎时，违禁取利，还扣押当物不还。这是倚仗官势开当欺诈平民的典型案例。

清薛福成《庸盦笔录》载，大学士和珅置有当铺75座，共有本银300万两。清梁章钜《归田琐记》也记载，和珅的第19大罪状为"通、蓟地方当铺、钱铺资本十余万，与民争利"。

2. 民当

民当是指由一般民间地主商人出资开设的以经营典当业为主要业务的商号。有些人已成为专业的典当商或从业人员，在长期的营运中，形成了各种行规当约和帮会以及同业组织，为获取利润的目的进行营业。

官府皇室典当勃兴之时，也是商贾们的"民当"兴隆之日。以商人经营的当铺在清朝占据典当业的主体。而官府典当业的兴旺之势，也给民间典当业以巨大的刺激。

清朝各地典当业总数之大，资本及流通银钱量之巨，使之同当时的银号、钱铺等金融流通行业一道，直接在调解国家财政收支、社会经济中，起着举足轻重的作用。因而，朝廷必须随时把握当业行情，制订、调整有关政策，强化当业的息利等管理，以稳定国家经济。其中，尤其注重加强作为全国政治经济中心的京城当业的强化管理。乾隆三年（1738年）三月，御史明德奏称：

> 京城大小当铺不下二百余座，每当积钱约三五百串。若统计之，不无十万余串。况当铺中人上市买钱，动以五六百两。一遇当铺人多，则钱市惟见银多钱少，故致长价。请嗣后当铺除银六钱以下，仍准当钱，六钱以上，惟许当银。如有违者，将管当人员责治。如

此则各当既无多积之钱，而钱市可免昂贵之因矣。①

随着行业规模的壮大，维护当行权益的组织也越来越多。早在雍正十一年（1733年），广州当业曾改建同业公会会馆。北京最早的当业同业公会组织，是创建于清嘉庆八年（1803年）九月的公合堂，后改称当商会馆，馆址在前门外西柳树井59号。嘉庆十七年（1812年），天津建立了行业公会性质的当行公所，所址在北马路北门东。上海亦于清光绪年间在南市吴家弄设立了典业公所，立有《上海县为批准典业同业规条告示碑》和《典业公所公议章程十则碑》。在有的地方，当业亦同其他行业联合组会建馆，议订规约，维护共同权益。据《汉口山陕西会馆志》载，清廷共同在汉口联合建立会馆、制订公约的"山陕西省驻汉镇各业"有："太原帮，汾州帮，红茶帮，合茶帮，卷茶帮，西烟帮，闻喜帮，雅帮，花布帮，西药帮，土果帮，西油帮，当帮，皮纸帮，汇票帮"等。

综上所述，清朝是中国典当史发达、兴盛的时期。不仅当业总数、规模、分布乃至资本总额，均是以往历代难与相比的。当业自身的繁荣和政府对当业的管理、扶持，均堪称一代里程碑，开创了中国典当史的新纪元。

(三) 典当业的高利盘剥

在当业息利的管理上，清律沿袭明律，规定月利以三分为限，律文亦大抵照用。《大清律例增修统纂集成》卷14《户律·违禁取利》："凡私放钱债及典当财物，每月取利并不得过三分。年月虽多，不过一本一利，违者笞四十。"至于"官当"，则往往低于此率取息。官当主要压低当息，当然有其雄厚资本为后盾，却可体现着不得与民争利的禁律。然而，由官吏开设的私家当铺，是不管这些的。清朝典当业的兴旺，除官府倡导、当行易于取利诸因素外，当税较轻也是一个原因。光绪十三年（1887年），迫于内贫外患，政府开支拮据，预征二十年当税，亦仅是每座每年5两税银而已。至光绪二十三年（1897年），当税提高十倍，仍不过每年50两税银。在此之前，无论资本大者数万金、小者数千金，年税亦仅数两而已。乾隆时23000余座当铺。税收亦只万余两。官当恐不纳

---

① 《朱批奏折》，载韦庆远《明清史辨析》，中国社会科学出版社1989年版，第95页。

税，至少"皇当"不纳税，在有关文件中尚未见其纳税开支的记载。当时依律纳税者，唯"民当"而已。

人们总把典当与高利贷联系在一起。清代的民间典当业利率普遍很高。按照清廷的法律，私放钱债及典当财物，"每月取利，并不得过三分"[①]。但是实际农村利率普遍超过月息3%，一般高达4%—9%，而且即便36%的年息，农民也难以承受。据统计，嘉庆年间（1796—1820年）的389起借贷行为，其中利率在2—2.9分的128起，占32.9%；利率在3分以上的234起，占总数的60.2%。[②]嘉庆元年（1796年）八月，陕西咸宁县余胜杰借常有道小麦一石八斗，言明次年麦收后本利还麦三石，其年息为67%。嘉庆二年（1797年）十月，直隶宛平县于亮向石刘氏借京钱十千文，次年（1798年）四月分作四季还米八石抵算本利，按斗米200文计，年息约为60%。[③]

典当业向以抵押贷款为本业，抵押品五花八门。由于清代上中叶典当业盛行，农村的高利贷也往往要用房宅、田产为抵押。乾隆五十二年（1787年），福建连江县池以学将田契一纸载银三两向陈朝佐押钱一千文，后因无力取赎，便被陈据契吞并了田产。

青苗钱是又一种高利贷形式。嘉庆元年，安徽寿州蒋学诗用九丘田作押向徐彬借钱7500文，至次年四月未能偿还本息，徐便向蒋按约收取田麦。

以人身作抵押的情况也很普遍。乾隆年间的河南省，高利贷十分猖獗，形成许多盘剥穷人的办法。凡民间偶因歉岁，将女儿、孩子、养媳当入富户，以数目前饥馁。写定年限，大约身份轻则年限少，身份重则年限多。但适遇丰年可以赎时，因年限多而不敢赎；或有恳求主人又不放赎，以致迁延日久。常常是"儿女长成，怨女旷夫，终身禁锢"。

高利贷者"肉视穷民，重利盘剥。或折数折色，少放多收；或抵物抵衣，虚银实契；或垂涎其妻女；或觊觎其田庐。又或贪其畜产，图其

[①] 《大清律例增修纂集成》卷14《户律·违禁取利》。

[②] 李文治：《中国近代农业史资料》第1辑，生活·读书·新知三联书店1957年版，第98页。

[③] 徐唐龄：《中国农村金融史略》，中国金融出版社1996年版，第152页。

工器，预先放债，临时倍征。甚至串指旗醒丁，倚借豪势，偿不还契，索取无厌；乘其危急难还之时，合并盘算屡年之负，逼准妻子，勒献家私"①。这是高利贷对农民进行超经济掠夺的真实写照。

在清代高利贷的计息方法很多，而不像官文中所规定的那样只计单利。有单利，有得利；有先扣，有后付；有借钱还谷，有借谷还钱等各种形式。其中最严重的一种是所谓"印子钱"。如嘉庆十五年（1810年）浙江仁和曹三向金玉殿借钱1000文，日还本利钱20文，两个月还清，共本利1200文。借这种债，每次交利时要在借契上加印，所以称为"印子钱"。放印子钱的机构称为"印局"。②

二 民国的典当业

清末以来，帝国主义纷纷在中国开设银行，加之中国自办的银行、中外合办的银行迅速占据了国内金融市场的主导地位。在此情况下，旧有的银号、钱庄以及典当等高利贷行业，受到了一定冲击。但是，处于半封建半殖民地社会条件下的中国，仍以小农自然经济为主要经济形态，资本主义未能获得长足的发展。因而，典当业仍然是现有经济制度下调剂人们，尤其是广大下层社会平民经济生活的一种尚无可取代的行业。不过，民国以来的典当业，无论是规模、资本，还是开业座数，同清初和中叶的繁荣景况相比，都显示出衰落的趋势。事实上，这种趋势在清朝末叶即已经出现了。

20世纪30年代，据宓公干的《典当论》记述，全国典当家数共约4500家。与清初、清中期全国的典当家数比，要少得多。乾隆十八年（1753年），全国有当铺18075家；嘉庆十七年（1812年），全国的当铺为23139家。上下相去仅一个半世纪左右，全国典当总数呈即如此锐减之势，真可谓大起大落了。究其历史原因，清朝末年至民国初年这段时间，以中、小资本为主体的中国民族资本，在国内外垄断资本日趋发展并跃居国民经济主导地位之下，其起步艰难亦难于长足发展。此间以私人资本为主的典当行业，在国家政治、经济动荡不安的局势中，很难插足于

---

① 魏际瑞：《四此堂稿》卷2。
② 洪葭管：《中国金融史》，西南财经大学出版社2001年版，第76—79页。

同力量雄厚的各种垄断资本的竞争之中，只能在缝隙中逐利、生存。加之战争、动乱，使以往显赫一时、惹人注目的典当业遭到劫掠，往往使之一蹶不振。高利贷本即恶名久远，典当又系钱财流通蓄藏之所，难免成为动乱中的直接劫掠对象。

然而，迫于贫困的自然经济平民质贷之需，一时别无更多方便、可行的渠道，仍然刺激着典商的逐利欲，所以尽管呈锐减之势仍活动着数千家当铺。20世纪30年代的中国，银行业已由民国初年的分散发展开始走向集中，像中国银行、上海银行等对农村的放款为数甚巨，但其放款的对象大都集中在商人或大地主及富农等，与中小农没什么关系。相比之下，典当放款，则以中小农为对象，虽每户人均所贷款额不多，但总数是可观的。如民国二十四年（1935年）度银行农村贷款中，中国农民银行、江苏省农民银行、中国银行和上海银行共贷2400万元左右，这只是典当放款总额的五分之一。[①]

第二节　中国近代的钱庄

一　钱庄的发展

钱庄的规模和业务在清前期有进一步发展，其主要业务是兑换，即金、银、铜钱之间的三角兑换，包括评定金银的成色、称量重量。另外也附带一些存款、货款的业务。但是只有资本雄厚者才能够经营。到鸦片战争之后，随着外国经济、金融势力的入侵，中国的钱业不但没有削弱，反而取得了更大的发展。

（一）鸦片战争后钱庄发展概况[②]

战前钱庄是封建社会金融业的主要组成部分。战后中国被迫开五口，外商进入中国市场，但面对不同货币兑换和账务结算问题。这些问题的解决都依赖于钱庄的协助。以下是五口设立的钱庄在最初20年的发展情况。

[①] 曲彦斌：《中国典当史》，上海文艺出版社1993年版，第77页。
[②] 洪葭管：《中国金融史》，西南财经大学出版社2001年版，第108—111页。

广州在鸦片战争前已有银号设立,乾隆十三年(1748年),广州入会的银号有36家。当时广州的对外贸易处于公行垄断时代,经营钱庄的大多是与行商关系密切的看银师,他们协助外商保管现金,鉴定银两和融通资金。战后广州的钱庄,大部分与商业发生联系,仅少数仍限于传统的银钱兑换业。同时,钱庄也办理存贷业务,收受商人存款,因商人根据需要随时可以支取存款,因而钱庄不支付利息。这与现代金融业的支票存款没什么两样。此外,钱庄还办理年息在12%以下的有息存款,但存款人要提取这类存款必通知钱庄。钱庄还办理短期贷款,期限在3天以内,日息为0.5%。当时广州钱庄业务大多限在本省。

上海在开埠之前,贸易已较发达,当时开设钱庄的都集中在南市。战后随着开埠和租界的设立,北市也设立钱庄。到19世纪50年代中期,上海已取代广州,成为全国最大的对外贸易中心,北市的钱庄业进一步发展,上海的金融重心转移到北市。1858年,上海钱庄共约120家,其中50家规模较小,每家资本在1000两以下。规模较大的约10家,资本约为3万—5万两。19世纪50年代,上海外商只接受资力雄厚的钱庄庄票作为结算工具。到1866年,上海钱庄有116家,其中有58家办理票据和汇划业务,大钱庄的资本已发展到8万—10万两。

1844年宁波开辟为商埠。19世纪50年代,宁波殷实富户开设钱庄都有较高的信用。各业商贾与钱庄大都建立信贷关系。所以,当地商人"向客买货,只到钱庄过帐,无论银洋自一万以至数万、十余万,钱庄只将银洋登记客人名下,不必银不过手"。民间称这种交易方式为"过帐"。这是一种结算制度和票据交换制度结合起来的很具特色的制度。它不用票据而用"过帐簿"代替票据,客户相互之间的款项往来都可通过"过帐簿"由钱庄进行清算,不必使用现金。这种制度在资金流通和结算上给人提供了很大的便利,促进了宁波商业的发展。

鸦片战争后20余年间,沿海若干通商口岸钱庄的发展状况是:大部分地区钱庄资力较前增强了,它们在业务上已经脱离单纯货币兑换,而集中在存款、放款、办理汇划、签发庄票和贴现等业务上。钱庄业务内容的变化反映了钱庄性质的某些变化,即由最初的货币经营资本向借贷资本方向过渡。

（二）钱庄的信用工具与票据结算制

1. 庄票

庄票又称钱庄本票，是应客户要求由钱庄签发的在口岸使用的一种信用工具，可以代替现金在市面流通。要求开出庄票的客户要交付每千两银2—5钱的费用，叫票贴。庄票分即期和远期，即期为钱庄须当日兑付现款给持票人；远期庄票则在到期时兑现，19世纪50年代，远期庄票通常以10天和20天为期，到60年代后，普遍以5天和10天为期。远期庄票还可以贴现，上海各商号在交易中大都使用远期庄票。庄票的相互抵轧是钱庄间账务清算的主要形式之一。有时中国商人向洋行进货时，没有足够的现金，洋行又不了解中国商人的资信，不能赊销，商人就通过钱庄提供信用，开出庄票。钱庄的庄票，特别是远期庄票被洋行接受，这对买卖双方都提供了极大的便利。① 钱庄应客户要求签发庄票有两种情况，一是客户在钱庄有存款的，这时钱庄开出庄票就如同支票一样；二是客户在钱庄没有存款的，这种庄票可看作是钱庄向客户的信用放款。

图14.1　上海宝昌祥庄二十枚铜元票

上海的庄票因资力大小不同，有汇划庄（称大同行）和非汇划庄（称小同行）之别。汇划庄在开业前，必须加入"内园钱业总公所"，并交纳会费，即所谓"入园钱庄"。它们享有发行银票、钱票和代售票据的权利，办理存放款、贴现以及汇划签发庄票、汇票等业务。非汇划庄因资力小，不得参加钱业总公所。1863年，上海钱业同行为了维护庄票的信用，公议规定对非汇划庄的庄票"概不收用"，这样就排除了非汇划钱

---

① 刘克祥、陈争平：《中国近代经济史简编》，浙江人民出版社1999年版，第165页。

庄庄票的流通。外商一般只接受资本力量雄厚的钱庄庄票作为结算工具，而非汇划庄庄票的废除，进一步保证了庄票的信用，促进了贸易的开展。外商洋行与钱庄的联系越来越紧密，并在互利中都得到了发展。上海汇划庄的庄票社会公信度极高，几乎等同于现金。上海的富豪子弟，出入于各娱乐场所，拿得出庄票的都是豪客。"绝对低三下四地招待他，一呼百应，气焰万丈。"① 若是支票，则可能被拒收。

2. 钱庄的汇票

钱庄在口岸使用庄票的同时，还在口岸与内地之间使用汇票。外国商品进入沿海口岸后，大部分要销往内地，钱庄对这部分洋货的内销起着十分重要的作用，其手段就是汇票。由于钱庄提供这种信用，大批外国商品得以销往江西、湖北、陕西、四川、云南、贵州等地。

钱庄用汇票为洋货在内地销售提供资金周转。在镇江，支付进口洋货的主要方法，是开出由上海钱庄付款的汇票，而商人则把铜钱或银锭运往苏州，从那里收购土产到上海去变价付款。这样，镇江、苏州和上海三地的钱庄在洋货内销上所提供的信贷对贸易的顺利进行所起的作用是十分明显的。

3. 钱庄的票据清算

（1）规元与钱庄结算制

九八规元虚银本位的确立，也被认为是这一时期上海钱庄业发展的重要标志之一。九八规元又称为上海规元，原是上海豆米行商业清算通用的一种虚银单位，其成色以标准纹银九八折扣计算。它作为商业记账结算的基本货币单位，重量和成色恒定不变，不因市面商情和银根松紧而涨落，这无疑是当时任何一种实际货币都难以做到的。九八规元虚银本位确立后，上海市场大宗交易的结算都以其为记账单位，而且"一般不付现，只是通过钱庄以庄票形式清算"。这样一来就强化了钱庄在上海金融业的地位。

（2）庄票与汇划制度

庄票信用能够在一定期限内给商人调度资金，因而很适合西方国家输入商品、掠取内地原料的需要。在19世纪50年代的上海，只有实力雄

---

① 陈存仁：《银元时代生活史》，广西师范大学出版社2007年版，第373页。

厚的大钱庄的庄票才有资格起支付作用，但到60年代，外商公开宣布接受"任何一家本地钱庄庄票"。到19世纪70年代，上海出售的一切洋货，都是以本地钱庄签发的短期期票来支付。同时洋行还可以利用收进的庄票支付出口商品的货价。

在中外贸易过程中，钱庄庄票是必不可少的信用工具。对于经营进口货物的商人来说，用庄票代替现金支付货价，意味着对洋行的债务由钱庄来承担，而自己则可以利用庄票所允许的期限去筹措现金，以清偿对钱庄的债务；对于销售进口货物的洋行而言，接受庄票作为取得货价的凭证，意味着对进口商品的债权由钱庄保证，使出售洋货的风险降到最低限度。[①]

随着中外贸易的日益频繁和扩大，贸易结算制度也发生了变化，那就是建立了钱庄业"汇划总会"，以相互结算账目。具体做法是：洋行把售货收来的钱庄庄票存入外国银行往来账上，委托银行代收；中国土产商人出口土产所收外商的支票也可送存开户的钱庄，委托钱庄代收款。外商银行与钱庄间通过相互轧抵，减少了现金调运。到19世纪90年代，上海钱业实行了"公单制度"，即每日下午各汇划钱庄总其应收庄票，送到出票钱庄换取公单；到下午4点以后，各钱庄齐集"汇划总会"进行清算。汇划总会还代理非会员钱庄清算。这要钱庄间初步实行了票据交换制度。

（三）钱庄与其他机构的关系

1. 钱庄与买办的关系

在钱庄的发展过程中，买办势力不断渗入钱庄，而钱庄也日益买办化。买办代表外商与钱庄交往日益频繁，而且到19世纪60年代以后洋行及外商银行买办相继投资于钱庄。如著名买办徐润投资钱庄两家，唐廷枢投资钱庄3家，而严兰卿在上海、苏州等地开设钱庄七八家。买办投资于钱庄，使外国资本与中国钱庄之间关系更加密切。

钱庄签发的庄票，能在一定期限内给商人以调度资金的信用便利，中国商人在为洋行推销洋货和搜罗土货时大量利用庄票，经买办媒介，上海外资银行接受了庄票抵押，向钱庄提供了若干日的信用，称"折

[①] 洪葭管：《中国金融史》，西南财经大学出版社2001年版，第114页。

款",这样,钱庄也就有了买办性的特征,从而得以巩固在国内金融市场上的地位。

2. 钱庄与外商洋行的关系

鸦片战争后,随着沿海沿江开放口岸的增加和外商洋行经营的扩大,钱庄的业务也日益活跃。当时中外贸易中财务的清算多依赖于钱庄,如广州钱庄为外商保管现金、鉴定银两成色和融通资金,成为一些外商进行贸易活动的重要助手。而上海钱庄则成为外国洋行与内地商人之间的"联结器",帮助鉴定金银、兑换货币、融通款项和清算财务等。

随着贸易的发展,钱庄信贷日益扩大,而钱庄本身资金不多,往往需要借入资本。19世纪60年代末至70年代初外国银行为了进一步控制上海的金融市场,开始贷款给钱庄,这种贷款的利息比市场上的一般利息要低一些,担保品便是钱庄的庄票。这种贷款迅速增加,到1873年已达300多万两,以后还不断增加,成为上海钱庄营运资金的重要来源,钱庄对外国银行的依赖越来越深。

3. 钱庄与票号的关系

与票号相比,钱庄的资本一般并不雄厚。上海钱庄资本最多5万两,且大部没有分支机构,唯上海少数钱庄开始在长江中下游一些城市设立了若干分庄。钱庄不仅数量多,而且分布广,并与外国银行建立密切联系。票号开设于通商大埠和口岸,数十家票号通过其全国各地的分支机构,结交官府,收存官款,资本雄厚,一般只放款给官府和资信较好的钱庄及个别殷实商号,对一般的工商业概不放款。不直接办理现金出纳,常常与数家基础巩固的钱庄订立往来合同,把资金交给钱庄保管。在未设分支机构的城市,就委托当地钱庄代理。钱庄从事一般工商业的放款活动,或代理票号业务,以票号为靠山。自从外国银行入侵后,钱庄与外国银行建立了联系,外国银行便成为钱庄的第二个后台。19世纪后期,上海钱庄所放之款,"辄盈数十万",全因为"有外国银行、西帮票号以为之援,挹彼注兹,殊觉便捷,盖生意之数十倍于资本无伤也"[①]。

[①] 《申报》1884年1月23日,转引自《中国近代金融史》,中国金融出版社1985年版,第80页。

(四）钱庄与现代金融机构并存及其原因

1. 甲午战争后钱庄业务进一步发展

甲午战争后，中国新式工矿业不断创立，因而在客观上有借贷资金的要求；到第一次世界大战期间，中国资本主义工商业取得了进一步的发展，这些为钱庄业务的发展提供了条件。过去钱庄放款对象一直是以商业和贸易为主，此时钱庄资本一部分向生产领域伸展，使得钱庄业务增加了新的内容，就是存款的构成和贷款的去向都与工商业发生了联系。据相关记载，上海大钱庄如福康、顺康等钱庄的工商存款所占比重有上升趋势。这说明钱庄与工商业的联系越来越多。钱庄对工矿业的贷款相当普遍，如福康钱庄，从1898年以后，信用放款中相当大一部分贷放给工厂企业，如恒昌丝厂、燮昌火柴厂、汉冶萍公司和华兴面粉公司等。同时钱庄还向工矿业提供抵押贷款。1910年，上海及其附近地区已有工厂数十家，它们都向钱庄进行抵押借款来发放工资。这些事实表明，钱庄资本和工矿企业的金融联系正在增加，这是促进钱庄业发展的一个重要方面。[①]

2. 钱庄继续发展的原因

19世纪中期后，钱庄能与中国银行和外商银行间形成三足鼎立之势，其原因是多方面的。

第一，钱庄经营灵活，对商号的信用贷款使其赢得了相当广泛的客户群。每年丝、糖、棉、茶、烟、麻上市季节，钱庄都贷出大量信用，近代工业产生后，钱庄也对工业企业放款。大商人和买办也附股或开设钱庄。由于钱庄和当地工商业的关系密切，历史悠久，并且不断改进业务经营，主动适应正在变化的社会，因而当近代银行业兴起之时，其地位也难以动摇。另外钱庄放款以信用放款为多，而新式银行则不愿为之。因此，工商业者更愿意向钱庄借贷资金。

第二，清代复杂的货币制是钱庄存在的根本原因。20世纪30年代以前，中国实行的是多元化的货币制度，铜元、银元、银两、纸币四大货币种类。每一大类中又杂有若干小类混杂于市场。钱庄的业务之一就是经营货币兑换，其作用是难以取代的，这也是其生存的基础。

[①] 洪葭管：《中国金融史》，西南财经大学出版社2001年版，第124页。

第三，钱庄的庄票起了融通资金的巨大作用，也使钱庄的地位更加巩固。钱庄发行的庄票，在正常年景中有外国银行的支持，信誉良好，流通市面而无阻。

第四，钱庄和商业银行的关系密切，商号不与钱庄往来者绝少，而与银行往来的则不多。另外，私人资本银行多存款于钱庄，委托钱庄代理收解，钱庄常能利用银行的资金转贷给工商企业。

二 钱庄的衰落

清朝的钱庄与近代的银行相比有许多弱点：

第一，资金难以积累。这主要是受每年年终结账分红制度的影响。合股的钱庄每年结账后才讨论下一年的经营计划，平常股东一般不能干涉掌柜（经理）的活动。利润（红利）年终基本上按股份多少分给各个股东，由于这个原因，钱庄的经营通常没有长远的计划，积累资金较少。

第二，业务范围有限。钱庄存款的客户多是店主、股东的亲友，或可靠的人介绍才把钱存到柜上，存款的来源范围相当狭窄。一遇形势恶化，或者动乱就纷纷提款。如果是大银行就不怕。可是资本规模较小的钱庄就受不了，它的存款大多放贷出去，不到期无法收回，即不能付出存户所取的款子，很容易破产。放贷款受年终结账制限制，所有的贷款必须年终前全部虑回，其资产难以充分运用，投资效益低；另外放贷常常只凭信用，没有可靠的押品，一旦出现商业波动，贷款就难以收回。

第三，钱庄对于外商银行拆款的依赖程度加深。19 世纪 70 年代，上海金融市场货币流转额大约在 1000 万两时，外商银行对钱庄的拆款数额约 300 万两，到 19 世纪末期这个数字高达 700 万—800 万两。至辛亥革命爆发时，上海钱庄借自外商银行的拆票额高达 8815000 两。20 世纪初，外商银行对钱庄拆借数额明显增加。上海钱庄自有资本一般还只在 10 万元以下，但往往经营七八十万元的交易。而外商银行的短期信贷就成为钱庄的重要依靠。这说明上海钱庄在发展过程中，其独立性反而减弱了，对于外商银行的依赖程度加深。

第四，钱庄资本具有投机性质。1897 年上海发生的"贴票风潮"和 1910 年"橡皮股票风潮"就是钱庄投机性典型反映。这两次风潮严重地损害了钱庄自身的发展。

钱庄的投机是通过"洋厘"和"银拆"进行的。这种投机在1864年以前就已经存在，而之后则更为盛行。

1856年当西班牙银元退出流通时，上海市场便以九八规元作为记账单位，但九八规元是虚银两，需要现银时仍用元宝或银元折合进行收付。因此以多少规元银能兑换一个银元的比率，即所谓洋钿的行情，或银元的价格。这个比率随市场和进出口贸易情况而波动，最大的涨落以厘位而止，如7钱1分8厘，故又有洋厘之称。投机者利用国内外政治经济情势的变化而投机。如认为银元供给将增多，价格要跌，即洋厘要小下去，就按现在洋厘招抛出银元，即是做空头；如果认为银元之需要将增多，价格要涨，即洋厘要大上去，就按现在洋厘买进银元，即是做多头。

钱庄利用洋厘的高低、银拆的变化，人为地哄抬或压抑行市，制造银元或是银两短缺的空气，从而掀起银元或银两短缺的恐慌。但钱庄的投机行为是仰鼻息于外国银行的。外国银行操纵了国际汇兑行市，又可自由输出入白银和银元，库存的白银数量大，对银两银元的供求有很大的控制力量。因而钱庄的银元银两投机，没有外国银行作后台是行不通的。①

到1933年废两改元之后，银两正式被废除了，洋厘的行市不复存在，银钱兑换业的基础也动摇了，钱庄从此衰落下去。

第三节　中国近代的票号

一　1850年后票号的发展

1850年后，票号得到了很大的发展。不仅票号的家数增多，而且票号的分支机构还遍及全国各大中城市。日升昌、蔚泰厚、蔚丰厚、日新中四家票号共计分支机构29处，分布于全国各地，大都是著名的商业城市，如北京、天津、太原、汉口、长沙、西安、沈阳等地。

票号为什么在19世纪50年代得到发展？除了商品经济的发展这个根本的原因外，还有与清政府建立了密切的联系有关。

1. 承汇了清政府卖官鬻爵的捐款。业中人李宏龄在《山西票商成败

---

① 中国近代金融史编写组：《中国近代金融史》，中国金融出版社1985年版，第80页。

记》序中曾说:"咸丰初年,筹饷例开,报捐者纷纷,大半归票商承办其事,而营业渐次扩张。"

2. 票号经营者由捐买官职,正式与清政府建立了联系。据史料称,日升昌、蔚泰厚等票号的东家 21 人输银捐买官职。另外有多家票号的掌柜 26 人报效银两 6000 余两,得到各种虚衔的官职。本来为官吏汇款和传递信件,早已是票号的一项经常业务,加上捐买官职,与清政府的联系就更加密切了。

3. 咸丰末年票号开始了京饷汇兑。咸丰同治之际,捻军活动于直、鲁、豫一带,截断了南方向北京解运京饷的路线,于是咸丰九年到十一年(1859—1861 年)交由票号汇解京饷。此后,各省以汇兑代替现银解交京饷成为合法化,也是票号正式承汇公款的开端。据有关资料记载,1862 年汇款 10 万两,1863 年为 139 万两,1864 年 56 万两。票号在承汇京饷时,索取了很大的汇费。据粤海关的奏折称:"每千两汇费银 40 两",这个费率约为一般汇率的十倍。可见票号已成为向封建剥削者要钱的暴发户了。①

4. 票号对清政府的财政借款。清政府官吏颇多认为山西多巨富之家,便建议向票号借款。同治二年(1863 年),粤海关年例解内务府广储司公用银时,即曾向票号挪借 4 万两汇兑入京,以后各省借款汇解京饷遂成为惯例。

图 14.2　山西票号营业台

---

① 中国近代金融史编写组:《中国近代金融史》,中国金融出版社 1985 年版,第 51 页。

二　票号发展的黄金时代

19世纪60—90年代，票号进入了黄金时代。这个时期，票号与清政府的关系更加密切。表现为以下几个方面。

1. 票号规模得到巨大发展。在这30年的发展时间里，山西票号在中国金融市场上称雄一时。

（1）票号家数的增加。这一时期，不仅有西帮（平遥帮、祁县帮、太谷帮）新票号的设立，而且其他省份的商人和官僚，如南方商人等也设立了票号。同时还有山西商人与南方商人合资设立的票号。

（2）活动地域的扩大。分支机构遍及全国。19世纪60年代以前，票号活动范围在重要商埠，其业务重心在内地。之后，票号汇通地向全国边远地区，尤其是向对外通商口岸扩展，北起蒙疆，南至闽粤，西起川康，东临海滨的重要城镇、商埠等。史料记载，1881年仅汉口一地就有票号32家。

2. 票号成为清政府的财政支柱。为了弥补亏空而增加税征，举借内外债，大都经过票号之手，并依靠伸向全国。使得票号成为清政府的财政支柱。

（1）代办捐纳、印结，为清政府筹措财政经费。19世纪60年代以后，清政府继续推行捐纳制度，票号代办、代垫捐纳，成为经常性业务。如穷儒寒士为了登上仕途，请票号代捐谋缺；已放实官，为了取得高级官衔，亦请票号代办。票号从中除赚取汇费外，还要收取各种小费以及平色折合之利，并能代理其辖地金库，扩大其营业资本，并取得官吏的保护，一举数得。清中后期票号实际上已成为捐纳制度办事机构的组成部分，为清政府的财政聚敛起了一定的推动作用。

（2）票号汇兑公款，为户部解缴税收。运解中央的称"京饷"；由户部指定款额，拨交其他收支不敷省份的称"协饷"。此项制度开始于雍正三年（1725年），一直延续到清末。这种解运中央的"京饷"和拨交邻省的"协饷"，一向都是沿用装鞘运现的制度，官解官交，不准商人参与其事；自交票号汇兑后，票号实际上成为清政府税收款的解缴机关了。

（3）票号借垫京协各饷，解救清政府的财政危机。按清朝原定例，政府经费及各专项用款，均由户部与指派各省关将税款直解用款地方。

但各省关收入困难，用款单位急如星火，各省关不得不向票号借款汇解。从 1865—1893 年票号为粤海关垫汇 453 万两。其中新泰厚、志成信等五家票号借垫清政府指派"西征军费"、洋务经费等款项达 142 万两。其他如闽海关、浙海关以及广东、福建等省，亦均大量由票号借垫资金。可以说没有票号的支持，这些饷款将无从上解。

（4）为清政府筹措、汇兑和抵还外债。据清档及有关史料记载，阜康票号财东、买办商人胡光墉为清政府左宗棠西征捻回向怡和洋行、丽如银行等外国商人借款，从同治六年（1867 年）到光绪七年（1881 年）先后六次，共计 1595 万两。均在上海借妥，交票号汇往运城或西安等转左宗棠军队使用。所借款项，均以海关税收作抵，而由票号将各海关税收汇往上海外国银行还本付息。

（5）票号代理部分省关的财政金库。由票号代理金库最初仅仅是少数省关，以后互相效尤，以至上解京师的款项"皆改现银为汇票，到京后，实银上兑或嫌不便，或银未备足，亦止以汇票交纳，几令商人掌库藏之盈亏矣"。原因有二，一是由于同治以后清政府财政愈加困难，京协各饷，常需票号垫借，更加取得了清政府的信任，以公款与之出入，或垫或存，都极为方便。二是由于捐纳制度所促成的票号与官吏的勾结，互相利用，官僚存公款于票号，既便于上解不足时请票号垫汇，又便于个人搜刮所得汇回原籍。票号亦赖公款存储，扩大资力，贷放便利，全国通汇，获利丰厚。此外，票号每当资金周转发生困难时，还发行银两票，称作"土票"或"小票"，对清政府的财政也起了一定的支持作用。

三　票号与清政府的关系

19 世纪 60 年代开始，票号与清政府的关系是由于京、协饷的汇兑而逐渐加强的。

清政府历来运用解款、协款制度，支配各省的财政收支。各省在清政府的命令下，征收各项赋税，存入公库，同时在朝廷批准下，开销支出各项经费，由公库动支。动支之外，所有剩余银两，则需运解邻省或中央。运解中央的称"京饷"；由户部指定款额，拨交其他收支不敷省份的称"协饷"。此项制度开始于雍正三年（1725 年），一直延续到清末。这种解运中央的"京饷"和拨交邻省的"协饷"，一向都是沿用装鞘运现的制度，官解官交，不准商人参与其事；即使在国内汇兑事业比较普遍开展的情况下，也不许交商汇兑，违犯者要受到惩处。道光八年（1828年），浙江省盈余饷项解京，曾派委员沿途押解，只因"到部投文领批，其银鞘交库，均系商人办理"，便遭到了惩处。当时道光重申："凡遇起解京饷，务饬该委员始终经理，不得假手商人胥役。"①

到19世纪40年代后期，汇兑业务在全国已经开展起来，它给社会带来的便利，为世所公认。但京、协饷运现制度仍为清政府严格维持，稍有变动便予惩罚。直到50年代，太平天国运动开始时，这种运现制度仍然被严格地执行。

图14.3 平遥协同庆票号旧址

（一）为清政府汇兑京饷和协饷

19世纪60年代揭幕，太平军和清军进入了决战阶段。太平军继1858年摧毁江北大营之后，又在1860年5月再破江南大营，街道乘胜进军，占领苏州。两军在湖北、江西、安徽、浙江等地激战；长江以北，又有捻军活跃于江苏、安徽、湖北、湖南、山东、山西、河南、河北8省。交通阻塞，截断了上解京饷的通道。各省、关无法按照旧例向北京解运京饷。咸丰十一年（1861年），各省应解京饷700万两，由于交通困难，直到当年阴历八月时，北京仅仅收到京饷100万两左右。清政府因之焦急

---

① 《上谕档》道光八年十二月十五日。

万分。它不得不于同治元年（1862年）十二月准许户部请求，今各省督抚将京饷觅殷实银号"设法汇兑"。这是清政府正式允许票号汇兑京饷的开始。但各省在此之前就将京饷利用票号进行汇兑了。

自清政府下令之后，票号便在合法形式下为清政府收解京饷。有资料表明，在清政府允许汇兑京饷的命令发布后，交由票号汇兑的省、关最早的是闽海关，它在同治元年交由票号汇兑的京饷计有三笔，共计20余万两。次年便增有江海关、粤海关、九江关、湖北、江西、四川、湖南等省、关，共计汇兑京饷66万余两，随后逐年递增。据不完全统计，自1862年到1893年，31年中，经由票号汇兑到北京的京饷一项，计达61587377两，平均每年达190余万两。

继京饷交汇之后，各省协饷随之也便交由票号汇解。到1893年，据不完全统计，各省交由票号汇兑陕、甘、新的协饷达460余万两。

（二）对京饷协饷汇兑的垫款

从19世纪60年代票号开始合法地为各省、关汇兑京、协和饷以后，每年它都经手一笔为数巨大的流动资金。这对于票号业务的发展和经营能力的增强，起着难以估计的作用。由于社会和经济的各种原因，清政府的地方税收在当时经常是收不足额。但京饷上解期限却有严格的规定，不准拖延。因此，在票号力量增长的条件下，就有力量从为地方政府汇兑京饷而发展到垫款汇解。垫款实际上就是票号对地方政府的贷款。严重的是这种垫款关系一经发生，就年年延续，难以改变。就我们所接触到的不完全的史料来看，广东、福建、浙江、粤海关、闽海关等处都曾与票号发生垫款解饷的事实，其中以广东省和粤海关的情形最为突出。有材料反映，早在19世纪40年代，广东地方财政机构就曾与票号发生过借贷关系，"自道光二十二年（1842年）办理夷务以后……藩库度支每绌……向西商贷用"，不过这种借贷是"旋借旋还，无案可稽"。到了50年代，太平天国农民起义，广东省财政陷入了非常窘迫的局面。60年代曾任广东巡抚的郭嵩焘在概述粤省财政历史概况时，指出：广东在清代"二百年来号为沃区"，各库"每年坐支之外，存数尽多"。"迨咸丰四年（1854年）……库款挪用一空，迄无存者。"从此，"广东拨解京饷，多由藩、运二库出具借贴，向各银号汇兑，各库收有饷课，陆续给还"。所以，清政府尽管一再命令恢复京饷解现，禁止交商汇兑，但广东省和粤海关总是请求例外,其关键就在于广东藩库在当时如果离开票号的垫款,就不能如额解运京饷。以同治八年(1869年)四月至九月的征税应解的实况来看,当时粤、潮二关征税仅收到60.1万余两,而应解京饷、广储司公用等项目共需银89.2万余两。征与解相差29万两,只有依赖票号垫款解决。所以,时任两广总督瑞麟说:"……京饷及广储司公用定限綦严,协济各省军饷亦属急需,筹解均不容缓。而关税入不敷支,惟赖与银号商借,缓急通融。"进入70年代,关税征收状况不见改善,而京饷解送却不容拖延,只有年复一年向票号"通融"。根据粤海关解送京饷的垫款,年各不同,在60年代,大抵在六七十万两,到70年代后期,便经常超过100万两,其趋势明显地上升。

表 14.1　　粤海关历年拨解京饷中票号垫款银数统计①　　单位:两

年　份	拨解京饷中由票号垫借	汇费	资料来源
1860—1861 年	575267.982	?	同治三年十二月十八日粤海关监督毓清奏
1861—1862 年	971469.222	?	同治四年正月二十日
1862—1863 年	1304426.273	8768.211	同治四年四月二十八日粤海关监督师曾奏
1863—1864 年	377619.263	4067.357	同治四年五月初九日
1864—1865 年	577504.473	21532.44	同治四年十二月十九日
1865—1866 年	738999.997	34530.62	同治五年十一月十一日
1866—1867 年	702085.345	32459.78	同治七年正月十二日
1867—1868 年	793287.414	27868.28	同治八年正月二十二日
1868—1869 年	1049525.10	20414.28	同治九年正月二十日粤海关监督崇礼奏
1869—1870 年	1156998.28	19470.22	同治十年二月十二日
1870—1871 年	602065.85	19563.48	同治十一年二月十三日
1872—1873 年	467560.53	25328.77	同治十三年四月初七日粤海关监督文铦奏
1873—1874 年	928121.35	28512.84	光绪元年五月二十日
1874—1875 年	1330105.62	34020.53	光绪二年六月初六日
1875—1876 年	1582693.82	44028.21	光绪三年十月初四日粤海关监督俊启奏
1876—1877 年	2003976.56	35217.22	光绪五年三月十二日

① 张国辉:《十九世纪后半期中国票号业的发展》,《历史研究》1985 年第 2 期。

续表

年 份	拨解京饷中由票号垫借	汇 费	资料来源
1877—1878 年	2191766.11	36391.95	光绪六年三月二十七日
1878—1879 年	2615065.48	40238.25	光绪七年十一月初四日粤海关监督荣光奏
1879—1880 年	3034315.95	38342.78	光绪八年八月二十二日
1880—1881 年	3491511.066	35544.55	光绪九年九月二十日

19世纪80年代以后，票号为粤海关垫款解京饷仍在继续，而且在程度上还有所加深。广东、福建、浙江等省的情形相似。三省的海关往往收不足数，只好筹措垫凑。而且是旧欠未清，新欠又增。

（三）对清政府用兵和海防建设提供贷款支持

票号对清政府的财政支持自然不限于京、协饷的解运和垫款汇兑上。多年来，它对于各地驻军在发动军饷上的资金融通；对一些重大军事活动，如左宗棠在西北用兵时的军费支持，中法战争中，各省调遣军队过程中的紧急贷款，以及在各地调遣军队的贷款等，都起着支持和强化清政府的统治的作用。

1867年，左宗棠率领大军，用兵西北，军饷协济常感缓难济急。他经常依赖票号贷款，解决急需。1873年，在他攻下肃州城时，清政府特拨库银100万两，另由户部拨各省、关协款100万两，总共200万两。左宗棠只领取70万两，而将其余的都作为"划还各台局代借商款，尚不敷银二十万两"。这些事例表明，左宗棠非常重视票号在调度金融上支持他的军事行动。所以，他对票号的贷款总是尽量做到"有借有还"，极力保持信用。

正因为如此，票号与清政府的确存在着密切的利害关系。但是，向清政府贷款以及为之汇兑官款，并非票号业务的全部。票号毕竟是民间金融组织之一，它在促进商品流通，支持埠际贸易开展方面所起的积极作用，有力地推动了社会经济的发展。而这一方面，过去往往被人们疏忽。为了全面了解票号的社会作用，很需要对它在大发展时期在促进社会经济发展方面所进行的活动，作一些必要的分析和补充。

四　票号与晚清商业贸易的发展

第二次鸦片战争以后，票号的全部业务活动与国内外商业、贸易的联系日益密切。五口通商以后，沿海地区商业贸易逐步开展，并成为商品集散的枢纽。而一向以调剂地区间金融为己任的票号，其业务必然有随之扩大之势。

（一）票号自身力量的扩大

19世纪50年代以后，在一些商业发达的城市，逐年都有新票号的设立；而先前开设的票号也分别向沿海、沿江的口岸发展，纷纷增设分号。截至1874年，票号已经从50年代的12家增至26家，并迅速地向商业发达城市如上海、杭州、福州、厦门、营口、南昌、桂林、梧州、贵阳、昆明、兰州、肃州等地发展。同期中，设立票号分号的城市，也从先前的27处增加到70处左右。其后新的票号仍在陆续设立中，但速度稍见缓慢；到90年代，大抵保持在28家。连同它们的分号，在全国初步形成了一个金融汇兑网。

（二）票号的汇兑、存放款各项业务，历来都是与国内外商业贸易密切相关

19世纪五六十年代太平天国起义爆发后，原来票号业发达的苏州、汉口等地的票号纷纷迁往上海，使上海成为之后票号势力增长最快的地方。在上海从事进出口贸易的商人在金融调度上主要是使用钱庄的庄票，借以把自己与外商之间的债务关系转变成钱庄与外商之间的债务关系。但是，上海钱庄资力并不雄厚。如历史悠久的宁波帮方家和李家钱庄，其资本也只有2万—4万两之间。然而，上海钱庄在当时对有信誉的商号或商人，"所放之帐，辄盈数十万两"。可是钱庄的运营资本从何而来？从事实来看，主要是取得外国在华银行和中国票号的信用支持。外国银行给予钱庄的是贷款是短期"折款"，而票号对钱庄的贷款叫作"长期"。由于进入60年代后，票号经手汇兑大量公私款项，需要一个利用闲置资金的渠道。所以，银钱业提供的短期贷款有一个规定，就是随时可以索还。一向注意上海商情变化的《申报》（1884年1月12日）的文章指出："昔日票号皆荟萃苏垣，分号于沪者只有数家，资本无此时之巨，专以汇兑为交易而不放长期。军兴以来，藏富于官。票号交结官场，是以

存资日富。迨东南底定，上海商埠日盛，票号聚于斯者二十四家，其放银于钱庄，多至二、三百万两。"这里票号贷给钱庄的资金，最终要流入商人手中，发挥着借贷资本的作用。

五 票号由盛转衰

（一）票号迅速发展的原因

1. 由于运现不便而产生票号汇款。太平天国失败后，农民起义仍然不断，给清政府解送现银带来困难。这就需要一个资信可靠、收解灵活、可汇可垫、机构普遍的资金调拨运转机构。由于票号早与清政府官吏建立了联系，汇兑公款，自然得到信任。这是票号扩大机构和业务，并进一步勾结官吏，扩大势力的有利条件。

2. 票号通过地方官吏，垄断官款汇兑。对票号汇兑公款，中央官吏一向不赞成，但地方官吏却为票号争汇，票号与官吏相互利用是关键。票号善于经营，常在一些名士做官以前，以资金相助；等这些人做了官之后，一是帮助票号获得低息公款存款；二是高汇费的公家汇款；三是高利率对官府的贷款。

票号为取得政治靠山，对各级官吏分等行贿。对官吏存入的私人款项，票号代守秘密，如遇查抄处分，决定不敢实告，所以官吏很喜欢利用票号，朋比为奸。所以，这是票号发展迅速的主要原因。

3. 由代为垫款到代理省库。票号承汇公款，特别有些地方要垫借汇兑，自然地方政府的税收就要存入票号，待积有成数，按期汇解，或抵还垫借；同时，自地方交汇到京师或边省收汇，总要一定的时间。这里公款在票号就有较长的停留时间，这种存款和途中款项，不计利息，大大增加了票号可以运用的资金，从而使票号仅以二三十万两资本，却可以支配数百万两资金而无任何困难。

4. 票号的汇兑、存放款各项业务，历来都是与国内外商业贸易密切相关。鸦片战争以后，外国资本主义商品输入扩大，自然经济解体，国内经营洋货输入和土产出口的中国商人需要融通资金，各城市之间资金调度频繁。此时外国银行主要活动于沿海城市，中国广大腹地的商业借贷主要是依靠钱庄，票号则是他们的后台。这种商业汇兑的借贷的要求给票号的发展提供了客观条件。一部分敏感的商人自然向票号转移资本，改商号为票号，改兼营为专业，增加分支机构，扩大经营资本。

(二) 票号走向衰亡

甲午战争后，票号进入极盛时期。主要表现在以下几个方面：一是机构的扩大。票号机构遍设于全国，据不完全统计，此时全国票号有 470 多家。有实力的票号甚至将分号开到国外，如日本大阪、神户，南洋的新加坡、马来西亚，俄国的莫斯科等地。二是对清政府的汇款业务大幅度增加。甲午战争后，清政府大量借款和赔款多数由票号汇解到上海海关，并交予外商银行。1894—1899 年，清政府交票号汇兑的款项年均达 479 万余两；1900—1910 年更是年均达 979 万余两，增加 1 倍以上。

但是，在经历一个短暂的发展之后，票号业务急转直下，并迅速走向衰退。这是由于中国近代银行业开始兴起，作为旧式金融机构的票号在竞争中逐渐失去优势。与清政府的密切关系已被银行取代。1905 年，户部银行成立，清政府规定公款存储和汇解交由户部银行办理。各省相继成立官银号，京协各饷也由各地官银号汇兑。1907 年交通银行成立后，抢走了票号大部分汇兑业务。面对激烈的竞争，票号经营者墨守成规，内部机制僵化。在清末合组银行时，曾有人倡议票号加入，票号业内保守势力坚决反对。到 20 世纪 20 年代，票号的发展走到了尽头。

第十五章

中国近代新式金融机构的兴起与发展

第一节 外国在华银行及其对中国金融业的影响

一 鸦片战争后到甲午战争前的外商银行

（一）鸦片战争后的外国银行

1. 英印银行首批打入中国[①]

鸦片战争之后，大量鸦片输入中国，在国际结算上形成了一种中、印、英三角结算方式。在中国出售鸦片所得换成东印度公司在广州代理处开发的汇票，去伦敦和加尔各答兑现。公司则可以利用这些钱去购买中国丝茶。19世纪30年代后，美国商人也带伦敦的汇票来换取中国商品。这种汇票的使用是资金的汇兑业务，最初由洋行经办。随着外商银行进入中国之后，此项业务就由银行经营。

1845年，英国丽如银行（Oriental Bank）创办，在广州、香港设立机构，是中国最早的外国银行。后来有利银行（Mercantile Bank of India, Limited.）、麦加利银行（The Chartered Bank of India, Australia & China）在上海设行。这些银行继续从事汇兑业务。但1845年后20年间，英印银行业务并没有多大的发展。因为，此时洋行兼营汇兑业务，排斥了新设立银行的活动，洋行实力较雄厚，新设银行无法与其竞争。另外中英贸易间的物物交易影响了银行业务。当时中外商品交易的方式有现银交易、期票交易和物物交易，而物物交易是最常见的。如鸦片与生丝交易，匹头与茶叶交易等，就使新设立的银行不易插手贸易资金的周转。

[①] 中国近代金融史编写组：《中国近代金融史》，中国金融出版社1985年版，第13—16页。

但 19 世纪 50 年代，由于贸易情况的变化和世界金银比价的地区差而使外国在华银行业务得到发展。一方面，中国丝茶的大量出口，各方注视的中国白银外流，已变成了流入。据估计，1851—1860 年每年约有 300 万英镑白银从英国运往中国；而 1840—1860 年，每年从中国运往印度的白银仅 200 万英镑。另一方面，货币制度的变化和黄金白银交换的有利可图，也吸引起了白银向中国或东方各国流入。东方各国习惯上贮藏白银，将欧洲和美洲相对过剩的白银运往东方，是有利可图的。因为那时东方的金银比价不合理，促使了白银流入和黄金流出。如日本 1860 年前白银对黄金的比价是 5∶1，而世界市场则为 15∶1。因此早期的丽如、有利等银行都从事以银元套购日本黄金的投机活动。

2. 第二次鸦片战争后英法银行相继设立

19 世纪 50 年代末到 60 年代初，中国的棉花卷入世界棉花市场的旋涡之中，此时英国的棉纺织业发展到顶点，所需要的棉花不能满足供应，而美国又发生南北战争，于是中国棉花成为英国的抢手货。为此外国银行入侵上海、香港。主要银行有 1861 年汇川银行，1864 年有利昇银行、利生银行、利华银行等。这一时期外商银行设立的特点有三：一是由广州向上海转移，上海联通内陆的地理位置更优越，当时被称为"北华"，因其有长江通往腹地，还有运河通往北方各地。二是由上海向沿海和内地口岸辐射，如沿海的宁波、福州，沿江的九江、汉口等。三是打破了英印银行独占中国贸易金融的局面，主要代表是 1860 年法兰西银行在上海设立分行，从此法国的金融势力扩展到中国。

表 15.1　　　　　　　　清代主要外商银行设立简表①

行名	国别	总行所在地	在中国初设年份	备注
丽如银行	英	孟买，后迁伦敦	1845 年在香港设分行	
汇隆银行	英	孟买，后迁伦敦	1851 年在广州设分行	1866 年倒闭
有利银行	英	伦敦	1854 年在上海设代理处	
阿加剌银行	英	伦敦	1854 年在广州设分行	1866 年倒闭

① 叶世昌、潘连贵：《中国古代近金融史》，复旦大学出版社 2001 年版，第 200 页。

续表

行名	国别	总行所在地	在中国初设年份	备注
麦加利银行	英	伦敦	1858年在上海设分行	即渣打银行
法兰西银行	法	巴黎	1860年在上海设代理处	
汇丰银行	英	香港	1865年在上海设分行	
德意志银行	德	柏林	1872年在上海设分行	1875年倒闭
德华银行	德	上海	1890年设立	1945年被中国接收
横滨正金银行	日	横滨	1893年在上海设代理处	1945年被中国接收
华俄道胜银行	俄法中	彼得堡,后迁巴黎	1896年在上海设分行	1926年停业
东方汇理银行	法	巴黎	香港(1894年),上海(1899年)	
台湾银行	日	台北	1899年设立	1946年被中国接收
花旗银行	美	纽约	1902年在上海设分行	
华比银行	比	布鲁塞尔	1902年在上海设分行	
荷兰银行	荷	阿姆斯特丹	1903年在上海设分行	
北洋保商银行	中日德	天津,后迁北京	1919年设立	
朝鲜银行	日	汉城	1909年在安东设办事处	1945年被中国接收

由表15.1可知,从1845年至19世纪60年代初,已经有10家外国银行在我国设立分支机构,主要有丽如银行、汇隆银行、阿加剌银行、有利银行、麦加利银行、法兰西银行等。其中英国银行占了6家。但自法兰西银行之后,到甲午战争前,日本、德国等国银行也纷纷在华设立分支机构。

(二)汇丰银行的建立与外国银行网的扩大

1864年8月,太平天国失败后,英国汇丰银行临时委员会举行了首次会议,会议确定汇丰银行不仅要办成一个办理汇兑业务的机构,而且也应办成一家为英国在华资本家服务的,并能协助香港当局实行所谓货币改革和向公共事业提供资金的银行,以便把英国在香港的行政管理放在适应于永久性殖民地的基础上。1865年3月3日,香港上海银行(Hongkong & Shanghai Banking Corporation)正式成立,后改名为汇丰银行,意即汇款丰富,总行设在香港,同一天香港分行开始营业,4月上海分行开业。

汇丰银行成立时，资本为 250 万港元，最初由宝顺（Dent Beal & Co.）、沙逊（D. Sassoon & Co.）、琼记（Augustine Heard & Co.）等 13 家洋行和一家英籍轮船公司联合发起组建的。在外国银行扩张过程中，汇丰银行后来居上，其原因有三：一是它由多国外商企业兴办，特别是英商企业形成业务上密切的联系，为其提供较大的发展空间；二是香港政府对它特别的庇护；三是总行设在香港，便于就近对中国境内各项业务问题迅速作出正确的决策和判断，这对它资金的有效运用是很关键的。汇丰银行的崛起，标志着英国海外殖民地银行经营上的重大变化，也为汇丰银行后来对中国多项事业的垄断打下基础。

此后，1889 年德国在上海建立德华银行（Deutsch Asiatic Bank），总行也在中国。到甲午战争为止，在华外国银行计存 9 家，其中英国 6 家，德、法、日各 1 家。北起京津、南临海口，东自上海，西达汉口，形成了外国资本主义的金融网。

（三）外国银行在华活动的扩展[①]

从 19 世纪 40 年代起，外商银行来华设立机构的主要目的，"仅为该国商人在华贸易上之便利，纯系营业性质，其后渐渐从事于业务范围以外之活动，如投资于铁道、矿山等事业。盖其经济势力，已随政治侵略而日趋发展"[②]。这些外商银行在华机构最初业务主要是汇兑。清朝末年，中国的财政已濒临崩溃之势，一来要维持其庞大的军政费用之开支，二来又要支付累累不合理的赔款。在国库告罄、度支无措的情况下，清政府每以借新债偿旧债为挹注，这些新旧债款的经理，实际上都有赖于汇兑，而汇兑业务亦多本于借款。因此，"我国累届借款，其表面上有形之权力损失，人所共知，然无形这亏耗，亦不减于有形，如汇兑市价之低昂涨缩，皆无形之亏耗也"[③]。外商银行业务的扩大主要表现在以下几方面。

1. 支持外商企业输出商品，掠夺原料。资本主义国家的银行资本与工业资本关系密切，相互渗透。这些银行来华的主要目的就是支持本国

[①] 于滔等编：《中国近代金融史》，中国金融出版社 1985 年版，第 65—68 页。
[②] 《中华民国货币史资料》第一辑，上海人民出版社 1986 年版，第 880 页。
[③] 《中华民国货币史资料》第一辑，上海人民出版社 1986 年版，第 880 页。

商品输出和掠夺廉价的原材料。这表现在银行与洋行的合作上，如怡和洋行在中国拿不出白银供它所承包工程的需要，汇丰银行就令其在北京和天津的分行，把库存白银随时迅速提供怡和洋行使用。1883年汇丰在天津设立分行，15年以后，天津直接进口和直接出口分别增加了50%和150%。

2. 对清政府提供政治经济贷款，开始执行对华资本输出的任务。甲午战争以前，外国在中国开办的企业有100余家，其中英国资本几乎占60%—70%。但这一时期，外国银行执行执行资本输出的任务主要是针对清政府的直接贷款和政府债券的投资。1874年汇丰银行对台湾海防大臣200万两"海防借款"是外商银行对清政府贷款的开始。到1894年甲午战争以前，清政府向外国举借外债4600万两，其中通过外商银行进行的占74%，而由汇丰一手包办的达2900万两，占63%以上。外商银行不仅取得了贷款厚利，还通过向清政府贷款，夺取了中国海关大权，英国人赫德占据海关总税务司职位长达40年之久。汇丰银行掌管着中国海关税务的账户。到20世纪海关税收也一直存放在汇丰银行。

3. 垄断国际汇兑，包揽华侨金融业务。19世纪40年代，中国对外贸易之汇兑由洋行承担，到50年代，随着外商银行开始分润国际汇兑利益。进入60年代以后外国银行取代洋行，成为通商口岸金融市场的主力。国际汇兑是外商银行成立以来第一项主要业务。如汇丰银行用于国际汇兑和国际贸易的资金迅速增加，从1875年的242万港元增至1885年的2580万港元。汇丰银行一开始就在与中国有贸易关系的东方各口岸设立分支机构，大做国际汇兑业务。后来在法国里昂设分行，也是因为那里是世界上最大的进口中国生丝的城市。汇丰银行还控制中国的汇价。上海汇丰银行每天挂牌公布汇价，作为上海金融市场的正式外汇牌价。而这又成为各地的标准汇价。这样汇丰银行往往故意抬高或压低牌价。如在外商银行要向中国交付借款时抬高汇价，可以少付银两；在中国政府偿还外债时压低汇价，可以多索银两。外商银行垄断外汇，操纵汇价，不仅支持了本国的资本输出，而且也掠夺了中国人民。

4. 吸收存款和发行钞票。中国尚未建立近代银行时，外国银行以低利以至无利或收取手续费的办法吸收中国政府、官僚和地主的存款。中国政府不得过问。外行成为中国贪官污吏存不义之财的保险箱。因此，中国的官吏勒索越甚，外商银行存款越多。据统计，汇丰银行1890年存款总额是1865年的41.8倍。外商银行吸引中国各阶层的存款，再贷放给洋商或中国政府，加强对中国的掠夺。至于外商银行在中国境内发行纸币。则更是掠夺中国财富的手段。发行纸币的外行有麦加利、有利和汇丰银行等。从而控制了中国的金融市场。

这些在华的外商银行，其营业范围发展趋向，都是与各该国的外交政策相表里的。早在1897年中国通商银行在上海开办以前，中国还没有自己的新式金融机关。当时中国各地区间的汇兑业务，统由带有浓厚封建彩色的票庄（又称票号）、银号、钱庄等来承做的。外商银行在华设立后，这方面的业务也逐渐被其吸引过去，造成不少票庄的倒闭。

尤其甚者，清政府的财政收入有两大支柱，一是盐税，二是关税。前者暂且不论，后者则主要集中在一些沿海通商大埠，如上海、天津、厦门、广州、大连、青岛等城市。汇丰、德华、道胜三行最终取得了上海关税存放权，而汇丰从此长期把持着中国海关关税收支特权，这是中国海关史上的耻辱。

二 甲午战争后外国金融势力的发展

（一）银行的增加

1895—1911年的17年间，先后有7个西方国家在中国设立9家银行（包括合办银行）。首先是华俄道胜银行（Russo Chinese Bank），1895年设立，由俄法两国共同投资600万卢布，法国资本占大部。为了给该行挂上中外合办的招牌，1896年又与清政府签订合同，清政府出资库平银500万两，但实权掌握在俄方。其目的是经收中国税款；经营国库和地方金库；铸造发行货币；代付中国公债利息；铺设中国境内铁路（如东清铁路建筑权）等。

其次是日本的台湾银行（The Bank of Taiwan, Ltd.），1899年设在台北，后势力伸展到大陆的东南沿海。其任务是控制日据时期台湾的经济和操纵台湾与华南及南亚各国的殖民地贸易。

另外，法国的东方汇理银行（Banque de L'Indochine）1899年在上海设立分行，企图在华南和西南地区控制金融活动。1902年美国花旗银行（The National City Bank of New York）在上海出现。它们与前期在中国设立的英国汇丰银行、德国德华银行（Deutsch Asiatic Bank）、日本的横滨正金银行（The Yokohama Specie Bank Ltd.）一起成为对华经济、金融侵略的重要工具。随着银行作用的扩大，各国银行已变成在华经济侵略的总枢纽。主要任务是推行各国的资本输出，垄断对华投资和借款。

（二）通过借款操纵中国财政金融

甲午战争的失败，使中国财政纳入了外商银行的业务之中，从而最终使外商银行成为中国隐性的中央银行。

滨下武志先生认为，1891年以后的外商银行，因为经营金银汇兑，对外承载着"稳定中国币制对外机能的作用"。对内"利用银两银元间的比价变动向钱庄进行银资金的贷款和回收"，因而"发挥着一种中国中央银行的机能作用"①。实际上远不止此。甲午战争后，由于外国银行对中国财政贷款的发放，进一步强化了其在中国的中央银行地位。

甲午战争后，对日巨额赔款成为清政府财政的重负。1894年，清政府一年的财政收入为10156.7万两。②而战争赔款的第一期5000万应于1895年10月17日支付。对华贸易占首位且把持中国海关的英国反对清政府试图通过提高关税在国内自筹赔款的意愿。清政府只得举借外债。甲午前的各种外债实际上并没有直接危及中国的国际地位，影响中国财政，也没有涉及借款担保的可靠性问题，这些借款还不需要强大的政治支持，主要的贷款提供者是汇丰银行，而此时各方则开始纷纷觊觎对华贷款，对华贷款权成为俄法英德等列强激烈争夺的对象。③

第一批借款由于俄国在三国干涉还辽中的主导地位而由俄法获得，即1895年4亿法郎的俄法洋款。

第二批借款最终由英德联合提供。1895年12月，英德银行团达成了协议，由两国公使向中国提出借款条件，汇丰、德华两银行合借1600万镑，约合1亿两，年息5厘，89.5折扣，经手规费5%。1896年3月23

---

① ［日］滨下武志：《近代中国的契机——朝贡贸易体系与近代亚洲经济圈》，中国社会科学出版社1999年版，第84—86页。

② 《清代外债史资料》（上册），中华人民共和国财政部、中国人民银行总行，1988年，第370—371页。

③ Frank H. H. King, *The History of The Hongkong and Shanghai Banking Corporation*, Vol. 2, Cambridge University Press 1988, pp. 265–266.

日,总理衙门与英国汇丰银行、德国德华银行正式签订了"英德洋款合同",亦称中国五厘借款合同,中国向英国汇丰银行、德国德华银行借款1600万英镑,英德"应各分一半,彼此不相牵连",利息5厘。36年还清,中国"不得加项归还,不得提前一次清还,也不得改变其他还法"。借款"全应以中国通商各关之税银为抵还",并标明"尽先偿还"字样,如海关不敷,中国国家应另外设法付还。借款生效后,6个月内,中国不得另借他款,并且在此次借款未付还时,中国海关事务,应照现今办法办理。①

第三批借款由英德继续提供。《马关条约》中规定:中国若在三年内能将赔款偿清,将少付利息1000多万两,清政府"若不如期交清,于国体利权,均有损碍"②。故决定在1898年4月前,一次性付清剩下赔款。1898年3月1日,汇丰银行、德国德华银行在战胜竞争对手后再次与清政府签订1600万英镑的借款合同。

甲午战争后,尽管在国外中国借款问题上,形成了不同国家组成的银行团,并进行激烈的争斗,但是在中国境内,由于汇丰银行的根基、历史以及英国经济势力及把持海关等助力,成就了汇丰银行在中国境内银行业龙头老大的地位。

与此同时,一些地区,如东北,由于华俄道胜银行利用财政借款以及一些其他的经济政策也形成区域性的中央银行。华俄道胜银行操纵着东北、西北的汇兑业务。华俄道胜银行在东北设立分行后,中俄贸易均改用卢布或转换其他外币结算,简化了地区间汇兑不同币种买进卖出的繁杂手续。华俄道胜银行在新疆喀什、伊犁、迪化③设分行后,开始承办汇兑业务,致使票号的汇兑业务大受影响。原来承办从新疆到北京、张家口汇款业务的蔚丰厚、天成亨、协同庆等票号也要借助于华俄道胜银行。

(三)外商银行投资中国实业的狂潮

甲午战争后,银行成为外国投资中国经济的重要机构,投资以对经济辐射力度较大的铁路建设为主。

---

① 《中国清代外债史资料》,中国金融出版社1991年版,第198—201页。
② 《清季外交史料》卷126,第25页。
③ 迪化今称乌鲁木齐。

1. 投资铁路

下面以华俄道胜银行为例,阐释在华外商银行对实业的控制。

中东铁路。华俄道胜银行章程赋予华俄道胜银行极其广泛的权利,可以获取"在全中国范围内建筑铁路和敷设电线的租让权"。[①] 这样,沙俄在列强之先使铁路投资成为沙俄对华投资的最大宗,铁路投资中又以中东铁路为最。沙俄政府采用银行和铁路联手的手段,二者密切配合,互相渗透,共同扩大在华的经济势力。

1896年,华俄道胜银行在北京设立分行,任命璞科第为分行经理。首要任务就是从清政府手里取得中东铁路的修建权。1896年6月,李鸿章在莫斯科与俄国签订了共同防御日本的《中俄密约》,其中第四条规定:为使俄国便于运输部队至被其威胁区域,中国允许俄国通过黑龙江、吉林两省修筑一条直达海参崴的铁路,该路的建筑和经营由华俄道胜银行承办。1896年5月,华俄道胜银行与沙俄政府签订秘密协定,先由华俄道胜银行认购中东铁路公司的全部股本,共1000股,每股5000卢布,其中70%归俄国政府,这些股份由华俄道胜银行掌握,代存至转交政府所有时为止。余下的30%由"私人"认购。

中东铁路是俄国对华企业投资的最大项目,在同期俄国对华投资总额中,分别占84.6%和70.3%。[②] 截至1903年7月,中东铁路的建筑费约在3亿至3.75亿卢布之间,差别主要在于后者将"义和团事件损失费"计入了成本。[③]

19世纪末20世纪初,沙俄对华投资是巨大的。据统计,1895—1904年俄国对华投资额为56350万卢布。[④] 到1902年,俄国对华投资占列强对华投资额的31.3%,仅次于经济最发达的英国(33%)。中国东北是沙俄的主要投资场所,投资领域主要集中在中东铁路的修筑、航运业、采矿业和食品工业(主要是面粉加工工业)以及城市的公用设施、住宅建

---

① [苏]罗曼诺夫:《俄国在满洲》,陶文钊、李金秋、姚宝珠译,商务印书馆1980年版,第85页。
② 雷麦:《外人在华投资》,蒋学楷、赵康节译,商务印书馆1959年版,第438页。
③ 徐曰彪:《试论俄国在华投资与东省铁路财政》,《近代史研究》1994年第2期。
④ [苏]斯拉德科夫斯基:《苏中经济关系概要》,莫斯科1957年,第154页。转引自徐曰彪《试论俄国在华投资与东省铁路财政》,《近代史研究》1994年第2期。

筑业（主要是哈尔滨、旅顺、大连等）。

沙俄在华铁路投资初期，多采用直接投资的方式，华俄道胜银行初以"私营银行"身份投资成立中东铁路公司，直接获取了中东铁路的修筑权和经营权。后期则以贷款方式取得间接投资权，从而控制铁路的修建和运营，如对卢汉、正太等路的投资。而每一项铁路的投资都离不开华俄道胜银行的参与，并且银行充当了非常重要的角色。

卢汉铁路

华俄道胜银行通过直接投资修建和经营中东铁路，把整个东北变成了俄国的势力范围。为了控制华北、渗入长江流域，华俄道胜银行与法国巴黎荷兰银行联合，并拉上比利时，结成秘密集团，获取了对卢汉铁路的投资权。

卢汉铁路是中国主要的南北大干线之一，它从卢沟桥到汉口，在经济和战略上都具有特别重要的意义。由华俄道胜银行经理借款债券，办理存款、汇款，并监督借款的使用。合同规定购买材料由比国公司包办。到期如不能按合同规定偿还本利，贷款人对铁路有自由处理的权力。铁路的实际管理和财务、人事大权由俄、法、比利时人控制，华俄道胜银行控制了芦汉铁路的全部财务管理权。1898年年底，比公司从南北两端同时开工。1906年4月全线通车，改称京汉铁路。自北京前门西站至汉口玉带门车站全长1214公里。共投入资金89634488.17元，其中比款为55652892.56元（按债票面额计算，并非实际收到的款数）。① 至1908年12月，清政府把赎款全数付清，第二年1月1日，中国收回了京汉铁路的管理权。

正太铁路

为开发山西省丰富的煤炭资源，华俄道胜银行力争投资修筑太原到正定的铁路。1898年5月，华俄道胜银行董事璞科第与山西商务局签订了《柳太铁路合同》（柳林堡到太原，即正太铁路，柳林堡接近卢汉铁路的正定车站）。由于山西各阶层人民的坚决反对和以后的义和团运动，此事被搁置下来。

---

① 国民党交通铁道部交通史编纂委员会编：《交通史路政编》第7册，1931年，第1432—1433页。

1901年年底，华俄道胜银行向总理衙门重申前请，催办旧案。璞科第于1902年致电山西巡抚岑春煊，要求修改前订的柳太铁路合同。1902年10月，盛宣怀在上海与华俄道胜银行上海总办佛威郎签订了《正太铁路借款详细合同》。主要内容有：正定到太原铁路全长250公里，是芦汉铁路的支路，限3年完工；向华俄道胜银行借款4000万法郎（约合银1300万两），九扣交付，年息5厘，除由中国国家担保外，并以正太铁路财产及进款作担保品；中国按所付利息数额的0.25%向华俄道胜银行支付酬金；所需筑路行车器材，统归华俄道胜银行代购；由华俄道胜银行选派工程师，负责一切工程事宜，中外籍员工均由其差遣。同时签订《正太铁路行车详细合同》，规定中国将正太铁路委托华俄道胜银行"代为调度经理、行车生利"，以30年为期；华俄道胜银行应提20%的纯利。[①] 后来，华俄道胜银行自感资金不足，无力兼顾，便将正太铁路转让给法国巴黎银公司承办。法国巴黎银公司与华俄道胜银行"名虽不同，其所有董事仍系银行董事"。正太铁路于1904年5月动工。1907年10月全线通车。一直到1932年3月，法国贷款全部偿清后，中国政府才正式收回了正太铁路。

此后华俄道胜银行还对滨黑（1914年）、墨齐、京太（1904年）、津芦（1895年）、汴洛（1902年）等铁路进行了投资。

2. 投资工矿业

由于铁路对经济建设的辐射作用，华俄道胜银行还依此加大了对铁路沿线以及东北区域内其他部门经济的投资。

中东铁路修筑期间，在铁路供职的俄国人员利用华俄道胜银行的贷款，率先在哈尔滨投资设厂。第一家面粉厂、机械厂、糖果厂、电站、烈性酒厂等，都是铁路员工首先创办的。而俄商最积极的投资领域是面粉加工工业。除面粉业以外，俄商在东北也开办了酿酒厂、卷烟厂、榨油厂、肉食厂、电厂、制糖厂、皮革厂、采木公司等企业。这些企业是华俄道胜银行直接投资兴办的，也有的企业与华俄道胜银行有着重要的资金融通关系，在很大程度上依靠华俄道胜银行的支持，同面粉业一样，

---

① 王铁崖：《中外旧约章汇编》第2册，生活·读书·新知三联书店1957年版，第118—129页。

这些企业的大部分资金靠华俄道胜银行提供。

华俄道胜银行对中国矿产资源的投资，初期集中于开采金矿，继而投资于煤铁等资源。1897年，华俄道胜银行与俄国采金公司就组成了中国矿藏勘查公司，资本为50万卢布。① 1899年，华俄道胜银行与英国人罗斯及吉尔伯特公司成立英俄开拓公司，开采营口到山海关一带的金矿。② 1900年，沙俄出兵东北后，强占并开采漠河和观音山金矿。后沙俄与吉、黑两省又订立一系列采矿合同，获得在中国东北广大区域内勘探和开采金、煤、铁等矿产资源的权利。华俄道胜银行通过投资中国工矿业，控制了中国东北地区的工矿业生产，开发了中国大量煤铁等资源，获取了巨大商业利益。

（四）外国银行在华的势力范围

1911年以前，西方银行在中国划分经济侵略的势力范围，汇丰银行集中在长江、珠江一带。花旗以上海为中心，向天津、汉口、重庆、长沙、福州、广州等渗入。东方汇理在云、桂、黔等省。横滨正金银行以中国重要城市为其活动范围。华俄道胜银行以东北三省及新疆为主要活动领域。据统计，到1926年年底止，英国银行是有利、麦加利、汇丰、大英4家；美国银行是花旗、运通、美丰、大通、中华懋业5家；法国银行有东方汇理、中法工商、汇通3家；日本银行有横滨正金、台湾、朝鲜、住友、三井等30余家；其他国家的银行有华俄道胜、华比、荷兰等7家。这些银行都有各自的立足点，并据此向其他地区扩展势力，从事各种政治经济侵略活动。

近代以来，由于中国一步步被纳入世界资本主义发展体系之中，国门洞开使经济发展的内涵发生了变化。在金融方面，由于外商银行的影响力日大，经济获益以及政治用途的凸显，使外国在中国纷纷设立银行。"在中日战争之前，从事对华投资的只有汇丰银行、东亚银行和怡和公司（均属英国），其中以汇丰投资最多。……中日战争以后，各国在华纷纷设立银行。这些外国银行用尽一切办法争夺铁路和矿山的投资，自己不方便出面的，则暗中组织别种公司，或与别种公司联合组织投资机关，

---

① 雷麦：《外人在华投资》，蒋学楷、赵康节译，商务印书馆1959年版，第424、432页。
② [苏]罗曼诺夫：《俄国在满洲》，陶文钊等译，商务印书馆1980年版，第320页。

例如中英公司，就是汇丰与怡和合资组成，而由前者指挥的。"①

三　民国时期的外商银行

北洋政府时期，帝国主义在中国的银行势力继续扩张，增设了一批银行。1914—1926年，各帝国主义国家在华新设银行44家、125个分机构，加上清朝时的在华银行，共66行226个分支机构。这些银行及其分支机构，分布的范围十分广泛，深入中国的内地和边疆，势力已达极盛。英国银行的势力仍然最大，居外国在华银行的主导地位、汇丰银行仍执牛耳。德俄因受第一次世界大战的影响，力量有所削弱，美日两国不甘落后，迅速扩大和加强在华的金融势力。

（一）外国银行侵略的新形式——银行团

列强对中国贷款权的互相争夺变成互相联合，组成银行团。

1. 四国银行团。1898年，美国同清政府签订了《粤汉铁路借款合同》，取得了粤汉铁路的修筑权和经营管理权。但美国不按合同办事。在湘、鄂、粤三省人民的谴责下，清政府被迫以675万美元赎回铁路。1908年，清政府指明派张之洞督办粤汉铁路和川汉铁路。张之洞向英法合组的华中铁路公司借款，后者要挟多端，很难有结果。德国乘机插入，表示愿以较宽的条件提供全部贷款，因此达成协议，1909年4月签订了"中德湖广铁路草约"。英国对此提出抗议，于是英、法、德三国银行经过谈判，组成三国银行对华贷款。参加银行团的有英国的汇丰银行、中英公司、华中铁路公司，法国的德国华银行、德华铁路公司等12家银行和公司。7月，三国银行团同清政府签订了《粤汉铁路借款草约》。美国按照它的"门户开放"原则，强行要求参加贷款，而英、法、德极力排斥美国。但美国态度强硬，最后达到妥协，三国银行团同意美国加入。1910年，美国加入银行团，参加的有花旗银行和摩根公司等4个单位。三国银行团变成了四国银行团。1911年5月，四国银行团同清政府签订了《粤汉川铁路借款合同》。借款金额600万英镑（合银4540万两），以两湖的厘金、盐税收入担保，四国享有两湖境内两路的修筑权以及两路在延伸时继续借款和修筑的优先权。

---

① 许涤新：《中国经济的道路》，新中国书局1949年版，第13—14页。

2. 六国银行团的出现。1911 年，四国银行团同清政府签订了《币制实业借款合同》。这意味着英、法、德、美将插足东北。这就触犯了日、俄在东北的利益，引起日、俄的不满和抗议。后几经争吵，四国银团接受日、俄参加。四国银行团变成了六国银行团。1912 年 6 月，六国银行团正式成立，俄国参加银行团的是以华俄道胜银行为代表的 8 个单位，日本是横滨正金银行。

3. 五国银行团与善后大借款。"善后大借款"是袁世凯窃取大总统职位以后，为筹集军费以消灭南方各省势力而借办理善后为名向银行团举借的巨额长期借款。这笔借款自 1912 年 2 月正式提出，经过讨价还价，直到六国银行团成立，才于当年 12 月达成协议。然而，各国银行代表为争夺对中国的财政监督权相持不下，协议迟迟未能签字。1913 年 3 月，美国政府因外国顾问分配方案中没有美国席位并且在银行团无法达到投资东北的目的，宣布退出银行团，六国银行团变成了五国银行团。1913 年 4 月，袁世凯政府同五国银行团签署了"善后大借款"的合同。

"善后大借款"合同规定：借款金额 2500 万英镑（合银元 24827 万元），年息 5 厘，折扣率 84%，期限 47 年，用途为偿还指定的借款、垫款、赔款和军政费用等 6 项；中国以全部盐税、部分关税和直隶、河南、山东、江苏 4 省的中央税为担保；借款由汇丰、东方汇理、华俄道胜、横滨正金、德华 5 家银行承担。

4. 新四国银行团的野心。第一次世界大战爆发后，五国银行团中德国被除名，俄国国内革命，遂成为英、法、日"三国银行团"。英、法又因欧战无力东顾，实权操于日本之手。1918 年 5 月，美、英、日、法又组织四国银行团，制定银行团大纲，美国加入 36 行、英国 7 行、法国 9 行、日本 19 行，这就是"新四国银行团"，其中美国取得了领导权。1920 年，新四国银行团纽约会议，讨论其经济政治扩张计划，妄图进一步扩大对中国的经济侵略。但由于银行团内部矛盾，以及中国人民革命斗争的深入，新四国银行团的目的没有得逞。

（二）由外国银行操纵的中外合办银行

中外合办银行，始于清末的华俄道胜银行和北洋保商银行。最早的合办银行华俄道胜银行，在一战期间有所发展。后来因中国撤股成为俄商银行。北洋保商银行原为中、日、德三国合办，最初资本总额为库平银400万两，华洋各半。华股先后由清政府与北洋政府财政部认缴资本160万两，又以财产抵40万两，共计资本200万两。洋股有礼和洋行存银3.4万两，瑞记洋行存银1872270两，另由日本大仓洋行缴付股银60万两。1910年开办，总行设天津，该行设立的目的，原为清津商倒欠洋款，维持津埠华洋商务。后来则改组为华商银行。

民国时期第一家中外合办银行是1912年创办的中法实业银行。该行总行设于法国巴黎。在中国境内的分行计有北京、天津、上海、汉口等处。第一次世界大战后，随着战后各国经济的恢复和发展，以及战后各国对华经济贸易的开展，中外合办银行盛极一时。1921年7月，因总行营业失败宣告停业。

1920年开业的中美合办中华懋业银行，总行设于北京（后迁至上海），分行有天津、上海、汉口、济南、哈尔滨、石家庄六处。

在此期间，影响较大的中外合办银行，有1921年中法合办的中法振业，中美合办的有1918年的四川美丰银行、中意合办的有1920年的华义银行和1921年的震义银行，以及1918年中日合办的中华汇业银行以及1922年中、挪、丹三国合资的华威银行等。

这些合办银行的外国资本都是列强金融资本，如中法实业银行的法方股东，是东方汇理银行；中华汇业的日方股东，是台湾银行、朝鲜银行和日本兴业银行；中华懋业银行的主要股东，是美国大通银行等。至于中国人参加的资本都是在外国人的欺骗、利诱下，由政府和官僚、军阀、买办商人投资入股的。

中外合办银行中，除清末的华俄道胜银行外，民国时期创办的中外合办银行都发行纸币，都曾呈请中国政府并批准有发钞权，其纸币的订印、封存及启封、发行，都是由中国政府核定及派员监视之下进行的，其纸币的发行是合法的。这与外商在华银行不经呈准中国政府即在华擅自发行纸币，性质绝不同。其中如中法实业、振业银行、中华汇业银行、中华懋业银行、四川美丰银行以及华义、震义银行等。

这些银行大多是北洋政府时期创办的，由于中国政局的变化，中外合办银行的发展变化较为突出。有的因时局关系在停业（如中华汇业、中华懋业、中法振业、震义等），有的则改组为华商银行（如四川美丰）或外商银行（如华义）。因此，这些银行中外合办的名义存立的时间都不久远，发行纸币的历史并不长。其中法实业银行1926年改组为中法工商银行后，并未发行纸币。

第一次世界大战后，中外合办银行的兴起是由当时中国特定的历史条件决定的。就华商来说，他们之所以热衷于中外合办开办银行，主要有两个方面的因素：一是随着国内经济的发展，使国内资金异常缺乏，他们期以通过中外合办银行的途径，达到筹集金融资本的目的以谋中国近代经济的发展。二是鉴于当时中国政府对外国银行一贯采取妥协政策，通过中外合办的方式，以图手续之简便。对于大多数洋商来说，他们热心于与华商合办银行，主要是为了谋求发展本国与中国之间的贸易。此说虽不能概其全貌，但至少为其主流。因此，我们不能笼统地说中外合办银行都是帝国主义侵略中国的工具，把中外合办银行与外国在华银行视同一体。

中外合办银行与外国在华银行不同。其一，外国银行是凭借帝国主义在华势力及所谓在华享有"治外法权"而擅自在华设立机构和发行纸币的。中外合办银行是由中国政府批准设立并经注册领照的，并呈准享有纸币发行权，从一定意义上讲，具有一定的合法性。其二，外国在华银行的各项业务，从不接受中国政府的监督检查，更不向中国政府报送任何营业报告等。中外合办银行均由中国政府派驻银行监理官一名，负责监督检查其各项业务，并依照中国法律按期造送各项报告表册。

此外，在中外合办银行资本的构成上，华商资本一般不低于百分之五十。在总分行职员中（总裁、总经理、经理等），凡正职一席，一般由华人担任。在双方签订的合办契约或章程等文件的解释上，一律以汉文为准。

以上各点，都说明中外合办银行与外国在华银行是迥然不同的。那些把中外合办银行说成是帝国主义操纵下的、为帝国主义侵华效力卖命的金融机构，是不完全正确的。我们这样说，并不排斥中外合办银行中也有参与帝国主义侵略和搜刮中国人民财富的一面，只是对每一家中外合办银行应进行具体的分析。

表 15.2　　　　　　北洋政府时期主要外商银行设立简表

行名	国别	总行所在地	在中国初设年份	备注
万国储蓄会	法	上海	1912 年设立	1941 年停业
中法实业银行	中法	巴黎	1913 年上海设分行	1921 年停业
住友银行	日	大阪	1916 年上海设分行	1945 年被中国接收
美丰银行	中美	上海	1917 年设立	1935 年停业
三井银行	日	东京	1917 年上海设分行	1945 年在华机构被接收
三菱银行	日	东京	1917 年上海设分行	1945 年在华机构被接收
中华汇业银行	中日	北京→天津	1918 年设立	1928 年停业
友华银行	美	纽约	1919 年上海设分行	1924 年并入花旗银行
中华懋业银行	中美	北京	1920 年设立	1929 年停业
安达银行	荷	阿姆斯特丹	1920 年上海设分行	
华义银行	中意	天津→上海	1920 年设立	1924 年中国股退出
大通银行	美	纽约	1921 年上海设分行	
中法振业银行	中法	北京	1921 年设立	20 世纪 30 年代停业
震义银行	中意	北京	1921 年设立	
华威银行	中挪丹	北京	1922 年设立	1926 年停业
中法工商银行	中法	巴黎	1925 年由中法实业改组	1948 年大陆的机构停业
远东银行	俄	哈尔滨	1924 年上海设分行	1934 年并入莫斯科国民银行

（三）二三十年代外国金融势力在华的消长

1. 华俄道胜银行的倒闭与德华银行的垮台。华俄道胜银行是沙俄在华经济侵略的唯一代理人。它的势力范围遍及东北和新疆。但日俄战争失败后，该银行业务受到打击。十月革命后，华俄道胜银行在俄境内的资产被苏联政府没收。但其后该行还继续在中国从事发钞和各种投机活动。当 1926 年倒闭时尚欠北洋政府巨额公款，它所发行的钞票遂成废纸。中国许多储户因此倾家荡产。德华银行的业务较其他银行更为广泛，除经营一般银行业务外，还非法发行纸币，且发行债券。兼营短期信贷和长期信用业务的机构，是典型的殖民地银行。1917 年第一次世界大战期间，德华银行在山东境内的资产被日本掠夺，其他地方的也被北洋政府接管，遂告停业。

2. 其他国家金融机构的清理、停止和逃亡。北洋政府时期，外国在华经营的金融机构，如合办银行、储蓄会、信托业、保险业等，在经营和倒闭过程中，都起着扰乱金融、危害社会和剥削人民的作用。其间成立的许多金融机构，尤其是中外合办银行，存在的时间很短，相继倒闭。大多数银行失败的原因，有的是对北洋政府的贷款一时不能收回，有的是从事公债、外汇、标金和房地产等种种投机活动，还有的是由于发行纸币过多而发生了挤兑风潮后倒闭。如果以上银行的倒闭是因为经营方式问题的话，那么有的银行则纯粹是欺骗利诱。如1912年3月法商万国储蓄会，是外商在华创办"有奖储蓄"的开始，但这种吸收储蓄全是赌博式的投机行为。万国储蓄会创办时资本不过2万元，到1931年已有资本100万规元两和800万法郎，约合280万元。其利润之高，可想而知。后来相继又成立一些有奖储蓄会，诱惑吸收储户。如1923年9月成立的葡商远东储蓄会，到次年冬吸收储蓄达30余万。但在第七次开奖时突然宣告倒闭，中国储户的巨额存款遂被席卷而去。

3. 日、美、英金融势力的继续发展。1931年九一八事变之后，日本占领了东北，其金融机构也扩展到那里，此后在中国各地设立的银行迅速增加，势力极度膨胀。一战开始后，日本出兵中国山东、福建，并扩大了在东北的特权。1918年的西原借款之后，日本银行团以横滨正金银行为首，陆续向中国政府从事政治性贷款。朝鲜和台湾两殖民地银行，也渗入中国南北各重要商埠，配合正金银行进行经济侵略。而住友、三井、三菱等银行也先后在中国设立分支机构。在东北，日本大肆创办银行，如1917年长期实业银行，1918年安东实业银行和铁岭的日华银行，营口的振业银行，1920年沈阳的满洲殖产银行和安东的协成银行，1921年的哈尔滨银行，1923年大连的满洲银行，1925年的大连兴信银行等。

到全面抗战爆发前，在中国的金融势力以英、美、日三国为主，而英国的金融地位有受到美、日两国威胁之势。但就关内而言，在全面抗战以前，汇丰银行在金融界仍居于领导者地位。1935年中国的法币改革政策，就依靠汇丰银行的支持。从外商银行在华吸收的存款来看，1936年达35300余万美元，其中汇丰银行的存款15000余万美元，占全部存款的43%；其次为麦加利银行，存款5900万美元，占17%；再次为花旗银行，存款4300万美元，占12%。三家合计已达全部存款的72%。从1927年到1934年，在中国关内新设立的外商银行仅有5家，分别是美商1927

年在哈尔滨的信济银行、英商 1930 年在香港的沙逊银行、美商 1930 年在上海的友邦银行、英商 1931 年在上海的达商银行和白俄罗斯莫斯科国民银行 1934 年在上海设立分行。这时新成立的银行虽不多，但原有的银行势力却在不断增长。这不仅反映了银行在规模化，而且也体现了各种政治经济实力对比的变化。

第二节　中国新式银行的兴起

一　中国商业银行的兴起和发展

（一）清末中国银行业兴起的历史条件

中国银行业是在帝国主义侵略的日益加深，以及这种侵略的刺激所形成的近代产业的发展中产生的。

第一，外国银行的侵略，刺激了中国抵御外国银行的侵略势力，自办银行的要求。从 1845 年开始，到 19 世纪末，外国银行在中国横行了四五十年，操纵了中国经济，垄断了中国的国际汇兑业务和国内金融市场：发行钞票，侵犯中国主权，并通过贷款控制中国的财政，攫取了中国大量的权益。为了抵御外国银行的侵略势力，挽回权益，收回利权，"非急设中国银行，无以通华商之气脉，杜洋商之挟持"。外商银行的高利润，也刺激了国民兴办银行的愿望，这也符合人民创办挽回利权的要求。

第二，中国近代产业的发展，要求兴办银行。19 世纪中叶出现的洋务运动以及甲午战争后，清政府实行"新政"，使中国近代军事工业、民用工业、民族资本主义产业有了较大的发展。随着产业的发展，产业资本迅速增加，商品交换和商品经营范围不断扩大，信用的利用就越广泛，补充资金的要求就越迫切，要求有同这种状况相适应的近代金融机构。民族资本主义工业的存在和某些发展，客观上也要求有新式的银行为它提供低利贷款，融通资金。但是，近代中国产业资本薄弱，游离不出多少货币资本去充当银行存款，同时也很难取得银行的信用。因此真正助长中国银行业产生的主要社会经济条件，是外国资本主义在华贸易。甲午战争后，外国商品和资本输入中国，破坏了中国自然经济的基础，也促进了中国城乡商品经济的发展。尤其在沿海一带金融市场的孕育和发展。于是，银行就应产业的要求而兴起。

（二）中国通商银行的成立

中国自办的第一家银行是中国通商银行。光绪二十二年（1896年）九月，督办铁路公司事务盛宣怀奏请设银行。经户部批准后，于光绪二十三年（1897年）5月27日成立中国通商银行，总行设在上海，并在北京、天津、汉口、广州、福州、镇江、烟台、香港、重庆、保定、九江、扬州、苏州、宁波等大城市设立分行。中国通商银行的英文名称为 The Imperial Bank of China（中华帝国银行），1912年改名为 Commercial Bank of China。中国通商银行额定商股500万两，先收半数，另商借户部库银100万两。其中盛宣怀名下的投资为73万两，南洋华侨张振勋投资10万两，北洋大臣王文韶和严信厚各投资5万两。银行的组织制度和管理办法模仿汇丰银行。总行和各重要通商口岸分行除有中国人担任经理（华大班）外，还聘请一名外国人担任洋经理执掌业务经营大权（称洋大班）。该行除经营存款、放款外，清政府即授予发行纸币特权，并兼办代收库银的业务。该行资本的投资者多是地主、官僚、买办和商人。盛宣怀占的股本最大，任董事长，绅商严信厚等9人为董事。因此，形式上商办的民族资本银行，实际是以盛宣怀为代表的官僚买办和封建势力共同控制下的资本主义银行。

（三）商业银行的兴起

私人银行出现于20世纪初期。1906年成立的上海信成商业储蓄银行是第一家纯粹私人资本创办的银行。其创办人是无锡富商周舜卿（周延弼）。1905年，他到日本考察银行，回国后就创办了信成银行。资本额50万元，分为1万股。周自任总经理。该银行为股份有限公司，除经营普通银行业务外，还兼办储蓄，是最早办理储蓄的华资银行。又经商部批准，可发行兑换券。总行设于上海，在无锡、南京、天津、北京设立分行。辛亥革命后停业。

1907年设立浙江铁路兴业银行，后改为浙江兴业银行。该行股本100万元，总行在杭州，后迁至上海。浙江铁路公司投资40%以上，其余为商股。这是一家典型的民族资本银行，其主要股东浙江铁路公司根据浙江省人民自办铁路筹集股款而设。

1908年浙江李云书等人集资合办四明商业储蓄银行（简称四明银行），资本总额定为150万两，先收半数75万两，总行设在上海。发起

图 15.1　华商上海信成银行北京五元票一枚

人之一和银行初期实际负责人是虞洽卿。其他银行如信义银行、裕商银行也相继创办。

（四）民族资本银行的继续发展

北洋政府时期，中国的商业银行有很大的发展，尤其是一战期间及战后几年更为迅速。第一次世界大战时期，中国民族资本主义得到较大发展空间。这一时期被认为是中国民族工业发展的"黄金时期"。为适应民族工业发展的需要，中国的商业银行也大量涌现。据统计，1912 年设立的银行有 14 家，到 1917 年共新增银行 186 家；其中自 1917—1923 年间设立的就有 131 家。当然中国商业银行发展迅猛，还有另一个原因，那就是兴办银行的动机是为了从事对政府放款和公债投机。北洋政府自 1912—1926 年共发行公债 27 种之多，实际发行额达 6 亿元以上。银行承销公债有优厚的利润。1918—1922 年是北洋政府发行公债最多的时期，也是银行大量增设的时期。因政府借债，利息既高，折扣又大，则银行直接间接所获之利，比任何放款所得利润为优。况且投资公债还可作为发行准备。因此，可以说公债投机促进了中国银行业的发展。

北洋时期商业银行的发展是中国金融业发展的主流。商业银行不像地方银行受军阀控制，有较大的独立性，有自己的经营模式和特点。更有一批受过西方正规教育的银行家参与到中国近代金融建设中来，成为中国新式银行的实践者。这些人中的杰出代表人有中国银行张嘉璈、宋汉章，交通银行的吴鼎昌、钱新之，金城银行周作民，浙江实业银行的李铭，浙江兴业银行的叶揆初、徐寄庼，上海银行的陈光甫，四明银行的虞洽卿等。他们既同北洋政府有密切联系，又有按照金融业自身规律办事的专业才能，在当时政治经济极为复杂艰难的条件下从事创业，推动了中国金融事业的发展。

图15.2　金城银行周作民（左），交通银行董事长钱新之（中），上海银行陈光甫（右）

20世纪20年代，中国商业银行已形成了一些金融集团，其代表性的商业银行有"北四行"和"南三行"。北四行为盐业、金城、大陆和中南。南三行是浙江实业、浙江兴业和上海商业储蓄银行。

国民政府的建立和巩固，得到了金融业资产阶级的支持，同时，银行业也在支持过程中获得了发展。从1928—1936年，全国新设银行128家，中途停业23家，实存105家。银行资本10年增长了1.1倍，存放款业务也有很大的增长。民族资本银行得以发展的原因主要有：

第一，货币资金集中于沿海沿江的大城市，银行吸收存款比较容易。

第二，钱庄开始衰落，银行少了一个有力的竞争对手，业务扩大。实施法币政策后，发行日渐增长，物价开始上涨，工商业有利可图，银行放款扩大。

第三，民族资本主义工商业的发展，需要银行给予资金周转便利，银行同工业的联系加强。

第四，政府滥发公债的刺激也是民族资本银行业发展的主要原因。

图 15.3　20 世纪 30 年代的上海商业储蓄银行大楼

二　近代中央银行的发展

(一) 户部银行和交通银行的创办

1. 大清户部银行的创办

甲午战争后,清政府为了支付巨额的战争赔款和其他财政需要,举借大量外债。从而财政日益困难。加上 4.5 亿元的庚子赔款,使清政府的财政陷入破产的境地。户部银行由户部奏准设立,目的在于整顿币制,并推行纸币,来解决当时财政的需要。光绪三十年 (1904 年) 三月,户部拟定《试办银行章程》。

1905 年 8 月,清政府成立户部银行,并相继在天津、上海、汉口、奉天等设立分行。该行按有限公司形式创办,额定资本库平银 400 万两。户部认股半数,余半由私人自由入股,即商官合办银行。但以中国人为限,不得转卖外国人。其业务为存放款,汇兑公私款项等。该行规定,国家授予户部银行铸造货币、代理国库、发行纸币之特权。凡该行发行的纸币,不论公私出入款项及解库官款,一律通用。该行有统一币值之权,以维持市价稳定。这些说明户部银行是中国最早的中央银行。

1906 年因户部改名为度支部,于是 1908 年度支部拟定《大清银行则例》24 条,增补该行可经理公债及代公家办理各种证券的特权,并明定该行的八大业务。户部银行遂改名为"大清银行",添招股本 600 万两,使总资本达到 1000 万两,分为 10 万股,由国家认购 5 万股,其余限本国人购买。到清末时该行在全国增设的分号达35处之多。

2. 交通银行的设立

1907年邮传部尚书陈璧等以发展轮、路、电、邮四政需要为由，奏请设立交通银行。资本500万两，官四商六，邮传部认购官股2万股200万两，另外商股3万股300万两任官民认购。该行也为官商合办银行。但邮传部是最大股东，总理、协理都由邮传部指派。交通银行的实权掌握在邮传部手中，具有发行收赎京汉铁路公债、分理国家金库、办理外债借款等国家银行的某些职能。该行的设立，是在当时社会上挽回利权，提倡兴办新式工业企业的中国人民反对铁路借款，要求自办铁路的群众运动推动下而产生的，也适应了清政府财政的需要。交通银行的第一任协理为濬川源银行的第一任总办周克昌。因为交通银行创办之时，是以中国通商银行、濬川源银行和浙江铁路兴业银行3行各项规则为榜样的。

(二) 北洋政府的两大财政支柱

1. 中国银行

辛亥革命爆发后，大清银行停业清理。1912年2月5日，经其商股申请，政府批准，中国银行在上海原大清银行的旧址开业。1913年4月，参议院通过《中国银行则例》30条，规定中国银行为股份有限公司，股本总额为银元6000万元，官商各半，设总行于北京，遂将上海中国银行改为分行。北洋政府规定中国银行为国家中央银行，该行除经营一般银行的存款、放款、汇兑业务以外，还代理国库，募集和偿还公债，特准发行钞票，铸造和发行国币。中国银行的私人股份中以江浙财团势力为最大。

中国银行初期业务以经理国库为主。1913年财政部颁布的《金库条例草案》中规定，委托中国银行掌握总金库及全国分支金库。到1915年末，中国银行接收了直隶、江苏、浙江、山东、山西、安徽、江西、福建、广东、奉天、吉林、黑龙江、四川、贵州等14个省区的金库，经收款项达1.3亿元，占当年全国税收的50%以上。北洋政府财政困难，经常要中国银行垫付款项，1913—1917年的财政垫款就达4630余万元。由于中国银行初期对政府放款过多，加之政府频繁更迭，遂造成了1916年的停兑风潮。

1917年后，中国银行的业务方向做了重大调整，即倾向于走商业银行之路。通过增加商股，到1921年中国银行的实收资本为12279800元，而官股为500万元，商股已超过了官股。后又因国库支绌，财政部将官股作价出售，最后在银行的股本仅存5万元，中国银行不再受政府摆布，为商业化迈出了重要一步。从此，中国银行经营的重点由政府方面转向工商界，将更多的资金投向工商企业，并办理与工商业有关的贴现商业票据。第一次世界大战后，中国银行还将业务扩大到国际汇兑业，将广东分行移到香港，并作为专门办理国际汇兑业务的机构。同时对兑换券发行的准备金进行了制度化管理，以加强兑换券的信用。1922年中国银行将全行分为四区，分别是以沪行为中心的沪宁浙皖区；以津行为中心的津鲁晋区；以汉行为中心的汉赣渝黔分行区；以粤行为中心的粤闽分行区。由此，到1926年中国银行的存款额和发行额都居于全国各行之首。

2. 交通银行

辛亥革命后，交通银行的官股由北洋政府的交通部继承。袁世凯的亲信梁士诒兼任交通银行总理。1914年4月，北洋政府颁布《交通银行则例》，规定总行设于北京，股本总额为1000万两，分10万股，除前邮传部4万股为固定股本外，其余6万股由商民承购。除继续经理轮、路、邮、电四系统的存款为其特权外，还取得代理金库，包括经付公债本息，代收税款等权利。并取得了与中国银行平等的发行权。在袁世凯实行独裁活动中，为其提供巨额经费。它是北洋政府的又一中央银行。

与中国银行一样，交通银行充当了北洋政府的筹款机构。交通银行由于滥发纸币，现金准备又极其空虚，终于酿成1916年两行的停兑风潮。此后交通银行信誉受到极大打击。1922年6月，交通银行新一届董事会，推举张謇为总理，钱新之为协理，日常行务由钱新之主持。此后交通银行进行了以下整顿：一是改革发行制度。1922年11月制定《分区发行试办章程》，将发行地点分为5区，总库分设天津、上海、汉口、奉天和哈尔滨。总库下设分库。区内分支行领用兑换券，以六成现金、四成有价证券交总库作为额定准备，再交两成现金作为额外准备。二是整理贷款业务。军政借款一律停业；对政府旧欠进行清理；一般放款须有相当抵押品。但交通银行与政府关系过密，放款仍以政府借款为主。

交通银行的经营重点也有朝商业银行转变的倾向。表现为商股增多，官股减少。1921年实收股本中，商股占65.58%。到1922年股本改为银元计算，实收股中商股占70.84%。1925年，梁士诒再次当选为交通银行的总理，张謇、钱新之被迫辞职，此后交通银行对政府放款又再次增加，每年都有5000万元以上。占年放款额的一半多。

（三）中、交两行的两次停兑风潮和恢复兑现

1. 第一次停兑风潮与西原借款

袁统治时支持内战，军费浩繁，外债还本付息，需款很大。又为恢复帝制而动用公款，国库早已空虚。继续借外债不太可能，增税难以济急，只得由中、交两行借垫款项，以支持其统治。梁士诒主张发行不兑现的纸币，妄图堵住库存现金继续外流的危机。但消息走漏，官僚、政客纷纷提现，市场为之震动，挤兑风潮迅速在京、津等地相继发生。当时中、交两行的京钞达7000万元，库存准备只2000万元，实难应付，北洋政府被迫以国务院的名义于1916年5月12日直接下令各省停止兑现。从而形成了第一次停兑风潮。

京钞停兑，人民纷纷抢购商品，物价飞涨，币值下跌，市场混乱。停兑令下达后，各省态度和执行情况不一。中、交两行所采取的步调，也不一致。如上海中国银行在江浙财团和西方银行的支持下，拒绝接受命令，继续兑现，汉口、南京相继仿行。交行实力不比中行，停兑处多于不停兑处。

日本想利用贷款来控制中国金融经济，进一步侵略中国，1916年年底日本内阁西原龟三来华进行秘密活动，与交行达成2000万日元贷款。从交行借款开始，日本贷给北洋政府款项8笔，总额达1.45亿日元。日本曾主张中日合办交通银行，为避免四国银行团反对，成立一个中日合办银行——中华汇业银行，以掩人耳目。但停兑风潮并未解决。军费急剧增加，仍然依靠两行增发钞票弥补。两行在京、津地区的纸币达9000万元，后来北洋政府发行公债收回钞票7000万元。

2. 第二次停兑风潮

1921年11月又发生了中、交两行的停兑风潮。一战结束后，英美与日本的矛盾日益加剧，北洋军阀之间的战争更加激烈。中、交两行除继续为北洋政府垫款和发行钞票外，还为北洋政府开出担保性的空头存单，向其他商业银行借款。可是存单陆续到期，不得不兑现，此时两行发行额4000万元，而现金准备仅有515万元，终于出现了第二次停兑风潮。

另一个原因是英、美等国操纵，外国也向两行挤提存款。外文报纸煽风点火，制造谣言，蛊惑人心。

第二次停兑风潮后半个月，中国银行于 12 月 1 日在京、津恢复兑现。交行由东三省官银号等借款 400 万元，于 1922 年 1 月恢复兑现。

（四）国民政府设立中央银行

1924 年在广州，1926 年在汉口，国民党都先后成立过中央银行。但与 1928 年蒋介石南京政府的中央银行并无连续性。

先从中央银行与其他机构之间的横向关系，来了解一下当时中央银行的组织制度。中央银行与财政部是平级的。在宋子文、孔祥熙时代，财政部部长均兼任中央银行总裁。抗日战争胜利以后，部长不再兼任总裁。分工方面，财政部主管金融行政，如银行钱庄的设立与撤销，货币金融制度的制定与修改，而关于业务经营，资金调拨，外汇的统筹，金融市场的管理和调剂，均由中央银行决定。

图 15.4　先后担任国民政府财政部部长的宋子文（左）和孔祥熙（右）

中央银行与中国、交通、农民 3 家专业银行之间，没有领导与被领导关系。各专业银行有自己的条例，也各有自己的理事会和董事会。但业务上要受中央银行的制约，特别是资金的调剂和各种重要业务的代理收付等要依靠中央银行。到了后期，中央银行受财政部的委托，可以随时检查各专业的业务与账务，并进行干预。中央银行与专业银行之间的分工，是根据中央银行法和专业银行的各自条例进行，彼此之间虽有一定摩擦，但大都是业务方面问题，并没有大的纠纷，因为中央银行的领导地位已确立，其他各行在业务上必须依靠中央银行的支援。

1928年11月在上海成立的中央银行，总行设在上海，抗日战争时期迁移重庆，抗日战争胜利后，复员回到上海，直到1949年5月上海解放，为中国人民银行接管，前后历时20年零6个月，其间可以分为三个阶段，代表着它的发生、发展和灭亡的整个过程。①

1. 第一阶段（1928—1937年）

1927年4月，蒋介石在南京成立国民政府，为了统一全国的财政经济，蒋介石计划设立中央银行。1928年，中央银行正式成立，由财政部部长宋子文兼任第一任总裁。但初建时的中央银行，其实力远比不上中国银行和交通银行。

1928年以后，中央银行利用其代理国库，经办公债、控制外汇和黄金等特权，逐步开展业务，加强基础。在这一阶段，国民党当局在财政金融方面也作了一系列改革措施，其中有关金融和货币方面的有下列各项：（1）对中国、交通两银行实行增资改组，把中、交两行置于国民政府控制之下，成为两个专业银行。（2）实行废两改元，把混乱的银本位制统一起来。（3）实施法币政策，废除银本位制，改采金汇兑本位制，摆脱了因白银价格波动对货币的影响。从此把货币金融方面的混乱局面，逐步统一和安定下来。中央银行在这期间，也相应地增强了地位。到1936年年底，中央银行的发行额，已增加到34000余万元，中国银行发行额为46000余万元，交通银行发行额为30300余万元，中国农民银行发行额为16000余万元。与1928年或1934年比较，中央银行发行额的迅速增加，反映了它当时在金融方面已逐步站稳了脚跟。

2. 第二阶段（1937—1945年）

抗战全面爆发后，中央银行总行迁至重庆。这一阶段初期，中央银行的力量仍不及中国银行。因此借用"四联总处"名义，把中央、中国、交通及农民四行联合起来，蒋介石作为四联总处理事会主席。其目的是利用四联总处，进一步扶植中央银行。

---

① 寿充一、寿乐英：《中央银行史话》，中国文史出版社1987年版，第1—5页。

首先，确定中央银行为唯一发行的银行。1942年7月1日集中发行，所有法币作为法币准备金的外汇与黄金全部集中于中央银行。此后国民政府完全依靠中央银行发行钞券来弥补财政赤字。1937年7月抗战前夕，法币发行额为141000万元。1942年6月底集中发行前夕，发行额已达到249亿元。到1944年底抗战临近结束时，法币发行额已达到1890亿元。如果没有法币政策的改革和中央银行的集中发行，长期支持抗日战争是有相当困难的。

其次，确立了公库制度。颁布了公库法，中央银行力量得以大大充实。在外汇方面，1938年3月公布了购买外汇请核办法，由中央银行办理外汇审核事宜，这是中央银行专责办理外汇的开始。1942年集中发行后，所有外汇、黄金均集中于中央银行，因此规定外汇业务由中央银行集中统筹。

最后，采用收管各银行存款准备金，集中大城市票据清算，办理再贴现、转抵押等放款业务，核定放款利率，并设立金融机构业务检查处，检查全国等放款业务。到了抗日战争胜利结束机构业务检查处，检查全国各地行庄业务。到了抗日战争结束时，旧中央银行的应有职责基本上都已具备了。此外在库存准备金中，还拥有8亿数千万美元的外汇储备和600多万两的黄金，实力已相当雄厚。

3. 第三阶段（1945—1949年）

在这一阶段初期，国民政府于1946年3月4日发布了开放外汇市场办法，规定法币外汇市价为1美元合法币2020元，指定中外银行27家依照"管理外汇暂行办法"及"进出口暂行办法"进行外汇业务，同时在市场上抛售黄金以稳定物价。但结果从1946年3月到1947年2月不到一年时间内，中央银行抛售了35400余万元美金外汇及350余万两黄金，如此巨额黄金外汇投入市场，不仅对稳定物价没起作用，反而便利了外国商品的流入和国内投机商的活动。

在这一阶段，旧中央银行全面支持蒋介石打内战，采用了无限制通货膨胀政策，肆意对人民进行剥夺。到了1948年8月19日，法币发行额达到了6630000亿元。8月20日开始，国民政府公布"金圆券发行办法"，规定以法币300万元折合金圆券1元。金圆券发行后，其贬值程度较法币尤为猛烈。截至1949年5月25日上海解放为止，金圆券发行额已达 679000 多亿元，短短 9 个月时间内，增加了 34000 倍，为中外历史上所罕见。这也加速了国民党经济政治军事的全面崩溃。

三 省银行的发展

(一) 省市银行的创办

清末的官银钱号具有地方银行性质，正式以"银行"为名的地方银行产生于光绪三十一年（1905 年）的四川濬川源银行（四川官银行）。该行由四川总督锡良奏请创办，总行设在重庆，资本 50 万两，由藩司拨款 30 万两，其余为商股。第一任总办是曾任山西知府、熟悉票号业务的周克昌。

各省官银钱局和银行的设立。各省为解决地方财政，纷纷设立官银钱局号，实际上都是地方银行。如 1896 年湖北官钱局、河南豫泉官银钱局，1898 年吉林永衡官银钱号等，到 1911 年全国共设省官钱局和银号 24 家。

这些官银钱局号，起初由地方政府招商入股，为官督商办，不用省名。后陆续改为官办或官商合办，才冠以各省名称。辛亥革命后大多数随着地方政府垮台，少数改组为省银行。

(二) 军阀割据的省银行

1. 省银行纷纷成立

北洋政府时期各省的银行，前身是清末的各省官银钱号。军阀战争中，省银行成为军阀出纳银钱的私库，是他们筹措军费、剥削人民的工具，即省"中央银行"。有些省银行与掌握它们的军阀共命运，一旦军阀失势，这些银行往往就倒闭。以下几家省银行就是其中的代表：

清末最早的地方银行四川濬川源银行，在 1911 年发生兵变后停业达一年之久。1912 年年底复业。1917 年后四川战乱不止，银行营业大受影响，纸币发行准备被地方当局提充军用了，造成纸币严重贬值。终于在 1927 年倒闭清理。

宣统元年（1909 年）设立的浙江银行在辛亥革命后改名为浙江地方实业银行。资本 100 万元，官商合办，官六商四。人事权和经营权控制在商股手中，业务发展较快。1923 年该行官商分家，分裂为浙江实业银行和浙江地方银行，后者完全成为官办的地方银行，在地方金融势力控制下,业务一落千丈。

1912 年 2 月,江苏银行开业,资本 100 万元(未收足),官办,陈光甫任总经理,总行设于上海。陈光甫竭力使银行免受官府干预但被免职。1924 年江苏军阀当局授意江苏银行发行兑换券 100 万元,实际上根本不能兑现。孙传芳被北伐军打败后,这些纸币便成为废纸。

这些省银行的业务主要有以下几种:(1)发行钞票。(2)代理金库。为军阀垫付庞大的军政开支。为弥补财政亏空的纸币发行越来越多,造成了币值暴跌,物价升腾。(3)垄断地方金融。自订制度,借工商之名与变通银行竞争;垄断地方金融,压迫工商业。

2. 山西银行与云南富滇银行

(1)山西银行。山西银行是阎锡山进行军阀割据的财政支柱。阎成立铜元局和机器局,大量铸造铜元,一年时间获利 360 万元。为垄断货币发行,阎取缔了私商号钱贴的行用,并发行铜元纸币 300 万吊,以为替代。山西省银行发行纸币,收兑人民手中的银元,强制推行晋钞,山西银行成为其阎家私库了。

(2)云南富滇银行。云南富滇银行 1912 年正式成立。唐继尧借口云南硬币缺乏,利用世界市场金贵银贱的时机,让富滇银行进口黄金鼓铸拥护共和纪念金币,按照不等值的比价,强迫人民行使,从中牟利。

四 国民政府的金融垄断

(一)1927—1936 年国民党的金融垄断政策

1. 设立中央银行

1928 年 10 月,国民政府颁布《中央银行章程》45 条。11 月 1 日,中央银行在上海正式开业,宋子文任总裁,采用总分行制的组织形式,总行设于上海。宋子文称,中央银行应为国家的银行,非以营业为目的,而是为统一国家币制,为统一全国金库,为调剂国内金融服务的机关,它又是银行之银行。世界经济大萧条时,中国白银大量外流,导致 1934—1935 年的金融危机。1933 年 1 月,孔祥熙任财政部部长和中央银行总裁。1935 年 4 月颁布了《中央银行法》,对法定存款准备金、办理票据交换、国库证券等各项业务都作了详细的规定。其中所谓西方中央银行的三大政策(集中存款准备、贴现政策和公开市场政策)都已包括在业务范围之内。但需要指出的是，当时的中央银行既是中央银行，又是商业银行，业务上同商业争利。

2. 控制中国银行和交通银行

1928年10月和11月，国民政府相继推出《中国银行条例》和《交通银行条例》，对两行进行改组，将中行定为国际汇兑银行，交行定为发展中国实业银行。

（1）迁址。1928年国民政府将中、交两行的总管理处由北京迁到上海，其目的是就近以便控制。

（2）降格。修改两行章程，规定中国银行为国际汇兑银行，受政委托，代理部分国库和民行兑换券，经募内外公债，买卖金银和外币。交通银行为发展全国实业银行，受政府委托，代理部分国库和发行兑换券，代理交通事业的公债收付等。两行原有的特权被剥夺，由原来的国家银行变成了专业银行。

（3）入股。经过几次参股，到1935年，中国银行的股本结构变为官商各半，交通银行变为官三商二，均被国民政府控制。

（4）改组人事。增加政府派遣的董事和监事人数，宋子文任中国银行董事长，交通银行董事长、总经理也都是宋的亲信。

3. 设立中国农民银行

1930年12月到1931年7月，蒋介石连续向中央革命根据发动了三次反革命"围剿"，均遭失败。为了准备第四次反革命"围剿"，稳定在农村的统治，遂决定成立豫、鄂、皖、赣四省农民银行。便于1932年11月先行设立农村金融救济处，以解燃眉之急。第四次反革命"围剿"失败后，为发动第五次反革命"围剿"，在农村金融救济处的基础上，成立四省农民银行，总行设于汉口。1935年6月4日，国民政府公布了《中国农民银行条例》将原四省农民银行正式改组为中国农民银行并开始营业。这家银行完全是为蒋介石发动反革命战而设立的，曾提出"军队开到哪里，机构设到哪里"的反动口号。

4. 设立中央信托和邮政储金汇业局

为了垄断信托事业，1935年10月，国民政府公布了《中央信托局章程》，成立中央信托局，设总局于上海，各地设分局或代理处。中央信托局是中央银行的一个业务局，对外独立营业，垄断信托业务，对其他信托公司和银行信托部予以排挤。

1930年3月，国民政府在上海成立邮政储金汇业总局，直属交通部。1935年3月1日公布《邮政储金汇局组织法》，将原邮汇总局和上海局合并改组为邮政储金汇业局，将南京、汉口两局改为分局。

5. 推行合作金库

1935年4月，国民党军事委员会南昌行营颁布《合作金库组织通则》，并通令豫、鄂、皖、赣等省成立合作金库。1936年12月，实业部颁布《合作金库章程》，规定合作金库的机构分为中央、省市、县市三级，并在全国范围推广。

6. 兼并民族资本银行和控制钱庄

国民党官僚垄断金融体系——"四行两局一库"，利用他们的政治权势，使用各种手段，控制民族资本银行和钱庄。

利用部分银行发生的挤兑之机，乘机向他们掺入官股。利用这种方式控制的银行先后有中国通商银行、四明商业储蓄银行、中国实业银行、广东银行、中国国货银行、新华信托储蓄银行等。1935年趁币制改革之机，取消了包括中南银行、"南三行"在内的30余家商业银行的发行权，它们的发行准备也被接收，将发行权集中于中国、中央、交通、农民四行。

1935年金融危机中，多数钱庄周转不灵，国民政府以救济危机，安定市面为名，由中国、中央、交通三行借款1800万元，由财政部组织"钱庄监理委员会"，对钱庄进行监督管理，实际上是控制了钱庄。

7. 金融市场的发展，上海成为全国的金融中心

1927—1937年，中国金融业的空前发展，为金融市场的进一步发展创造了条件，上海发展成为全国的金融中心，黄金白银市场、外汇市场、证券市场等门类齐全，品种繁多，营业鼎盛，被称为"东方的纽约""中国的华尔街"。

上海证券交易市场包括公债、股票、债券等有价证券的发行市场和交易市场，其组织形式就是证券交易所。上海的证券交易所是上海华商证券交易所。

上海的外汇市场仍然被外国银行操纵，外汇行市由汇丰银行挂牌决定。黄金白银行也很活跃，上海的黄金交易市场是远东最大的交易市场，

超过法国、印度和日本。白银市场甚至对伦敦的白银市价也有影响。

(二) 抗日战争时期的金融体制

1. 战时金融管制

抗战全面爆发后,1937年8月15日,国民政府财政部颁布了《非常时期安全金融办法》7条,标志着平时金融向战时金融转变,以及战时金融管制的开始。

1938年4月,国民政府颁发《改善地方金融机构办法纲要》,1940年1月,又公布《商业银行设立分支行处办法》《管理银行信用放款办法》《管理银行抵押放款办法》等法令、政策,对商业银行的机构设置和放款业务全面加以管制。

2. 设立四联总处,强化中央银行职能

抗战一开始,国民政府便于1937年7月在上海设立了"中央中国交通农民四银行联合办事总处",并在各地设立分处,其任务是协调四行业务,"以集合国家银行力量,齐一步骤"。1939年9月,国民政府颁布《巩固金融办法纲要》《战时健全中央金融机构办法》,决定改组四联总处,加强组织,扩大权力。10月,改组完毕,四联总处正式成立,此后,中央信托局和邮政储金汇业局也被纳入四联总处。四联总处的最高决策机构是理事会,蒋介石亲自兼任理事会主席。从此,蒋介石直接掌握了金融垄断大权。

(1) 划分四行业务。1942年5月28日,四联总处颁布《中中交农四行业务划分及考核办法》,重新划分四行的经营业务,实行专业化分工。

中央银行集中钞券发行、统筹外汇收付、代理国库、汇解军政款项、调剂金融市场。中国银行受中央银行委托经理政府国外款项的收付,发展和扶助国际贸易并办理与之有关事业的贷款和投资,受中央银行委托经办进出口外汇及价汇业务,办理国内工商业汇款和储蓄信托业务。交通银行办理工矿交通及生产事业的贷款与投资,办理国内外工商业汇款,经募或承受公司债和公司股票,办理仓库及运输业务,办理储蓄信托业务。中国农民银行办理农业生产的贷款与投资,办理土地金融业务,办理合作事业的放款,办理农业仓库、信托、农业保险和吸收储蓄存款。

(2) 集中货币发行权,独揽外汇统制权是使中央银行权力增大的决定性步骤。为了实施货币发行权的集中和对外汇管理的统筹,财政部规定，全国钞票发行应集中于中央银行办理，所有省地方银行发行的钞券应由财政部规定办法限期结束。中、交、农三行发行的钞券应移交给中央银行接收；同时，所有外汇的收付也集中于中央银行调拨。此后，中央银行进一步将各行存款准备金集中于中央银行，并集中票据交换于中央银行。

上述这些措施的实施，强化了中央银行职能，使其处于金融的核心地位。

（三）官僚资本金融的极度扩张及其崩溃

1. 接收敌伪银行和清理敌伪钞券①

（1）四行二局接收了一大批敌伪金融机构。中央银行接收了朝鲜银行、日伪中央储备银行、日伪华兴银行、日伪满洲中央银行在南方的分行及日伪省市地方银行；中国银行接收了横滨正金和德华银行；交通银行接收了住友、上海银行株式会社、汉口银行株式会社等。

（2）四行二局借接收之机大肆搜刮财富。在接收金融机构同时，还从人民身上掠夺了大量金银财宝，其中日伪中央储备银行交出黄金50余万两，白银763万两，银元37万枚；日伪中央银行上海分行交出黄金8万两，白银31万两，银元24万枚。此外，接收的产业总值达10美元。

四行二局还清理敌伪钞券，并借此对沦陷区人民进行大肆洗劫。日本投降后，国民政府让日伪银行继续营业，日伪银行便乘机大量发行日伪币，由于伪币滥发而贬值，物价猛涨，金融市场极端混乱。为此，国民政府对敌伪币进行了清理。如对日伪中储券，国民党陆军总部按200：1的比价兑换法币。据估计，当时日伪中储券发行额为46亿元以上，按当时国统区与接收区的物价水平估算，日伪中储券与法币的兑换率约为80：1，而国民政府硬抑低为200：1，共收兑日伪中储券41亿元，仅此一项，就赚得黄金30万两，贬值兑换使国民党的接收大员们大发横财，而沦陷区的人民却遭到一次大洗劫。

2. 官僚资本银行垄断地位空前加强

抗战胜利后，官僚资本通过种种手段，使其垄断地位得到了空前加强，表现在以下几个方面：

---

① 袁远福、缪明杨：《中国金融简史》，中国金融出版社2001年版，第186页。

（1）机构。官僚资本通过各种手段，大肆开办银行。到1946年年底，国统区有银行3489家，官营机构就有2446家，占70%以上，仅四行二局的总分支机构就达852处。1946年11月又设立中央合作金库，总库设在南京。在战时就已推行的合作金库从上到下形成了一个合作金库网。至此，国民党四行二局一库就成为完整的金融垄断体系。

（2）存款。四行二局一库集中了大量的货币资本，这可从它们的存款额看出。1946年四行的存款达54881亿元，占全国银行业存款的91.7%，比1943年的存款额增加了130倍。可见官僚资本银行货币资本的集中程度之深。

（3）贷款。在全国银行的放款比重中，官僚资本银行1936年占51%，1947年6月则上升到93.3%，民族资本银行则从1936年的49%下降到1947年的6.7%。四行二局一库垄断了全国的放款业务。

第十六章

中国近代保险业

第一节　19世纪中后期在华外商保险公司

鸦片战争之后，英美等国通过不平等条约取得了一系列外交、贸易上的特权，接下来便开始对中国经济的掠夺。外商保险公司在中国的出现，正是西方列强对中国经济侵略的产物。

一　外商保险公司对早期中国保险业的垄断

（一）最早进入中国的英商保险公司

中国现代保险是随英帝国主义的经济入侵而输入的。在1840年鸦片战争以前，清政府奉行"闭关锁国"政策，对外贸易仅限于广州一地。1805年，经营港脚贸易的英、印商人由于在中国支付保险赔款对贸易有很大的方便，在广州成立了谏当保安行（Canton Insurance Society），这是外商在中国开设最早的保险公司，主要经营与英国贸易有关的运输保险。1842年，清政府把香港割让给英国后，帝国主义把资本输入作为对华经济侵略的主要手段。自1866年英商怡和洋行设立"香港火烛公司"之后，英国人又陆续在上海设立公裕太阳保险公司［Sun Insurance Office，Ld.（Incorp. in England）］、巴勒保险公司（Fine Art & General Insurance Co.，Ld.）和中华保险公司（China Fire Insurance Co.，Ld.）等。

鸦片战争前后，外商保险公司在华业务大多由外国洋行（主要为英商洋行）代理，如1841年英商仁记洋行兼营保险业务。19世纪60年代，怡和洋行代理谏当保险公司、香港火烛保险公司、於仁洋面保安行等8家公司的保险业务。此外，英国殖民公司入侵我国的怡和（Jardine，

Matheson & Co.)、太古洋行（Swire & Maclaine，Ld.），也都设立了保险部，代理诸多保险公司经营保险业务。1866年，德商美最时洋行成立，后在中国各口岸设立分行，因为保险比进口贸易"获利为易"，遂从事保险代理，仅水上保险一项，该洋行每年获利约2000英镑。其中英商洋行的代理保险业务占绝对优势地位，它们不仅为其本国货运保险，还代理其他国家的保险业。如19世纪50年代，各家美商洋行都曾依赖英商怡和和宝顺两家洋行为其货运保险。因此，在民族保险业产生之前的中国保险市场为英商一家所独霸。

（二）以英国为主的外商控制中国早期保险市场

英商在鸦片战争之后，借不平等条约之便，在中国广设保险机构，作为保护其贸易利益的工具。近代的中国海关由英国人长期控制，远洋轮船，也均属西方列强所有。以天津的英商保安保险公司为例[1]，华北地区大部分出口货物，都依赖英商太古、怡和两大洋行运输，因此天津海关和英商轮船业以及保安保险公司，形成三位一体。一方面，中国的货物运输，多由英商轮船承运。而轮船公司又以在保险公司投保为条件来登记装运。另一方面，当货物运到海关报关时，海关也依轮船公司的许可货单和保险公司（多为保安保险公司）的保单，然后稍加抽验即放行。另外，天津进出口货物运输的保险也同样由保安保险公司独揽。就出口而言，外国买方要求卖方备有途中安全、按期到货的保险单，否则不能成交，海关也不予报关。这就要求中国出口商必须在英商保险公司投保才可顺利通过各项检验。进口货物亦如此，从而导致中国进出口货物利润锐减，而得到好处的是英商洋行及保险公司了。

19世纪60年代以后，美国等国家也纷纷在中国设立保险公司。如1861年美国琼记洋行（Augustine Heard & Co.）开始从事大规模保险业务。1862年美商旗昌洋行在上海设立扬子保险公司。1863年美商的保家行也设于上海。1865年琼记洋行投资设立的保宁保险公司（British Traders' Insurance Co.，Ld.）。但在中国经营最早的英商保险公司仍然保持着对中国保险市场巨大的优势。以英商於仁洋面保安行（保安保险公

---

[1] 英商保安保险公司即指1835年由宝顺洋行成立的於仁洋面保安行（Union Insurance Society of Canton）。

司）为例，该公司到19世纪三四十年代已发展成为一家全球性的专业保险公司。19世纪70年代，该公司不仅在汕头、福州、厦门、宁波、上海、天津等十多个口岸设立机构，还收购了一些英商保险公司，甚至在1906年还收购了美商的保宁保险公司①。这使得英商保险公司成为这一时期垄断中国保险市场的外商保险公司中的主角。

（三）20世纪初年英美共同把持中国保险市场

如果说19世纪中国的保险市场是英商保险公司和其代理机构的天下，那么20世纪初到1937年以前则是英美共同垄断中国保险业的时代。

中国虽在18世纪中期以后成立民营保险公司，但实力和总体规模与外商保险公司不能同日而语。据1937年《中国保险年鉴》统计，外商保险公司及代理机构在上海有126家，但华资保险公司仅有24家。另外，各地在华外商保险公司中，英商凭借其最早进入中国市场、资金和管理经验等优势，在与各家保险公司的竞争中掌握着主动权。但到1919年第一次世界大战后，美商保险业在中国取得巨大发展。到20世纪30年代，美商保险公司平分秋色，并共同操纵中国的保险市场。

在美商保险公司中，美亚保险公司（American Asiatic Underwriters, Fed Inc., U. S. A.）是有代表性的一个。该公司由美国人史丹（C. V. Starr，或译为史带）于1919年底在上海创办。专营中国的保险业务，并代理包括"英国大不列颠保险公司"的业务。随着业务的迅速扩张，美亚不仅在上海相继设立友邦人寿保险公司和友邦水火保险公司，而且在中国汉口、重庆、沈阳、福州大商埠建立分支机构，并在香港，以及菲律宾、新加坡、缅甸等国家和地区设有子公司。1930年，美亚与英商合办四海保险公司，次年又与法商合办法美保险公司。到1936年美亚代理的保险行达到26家之多，居上海各代理公司之首。

二 19世纪后期外商保险公司垄断在华业务的原因分析

（一）凭借政治特权来扩张业务领域

鸦片战争以前，英商的保险业务范围以广东为主。五口通商之后，

---

① 保宁保险公司的英文名称即由原来的China Traders' Insurance Co. 改为British Traders' Insurance Co.。见赵兰亮《近代上海保险市场研究》，复旦大学出版社2003年版，第34页。

英商保险公司及代理机构的势力从华南移至长江入海口的上海，并将上海作为向内地拓展业务的大本营。《天津条约》签订后，通商口岸扩大到十多处沿江、沿海城市，英、美、法等国的保险公司势力得以进一步扩展到中国内地及华北各口岸。如美商旗昌洋行所设的扬子保险公司，专营旗昌船货保险，业务触角由沿海伸入内河航运。另外，各国在中国取得治外法权、领事裁判权等一系列特权后，外商保险公司可以自行其是，不受中国法律的约束。如保险条文用内容不同的英汉两种版本，可以任意解释保险条款，拒绝理赔，使中国的投保人蒙受经济损失。再看英商的垄断地位更是仰仗政治特权为靠山，如上文所述英商航运与保险业间的"捆绑服务"（如怡和曾规定用其船只必须在其代理的保险公司保险），既利用保险制度打击中国帆船的货运业务，又利用轮运势力遏止中国民族保险业的发生，从而达到互利共存、独霸一方的目的。但英方长期把持中国海关对英商各业的庇护作用也是显而易见的。

（二）利用买办招揽业务

《南京条约》废除"公行"制度后，外商保险公司可以自由寻觅合适的买办来充当保险中介人。具体招募买办有两种方法。一是吸收华商入股。通过华人股本的加入，扩大资本总规模。早期的香港火烛保险公司（1866年）、宝裕保险公司（1870年）和华商保险公司（1871年）等都是通过这种手法吸取了大量华人资本的（后文将有详述）。二是引入竞争机制鼓励买办竭力扩大保险业务。不妨从买办的收入来看外商买办制的效率。买办收入可分两部分：股份红利和佣金收入，而这两部分都直接间接地与买办招揽的业务量挂钩。如保家行对申请入股者分配股份的多寡，以申请人能给公司保运多少货物为准。于是买办便树立这样的意识：争取客户即增加自己在公司的股份。因此入股者必须尽最大努力为外商保险公司招揽业务，才能从公司利润中取得一部分红利。再看佣金，买办都和外商订有合同，不支薪金。他们的收入来自险费抽成的佣金，另外由洋行每月酬给津贴，那只是买办们的办公费。数目多少，还要看买办们承揽业务的多少来决定。这样的制度自然就督促着买办们尽量去给保险公司扩大业务范围了。

（三）成立保险同业公会组织保护共同利益

各外商保险公司代表各自的利益集团，分属不同的国家，互相间存在着业务竞争，但为了共存的需要，它们成立了外商保险同业公会①，在许多业务上采取一致的行动。如1892年上海外商各火险公司，议定统一火险费率和各种房屋的保价，各会员公司一律遵守。另外在当时《申报》上还可看到各外商保险公司常联合刊登"特启"，对相关的保险规定作出共同的承诺。

无疑外商保险公会的协定目的是减少各国保险集团之间的竞争、保护在华经济侵略的共同利权、排挤中国民营保险公司。因而外商保险公会保护的是外商在华的经营垄断权，受损失的自然是华商保险公司的利益。

(四) 大洋行商人的交叉投资促成外商保险垄断集团的形成

由于保险业初期是由各家洋行代理业务的，从而为外商轮船公司与各保险部门建立起密切的关系。后来保险业务的扩大，促使外商洋行不得不单独设立保险公司方能满足需要。但由于保险业的利益所在，加之投资需要资金，西方股份公司的形式为股东的多样化提供了可能。鸦片战争后一些大的外商保险公司初建时都不是一家独立经营的，在后来增股时更是多方招揽股本。如美商"保家行"有祥泰、履泰、太平、沙逊与汇隆等投资股份。宝裕行的股东则有鲁麟、协隆、琼记、履泰、立德等洋行。甚至原由宝顺洋行独家经营的"于仁洋面保安行"，此时经过改组，也变成"怡和、仁记、沙逊、祥泰、华记、义记（Holliday, Wise & Co.）、禅臣（Siemssen & Co.）七大富行"的合资企业。怡和经营的"谏当"也不例外，其股东几乎包括"香港所有的知名洋行"。美商"扬子"虽属旗昌独创，但十五家洋行在资本及货源上支持旗昌，也无异于股东身份。这种洋行老板个人交叉投资的方式，不仅为作为附属企业的保险公司的发展壮大提供了充足的财源，而且也使整个外商投资集团对中国保险市场的垄断奠定了坚实的基础。

---

① 外商保险公会成立的时间不详，大约在1899年之前。见中国保险学会《中国保险史》，中国金融出版社1998年版，第65页。

第二节　在洋商保险公司压制下不断
　　　　　成长的中国保险业

中国近代保险业，是以西方列强打开中国的大门之后在中国纷纷设立保险公司及其分支机构作为开端的。此后中国民族保险业才开始慢慢产生和发展起来，但在外国保险公司占有垄断地位的中国保险市场上，中国民族保险业只能在帝国主义经济侵略下和列强的竞争夹缝中求生存，其发展的规模和对中国经济的影响在其出现后相当长时间里是十分有限的。但外资保险公司在华经营，在一定程度上为中国保险业的产生与发展创造了条件。

一　清末中国人自办保险的思想与实践

19世纪中叶，中国进步的知识分子以救亡图存为己任，开始研究西方先进思想文化。其间，西方先进的保险思想也传入中国，为创建中国的保险业，做了理论准备。魏源、洪仁玕、郑观应、王韬和陈炽等人，先后在其著作中阐述了有关保险的思想，其中最有名的是魏源和洪仁玕。魏源在其所著《海国图志》中，全面系统地介绍了西方的保险理论、实务及发展情况，是介绍西方近代保险的第一人。洪仁玕曾在香港生活过一段时期，他在1859年的《资政新篇》中写道："外国有兴保人物之例，凡屋宇人命货物船舶等有防于水火者，先与保人议订，每年纳银若干，有失者保人赔其所值，无失则赢其所奉。若失命，则父母妻子有赖，失物则已不致尽亏。"洪仁玕提出了在中国开办保险事业的主张。陈炽在他的《续富国策》中提出了"保险集资说"，从微观和宏观两个方面提出了自办保险、振兴国家的方法，这是中国近代史上比较完整、系统的保险理论。

19世纪中期上海已成为远东第一大商埠，海运业日趋发达。当时外商普遍使用轮船运输货物，而且有保险保障，而我国仍使用落后的船舶，无法与外商竞争。为此，1872年洋务派首领李鸿章派浙江漕运督办朱其昂在上海设立轮船招商局，购买"伊敦"号轮，自办船运业务。但苦于没有自己的保险公司，当时只得向英商保险公司投保。为了挤垮新生的中国航运业，英商保险公司先借口国船只悬挂龙旗而拒绝承保，后又提高费率、缩短保险期、降低保险金额。最后，招商局只好向设在国外的外国保险公司投保，但年费率仍高达10%。因此，李鸿章主张"须华商自立公司，自建行栈，自筹保险"。

中国最早的华商保险公司是1865年成立的上海义和公司保险行以及稍后的保险招商局。1876年，洋务派饬令招商局设立仁和保险公司，这是我国第一家民族资本保险公司。1878年又设立了济和保险公司，后来，这两家保险公司于1885年合并为仁济和保险公司，承保招商局所有轮船、货栈及运输货物，这是我国保险界目前公认的中国首家民族资本保险企业，标志中国民族保险业的开始。但当时，由官督商办的招商局，在经营方式上存在问题，官僚挂名领薪的多，内部腐败，亏损较大。加上英帝国主义为维护对中国保险业的垄断地位，对仁和、济和保险公司百般压制，到20世纪20年代仁济和保险公司已名存实亡。

20世纪初年，随着救亡图存的呼声日盛，中国出现了一些民营保险公司。1905年，上海先后成立上海华兴、华安水火、华成、合众、华通等民营保险公司；同年，由上述等9家保险公司在上海成立了"华商火险公会"，这是我国第一个保险商业团体。民族保险业在沉默了几十年后勃然兴起。1912年7月，由曾在英商永年人寿保险公司任职的吕岳泉发起成立的华安合群保寿公司，该公司额定资本100万两，为"完全纯粹"的华人资本，凭借天时、地利等优势，加之"当时政界要人、工商巨绅的赞同和投资"（如黎元洪任名誉董事长、冯国璋任董事），其业务发展迅速，从而成为"华商人寿保险公司中的佼佼者"[①]。

二 民国时期中国保险业的发展

（一）第一次世界大战前后中国保险业的初步发展

1914年第一世界大战爆发后，外商在华保险公司除了保安、扬子两家公司的一部分还留在上海继续营业外，其余多已处于基本停业状态。这时，美国的国外保险协会在中国设立了机构，组建了美国十几家大保险公司经营国外保险业务的集团。为适应中国保险需求，1916年我国成

[①] 杜恂诚：《近代中国的商业性社会保障》，《历史研究》2004年第5期。

立了中国环保保险公司、永宁保险公司和华生保险公司，1917年成立了永安保险公司和先施置业公司等，初步形成了一个中国民营保险公司的阵营。由于资力较弱、营业范围不广，故对外影响不大。

1919年第一次世界大战结束后，在华营业的国外保险公司重新对我国的民营保险公司大加排斥和控制。代表性是美国人史丹于1919年在上海南京路由两间小办公室起家的美亚保险代理公司，迅速发迹而成为世界著名的国际保险集团，1996年其资产高达1360亿美元。美国最老的股份保险公司北美洲保险公司、日本的东京海上火灾保险公司也于一战后在上海设立了分公司。在上海的英商保险公司多达数十家。

(二) 二三十年代中国保险业的发展情况

1926年后中国保险市场出现了新的迹象。由于第一次国内革命战争的掀起，银行为了吸收更多资金，竞相投资于保险事业。1926年12月11日，交通、中南、大陆、金城、国华等银行筹资开办了安平保险公司。1929年由金城银行独资设立了太平保险公司，这家公司的分保后台主要是瑞士再保险公司。1931年中国银行投资设立了中国保险公司，其分保后台是英商的太阳保险公司。1933年成立的华商保险股份公司专营再保险业务，1935年由国民党中央银行投资成立了中央信托局保险部。川盐银行设立的盐载保险部，开创了中国盐载保险业的先河，获利颇丰，仅据1932—1934年统计，该行三年总盈利115万元，其中保险收益35.8万元，占31％。到抗战全面爆发前，全国有保险公司40家，总公司设在上海的有24家，上海已成为全国金融、保险业的中心。

(三) 抗战时期保险业的发展情况

1937年抗日战争全面爆发，"八一三"事变后，在上海的中央信托局保险部迁往重庆，中国、太平、宝丰、四明这几家规模大的保险公司也把业务重心转移到重庆，有的还在我国香港地区，以及新加坡设立分支机构。随着国民政府迁都重庆，重庆逐渐成为该时期的保险中心。官僚资本的中国农业银行于1941年1月成立了中国农业保险公司，国家资源委员会于1943年7月成立了保险事务所，交通银行于1943年12月成立了太平洋保险公司，这样国民党官僚资本的四大银行都有了保险机构。当时重庆有华商保险公司50余家，其中新设立的有20余家。

因一大批在矿企业内迁，中央信托局受国民政府财政部委托举办了运输兵险和陆地兵险，又称战争险。当时在上海保险界招聘了13人办理陆地兵险。由于后方城市屡遭空袭，重庆、昆明、贵阳等城市都开展了这项保险业务，工商企业投保十分踊跃。据估计，保险费收入除去赔款支出后略有盈余。陆地兵险对工矿企业内迁和恢复生产曾起了一定的作用。

（四）抗战胜利后的中国保险业

1945年8月，抗日战争胜利后，国民党官僚资本保险公司纷纷将其总公司迁往上海，并对日伪保险公司进行了接管，外商保险公司也在上海复业，上海又成为当时保险业的中心。当时，外商中的美亚保险公司首先在上海复业，并取代了英商在中国保险市场的垄断地位。据统计，美亚保险公司在1946—1949年间从中国赚取了1000多万美元保险费。该时期投机性保险公司不断出现，上海一地的保险公司曾多达300余家，一时出现虚假的繁荣景象。1948年，开往台湾的太平轮沉没后，发生了承保该轮的华泰保险公司资本家逃跑事件。

在国民党政权行将覆灭之前，中国经济面临全面崩溃，并发生恶性通货膨胀，保险公司无法正常经营。部分保险公司签发外币保险单，以图保值，大部分华商保险公司处境艰难，奄奄一息。1949年4月20日中国人民解放军胜利渡过长江，先后解放了南京和上海，宣告了中国半殖民地的保险业的结束。

第三节　中外保险业的相互关系

一　20世纪初中外保险业的比较分析

由于近代中国保险业是在外国保险公司进入中国之后而产生的新行业，属一种"引进性行业"[①]，那么无论是在规模上还是在经营方式上中外保险业都存在着巨大的差距。从这一点来看，华商保险公司在竞争中处于绝对的劣势，何况洋商还有不平等条约作保护。因此在进入20世纪以前，中国保险业几为洋商的一统天下。即便到20世纪30年代中国保险业取得了长足的进展，但洋商仍占据较大的优势。

---

① 赵兰亮：《近代上海保险市场研究》，复旦大学出版社2003年版，第272页。

(一) 中外保险业的实力对比

西方的保险业历史悠久，其海上保险是伴随着西方海外贸易而发展起来的。在发达的资本主义国家中，保险事业不仅发达，而且由于对国民经济的保驾护航作用而普遍受到重视。1929 年起，天津永丰洋行代理的英国保慎保险公司（British Oak Insurance Co., Ld.），是一家在欧洲并不算大的保险公司，除资本外，准备金就有 3000 万英镑。当时 1 英镑约合我国银洋 11 元，合规元 7 两有余。反观华商中实力较强的华安水火保险公司，其资本实备只有规元 100 万两。[①]

再从中国保险市场上的中外保险机构比较来看，差距也是相当巨大的。首先从时间上看，华商保险公司成立晚于外商。1805 年英商谏当保险行成立于广州，而 60 年后中国的第一家保险公司才出现。从数量上看，晚清时上海的保险公司仅寥寥数家。而 1894 年除了 10 家外商保险公司直接在上海设立总分公司外，尚有 133 家外商保险公司委托 39 家洋行设立保险代理处。从资本额来看，1937 年英、美、法等国在沪港两地的保险业投资总数不超过 4000 万元。而该年华商保险业在沪的同业公会 30 家实收资本总额达 2500 万元以上。其差距不大，但具体到每家则仍是天壤之别。华商保险公司中资本总额在 100 万元以上的仅太平、中国、泰山等少数几家，而外商保险公司大多在 100 万元以上，且保安保险公司实收资本达 885 万元之巨。

(二) 保费收入的差距

纵观清末民初的中国保险业，基本上是呈加速发展的态势。在中外保险业的竞争过程中，华商保险业在华北一度有相当的成绩。主要是由于一部分民族资产阶级有了一定程度的觉悟，情愿向华商保险。加上华商保险公司大多是银行所创设，有银行做它们的后盾，在资金的运用上也比较灵活且有伸缩力。但华商保险业仍处于华洋竞争的劣势一方。如中外同行都用降低险费实收额来吸引投保户，但华商保险公司所能承保的都是资本比较薄弱的中小工商户，保费有限，如果再来个倒七折或八折实收，那实收数就少得可怜，不值得去承担那份风险了。而洋商则不

[①] 许良灏、戴学熹：《解放前外商在津的保险事业》，载《文史资料选辑》第 26 辑，中国文史出版社 1993 年版，第 181 页。

同，由于它们所承保的多是资金比较雄厚、业务比较可靠的工商户，纵然降低险费，实收还是可观。因为降低险费带来的是营业范围的扩大，而为其服务的买办则更易于开展业务了。况且它们的总机构在本国而分支机构几乎遍布全球各个比较落后或殖民地性质的国家，偶然一点一滴地赔赚得失，对总公司来说是无足轻重的。

20世纪二三十年代，中国保险业蓬勃发展之时，外商保险公司为控制中国保险业，采取了与华商银行合股开设保险公司的措施。大部分中国民族保险公司资本微薄，难以与外商公司竞争，要依靠外商保险公司分保。据1935年《中国保险年鉴》统计，当时全国华商保险公司有48家，外商保险公司有166家，分属16个国家（其中英国67家，美国23家，占据大半），每年保险费总收入的80%左右流入外商保险公司。大部分华商保险公司实际上沦为外商保险公司的代理公司，而这些外商保险公司也多半是总部在国外的保险公司在中国的分支机构或代理公司。

(三) 中外保险业经营方式的差距

1. 外商特殊的保险宣传方法

华洋保险公司在保险宣传策略上存在较大差异。中国保险公司赔了款，总要灾户在报纸醒目位置登上鸣谢广告，甚至还要注明赔款的数目。广告费由灾户承担。这种看似精明的举动，对公司的长期发展却极为不利。因为一方面，灾户虽获赔偿，但尚不足以抵补损失。再要他们自费登报致谢，会引起客户不快。另一方面，如果同行、亲友甚至警察机关，得知已获得理赔，往往乘机勒索好处费。这种情况在当时社会是司空见惯的。可见这种做法，大大地影响了华商保险公司业务的推广。和华商保险公司形成鲜明对比的是，洋商在遇到应当赔偿的灾户时，让买办经手，"爽快利落"地赔付。这种作风，在灾户、买办和洋商之间形成良性互动关系；受到补偿的客户也成了保险行免费宣传的活广告。所以外商保险行只要赔一次款，业务就一定会推进一步。

2. 外商特殊的优势险种——兵险

兵险是一种冒险性较大的业务。期限短（一般不超过3个月），利润高，但中国的保险公司却不敢问津，因为在时局动荡时，他们自身生存都成了问题，岂能替别人保兵险？所以此项业务自然为外商所独占。中国政局长期不稳，给外商推销兵险提供有利时机。以20世纪20年代的天津为例，每当内战发生、市面气氛紧张之时，人们会看到华界的高大建筑物上竖起了英国或美国国旗，甚至还有全副武装的外国大兵在门口把守着。不要以为这些是外国的使馆或其他什么，它们只是在外商保险行保了兵险的华人房产。这些外商保险行通过本国的驻津领事派来在津驻防的本国士兵为其客户服务。像天津的恒源沙厂和寿丰面粉厂等的民族资产，都曾不止一次地得到外国保险行这样的待遇，且额外费用分文不取。这些洋保险行所欲何为？是其信誉至上的经营作风使然，还是对华人有什么特殊的感情？非也，其真正目的是借用政治、经济手法，利用华人之口，大造声势，为在广大的中国民众中推广其业务服务。"九一八"事变之后，天津等地的华人对兵险有了进一步的兴趣。自然外商的兵险业务也取得长足的进展。

（四）中外保险业根本的差异在于中国半殖民地的政治、经济地位

洋商保险公司之所以垄断中国保险市场，说到底是由于中国半殖民半封建的国家地位决定的。尤其在北洋军阀时代，租界不仅是外国冒险家的乐园，也是中国"失势军阀、政客和富人的护身之地"。以天津租界为例，最初外商保险公司在租界内承保的仓储、货栈等建筑物上总要挂上该保险行承保火险的牌子。其作用一是为了宣传，二是当投保户遇火灾时，租界内巡捕可据此防范他人趁火打劫。后来华界的许多"豪门巨宅"纷纷效尤，也把印有洋文保险公司的牌子钉到门上，作为"护身符"，以吓唬那些地方游勇和土匪的抢劫。因为在军阀时代，无论老百姓还是军阀豪绅，都普遍患有"恐外症"。不但土匪不敢擅闯标有洋文牌子的房子，地方保安人员在"时局不靖"时也"先尽力保护那个钉有牌子的财产"。这样一来，向洋商保火险竟然等于同时也保了兵险，无怪乎后来华人工商大贾及富户对投保洋险趋之若鹜了。再看华商保险同业，在动荡的时局下图自保尚且困难，哪里还敢奢望军政部门出兵保护客户财产之事？虽然华商保险公司了仿效洋商在投保户门上挂牌子，但没有一个强有力的政府做后盾，牌子是起不了作用的。

二 外商保险机构的竞争与合作

中国保险业的发展脉络为：初期是在外商保险业直接影响下发展起来的，但同时也受到外资保险公司的打压，随着中国保险业自身的发展

壮大，双方由竞争到一定条件下的联合经营；中外保险机构的合作本身就反映了中国保险业的成长，而实力雄厚的银行业对保险行业的注资，又进一步壮大了保险业的基础。

（一）初期的华商附股于外商保险公司

初期外人在华投资创办保险公司，中国一些与外商交往密切的人（如买办和官僚等）对外商保险公司进行了投资入股，此种行为被称为华商对外商保险公司的附股。当时，在外商开办的保险机构中，绝大部分都有中国买办的投资股份。怡和洋行买办唐廷枢在 1867 年就附股于英商怡和经营的谏当保险行，后来他又在怡和洋行设立香港火烛保险公司时，设法推销了全股份的五分之三。谏当保险行与香港火烛保险公司的大量中国股份又逐渐为买办何东与何甘棠控制。最早的英商宝顺洋行在澳门开设的於仁洋面保安行，一开始就有"广东省城商人联合西商纠合本银"的附股行为。而 1863 年由英商在上海成立的保家行在吸收华资方面更为突出。由于华商入股过于"踊跃"导致保家行老板不得不提出限制华股的办法。结果许多欲买保家行股份而又受限的中国买办，气愤之下于 1871 年发起创办了华商保安公司以为抵制。

根据统计，19 世纪华商附股外商保险业情况如下：於仁洋面保安行华商资本额为 178750 两，谏当保险行为 357500 两，扬子保险公司为 298784 两……华商总计投资 2915999 两。[①] 可以说，没有华附股，外商保险业不可能有形成垄断之势；但若没有华商附股行为，也不会有后来中国民族资本创办保险业的事情，正是因为买办"有资金，懂业务"，在外商保险业中入股分红和参与管理，在与洋商打交道中"耳濡目染"才学到了保险业组织管理经验，这对中国人自办保险业是十分宝贵的。

（二）中外保险公司从竞争走向联合投资

"以英国为首的洋商保险业在长达一个半世纪的旧中国保险市场上占支配和垄断地位。"对于 19 世纪后期兴起的中国民族保险业，洋商保险公司一开始就竭尽打击之能事，力图排挤和遏制其发展。但民营保险业的发展是不可阻挡的。20 世纪 20 年代以后，在实业救国、互助团结的策略下，民营保险公司不断壮大。迫使洋商保险公会不得不在 1924 年修改

---

① 汪敬虞：《唐廷枢研究》，中国社会科学出版社 1983 年版，第 100 页。

章程,将"不得与非会员公司共保险"的规定后增加"中国公司除外"的内容。表明洋商保险公司对华商竞争策略的改变:由排挤到有条件的合作。

前述的美商美亚代理保险公司系一家大代理保险公司,其保险业务有托拉斯之称,代理世界各国保险公司有49家之多,除直接承保外,还接受再保险业务。当时华商保险公司虽多,但是资金雄厚者甚少;所以每遇大额产物保险华商公司无力承保时,它们便将自己费尽辛苦才得来的生意大部(最多时为95%)拱手送予洋商公司,让其承保。靠着这样唾手可得的业务,美亚等洋商公司坐享其成,他们与华商公司的业务关系便由此开始。上海银行设立大华保险公司,并由美亚保险公司协助与美国一家再保险公司签订再保险合同,当较大业务出现溢额时,由美亚保险公司提供再保险。至此,洋商公会不准同中国保险公司发生再保险关系的规定被打破了。

中国现代保险业与帝国主义资本入侵是分不开的,当时帝国主义国家在中国的"洋行"遍于神州大地,帝国主义列强不仅独自在中国开办保险企业,还与中国人合办保险公司。如宝丰保险公司是1930年英国太古洋行与上海商业储蓄银行合资开办的,上海银行出资51%,英商"洋行"出资49%,再如泰山保险公司,这是1932年由美商美亚保险公司,与浙江兴业银行合股开办的保险公司。由"美亚"派出业务经理人员主管其业务工作。实际上成了美亚一个附属机构。

20世纪30年代,英商保险公司中"规模最大"的四海保险公司,其资本构成主要由英、美、法、中四国商人共同投资。其中英国资本最多,而华商资本最少,主要来自上海商业储蓄银行、浙江兴业银行等。上海银行在四海的投资仅2000股,共计白银10000两。

20世纪30年代中期,华洋保险业合作方式由合资发展到同业公会间的联合。1936年4月,华商的上海保险业同业公会与洋商的上海火险公会联合设置华洋联合委员会,制定通过《火险经纪人登记与管理规章》,双方就保险经纪人行为作出统一的规定。[①]

外商保险公司的存在,客观上为中国保险业的发展提供了竞争动力

---

① 《中国保险走过百年》,《中国保险》2001年第1期。

和管理经验。尤其是20世纪20—40年代的华资银行注资于保险业，使保险业得到长足的发展。对此，取得高额利润的洋商保险业起了明显的示范作用。当时中国华商银行业之间的竞争激烈，而保险业的厚利使得银行投资于保险业成为银行业自身发展的必然选择。外国在华保险业攫取越来越高的利润，其财产保险每年合计所收保费约达4000万元。保险业高额的利润正好迎合了银行寻求新利润增长点的需要，故而迅速引起了银行界的关注，"以冀从中分一杯羹"。[①]

[①] 徐华：《20世纪20至40年代银保关系》，《史林》2004年第5期。

第十七章

中国近代信托业的发展

第一节 信托的起源及中国近代信托业概况

一 信托业的起源

信托最早起源于西方,信托从其原始形态发展到现代含义上的信托,其发展轨迹为:执行遗嘱,尤斯(Use)制,法人信托,经历了从民事信托到现代金融信托漫长的历史过程。

一般说来,信托是某人为了自己或他人的利益,将自己的钱或财产交给第三者,请第三者按照自己的目的进行管理和处理财产的管理制度。最早的"信托契约"是一个名叫乌阿哈(Uah)的埃及人在公元前2548年立下的遗嘱,该遗嘱说明将自己的遗产让其妻继承,并由妻子任意分授给子女,同时指定了一名军官作为其子女的监护人,还列有三名见证人。在西方文明史上,随后的希伯来人遗嘱,也具有信托行为的萌芽。

罗马帝国时,皇帝奥古斯都(Augustus,公元前63—公元14年)创立了世界上第一个信托理财法律。《罗马法》规定,遗产继承者必须是罗马市民,而财产所有者必须用遗嘱指定财产和债务的继承人,如指定非罗马市民为继承者则遗嘱无效。人们为了逃避这种规定而创立了"信托遗赠制度",即先通过一个罗马市民继承自己的遗产,然后再由他把遗产转移给自己真正要赠予的人,这已有信托的特征。

13世纪的英国,基督教势力十分强大,人们死后往往把财产如土地赠送给教会,这些土地封建主不得征税,极大地影响了封建君主和诸侯的利益,特别是在十字军东征和玫瑰战争时期,这种情况更为普遍,为了和教会争夺权力和经济利益,英王亨利三世(Henry Ⅲ,1216—1272

年在位）颁布了《没收条例》，规定凡是赠给教会的土地，必须经过君主或诸侯的允许，否则没收。为了抵制这个条例，本身多为教徒的法官们就参照罗马法中的信托遗赠制度创立了"尤斯"制，即代用制，就是想把土地赠给教会的人，先赠给第三者，然后让第三者将经营土地的收益转给教会。这时的第三者即受托人多是当时社会上受人尊敬、被人信任的人，如牧师、学校校长等。

亨利八世（Henry Ⅷ，1509—1547 年在位）为了收回权益，于 1535 年颁布了旨在消除尤斯制的《尤斯条例》：规定土地的受益人同时也是土地的法定所有权人。而当时英国约有三分之一的土地被置于"尤斯"制下，人们为了对抗这项法令，又采取了"双尤斯"制，即先将土地转给儿女，再由儿女转给朋友，朋友将收益转给教堂。由于按照《尤斯条例》第一次转给儿女时受益权就被看成所有权，因而，第二次转移中的收益就不再违反《尤斯条例》了，这第二次"尤斯"转让，一般被认为是现代信托的真正结构。

1893 年和 1896 年英国先后颁布的《受托者条例》和《官选受托者条例》标志着早期信托进入法人信托时期。早期信托由于受托人的死亡或行为不规如贪污等情况的发生，使得人们迫切需要一种不使委托人受损的受托人，这两种条例规定了法院可以选任委托人，一般由法官担任。1906 年《官设受托者条例》规定政府办的信托机构可成为承受信托的法人。从此，法人信托被正式提出并承认，但此时信托机构还不是以营利为目的。

以营利为目的经营信托的机构最早是在美国成立的，美国在独立战争后引进了英国的民事信托，并成立了专门承办信托业务的公司。随后，加拿大也在 1868 年成立了信托公司。19 世纪英国制定了信托法和公司法以后，也出现了以营利为目的信托公司。

在亚洲，1906 年日本第一家信托公司——东京信托公司成立。不久，信托业就传入了中国，1912 年 12 月聚兴诚银行上海分行成立了信托部，1913 年日本人在大连设立了取引所信托株式会社，1914 年美国人在上海设立了普益信托公司。1917 年上海商业储蓄银行成立了"保管部"，出租保险箱，1921 年改名为信托部，有"教育储金""婚嫁储金""福利存款""信托存款"业务。从此信托传入中国。

二 中国近代信托业的发展历程

中国近代信托业的发展经历了信托业的兴起及信托交易所风潮、抗战前中国的信托业、战时与战后的信托业三个大的时期。

（一）信托业的兴起与信托交易所风潮

1914年爆发了第一次世界大战，西方国家纷纷卷入，从而放松了对中国民族资本工商业的压榨。1920—1921年，许多帝国主义国家又爆发了经济危机，其国内矛盾十分尖锐，无力东顾。从金融业本身来讲，原在外国银行控制的中国金融业，由于国际环境的变化，得到了喘息的机会。中国近代信托业就是在这样的背景下产生的。

中国信托业发端于上海，最初是以银行兼办信托业务的形式出现。1917年，民族资本的上海商业储蓄银行在总行成立"保管部"，设置木质保管箱40多只，后又添置钢质保管箱200只，出租给客户，作保管贵重物品之用，开办起代保管业务，1921年该行的保管部正式更名为信托部，并增办个人信托存款业务。例如，开办为子女筹集求学及婚嫁费用的"教育储金""婚嫁储金"，以及为公益筹款的"福利存款"等。1918年，浙江兴业银行开办了保管业务。1919年12月，聚兴诚银行上海分行成立信托部，经办报关、运输、仓库和代客买卖证券业务。这三家银行在中国率先开办信托业务，是中国现代信托事业的开端。[①]

此时中国的经济结构已是根深蒂固的半殖民地半封建性质，欧战期间，帝国主义国家忙于战争，这既给我国的民族工商业以发展的机会，同时也对半殖民地半封建社会的经济体系起到了破坏作用，打破了经济体系的平衡，使得中国社会经济不久就陷入了停滞状态，到1920年下半年，国内工商业开始停滞，外国商品不能输入，国内商品输出量大减，经济不景气，特别是上海，社会游资大增而苦无出路。

1920年7月成立的上海证券物品交易所仅半年就盈利150余万元。这引起了游资投机于交易所和信托公司的狂潮。中国专业信托公司成立于民国十年（1921年）春，不久上海就成立了136家交易所和信托公司。它们一方面发行股票吸收游资，另一方面又将股票上市，哄抬价格，掀

[①] 戴新华：《试论民国时期的信托业》，《华北电力大学学报》（社科版）1996年第3期。

起了股票市场的投机狂潮，引起信托公司竞相开设。在一年之间，上海成立的信托公司就有中国商业、上海运驳、大中华、中央、中华、中外、中易、通商、通易、神州、上海、华盛等十多家，北京有中国阜通信托公司。这些信托公司的资本大的数千万元，小的数百万元，总资本为8000万元，与当时的银行资本总和相差无几。

但中国还没有成立交易所和信托公司成熟的条件。游资的持有者疯狂投机，随着交易所的迅速破产，这些新成立的信托公司也纷纷倒闭。仅只残留中央信托公司（1935年更名为中一信托公司）与通易信托公司两家。风起云涌的交易所和信托公司风潮，与当时中国社会经济发展极不适宜。上海金融业受到了灾难性的打击。因其发生在民国十年（1921年），也叫"民十风潮"。信交风潮发生后，信托在人们的心目中无异于投机。但通易和中央两信托公司在逆境中顽强经营，苦力挣扎，不仅度过了风潮，而且还略有发展，这增强了人们对信托的信心。

（二）1928—1936年的中国信托业

在此期间的信托业，大都集中于大城市，特别是上海。上海的信托业资本也远比他地雄厚，占资本总额的70%以上，银行信托部也是这种情况。这期间又可分为两个阶段。

1. 从1928年至1931年，中国信托业开始复兴

自1928年以后，尤其是1930年至1931年这两年中，银价急转直下，海外白银进口甚多，国内发钞增多，银根松动，小工业勃兴一时，而房租上涨，地价飞腾，信托业于地产的收押与投机尤为狂热。这些都是1932年以前信托业繁荣一时的主要原因。

国安信托公司是自1921年信托风潮后设立的第一家信托公司；1930年春又有新华储蓄银行增资改组为新华信托储蓄银行，同时办理储蓄、银行及信托业务。同年底，中国、上海两信托公司相继成立，1931年上半年，恒顺、东南、东方、通汇四家信托公司先后成立，其间，上海永亨银行、上海商业储蓄银行等大银行开始设立信托部，民营信托公司又开始纷纷出现。而上海国泰商业储蓄银行、上海惠中商业储蓄银行、天津边业银行等全国20余家银行则兼营信托业务。同时，经营信托业的各家公司及银行等机构鉴于已往惨痛教训，不再以投机为目标，尚能脱离普通银行业务。

2. 从1932年至1936年，中国信托业开始进入鼎盛时期

1932年以后，一方面从国际形势来看，西方主要资本主义国家先后脱离金本位，银价逐渐回升，国内金融界渐趋紧缩；另一方面，国内政治经济发生巨变，日本加紧入侵东三省，加上自然灾害，国民经济受到打击。此后，百业萧条，民族工业每况愈下。信托业在这种环境下反而取得较大发展。其间，官营及民营信托机构不断涌现，并由沿海拓展到内地。因为从1932年到1936年止，国民政府在大规模地发行内债，其公债发行总额达到13.26亿元。公债利益优厚，既然有利可图，金融业便纷纷投机于公债。因此，这期间至少有半数的公债掌握在金融机构手中，公债交易十分火爆。如新华信托储蓄银行信托部代客买卖的数量激增。1933年为1.8亿元，1934年为5.3亿元，1935年为3.7亿元；历年收入手续费，1933年为8万元，1934年达15万元，可以看出公债投机在当时是多么兴旺。

这一时期全国信托公司的成立情况如下：在上海，中级信用、华侨与生大信托公司等数家先后成立；在内地，重庆信托公司与广东信托公司之创办，是内地信托事业创办的先声。从此，信托公司在内地各大城市纷纷设立分支机构，如中一信托公司在汉口、浙江的余姚开设分公司；中国信托公司的总公司设在香港，除在上海设分公司外，又在广州设分公司，在台山设办事处；四行储蓄会信托分支部；广东信托公司总公司在香港，在广州也设有分公司，其他各大银行的信托部也不断在内地开设分部。

现代第一个官办的信托机构是1933年5月上海市政府创立的上海兴业信托社，其资本总额150万元。而1935年由中央银行特设的官办信托机构——中央信托局，以其资本雄厚，业务范围极广而执信托界之牛耳。中央信托局是信托史上的一件大事，又是当时国民政府加强对全国金融垄断的重要措施之一。它对于扩大信托的声誉，促进信托事业的发展，起了积极作用。但中央信托局对许多业务进行垄断经营，还利用政治特权，压制民营信托公司业务的发展。

总之，在这一阶段，信托业在全国的规模比以前有了相当大的发展。据统计，到1936年，除中央信托局外，实有信托公司11家，资本总额1043.6万元。此外，还有银行兼营信托业务者42家，仅上海一地就有11

家,具有信托性质的地产公司,在上海有 45 家。①

随着近代信托业的不断发展壮大,对其进行规范管理也提上议事日程,尤其是对一些信托公司肆意从事投机而造成金融业的动荡,更是信托界关注的焦点。1934 年,东方和华侨信托公司的破产清理,就是因为违反了信托原则,过度投机所致。同时,信托业界对于各种业务范围、业务名称等尚未达到认识上的一致,很有必要对信托业标准进行调整。

1932 年 1 月成立的上海信托业同人叙餐会,标志着信托业界开始走向团结协作。加入的会员有 14 家信托公司,每月举行一次,由高级职员出席。通过这一形式的协作,统一了信托业务的名称,协商并制定了信托业务及信托公司法。1946 年 5 月,上海市信托商业同业公会成立,标志着信托业正式的行业组织形成。该组织还于 1936 年创办信托业界第一种专业刊物《信托季刊》,由朱斯煌任主编,它为宣传信托理论,推广信托业务发挥重要作用。

(三) 1937—1949 年的信托业

从 1937 年到 1949 年,国民政府滥发纸币,经济高度通胀。但是此时的信托业却出现了畸形的空前繁荣,具体情况可以抗战胜利为界分为前后两个阶段。

1. 从 1937—1945 年全国信托业的发展概况

1937 年 8 月,日军大举进攻上海,集中于上海的信托业大受损害,官办的信托机构如中央信托局或撤往内地,或停业;上海的银行信托部和信托公司有的内撤,有的在沦陷区继续经营。

日军占据上海后,组织了以汪精卫为首的伪国民政府,为了标榜正统也搞了一个伪中央信托局。由于沦陷区经济渐被日伪控制,投机大盛。通易信托公司 1936 年 6 月停业后,又于 1938 年 2 月重新复业。天津的久安信托公司于 1939 年设分部于上海,1948 年 11 月改称银行。在此后四年中,先后设立的信托公司,除伪中央信托公司外,还有大半、三民、大公、有恒等 30 余家,其中有中一、民益、利生、联康、国富、和平、福民等信托公司相继改称银行。

抗战期间,各大银行纷纷设立信托部,金城银行上海总行于 1939 年

---

① 戴新华:《试论民国时期的信托业》,《华北电力大学学报》(社科版) 1996 年第 3 期。

9月1日添设信托部，中国垦业银行于1940年9月1日增设信托部。新设银行如中国工业、中国烟业、中国药业、上海纱业、上海实业、中亚、大新等银行都设有信托部。只是新设银行之信托部在战后随银行本身而奉命清理了。

抗战中一些接近战区的信托公司的损失惨重，战争进入相峙阶段后，大后方的信托公司仅有3家，至于银行设的信托部兼营信托业者，有中国银行等37家。在大后方，经财政部注册成立的有成都的互利信托公司和西安的西北通桥信托公司。中国西南和西北地区的信托机构在抗战前几乎没有。抗战时期，这些地区的信托业也得到了发展，到1945年8月，川、康、云、贵、桂、陕、甘、青、宁9省共有信托公司总分机构61处。

2. 从1945—1949年的信托业

抗战胜利后，国民政府对新设立的信托公司进行清理，信托公司的家数大为减少。信托公司经过清理后，1946年年底，上海12家信托公司资本为3061万元，18家银行信托部资本为3970万元。但随着内战的逐步升级，通货膨胀加剧，币值日降，各信托公司和银行信托部纷纷增资。1947年10月，全国共有15家，资本总额为91500万元，上海占总额的94.5%。1948年全国有14家，上海占13家，其中除中央信托局外，另有通易、中一、上海、中国、通汇等12家信托公司；中一信托公司1944年时改称银行，抗战胜利后又恢复原名，中级、同康、阜丰三信托公司复业，中央信托局、上海市兴业信托社迁回上海。

与此同时，一些其他金融机构开始经营信托业，而银行兼营信托业务者家数较多，如交通、中国、浙江实业、中南、大陆、金城、聚兴诚等银行都设立信托部，其业务种类甚多，范围极广，主要是不动产投资和抵押放款，以及收受各种定期信托存款等，代理业务有代理买卖有价证券，代理收付款项、代客保管及办理仓库业务等。另外其他机构经营信托业的还有上海的福源钱庄、昆明的中国侨民银公司（该公司1946年时信托部基金有500万元）。中央合作金库于1947年2月成立了信托部，办理各级合作社委托办理的信托业务。

抗战胜利后，中国经济开始了恶性通货膨胀，物价不断上升，利率居高不下，存款减少，游资泛滥。当时在湘西对商铺存款的利率，有高到周息百分之二百之上的事例，但仍不足以引入大量的存储，因为币值下跌的程度较此更大。通货贬值是如此之快，存款利息又是如此之高，正常的工商业放款已无利可图，难以为继了。在这种情况下，信托业务日益萎缩，信托公司遂转向囤积居奇，买卖有价证券等投机活动。

第二节　中国近代信托机构及其业务

一　中国近代信托业的类型和业务范围

中国近代的信托业有着不同类型的经营者。从性质上分有官僚资本和民族资本。从类别上分有信托公司和银行信托部。本问题按中央信托局、银行信托部、民营信托公司三大部分说明旧中国信托经营的业务，以及它们各自的一些特点。

1. 中央信托局

1935年10月，政府官办的中央信托局成立。开业之初，设有购料、储蓄、信托、会计四个处。不久又设立保险部，承办水、火人寿等保险业务。1936年4月成立了中央储蓄会，在全国开办有奖储蓄。1937年受国民政府之托，成立虬江码头业务处和所得税税额审核处，建设虬江码头，举办所得税。1938年5月，成立易货部（后改为易货处），办理对外出口业务，同时设立二十八年度兵工储料处购买军火，并成立运输科运送军火、油料、印刷纸张。1940年10月，设立建储农贷处，开办建国储蓄，在全国集资，办农业贷款。同时又因为日本封锁严重，开办了印制处，印制钞票等物。保险部改为人寿保险处和产物保险处。

中信局开办之初，中央银行拨给资金1000万元，抗战时资本达5000万元。中信局业务活动重心初期在上海。抗战时期，该局迁往后方和香港，并在上海租界内继续营业。太平洋战争爆发后，中信局全部迁往重庆，此时业务活动主要在大后方。抗战胜利后，中信局在上海复业。1946年，政府规定该局工作重点是：协助发展运输，仓储业务，扩大经营地产，发展各类保险，增强信托购料业务。中信局主要业务如下：（1）储蓄，分普通储蓄、强制储蓄、有奖储蓄、特种储蓄；（2）信托，中信局成立之初即经办信托业务，经营业务多以团体信托为主，个人信托微乎其微。其种类有企业存款、基金、投资、特约信托及经政府允许，法院指定的信托，并买卖证券；（3）购料；（4）农贷；（5）保险；（6）易货；（7）印制。

2. 银行信托部

中国银行的信托部成立于 1931 年。其业务主要是收受信托存款，发行投资信托券，买卖、经租房地产，买卖证券，代募公司债，代收股款、捐款、学费及公债本息，代客保证和保管业务。

交通银行信托部也成立于 1931 年，其经营业务有：（1）满 50 元即可存入的信托存款；（2）经理有价证券，即代理买卖有价证券、证券咨询、代客保管有价证券、垫款购买有价证券；（3）经理房地产，包括经理管理、代理买卖经营、土地执照信托；（4）代理收付款项；（5）寿险信托；（6）执行遗嘱管理遗产，包括解答顾客关于各种遗嘱及继承的问题，并代拟遗嘱稿件，代客保管遗嘱，受任为遗嘱执行人或遗产管理人；（7）公司债信托；（8）保证业务；（9）仓库业务；（10）代办运输及购销、保险。

1939 年 9 月 11 日，金城银行信托部成立，资本 100 万元，会计独立，办理代客买卖房地产及经租、代理买卖或保管有价证券及其他信托业务。

3. 民营信托公司

近代民营信托公司不断发展，最初的信托公司，业务大都十分广泛，如大中华信托公司其业务分九部：（1）金融部，专理银行业务及证券交易；（2）代理部，经理房屋租税，保护财产，清理账目，代理法律诉讼，工程规划；（3）保险部，经营火险、水险及人险；（4）路矿部，投资铁路国道，开办煤铁等矿；（5）航业部，办理国内国外航业；（6）进出口部，输出国产物品，承揽采办国外货物；（7）制造部，承办土木建筑工程，及制造物品机械；（8）运输部，专理水陆运输事业；（9）农垦部，拓植森林，移民开垦。

通易信托公司，创立于 1921 年 7 月，资本总额 250 万元。通易信托公司章程规定，其业务分"一、信托款项之收存及营运；二、公债公司债股票，及其他有价证券之买卖介绍或承募；三、房屋地产买卖介绍；四、财产之保管经理及会计；五、企业调查或设计；六、股份之过户或注册；七、诉外法律事件之代办；八、保险业务；九、堆栈业务；十、其他信托业务"。通易公司极盛时，有银行、储蓄、妇女储蓄、保险、保寿储金、仓库、服务 7 个部。在北平、杭州设有分公司，广州、南京、汉口设有保险分部，浙江海门有储蓄分部。

二 中国近代信托事业的特点

我国近代信托事业的发展，没有像英国、美国、日本等国那样发展成为国家金融、服务机构中必不可少的一部分。恰恰相反，我们现在的信托和我国近代信托并无多少继承关系，中国近代的信托事业随着产生它的母体——半殖民地半封建社会的灭亡而消失了。在1921—1949年短短的28年的时间里，中国的信托事业几经起伏，走过了坎坷不平的历史，有着自己的特点。

1. 严酷的经济环境

在半殖民地半封建的中国，封建势力还很强大，自给自足的自然经济制约着商品经济的发展，从而使得以商品经济发展为依托的信托业极难开展。

在自然经济状态下独特的中国封建思想文化如族权、夫权等纲常伦理束缚下的人们，缺乏必要的信托观念及意识。"寄妻托子"之类的事情靠亲戚、朋友，信托业只是让人不相信的、陌生的"第三者"。

中国的信托业从它产生的那一天起就包含了投机因素，这在当时的经济环境中是不可避免的。幻想通过投机股票，"空手夺刀"来发展信托，使信托事业"内伤"严重，失信于民，不利发展。

落后的自然经济，再加上帝国主义的掠夺，使得中国的民营信托事业资本很少，这就决定了它以后不得不去做银行、保险生意，以副业养信托，从而使真正的信托事业受到冷落。

1920—1940年，中国缺乏安定的社会环境，这也是信托业在中国未能发展的原因之一。要发展信托事业，必须有一个稳定的社会环境。信托业靠的是长期的信托存款开展业务，而战事使人们遭到不可避免的损失。人人自危，信托业不得不千方百计从其他业务中积聚资金以求维持。

在动荡的政治经济大环境下，信托业的整体发展极不稳定。信托机构的创立多由投机而起，因而势必一些信托公司违反信托原则，在经营过程中一旦遇到市面波动，便无法应对，从而在危机中倒闭。如1921年的信交风潮，仅有中一、通易两家信托公司幸存，其余皆昙花一现，荡然无存。又如抗战胜利后，经国民政府清理整顿，信托公司由战争期间的30多家减少到15家。据统计，20世纪20年代成立的十多家信托公司，到40年代末仅剩下两家了，其余的或倒闭或改组，同时又有新公司不断出现。其间的波动是比较大的。

2. 缺乏健全的法律制度

"中国资本主义发展不充分，社会不安定，在封建统治的特权政治之下，没有给资本主义私有制以法律的保障，资本所有权和资本使用权分离比较困难，在这种情况下，谁都不愿意把资本所有权交付给他人使用。"这段话精辟地分析了中国近代金融事业发展的一个不利因素即缺乏健全的法律制度。信托业的发达，与信托法规的建立有着密切的关系，这在欧美、日本等发达国家已经得到了证明，而近代中国从来就没有一部信托法。当初，信托公司设立时，依据的是1929年1月30日国民政府核准备案的《银行注册章程》。信托公司的营业执照，也是给的银行营业执照。在法律上，"信托人三字见于法规中者，仅有会计师条例一种，信托关系附带规定于法规中者，仅有民事诉讼法一种"。没有信托立法，人们对信托业就缺乏了解和重视，社会对信托业的信任就有问题。信托财产的物权，信托各关系人之间的权利和义务就无法确定，信托业务的范围就划分不清。信托业务就没有鲜明的经营目标，与银行业务就会相互混淆。这无疑助长了投机，"十数年来，信托业维持经营副业如银行、证券、地产、保险以养本业"。尽管后来国民政府颁布了《银行法》，该法第六章对信托公司的名称、业务范围、资本有所规定。但所有这些都是原则性的，不适合于信托业广泛涉及各关系人的复杂性。

由于没有相应的法制或者法律得不到很好地执行，许多信托机构纷纷从事投机。近代的信托被认为是投机最盛行的行业之一。早在1921年信托公司刚引入中国时，在不知信托公司为何物的情况下，人人都想办信托公司，因为有投机而牟取暴利者在。上海信托热勃发时，一两个星期之内，便成立信托公司七八家，资本额最大者达1500万元。随后，因大多注重投机而酿成信交风潮，此后七八年间信托业务都一蹶不振。

3. 官营信托势力强大，民营信托业萎缩

中国近代信托发展的一个突出特点，就是官僚资本的信托机构发达，民营信托公司与之无法抗衡，这突出表现在信托机构在资本、机构、业务，甚至信誉的差别上。

从资本上来讲，1935年创立的中央信托局，资本一次就由中央银行拨给1000万元，超过了当时10家民营信托公司资本的总和，而且官办信托机构的资本不断地增加，除中信局在抗战中就增资达5000万元外，国民政府还让其官办金融机构纷纷设立信托部；其资本大大超过民营信托公司和银行信托部委的资本。更为重要的是官办机构的信托部各有后台，其资本不能仅以其信托部资本为依据。例如中信局，它可以向中央银行无限透支，这就大大加强了官僚资本信托机构的实力。到1937年年底，中一、通易等10家民营信托公司的实收资本总额为922.31万元，而中央信托局和上海兴亚信托社两家的实收资本总额就达1150万元。

从机构的设置情况而言，官办信托机构的信托网要比民营信托公司及银行信托部宽广得多。中信局从其成立之初就在全国敷设信托机构网络。抗战胜利后，它有分局17个，办事处19个，到1947年就发展为分局20个，办事处19个。各中央级金融机构也纷纷在各地设置分部，特别是一些省银行，分支机构更远植穷乡僻壤。而集中于上海的民营信托公司到1941年6月30日止，全国仅有28处，其中总公司21个，分支机构7个。

从业务上讲，官办信托机构的业务极为广阔。首先，它是国家机构，国家是其最大的主顾，自有做不完的生意。其次，国家下令给各信托机构以特权，如中央信托局的强制储蓄；农行信托部的一些与农业有关的信托业务，中央合作金库的一些与合作事业有关的信托业务，都使民营信托机构所无法项背，民营信托机构困于财力、人力，其业务不能广泛开展。

从信誉角度上而言，信托事业自信交风潮以来，在人们的印象中形象极差，信托几乎成为投机的代名词。经过信托业的多方宣传，才使其形象逐渐改变。但无论如何，本小势微的民营信托机构与财大气粗的国家信托机构是无法抗衡的，国家官僚资本的信托机构一直处于发展的状态中，有国家政权做后盾。而民营信托公司一个经理辞职，或营业上稍有失误，就会损害自己的信誉，甚至会因此倒闭。

4. 业务混杂

中国近代的金融事业，由于受社会各种因素的影响，其业务重心经常发生变化。中国近代信托机构，除了不能借发行而活动资金外，其余情况与银行业务相差不多，由于正当的信托业务不易做，于是就大搞副业。信托业维持经营副业如银行、证券、地产、保险以养本业。银行和信托公司除本身业务相差无几，就连名称也经常变换，如久安、联华、中一、民益、利生、联康、和丰、福民等信托公司都曾改名为银行，而上海绸业银行又并入通易信托公司。

信托与银行业务主副倒置情况明显。近代信托机构不论官办还是私营在业务上都是信托业务与银行业务交叉，相互渗透，有的甚至以银行业务为主业，尤其在私营信托公司中表现得更为突出，这是中国近代经济不发达，法制不健全的必然结果。本来，信托公司以信托业为主，亦兼办理银行业务。然而实际上民国信托业主副业倒置，莫不赖于银行储蓄保险等副业来培养其本业，至所谓信托业务，除代理证券买卖及其保管外，其他业务都谈不上发展，各银行所附设之信托部，无不以此为主要业务，因此，当时的信托业与银行业无甚区别，甚至在信托业中，银行业务的发达程度比信托业务更甚。

在具体业务上，官办信托机构金融信托与贸易信托并重，特别是贸易信托更为发达是近代信托事业的一大特色。考察近代官办信托机构的业务，无不注重于贸易信托，中央信托局有易货处、购料处专办贸易信托，而且大有控制中国外贸的趋势。各官办银行更是处心积虑地搞贸易信托，中国农民银行大做农产品和盐的信托，福建省银行信托部搞木材生意，在不断的通货膨胀情况下，拥有商品比拥有货币更能获得巨额利润，这是就官办信托机构热衷贸易信托的主要原因。

5. 信托业发展地区分布不平衡，大多数机构集中于上海。近代以来，上海一直成为全国经济重心。抗战前，欧美各国对中国的投资，上海一地就占了46.4%，达10亿美元以上。与农村崩溃破产形成鲜明对比，上海聚集着大量的资金，吸引着众多金融机构相继在沪开设。信托机构也不例外，就机构数量、资金实力等方面来说，上海始终占据着信托业的中心地位。1947年，信托公司经过清理后，上海有13家，占总数的86.7%，资本总额为86000万元，占总额的94.5%。

第十八章

近代中国黄金市场与黄金政策变迁

第一节 上海黄金市场的形成与演变

一 清末上海黄金市场萌芽

上海的黄金买卖约始于1873年,因欧洲国家实行金本位的需要,使地理位置优越的上海成为中国黄金最大的集散市场,黄金交易日益兴旺。清光绪初年。当时所设金号,有大丰永、同丰永、天昌祥、恒孚、大丰恒等数家,从事叶金、沙金、赤金的买卖。光绪三十一年(1905年),金业因谋同业利益起见,经当时的农商部批准设立,组织了金业公所,当时加入的金号有30余家。此后上海金货的市价,就由公所议定,同时开做标金期货。光绪三十三年(1907年),印度发生金矿工人罢工风潮,金价狂涨,银价暴落。上海金号,因做期货买卖(当时称空盘交易),受其影响而倒闭者极多。上海道曾因金业买卖空盘,有碍市面,遂请两江督宪转咨农工商部立案,勒碑永禁。

二 民国时期上海金业交易所及黄金市场形成

(一) 上海金业交易所的成立

1917年农商部颁布工商同业公会规则,金业公所即依据部章,重订规程,改组为金业公会。当时入会金号共有38家。金业同业公所成立后不久又附设金业商会,作为买卖金货的市场,以公所为会议、监督之处。最初设于麦加利银行,后又迁入道胜银行,旋又赁屋于九江路。此时黄金买卖手续已有详细的规定,内部的规制也较完备。交易时间为每天上午9时至12时,下午2时至4时。星期日移至金业公会交易。

1920年，上海各交易所相继成立，当时交易金货的市场先后发起组织者极多，如金洋物券交易所、万国物券金币交易所、沪商标金交易所等均是。1921年11月13日，原金业公会改组为上海金业交易所开幕。从此中国有了正规的黄金市场。上海金业交易所为股份有限公司组织，资本150万元，分为10万股，每股15元。由股东大会选出董事9人，组成董事会。由理事会选出理事长1人，常务理事4人主持工作。另由股东大会选出监察4人。规定经纪人以138人为限。1934年资本增为180万元，经纪人增至168人。交易所风潮以后，仅存上海证券物品交易所及金业交易所两处。证券物品交易所，仅以标金为买卖物品中的一种，其交易远不如金业交易所。自1929年10月3日交易所法公布以后，关于交易所设立的区域，有"买卖有价证券或买卖同种物品之交易所，每一区域以设立一所为限"的规定，故金业交易所与证券物品交易所的金业部，需要合并。经多方筹划，至1934年9月15日，证券物品交易所金业部合并于金业交易所，上海金业交易所成为上海唯一的黄金市场。

（二）上海黄金市场的交易品种

黄金交易所交易的黄金20世纪二三十年代主要有以下几种：一为国产矿金，又叫沙金，多来自东北、云南。二是各国的金块和金币，大部分来源于日本。三是赤条，又叫赤金或足赤，一条10两。四是标金，每条重10两，这是交易所中最为重要的交易品种。交易所买卖的标准金条称为"标金"（Standard Gold），故黄金市场亦称"标金市场"。上海标金成色为978‰，称为"九七八标金"。重量为上海漕平10两（一两约为36.66克，一盎司等于28.35克）。每条标金上镌有熔制金条的金号名称，并标有年份和"标金"二字。标金买卖以金条7条为一单位，称为手，这是为了便于同伦敦的黄金交易接轨，一手约相当于伦敦黄金交易单位（40盎司）的1/5。此外国内还有天津标金，成色980‰，重量较上海标金轻1.35%。北平标金成色985‰，每上海标金一条等于北平标金1.183条。尽管上海金业交易所规定的交易物品为国内矿金、各国金块及金币、标金、赤金四种，但日后实际上市的只有标金一种。标金买卖分现期和定期两种，定期有本月、来月和两个半月三种，实际上只有两个半月一种，到期交割。其间买者可以转卖，卖者也可以买回，在交割期内可以不断买进卖出，以差额结算。由于交易以期货为主，就使标金成为一种最重要的投机商品。1930年1月10日金贵银贱风潮时，国民政府政治会议曾决议取缔标金市场的投机，但并无效果。30年代中期以前，上海每年标金的成交量自3000万至5000万条，交易额居世界黄金市场伦敦、纽约以后的第三位。上海金业交易所买卖总额1924年为2870万条，1925年4689万条，1926年6232万条。时价每条480日元，可见交易量巨大。上海金市对于上海的汇市、银市乃至对全国经济都有着重要影响。

对于上海金业交易，外国势力对其有着十分强大的影响力。在第一次世界大战前，英国的影响力最大，金价均以伦敦电汇价格为准。一战后由于世界金本位处于动摇之中，伦敦的黄金中心地位下降，而日本得地利之便，且运输、汇兑方便，上海金价改以日汇为结价计算依据，日本对于上海金市交易影响力大增。早期上海金市以日元结价，1931年10月16日起以美元为标准。1934年10月起改为海关金单位。

(三) 上海金市与中国的银价及中国经济有着十分密切的联系

1. 金市是中外商人避免银价波动，所采用的避险交易工具

近代中国主要以白银为货币，而外国则多为金本位。银价高，则金价低，金价高则银价低，因而在中国的进出口商人往往将外汇与黄金期货套作，在买入或卖出外汇期货时，再买入相等数量的黄金期货，由于黄金与金本位国家货币间的汇率变化不大，从而避免汇率风险。因而上海报端常有标金出入沪上的消息，如《申报》1921年4月13日消息云："又昨日花旗公司运来大条77条，装去标金630条。"

1932年，马寅初说："在中国未曾改革币制以前，采用银本位的时候，标金是免不了的。有许多人以为市场的恐慌，全从买卖金银方面酿成的，所以只要金业交易所闭歇以后，就可以解决中国目前的困难。其实中国在未改为金本位币制以前，金银的买卖，实有调剂的作用，并非全是投机。因为中国是用银国，例如向外国定购十万两的货物，说不定由于金银比价的涨落，等到货物到来，只值八万两，这种无理由的损失，不是很冤枉吗？所以商人为了保护自己，免除这种不应该有的损失起见，一方面向外国去订货，同时就在金业所买进金子。到了货物到达的时候，物价虽然亏了二万两，金价却涨了二万两，得失相偿，就可不受意外的损失。所以买卖标金，也是中国商人保护自己的方法，中国行银本位，就须有金业交易所，一定要待改行金本位以后才无所用其标金买卖了。"

标金与国际贸易有关,"中国用银,外国用金,但吾国之输入品,均以金价计算,则银价涨落之风险,多由华商负之,华商为自卫计,不得不用'海琴'(Hedging)之方法以免意外之损失"。"海琴"之法就是利用套期保值交易等对冲方法。

杜恂诚先生认为,金业交易所的买卖分现期和定期两种:现期当日必须交割清楚;定期则以两个月为限,各月期在期限内,得转卖买回,以抵消前一次的买卖;并得经买卖双方同意,随时交割,或商量"掉期"。所谓"掉期",是指将已到期的定期交易,续转至下月交割。定期交易也就是期货交易,经纪人在买卖标金期货的过程中,须缴纳"证据金"(即押金),每条规元10两。在标金价格涨落过大时,还须缴纳"特别证据金",以防范交易违约风险。标金期货交易的主要功能,是能够为进出口商及金融业者锁定外汇成本。金银比价的波动决定了中国银两相对于金本位的外国货币是一直处于波动之中的。而进出口商或金融业者从签订协议到实际收付款之间有一个时间差,或者所收到的外汇票据约定要过若干时间才能实行交割,为了避免汇率波动所可能造成的损失,就需要通过标金期货交易来锁定成本。当然,这显然也成为投机家的活动舞台。这是一个问题的两个方面。一般来说,套期保值和单纯的投机行为是相辅相成的一对孪生兄弟,哪个国家也不例外,只不过是程度不同而已。在一个金融市场上,如果只有为了套期保值的买或卖,而没有投机者的介入,那肯定会因为缺少润滑剂而减少大量的机会。当然,对于中国这样一个处于迅速变动之中的社会来说,金融市场的投机性特别强,这也是无可否认的事实。但是,两害相权取其轻。投机性强一点所造成的危害,总要比没有金融期货市场所造成的危害轻得多。如果没有金融期货市场,那就肯定不会有金融中心的存在。

2. 上海黄金市场是世界范围内黄金流动和投机的重要市场

当时标金从上海输出,已纳入世界黄金流动之中。除去世界黄金贸易的正常进出口外,只要上海标金价格下跌,而外汇价格没变;外汇价格上涨,同时标金价格不动;标金价格下降,外汇价格上涨;标金价格下跌程度超过外汇下跌程度过大之时;标金、外汇价格同时上涨之时;上海黄金出口均为有利可图。从而使中国金市成为当时世界上唯一可利用金银比价进行投机的市场。

在1930年5月国民政府禁金出口以前，上海的黄金市场同国际黄金市场关系密切。中国以银为货币，金价的涨落通过银价来表现，这同对外贸易关系至深。上海金价的变动足以影响伦敦银市，甚至有时能左右世界银市。标金价格又以汇市为标准，金价涨落直接影响国际汇兑。因此，上海的黄金市场不仅受到国内各界人士的瞩目，欧美、日本的金融界也颇予关注。

上海金市多为期货交易，由于期货交易只交少量保证金就可进行大额交易，因而成为上海最重要的投机市场。

"上海标金市场的左右世界银市及外汇的作用，有牵动世界金融的力量。""1924年，上海金业交易所的标金买卖，总额达28703792条，1925年达46890564条，1926年达62323048条。"据估计1926年交易额达到150亿日元（弱）。而1929年日本的国民收入才115.1亿日元。

在抗日战争前，"上海金业交易所是国内唯一的黄金市场，银行头寸的吞吐，投机家的操纵，都通过金业交易所黄金市场反映出来"。1929—1930年，世界银价惨跌，金价暴涨，中国黄金大量外流。国民政府于1930年5月15日实行禁金出口的政策，加强了对黄金市场的控制，使中国的金价同国际金价脱离了关系，运金出口成为政府的专利。但禁金出口的政策也刺激了黄金的偷运出口。公开出口的黄金出超额，1931—1934年合计为30270万元，而这四年偷运黄金的出口额则达44000万元。两者合计共出口黄金74000余万元，约相当于735万盎司黄金。中国的民间存金大量流往海外。

3. 上海黄金市场对全国金融业的影响

由于上海在近代中国已是全国的金融中心，因而一些通商大埠成为上海金融市场的次级市场，天津的金市就是如此。光绪年间天津仅有一些金店从事黄金买卖，到1928年由于天津停开日本金票市场，从而使天津各银号金店开始买卖上海标金，如广大烟钱店实则为天津的黄金买卖市场，又有日本人开设的荣兴公司，后将广大烟钱店收并，到1932年与平井洋行合并，改称平井洋行，成为天津最大的黄金市场。九一八事变后东北失陷，东北入关人员使天津金市活跃，英国人开立永盛洋行进入天津金市，这两家公司成为20世纪30年代天津黄金的主要流动场所，每月交易在2万—9万两之间。1932年由于市场混乱而由天津钱商公会成立天津商业公司，又称天津商业经济所，统一管理天津金市，不久倒闭。但上海标金一直是天津金市重要的交易对象。但天津金市不进行期货交易，交易量又小，因而对中国经济及银价影响不大。

金银比价在中国是一直上升的，上海金市实际上是由于列强实行金本位，中国以银为币制核心，而金银比价日变，人们为了削弱汇兑风险而依附于白银市场的一个次级金融市场，但每当金银比价剧烈变动时，特别是金价急速上升时，其市场作用短期内会强烈影响白银价值，从而影响市场的白银供求，并放大到整个宏观经济。

三　国民政府加强对上海黄金市场的管理

1928年中央银行成立后，国民政府通过央行实施的种种措施，加强了对金市的影响。1930年2月1日起，征收关税改以海关金单位为计算标准，以伦敦的标金行市作为计算的基础。而上海的标金行市则受国内外金银及汇兑市场的供求情况的影响，和海关金单位的计算标准不同。国民政府为了控制金银比价，必须使海关金单位和标金的行市联系。1934年2月20日，上海金业交易所宣布定期标金每条由原价等于旧美金240元改为新美金346元（新美金已贬值）。改变以后，实际上是将定期标金成色减为833.76‰，但这种标金并未铸造。标金成色减低后，每条约相当于500海关金单位。从而使金市与海关金单位有了联系。

1934年9月8日，财政部取缔标金外汇投机，下令上海银行公会交易所监理员并致信中央银行，金业交易所不得再用外汇结账，一律用现金交割。10日银行公会国外汇兑委员会、金业交易所理事会召开紧急会议，推代表请财政部展期至12日，财政部未准。后又与财政部商妥以关金为结价标准，关金则依伦敦金块价格换算。财部规定：11日起，中央银行每日早晨将标金标准价格及关金价格正式挂牌，一改以前汇兑市场以汇丰挂牌为标准的惯例，改变了没有标金标准挂牌，任凭交易所开盘涨落的状况。

1934年9月11日，国民政府规定金业交易所以外币结账的办法实行至10月15日为止，10月16日起改用海关金单位结账。17日，金业交易所改用中央银行挂牌的关金标准。1935年7月25日，上海金业交易所在《营业细则》中正式规定标金结价以中央银行的标准行市为基准。这一规定大大增强了国民政府对黄金的控制权。那些亦官亦商的特权人物更能利用内部信息甚至谣言在黄金市场兴风作浪，翻手为云，覆手为雨，以收其"近水楼台先得月"之效。1935年11月实行法币政策的前一个月，标金、汇兑、公债市价都处于剧烈的波动中，原因即在于此。

法币政策实行后，白银开始收归国有。民国二十四年（1935年），国民政府颁布金类兑换法币办法，鼓励将黄金售给国家，或者换作法币存款。

第二节　黄金政策与币值稳定

抗战时期国民政府的黄金政策是其整个金融政策的组成部分。这一时期国民政府的黄金法规，频繁出台，在一定范围内起到一些作用。国民政府的黄金政策，不外乎是为了充实法币准备和揭制通货膨胀。

一　抗战初期集中收兑黄金，增加金产量和防止黄金外流

（一）关于黄金收兑

早在抗战初期，财政部顾问杨格就建议由国家银行继续收购民间白银，并"劝令存金家自愿换取救国公债为最有效"。七七事变后，为稳定法币信用，充实黄金准备，财政部于1937年9月公布《金类兑换法币办法》：凡以生金、金器、金饰、金币或新产的金沙、金块等金类兑换法币，或换算成法币存款者，由四行二局及其分支局处或代理机关办理。金类按其所含纯金成分和兑换法币额，给予一定手续费；换算为法币存款者另加利息。随后，财政部还颁布《收兑金类办法实施细则》，对交出大量存金者给予特别奖金。这些规定，其实质就是黄金国有政策。1938年3月，国民政府实行了外汇管制后，由于外汇大量被敌伪所套取。因而吸收民间金银充作法币的发行准备日显重要。1938年10月，财政部又公布《监督银楼业办法》："银楼业对收售金类，以具有饰物、器具之形状者为限。金条、金块、沙金、矿金一概不准收售（委托代收者除外）。"但到1939年9月《取缔收售金类办法训令》又规定："严禁一切个人及团体收售金类，包括矿金、沙金、金条、金叶、金块等生金及一切金器、金饰和金币。"这样，对各地银楼业禁止收售金类的范围由原来的生金扩

大到包括金器、金饰及金币。到了1938年10月21日，财政部才公布了《限制私运黄金出口及运往沦陷区办法》，禁止黄金出口或运往沦陷区资敌。1939年8月29日，国民政府公布了《取缔收售金类办法》，取缔黄金交易，实施黄金国有，征购银楼业黄金。1939年9月四联总处成立后，为加强金类收兑工作，在总处下设收兑金银处，负责全国收兑金银的监督管理。9月15日，又公布了《加紧中央收金办法》，只许中央政府收购黄金，任何地方、个人不得插手。16日，又发布了《国民政府关于转发取缔收售金类办法稿》，以强调此事。

与此同时，国民政府还利用在上海的金融机构在沦陷区收购黄金。1939年4月25日，中央银行重庆总行指示上海分行，"中国实业沪行如有金类分批送交尊处，请随时照收"。收购黄金，引发市面上标金上涨20多元。上海分行27日急向在香港的席德懋请示，应该如何办理。这份电报里称，中国实业沪行所存标金为百余两。席接电后，立即向重庆查询，并要求缓办。重庆中央银行业务局告诉席，此事系"奉命办理，全无成见"。30日，中央银行上海分行又收到重庆收兑金银办事处的电报，"沪市存金约25万两，有资敌之虞，奉院长谕，应速由中央银行设法与金铺商购"。实际上只有中国实业银行的上海分行在办理此事，至5月18日，共收购9296两余。

抗战初期的集中收兑是政府积累黄金的主渠道。1937年8月，国民政府在拟订战时财政计划时，提出至少可集得约值15亿元的黄金，其中国内银行及私人存金约10亿元，国人金饰约5亿元。此外国内每年产金约1000万元，战时尚要设法增加金产量。国民政府要把国人手中的黄金集中起来，作为"非常预算收入"。但实际的收兑情况是：1939年四行共收兑生金约32万两（中央银行收29万余两为最多），但到1941年全年四联总处各行局共收兑黄金不足8万两。一方面是由于金产量锐减，采金人因物价飞涨，不足糊口而纷纷改业。另一方面，黄金黑市价格暴涨，有超过政府牌价两三倍之多，因而走私猖獗；加上各地代兑机关"收量日微，所得手续费不敷开支，纷纷请求解约"。使得收兑工作日趋艰难。

（二）增加金产量

国民政府计划开采西南各省金矿，并由财政、经济两部会商办法，增进金产，一面协助私矿开采，一面扩大公营金矿，并成立采金局，直接办理开采事宜。国民政府还把全国分为十个大区，指定四行设立机构623处之多以收购黄金，并组建了众多的采金实体。各产金区域及集散市场，即由收兑金银处派员前往酌定相当价值，予以收兑，以免散失。

二　抗战后期抛售黄金与黄金储蓄并用，以稳定币制

太平洋战争爆发后，客观情势改变，1942年国民政府从美国获得5亿美元的贷款，用以加强法币准备、稳定币值。

由于美国希望中国在战争中拖住日本，美国一开始想以提供中国军队的军饷为饵，借以控制中国的军队。蒋介石为此给主管财务的宋子文电示弊端，认为军队如发美国军饷，会使中国军队和国家政府及社会经济形成对立或脱离关系，并指出中国的经济和军事问题不能分离，从而拒绝了美国人的要求。在中国拒绝了美国的贷款方式后，1942年1月9日，罗斯福总统在给财政部部长摩根索的一封信中指出："关于对华贷款，我认为目前中国不可能拿出什么担保。但是，我急于帮助蒋介石和他的币制，我希望您能够在这个问题上找到办法，或许我们可以买下一定数量的中国通货，即使这意味着以后会带来部分损失。"1月10日，赫尔国务卿致信摩根索称："我觉得，当作一个战时政策，并以防止对中国货币失去信心及中国货币之贬低购买力而致损及中国军事努力起见，美国现对中国给予三亿美元以内的财政援助，是十分适当的。"

1942年2月2日，美国宣布向中国提供5亿美元贷款，英国也宣布提供5000万英镑的贷款。美国宣布向中国提供贷款后，罗斯福致电正在印度访问的蒋介石，表示对中国坚持抗战的敬意。蒋介石回电称："此次贷款除供军事需用外，将用于加强鄙国之经济组织，以供收回法币，控制发行，稳定物价，维持战时生活水准与增加生产之用。"对于美国贷款的运用，中国极为重视用之维持法币。国民政府军事委员会参事室关于动用5亿美元借款的意见为：20%用于购买黄金，20%用于购买美英政府公债，30%存于美国，30%用于随时结汇。前三项均可视为发行法币的准备金。国民政府后来又计划如此使用这批美元贷款：一是发行美金公债及储蓄券，计2亿美元。二是从美国购运黄金回国出售，计2亿美元。三是支付银行垫支5500万美元。四是从美国购运纺织品来华，计2500万元。这样就把国内货币更直接地建立在外援的基础之上了。

对于英国提供的 5000 万英镑，孔祥熙在 1942 年 4—6 月间给顾维钧的密电中，也明确表示：由于战略物资缺乏，"只好增发法币"，为支撑中国出兵印度和缅甸，"法币发行势将再增"。故要将英国贷款的五分之三购买英国债券，以充实法币的发行准备。但英国在抗战期间仅提供了 510 万英镑，后来国民政府在英镑区用之购买了物资。

由此可见，太平洋战争后，国民政府黄金政策已发生重大变化。

1943 年 6 月，国民政府废止了先前颁布的《取缔金类收售办法》，解除了关于不准黄金在内地携带、买卖及质押等禁令，从美借款中提取 2 亿美元，向美国购买黄金 568 万余两，由政府指定的银行在市场公开抛售。同时授权中国农民银行及中国国货银行按照中央银行黄金牌价，代理政府出售黄金现货，又于出售黄金时，搭售二成储蓄券，以加强储蓄券的推销。另由四联总处与财政部拟具黄金存款与法币折合黄金存款办法两种，以便于政府掌握黄金，并迎合人们对黄金根深蒂固的信念，以达到吸收游资、调剂通货的目的。但此时仍以出售纸黄金为主。

第三节　黄金与反通货膨胀

一　国民政府出售黄金与办理黄金存款

1943 年 11 月 3 日，是国民政府黄金政策发生巨大变化的一天。从这一天开始，国民政府改收买黄金为出售黄金。其原因是 1942 年 2 月美国给中国贷款 5 亿美元，这批贷款由于中国的对外交通被日军封锁而不能运入物资，国民政府就用 2 亿美元按纯金 1 英两等于 35 美元的价格，买入美国黄金 568 万余市两，再加上以前中国政府收买的黄金，当时国民政府手中有不少于 600 万两的黄金，故而国民政府决定以出售黄金为手段，回笼法币，抑制通货膨胀。

表 18.1　　　　国民政府售出黄金及吸收法币一览表

种类	售出黄金（两）	吸收法币（千元）
售出期货（1943—1945 年 5 月）	1145093	21040025
黄金储蓄（1944—1945 年 6 月）	2207332	62611175

资料来源：中国第二历史档案馆：三 [2] 2290。

与此同时仍严防黄金流入沦陷区。为防止黄金外流,国民政府于1943年5月下达《防止私运及携带金银类出口暂行办法令》:"金银一律不准私运出口,有正当理由的,可向财政部请领准运护照,持照报运。""旅客带金质文化或纪念品或古币、稀币等,应先向海关估价,由旅客缴纳保证金放行,在一年以内,仍带原物进口,准将保证金发还,逾期没收充公。"

抗战后期,不法官僚和奸商相互勾结,投机黄金美钞。尽管国民政府制定了《捐献黄金办法》,学者也痛陈"有钱者出洋,无钱者出钱"的反常现象,但毫无成效。由于国民政府一手售出黄金,收回法币,一手又将法币抛回流通领域,通货膨胀没能制止,反而被不法官僚和奸商及敌伪套取了大量黄金。最后使国统区金价、物价一起上涨,无法控制。

1943年9月,中央银行办理《黄金存款办法》规定:黄金存款,以黄金存入,到期本息,由收存局以黄金付还。存入及付息,均按成色折合十足纯金计算。由四行二局及其各分支行局代办,以央行指定地点为限。1944年8月,央行开办"法币折合黄金存款",以法币按照央行黄金牌价折合存入,到期取黄金。利息以法币支付。

1945年10月,待到以上两项存款到期时,行政院院长宋子文却突然公布《黄金购户存户献金办法》:凡预购黄金的客户和"法币折合黄金存款"的存户,一律扣减四成作为捐献,只以六成付给。这就是当时轰动一时的"黄金捐献"事件。此事在当时影响很大,如位于重庆的四川美丰银行就存有大量法币折合黄金存款,该行因此而受重大损失,而遭受同样命运的银行也一定不在少数。

二 对国民政府1943年黄金政策的评价

1943年出售黄金和开办黄金储蓄又收得了什么效果呢?

关于出售黄金情况。1943年下半年,中央银行以库存黄金委托农民银行和中国国货银行,在重庆按牌价每两1.75万元出售现货,开始时以400两一块金砖为起售单位,后改为以10两金条起售。后因美国黄金迟迟运不进来,又改为出售黄金期货。至1944年6月停售(包括黄金期货存款),共售出160万两左右,其中70%在重庆售出,其余分别在成都、昆明、西安等地。

关于"法币折合黄金存款",从表 18.2 中可看出,一方面,存款数额逐月上涨;另一方面,每万元法币与一两黄金的比价由最初的 1.748 猛涨至 1945 年 6 月的 4.198,可见法币的购买力正迅速萎缩,反之黄金的价格正日益飙升。

表 18.2　　　战时政府举办法币折合黄金存款数额
（1944 年 8 月至 1945 年 6 月）

储蓄时期	付金时期	黄金数量（市两）	价值（国币万元）	法币（万元）/黄金（两）
1944 年 8 月	1945 年 2 月	370	647	1.749
9 月	3 月	9336	16338	1.750
10 月	4 月	19210	33617	1.750
11 月	5 月	105079	196966	1.874
12 月	6 月	64156	128311	2.000
1945 年 1 月	7 月	233562	467124	2.000
2 月	8 月	259176	518352	2.000
3 月	9 月	488246	980813	2.009
4 月	10 月	255627	894218	3.498
5 月	11 月	305649	1069257	3.498
6 月	12 月	466921	1960472	4.199
总　计		2207332	6266115	

说明：1. 东南各省 1945 年 3—5 月共售 2597 市两,折合法币 79000000 元未列入。

　　　2. 法币折合黄金款系 1945 年 6 月 25 日停止,6 月以后无数字。

若拿黄金存款与其他各项储蓄存款比,可以看出黄金存款在所有存款中的比例在不断上升。战争之初,政府推行了各种储蓄方案。如 1938 年的节约建国储蓄以及储蓄券方案等。但吸收的存款额很小。到 1944 年,政府竟然强行向各县、乡摊派公共福利储蓄。1944 年的摊派数额为 229 亿元,但实收额尚不及 1/4,而且认购者大半是地方政府本身。见表 18.3：

表 18.3　　　　　　　　　国家银行储蓄额　　　　　单位：百万元法币

年份	普通储蓄和政府储蓄计划额	出售美金储券和黄金存款折计	各项合计	黄金存款券占各种储蓄总额百分比（%）
1940	528	5	533	0.9
1941	1098	6	1104	0.5
1942	2530	446	2976	15.0
1943	5477	1910	7387	25.9
1944	11414	4042	15456	26.2

由表 18.3 看，1944 年以来出售黄金储蓄存款券的所得，其数额已占各种储蓄总额的 26%。就一般民众心理，眼看法币不断贬值，黄金和外汇就成了保值的首选，即使买不到现货，法币折合黄金储蓄和黄金期货也变得越来越炙手可热。相比之下，人民对法币存款储蓄早已失去了兴趣。就国民政府而言，为阻止通胀也是方法使尽，只有靠出售黄金之一途。为贷款和购进黄金，宋子文在华盛顿与美国长期谈判，他在呈蒋介石的电文中称："出售黄金为我国目前抵制通货膨胀之最有效方法。"

但从上两表也可看出，黄金储蓄并没有收到稳定币值之效，法币价值相对于黄金价值日低，其根源在于政府左手以黄金收回的法币，又由央行以种种理由以右手发行了出去。

1943 年 11 月，中国农民银行奉命负责出售黄金。但不久，政府便对规定黄金售价陷入两难境地。一方面，政府每当黄金市价上涨，黄金售价便需要加以调整；另一方面，黄金售价调高，必然引起批评，认为政府是在带头涨价。这样，黄金售价调高工作往往落后于现实，致使黄金官价与市价差距很大，为避免投机者从中渔利，政府规定，凡购买黄金者，须按其金额的 10% 搭购乡村公共福利储蓄，其搭购额不久又提高为20%。即便如此，也挡不住人们抢购黄金的热潮。在从美国购进价值1700 万元的黄金以及中央银行原有存金售完后，从美国购买的黄金迟迟运不进来。黄金出现断货，政府于 1944 年 11 月后停止出售黄金，这也是后来国民政府"黄金捐献"的原因之一。

国民政府出售黄金的目的本是在吸收游资，回笼法币，平抑物价，其结果却事与愿违。一些国民政府要员利欲熏心，率先从事黄金投机，致使黄金价格暴涨，投机之风盛行，法币价值不断跌落，也刺激物价疯涨。

因舞弊而起的黄金储蓄券案引起轩然大波。财政部根据宋子文的决定，通知央行于1945年3月30日将黄金储蓄券的牌价由每市两2万元提到3.5万元。此决定前一天，竟有不少人大肆抢购。中行业务局局长郭景琨勾结大业印刷公司李祖永，一次购买3万两。一些国民政府要员更是以各种方式大买特买。此事在国民政府内部引发了一场大争吵。各派系集团的报刊纷纷发难，企图造成倒宋风潮。蒋介石为平息纷争，曾向美方表示要"惩处犯罪人员，必依法公正执行"，将中信局下属参与抢购的几名职员分别判刑。不明真相的小人物当了替罪羊，而豪门巨富却大捞了一把。

据统计，截至1945年6月止，法币折合黄金存款达626亿元，连同黄金存款（包括外币定期储蓄）约276亿元，共回笼法币903亿元，相当于同时期法币发行量的22.6%。从上列数字看，该两项存款收回的法币数量是较为可观的，对于缓和通货膨胀理应起到一定作用。但是法币回收的数额怎么也赶不上政府发行新钞的数额，因而也不可能阻挡物价的不断飞涨。

根据以上情况，国民政府黄金政策失败的原因可归结为以下几点：第一，抗战初期的黄金收兑困难。战争开始时，为维护法币信用，集中黄金以为准备。但其收购价由政府随市定出，却又大大低于黑市价格，致使黄金走私严重；加上国统区的缩小，增进金产无从谈起，收兑工作也渐趋停滞，这样靠有限的黄金储备已不能支持不断增长的法币发行了。第二，抗战后期的出售黄金办法失效与美国运华的黄金数量不无关系。国民政府开始时出售国库所存的黄金，后来主要靠以美国贷款之一部分购回黄金出售。黄金运输是个难题。美国政府只同意分批运输。但后来由于对国民政府的黄金政策产生疑问，美方对黄金运华"加以束缚"，致使中美运送黄金的谈判一再中断。而国内的黄金接济不上，已售的黄金期货到期不能交割，政府威信丧失。第三，抛售黄金政策本身也引发投机。当时，法币汇价下跌，黄金价格上涨，黄金投机买卖盛行，投机与物价相互形成了恶性循环，通货膨胀加剧。而抛出的大量黄金由国库流入豪门巨商腰包或被日军套购去，这"丝毫无补于中国经济实际之改善"，使得利用黄金政策收缩通货的效果大打折扣。总之，国民政府的黄金政策未能阻止不断恶化的通货膨胀，只能让法币信用最终丧失殆尽。

三　全面内战时期国民政府的黄金政策及其失败

抗日战争使中国的国力受到巨大的伤害，国民政府不仅在战争中大量发行钞票，同时战争期间与日本进行经济、货币战，从而使国统区的通货膨胀十分严重。而且在战后国民政府出于稳定局面以及对日索赔等思想，将日伪在中国发行的纸币全部收兑，而日伪的这些纸币在战争后期曾突击发行，这些天文数字的纸币对于战后中国的市场已是天文数字。具体而言，法币发行额从1937年7月抗战前的14亿元，增加到了抗战胜利后1945年8月日本投降时的5000多亿元。但是由于战后人们对于和平的企望以及国民政府利用当时国际形势获得了大量的财政支持，从而使当时人们对于局势估计乐观，人们良好的心理预期压抑了通货膨胀的爆发。

时人回忆说：战后宋子文掌财政时，"中央银行还控制有九百多万两的库存黄金，十亿美元的外汇和大量的美援物资，同时二十亿的美援贷款，也正在进行谈判"。

但是随着内战的发生，政府财政开动了印钞机，恶性通货膨胀问题开始出现，为此，1946年3月行政院决定，开放外汇市场并向上海抛售黄金。以外汇和黄金压通货膨胀。出售黄金的形式为明售与暗售两种，即央行明售，同时政府控制一些金号银楼进行暗售，从而控制市场。

这种政策在第一个年头，由于战争局面的关系，取得了一定的成就，表现即为第一年的黄金价格并没有多少上涨。"政府抛售大量外汇与黄金，法币在国内外之价值，均相当稳定。"1946年3月至1947年2月黄金价格上涨不到2倍。黄金没有成为引领物价的头浪。

但是从1947年2月开始，黄金价格开始猛涨，从2月4日的每条黄金4700元十天后涨到了7800元，中央银行在上海的存金售完后，又动用飞机从成都空运黄金来沪，但涨风不止，政府手中黄金枯竭，一年内出售了850万两的黄金，政府所有黄金基本售罄，不得不于2月15日停止出售黄金。由于政府只在上海一地出售黄金，因而各地黄金价格更是高于上海。此次风潮使黄金上涨了一倍，外汇上涨一倍半，而物价上涨两三倍。

这一次黄金上涨成为法币通货膨胀不断恶化的标志，此后，不管是政府放款，还是军队放饷，各级官员们均会立即将其运至上海购金。工不如商、商不如囤、囤不如外汇黄金。通货膨胀下的货币开始显示其扭曲的规律。

为应对黄金风潮，国民政府通过国防最高委员会公布了《经济紧急措施方案》，宣布禁止黄金买卖，又规定了《取缔黄金投机买卖办法》十条，禁止商民买卖黄金、禁止以黄金代替通货、禁止人民携带黄金，将金价冻结在央行停售黄金时的价位上，并冻结物价，对于违反规定的黄金充公。此后政府没收了商民约20万两的黄金。但所有这些措施都收效不大，黄金风潮最终使主持财政的宋子文等人去职。

第四节　黄金与金圆券的发行

一　利用黄金发行金圆券

通货膨胀由于军事的原因而无法控制，法币从1945年的5000多亿元增加到1948年8月的600万亿元。国民政府再一次打起了黄金的主意，那就是用手里剩余的黄金，发行纸币，而不再采用售金的手法。

1948年5月，王云五被任命为财政部部长。早在王上任之前，他就向蒋介石透露了自己的币制改革方案："以中央银行所存的黄金和证券作保证，发行金圆券以代替法币。以政治力量来收兑或收存全国人员所持的金银、外币，实行管制经济，在全国设若干管制督导员负责执行。"王云五亲自草拟了"改革币制平抑物价平衡国内及国外收支的联合方案"。在起草过程中高度保密，只有11个人接触到金圆券计划。王云五方案的最大特点是：用政治高压手段来推行金圆券，在最短的时间内收兑所有的金银、外币。

1948年8月，蒋介石召集财政和金融领袖在浙江召开重要会议。蒋介石在会上说："发行金圆券之方案，是挽救财政，收集金银外币，管制物价的极其必要的措施。"1948 年 8 月 20 日，宣布实行金圆券命令的全文如下："兹依动员戡乱时期临时条款之规定，经行政院会议之决议。颁布财政经济处分令，其要旨如下：（一）由即日起，以金圆券为本位币，十足准备发行金圆券，限期收兑已发行之法币及东北流通券。（二）限期收兑人民所有黄金、白银、银币及外国币券，逾期任何人不得持有。（三）限期登记管理本国人民存放国外之外汇资产，违者予以制裁。（四）整理财政并加强管制经济以稳定物价，平衡国家总预算及国际收支。基于上开要旨，特制定：（一）金圆券发行办法，（二）人民所有金银外币处理办法，（三）中华民国人民存放国外外汇资产登记管理办法，（四）整理财政及加强管制经济办法，与本令同时公布。各该办法视同本令之一部分，并授权行政院对于各该办法颁布必要之规程或补充办法，以利本令之实施。此令。"

图 18.1　中央银行五元金圆券

图 18.2　中央银行一百元金圆券

图 18.3　中央银行一千元金圆券

图 18.4　中央银行五万元金圆券

金圆券币改的核心内容有三：

第一，金圆券发行总额以 20 亿元为限。

第二，人民持有黄金、白银、银币或外国币券者，应于 1948 年 9 月 30 日（后由行政院把黄金、外汇展期至 10 月 31 日，白银、银币展期至 11 月 30 日）以前，向中央银行或其委托之银行，依左列各款之规定，兑换金圆券：（1）黄金每市两兑给金圆券二百元，（2）白银每市两兑给金圆券三元，（3）银币每元兑给金圆券二元，（4）美国币券每元兑给金圆券四元，其他外国币券照中央银行外汇汇率兑给金圆券。

第三，违反规定不予限期内兑换者，其黄金、白银、银币或外国币券一律没收。

金圆券是利用人民对黄金的信赖而确立的币制，这一次的币制改革的重心实际上是放在了黄金上面。国民政府的官员和学者从抗战时期政府以黄金抑制通货膨胀的方法中引申下来，发明了既能使政府手中保有黄金，而又用黄金维持币制的"妙方"。

金圆券发行办法第八条规定："金圆券之发行，采取十足准备制。前项发行准备品，必须有百分之四十为黄金、白银及外汇，其余以有价证券及政府指定之国有事业资产充之。"黄金是乱世英雄，币改也以黄金打头阵。而这一次发行金圆券的黄金准备为存于纽约联邦准备银行的345282.661盎司，存于伦敦大通银行9271.984盎司、业务局库存2389493盎司，贵阳分行库存23125.304盎司，合计2767173盎司，值美元96851075.54元。而其余准备合计总计符合金圆券发行20亿的限额规定。《金圆券发行发行办法》确定金圆券每元含有0.2217克的纯金。

二 国民政府推行金圆券的目的及后果

国民政府推行金圆券的第一个目的是收兑民间的金银外汇。

政府收兑黄金的数字记载不一，据中央银行档案记载：全国共设立了26个收兑机关，自1948年8月23日至10月31日收兑数字为：

美元　47824407.07元

港元　87691615.97元

菲钞　16327.85元

黄金　1657342.148纯金市两

白银　9002176.016纯银市两

银元　23238707.25元

银角　29668361角

所有银行家以及百姓的金银外币，于9月30日之前流进央行，翁文灏曾在1948年10月向立法院报告吸收全国人民金银外币约值美金2亿元。

但实际上各地金银、外币的黑市价格，早已冲破了官价。11月11日，各地金银、外币的黑市都超过官价的五倍。这天，行政院只好又颁布《修正人民所有金银、外汇处理办法》，准许人民持有金银、外币，并把金银、外币的兑换率一律提高五倍。不久金银、外币的黑市和物价一样狂涨起来。1949年6月25日，行政院规定银元1元等于金圆券5亿元。而四川省政府早在同月12日宣布银元1元等于金圆券7亿5千万元。21日重庆银元的黑市，1元就等于金圆券25亿元。法币在金圆券发行前夕，还只要600万元换银元1元，比起金圆券的崩溃情形，已是小巫见大巫。西北各省和广东、广西、江西、贵州等省的各县市这时已经发生拒用金圆券的情事。金圆券终于随着蒋政权的覆灭而完全崩溃了。

由于金圆券发行量大增,通货膨胀严重,国民政府又一次想以政府兑付黄金白银平抑,1948年11月19日,政府发表了《修正金圆券发行办法》《中央银行办理存款兑现通则》《修正人民所有金银外币处理办法》,以人民将金圆券存入银行,银行兑付黄金、白银。其中规定金圆法定含金量为纯金4.4434公毫,实际上是法定的含金量下降至原来规定的1/5。同时降低了金圆券兑换比率,黄金每两兑换金圆券1000元。更为慌乱的是又一次宣布了准许民间持有金银外币,朝令夕改。22日实行时又一次引发兑付狂潮,并再一次引领物价猛涨。第二天行政院即下令停止。1949年1月4日,公布的《改善金圆券存款兑付现办法》及不久举办的黄金短期公债更是毫无效果。

时人评论说:"政府在八一九发行金圆券时,规定黄金一两兑换金圆券二百元,美金一元兑换金圆券四元,这次修正办法改为黄金一两兑换金圆券一千元,美金一元兑换金圆券二十元,将金圆券贬值了五分之四。政府在发行金圆券时,大唱其'只许成功不许失败'的调子,并且说谁破坏了金圆券,谁就是国家民族的敌人!当十月末十一月初全国骚动得不成样子的时候,当局宣布即将有'更好'的办法颁布,所谓'更好'的办法,大概就是这个金圆券发行的修正办法了,其中决定将民间缴兑的金钞吐还出来,以便取之于民,仍用之于民。然而吃进去的时候,黄金一两只兑金圆券二百元,美金一元只兑金圆券四元,现在吐出来时,黄金一两却要金圆一千元,美金一元却要金圆券二十元,一'取'一'用'之间,赚上了五倍,这笔没本钱的买卖真不坏。""再说八一九政府的经改办法,规定人民所存金银外币,一律须向中央银行兑换金圆券,愈限而未兑者,即视为触犯刑法,现在又允许人民持有金钞,并将金钞的价值,提升了五倍,以前服从政府法令的,信任政府的,都算倒了霉,不服从法令的,不信任政府的,反而大大占了便宜。政府这种行为,一方面自己打自己嘴巴,一方面不啻叫人民以后不要再想相信政府。……修正办法第十一条又说:'凡以金圆券存入中央银行指定之银行。存期满一年者,除照计息外,并得于存款时以与存款同额之金圆券向存款银行兑换金圆。在金圆未铸成前,得按规定比例兑取黄金或银币……'一年之后情形如何,谁都不敢说定,而一年以后的金圆券贬值到什么地步，尤其不能想像。假如今天真还有人到中央银行去定期存款，此人殆为白痴无疑。所以这条条文，撕破了脸皮来说，就等于要花两千元金圆才能兑到一两黄金；这叫作明吃一半，暗吃一半，真是算盘极精！"

金圆券发行第二个目的是稳定物价。全国各地各种物品及劳务价格应照1948年8月19日各该地各种物品及劳动价格依照兑换率折合金圆券出售，由当地主管官署严格监督执行。但由金圆券发行数字的迅猛增长，此计不售。

王云五的方案规定金圆券发行总额以20亿元为限。1948年11月11日，行政院不得不颁布《修正金圆券发行办法》，改为"金圆券发行总额另以命令定之"。在此以前，俞鸿钧已两次电请财政部在限额20亿元以外，每次增发5亿元。这些政策公布后，王云五不得不下台，接着孙科登台，徐堪任财政部部长。俞鸿钧随后在11月27日、12月6日、12月19日又三次请增发每次10亿元；12月下旬两次请增发共60亿元，1949年1月刘攻芸继俞鸿钧任中央银行总裁，请增发100亿元，2月请增发350亿元，3月请增发1600亿元，4月增13000亿元。截至5月4日，金圆券发行总额已达到98041亿元，5月18日达到294722亿元。5月25日上海解放前金圆券的发行额达到了80万亿元。仅仅9个月，金圆券就几乎等于废纸。

按照原方案，中国各地各种物品及劳务价格应照1948年8月19日各地各种物品及劳务价格依照兑率折合金圆券出售，由当地地方官署严格监督执行。1948年9月的批发物价指数比8月涨高7.4%。如就地区来说，截至9月4日，即在金圆券发行后的第15天，汉口物价涨高21%，重庆涨高40%，广州涨高83%。这就是说，时间仅仅半个月，物价已经不是政治力量所能管制的了。同年10月，物价的批发指数比8月涨高35.6%，如按地区，当然更高。11月高涨到17.5倍，12月涨到32.5倍。1949年1月涨到85.7倍，2月涨到834倍，3月19日涨到2900倍。单就上海批发物价来说，到4月15日，竟涨高达62719倍。后来，国民政府逃往广州，全部金圆券的灾难都加在广州、重庆等都市的人民身上。

对于金圆券，不论当时政府公布了什么样的方案，最高当局已知不可为。从1948年11月28日起，第一批大陆黄金200万两起运台湾地区，标志着蒋介石对大陆局势的重新认识。此后，蒋介石以各种方式力压地方军政长官，强运黄金及金圆券准备至台湾，从1948年11月29日至1949年5月17日，共运至台湾黄金2961904.403市两又12小箱，银元53469000元，白银69123.54两又银元白银93箱。到1949年上旬时，中央银行发行局在金圆券发行准备金项下，存在台湾地区的有黄金2294206.687两，存在美国纽约联邦储备银行黄金245293.853两，伦敦大通银行黄金9271.984两。而在上海的准备金只有黄金130701.542两，另有代保管的93118两。后汤恩伯又运至台湾地区171141.953两。

时人云："地不分东南西北，人不分男女老幼，没有一个人相信这个'金圆券'，抢购的抢购，逃卖的逃买，像大洋上的风暴，席卷了整个社会秩序。抢购是一种'无言的反判'。"时任上海市市长吴国桢回忆说："人人都涌向街头见货就买，所有的商店的库存空了，货架空得就像鬼一样。商店不愿意再补充存品，他们也找不到任何供应。疯狂抢购出现了，人们称那三天为抢购日，于是大祸临头，中国最大的商业城市上海，商店变得空空荡荡。"据老报人孙云年的《江南感旧录》记载，有段唱词是这样的："金圆券，满天飞，花花绿绿好东西，早上可以买头牛，晚上只能买只鸡。十万金圆券。只够量一升米。"文人有调寄虞美人："法币金圆贬值了，物价涨多少！小民日夜忧涨风，币制不堪回首改革中。金圆标准今犹在，只是价格改，问君能有几多愁，恰似一簇乱箭钻心头。"

就中国币制而言，近代币制从晚清至20世纪30年代以银为核心，而从40年代后期开始，黄金在币制中的作用日大，最终出现了金圆券。从宏观经济角度来看，白银与黄金影响了中国近代经济的变迁，而上海作为中国近代的金融中心以及白银黄金的中心市场，自然经受着一次次金融风潮的历练。

第五节　中国近代黄金货币理论

一　陈炽的通用金镑说

陈炽（？—1900年），著《续富国策》等。陈炽分析了金贵银贱的原因，银贱是银多，欧亚各国岁以银二千万两运入中国。金贵之金少，欧亚各国以银易金运归其本国铸铸，就是黄金外流。"自通商以来，彼专以金镑炫我，出其余货，易我黄金，致中国黄金贵至三倍而金荒矣。""各国通用之钱一切以金为准，中国自有黄金不以铸币，每年出口金砖、金叶，值银三千万两之多。"陈炽分析了中国不用金的四弊：第一，中国所借洋债，在临近归还期时，"镑价必抬"。第二，向外国买卖货物，以镑计算银，"我轻而彼重，即彼富而我贫"。第三，中国创办银行以后，与洋行通往来，必须"金可通，银可通，票亦可通，方无窒碍。否则，买镑卖镑，必致受亏，亦与国债相等"。第四，中国黄金外流，外国收金以后，"低昂其价值以盘算中国之银，则中国银根立时短绌，市面立见动摇，生人养命之源泉悬于人手"。因此，陈炽重视货币制度的改革，"对症用药，则整顿圜法之弊一方括之矣"。陈炽设计了金钱、银钱和铜钱三种货币，"定圜法为三品：金钱为上品，成色轻重同英镑"；"银钱为中品，成色轻重均照粤、鄂奏定之章"；"铜钱为下品，各省照旧鼓铸，轻重以七分为率，适敷其成本而止"。他还主张禁金和禁铜，即将黄金和铜收归国有。铸三品的作用，陈炽认为"铸金钱所以御外，铸银钱所以安内"，铜钱供零星使用。三种货币，各有用途，缺一不可。三品兼权，固定比价，以便商品流通。[①] 关于纸币，陈炽认为："钞法者，所以济金银铜三品之穷。"纸币的能否流通，关键在于"信"和"钞本"，"信则行，不信则不行；有钞本则可行，无钞本则决不可行也"。钞本就是纸币的准备金。陈炽概括金银铜三品与纸币的关系是："以自铸金钱立其本，以参用钞票畅其流，以广铸银钱铜钱宏其用。"

二 对精琪方案的驳议

1903年，海关总税务司赫德（R. Hart）向清政府提出改革币制的建议。他建议设立一国家银行，下设一铸银局，重新铸造统一银币，确定金银比价，外国即按此比价同中国贸易。同年4月，美国政府成立国际汇兑调查委员会，帮助中国解决镑亏问题。11月，美国政府派精琪（J.

[①] （清）陈炽：《续富国策》开矿禁铜说，转引自叶世昌、李宝金、钟祥财《中国货币理论史》，厦门大学出版社2003年版，第306—311页。

W. Jenks）到中国，并于次年向清政府提交金汇兑本位制改革方案。内容有：聘用外国人为司泉官，总理中国圜法事务；重新铸造统一的新银币，由政府掌握货币铸造权，根据市场中货币需要的数量调整发行量；通过政府的财政收支，来确立新币的信用；金示通过铸造新币的铸币税收益、清政府欠西方各国赔款的镑亏数额，以及向国外借款来获得。当时金汇兑本位只在殖民地和附属国实行，因此金汇兑本位是出卖国家主权的计划，受到清政府的反对，进行驳斥的代表人物有刘世珩和梁启超等。

刘世珩强调币制是一国的主权，决不能由外人来控制。"惟铸造货币之权，查东西各国凡有自主权者，无不属之本国政府"，"国家与圜法不能刻离，圜法与主权尤不能刻离"。刘世珩还反对实行金汇兑本位制，理由有三：一是金银比价由供求关系决定，不能人为强制规定；二是抬高银价，使商民受亏；三是对外国商人更有利。[①] 刘世珩强调国家货币主权是正确的。

梁启超也表达了相似的观点，提出币制改革要维护一国主权。他批评精琪币改计划的侵略企图，指出外国人担任中国的司泉官，干涉中国的内政外交，"一举一动而皆足以制吾死命者也"。但同时梁启超也认为，当时中国如要改革币制，由于缺乏本国人才，非用客卿不可；任用外人要设年限，同时培养中国人适时接任。

三 章宗元的货币数量论

章宗元（1877—？年），著有《释泉币》《中国泉币沿革》等。章宗元是典型的货币数量论者，他说物价决定于用来购买商品的货币数量和商品供应量。其关系分为四种情况：一是商品不变而货币变化时，钱增则价涨；钱减则价落。二是货币不变而商品变化时，物增而价落；物减而价涨。三是商品与货币同增同降时，物价保持不变。四是商品与货币增减幅度不等时，物价仍有变化。但是，这是"将商品与货币机械地相等，否定金属货币自身的价值，也忽视贮藏货币的调节作用"[②]。关于一

[①] （清）刘世珩：《银价驳议》，南洋官报总局1904年版，第1页。
[②] 叶世昌、李宝金、钟祥财：《中国货币理论史》，厦门大学出版社2003年版，第155页。

国货币流通需求量，章宗元认为，流通中的货币需求量，决定于流通商品的价值总量和每种商品从生产者到消费者之间的平均交换次数，即实际货币需求量是由货币的数量与货币平均流通速度决定的，且货币流通速度起增加货币流通数量的作用。而货币流通速度的高低，又受到人民富裕程度的制约。章宗元认为："钱之周流速率，则又视其民之贫富为准。"章宗元还将货币数量论用于金银在国际的流通，论述了物价与金银进出口之间的关系："物价之增，其势常足以致金银之输出；物价之减，其势常足以止金银之输出。若物价过下，进口货大减，出口货大增，则外国之金银必输入国中。由是知金银之流转乃自然之理，物价高则金银贱，贱则去之；物价卑则金银贵，贵则就之。"这是受李嘉图理论的影响。关于货币本位制度，章宗元认为，复本位制不可行，原因是"二金终不能并行而不悖"，"初国家颁定二金之比率，原与市值相符。既而二者之一，日贵日贱"，"一金不见于市，一金独留"。"金贵则金匿，而银独留；银贵则银匿，而金独留"。[①] 所以，他提出只有实行金本位才是大势所趋。

四 梁启超的虚金本位论

梁启超（1873—1929年），编有《饮冰室文集》和《饮冰室合集》等。梁启超认为货币币材应具备八条，即"八德"："一曰为社会人人所贵，而授受无拒者；二曰携运便易者；三曰品质巩固，无损伤毁之忧者；四曰有适当之价格者；五曰容易割裂，且不缘割裂而损其价值者；六曰其各分子以同一之品质而成；七曰其表面得施以模印标识者；八曰价格确实而变迁不剧者。"他认为只有金属具备这八德，但贱金属不如贵金属，由于近代银价下跌，各国弃银用金，因此，他提出中国实行币制改革也必须用金本位制。梁启超批评了统治者的货币贬值政策，他说："故国家之铸币也，万不能视之为筹款之具。无论财政若何支绌，只能向他处设法筹款，而断不容求诸铸币局。"降低铸币质量，购买力就要降低，"此一定之理，非国家威力所能强"。从国际贸易关系考虑，梁启超认为，

---

① （清）章宗元：《释泉币下》复本位之制，转引自叶世昌等《中国货币理论史》，厦门大学出版社2003年版，第347—350页。

由于金贵银贱,中国国际贸易差额要用更多的白银补偿,中国对外赔款的实际数额不断增加,银价涨落无常又影响了对外贸易。因此,中国应采取金本位制。他认为,金本位国间的法定平价由双方货币的含金量相比较而确定,但用银国与用金国之间没有法定平价,因此汇价涨落无常。用银国若没有条件实行金本位制,则只有采取虚金本位制,政府采取平衡国际收支和买卖汇票的方法稳定同金本位国的汇价。汇价稳定,上述问题就能解决。梁启超的虚金本位制设想是:"虚金本位者,本以一定重量所铸之金币为尺,而因金币无多,暂以一定重量之银币代之者也……国家虽不能以法律定金块银块之比价,而能以法律定金币银币之比价。既定金币银币之比价,则金块与银块之比价,听其时高时下,而总不能摇币制之基础。"① 考虑到中国银币尚不统一,不能一下子实行虚金本位制,梁启超提出先实行银本位制,再进而改为虚金本位制。

五 康有为的金主币救国论

康有为(1858—1927年),著《金主币救国论》等。金主币救国就是实行金本位制以救国。康有为指出不实行金本位制的危害:"金价日落,物价日腾,则国人日贫落";银铜为金所持,致物价无定,"则市易乱,商道险";"银价既听人,涨落无主,铜价更随之涨落,小民愈困";"既无主币,称平色折,各省互殊,各市又异,则市乱商苦生计艰"。对国家的危害是:税收减少;官吏贪腐;金融权被外人把持。康有为主张实行金本位制,为此他提出在国外设立大清交通银行,向华侨吸收黄金,并收兑国内民间藏金。政府还可以用纸币来收兑黄金。考虑到黄金数量不足,康有为主张先实行"法定虚金主币"。关于纸币,康有为提出推行"易中法定钞",即国家法令规定全国通用而能向银行兑现的纸币。易中法定钞"虽以实金为本,体同契据,而其为用之妙,则兼有自行之意"。对于兑现纸币,康有为强调要控制其发行数量,如果超发,仍有贬值的可能。康有为还指出,宋朝发行的交子、会子办法很好,缺点是由官府发行。他认为官府发钞有三害:"权太尊大,与民畏隔";"顾国家不顾人民";"不通市情,不能得高下涨落多少之宜而因应之"。因此,他提出应

---

① (清)梁启超:《饮冰室全集·文集》(22),中华书局1936年版,第10—29页。

由银行发行纸币,可以解决上述官府发钞的问题。"无官权之尊以压制人";"通达市情";"官监督之,稽其备金,限其钞数,急则助之,滥则禁之";"官核算而保证之,且其得利"。① 这在当时是较为先进的思想。

---

① (清)康有为:《金主币救国议》卷下,广智书局宣统二年(1910年)版,第42—69页。

第十九章

中国近代证券市场

第一节　鸦片战争之后中国证券市场

一　从鸦片战争到甲午战争中国证券市场的萌芽

（一）外资股份公司和洋商证券市场

中国近代的证券产生于19世纪40年代。鸦片战争后，广州、上海等五口对外开埠通商，随着第一批外商洋行在中国的出现，中国也出现了有价证券的交易。因为外资在华设立的洋行等各类企业，都是股份制公司企业。据估计，从鸦片战争到甲午战争时期，外国资本主义在中国投资约有2亿—3亿美元，分布在银行业、航运业及各种工业企业。除前面已提到的各家外商银行外，还有英国太古洋行（1867年）和怡和洋行（1877年）等。资本主义的经济入侵也给带来了资本主义的经济制度和思想，这些股份制公司的生产经营形式和集股筹资方法促成了股票的发行和流通。

最早出现的是洋商证券交易。1861年以前，上海等地的证券买卖交易仅限于外商之间，规模并不大。此后，随着中国殖民地化的程度进一步加深，外商证券交易在上海活跃起来。当时在华外资银行纷纷投机于棉纺织业，并获利丰厚，其股票价格也随之猛涨。1864年，利华银行面值10英镑的股票，市价曾高达25英镑；同一时期，外商航运公司因垄断了国内航运业而攫取高额利润，如美商旗昌轮船公司的面值100两的股票，1871年市价曾一度高达188两。航运公司的股票和银行的股票一样，成为当时证券买卖的热点。

19世纪60年代后期，中国出现了从事股票买卖的证券公司。1869

年，在上海出现了第一家专营有价证券的英商长利公司之后，证券公司日渐增多。到19世纪80年代前后，外国资本开始投向租界的自来水、路政等公用事业，使得证券市场上又增加了十几种新股票。由于证券交易日益频繁，规模日增，外商有组织的证券市场开始形成。1891年洋商发起成立证券捐客公会（上海股份公所），以买卖外商在华公司所发行的股票。该会规定入会费每人25元，常年费10元，专备印刷册件及租赁房屋等用途。当时上海证券市场虽初具雏形，但股份公所营业并无起色，因矿业股票很快跌价，市面又充斥许多贬值股票。致使股份公所终无所作为。

（二）华商股份公司和股票交易

19世纪70年代，中国人自己的股份制近代企业产生了。它发端于19世纪60年代洋务派举办了近代军工企业，如江南制造总局、金陵制造局、福州船政局、天津机器局等。70年代后，为解决国家财力不足，不得不借民间私人资本，仿效西方股份制，采用"官督商办"和"官商合办"等形式，兴建了一批近代民用企业，如轮船招商局、汉阳铁厂等20多个企业。1872年，李鸿章委派朱其昂等筹建上海轮船招商局。自此中国人创办了第一家近代股份制企业，并发行了第一张公司股票。随后，股份制公司形式便在矿业、纺织业和保险等各业得到普遍推广，从而又一批华商股票问世了。仁济和保险、开平煤矿、上海机器织布局等都先后发行中国近代较早的华商股票。到19世纪80年代初期，又有十五六家股份制工矿企业在全国各地兴办起来，股票也随之投入交易。

华商证券交易最早出现在19世纪70年代初。当时，中国近代企业股份制企业一经创办，即获厚利，因而其股票在市场上也受到种类商人的青睐。加上依靠外商银行拆款的钱庄，更是热衷于对新式股票的追逐，甚至以股票间相互买卖的手段牟取暴利。在洋务派兴办的华商企业中，轮船招商局的面值100两的股票，1876年在市场上仅值40—50两，到了1882年便涨到200两以上。而各类矿业股票价格也大幅上涨。1882年前后，开平矿务局等较早兴办的近代厂矿企业的股票价格成倍增长，1881年年底，开平煤矿正式投产前夕，其面值100两的股票在上海市场上的价格就涨至150两左右，到1882年6月，最高时每股价为237两。荆门煤铁矿、长乐铜矿及鹤峰铜矿等十几种刚上市不久的矿业股票价格也不同程度地上涨。长乐铜矿和鹤峰铜矿的股票面值到1882年分别上涨了120%和70%。通过发行股票和在市场上的交易，各企业获得了相当可观的生产资金，对刚刚起步的中国近代新式企业的成长起了重要的促进作用。

1882年9月成立的上海平准股票公司，是中国有组织的证券交易所的滥觞。该公司内部组织分明，还订有章程，为股票交易提供了便利。起初，华商证券交易是分散进行，没有固定场所和交易规则，购买者也只局限于少数有关系的群体，如在亲朋好友之间进行转让、易手。但随着证券发行数量的扩大，品种的日益增多，加之受外商成立的上海股份公所等有组织的交易场所的影响，中国也设立了自己专门从事证券买卖的交易所。上海平准股票公司实为经营股票买卖的公司，它能够议决股票的市价，并将市价悬牌公布于众。这对于那些欲买股票苦无门路的人提供了投资的渠道。同时，由于当时对股票投机之风渐起，"每一新公司，千百人争购之，以得票为幸，不暇计算其事之兴衰隆替也。然积而久焉，其弊有不可甚言者"①。平准股票公司"以确访底细，广采舆评，持平定价"，以维持各公司股票的过度涨跌，从而对稳定金融市场发挥重要作用。

但由于不少华商过分投机于矿业股票，1883年10月终于爆发了倒账金融风潮。矿业股票连同其他华商股票即行下跌。低价出售也无人承接，连平时素有信誉的招商局、开平矿务局股票的价格也低到无以复加的地步，矿业股票更是无人问津，几乎形同废纸。介入股票投机和承做股票质押的钱庄受累倒闭，破产者不计其数。一度空前兴盛的股票市场低落至极点，以致此后十年间一般商人对股份公司及股票还谈虎色变，心有余悸。

二 1895年以后至清末中国证券市场的初步形成

（一）甲午战争后中国证券交易的品种

甲午战争结束后，西方列强纷纷在中国投资银行、创办工矿企业和修建铁路，从此，外商在华发行的证券规模迅速扩大。

---

① 《申报》1882年9月27日。

华商股票也迅速增加。从国内企业来看,1895年之后,在"实业救国"的口号下,中国资本主义民族工商业迎来了第二次兴办的高潮。清政府采取措施,鼓励兴办各式银行和企业,并颁布了一系列有利于工商业发展的法规。1897年,中国通商银行的创建是这一时期民族资本主义企业最典型的代表。1901—1911年间,中国先后创办新式厂矿企业386家,资本额达8.8亿多元,华商在机械制造、电力、采矿、棉纺和其他工业方面获得了前所未有的发展。华商股票的发行量也随之大幅度增加。尤其是银行的创办和商办铁路公司的出现,使得银行股票和铁路股票、债券成为交易买卖的新热点。1897年在上海成立中国通商银行后,清政府又采取"官商合办"的形式,设立了户部银行(1908年改称大清银行)和交通银行。此外,还有一些地方性省银行和私营商业银行也在该时期设立。这些新兴的银行发行了大量的股票,这些银行股票在市场上十分抢手。1903年,清政府开放铁路,"寓商于路",提倡商人设立铁路公司,集股筹资承办铁路。于是,1903—1907年,全国15个省份先后成立了18个"官商合办"和"商办"的铁路公司,发行了大量的铁路股票。这类股票一经发行,便成为市场亮点。在银行股票和铁路股票以及其他工矿企业股票发行与交易的带动下,中国近代证券市场初步形成。而这时的政府公债由于发行量小,加之政府仍视购买公债为对朝廷的报效和捐助,故当时购入者也不敢在市场上出售,所以还未形成交易市场。

公债和外债之债票是这一时期证券市场的新面孔。1894年清政府为筹措甲午军费,仿效西方,首次向国内发行公债,"息借商款"。此后,又发行了"昭信股票"和"爱国公债"两次公债。在此之前,1853年上海苏松太道吴健彰为镇压上海小刀会起义,向外国洋行赊账雇募船炮,开中国近代举借外债先河。随后海防借款、军需借款、抵御外侮借款、赔款借款、实业借款、铁路借款、矿业借款,甚至行政经费借款,一发不可收。清晚期共借外债208笔,债务总数为白银13亿多两。这些对外借款都由清政府发行债票来筹资还款,也使证券市场更加活跃。

(二)上海西商众业公所和日商取引所的设立

1. 上海西商众业公所

甲午战争后,外商在华组织的证券市场也有了迅速的发展,代表性的是"上海众业公所"。原先设立的西商上海股份公所1895年以后因俄法和英德三次借款所发金币公债，以及怡和等新设企业股票的面市，业务发展出现了较大转机。1898年，该所修订了章程，但仍无固定交易场所。1900年，上海股份公所在旧西商总会租定了部分房屋作为固定的所址。西商股份公所为会员组织，无资本可言，会员是所内唯一买卖当事人。买卖佣金定为值百抽一。

1903年，上海股份公所酝酿改组为上海证券交易所，1904年，按香港《股份有限公司条例》在香港注册，定名为"上海西商众业公所"。这是外国人在华开办的第一个证券交易所。该所采取会员制，只有会员才能参与证券交易，加入费每人100两，新加入者须缴保证金银5000两或相当之有价证券。公所成立不久，会员即扩充为100人，其中西商会员87名，华商会员13名。交易买卖的证券有中国和远东各地的外商公司股票和公司债券、南洋各地的橡皮股票以及中国政府金币公债，后来又增加市政公债。当时进入这个市场开拍的股票先后有：公和祥码头、椰松船厂、公益纱厂和其他一些橡皮股票。1909年又迁址到上海黄浦滩1号。洋商开办证券交易所的目的有二：一是吸收中国的资金，以取得高额的利润，进而操纵中国的金融市场；二是利用中国资金，开发中国的产业，以达到控制中国的重要产权，掠夺中国财富的作用。

2. 日商取引所

日本人称交易所为取引所。日本人在上海发起设立取引所有两次，一次是由日本人联合中、美资本家，共同组织，在美国注册，但一直未能成立。另一次是在1918年6月1日召开上海取引所成立大会，筹备至当年11月30日开幕，12月2日正式营业。该所为股份公司，资本1000万元，先收1/4，分20万股，50元面值股票先缴11元5角。此所交易标的物有证券、棉纱及其他商品。日本取引所设立是有其政治经济背景的。第一次世界大战开始后，日本出兵中国青岛，随后索取了山东和满蒙的一切特权。1918年又有西原借款。此时日本人成立上海取引所，目的是适应日本帝国主义经济侵略需要。大战给中国民族工业带来发展的黄金时代，而日本取引所正是为了操纵垄断中国的金融市场而来。

3. 1910年的橡皮风潮

随着洋商证券交易所的不断设立和发展，一些洋商开始把交易所作为投机获取暴利的工具。1903年，英国投机商人麦边在中国成立蓝格志拓殖公司，开业后的头几年业务不见起色。1909年国际市场橡胶涨价，国外经营橡胶园种植业和投资橡胶工业的人获利丰厚。1910年，麦边借此机会大造舆论，宣扬经营橡胶行业可获巨利，并谎称其公司在澳大利亚拥有大片的橡胶园。诱骗不明真相的人们竞相购买橡皮股票。麦边暗中掀抬股价，橡皮股票价格暴涨。麦加利、汇丰和花旗等外商银行见有利可图，便与麦边勾结，承做橡皮股票的抵押放款。此举又造成了该公司信誉可靠、实力雄厚、盈利可观的假象。争购者于是更加踊跃，连许多钱庄也都转入其中。1910年3月末，橡皮股票的价格上升到其面值的二十七八倍，麦边等在骗得大量钱财后，"佯言回国，一去不复返"。其他外商纷纷抛售手中的橡皮股票，终于酿成巨大风潮。股票价格一落千丈，最后成为废纸，持票者纷纷破产。受这次风潮的打击，许多钱庄相继倒闭，1909年上海有钱庄100家，到1911年只剩下51家，折减几乎一半。风潮使中国新兴的证券市场遭受沉重打击，股市自此进入低谷。

（三）中国证券交易所的先声——"茶会"和"公会"

证券市场组织形式在这一时期也有了较大的进步。自上海平准股票公司倒闭后，虽先有1904年梁启超提出了组织"股份懋迁公司"（即证券交易所）的倡议，后在1907年又有上海买办商人袁子壮等提出仿日本取引所组织公司的要求，但清政府未予重视和采纳。华商证券交易一直处于无组织的状态中。光绪末年，上海买办商人王一享、郁屏翰等在南市关桥开设了专营证券的"公平易"公司，不久，买办商人孙静山在上海九江路渭水坊又开设了另一家专营证券的"信通公司"，但规模和功能远不能与原先的上海平准股票公司相比。

同一时期，许多茶商、钱商、皮货商、古董商和杂货商以及买办也兼做股票买卖。这些股票掮客在经营本业的同时，还经常出入茶馆，洽谈股票生意，故曰"茶会"。约在1910年前后，股票交易买卖活动便固定在上海大新街福州路转角的惠芳茶楼。按照惯例，每日上午到茶会以通消息，所有买卖也在品茗时口头成交，下午则各银行兜揽生意。有时也有顾客携带证券来茶会求售者。一切交易均为现货交易，双方商定价格，买卖即可成交。由此，中国证券市场进入了"茶会"时期。

清末民初，政府开始发行公债，到北洋政府时期，公债数额大增。随后，苏、浙各铁路收归国有，铁路债券又加入证券交易行列。为适应证券交易的发展需要，1913年秋，经农商部批准，上海股票商业公会正式成立。股票商业公会设会所于九江路渭水坊，在址内附设股票买卖市场。一切制度沿袭茶会旧制。创立时有会员13家。集会时间为每日上午9时至11时，交易证券的种类有政府公债、铁路公债、公司股票等。股票买卖要支付佣金，分记名和不记名两种，记名的票面每百元征收佣金1元或0.5元，不记名的则收0.25元。证券买卖的手续为：彼此对做，一经讲定，报告市场管理员记录，行情逐日向同业公布，并印送行市单。

到1917年在股票商业公会交易的证券种类有：（1）公债类：爱国公债，元年6厘，元年8厘，3年6厘，4年厘，5年6厘等；（2）铁路债券：苏路、浙路、皖路、鄂路等债券；（3）公司股票：招商局、汉冶萍、商务印书馆、中华书局、仁济和、崇明大生、南洋烟草、中国银行、交通银行、通商银行、中华商业银行等股票；（4）其他证券：储蓄券、印花税票、中国、交通和殖边三银行的京钞及外商银行的银行券及卢布票等。当时证券交易盛极一时，股票同业增至60家左右。由此可见，股票商业公会已初具证券交易所的规模。

总之，中国证券和证券市场自19世纪40年代产生后，经历了40多年的萌芽阶段，于19世纪末20世纪初初步形成。中国最早出现的证券是外国在华企业公司发行的外资证券，最早的证券交易也是外商之间的外资证券买卖，稍后才出现华商证券和华商证券交易。中国证券市场一开始便存在华洋两个不同体系的市场，这正是旧中国社会性质的写照。尽管如此，中国证券市场仍迈出了可喜的第一步，为后期的证券市场发展奠定了基础。

三　近代资本市场的作用

如果从股份公司和资本市场的角度去审视中国传统的资本问题，会是值得关注的点。

中国传统的会是在资本更为匮乏状况之下与生产组织的分货制，以及经营组织成熟后依人力所进行的顶身人力股，这些构架了中国从资本到市场到企业组织内部管理极有中国本土标识性的特色。

一要注重传统会的资金是人们对"本"重视的重要来源，在传统"会"的运行中，没有"本"就没利，更有本利后面要办的事。上升到政府层面，清代的皇商制度，更强化"本"的不可损失的地位。

由此引发了近代中国资本运行中对资本维护的"官利制度"，以及近代资本市场资源配置过程中政府公债的再分配作用。

1918年中国人自己创办第一家证券交易所是北平证券交易所，1920年我国第一家期货交易所上海证券物品交易所组建，20世纪20、30年代，上海成为远东金融中心。

金融发挥着媒介交易、配置资源、发现价格管理风险等重要功能，金融制度是经济社会发展中重要的基础性制度，关系经济社会发展大局。而金融危机更容易引发社会动荡、变革。

我国古代时期很早就遇到了由于金融失控导致社会动乱乃至王朝覆灭的情形。元代建立了比较完备的纸币制度，但后来为应对生产萎缩和对外征伐造成的财政亏空，发行量猛增，引发社会经济秩序混乱，"楮币之患"导致元朝灭亡的重要原因之一。清代末期发生的"橡皮股票风潮"，国内投资者损失惨重，连带大量钱庄倒闭，清政府为缓解财政压力，试图将川汉、粤汉铁路收归国有，引发保路运动，导致辛亥革命爆发，成为清王朝灭亡的重要原因。解放战争后期，国民政府为补上打内战军费高涨的财政窟窿，大量印制法币，滥发导致恶性通货膨胀，民怨沸腾，怨声载道，成为国民政府垮台的一个原因。所有这一切都和金融危机有关。

金融危机的前置是所谓繁荣，繁荣要想持续，信用必须持续加速地扩张。当信贷市场没有信用媒介增加投入时，繁荣会立刻停止。就是通货膨胀和信用膨胀不停地继续下去，繁荣也不会持续。它终会碰到阻止信用无限扩张的高墙。疯狂式繁荣的结局是整个货币制度随之崩溃。这就是金融引发的社会危机。

除上述重大金融风潮引发历史变迁外，区域性的金融风潮时常常发生并影响社会。仅以晚清上海为例，由金融引发的风潮就有贴现风潮、倒账风潮、贴票风潮。

贴现是商业银行普通业务，指远期汇票持有人在汇票尚未到期前在贴现市场上转让，受让人扣除贴现息后将票款付给出让人，或由银行购买未到期的票据。把远期收益在当前兑现。

19世纪60年代初，太平天国时期，大量资金逃到上海，上海一派繁荣，房地产市场爆发式增长。地皮价增 4 倍，棉花价增 3 倍，引发"炒房""炒布"，需要大量资金，外国银行推出贴现业务，接受钱庄、票号出具的票据，钱庄、票号及商人纷纷贴现以获取投机资金，一些没有真实交易的票据出现了。1863 年随着太平天国运动结束，资金离开上海，上海的房地产市场瞬间崩盘。1865 年伦敦市场上的棉价下跌近二分之一，贴现资金链断裂，从事投机的洋行率先倒闭，因贴现引发的倒闭潮在 1866 年形成高峰。

19 世纪 70 年代上海刮起倒账风潮，洋务运动影响，中国兴起开办公司热，1872 年上海轮船招商局成立每股 100 两的股票最高时涨到了 250 多两，上海的投资者此时元气稍复，钱庄直接向公司放款，仅以这些公司自己的股票抵押。类似今天质押贷款。1883 年前后，新办公司大多因经营不善引起股价暴跌，开平矿务局股价半年跌破"发行价"。钱庄贷款无法收回，损失惨重，"质押"的股票一天天缩水，储户挤兑钱庄关门。上海南北市 78 家钱庄，受连累的 68 家，40 多家倒闭，镇江、宁波、汉口、北京、福州等地钱庄受此牵连大批倒闭。

1897 年前后，上海又爆发了"贴票"金融风潮。贴票是"贴钱兑换票据"，实际是高息揽储，当时钱庄年息 1 分左右，贴票年息高到 2—3 分，超额回报储户，钱庄得到大笔资金。当时鸦片生意火爆，成为钱庄最重要的客户。加上"合会"搞的类似赌博的勾当。用新储户的钱去还到期的存款，再高息使新储户源源不断，"击鼓传花"。泡沫于 1897 年下半年破灭，一个月就倒闭了几十家，许多钱庄老板"跑路"，跑不了的有些选择了自杀。大批储户血本无归，有的跳河、服毒，有的家庭破裂，社会被"贴票"弄得一团糟。

当前我国已拥有全球最大规模的银行业。2021 年年末，我国银行业金融机构超过 4600 家，总资产达到了 344.76 万亿元。中资银行境外机构已覆盖超过 60 个国家和地区，2021 年全球前 1000 家大型银行中，我国共有 144 家入围仅次于美国的 178 家。银行贷款和债券投资，过去 10 年年均增速分别为 13.1% 和 14.7%。与名义 GDP 增速基本匹配。保险业总资产到 2021 年底为 24.9 万亿元为全球第二大保险市场。同时股票债券市场规模居全球第二。截至 2022 年 3 月，境内上市公司 4782 家，总市值

80.7万亿元。2022年4月末债券市场托管余额138.2万亿元，①全球第二。在理财市场10年来公募基金管理规模增长8倍，达26万亿元。

2022年4月29日下午中共中央政治局就依法规范和引导我国资本健康发展进行第三十八次集体学习。习近平总书记在主持学习时强调，资本是社会主义市场经济的重要生产要素，在社会主义市场经济条件下规范和引导资本发展是重大经济、政治、实践、理论问题，关系坚持社会主义基本经济制度、改革开放基本国策、高质量发展和共同富裕、国家安全和社会稳定。必须深化对新的时代条件下我国各类资本及其作用的认识，规范和引导资本健康发展，发挥其作为重要生产要素的积极作用。

党的十一届三中全会实行改革开放以后，我们破除传统观念束缚，认为资本作为重要生产要素，是市场配置资源的工具，是发展经济的方式和手段，社会主义国家也可以利用各类资本推动经济社会发展。党的十八大以来，全面深化改革，强调市场在资源配置中起决定性作用、更好发挥政府作用，为各类资本发展营造更加有利的市场环境和法治环境。现阶段，我国存在国有资本、集体资本、民营资本、外国资本、混合资本等各种形态资本，并呈现出规模显著增加、主体更加多元、运行速度加快、国际资本大量进入等明显特征。在社会主义市场经济体制下，资本是带动各类生产要素集聚配置的重要纽带，是促进社会生产力发展的重要力量，要发挥资本促进社会生产力发展的积极作用。

中国文化有着"节制资本"的基因，早在孙中山民主革命时期，他通过对资本主义国家经济形态和社会形态的观察，就提出了这一观点。我们强化反垄断，防止资本无序扩张，有效防范风险，维护市场公平竞争。着力防范和化解金融风险，克服经济脱实向虚的倾向，重点解决不良资产风险、泡沫风险等，对资本性质的理解逐步深化，对资本作用的认识更趋全面，对资本规律的把握更加深入，对资本运行的治理能力不断提高。同时必须认识到资本具有逐利本性，如不加以规范和约束，就会给经济社会发展带来不可估量的危害，要立足新发展阶段、贯彻新发展理念、构建新发展格局、推动高质量发展，正确处理不同形态

---

① 《2021年银行业总资产、总负债（季度）》，见国家金融监督管理总局网站，2022-02-11。

资本之间的关系,在性质上要区分,在定位上要明确,规范和引导各类资本健康发展。要深化资本市场改革,继续完善资本市场基础制度,更好发挥资本市场功能,为各类资本发展释放出更大空间。完善开放型经济体制,不断提高对外开放水平,促进投资便利化,以优质市场环境吸引更多国际资本在我国投资兴业。支持和鼓励我国资本和企业走向世界。

要正确处理资本和利益分配问题。既注重保障资本参与社会分配获得增殖和发展,更注重维护按劳分配的主体地位,坚定不移走全体人民共同富裕的道路。要规范和引导资本发展。要设立"红绿灯",健全资本发展的法律制度,形成框架完整、逻辑清晰、制度完备的规则体系。要培育文明健康、向上向善的诚信文化,教育引导资本主体践行社会主义核心价值观,讲信用信义、重社会责任,走人间正道。

从历史的角度看,资本扩张的历史趋势最初表现为促进生产力解放和发展,表现为产业的革命性变革,推动产业结构工业化升级。从空间看,资本扩张是地理空间上的扩张。从一国经济发展来看,资本扩张导致资本由实体产业到金融垄断资本的不断升级,只要资本还有扩张的产业和地理空间,资本就有生命力,然而当前现实中的资本运动造成发达国家不断淘汰中低端实体产业,并进一步导致经济的金融化、寄生化,形成外围国家生产,发达国家消费的格局。这一趋势必然导致资本自身的矛盾格局,并对世界政治、经济带来灾难,因此对资本的无序扩张、管制是必须的、更是负责任的。

在这些方面中国传统金融组织的历史经验和理念是有帮助的。

第二节 民国时期证券市场进一步发展

中国近代的证券市场是从晚清的"茶会"和"公会"市场发展而来的,到民国时期已经形成有组织的证券交易所时代。[①] 其间,证券交易所的交易量迅速增加,且交易证券品种和发展规模呈明显的阶段性特点:

---

① 张春廷:《中国证券市场发展简史(民国时期)》,《证券市场导报》2001年5月号,第45页。

民国初期的产业证券占主体；一战结束后，政府发行的公债成为证券市场的主角；抗日战争全面爆发后，上海的股票市场重新繁荣起来，但那是脱离产业经济的畸形发展；此后的通货膨胀又助长了证券市场的投机行为，使证券交易变得更加火爆，但在恶性通货膨胀的背景下，证券交易最后也彻底崩溃。

一 北洋军阀时期证券交易市场的演变

（一）初期的产业证券市场

民国初年，北京政府采取了发展实业、保护工商的经济政策，如引导民间投资建厂、开矿。当时，中国民族资本主义尚处于初创时期，政府的支持使得民族工商业获得更多的发展空间和自由。在纺织、面粉、采矿、机器、印刷、制革、榨油、交通和银行业等领域，民族资本兴办的企业取得前所未有的大发展。1912年后涌现出一批新兴的工业城市，如上海、无锡、济南、汉口、天津、哈尔滨等。在上海，大规模的工厂就有250家，资本总额达3亿元，雇佣工人达30万名。[①]

工商业的不断发展需要巨大的资金支持，这为金融业的发展创造了条件。而活跃在金融市场上的产业证券无疑是当时工商业进步的真实写照。工业企业和金融业的相互促进，使产业证券更加兴盛。具体表现如下：

1. 股份制工业企业规模的扩大，为这些企业的股票及公司债券的发行奠定基础。当时中国传统的轻工业企业，都以股份制形式组建，且有集中发展的趋势，并形成了一些较大的企业集团。它们以其雄厚的实力，使其发行的债券在金融市场上具有巨大的吸引力。1921年，通泰盐垦五公司委托上海银行团发行的八厘公司债券是中国近代企业发行的第一种企业债券。此后，新的公司债券不断增加。公司债券的大量发行推动了证券交易市场的发展。原先兼营股票买卖的商人纷纷成立专营的股票公司买卖各种证券。在上海、汉口等地证券交易市场初步形成。

2. 银行业的大发展推动了证券市场的繁荣。民国初年，不仅中央和地方的官营银行纷纷设立，而且中国民营银行经历了一个空前发展的热

[①] 吴申元、童丽：《中国近代经济史》，上海人民出版社2003年版，第102页。

潮。清末以前，中国民营银行仅3家；1912—1927年，新设私营银行达186家。1912—1925年，私营银行资本从747万元增加到9308万元。[①] 银行等金融机构的设立，极大地拓展了产业证券的发行范围，降低了股份公司募集资金的成本。

1913年，经北洋政府农商部批准设立的上海股票商业公会，使得中国证券市场由原来的自发交易状态进入公会交易时期，为后期的证券交易所的设立做了组织上的铺垫。此在上文已有讲述，此不再多言。

（二）后期的证券交易所和金融风潮

1. 中国第一部证券交易所法

早在清末，中国就出现设立证券交易所的呼声。民国初年，北洋政府财政部提议官商合办交易所，后来由于国内局势不稳，提议被搁置。1914年，担任农商部部长的张謇，全力推行"国非富不强，富非实业不张"的主张，12月29日颁布了有利于民族工商业发展的中国历史上第一个《证券交易所法》。该法的主要内容：（1）证券交易所的设立要经过农商部的批准。（2）每一地方只能设一证券交易所。（3）规定证券交易所的组织形式为股份有限公司。（4）不具中国国籍的外国人不得为证券交易所的经纪人和职员。（5）证券交易所交易分为现货与期货两种。（6）政府可派人对证券交易所进行检查监督。证券交易所法的颁布对促进中国证券交易的发展是有积极意义的，它体现了当时中国资本主义发展的要求。同时立法本身也说明了人们对证券交易所的认识水平有了很大的提高，以法律来保障证券交易所的建立及正常经营，并不允许外国人插手其间，可见证交问题在当时已是不容忽视的问题。1914年北洋政府《证券交易所法》的出台，标志着中国证券交易所开始进入筹建时期。

2. 北京、上海三家证券交易所的成立

（1）北京证券交易所开幕。1918年6月5日，获准设立的中国第一家证券交易所——北京证券交易所正式开业。股本为100万元，王小宋为理事长，沈芭舫、张蓉生为常务理事、梁涣涛为经理，市场组织悉仿照欧美日各国交易所。经纪人定为60人，每1经纪人"须有2银号保证"，交易分为现货交易和期货交易两种，期货交易又分为本月期、下月期、

---

① 钟思远、刘基荣：《民国私营银行史》，四川大学出版社1999年版，第49页。

再下月期三种。上市的证券包括公债券、股票及中外银行发行的钞票三种。

（2）上海证券物品交易所成立。1919年6月，北洋政府农商部批准上海合办证券物品交易所。根据章程定名为"上海证券物品交易所"。1920年7月1日，上海证券物品交易所正式开幕。资本额500万元，先收四分之一，分10万股。经纪人定为200名。按交易标的物种类分为：有价证券、棉花、布匹、金银、粮食、油类和皮毛七种。虞洽卿为理事长。到11月底，该所第一期结账，共获纯益36万元。

（3）上海华商证券交易所成立。1921年5月20日，"上海华商证券交易所"开业，该交易所资本额100万元，经纪人定为55名，范季美为第一任理事长。交易分现货、期货两种。

至此，北京证券交易所、上海证券物品交易所和上海华商证券交易所先后成立，它标志着中国证券交易进入有组织的证券交易所时代。

从最早的证券交易到中国证券交易所的成立，前后历40—50年的时间，其过程可谓一波三折。这期间，虽一再有人倡办交易所，然终不能行，其根本原因在于中国资本主义经济发展得缓慢，股票债券等有价证券虽已出现，但数量小且带有封建主义色彩，并不能普遍为人所认识和接受。第一次世界大战为中国民族资本主义获得大发展的机遇，这也正是中国证券交易发展的基础。股份企业的增多，加上公债券的大量发行，为证券流通提供了物质条件，而西商众业公所的存在及日本取引所妄图垄断上海交易市场的阴谋，也树立了证券交易所的榜样，促进了中国证券交易的诞生。自然经济的瓦解，使资金流向沿海大城市，游资充斥则是证券交易发展的一个条件。中国最早的证券交易是股票的交易，后来债券逐步加入交易的行列，且比重逐渐增加。因此，中国证券交易的早期与中国产业资本的关系是较密切的，股份公司的增加，促进了证券交易的发展，证券交易的发展反过来也促进了股份公司的发展，它使股份公司筹募资金相对变得容易一些。所以，中国早期的证券交易和证券交易所的产生，在中国近代资本主义经济发展史中占有重要的地位。

3. 1921年交易所风潮

"上海证券物品交易所开业后却以125万元实收资本在半年之内盈利50余万元，年收益率几近100%；其他交易所在1921年上半年的获利也均丰厚，一时交易所被认为是'摇钱树'。"① 于是设立交易所便成为人们的致富捷径，此后掀起了成立交易所的热潮，一时间证券交易所事业极度"繁荣"。上海后来设立的有上海面粉交易所、上海杂粮油豆饼交易所、上海华商棉业交易所等。

1921年9月，上海已有各种交易所70家，而11月这一个月内，上海就有38家交易所成立。这股兴办交易所的热潮迅速蔓延到汉口、天津、广州、南京、宁波等地。对新成立的证券交易所，当时政府的管理是失控的。在上海112家交易所中仅有6家领到农商部的执照。由此投入的资金也是惊人的，据估计一时间投入到交易所的资本总额高达2亿元。相当于国内银行业资本的三分之二。②

交易所的畸形发展，造成证券市场投机盛行，金融界为安全计，紧缩银根，靠借入资金投机者遂告贷无门。投机者资金运用不灵，导致证券价格暴跌。至1921年年底，大批交易所和信托公司相继倒闭。只有十分之一交易所成为风潮之后的生存者，全国交易所仅剩十多家，上海仅存上海证券物品交易所、上海华商证券交易所等6家。

这次交易所风潮的主要原因在于过度滥设交易所超出了民族资本主义经济的发展水平。在国际上，第一次世界大战后，西方国家加大了对中国市场的掠夺，造成游资充斥，投机盛行。在暴利的引诱推动下，人们一齐涌向股票市场，盲目跟风，导致风潮的发生，中国产业证券市场由此转入低潮。

（三）公债市场异常兴旺

1912—1926年，北洋政府的财政状况每况愈下，只得靠借债度日。先是举借外债，先后举借外债387项，借款总额12亿元。其中许多外债由外国银行在市场上发行金币公债予以募集，于是在伦敦、巴黎、纽约等金融市场和上海众业公所出现了一个中国金币公债市场。

第一次世界大战爆发后，国际资本市场低迷，加之北京政府对前期所借款项屡屡不能按期偿还，更无举借新外债的希望，便改换方法，转向国

---

① 洪葭管：《中国金融史》，西南财经大学出版社2001年版，第246页。
② 中国人民银行总行金融研究所金融历史研究室编：《近代中国的金融市场》，中国金融出版社1989年版，第443—444页。

内发行公债。从 1912—1926 年北洋政府统治的 15 年间，年年都发行公债，而且其内债的发行方式极为混乱，可谓名目繁多。仅发行的国内公债一项就有"爱国公债""军需公债""整理盐务公债""振兴实业公债"等 28 种之多，同时还有各种短期国库证券、有奖公债等 88 种以及各种借款。除各地军阀在基本势力范围内所发行的地方公债以外，北洋政府发行公债的总数额共计 6.12 亿元。这是清政府 1865—1894 年的债务总额的 10 倍。此外，还有各类短期库券 1.08 亿元以及名目繁多的地方公债。

1912 年北洋政府公债发行额为 624 万元，未发行库券，1913 年的库券发行额增长到 220 万元，到 1914 年公债发行额与库券发行额已分别急剧增长到 2497 万元和 1010 万元，合计 3507 万元内债。1918 年的公债发行额达到最高额 13936 万元，当年的库券发行额为 700 万元，合计 14636 万元。1920 年的公债和库券总额达到最高额 14666 万元。1921 年的库券发行额达到最高额 2900 万元，当年的公债发行额为 11536 万元，合计 14436 万元。[①] 北洋政府每年发行内债多少，是以当时形势变化而定，1918 年公债数骤增，1920 年和 1921 年也超过 1 亿元。短期库券也是在这两年达到 2000 万元以上，原因是这两年连续发生直皖和直奉战争，各派军阀需要大量军费所致。

表 19.1　　1912—1926 年北洋政府发行的公债及库券数额表　　单位：万元

年　份	公债发行数额	库券发行额	年　份	公债发行数额	库券发行额
1912	625	—	1920	12200	2470
1913	680	220	1921	11540	2900
1914	2500	1010	1922	8320	220
1915	2580	40	1923	500	350
1916	880	180	1924	520	10
1917	1050	20	1925	2300	—
1918	13940	70	1926	1540	—
1919	2840	530	合计	62010	10350

资料来源：陆仰渊、方庆秋：《民国社会经济史》，中国经济出版社 1991 年版，第 115 页。

[①] 吴申元、童丽：《中国近代经济史》，上海人民出版社 2003 年版，第 202 页。

北洋政府频繁推出巨额公债，只能靠采用高利息、大折扣的发行来吸引银行承销。银行承办公债发行，不仅使证券市场的有价证券数量迅速增加，而且还使得公债借助银行金融机构网和银行信用在全国范围内广泛发行。中国公债发行市场正式形成。

公债买卖交易也因此日见兴隆，大上海和北京的证券交易所开拍成交的证券98%以上是公债。1921年"信托与交易所风潮"以后，华商股票信誉扫地，无人问津，大量社会游资转向公债买卖，公债市场如鱼得水。加上银行等机构投资者的大量资金介入，公债市场更趋活跃。据统计，1927年年底，仅国内30家较大的银行购进保存的有价证券（主要是公债）就达10881万多元，平均占其总资产的8%，而当年主要公债的流通市值大约为22500万元。① 公债市场形成并后来居上。

但后来，公债市场也风波不断。除受国内外政治形势和金融季节性变化以及资金供求变化影响外，还受公债本身的利率、期限、担保和交易方式等多种因素的影响。一些有政治背景的集团和个人，故意制造谣言，操纵市场，从中牟利；一些大银行家、大企业主经常利用手中巨大的资金在市场上兴风作浪、推波助澜，使本来信誉最佳的公债也变成了投机买卖的对象，公债市场风波迭起，较大的有1924年8月发生在京、沪两地的证券交易所的"二四公债风波"和1926年12月的"二六公债风波"。

二 南京政府时期的证券市场

（一）南京政府前期证券市场的继续发展

1. 公债发行与证券交易

到抗战爆发前，证券市场最活跃的因素是国民政府大量发行的公债，并在此推动下证券市场出现了繁荣。1927年南京国民政府成立后，即开始发行公债以为内战军费来源。1927—1937年是内战的十年，国民政府军费开支激增，只得同北洋政府一样，大举内外债。在内债方面，较北洋政府有过之而无不及。十年之间，南京政府所发行公债共计26亿元，等于北洋军阀政府15年来发行内债的4倍。

---

① 杨荫溥：《中国之证券市场》，载于《东方杂志》第27卷，第20号。

表 19.2　　　　1927—1935 年南京国民政府发行公债数额表　　　单位：百万元

年　份	发行种类	债　额	年　份	债券种类	债　额
1927	2	70	1932	—	—
1928	6	150	1933	3	124
1929	6	198	1934	4	124
1930	4	174	1935	3	330
1931	7	466	小计	35	1636

资料来源：中央财政金融学院：《中国财政简史》，中国财政经济出版社 1980 年版，第 244 页。

自 1921 年"信托及交易所风潮"后，政府公债一直主宰着证券交易市场。当时上海华商证券交易所以及全国各地的证券交易所，证券交易几乎全部集中在政府公债上。1927 年公债成交量只有 2.4 亿元，到 1929 年已经增到 14 亿元，1931 年更是高达 39 亿元，为全部公债发行额的 3 倍以上。公债交易市场这种兴旺发达的局面一直持续到 1937 年抗日战争全面爆发。然而由于南京政府所发行的公债主要用于非生产性军政费用，对培育社会经济和生长社会财力百害而无一利，只能使政府信用恶性膨胀，在公债市场鼎盛之中，已潜伏着深刻的信用危机。1932 年和 1936 年，政府先后对公债的两次整理，实际上宣布了债信的破产。

国民政府刚发行公债时，没有折扣，而是强制摊派，效果不佳。后来为了筹措军费之需，国民政府不得不改变策略，而沿用了北洋政府让利的发行方式。这样依靠公债发行，南京政府聚集了大量及时可用的军政费用，并借此初步建立起四行二局的金融垄断体系。这一体系的建立反过来又便利政府更大规模地发行公债，筹措资金。内债不是按票面价值发行的，规定为九六折，实际上一般从五折到六折不等。而还本付息，则按票面十足支付，利息为六厘到八厘。所以承购内债的银行，一次就可以获得 40%—50% 的利益。公债不断发行，利息和还本的负担愈累愈重，后来便整理公债，将 33 种公债并为 5 种。南京政府发行内债的办法，本来无异于发行有高利息的钞票。自从 1935 年实行法币政策，规定"白银国有"以后，就不必再发行公债了，因此他们就无限制地滥发纸币了。[1]

---

[1] 许念晖：《上海证券交易所概况》，载《文史资料选辑》第 24 辑，中华书局 1961 年版，第 157 页。

2. 1927—1936年中国证券市场的发展变化

（1）全国范围的证券市场开始形成。1933年4月，上海证券物品交易所的证券并入上海华商证券交易所。合并后的上海华商证券交易所统一经营上海的证券交易，业务飞速增长。1934年，证券交易便成交了47.7亿元，获利十分丰厚。也就是这一年，该所筹措巨资在汉口路新建了著名的"上海证券大楼"。上海华商证券交易所成为当时中国乃至远东设备最完备、规模最大的证券交易所。这样，以上海为龙头的全国证券市场初步显现。

北京证券交易所渐趋衰落。北洋军阀政府弥补财政亏空，不惜以高利举内外债，这刺激了北京金融业的发展，各种金融机构纷纷设立，北京证券交易所内买卖兴隆、公债投机盛行。但北京并没有发达的产业基础，因此北京金融业与交易所的发展是北洋政府的命运息息相关的。1927年国民政府定都南京，北京证券市场业务大受影响。该年北京证券交易所的营报告称："就营业论，本年所收经手费较诸去岁有减无增，开支虽减少，而所纳各种捐税犹复有加无已，且债价低落，时虞风潮，营业困难尤甚于往昔。"这一年该所虽仍获纯益5.7万元，然而营业已陷入困境，全年债券成交额2423万元，比同期上海华商证券交易所成交额少3560万元。到1928年，北京证券交易所的营业更是每况愈下，全年成交额不及上一年的1/3。从1928年起，北京证券交易所一直不能盈利。1933年，因收入过少已不能维持营业，业务陷入停顿。抗战全面爆发后，于1939年年初歇业。

天津证券市场异军突起。天津当时虽然未成立证券交易所，却有许多证券行，此外，天津各银行的证券部或信托部都无一例外地进行证券交易。1931年九一八事变以后，大批游资从东北、华北各地涌向天津。当时，因时局影响，公债买卖已开始疲软，工商业也呆滞不振，游资大多进入证券市场，进行股票投机买卖。在公债市场一统天下的大背景下，形成了一个独特的天津局部股票市场。

同一时期，全国各地也陆续建立了几家证券交易所，如宁波四明证券交易所、青岛证券交易所、汉口证券交易所和重庆证券交易所。这些交易所规模都不大，交易量也较小，除买卖中央政府公债和本地少数几家知名企业股票外，主要经营地方政府债券的买卖。

(2) 交易所新法的颁布，政府对证券市场监管力度加强。随着对证券业重视程度的提高，归口管理的部门级别也逐步升级。证券业先是归口财政部金融监理局，后归口财政部泉币司，继而又归口工商部，1929年后则由财政部和工商部共同管理。管理部门对原有的《证券交易所法》进行了修订，于1929年10月重新颁布了较完整的《交易所法》，并于同年颁布了中国第一部《公司法》，重点规范股份有限公司。证券管理和证券立法的加强，客观上推动了证券市场的发展。

第一个证券交易所法是北洋政府于1914年颁布的，1921年又颁布了物品交易所法，国民政府建立后，将上两法合为一交易所法，于1929年10月正式颁布。如果说1913年的证券交易所法还是比较简单、不严谨的话，那么在证券交易所开办10年以后重新制定的交易所法则趋于完善，并针对实际中的问题提出法律的解决方法。该法强调同一物品在同一地区只准有一交易所。如果同一地区有两个或两个以上经营同类物品交易所，应该法施行起三年内合并。按此规定，上海证券物品交易所的存在就是不合法的了，其证券交易应归于上海华商证券交易所，其他各项物品交易归入相应的交易所。明令证券交易所不得买卖本所股票，并将交易所的组织形式规定为股份有限公司和会员组织两种形式，而前法均规定只允许股份有限公司一种形式。

此法的实施，使国民政府加强了对交易所的管理和控制。1935年4月国民政府公布"修正交易所法"，主要是申明交易所管辖权的变更，由工商部改为实业部，其他内容并无多大变化。

(二) 抗战时期证券市场的发展与演变

1. 国统区证券市场萎靡不振

抗日战争爆发后，国民政府退到四川，以重庆为其陪都，于是重庆便成为国民党统治区的政治、经济及金融中心，重庆的金融业也就随着国民政府的到来有所发展。但毕竟没有雄厚的经济基础，又仅仅是国民政府的"偏安"之地，重庆的金融业远没有发展起来。重庆证券交易所早在抗战爆发初期就已停业，到1941年4月该所曾召开股东临时会要求复业，舆论界也有人提出为吸引游资及海外华侨资金，应设立证券交易所，国民政府财政部也拟议设立"重庆市产业证券交易所"，但由于不具备经济条件，又处于战争时期，市场上又缺乏证券筹码，均未能成功。

南京政府退守西南后，实行战时财政经济统制政策。在缺少税收手段的情况下，军政费用等财政支出主要依靠举借内外债和货币发行。1937—1945年，举借外债21次，共计7亿多元，发行国内公债19次，共计法币223亿元。这时的国内公债，除"救国公债""军需公债""同盟胜利公债"等直接向社会发行外，其余的没有在证券市场公开发行，而是以总预约券的方式向银行抵押，由银行垫款，实际上是变相的货币发行。

当时工商界、金融界人士多次议论，舆论也有设立证券交易所以吸引游资与海外侨资的呼声，抗战初期才停业的原重庆证券交易所的股东也积极活动，于1941年要求复业，但是，政府均以非常时期需要集中一切人力、物力和财力抗战为由，加以否定，实际上政府考虑有三：其一，政府已垄断了金融，发行公债与发行纸币无异，无须另设证券交易所；其二，战争已使公债信誉大打折扣，公债势必进入交易，公债市价必定大幅跌落，使债信再损，新债也会因此难以发行；其三，证券交易所一向是极敏感的场所，战事变动必然导致行市波动，进而造成整个金融市场动荡；加之证券交易所设立必然会吸引部分资金，与政府经济统制、垄断金融的政策相悖。

由于政府对证券市场持上述看法，致使已发公债在黑市上价格一跌再跌，新债发行绝大部分由政府强令银行承销垫款，公债市场几乎不复存在。国统区的证券市场不仅没有新的发展，反而呈萧条萎缩之势。

2. 上海租界"孤岛"股票市场的复苏和畸形发展

1937年七七事变后，国民党军队节节败退，同年8月13日，日本侵略军进攻上海，到10月底国民党军队撤出上海。但上海的各租界仍然在美、英、法等国的统治之下，形成日本占领区内的一个"孤岛"，中外银行继续营业，四大家族官僚资本依靠租界和外国银行的势力仍然控制着上海金融；民族资本工商业则视租界为逃避日伪掠夺的"避难所"。随着日军对上海附近各省的占领，中国东南一带的大量人口与资金逐渐集中于上海的租界，使这孤岛成为畸形的繁荣地区。这样，南京政府留在租界的经济机构及相当的经济力量，依托西方势力，继续开展活动，仍然控制着上海的金融市场。

"八一三"事变后，曾一度兴旺的公债交易随着华商证交所的停业而完全陷入停顿状态。随着国民党军队的节节败退，中国半壁河山陷入日军铁蹄之下，应解税款全部中断，政府不得不于1939年2月公布非常时期公债停止还本付息，致使已发公债在黑市上价格一跌再跌，几乎成为废纸，新债发行绝大部分由政府强令银行承销垫款，公债交易一落千丈，公债交易市场从此一蹶不振。

1939年第二次世界大战爆发，下半年从我国香港地区，以及新加坡等地回流资金达15亿元；到1940年，从各地流入上海租界的游资增加到50亿元以上。另外，1938年3月南京政府实行外汇审核办法后，法币的官方汇率难以维持，外汇黑市出现，外资股票价格因汇价变动而迅速上升，投机外汇与投机外资股票无异，在此推动下，长期被冷落的华商股票重新又为市场所青睐。

1940年，中国市场上股票交易逐渐恢复。上海信托业同人联欢会设立了"中国股票推进会"，其宗旨是"推进中国股票流通，便利投资，提倡实业"，为会员买卖股票提供便利。该会上市股票以华商正式注册的股份公司股票为限，只做现货交易。当时在该会挂牌开拍的华商股票有85种。该会定有"组织章程""交易办法""代客买卖方法"等规章制度。该会由参加的会员各推代1人为委员，由委员中互推干事7人负责处理日常事务。在该会买卖的股票以该会审查通过者为限，除星期日和例假日外，每日下午2时至3时为交易时间，各参加会员可派交易员3人参加交易活动，并且只做现货交易，会所设在中一信托公司大楼"信托业同人联欢会"会址内，到1941年12月8日太平洋战争爆发，该会即宣告解散。中国股票推进会实际上部分填补了当时无华商证券交易所的空白，对股票市场的复苏和发展起了推动作用。

中国股票交易在证券市场上沉寂了20年以后，在上海租界成为日伪统治区中的孤岛时，反而活跃起来，这是上海孤岛畸形繁荣的一种具体体现。究其原因大致有以下三点：（1）当时上海集中了大量资金，市场上游资充斥。（2）货币贬值，物价飞涨，而租界内各公司营业反而从中获利，每次发息分红均有厚利，因此股票能吸引游资。（3）国民党军队节节败退，公债信誉低落，有价证券的投资者与投机者不得不转向股票。

外资企事业更是倚仗在租界中的优越地位，此时获得空前的发展。西商上海众业公所也因此出现从未有过的繁荣局面。抗战爆发后，该所曾停业 4 个月，很快又于 1937 年 12 月复业。由于租界人口大增，消费品供给不足，物价上涨，货币贬值。为了保持币值，购买外资股票是最好的选择之一，尤其是 1938 年 3 月外汇升水，社会游资更是涌向外资股票市场。西商上海众业公所上市的证券品种达 162 种之多，其中股票 96 种，公司债 10 种，其他各种金币公债 56 种。进入 1940 年以后，外资股票的投机活动更为突出，各种股票价格创新高，有的竟超过票面价值的十几倍乃至几十倍。如会德丰股票面值为白银十两，而市价竟涨到 271 两。上海众业公所 1937 年的成交量为 1800 万元，到 1940 年上半年扩大为 5682 万元，仅 1940 年 1 月 8 日这一天，就成交了 132.2 万股。1941 年 12 月，太平洋战争爆发，日军占领租界，"孤岛"消失，西商上海众业公所关闭，并从此在中国消失。

3. 日伪统治下的证券交易

上海众业公所停业后，证券交易转到场外。社会游资起初抢购商品，日伪查禁后，大量游资又转向中国股票，使华股交易逐渐兴盛起来。上海、天津等地专门经营股票交易的公司激增，1940 年仅有 10 家，1941 年新设立的有 8 家，而 1942 年设立的多达 127 家。由于没有统一的市场，只是由各股票公司自由开拍、自由买卖，同一时间同一股票的各家行情大相径庭，任其一家的供求状况自行涨落，股票投机风行，致使股价直线上升。以 1943 年度为例，股票市价平均上涨 7 倍有余，同时期物价上涨了 3.8 倍，股价上涨率超过物价上涨的近 1 倍。股票的市场价值远远超过所代表的实际资本。

证券市场的兴起，日伪当局又不能禁止，遂改为对证券市场加以控制利用政策，下令让上海华商证券交易所复业，并在北平及天津等地设立交易所。

1943 年 11 月，上海华商证券交易所复业后正式营业。上市的股票陆续增至 199 种，其中永安纱厂、新亚药厂和新益地产等股票最为热门。自证券交易所复业后，股票投机呈白热化状态，股市动荡不定，价格剧烈起伏，1944 年一年内，有的股票最高价与最低价相差 4 倍。证交所由于价格涨落幅度过大而停止交易的现象频繁出现。1945 年，该所又加拍 14 种股票，并实行延期交割方法，股票期货买卖和套利交易又兴旺起来。

天津是除上海外国最大的工商业城市,1944年12月,日伪华北政务委员会经济总署为控制金融市场,责令在天津设立华北有价证券交易所,由天津、北京、青岛、济南四市联合出资设立。1944年12月25日,华北有价证券交易所在天津召开筹备会议,1945年1月10日,天津、北京、青岛、济南四市的代表22人召开发起人大会,制定各项章程制度,但一直拖到1945年8月27日,该所才开始正式营业。当时日本已宣布投降,但天津仍处于日伪统治之下,该所得以继续营业,不久即为国民政府所接管。上海华商证券交易所则在8月18日宣布停业解散。

日伪统治下股票市场的"繁荣",一是由于没有投资环境,社会上相当数量的游资要寻找出路;二是在通货膨胀,币值日低及大宗物品、黄金、外汇等交易被禁止的情况下,游资只得转向股票市场。股票交易在长时间冷落以后突然兴盛,绝不是中国资本市场的健全与发展,仅是殖民地经济的一种畸形表现。

(三)南京政府后期证券市场的短期"繁荣"

1. 内外债市场持续低迷

1945年8月日本投降以后,国民政府在美国支持下,迅速进入日伪占领区接收敌伪资产,并在接收中大发其财。国民政府接收了敌伪财产20亿美元,并拥有大量黄金和外汇储备,法币流通区域也第一次推及全国范围。但随着内战的逐步升级,军费开支急剧增加,不仅使结存资金和物资很快耗费殆尽,而且还造成巨额的财政赤字。于是国民政府再次大举内外债。如1947年曾两度发行的美元公债、库券,总额4亿美元,认购的却仅5600万美元。这以后虽变换手法采用美元、金元、稻谷,甚至黄金计值,但很少有人认购。在国民政府通货膨胀政策之下,法币迅速贬值,这虽使政府前期举借的内债一下子还清,却从此彻底失去债信和民心,这就是南京政府后期发行新公债数额虽大,却无问津的主要原因。

抗战结束后,南京政府向美国和加拿大等国举借外债11项,共计22亿美元。但是由于全国内战爆发,美国、加拿大担心借款归还没有保障,只是分别拨付了部分的借款款项,余者则停止贷借。举借内外债弥补巨额的财政赤字无异于是杯水车薪,政府转向银行透支,借助战前建立起来的法币制度,滥发纸币,用财政发行获得收入,致使通货恶性膨胀。

在此种背景下，中国股票市场出现了短暂的"繁荣"。

2. 股票市场一枝独秀

抗战结束后，国民政府于 1945 年底公布"京沪区交易所处理办法"，宣布清查战时营业的商营交易所；在清理期间停止一切交易活动。1945 年 8 月 18 日，上海华商证券交易所查封停业后，证券交易再次转入黑市。政府虽严格查禁，证券投机者采取化整为零的方法，分散活动。更有股票公司还开设股票期货交易，股票交易黑市经久不衰。政府见证券交易取缔不了，转而允许建立交易所，就是利用四大家族官僚垄断资本通过官商合办形式来控制证券交易所。

1946 年 5 月，南京政府行政院下令，筹建上海证券交易所。1946 年 9 月 16 日，上海证券交易所正式开业。资本 10 亿元，原上海华商证券交易所股东认购六成，另四成由中国银行、交通银行、农民银行及中央银行信托局、邮政储金汇业局认购。交易所在原证券大楼的基础上扩充改造，建股票和债券两个市场。最初核定经纪人 225 家，上市股票有永安纱厂、美亚绸厂、新亚药厂、华丰搪瓷厂等 20 种。起先只做现期交易，但交易十分清淡。1946 年 11 月起开办"递延交割"交易，12 月又试办套利交易。证券交易迅速扩大，日成交量猛增到 8 亿股，股票价格一路飙升。1947 年 3 月，政府宣布实施"经济紧急措施"，禁止黄金及外汇买卖，社会游资都涌向证券市场，股票买卖更加兴旺。到 1947 年底，上市股票增加到 32 只，经核准的经纪人 245 家，总市值达 70783 亿元。自开业到 1947 年底这一年多的时间里，股票价格与物价一样处于不断上涨的趋势中。如以证交所开业的前两周作为基期计算，股价上涨了 30 倍，趸售物价上涨了 25 倍，股价上涨率超过了物价的上涨。从开业到 1947 年年底，上海证券交易所的收入共为 590 亿元，主要为经手费与上市费，前者为 457 亿元，占总收入的 77% 多，后者为 35 亿元，占总收入的 6%。总支出为 339 亿元，经提存交易人准备等项后，纯收益为 120 亿元。①

除上海证券交易所场内交易外，证券场外交易仍然存在，交易的证券主要有政府统一公债、未上市的华商股票和外资股票三大类，统一公

---

① 人民银行总行金融研究所金融历史研究室编：《近代中国的金融市场》，中国金融出版社 1989 年版，第 464 页。

债之所以仍有市场，是因为投机者预期政府将有合理的偿还。至于像华商电气、中国银行等未上市股票交易活跃，则是因为这些银行和企业久负盛名，一直为人所熟知，因为原西商上海众业公所关闭，新成立的上海证券交易所又只做华商股票，所以外资股票只能在场外市场进行交易。像怡和纱厂、业广地产、会德丰等外资股票在场外交易还相当活跃。

在天津，华北有价格证券交易所开业后，原定开做23种股票，但实际上成交较多的只有六七种股票。1945年11月，该所被南京政府接收，并于1946年3月改组为天津有证券交易所，资本增至10亿元，几经周折于1948年2月才正式开业。上市股票只有13种，分别是启新洋灰、滦州矿务、江南水泥、东亚企业、济安自来水、天津造胰、中华百货、仁立实业、丹华火柴、寿丰面粉、跃华玻璃、永兴洋纸、滦州矿地等股票。1948年8月12日，奉民国党政府命令开拍"民国三十七年短期国库券"。在股票交易中，以启新洋灰、滦州矿务等为热门股，在天津证券交易中占有重要地位。6月中旬，天津证券交易所证券交易空前活跃，启新股票月初价为195元，到16日以245.5元涨停；开滦矿务股票初为79万元，15日以96万元涨停。其余各股价格一致上升，且有数日全部股票涨停。同时场外股票交易也很活跃，其价格往往要比交易所内高。如此涨风至7月其势稍减。至于短期国库券交易，购买者并不踊跃，上市仅一个星期，到8月19日，国民政府改革币制，推行金圆券，令交易所停业。

通货恶性膨胀，导致了经济的全面崩溃，股票市场在经历短暂"繁荣"后，开始迅速衰退。1948年1月，南京政府命令上海证券交易所经纪人限期增加资本和保证金。4月4日，行政院命令取缔"递延交割"，只允许现货交易，禁止期货交易和经纪人场外交易，致使上海证券交易所18种股票价格全面暴跌。1948年8月，政府推行金圆券币制改革，命令上海、天津两地证券交易所停业待命，天津有价证券交易所因1949年1月天津解放，停业后便再未恢复。1949年3月，上海证券交易所在"疏导游资、稳定经济"的幌子下复业，但股票交易清淡，成交稀落。1949年5月上海解放，上海证券交易所停业。中国半殖民地半封建的证券市场从此结束。

第二十章

中国共产党领导的根据地金融体系(1927—1949年)

第一节 根据地金融体系的产生（1927—1937年）

1927年，毛泽东领导秋收起义后，向井冈山进军。1930年先后建立赣南和闽西两个根据地。1931年11月，两处根据地合并为"中央革命根据地"。同时，其他许多地区的根据地和红色政权也相继建立。于是，在江西瑞金成立中华苏维埃共和国临时中央政府。中华苏维埃共和国临时中央政府成立以后，创建了新民主主义经济体系和金融体系。这章叙述新民主主义金融体系产生的经过及其特点。

一 根据地财政金融政策

1928年7月，中共六大制定了"中国革命在现阶段的十大政纲"，在财政、金融和外汇管理等方面制定了一系列方针政策。

在财政方面，"从发展国民经济来增加我们财政的收入"是主要方针。废除一切苛捐杂税，实行统一累进税。同时，为了发展贸易和生产，中华苏维埃政府曾于1933年发行公债300万元，其中2/3用来拨给或者贷给对外贸易、粮食调剂局和合作做本钱。在财政支出方面，完全行节约的方针，坚决反对贪污浪费。

在金融方面，对各地原有的民族资本的金融机构仍容许它们存在，但要对它们进行严密的监督。中华苏维埃政府的金融政策是："对土著及大私人银行和钱庄，苏维埃代表监督其行动，禁止这些银行发行任何货币，苏维埃应严厉禁止银行家利用本地银行实行反革命活动的一切企图。"对帝国主义的银行是要取缔，不许其存在的。同时，为消灭农村中的封建剥削，严格禁止高利贷。1931年中华苏维埃政府曾颁布一个"借贷暂行条例"，规定苏区借贷利率，最高者短期每月不得超过一分二厘，长期周年不得超过一分。超过者都视作高利贷，而应严行取缔。同时，宣布过去高利贷的契约完全无效。

对外汇也实行管理。那时曾实行一种"现金出口登记制度"。为了保证根据商人出口物资和携出现金，一定能够挽回必需品，中华苏维埃政府财政人民委员部第十九号训令规定："凡是携带大洋或毫子（2角银币）往蒋管区办货，在20元以上者，须向市区政府登记，20元以下者，须向县政府登记，取得现金出口证，方得出口。"同时，还规定，没有出口证而携带现洋出口者，查到一律没收。[①] 这是针对当时敌人经济封锁和根据地现银缺乏情况，而规定的措施。

二　国家银行的建立和货币发行

（一）国家银行的建立

随着各个革命根据地和革命政权的建立，各个革命根据地的银行也分别建立起来。1930年3月，"闽西工农民主政府"建立，11月由工农群众自己集资创办"闽西工农银行"。这是革命根据地最早的一个工农银行。其他根据地也相继成立银行。"湘鄂赣革命根据地"1931年9月成立"湘鄂赣省工农银行"；"闽浙赣革命根据地"1932年设立"闽浙赣革命工农银行"；"湘赣革命根据地"1932年设立"湘赣省工农银行"；川陕省工农民主政府1933年12月设立"川陕工农银行"。

1931年11月，中央苏区国家银行成立，各个革命根据地设立的工农银行也都归并于国家银行。但是，当时由于敌人的包围和封锁，以及交通的不便和农村经济的分散性，各个地区银行相互间的联系和它们与国家银行总行之间的联系并不密切。不过，自国家银行在瑞金成立后，在党的统一领导下，各个革命根据地和地区的金融方针政策基本上统一起来了。

[①] 龙一飞：《中国现代金融史》，山东省银行学校、广西银行学校和武汉市财贸学校1980年翻印，第84页。

表 20.1　　　　　　1930—1933 年各根据地设立的银行

年　份	成立银行	年　份	成立银行
1930	闽西工农银行	1932	闽浙赣革命工农银行
1931	湘鄂赣省工农银行	1932	湘赣省工农银行
1931	国家银行	1933	川陕工农银行

(二) 根据地银行的任务和业务

1. 根据地银行的任务

为配合当时对敌的政治、经济和军事斗争，根据地银行负有以下任务：协助发展生产事业，支援财政；协助打破敌人经济封锁，解决现金缺乏问题；协助打击富农、银庄、奸商的高利贷；发行货币，统一币制度。

(1) 在支援财政方面，根据地银行贷款给政府、工农群众以发展生产。在政府的财政收入中，银行贷款所占的比重不大。据估计，在当时的财政总收入中，有 40%—50% 来自收入；有 15%—20% 来自自愿捐献；其余的收入来自贸易、经济建设、经营土地和银行贷给政府贷款。银行还办理公债的发行及付息。中央根据地在 1930—1933 年，发行了三期公债。第一、第二期是"中华苏维埃共和国革命战争公债"，两期共 90 万元。第三期是"中华苏维埃共和国经济建设公债"，总额为 300 万元。根据地的公债是直接依靠群众和政治动员工作而发行的。

(2) 解决现金缺乏问题方面，打破敌人经济封锁。根据地需要由白区输入盐、布、药品等日用必需品，因为日伪经济封锁而价格奇昂。入超的数额相当巨大。这就要流出现金，以资抵补。另外，部分商人和农民将现金贮藏起来，以致市面上现金流通减少，引起经济金融困难。对此，根据地政权采取措相应施来解决这些问题。首先，打破敌人经济封锁，扩大对外贸易，防止现金外流，并打破敌人经济封锁。其次，出台相关法规制止富农及奸商贮藏现金；设法开采银矿；银行负责收集人民兑换的银器和银饰，再铸成银币，以增加市面的现金流通。

2. 根据地银行经营存款、放款、汇兑等业务

（1）在存款业务方面，国家银行及其分支机构吸收机关、学校、部队、人民团体、合作社的存款，以充实自己的资金。银行特别注意吸收个人的储蓄存款。为了开展储蓄业务，在1933年曾发动一次群众性的储蓄运动。在这次运动的推动下，各解放区的储蓄业务发展起来了。在储蓄的种类方面，当时办有定期储蓄、活期储蓄、零存整取等几种储蓄。

（2）在放款业务方面，银行既对公放款，也对私放款。根据湘赣省工农银行的《银行简章》的规定，"凡在湘赣解放区内的各种合作社及各种公共产业，在扩张营业的需要上，经过当地高级工农民政府的保证，而在本银行财力可能时，得向银行借款应用"。这是对公的放款。另外还规定："凡是革命工人、农民、士兵、小商人、劳动贫民、如遇发展生产事业上有需要，得到当地工农民主政府的保证，而在本银行财力可能时，亦得借款应用。"这是对私的放款。同时还规定，放款利息"每月每一银元收息金五厘整"。这就是说，放款利率很低，还不到月息一分。

（3）在汇兑业务方面，湘赣省工农银行一元券的背面，有这样的规定："汇兑款项，凡因路途过远或因他故不便携带的银钱，可交银行汇寄，使我们多数银钱往来不生任何困难。"可见革命根据地银行也办理汇兑业务。关于汇兑的其他资料不详。

（三）货币发行及货币统一

根据地建立之初，市面上流通的货币相当复杂。有各地的土钞、杂钞、地方军阀发行的不兑现纸币，还有各种银元、银角和铜元。革命政权建立后，各工农民主政府又设立自己的工农银行，发行纸币。甚至一些机关团体也发行纸币，如闽西军民合作社曾发行过流通券。复杂的货币流通，使商品交换发生困难，也影响人民经济生活的安定和工农业生产的发展。因此，发行货币，统一货币制度，就成为国家银行一项迫切任务。

国家银行成立后，开始发行纸币，并把货币的发行统一起来。国家银行的纸币分一元、五角、三角、二角、一角、五分几种。国家银行纸币发行后，各地区以前发行的纸币均陆续收回，兑换新币，以后不准再流通。国家银行和各根据地的工农银行，那时所发行的纸币都是兑现纸币。按照规定，这些纸币可以与银元、银角自由兑换。如银行券上印有

"凭票即付银币一元""凭票即兑票银币五角"等字样。

根据地银行发行纸币是以经济发展的需要为指导原则，控制过度发行。同时，为了提高纸币的信用，中华苏维埃政府还采取如下具体措施：（1）政府各级部门将金银集中解送中央财政部铸造银币。（2）各级党团组织宣传并起模范带头作用，将现金拿来兑换国家银行的纸币，并用币纸买卖一切物品。（3）各县及军队地方均应设立国家银行纸币兑换处，兑换现金。由于根据地有充足的银洋等作为准备金，国家银行纸币一直具有很高的信用。

为了增加市面上现金流通和支持纸币信用，革命根据地银行还铸造发行各种硬币。硬币的种类有一元银币、二角银辅币、五分和一分铜辅币。这些铸币，铸造精良，花纹文字秀丽，为我国铸币史开创了新纪元。

第二节 新民主主义金融体系的发展壮大（1937—1945年）

自卢沟桥事变到1940年年底，八路军和新四军先后建立晋察冀、晋冀鲁豫、晋绥、山东、华中、华南等抗日根据地。各抗日根据地还建立抗日民主政权。为统筹自己的军事、政治的经济力量，各根据地还建立自己的银行，发行钞票，进行一切有关金融的活动。这样，随着抗日根据地的建立的扩展，新民主主义金融体系也日益发展壮大起来。

一 根据地银行的建立和货币发行

（一）陕甘宁边区银行和陕甘宁边币

陕甘宁边区人口约150万人。延安是党中央和陕甘宁边区政府所在地。工农民主共和国国家银行原在陕北设有办事处。1937年7月，边区政府成立后，将该办事处改组为陕甘宁边区银行。总行设在延安，直接领导延安行政区的银行机构。

边区银行成立之初没有发行货币。边区市场上流通的是法币。由于原来工农民主共和国国家银行西北办事处发行的90万元纸币也陆续收回，市面辅币缺乏，零星找补困难。边区政府就于1938年6月批准边区银行以其附属机构"光华商店"的名义，发行光华商店代价券，作为辅币流通。代价券面额分为二分、五分、一角、二角、五角 5 种，随时可与法币兑换行使。代价券发行后，颇受民众欢迎，信用极好，它们的流通范围甚至扩展到边区以外。截至 1941 年 2 月 18 日，代价券的发行额达到 4308215 元，同时还增发七角五分的一种辅币。

图 20.1　陕甘宁边币"光华商业代价券"七角五分辅币

1941 年皖南事变后，国民党加强了对边区的包围封锁，边区政府的财政遇到严重的困难。为此，中共中央提出"发展经济、保障供给"的方针，号召全体军民生产自给，有组织地去克服各种困难。边区政府于 1941 年 1 月 28 日决定发行自己的货币，并于 1 月 30 日颁布禁止法币在边区境内行使的命令；随即于 2 月 18 日授权边区银行发行"边币"，作为边区境内流通的法定货币，同时规定"边币"对法币的兑换比价为 1∶1。边币发行之后，边区银行就以边币逐渐收回"光华商店代价券"。

图 20.2　陕甘宁边区银行一千元券

1944 年，西北财政经济办事处和边政府决定发行"陕甘宁边区贸易公司商业流通券"（简称"流通券"），规定"流通券"1 元等于边币

20元。自1945年6月1日,决定以"流通券"为陕甘宁边区的本位币,并责成边区银行将边币陆续收回。

(二)晋察冀边区银行和晋察冀边币

晋察冀边区包括山西、河北、察哈尔、热河、辽宁五省各一部分地区。面积80万平方里,初划分为北岳、冀中、冀热辽三个区,1945年改为冀东、冀中、冀晋、冀察四个战略区。在1945年所辖县治发展到116个,人口发展到320万人。

1938年3月,晋察冀边区银行成立,并开始发行钞票,名为"晋察冀边币",规定边币等值兑换法币。1938年6月,晋察冀边区政府下令禁止法币和各种杂钞①在市面上流通。同时规定:凡持有法币及各种杂钞者,必须在交易前,先到兑换机构兑成"边币"否则,不得使用。从此,"边币"成为晋察冀边区法定的货币,又称"抗日票"或"抗币"。1945年8月抗战胜利后,银行总行由阜平迁到张家口。1946年10月,由于军事缘故,又由张家口迁回阜平。

图 20.3 晋察冀边区银行发行的纸币

(三)冀南银行和冀南币

晋冀鲁豫边区包括两个战略区,即晋冀豫区(包括太行区、太岳区)和冀鲁豫区(包括冀南区和原来的冀鲁豫区)。晋冀鲁豫边区设有晋冀鲁豫边区政府。到1944年,全区有4个行署,26个专署,共辖198个县,另有邯郸一个直属市。全区土地面积约60万平方里,人口2500余万人。

1938年9月,晋东区曾设立上党银行,发行"上党票"。1939年10

---

① 杂钞指各地方银行及金融机构发行的钞票,如河北境内的河北省银行钞票、山西境内的山西省钞、察哈尔境内的察省银行钞票及伪联合准备银行的"伪联币"等。

月，冀南行政主任公署设立冀南银行，发行"冀南币"。1940 年，两行合并，冀南银行成为晋冀鲁豫边区统一的银行，冀南币也逐步成为边区市场上流通的唯一法定货币。

冀南银行总行建立后，先后在太行区设立了五个分行，称为第一、第二、第三、第四、第五分行。到 1943 年，分行已增加到七个。1940 年 5—6 月间，在冀南区与冀鲁豫区，先后设立了县银行机构。

图 20.4　冀南银行发行的纸币

（四）北海银行和北海币

山东解放区包括津浦路以东的山东省大部分，河北和江苏两省的一部分。面积约 60 万平方里，人口 2900 余万人。全区分为五个独立区域，即鲁中区、滨海区、鲁南区、胶东区、渤海区。

1938 年秋天，八路军山东纵队在胶东区的蓬莱、黄县、掖县建立抗日民主政权。1938 年 8 月，设立北海银行，并发行"北海币"。银行总行设在掖县，同时在黄县设发行部。北海币成为山东抗日根据地的货币。

1939 年以后，山东各县的抗日民主政权相继建立。各级参议会选出山东解放区最高的政权机关，便于各抗日根据地的集中统一领导。1940 年春，北海银行总行迁移到临沂，并在渤海区、胶东区设立分行。经过同法币、伪联币及土杂钞的斗争，1944 年年底，北海币独占山东解放区的货币流通市场。

（五）西北农民银行和西农币

晋绥边区东起同蒲、平绥铁路；西至黄河；南迄汾离公路；北达绥远的包头、百灵庙、武川、陶林一线。全区南北纵长约千里，东西横宽 300 里，面积为 33 万平方里，人口约 322 万人。全区控制县城有河曲、保德、偏关、岢岚、临县、兴县 6 县。

图 20.5　北海银行发行的纸币

1940年2月，晋西北行政公署召开第一次行政会议，建立抗日民主政权。在兴县地方农民银行的基础上，成立了西北农民银行。边区政府就以献金、献粮、献鞋、扩兵"四大动员"所得献金以拨充西北农民银行资金，同时发行西北农民银行钞票"西农币"。西农币发行之后，就逐渐把法币和山西省钞驱逐出境，而成为晋绥边区唯一合法的货币。当地流通的银币一直到全国解放以后才完全肃清。

图 20.6　西北农民银行发行的纸币

（六）华中银行和华中币

华中敌后解放区位于中国最富饶的中部，在江淮河汉之间；东临大海、西屏武当，南迄浙赣，北至陇海；包括江苏大部、浙江、湖南各一部分，是由新四军开辟发展起来的敌后解放区。从1938年5月到1944年，该解放区包括7个行署、1个浙东军政民联合办事处、20个以上的专员公署、140个县政府，人口3000万。

从1944年到1945年，为支持抗战并对敌进行经济斗争，华中敌后各根据地陆续建立了淮南银行、淮北地方银行、江淮银行、盐阜银行、大江银行、江南银行6家银行，且都发行钞票。

随着抗日战争的胜利发展，华中敌后解放区政府认为有必要把这6家银行和它们的钞票统一起来。于是在1945年8月把6家银行合并起来组织"华中银行",作为华中解放区统一的金融机构;同时发行华中银行钞票"华中币",把原来6家银行的钞票,陆续收兑回来。

(七)浙东银行和浙东抗币

浙东解放区是华中敌后解放区的一个战略区,北至嘉善,南至义乌,西至杭州,东至宁波,沪杭甬铁路曲贯其间。1944年,浙东敌后行政委员会在四明山区成立。1945年春天,浙东行政委员会在余姚南部的梁弄改组为浙东行署。

浙东行署于1945年春建立浙东银行。浙东银行总行设于梁弄,并在三北设立分行,在其他各县设立办事处。1944年,浙东敌后行政委员会曾发行一种"金库兑换券",作为部队和财政机关之间的支付工具。浙东银行成立后,即印发一元和五元面额货币,名为"抗币"。抗币1元价值等于大米1斤,由公营米店按此标准,掌握供应大米。

1945年秋,浙东区新四军部队北撤。为了照顾该区群众利益,浙东银行用米粮、布匹和银元把所发的抗币收兑回来。其余未吸收兑回来的抗币,均准按照规定比价兑换华中币。

图 20.7　浙东银行发行的纸币

表 20.2　　　　　抗日战争时期革命根据地成立的银行

银行名称	成立时间	结束或撤并时间	发行货币名称	银行行址
陕甘宁边区银行	1937年	1947年12月与西北农民银行合并	陕甘宁边币	延安

第二十章 中国共产党领导的根据地金融体系(1927—1949年) / 591

续表

银行名称	成立时间	结束或撤并时间	发行货币名称	银行行址
晋察冀边区银行	1938年3月	1948年5月并入华北银行	晋察冀边币	山西五台县石咀镇
冀南银行（晋冀鲁豫边区）	1939年10月	1948年5月并入华北银行	冀南币	山西上党
鲁西银行（冀鲁豫区）	1940年4月	1946年1月并入冀南银行	鲁西币	山东范县观城
北海银行（山东根据地）	1938年8月	1948年12月并入中国人民银行	北海币	山东掖县，后迁临沂
西北农民银行（晋绥边区）	1940年5月	1948年12月并入中国人民银行	西农币	山西兴县
江淮银行	1941年	1945年8月并入华中银行	江淮币（统称抗币）	苏北盐城
淮南银行	1942年	1945年8月并入华中银行	淮南币（抗币）	皖东盱眙县
淮海银行	1942年	1945年8月并入华中银行	淮海币（抗币）	苏北沭阳县
盐阜银行	1942年	1945年8月并入华中银行	盐阜币（抗币）	苏北盐城县
淮北地方银号	1941年	1945年8月并入华中银行	淮北币（抗币）	皖东北泗水县
江南银行	1945年春	1945年9月以后随军队转移撤销	抗币	茅山地区
鄂豫边区建设银行	1941年	1945年9月以后随军队转移撤销	建行币	随县等地，后转大别山
大江银行	1944年	1945年9月以后随军队转移撤销	大江币	皖中无为县
新东银行	1945年1月	1945年10月以后随军队转移撤销	抗币	浙江四明山地区

二 解放区的对敌货币斗争

在解放区设立银行、发行货币的时候,各解放区市场上已有各种的对敌货币在流通。这些货币主要是各种土杂钞、法币、伪联币、伪储币和数量不大的日本币、日帝军用票、朝鲜币、伪蒙疆银行钞票、伪满洲中央银行钞票。各解放区银行在发行货币的时候,为使本币迅速占领市场,扩大流通,巩固和提高信用,以达到统一边区货币、稳定金融的目的,就必须与这些敌对货币进行尖锐的斗争。

(1) 斗争对象

第一,土杂钞。各种土杂钞是在抗日战争发生以前和在抗战初起的时候,由各地方的政权机关、社会团体、金融机构、军阀、地主、豪绅、富商等发行的纸币。这些纸币,种类复杂,名目繁多,有本位币,也有辅币。它们盛行于晋察冀、晋冀鲁豫、山东三个解放区。土杂钞的流通,扰乱金融,破坏市场,阻碍生产事业的发展。各解放区在设立银行并发钞之后,首先就要对土杂钞进行斗争。在党和政府领导下,各区推行了以下措施:宣传教育;行政命令禁止;勒令发行者限期收回;由解放区银行进行收兑等。1941年,土杂钞终于全部肃清,奠定了各解放区货币一元化的基础。

图 20.8 河北河间同业组织发行的临时流通券(土杂钞)

第二,法币。对法币的斗争可分为两个阶段。第一个阶段从抗战开始到1941年。由于日伪大量利用法币来套购我国的外汇,各解放区不但容许法币在区内流通,还要维持、保护和收兑法币,以免流入日伪之手。例如:冀南行政主任公署在1940年号召百姓继续使用残破不严重的法币。在晋察冀边区,虽早在1938年6月就禁止法币流通,但银行和税收机关对于法币仍照旧收受。第二个阶段由 1941 年到抗战结束。由于国民党对解放区实行经济封锁，利用法币向解放区抢购物资，暗中同日伪配合夹击解放区。太平洋战争爆发后，日伪无法利用法币套购我国外汇，便把大量法币收集起来推向解放区抢购物资。为此，各解放区下令严禁法币在区内流通，同时压低法币价值，使本币完全摆脱同法币的固定联系。从此，各解放区对法币的斗争激烈起来。

第三，伪联币。伪联币是北平伪政权于 1938 年 3 月 10 日设立伪中国联合准备银行所发行的钞票。这种钞票大量流通于华北各地。伪联币是日本掠夺中国人民财富的工具，并达到"以战养战"的目的。为贯彻独立自主和独占的发行方针，各解放区展开了打击伪联币的斗争。抗战初期，伪联币作为"汉奸票"被解放区人民拒收。即使与敌占区有贸易联系，人们只用法币作过渡。各解放区在根据地内对伪联币实行禁止、没收、处罚等方法。但在与敌占区相邻地带，则要改变斗争策略，要同伪联币往来，并在往来中斗争。从此，对伪联币的斗争进入一个新的阶段。

图 20.9　伪中国联合准备银行一元券

第四，伪中储币。伪中储币是汪伪政权中央储备银行发行的钞票。这种钞票流通于华中一带，是华中敌后解放区对敌货币斗争的主要对象。当华中解放区于 1945 年设立华中银行并发行"华中币"时，日伪政权已快走到末路。因此，华中银行成立后，很快肃清了区内的伪币。

由上可知，在各解放区的对敌货币斗争中，各种土杂钞和华中的伪中储币很快得到肃清，斗争的主要对象是法币和伪联准币。从时间上看，1941 年以前，法币还不是重要的斗争对象；那时重要的斗争对象是土杂钞和伪联币。从地区上看，陕甘宁边区和晋绥边区的斗争对象只有法币；其他解放区的斗争对象则兼有法币和伪联币，不过在抗日战争时期，对

图 20.10　伪中央储备银行发行的十元票（1940 年）

伪联币的斗争都是放在首要地位的。

（二）斗争方法

在抗日战争时期，各解放区对敌货币斗争的方法是多方面的。除了运用政治力量实行禁止、取缔、没收、打折扣使用和处罚外，还运用经济手段进行斗争。

第一，外汇管理办法。这就是把敌币和敌币票据当作外汇进行管理。1942 年 5 月，晋冀鲁豫边区政府正式颁布全区的《外汇管理办法》。规定出口商人所得的敌币外汇必须售给政府银行，进口商人需要的敌币外汇只能经过批准后向银行购买。这样，政府银行就可以集中掌握大量的敌币外汇，可以随时供应对外购置军用和民用必需品的外汇资金；或者随时相机在市场上抛售敌币外汇，以压低敌币的价值，提高本币的信用，达到排挤敌币的目的。

第二，实行土特产的对外统销。陕甘宁边区在 1941 年曾设立土产公司，专门办理土产的对外统销；设立盐业公司，专门办理食盐的对外统销。其他解放区也先后设立专门机构，掌握重要的物资，对外实行统销。解放区政府不但可以集中掌握大量的敌币和外汇，以操纵敌币，打击敌币，而且还可以使土特产在外"争取有利的交换"。陕甘宁边区实行食盐对外统销，曾使食盐对外价格提高十几倍。1942 年冬，太行区的粮食大量集中出口，曾使敌币外汇价格大为降低。山东解放区在 1943 年实行食盐对外统销，使食盐输出价格提高 50%；1944 年实行生油对外统销，使生油输出价格提高 50%—100%。

第三，设置"货币交换所"或"兑换所"。陕甘宁边区于 1941 年 12 月重申禁止法币流通的命令，在各地设立货币交换所，公开挂牌买卖法币。1943 年，边区各地设立货币交换所 42 处。晋冀鲁豫边区在 1942—

1943年间，也普遍设立兑换所，收兑伪联币、法币、金银，以及残破本币。在边沿地区为买卖生金，兑换所是秘密设置的。兑换所可减少敌币在区内的流通，达到肃清敌币流通的目的；亦可集中掌握大量敌币，以供向敌区采购必需物资之用；还可利用公开的牌价来压低敌币对本币的比价，以提高本币的价值和信用。晋察冀边区还盛行"坡形差价"，亦称"坡度贬值法"，以打击敌币的流通，即在规定敌币对本币的比价时，有意使敌我币比价从边区的核心向周边逐步递增，以促使敌币自动向外流出。

第四，组织群众性的点滴输出。为争取出入口的平衡和出超，以获得对敌货币斗争的胜利，仅由政府掌握物资集中输出是不够的，必须同时发动群众，以其闲余劳动，组织经常性的出口。"点滴输出"就是"细水长流"，用群众的力量，获取大量敌币外汇和换入更多的必需品。当敌人对边区实行集中封锁和管制时，边区就用这个办法来打破封锁，使入口减少，出口增加。邢台在1944年11月到1945年2月，用这种办法组织柿饼100万斤出口；沙河在1944年用同样办法组织荆条20多万斤和许多药材、枣仁、杏仁、木料、水果等出口，收到很好的效果。

第五，利用市场的组织和活动，直接打击敌币，维护本币。且根据不同地区的特点，采取不同的方法。在边区内部，组织集中的交易场所，规定只用本币，打击伪币。在混合市场，即本币与敌币混合流通区，设立地下商店，专门收受本币以树立本币信用。在敌占区，利用部分包商暗中推行本币，争取本币潜伏流通，并设立地下汇兑所，以增加外汇资金。晋察冀边区在天津和北平都这样做过。在新收复区，贷款给小商贩，使其用本币，提高本币的信用和价值。此外，还组织群众向敌占区进行投机活动，从此地贱买，到彼地贵卖；买进时使用敌币，卖出时只收本币。这就无形提高了本币的价值和流通范围。

第六，最根本的方法是把对敌货币斗争同"发展生产、保障供给"的方针结合起来。只有解放区的生产事业发展了，军用民用必需品才能自给，对外购买才能减少，本币信用和价值才能提升。在党和政府的正确决策下，各解放区取得了辉煌的成就。在陕甘宁边区，自大生产运动至1943年，棉花进口额从100%降低到40%；布匹进口从100%降低到50%—60%。大大减轻法币对边币的压力。在晋冀鲁豫边区，从1943年大灾荒到1944年大生产运动，生产事业发展起来。山区的造纸、毛巾、纺织、肥皂等产品已能做到自给。印刷和军工上的许多原材料也都找到了代用品来代替进口货。这样边区的物价和敌币的汇价很快被压下去。在山东根据地，在对敌货币斗争激烈进行的同时，大力发展了生产。纺织、造纸、日用品、军用化学（如制硝碱、硫黄、硫酸）等工业都发展起来，使对敌币斗争有了厚实的物质基础。

三 根据地的反假票斗争

各根据地银行发行货币之后不久，敌人就制造假票向解放区推行，并借此掠夺解放区的物资，破坏根据地的经济建设和扰乱金融。这样，反假票斗争就成为金融战线上对敌斗争的重要一环。

（一）日伪制造假票向根据地推行

1940年年底，为配合经济封锁，日伪向根据地推出大量假票。冀南分区先出现冀南币五元券假票，后来假票波及平汉路以西、太行分区的广大地区。太平洋战争爆发后，日伪更大规模地将假票输入边区。如在冀南分区大名县以南，假票竟达市场货币流量的70%以上，其中大部分五角券为假票。1943年以后，日伪在解放区周围遍设印制假票的机关。到抗战结束时，假票的种类有二三十种之多，印制的机关有天津、石门、太原、安阳、徐州、集宁、新乡、开封、济南、邢台、邯郸、武安12处。

日本还利用各种手段来向根据地推行假票。如公开地直接把假票贱价售给钱贩子和零星小商贩等，由他们用种种欺骗手段到根据地推行。在根据地麦收之后，一些汉奸、奸商就到根据地利用假票来收购粮、棉花等物资。在敌占区，日本人还使用强迫手段，把假票摊派兑换给老百姓，并促使他们把兑得假票到根据地推行。日伪还利用发放伪军军饷和优待伪军属的办法来推行假票。当然，日伪最常用的办法还是利用军事力量来推行假票，他们占领一处，假票就出现在一处。这样，既可以得到军事力量的掩护，又能保障军用物资的供应，达到"以战养战"的目的。

（二）根据地银行反假票斗争

根据地反假票斗争是对敌斗争一项长期而又艰巨的任务。根据地银

行成为反假票的排头兵,在反假票斗争中总结出多种有效的方法。具体为以下几点:

第一,发动群众,让广大群众都参与到反假票的斗争中来,形成一个强大的战斗集体。单靠行政和银行的力量不能有效地打击假票。只有依靠群众,唤起民众的力量,才是根本出路。冀南银行第六分行在《1943年工作总结》中说:"因为反假票是与广大群众利益联系的,一般商民对假票的活动都很关心。只有将反假票工作成为群众运动,造成'老鼠过街,人人喊打'的形势,假票才不能在市场上露面。"

第二,帮助群众识别假票。各抗日根据地遍设假票识别所,并由银行组织识别小组来帮助人民群众辨别真假票,并进行宣传教育工作。冀南银行第一分行在1943年下半年就设立了35个识别所。此外,部分地区还在边沿游击市场上,派出流动的假票识别人员,专门替老百姓识别假票,取得很好的效果。

第三,实行集中交易和严密盘查制度。把一切交易都集中在指定地区,由交易员介绍成交,负责点款。以此杜绝假票的混入。根据地行政机关组织人力,在游击区进行严密的检查和查缉,以堵塞假票向解放区流入渠道。这些工作都在反假票斗争中发挥重要作用。

第四,制定严明的奖励惩处办法,对推行假票犯进行严厉打击;对破获假票案的出力人员给予奖励。这样就可以加强和鼓励人民群众的反假票斗争。1943年,冀南银行第四分行通知边治区事务所、缉私队、武装工作队、民兵缉查假票,盘查可疑商人和难民,同时建立赏罚制度。

根据地运用各种积极斗争的方法,保证了根据地金融的稳定和生产的发展。

四　根据地农村金融工作

抗日根据地建立在农村,发展农业生产,繁荣农村经济,就成为各根据地一项首要任务。抗战时期,党对土地政策进行调整,实行减租减息。这一时期,根据地农村金融工作主要有两个方面:农贷和农村信用合作的组织。

（一）根据地的农贷

1. 根据地农贷概况

土地革命时期，国家银行办理农村低息贷款。1936年到陕北后，工农民主政府在财政困难的情况下，仍拨款10万元办理农贷。1938年，发放农贷10万元。这对受战争破坏的陕北农村恢复生产起了重大作用。

1941年底，中央西北局提出"陕甘宁边区经济建设以发展农村生产为第一"的方针。1942年春耕前，边区政府拨款300万元办理农贷，并首先在延安、安塞、志丹等县举办耕牛贷款。同时又决定由边区银行拨出资金210万元，办理各种青苗放款和家庭纺织、运输等放款。从此，边区银行的农贷业开展起来。1943年放出2000余万元，1944年放出1亿余元。经过1943年的大生产运动和1944年的大力发放农贷，陕甘宁边区的农村经济就大为改观。

2. 农村放款的相关规定

首先，确定农村放款的对象。根据《陕甘宁边区1943年度农贷实施办法》的规定，农贷的对象主要是农村贫苦中下层民众和移居本地的难民。根据不同的情况给予不同形式的贷款，具体有：(1) 耕牛贷款，贷给没有耕牛的贫苦农民及移民。(2) 农具贷款，贷给新移难民。(3) 植棉贷款，贷给因扩大植棉或新种植棉而没有流动资金的农户。(4) 青苗贷款，贷给已种上青庄稼而缺食少农具的农民。资料表明，陕甘宁边区在1942年对子长、延安和安塞三个地方的农贷比重中，贫农及难民占92.5%。[①]

其次，实物贷放是农村放款的重要形式。1942年，陕甘宁边区开始实物贷放，后逐渐推广起来。实物贷款的优势：避免物价波动对信贷的影响，保证农业生产顺利进行；充分发挥资金的效能，减少资金的浪费；使银行的贷款基金保持经常、定量供应，不因物价上涨而削弱；减少货币发行，维护物价稳定。实物贷放的形式，有直接贷放生产资料，再折成实物归还的；有贷粮还粮的；还有贷时按实物折成货币，贷予货币；还时仍按实物折成货币归还。

再次，关于农贷的期限、利息。1943年，陕甘宁边区出台农贷办法："耕牛、农具、植棉三项贷款，均须于春耕开始前放出，秋后一个月内归

[①] 阎庆生：《抗战时期陕甘宁边区的农贷》，《抗日战争研究》1999年第4期。

还。惟因特殊情形（如天灾、人祸等）经政府许可者，得分期或延期偿还之。"在实际工作中，还款期限有伸缩性，很受农民欢迎。关于利息，根据地对于农村放款一向采取低利息政策，甚至免收利息。《陕甘宁边区1943年度农贷实施办法》规定："借款的利息，除由政府规定豁免者外，春耕贷款秋后归还者，一律以实物年利一分计算；其他青苗等短期借款，即以所折实物，按月收百分之一的利息。"在物价不断高涨的形势下，农贷被认为是"赔本的放款"。

农贷改变了根据地农村的借贷关系，打击了传统的封建高利贷势力。它给无力购置耕牛和农具的农户提供了生产资金，也贯彻了中央"发展经济、保障供给"的总方针。

（二）根据地信用合作组织的发展

为发展农业生产，根据地银行还发展了信用合作组织。农村信用合作社在土地革命时期已出现，但数量不多。1938年5月，延安南区合作社募集信用部股金，并给群众解决紧急资金需要问题，如急需用钱，可以暂时向合作社借款，或抵押东西。1943年3月，延安县南沟门子信用合作社成立，但仍是南区合作社一个部门，经营信用业务。这种组织形式以后就为各地效法推广起来。

1944年底，陕甘宁边区信用合作组织有30个左右；1945年5月，延安分区已发展到35个。1943年9月到1944年5月，延安南区沟门子信用社资金来源完全是从吸收存款和股金而来的，从来没有向银行借用款项。在各项放款中，生产放款占总额53.7%，农副业放款占16.7%，生活放款占15.1%，婚丧放款占14.5%。生产放款还是占主要地位。[①]

在晋冀鲁豫边区，冀南银行总行在1945年5月提出"通过放款工作，逐步扶植合作社的信用业务，恢复群众的借贷关系，以活跃农村经济"的方针。因此，该区的信用合作组织在1946年到1947年间得到很大的发展。

[①] 星光、张杨主编：《抗日战争时期陕甘宁边区财政经济史稿》，西北大学出版社1988年版，第454页。

第三节　新民主主义金融体系的建立
（1945—1949 年）

一　新银行的增设及其货币发行

在抗日战争后期和解放战争中，解放区的面积不断扩大，一些新解放区开辟出来。新解放区又增设了一些银行并发行货币，因而新民主主义金融体系更加发展壮大。

（一）中州农民银行和中州币

1947 年 8 月，中国人民解放军挺进中原，开辟了中原解放区。该区以河南为中心，包括湖北、安徽一部，北面同晋冀鲁豫边区接壤，东南与山东解放区和华中解放区毗邻。随后中原解放区成立了中州农民银行，发行中州币。

1948 年 1 月 25 日，中州币正式发行，确定中州币为中原局所属各区统一的本位币；同时确定中州币的价格标准为中州币 200 元等于银元 1 元，可以随时兑现。

（二）南方人民银行和南方币

东江抗日根据地为支援华南人民解放战争，驱逐港币，发展华南经济，于 1949 年 7 月间在河婆成立南方人民银行，发行南方币。

潮汕地区曾设立裕民行，发行裕民券；东江地区设立新陆行，发行新陆券；其币值均与港币联系，规定新陆券或裕民券 2 元等于港币 1 元。南方人民银行成立，将裕民行和新陆行归并，同时以南方币陆续兑回上述各币。1949 年冬，广东解放，南方人民银行改组为中国人民银行华南区分行的分支机构，同时，南方币也陆续以人民币收兑回来。

（三）内蒙古人民银行和内蒙币

1945 年 8 月，内蒙古人民政权接收了王爷庙的伪银行作为当时政府的财政金库。次年 3 月，成立东蒙银行。1947 年 5 月，内蒙古自治区人民政府成立。6 月，东蒙银行改为内蒙银行，并发行内蒙币。1948 年 6 月，内蒙银行改称为内蒙古人民银行。

（四）关东银行和关东券

1945 年 8 月，东北的旅顺和大连解放，成立了旅大人民民主政府。在接收了当地 16 家敌伪银行的基础上，分别建立了工业、农业、商业 3

家银行。1946年7月，将三家银行合并为大连银行。1947年4月，又将大连银行改组为关东银行，发行关东券。

（五）长城银行和长城银行券

1948年，热河解放后，设立热河省银行。后来，冀察热辽连成一片，又成立冀察热辽长城银行，并发行长城银行券。长城银行总行设在热河，将热河省银行归并。

图20.11　关东银行券50元和长城银行券5000元

（六）东北银行和东北银行券

东北解放后，成立了东北银行，并发行东北银行券。东北各地方有一些地方银行和地方性货币，如辽东地方流通券、辽西地方流通券、吉江地方流通券、合江银行券、嫩江省银行券、吉林省银行和吉林省银行券等。东北银行成立后，东北银行券也成为东北统一的货币。

表20.3　　　　　　解放战争时期各地成立的银行概况

银行名称	成立时间	结束或撤并时间	发行货币名称	银行行址
华中银行	1945年8月	1949年为中国人民银行华东区行	华中币	江苏淮阴
东北银行	1945年11月	1951年为人行东北区行	东北地方流通券	沈阳→哈尔滨→沈阳
热河省银行	1946年	1948年2月	地方流通券	赤峰
长城银行	1948年2月	1950年	地方流通券	承德
东蒙银行	1946年3月	1947年为内蒙古银行	暂行流通券	乌兰浩特
内蒙古银行	1947年6月	1948年内蒙古人民银行	内蒙币	乌兰浩特

续表

银行名称	成立时间	结束或撤并时间	发行货币名称	银行行址
内蒙古人民银行	1948年6月	内蒙古人民银行	新蒙币	乌兰浩特
中州农民银行	1948年6月	1951年入人行内蒙古区行	中州币	豫西地区→郑州
裕民银行（潮汕解放区）	1948年	1949年为人行中原区行	裕民流通券	揭西县大北山
新陆银行（东江解放区）	1949年春	1949年南方人民银行	新陆流通券	陆丰
南方人民银行	1949年7月	1949年南方人民银行	南方币	揭西县河婆
华北银行	1948年5月	1949年人行华南区行	冀南币、晋察冀边币	石家庄
中国人民银行	1948年12月	1948年中国人民银行	人民币	石家庄→北京

二 对敌货币斗争的胜利

（一）斗争对象——法币和金圆券

在第三次国内革命战争时期，当各种日伪货币肃清之后，法币就成为敌货币斗争的主要对象。日本投降之后，法币却又乘机大量侵入。主要有以下两方面原因：一是与国统区法币策略有关。国统区将法币打入解放区，并配合对解放区的经济封锁政策。国民党乘解放区对粮食出口解禁之机，在北平、天津、保定等地发放数十亿法币的购粮贷款，促使粮商用法币高价收购解放区的粮食。同时，使解放区输出粮食后，不能换回必需物资，只能带回法币。二是各解放区的本币印制不足，不能及时满足各新收复区对于本币的需要，致使法币乘虚而入。

到1948年8月，法币崩溃了。国民政府又发行了金圆券。金圆券接替法币成为解放区对敌货币斗争的主要对象。

（二）斗争方法的发展

1945—1949年间，各解放区在对法币的斗争方法中，货币比价斗争和货币阵地斗争是两个重要的方法。

首先，货币比价斗争是指自觉地运用敌我货币比价的规定和变动，来达到一些具体的经济目的。这些目标包括：（1）保护解放区的物资；设法提高本币对法币的比价，并低价向国统区购进必需品。（2）"奖出限入"的外贸政策，实现对外贸易的平衡或者出超。（3）稳定本币对外的购买力，摆脱法币日益通货膨胀和不良影响。

在货币比价斗争中，如何决定比价最关键。解放区总结了以下成功的经验：第一，维持自然比价。依据敌我两区的物价水平，自然形成的两种货币购买力的比例。第二，根据出入口贸易变化适时调整比价。在出超或出口旺季，将本币对敌币的比价提高；反之，则维持比价稳定。第三，确定比价以保护粮、棉等重要物资，根据敌我两区价格水平，来决定比价的高低。第四，法币膨胀贬值时，解放区货币在没有增发时，为阻止物资外流，应提高本币的比价，以维持平衡。第五，决定比价应根据解放区集中掌握的物资量。掌握物资数量大，就可提高本币的比价。此外，还应同税收政策的税率高低、外汇管理的相关措施配合起来。

其次，货币阵地斗争，是本币同敌币争夺流通市场的斗争。要把解放区市场上流通着的一切敌对货币完全肃清，使本币完全占领货币流通市场。

新收复区对敌货币阵地斗争的方法很多，在老方法之外，又增加了新经验：（1）及时投放本币占领市场。投放的方式有发放贷款、进行兑换、用本币收购物资、通过财政开支和军事开支来投放。（2）以物资支持本币来兑换敌币。本币有了物资的支持，人民群众才愿意拿敌币来兑换；有了物资的支持，本币的比价才能稳定。（3）组织新老区物资交流，使新区群众拿着本币可以到老区购买必需物资，从而巩固本币的信用，使本币迅速占领市场。（4）同租税政策配合起来，及时征收本币交纳的租税，以提高本币的信用。

在当时对敌货币阵地斗争中，各地区对于上述办法，经常要运用两个以上，而且还要互相联系起来运用。

（三）斗争的最后胜利

解放区同法币斗争是十分艰难、曲折的过程，从边币对法币比价的复杂变化就可见一斑。根据晋察冀边区冀中分区银行牌价的统计，边币对法币的比价变化分为三个阶段。

第一个阶段由 1946 年 3 月到 8 月，人民解放军采取防御战略，财政经济暂时处于困难境地。在对敌货币斗争上，边币对法币的比价直线下降。1946 年 3 月上旬，边币 1 元可换伪法币 3.00 元，中旬降为 2.40 元，下旬降为 1.80 元。4 月上旬再降为 1.40 元，到 8 月上旬降到最低点 0.80 元。

第二个阶段由 1946 年 9 月到 1947 年 4 月，人民解放军由防御战略进入相持阶段。在对敌货币斗争中，边币对法币的比价有升有降，起伏不定。比价自 1946 年 8 月中旬开始回升，9 月中下旬升到 1.40 元的高峰，11 月中旬降为 1.10 元，12 月下旬降为 1.00 元。由此到 1947 年 4 月，比价起伏于 0.90 元到 1.10 元之间。

第三个阶段由 1947 年 5 月到 1948 年 8 月，人民解放军反攻阶段。在对敌货币斗争中，边币对法币的比价扶摇直上。1947 年 4 月下旬，比价为 1.16 元，5 月上旬升为 1.47 元，6 月上旬为 1.59 元，7 月上旬升至 2.00 元，12 月底升为 4.80 元。1948 年后，上升的速度越来越快。1 月下旬为 6.90 元，3 月下旬为 9.31 元，6 月下旬为 23.50 元，8 月中旬为 77.50 元。随后，法币宣告崩溃，也宣告了解放区货币斗争的完全胜利。

三　中国人民银行的成立和人民币的发行

(一) 中国人民银行的成立

1948 年 5 月，晋察冀边区和晋冀鲁豫边区合并为华北解放区。同时原晋察冀边区银行和冀南银行合并成立华北银行。1948 年 12 月 1 日，华北、华东、晋绥、陕甘宁四个解放区在当时华北解放区的政治经济中心石家庄，在华北银行基础上，联合成立中国人民银行，并发行人民币。从此，新民主主义金融体系有了全国统一的领导中心和全国统一的货币。

中国人民银行成立之后，就逐步把各解放区银行改组。陕甘宁边区银行和晋绥西北农民银行改组为中国人民银行西北区行。西北区行设在西安，管辖西北区的陕西、甘肃、宁夏、青海、新疆等分行。中国人民银行将东北银行改组为东北区行，管辖东北区各省市分行。

上海解放后，中国人民银行在上海设立华东区行。中原解放区的中州农民银行总行改组为中国人民银行中原区行。武汉解放后，中原区行迁移汉口，不久就改组为中国人民银行中南区行，并在广州设立华南区行，作为中南区行的派出机构。

在中华人民共和国成立之前，除西南几省尚待解放，西南区行尚未设立外，中国人民银行已辖有东北区行、华东区行、西北区行、中南区行和所属的省市行署分行及县支行，成为全国金融的领导中心。全国统一的金融系统基本上形成了。

（二）人民币的发行

中国人民银行成立后开始发行人民币。人民币是集中统一的，是适应市场需要并遵循"发展经济，保障供给"总方针的。

中国人民银行总行于1949年5月5日发出《收兑旧币通令》。通令指出：人民币已渐成为全国统一的货币，各区流通的旧钞，应逐步收回。关于收回各解放区旧币的办法，总行在布置华北区1949年下半年工作任务时，公布了《华北区旧币整理办法》，将收回的步骤和方法分为两个阶段进行。第一个阶段由1949年7月到9月末。第二个阶段自1949年10月起开始收兑。

图20.12 六和塔一千圆人民币（1949年）

到1949年8月底止，已收回旧币折合人民币27亿元。各城市及交通要道的旧币流通量大为减少。从1949年11月开始对流通量较多的偏远小城市及乡村的旧币进行收兑。到1949年年底，旧币收兑工作基本完成，人民币基本上成为全国统一流通的货币。

第四节　新民主主义的货币理论

一　孙冶方对物产证券论的批判

孙冶方（1908—1983年），著有《社会主义经济的若干理论问题》等。1936年，孙冶方发文驳斥了阎锡山的物产证券论。物产证券论，亦称"物产本位论"，是山西军阀阎锡山（1883—1960年）1931年提出的纸币理论。他认为金属货币造成了一系列的社会问题，要消除金属货币所造成的弊害，必须取消金属货币，发行物产证券。"证券如同物产之价值收条，直接代表物产之价值"，"券之数量，随物产多寡以伸缩"。以为取消金属货币即是取消货币，物产证券能直接代表交换对象的价值。

孙冶方批驳了"四弊害"：（1）许多货币改革论者，不敢正视社会病症，却将社会病症的根源归罪于货币。物产证券论把社会弊端都视为金银货币所引起的，避开资本主义生产关系的本质根源。（2）资本主义社会是造成经济危机的原因，"无政府状态的生产"与金银无关，却是造成危机的祸根。（3）无论政府用何种方式兑换资本家的过剩产品，政府都不能自己消费；而有需求的大众却因购买力日益跌落而无力购买。（4）首先，帝国主义战争是为了获取利润，即使取消金银也不能消灭战争。其次，孙冶方从理论上论证物产证券论的错误。孙冶方指出，货币是长期历史发展的结果，货币虽解决了商品社会自身的矛盾，却没有取消矛盾，社会矛盾还以新的形式在发展和扩大。因为货币"把商品生产者的出卖和购买这两种行为分离开来"，形成了经济危机的可能性。最后，孙冶方指出物产证券论的乌托邦性质：物产证券实际上是空想社会主义者欧文的"劳动证券"的变形，"公营商场"就是欧文的特设商场。[①] 孙冶方批驳了物产证券论，起了正面宣传马克思主义货币学说的作用。

二　李达的货币理论

李达（1890—1966年），著有《经济学大纲》《货币学概论》等。李

[①] 孙冶方：《从"物产证券"谈到一般的货币理论》，薛暮桥、冯和法编：《〈中国农村〉论文选》下册，人民出版社1983年版，第562—574页。

达论述了远古、封建和现代社会货币的阶级性，认为货币为剥削阶级所利用。他批评了货币金属说和货币名目说，认为金属主义者只重视货币价值尺度和储藏手段职能，而否认其他职能；名目主义者只重视支付手段、流通手段职能，否认其他职能。李达还批评货币名目主义学说，认为帝国主义时期的名目主义是为通货膨胀政策服务的。对于货币数量说，李达认为，依据货币数量论，货币的购买力，除了包含货币与商品的数量关系外，不含别的东西；价值的内容被排除了。李达指出，商品价格的变动，有商品的原因，也有货币的因素：当货币流通速度一定时，价格总体是原因，货币量是结果；在商品价值总量一定时，货币价值是原因，货币量是结果。李达不仅从价值角度批评了数量论，而且还提到贮藏货币的调节作用，即"储藏货币是流通的金银的贮水池"。关于信用货币，李达认为发行银行券不需要百分之百的准备金。他认为即使银行券已不兑现，仍必须保持一定比率的准备金。他还分析了资本主义的金融危机，认为金融恐慌分为信用恐慌、银行恐慌、货币恐慌、交易所恐慌和货币本位恐慌等，且它们之间存在某种关联。[①] 李达分析纸币通货膨胀是国家基于财政上的目的而滥发纸币的结果，通货膨胀对不同阶级产生的后果不同，通胀有利于资产阶级，尤其是垄断资本阶级；地主、农业资本家和富农也能获得相当大的利益；小生产者和靠工薪生活的人和劳苦大众的损失最大。

三 曹菊如的货币理论

曹菊如（1901—1981年），著有《曹菊如文稿》。解放区的货币理论主要是针对当时货币斗争的实际经验而形成的，所以货币理论的重点在于如何保证纸币流通的相对稳定以及对法币、伪币斗争的胜利。曹菊如长期从事银行工作，他的货币理论完全革命实践。关于抗战时期边币超发引起通胀的问题，曹菊如利用发行总额购买力指数来衡量发行额多寡，发行总额购买力指数计算方法为：以某年12月发行总额和该年12月平均物价指数为基数，求出以后每月发行指数和物价指数，再以物价指数除发行指数。据此，他说边币的发行量虽达26亿元，但购买力并未增加多

[①] 李达：《李达文集》第3卷，人民出版社1984年版，第619—896页。

少，甚至"少了"。因为边区流通货币既有边币，也有法币。所谓边币"少了"是相对于法币所占流通阵地，边币还有进一步占领流通市场的余地。曹菊如指出："边币发行的过程，是边币与法币斗争的过程，不是你进我退，就是我进你退，我们在斗争中的对策运用得好，边币购买力就可大大增加。"排挤法币，占领流通阵地，是边区金融工作的重要目标。曹菊如比较了边币与法币的优劣：第一，边币优于法币主要表现在，边区生产不断发展，边币的发行就有充分的物资保证，有一定数量的货物就可以把已发行的边币全部收回。而法币的优势在于"腿长"，不但在大后方独占市场，还占一部分边区市场，其流通范围较广。因此，利用法币，购进并掌握必要的物资。曹菊如指出，边区应采取的金融政策是，承认法币的某些优点，设法削弱之；承认边币的某些不足，设法弥补之。这样保持法币"为我所控制，并为我所利用"。[①] 曹菊如分析，按发行量规定一定比例准备金的方法不可行；按兑出法币量占发行量的比例规定准备金比例也不可靠。在实践中找到的有效方法是：计算在总发行量中不需要法币准备金的部分，其数目等于1940年年末发行总额购买力的85%，即在购买力指数（100）中减去85，余者为法币准备金。用法币作为边币的准备金，并求出行之有效的计算准备数量的办法，是从当时中国国情出发的独特创造。关于通货膨胀问题，曹菊如认为，在法币不断跌落的背景下，维持边币与法币比价稳定，实际上就是通货膨胀。但边区公务人员供给实物，工人工资以实物计算，只有农民受物价影响较大，但总体影响小于国统区。关于边币发行量问题，曹菊如提出，将实际流通量的购买力指数定在140%左右，超过或低于该指数，就是超发或通货不足。这是源于革命战争的经验总结。

四 薛暮桥的物资本位理论

薛暮桥（1904—2005年），著有《抗日战争时期和解放战争时期山东解放区的经济工作》等。薛暮桥在领导山东解放区经济工作期间，重视货币斗争在革命战争中的作用。货币斗争指山东解放区的抗币（北海银行币）同法币、伪币之间的斗争。不同时期对法币的斗争方式不同，

[①] 曹菊如：《曹菊如文稿》，中国金融出版社1983年版，第54—90页。

抗战初期,主要是利用法币,掌握物资;太平洋战争爆发后,货币斗争变成:排挤法币,禁用伪币,大量发行抗币,建立独立自主的抗币市场。货币斗争需要政治力量和经济力量相结合。政治力量就是用法令来限制或规定某些经济活动,所以政治力量的使用必须适当;经济力量就是掌握物资或货币,通过市场的自然规律,干预经济活动,使其符合我们所预期的要求。薛暮桥强调主要是通过经济力量。基于此,不能靠行政命令去压低法币、伪币的比价,主观地压低某地的比价不会持久,而且也不利于根据地经济发展。他主张,货币斗争的基本方针是:巩固独立自主的抗币市场,稳定根据地的物价,借以保障生产发展,安定人民生活,而不是压低法币伪币的比价。实行这一方针,山东解放区货币斗争取得重大胜利,1943年几亿元法币被排挤出山东解放区,1945年又把几十亿元的伪币排挤出山东解放区,换回了同等价值的敌占区物资。针对西方学者的"劣币驱逐良币",薛暮桥指出,在不兑现纸币下,各种纸币按不同比价流通,情况就正好相反,即"良币驱逐劣币"。关于如何稳定,他的方法是:一要调节抗币发行量,并做到财政上的收支平衡;二要以重要物资作发行准备,根据地处于农村,金银的作用不大,真正起作用的是几种重要物资。人民关心的是抗币能挽回多少粮食,不是金银。三要统一全省的银行工作。薛暮桥所说的重要物资作准备的方法,就是"物资本位"。① 抗日民主政府控制货币发行数量,勿使超过市场流通需要。发行一万元货币,至少有五千元用来购存粮食、棉花、棉布、花生等重要物资。若物价上升,就出售这些物资回笼货币,反之,物价下降,则增发货币,收购物资。这种平抑物价之法,就是边区实践中采用的"平粜"法。与朱执信、廖仲恺等提出的"货物本位"等理论相比,薛暮桥的方法是在革命实践中提出并被实践检验的,是更加切实可行的方法。后来,薛暮桥把解放区的货币制度称为"物价本位制"或"管理通货制",即边区货币既不同金银保持一定联系,也不同法币、伪钞保持一定联系,而是与物价联系,是把物价指数(若干种商品指数)作为决定币值高低的标准。

---

① 薛暮桥:《山东解放区的经济工作》,山东人民出版社1984年版,第169—228页。

第二十一章

人民币本质讨论 70 年

货币到底是什么，是有发行准备的一般等价物，还是黄金或其他货币的替身，还是体现国家信用的纸币或中央银行货币政策下的信用货币，还是纯价值体，70 年来，中国经济学界从来没有停止过讨论。

货币的本质是价值独立形式拟或纯价值体，而人们对于其认识至少经历了三大观念进化，一是金银天然不是货币，但货币天然是金银。二是贵金属可作为发行准备。三是国家信用，最终达到价值独立形式拟或纯价值体。然而，价值的独立形式在人类社会的战争等负面作用下，不得不常常回到贵金属或其他层面。货币展示出来终极层面是人类社会终极发展的必然结果。货币发展史就是人类观念的进化史。

第一节 中华人民共和国成立前后对货币本质的探索

一 根据地货币发行对货币本质的启示

中国是最早产生纸币的国家，而纸币的产生就向人们提示国家信用与货币的关系。"符信一加，化土芥以为金玉。"[①]

刘海波《中国革命根据地货币工作启示》一文对于毛泽民和薛暮桥的货币思想和实践作了进一步梳理。他认为："一个政权成立后的经济基础就是货币发行权。并行使其信用。由于货币的排他性，因而与其它货

---

① 《东坡续集》卷九。

币的斗争不可避免，因而货币天生有政治属性。"①

毛泽民是我党早期的金融家和理论实践者，基于早期票号行业的职业戒律想尽力维持中央苏区纸币与银元的自由兑换。但自1932年7月苏维埃国家银行纸币开始发行，到1934年10月红军退出中央苏区止的两年零三个月期间，由于货币发行过多，有一年半以上的时间是停止兑现的。随着苏区反"围剿"战争形势的恶化，对货币的需求激增，为了供应战争和维持政权，政府只好大量发行苏区纸币。一年零两个月纸币发行猛增3倍，而根据地面积日小，由此，物价飞涨，市场上公然拒用或折价使用苏区纸币时有发生，发生了苏区纸币被银元驱逐的现象。

由于毛泽民比较了解货币的信用属性，后来他又参与了新疆商业银行的货币发行，他深刻认识到了货币发行的国家属性与流通之间的关系。苏区纸币贬值的解决方法采用税收手段来支持其信用。随后颁布的《国家银行暂行章程》第八条规定：国家银行发行的纸币可按照纸币面额十足缴纳国税。

抗日战争时期根据地货币发行的物资准备实际上就是国家信用的体现和运用。抗日战争时期各个根据地都发行了自己的货币，山东根据地的经济学家薛暮桥提出了自己的观点：货币的价值决定于货币发行数量，而不取决于它所包含的黄金价值。他大胆提出了"物资本位"论，适度适时地发行货币，并保有一定物资，这对保持山东根据地北海币的币值和物价的稳定至关重要。他指出货币不一定同金银联系，也可以同其他商品联系。根据地持有北海币的人民关心的不是北海币能换回多少金银，更不是能换回多少美元或英镑，他们关心的是能换回多少粮食、棉布等日用必需品。拥有粮食、棉布等日用必需品就是北海币的最可靠的保证。因此，只要适当控制北币的发行数量，不超过市场流通需要，并掌握着充分的物资，就能够在必要时回笼货币、平抑物价，就完全可以保持币值和物价的基本稳定，取得民众的信任。而所谓的"物资本位"实质上就是国家信用，是一个国家动员能力的具体体现。

---

① 刘海波：《中国革命根据地货币工作启示》，《环球财经》2013年第6期。

二 中华人民共和国成立之初对货币本质的探索

上海解放之初银元之战体现了国家信用并揭示了货币本质。

1949年5月底，上海市军管会发布《关于使用人民币及限期禁用金圆券的规定》以人民币1元收兑金圆券10万元。6月5日起，严禁国民政府发行的金圆券在市场上继续流通。值得注意的是，人民币没有法币后面的英镑和美元，也没有金圆券后面的黄金。人民币没有贵金属保证，当时国民政府推行法币政策和金圆券政策的失败对上海商界的巨大影响依然存在。

由此人民币在上海流通遭到抵制。国民党特务支持黑市资本巨头，蛊惑民族资本家，力图在经济上击败中国共产党。市场拒用人民币，以人们对货币理念最坚定的贵金属为武器，进行黄金、银元投机倒把活动。十天内，上海金银价上涨两倍左右。严重影响市场物价，影响人民币的流通和地位。

市场上白银和银币的价格开始非正常走高，在1949年6月5日最终期限到来前，银元5月27日从最早1银元兑换100人民币，变成了6月4日1银元兑换1100元人民币。上海实际上的流通本位币已经是银元而不是人民币了。此时上海的人民币发行量仅有20余亿，上海部分商店商号拒绝以人民币进行商品标价，企图把人民币排斥在市场之外。

1949年6月5日，上海市政府抛售了10万枚银元，6月6日又抛出31万银元。银元很快被市场所吸收，平抑物价无实质效果。6月7日，银元一元涨到合人民币1800元。时任上海市市长陈毅用电话向中央报告并得到许可，下令政府控制的税收、交通及其他市政公用事业内强制以人民币作为唯一货币，发行人民币公债增加人民币的使用量。6月7日军管会宣布人民币为唯一合法货币，禁止银元买卖、流通，取缔银元投机活动。6月10日，上海市军管会查封了上海最大的银元交易市场——上海证券大楼，拘捕了250名投机者，收缴数万枚银元。银元对人民币比价由6月8日的1∶2000降至1∶1200，并不断下降。人民币很快取得了在上海的主导货币地位。

实质上，银元之战更多反映的是货币的本质之战，货币的根本是发行准备？是金银外汇？还是政府的动员能力或是政府信用、国家信用？

在这场货币战中体现得淋漓尽致,更为重要的是,中国学者才会认真领会马克思关于"货币是价值的独立形式"的见解。

由此,我们对货币的认识有了进一步了解,就是从货币天然是金银,到有发行准备可兑换金银,到经济实际运行上只有20%的发行准备就可支撑发行的思想,再到战时根据地货币实际政府信用的实践,最终会进化到货币的真实本质,即"货币是价值的独立形式"或是纯价值体。

三 20世纪50年代对人民币性质的讨论

1957年4月,卢钝根在《学术月刊》上刊发文章,提出了人民币的性质和职能问题。[①] 他认为,人民币还是和黄金有关系的,并提出了与黄金有比价的四个关系,从而引发了讨论。文章刊出后,编辑部收到喻瑞祥、陈希原的来稿,他们不同意卢钝根的看法,并从不同的角度加以批评,卢钝根又写了文章回应。

陈希原认为:1955年3月1日换发新币前后,各地的报章杂志曾一度发表过许多论述有关人民币性质和职能的论文,但以后就几乎看不见这类的文章了。他认为,卢钝根所阐述的论点认为人民币是纸币,是黄金的价值,但人民币不是价值尺度。陈希原对此持不同看法。[②] 卢钝根后来又发表了《再谈人民币的性质和职能问题——与喻瑞祥陈希原两同志商榷》。[③] 杂志社认为这三篇文章对人民币的价值尺度问题,虽有了进一步的阐释,但仍觉还有深入研究和讨论的必要。

但实际上,学者与其说是在讨论人民币的性质,不如说是在讨论人民币的职能,与此同时,大家都认为,人民币与黄金是有关系的,毕竟很多人将国民政府货币政策对于黄金支撑的失败并引发经济大崩溃归因于货币背后的黄金。但货币或人民币的性质到底是什么,并没有深入讨论,同时也说明在当时普通民众对于人民币在一定程度上存在怀疑。因为国际货币体系中的主要货币或多或少还是与黄金有联系。

---

① 卢钝根:《关于人民币的性质和职能问题》,《学术月刊》1957年第4期。
② 陈希原:《人民币不是价值尺度——对"关于人民币的性质和职能问题"的意见》,《学术月刊》1957年第10期。
③ 卢钝根:《关于人民币的性质和职能问题》,《学术月刊》1957年第4期。

第二节　改革开放初期对货币本质的研究

一　20世纪80年代对人民币问题的研究

20世纪80年代，学者多对人民币与黄金的关系进行厘清，不仅如此，人们还认为人民币不是信用货币，而是国家纸币，但并没强调其国家信用。改革开放后，国际货币环境发生很大变化，国际货币体系也离黄金越来远，因而学者多对人民币与黄金关系进行厘清。

邱震源就人民币的性质与流通问题，提出了一系列疑问：人民币究竟是什么性质？它是货币符号，或者就是真实的货币？它是价值符号，代表什么价值？在社会主义经济中，货币流通是否包括银行存款转账？货币流通量除现金流通量外，是否包括银行存款量？[①] 该文试图对这些问题进行初步的探讨。人民币不是货币符号，而是真实的货币。有人说，我国的人民币是黄金货币的符号，或且说人民币的价值基础是黄金。这种看法是不能同意的。我国的人民币从来不通过金银，没有规定法定含金量和黄金的法定价格，没有法定的黄金储备，也没有与外国货币建立固定的比率关系。同时，我国币值的稳定，是不用黄金作保证的，也不用黄金价格作为检查币值稳定的客观标准。国家虽然允许人民收藏金银、银元，但不准在市场自由流通和私相买卖，更严禁投机活动。在我国的经济生活中，金银价格的变动，并不影响人民币和物价的稳定。另外，我国在国际支付和清算中，除使用人民币计价和结算外，主要是通过外汇资金，作为国际支付的手段。因此，不能说人民币是黄金货币的符号。

刘秉芸认为，马克思创立了科学的货币理论，解决了这个政治经济学中最困难、最抽象的问题。如何根据马克思的货币理论，结合我国的具体情况，阐明人民币的性质和职能，对于进一步完善我国货币制度，改革经济体制，加快社会主义现代化建设，具有很重要的意义。刘秉芸认为"货币是价值的独立形式"，人民币也是如此，并指出："人民币既没有法定的含金量，也不同任何有法定含金量的外国纸币挂钩。"[②]

[①] 邱震源：《试论人民币的性质与流通问题》，《中国经济问题》1981年第4期。
[②] 刘秉芸：《马克思的货币理论和我国人民币的性质问题》，《财经研究》1984年第5期。

马克思指出:"交换的扩大和加深的历史过程,使商品本性中潜伏着的使用价值和价值的对立发展起来。为了交易,需要这一对立在外部表现出来,这就要求商品价值有一个独立的形式,这个需要一直存在,直到由于商品分为商品和货币这种二重化而最终取得这个形式为止。可见,随着劳动产品转化为商品,商品就在同一程度上转化为货币。"① 马克思把货币看作是商品价值的独立形式,把价值的独立形式的产生看作是商品交换扩大和加深的历史必然过程。这样,他就把被资产阶级学者弄得十分神秘而混乱的货币理论,建立劳动价值论这个坚实的科学基础之上了。

"独立化的价值代表着得到社会公认的社会劳动,其他商品的价值则要经过从私人(个别)劳动到社会劳动的转化过程。""独立化的价值……本身便成了一般等价形式,具有计量、证明、认可、平衡其他商品的价位,并使其他商品价值得到实现的特殊能力。""独立化的价值则体现为专门用作一般等价物的商品上。这种商品不是用它的使用价值去满足人们的肉体上或精神上的需要,而是用自身的物体量去表现独立化价值的数量。例如黄金就是以它自身的物体的多少表示独立化价值量的多少。独立化价值借黄金之身而成为人们看得见摸得着的实体。这就是说,价值的独立形式不一定限于黄金,只要有适合的价值物,它就可以附着在那上边。所以,货币的本质是价值的独立形式(或独立化的价值)。至于黄金、白银等作为货币商品(或货币材料),仅仅是独立化价值的物质承担者。""独立化的价值执行着货币的各种职能。"这是对马克思货币理论认识深刻的文章之一。

叶奕尧认为王惟中、洪大璘教授发表的《从马克思的货币理论看人民币的价值基础》一文,全面评析了我国学术界对人民币的价值基础的主要观点,并提出"人民币具有信用货币与纸币的两重性"的见解。而他认为人民币是国家货币,不具有信用货币与纸币的两重性。②

叶奕尧指出:"人民币是我国政府以法令规定、由人民银行统一发

---

① 马克思:《资本论》第1卷,人民出版社2004年版,第106页。
② 叶奕尧:《人民币具有信用货币性质吗——与王惟中、洪大璘教授商榷》,《学术月刊》1988年第4期。

行、在国内充当流通手段、支付手段等货币职能的纸币。它的发行,标志着我国半殖民地、半封建时代货币制度混乱、金圆券恶性贬值的历史结束了。伴随着解放战争的全面胜利,人民币在全国范围内便利了商品流通,由于我国财政收支、现金出纳、物资调拨三个平衡的实现,以及禁止金银流通、取缔投机活动,实施现金管理等措施,人民币成为币值稳定、信誉卓著的国家纸币。为促进经济建设和改善人民生活,国家实行了有计划地发行。尤其是1956年对生产资料私有制的社会主义改造撰本完成以后,人民币成为反映社会主义生产关系的货币形式。但是,它并不是信用货币。"①

二 近年来对人民币本质研究的新进展

近年来,又有人提出了发行准备的意见。一些学者认为人民币仍然有建立发行准备的必要。这是和改革开放后人们对国际货币资产的认识分不开的。

早在20世纪80年代,李扬认为货币发行准备是货币制度的构成要素。它是与货币发行相对应的资产储备,其作用在于制约货币发行量,维持货币的购买力。对国民经济来说,其意义在使货币的发行与经济发展的需要相适应。②

裴权中认为,货币发行保证制度,或准备制度,在历史上曾具有十分重要的意义。它的作用在于保证银行券的自由兑现,防止银行券的过度发行。③ 他的另一文认为,货币发行保证制度或准备制度,在历史上曾具有十分重要的意义。④ 它的作用在于保证银行券的自由兑现,防止银行券的过度发行。更探讨了人民币建立发行准备的路径。

王玉飞认为,为了保证货币的经济发行,世界主要国家纷纷建立了货币发行准备制度,我国人民币的发行也应当建立发行准备制度,货币发行准备制度对于抑制通货膨胀、保持币值稳定具有重大作用。⑤

---

① 马克思:《资本论》第1卷,人民出版社2004年版,第106页。
② 李扬:《论我国货币发行的准备》,《财贸经济》1986年第9期。
③ 裴权中:《建立人民币发行保证的必要性及其步骤》,《财经问题研究》1996年第8期。
④ 裴权中:《人民币发行保证初探》,《财经研究》1996年第9期。
⑤ 王玉飞:《人民币发行准备法律制度刍议》,《商情》2009年第12期。

俞佳颖认为，当前世界各国的货币发行准备多是以现金准备和证券准备相结合的货币发行制度，既有利于币值稳定，又有利于适应经济需要的弹性发行。但我国却一直没有清晰的货币发行准备，在当今我国正大力发展和完善市场经济制度的时期，以商品作为货币发行保证已不能保证货币持有者以不变价格来获得商品，不利于我国人民币币值的保持稳定，易导致通胀频发，同时也不符合国际惯例，所以我国应结合目前国情，选择适宜的发行准备制度，尽快以法律形式来规定人民币的发行准备。①

刘贤娴认为，在现阶段，我国中央银行的人民币发行业务中以商品作为发行准备，这一制度的形成有我国计划经济时期国家调节、维持商品有效供给的历史渊源，然而，随着中国社会主义市场经济制度的逐步完善，这一货币发行准备制度已经表现出明显的弊端，有可能导致通货膨胀等一系列问题，所以结合国际经验，对我国货币发行准备制度进行有效的修改和调节，有利于我国经济的平稳健康发展和物价的稳定。②

三 货币与黄金的关系问题

陈争平、姜占英总结了中华人民共和国成立以来关于黄金与货币关系的三次大讨论。"货币史上，黄金曾经长期担负着货币的各种职能。人民币诞生后的数十年里，政府一直没有对其含金量做出规定，仅以少量的黄金作为货币发行的准备。而在这一历史过程中，黄金在国际货币体系中却经历了由货币化向非货币化的转变。黄金货币性变迁引起了许多学者研究的兴趣。新中国成立后共出现过三次黄金货币性研究的高潮，产生了不少有价值的研究成果。"③

陈争平等认为：黄金的货币属性是当代中国一个颇有争议的话题。对于这个问题的研究，中华人民共和国成立后共出现过三次高潮，产生了相当多的研究成果。

---

① 俞佳颖：《论人民币的发行准备》，《知识经济》2010年第19期。
② 刘贤娴：《论我国货币发行准备》，《致富时代月刊》2011年第6期。
③ 转引自陈争平、姜占英《新中国黄金货币性讨论三次高潮述评》，《经济学动态》2011年第8期。

第一次是中华人民共和国成立后，我国建立起了以人民币为本位币的货币制度，1955年适逢第二套人民币发行之际，围绕社会主义国家纸币的性质与职能，黄金还具不具备货币性，余霖（薛暮桥笔名）、黄达较早地提出了"人民币的价值基础是否为黄金"的问题，接着国内学术界掀起了一股大讨论的热潮。基于人民币的价值基础是否为黄金的不同坚持，学者们分成黄金派与非黄金派两大派别。

第二次是进入20世纪70年代，布雷顿森林体系崩溃。1976年，牙买加会议上，国际货币基金组织宣布正式取消黄金官价，实施黄金非货币化。黄金非货币政策在国际上引发了争议，耶鲁大学的罗伯特·特里芬教授以及格林斯潘等人都参与过讨论。20世纪70年代末80年代初国内经济学界对于黄金的货币性展开了第二轮的争鸣。薛暮桥（1979年）认为，人民币的价值基础是社会产品或使用价值，人民币与黄金不再有联系。这一观点引发了对于黄金货币性以及人民币价值基础的第二轮争议。[1]

第三次是"进入20世纪90年代，对黄金货币属性的分析，学者们主要分为两种倾向：一种是延续了人民币价值基础问题的讨论，主张人民币的价值基础是黄金或者不是黄金；另一种观点则是从更为一般的角度，如黄金的自身属性来分析黄金是否还具有货币性"[2]。

有学者认为，黄金始终是一种特殊的战略资源。二战后金融危机时代，是黄金货币性的回归。

周洁卿认为："自黄金非货币化后黄金货币功能受到质疑，部分央行抛售黄金。但是，当今国际货币体系建立在信用货币基础之上，一旦信用货币出现问题，将会给世界经济或与信用货币关联度高的国家带来风险。因此，持有黄金可以降低信用货币的信用风险，保障资金安全。在黄金非货币化环境下黄金仍然保持着一定的货币地位。"[3]

货币与黄金的关系就是货币性质讨论的表现形式之一，黄金自古就

---

[1] 转引自陈争平、姜占英《新中国黄金货币性讨论三次高潮述评》，《经济学动态》2011年第8期。

[2] 陈争平、姜占英：《新中国黄金货币性讨论三次高潮述评》，《经济学动态》2011年第8期。

[3] 周洁卿：《论黄金非货币化与黄金的货币地位》，《上海金融》2009年第1期。

是"乱世英雄",表现出了非和平时期货币性质回归人类对货币的原始认识,体现价值的只有贵金属,贵金属即建立人与人之间的信用,更是重建货币信用的基础,因而当今世界各国央行均保留有大量黄金,其价值的终极体现是在现有的国际货币体系非和平变革后。

第三节 21世纪对货币本质的研究

一 基于国际化视角下对人民币性质的讨论

中国加入WTO后,基于人民币国际化视角下对人民币性质的讨论,强调国家信用的一面。

张宇燕、张静春的《货币的性质与人民币的未来选择——兼论亚洲货币合作》一文,全面总结了西方经济学家对于货币的相关论述后,认为货币是交易媒介,其对真实经济的影响是中性的观点。[1]

该文从货币作为计价单位的属性出发,比较了西方经典经济学家关于货币的各种观点。指出货币具有国家和权力的特征,它反映建立在国家权威基础上的社会信用关系。货币是真实经济中的一个重要变量。国际货币体系并非一个中性的体系。货币是国家财富的直接创造者。拥有国际货币地位不仅能为货币发行国带来现实的铸币税和金融服务收入,更为重要的是,它使货币发行国享有影响别国的货币政策的主动权,并得以主导国际上货币和大宗商品的定价权,从而长期影响别国的经济发展。

此外,拥有国际货币地位还为货币发行国的金融产品、金融机构和金融市场的发展带来便利,从而有利于维护和巩固一个倾向于货币发行国利益的国际金融体系。大国谋求不断扩大本国的货币流通域,并竭力排斥别的国家竞争和取代自己的位置。国际体系中的大国关系史同时也是一部货币主权的斗争和变迁史。

该文认为,中国迫切需要建立起人民币在国际货币体系中的国际地位,以维护本国的政治经济利益。就目前来看,中国尚不具备走人民币

---

[1] 张宇燕、张静春:《货币的性质与人民币的未来选择——兼论亚洲货币合作》,《当代亚太》2008年第2期。

直接国际化的条件，而选择符合亚洲共同利益的区域货币合作路线更具有现实意义。张宇燕、张静春文章的价值在于对西方经济学货币观的梳理后的总结，即货币的国家信用性！

二 天秤币的讨论

天秤币后面的货币本质是什么？价值独立形式拟或纯价值体？

2019年6月18日，美国脸书公布2020年开始正式发行加密货币天秤币，2019年10月14日，尽管许多金融类公司退出这一货币发行计划，而政府和金融监管机构也强烈批评，但是脸书的加密货币——天秤币还是发行了。想以此货币实现社交、通信、支付系统相结合，并依互联网无国界为二十亿人服务。笔者认为这是哈耶克自由主义货币思想的现实实践，而这种实践早在中国晚清民国时期就已经被货币证明是失败的！

从技术上说，它跨越银行卡、移动支付和加密货币支付三个支付阶段，把多种货币结算变成本对本清算。目前美国国会和金融监管机构强烈反对，认为不安全。但是一些学者认为这一货币是美元在数字时代霸权地位进一步强化，是数字化美元试水。

美元从黄金、石油再到加密货币，美元通过战略性商品成为其他货币锚定对象，进而巩固霸权地位。以比特币为例：美国、日本、新加坡认可了加密货币的合法性。

仅从国际货币体系角度看天秤币的发行原因，目前国际货币体系有三大缺陷：以主权货币作为储备货币，"铸币税"问题；浮动汇率制，汇率风险高，投机严重；国际收支并未得到根本改善。在去美元化浪潮下，美元国际地位有所下降。恰逢脸书为获得商业利益而要发行美国国会数字货币天秤币，与美国国会不同，美国政府及美联储均保持默许态度，并未进行阻止。倘若天秤币在全世界范围内顺利推广使用，国际货币体系可能会重回布雷顿森林体系。在布雷顿森林体系中，美国以放弃黄金对美元的担保，从而在全世界攫取巨大利益。此次脸书发行的天秤币，未尝不会在成熟之后放弃背后的一揽子资产担保，从而再次为美国在世界范围内征收铸币税。

全球层面国际货币体系改革势在必行，客观上需要超主权货币。人们讨论数字货币下可能的国际货币体系。如重回布雷顿森林体系或天秤币一家独大；还是多元化数字货币即世界各国中央银行各自发行的数字货币并存；拟或单一数字货币—超主权货币，也就是说建立全球中央银行，以数字货币形式发行超主权货币。还是会有其他什么样的变化？！

人们要警惕国际货币体系重回布雷顿森林体系，就现行国际货币体系而言，多元化数字货币并不能从根本上解决问题，但却是接下来最可能的发展方向。中国应承担起大国责任参与其中并积极推动其向单一数字货币—超主权货币发展，为全球金融治理作出贡献。

建立全球中央银行，以其所有成员国信用为一种数字货币背书可很好地解决现行国际货币体系的问题。货币信用进入自我发展的阶段，本来信用货币具有的货币信用正成为国家信用，信用货币仍是法定的国家意志的信用化，货币的价值、交易、财富储藏功能都受到信用的支持。特别是支付系统的全球发展，货币的财富功能将成为国家、企业、个人和国际财富的主题。货币信用脱离实物形态后逐步地采用高科技和数字技术形式，本身就是货币自身规律演化显现其本质的表现。

三　数字人民币

1. 虚拟货币和数字货币

在价值独立形式或纯价值体的理念下，虚拟货币和数字货币正在不断涌现，然而其性质却是不同的。

中本聪2008年11月1日发布《比特币：一种点对点的电子现金系统》一文，2009年1月3日正式创出比特币（Bitcoin）。中本聪设计发布的开源软件以及建构其上的P2P网络使比特币成为一种P2P的数字货币。算法确保无法通过大量制造比特币来人为操控币值。比特币交易记录公开透明。其点对点的传输体现着全新去中心化的支付系统。由此产生了一系列类似的虚拟货币。如NFT（Non-Fungible Token）即非同质化代币是数字资产包括jpg和视频剪辑形式的唯一加密货币令牌，更是基于区块链的数据库技术。由此产生了一批虚拟货币。

比特币不依靠机构发行，而是依据特定算法通过大量计算产生，使用互联网众多节点构成分布式数据库确认、记录全部交易行为，使用密码学设计确保货币流通各个环节的安全性。P2P的去中心化特性与算法本身基于密码学的设计可以使比特币只能被真实拥有者转移或支付。确保了货币所有权与流通交易的匿名性。该货币系统曾在4年内只有不超过1050万个，基于算法比特币总数量将被永久限制在2100万个。其数量成为其具有鲜明可市场化充其价值的非主流货币。比特币很快成为流动资本追逐的渔利工具，市场波动剧烈。

2022年5月，全球第三大稳定币UST挂钩的虚拟货币LUNA崩盘，"史诗级归零"，几天之内LUNA币从最高100美元跌至最低0.00000112美元，400多亿美元市值瞬间蒸发。2022年6月19日比特币一路暴跌，跌破1.8万美元关口，成为2020年12月以来比特币的最低点。2022年6月18日下午，比特币一度跌破19000美元/枚，续刷2020年12月以来新低。过去7天内比特币跌幅达到33%，以太坊下跌36%，币安币（BNB）下跌27%。

非国家发行的虚拟货币正在成为人类史上最大的庞氏骗局，为了让这一骗局维系下去，币圈想方设法为其披上各种各样的外衣。

可市场化炒作的虚拟货币是投机者的天堂。"脱实向虚"程度越高，风险越大。即使是"股神"巴菲特也认为虚拟货币"它不会产生任何价值"，"比特币是老鼠药，一定要远离"。更有人认为虚拟货币是人类史上最大的庞氏骗局。其有三个特征：首先以可以计价的权益为基础；其次该权益可以交易流通；最后最关键的一点是权益并未与任何资产、生产劳动或社会价值产生关联，而是完全凭空虚构出来的。权益型庞氏骗局的所谓"权益"是完全不关联任何实际资产和生产劳动的。[1] 类似的诸如狗狗币，科技大亨马斯克就能对狗狗币翻手为云、覆手为雨，发一条推特也能让虚拟货币价格平地掀起三尺浪。马克思曾说，"如果有100%的利润，资本家们会铤而走险；如果有200%的利润，资本家们会藐视法律；如果有300%的利润，那么资本家们便会践踏世间的一切"[2]。在政府层面，萨尔瓦多是全球唯一将比特币作为法定货币的国家。2021年9月7日，在萨尔瓦多总统纳伊布·布克尔的推动下，萨尔瓦多成为全球将比特币作为法定货币的国家。但超过半数萨尔瓦多民众并不支持，多次抗议游行，反对其成为法定货币。截至目前，萨尔瓦多政府共持有

---

[1] 单志广、何亦凡：《虚拟货币终究是黄粱一梦、庞氏骗局》，人民网2022年6月27日。
[2] 中央编译局编译：《马克思恩格斯合集·第五卷》，人民出版社2009年版，第871页。

2301枚比特币，累计购买成本逾1.01亿美元。以比特币现价估算，萨尔瓦多在比特币投资上浮亏超5500万美元，整笔投资折价逾50%。

路透社新加坡12月23日电称：

> 经过可怕的一年后，加密货币处于十字路口。借用已故英国女王伊丽莎白的话说，2022年并非加密货币界会抱着无比开心的心情去回望的一年。
>
> 暴跌、暴跌效应扩散、崩盘以如此之快的速度接踵而至，以至于加密货币投资者在年底纷纷提出严肃的生存问题。
>
> 毕竟，第一大加密货币比特币每次摆脱艰难处境都超不过一周时间，相比去年11月达到的6.9万美元的峰值，比特币的币值已下跌约四分之三。
>
> 目前，由2.2万余种代币和硬币组成的加密货币市场的市值已不到2021年11月峰值（3万亿美元）时的三分之一，其中很多即便没有彻底消亡，也已陷入沉寂。[①]

虚拟货币仅仅符合或利用了价值的独立形式拟或纯价值体的表征，而没有纳入真正的社会生产领域。单纯的价值独立形式追求自身价值及增值只能带来社会经济领域的动荡和混乱，社会价值创造要通过生产劳动以及产品的流通来实现。金融的基本目的是为实体经济提供投融资保障。

虚拟货币炒的是镜花水月，社会损失的是真金白银，迎来的是金融风险和社会信用的丧失。2013年中国人民银行等多部门发文明确提示炒作虚拟币的风险，2017年严禁各类虚拟货币ICO（发币），2021年严厉禁止各类虚拟货币"挖矿"和交易行为。我国对打击虚拟货币的态度是一贯而坚决的，2021年9月24日，中国人民银行等10部门发布《关于进一步防范和处置虚拟货币交易炒作风险的通知》，明确境外虚拟货币交易所通过互联网向我国境内居民提供服务同样被定性为非法金融活动，参

[①] 暴跌、崩盘、破产、幻灭……加密货币经历可怕的一年。《参考消息》2022年12月23日第6版经济广角。

与虚拟货币投资交易活动存在法律风险。

与此同时,国家发行的数字货币正迅速走来。

2. 数字人民币

国家银行发行数字货币作为中央银行的债权凭证,在过去,纸币是最安全的货币形式。目前中央银行体系下,只有商业银行能够动用中央银行准备金。而中央银行的数字货币(CDBC)将把这一权利扩展到每个人。个人在央行可持有账户,也可以在私人发行的钱包中持有央行数字货币。

目前全球 GDP 90% 的 89 个国家正在探索央行数字货币。巴哈马的"沙币"、东加勒比的数字支付系统"DCash"、尼日利亚的"e 奈拉"已经开始流通。欧洲央行正在研究数字欧元的设计和流通范围。国际货币基金组织总裁克里斯蒂娜·拉加德(Christine Lagarde)表示希望在 2025 年之前实现这一目标。瑞典议会调查小组就"e 克朗"的可行性进行讨论。美国总统拜登要求政府和美联储探索央行数字货币。

数字人民币,字母缩写"e-CNY",是中国人民银行发行的数字形式的法定货币,是有国家信用背书、有法偿能力的法定货币。与纸钞硬币等价,以广义账户体系为基础,支持银行账户松耦合功能,不需要银行账户就可以开立数字人民币钱包,具有价值特征和法偿性,支持可控匿名。数字人民币主要定位于 M_0,也就是流通中的现钞和硬币。将与实物人民币长期并存,满足公众对数字形态现金的需求,助力普惠金融。

2014 年,中国人民银行开始对数字货币发行框架、关键技术、发行流通环境及相关国际经验等进行专项研究。2017 年末开展数字人民币体系(DC/EP)研发。2019 年年底,数字人民币相继在深圳、苏州、雄安新区、成都及未来的冬奥场景启动试点测试。2020 年 10 月,增加了上海、海南、长沙、西安、青岛、大连 6 个试点测试地区。其中海南作为唯一全省范围试点数字人民币的地区。

2021 年 4 月 1 日,中国人民银行研究局局长王信在国新办举行的新闻发布会上介绍,数字人民币将主要用于国内零售支付,考虑在条件成熟时顺应市场需求用于跨境支付交易。5 月 8 日,数字人民币接入支付宝、饿了么、盒马三个子钱包。6 月北京发放 20 万份、每份 200 元的数字人民币红包,上海发放数字人民币红包 35 万份、每份金额 55 元,长沙发放数字人民币红包 30 万份、总金额 4000 万元，红包分为 100 元和 200 元两档。7 月 16 日，央行发布《中国数字人民币的研发进展白皮书》。10 月 8 日，数字人民币试点场景已超过 350 万个，累计开立个人钱包 1.23 亿个，交易金额约 560 亿元。截至 2021 年年末试点场景超过 808.51 万个，累计开立个人钱包 2.61 亿个，交易金额达 875.65 亿元。其中北京市开立数字人民币个人钱包超 1200 万个，对公钱包超 130 万个，交易金额 96 亿元。

2022 年数字人民币使用范围日益扩大。诸如首笔数字人民币工资，首笔数字人民币贷款，支付企业数字人民币奖励金业务，数字人民币智慧学生证项目，美团平台发放"乐购深圳"3000 万元数字人民币红包，全国首场"农业碳汇交易助乡村、数字人民币万人购"，首张数字人民币车险保单，福建首笔台胞数字人民币缴税业务，住房公积金，数字人民币购买理财产品，"杭州文旅惠民卡"均已实现。"区块链+数字人民币"模式的国家基本公卫考核与资金拨付管理平台正式上线，河北省首个"数字人民币应用试点示范村"在张家口市涿鹿县矾山镇东山村正式揭牌。

与比特币等虚拟币相比，数字人民币是法币，与法定货币等值，其效力和安全性最高，而比特币是一种虚拟资产，没有任何价值基础，也不享受任何主权信用担保，无法保证价值稳定。这是央行数字货币与比特币等加密资产的最根本区别。

数字人民币采取双层运营体系。中国人民银行不直接对公众发行和兑换央行数字货币，而是把数字人民币给指定的运营机构，如商业银行或者其他商业机构，运营机构向中国人民银行缴纳 100% 准备金，1∶1 兑换，再由这些机构兑换给大众。双层运营体系等同于纸钞发行，但不会对现有金融体系产生大的影响。只是人民币发行因应当前形势发展的技术补充。这对于灾难情况下（如网络中断）数字货币的流通起到了保障作用。

数字人民币还有如下特点：可双离线支付。像纸钞一样实现满足飞机、邮轮、地下停车场等网络信号不佳场所的电子支付需求，多终端选择，多信息强度，高可追溯性，安全性更高。

央行数字货币将对金融运行产生一系列严重影响。可能会让中央银行对信贷的中介方式负责；存款可能会从商业银行流向中央银行；商业银行对央行的依赖将发生变化，贷款机构要么不得不以更高的价格筹集资金，或缩减放贷规模，行业生存将受到威胁。央行将成为强大的信贷机器和监视国家的无所不知的工具。康奈尔大学埃斯瓦尔·普拉萨德（Eswar Prasad）认为央行数字货币的最大威胁是央行的独立性。

法定数字货币的研发和应用，有利于高效地满足公众在数字经济条件下对法定货币的需求，提高零售支付的便捷性、安全性和防伪水平，助推中国数字经济加快发展，助推人民币的国际化。

无论如何，货币银行金融都是人类设计的经济制度，发展和运动是其本质特征。今天，随着数字货币的发展和美元地位的下降，新的货币金融格局正在向人们快速呈现。

参考文献

曹韵清：《英商保安保险股份有限公司概述》，载《文史资料选辑》第 26 辑，中国文史出版社 1993 年版。

常梦渠、钱椿涛：《近代中国典当业》，中国文史出版社 1996 年版。

陈健英：《关于西班牙银元流入中国的若干问题》，《福建钱币》1994 年第 3—4 期。

陈明光：《钱庄史》，上海文艺出版社 1997 年版。

陈新余：《南京国民政府的法币政策述评》，《中国钱币》2002 年第 4 期。

戴鞍钢、黄苇：《中国地方志经济资料汇编》，汉语大词典出版社 1999 年版。

戴建兵：《泉学漫步》，河北教育出版社 2002 年版。

戴建兵：《中国近代纸币史》，中国金融出版社 1993 年版。

戴建兵、盛观熙：《中国历代货币通鉴》，人民邮电出版社 1999 年版。

戴建兵等：《中外货币文化交流研究》，中国农业出版社 2003 年版。

戴新华：《试论民国时期的信托业》，《华北电力大学学报》（社会科学版）1996 年第 3 期。

董继斌、景占魁：《晋商与中国近代金融》，山西经济出版社 2002 年版。

杜恂诚：《近代中国的商业性社会保障》，《历史研究》2004 年第 5 期。

杜恂诚：《中国金融通史：第三卷》，中国金融出版社 2002 年版。

冯桂芬：《校邠庐抗议》，中州古籍出版社 1998 年版。

傅尚文：《中国近代经营大观》，河北教育出版社 1991 年版。

傅为群：《图说中国钱币》，上海古籍出版社 2000 年版。

傅衣凌：《明代福建海商·明清商人及商业资本》，福建人民出版社 1984 年版。

高等财经院校教材编写组:《中国近代金融史》,中国金融出版社 1985 年版。

郭彦岗:《中国历代货币》,商务印书馆 1998 年版。

何烈:《清咸同时期的财政》,台北"国立编印馆"1981 年版。

洪葭管:《中国金融史》,西南财经大学出版社 2001 年版。

侯树彤:《东三省金融概论》,上海太平洋国际学会 1931 年编印。

胡光明:《论早期天津商会的性质与作用》,《近代史研究》1986 年第 4 期。

黄享俊:《浙江大美官钱总局史》,《舟山钱币》1991 年第 1 期。

蒋学楷:《山西省之金融业》,《银行周报》1936 年第 20 卷第 21 期。

李槐:《中国古代货币体系的结构变化研究(上)》,《云南教育学院学报》1997 年第 3 期。

李槐:《中国古代货币体系的结构变化研究(下)》,《云南教育学院学报》1997 年第 4 期。

李文治:《中国近代农业史资料》第 1 辑,生活·读书·新知三联书店 1958 年版。

李祖德:《试论秦汉的黄金货币》,《中国史研究》1997 年第 1 期。

林豹岑、王新厚:《美商美亚代理保险公司记略》,《文史资料选辑:第 26 辑》,中国文史出版社 1993 年版。

刘鸿儒主编:《经济大辞典·金融卷》,上海辞书出版社 1987 年版。

龙一飞:《中国现代金融史》,1980 年内部发行。

陆仰渊等:《民国社会经济史》,中国经济出版社 1991 年版。

罗尔纲:《清代流行的外国银元及最初自铸的银元》,《历史研究》1956 年第 4 期。

麻光炳:《西方近代保险思想在中国的传播及中国民族保险业的兴起》,《贵州大学学报》2000 年第 5 期。

聂宝璋:《十九世纪六十年代外国在华洋行势力的扩张》,《历史研究》1984 年第 6 期。

彭信威:《中国货币史》,上海人民出版社 1965 年版。

彭兴韵:《金融学原理》,生活·读书·新知三联书店 2003 年版。

千家驹:《旧中国公债史资料》,中华书局 1984 年版。

千家驹、郭彦岗：《中国货币史纲要》，上海人民出版社1986年版。
曲彦斌：《典当史》，上海文艺出版社1993年版。
上海市档案馆编：《旧上海的证券交易所》，上海古籍出版社1992年版。
石毓符：《中国货币金融史略》，天津人民出版社1984年版。
寿充一、寿乐英：《中央银行史话》，中国文史出版社1987年版。
宋杰：《中国货币发展史》，首都师范大学出版社1999年版。
谭文凤：《中国近代保险业述略》，《历史档案》2001年第2期。
汤铭志：《爱国主义与我国民族保险业的发展》，《上海保险》1995年第2期。
唐巨峰：《古钱——发掘历史财富的投资方式》，湖南科学技术出版社1999年版。
唐石父：《中国古钱币》，上海古籍出版社2001年版。
汪敬虞：《唐廷枢研究》，中国社会科学出版社1983年版。
汪敬虞：《外国资本在近代中国的金融活动》，人民出版社1999年版。
汪圣铎：《中国钱币史话》，中华书局1998年版。
王方中：《中国近代经济史稿》，北京出版社1982年版。
王雷鸣：《历代食货志注释》第1—3册，农业出版社1989年版。
王孝泉编：《福建财政史纲》，台北文海出版社1987年版。
王裕巽：《明代白银国内开采与国外流入数额试考》，《中国钱币》1998年第3期。
王毓铨：《中国经济通史·明代经济卷》，经济日报出版社2000年版。
韦庆远：《明清史辨析》，中国社会科学出版社1989年版。
魏建猷：《中国近代货币史》，黄山书社1986年版。
吴国民：《近代中国保险业概述》，《镇江师专学报》（社会科学版）1994年第3期。
吴申元、童丽：《中国近代经济史》，上海人民出版社2003年版。
伍连炎：《外国银元大量注入广东史迹》，载《银海纵横》，广东人民出版社1992年版。
席长庚：《保险史话》，《经济师》1998年第7期。
萧清：《中国近代货币金融史简编》，山西人民出版社1987年版。
谢杭生：《清末各省官银号研究》，《中国社会科学院经济研究所集刊》第

11辑，中国社会科学出版社1988年版。

徐华：《20世纪20至40年代银保关系》，《史林》2004年第5期。

徐华：《民国时期银行业投资创办保险公司的动机分析》，《内蒙古社会科学》2003年第5期。

徐唐龄：《中国农村金融史略》，中国金融出版社1996年版。

许良灏、戴学熹：《解放前外商在津的保险事业》，载《文史资料选辑》第26辑，中国文史出版社1993年版。

严国柱、朱火金：《旧中国的保险业》，《纵横》1995年第4期。

颜鹏飞、邵秋芬：《中英近代保险关系史研究》，《经济评论》2000年第2期。

杨荫溥：《杨著中国金融论》，黎明书局1936年版。

叶世昌：《中国金融通史》第1卷，中国金融出版社2002年版。

叶世昌、潘连贵：《中国古代近金融史》，复旦大学出版社2001年版。

虞宝棠：《国民政府与民国经济》，华东师范大学出版社1998年版。

袁远福、缪明杨：《中国金融简史》，中国金融出版社2001年版。

张巩德：《山西票号综览》，新华出版社1996年版。

张国辉：《中国金融通史》第2卷，中国金融出版社2002年版。

赵兰亮：《近代上海保险市场研究》，复旦大学出版社2003年版。

中国保险学会：《中国保险史》，中国金融出版社1998年版。

中国近代金融史编写组：《中国近代金融史》，中国金融出版社1985年版。

中国人民银行北京市分行金融研究所：《北京金融史料·货币篇》，1995年内部发行。

中国人民银行北京市分行金融研究所：《北京金融志：典当钱庄票号证券篇》，1994年内部发行。

中国人民银行总行参事室：《中华民国货币史资料》第1辑，上海人民出版社1986年版。

中国人民银行总行参事室：《中华民国货币史资料》第2辑，上海人民出版社1986年版。

中国人民银行总行金融研究所：《近代中国的金融市场》，中国金融出版社1989年版。

中央财政金融学院财政教研室编:《中国财政简史》,中国财政经济出版社1980年版。

钟思远、刘基荣:《民国私营银行史》,四川大学出版社1999年版。

[德] 卫礼贤:《中国心灵》,国际文化出版社公司1998年版。

[日] 加藤繁:《中国社会经济史概说》,台北华世出版社1978年版。

[英] 麦高温:《中国人生活的明与暗》,时事出版社1998年版。

《江西金融概况》,《工商半月刊》1935年第6卷第21期。

《山西通志·金融志》,中华书局1991年版。

《上海碑刻资料选辑》,上海人民出版社1980年版。

《中国保险走过百年》,《中国保险》2001年第1期。

"Economic History of Manchuria", By The Hoshino of the Bank of Chosen, 1921.

Frank H. H. King, "The History of the Hongkong and Shanghai Banking Corporation", Vol. 3, 1988.

North Manchuria and Chinese Eastern Railway, By The Economic Bareau of Chinese Eastern Railway, 1924.

Wen Pin Wei, *The Currency Problem in China*, Columbia University, 1914.

F. S. Mishkin, *The Economics of Money, Banking, and Financial Markets*, Beijing University Press, Pearson Education Press, 2002.